근대 조약과 동아시아 영토침탈 관련 자료 선집 I

일러두기
- 이 책은 2018년, 2019년도 동북아역사재단 기획 연구 수행 결과물임(NAHF-2018-기획연구-7, NAHF-2019-기획연구-2).

| 책머리에 |

    19세기 개항 이후부터 20세기 초 일본에 강제 병합되기까지 한국(조선, 대한제국)이 일본, 중국(청), 러시아 등 주변 열강 및 미국, 영국 등 서구 국가들에게 간섭을 받고 영토와 주권 및 이권을 빼앗겼던 역사적 과정을 돌이켜볼 때, 이들 국가와 체결한 불평등 조약들이 영토침탈의 주된 요인으로 작용하였다. 근대 한국이 체결한 주요 조약들은 중국, 일본이 서구 열강과 먼저 체결한 조약들의 영향을 받은 것으로 보인다. 따라서 이들 중국, 일본의 조약이나 관련 자료들은 개항 이후 한국근대사 규명과 일제의 한국 침탈 과정을 파악하는 데 중요하다.

    네르친스크조약(1689)을 비롯하여 난징(南京)조약(1842), 톈진(天津)조약(1858), 베이징(北京)조약(1860)에 이르기까지 체결된 조약문들이 기존 연구에서 많이 인용되고 있지만, 조약 원문에 대한 자세한 소개와 조약문의 한국어 번역은 아직까지 제대로 이루어지지 않았다. 그리하여 국내에서 서구 열강의 동아시아 영토침탈사에 관한 조약 내용을 제대로 알 수 없었고, 조약 문구 내용에 포함된 영토침탈 과정에 대한 이해도 부족한 실정이다.

    그리고 중국과 일본이 체결한 톈진조약(1885), 청일강화조약[시모노세키조약](1895), 간도협약(1909) 등은 조선의 국제적 지위 및 위상에 커다란 영향을 끼친 조약들이다. 또한 난징(南京)조약(1842), 아이훈(璦琿)조약(1858), 베이징조약(1860), 이리(伊犁)조약[상트페테르부르크조약](1881), 러일화친조약[시모다조약](1855), 상트페테르부르크조약[사할린-치시마교환조약](1875), 랴오둥환부조약(1895), 러일강화조약[포츠머스조약](1905) 등은 중·러간 국경분쟁 및 홍콩, 신강, 사할린, 센카쿠열도[尖閣列島, 중국명 댜오위다오(釣魚島)] 등 동아시아 영토 문제의 기원이 되는 조약들이다. 그동안 한국 내에서 관련 문서들을 수집하여 자료집으로 발간한 경우는 일부 있지만, 이러한 조약, 자료들을 원문 내용과 한글 번역 및 해제 형태로 집대성한 것은 거의 없는 실정이다.

    따라서 서양 제국주의 국가들의 근대 한·중·일 등 동아시아 국가에 대한 간섭과 영토 및 주권 침탈 과정에서 관련 국가 간 체결된 불평등 조약에 대한 역사적, 국제관계적 측면에서 재조명이 필요하다. 근대 일본의 한반도와 동아시아 침략 과정에 대한 역사 왜곡이 아직 시정되지 않았으며, 일본의 독도영유권 주장과 중, 러 등 주변 국가 간 영토 분쟁이 계속되는 상황에서, 이에 대응하기 위해서도 조약의 역사적 연원과 구체적 내용들에 대해 정리한 자료집을 발간할 필요가 있다.

이에 동북아역사재단에서는 2018~2019년까지 2년에 걸쳐 재단 내외의 전문 연구자들과 함께 "제국주의의 동아시아 영토침탈사와 근대 조약 체결 연구"라는 주제로 공동 연구를 시작하였다.

이 기획연구에 참여한 연구자들이 맡은 지역 또는 국가는 다음과 같다. 2018년도에는 연구책임자인 김현철 책임연구위원이 전체 기획과 총괄을 맡아 자료집의 서론 및 한국이 서구 각국과 체결한 조약의 일부를 담당하였다. 유바다 교수는 중국이 각국과 체결한 조약들을, 이재훈 교수는 러시아가 각국과 체결한 조약들을 담당하였다. 조국 교수는 일본이 각국과 체결한 조약들을, 그리고 한승훈 교수가 미국, 영국, 독일 등 서구 각국이 한·중·일 3국과 체결한 조약들을 담당하였다. 2019년도에는 한승훈 교수 대신 이동욱 교수가 참가하여 티베트 관련 내용을 포함하여 중국이 서구 국가들과 체결한 조약들을 담당하였다. 이들 연구자들은 각자 해당 국가들의 조약 원문 자료를 입수하여 원문을 입력하고 한글로 번역하고 각각의 해제를 작성하였다.

연구 대상 시기는 중국이 러시아와 국경을 획정한 최초의 조약인 네르친스크조약이 체결된 1689년부터 일제가 한국을 강제병합한 1910년까지로 정하였다. 이 시기 한국, 중국, 일본이 미국, 영국, 러시아, 프랑스, 독일 등 서구 각국과 체결하거나 한중, 일중, 한일 등 동아시아 각국 간 체결한 조약들의 목록을 취합해 보니 매우 방대하였다. 이 중 1876년 조일수호조규부터 1910년 일본의 한국 강제병합 조약에 이르기까지 한일 양국 간에 체결된 각 조약들에 대해서는 동북아역사재단에서 2020년 발간한 『한일 조약 자료집(1876-1910)-근대외교로 포장된 침략』에 원문과 번역문, 해제 등을 정리하여 수록하였다. 따라서 이 자료집에서는 한·중·일 3국이 체결한 조약들 중 한일 간 조약 부분을 뺀 나머지 부분을 상세하게 다루었다.

특히 2권 분량의 이 자료집에서는 영토 침탈 또는 개방에 직접 관련되거나 정치, 경제, 외교, 사회적으로 불평등한 내용을 포함하는 조약이나 각서, 의정서 등 관련 자료들을 58개로 분류·선별하여 자료집에 수록하였다.

이 자료집에 실린 각 장의 주요 내용은 다음과 같다.

제I장, 서론에서는 김현철 책임연구위원이 근대 동아시아 조약 연구의 목적과 의의를 설명하고, 관련 국내외 조약자료집의 현황과 국가별 체결한 전체 조약 목록을 소개하며, 한중일 3국의 조약 체결 과정에 대해 개관하였다. 제II장 "근대 중국(청)이 서양 국가와 체결한 조약들"은 유바다, 이재훈, 한승훈, 이동욱 교수가 중국(청)이 서양국가와 체결한 조약들로 첫째, 러시아와 체결한 국경 획정 관련 조약들, 둘째, 영국과 체결한 홍콩 할양 관련 조약들, 셋째, 서양 국가와 체결한 조차지 관련 조약들, 넷째, 영국과 체결한 티베트 관련 조약들, 그리고 다섯째, 그 외 서양 국가와 체결한 조약들 중 영토 및 해양의 강제 개방과 불평등 조약 체제를 심화시킨 조약들에 대해 원문 입력, 한글 번역 및 해제를 하였다. 제III장 "근대 일본이 서양 국가와 체결한 조약들"은 조국, 이재훈, 한승훈 교수가 첫째, 일본이 러시아와 체결한 조약들 및 한국 관련 문서들, 둘째, 일-미, 영 간 화친조약, 그리고 셋째, 일-서양 간 통상조약 및 기타 문서들, 그리고 넷째, 일-서양 간 조약 개정에 대해 원문 입력, 한글 번역 및 해제를 하였다. 제IV장 "근대 한국(조선)이 서양 국가와 체결한 조약들"에서는 한승훈, 김현철, 이재훈 교수가 조선이 미국, 영국 및 프랑스와 체결한 수호통상조약들, 그리고 한-러 간 체결한 조약 및 문서들에 대해 원문 입력,

한글 번역 및 해제를 하였다. 제V장 "근대 중국(청)과 일본 간 체결한 조약들"은 조국, 유바다 교수가 중국과 일본 간 체결된 청일수호조규, 타이완 출병에 따른 양국 간 호환 조관, 류큐분할조약, 톈진조약, 청일전쟁 강화조약과 랴오둥환부조약, 청일통상항해조약 및 간도 협약 등에 대해 원문 입력, 한글 번역 및 해제하였다. 마지막으로 제VI장 "근대 한국(조선/대한제국)이 중국(청)과 체결한 조약"은 유바다 교수가 조중상민수륙무역장정과 한청통상조약에 대해 원문 입력, 한글 번역 및 해제하였다.

이 자료집에 실린 조약문 또는 문서들이 작성 또는 체결된 언어가 2개 국어 이상인 경우, 가급적 각각 해당 원문과 한글 번역문을 실었다. 이것은 해당 조약문의 작성 언어에 따라 그 용어나 의미 또는 내용상 차이가 있을 수 있음을 고려하였기 때문이다. 이 자료집에 수록된 각 조약문의 앞 부분에 간략하게 조약의 명칭, 체결 국가, 체결일 및 장소, 서명자, 체결 언어, 배경 및 과정, 주요 내용, 결과 또는 파급 효과, 출처 등을 각 항목별로 서술하였다. 다만 각 조약별 해제 부분에서 분량이나 서술 방식에서 일부 차이가 나는 경우도 있다.

이상과 같이 이 자료집에서는 재단 내외의 역사학, 국제관계, 지역학 등 관련 전문가들이 참가하여 한국뿐만 아니라 일본, 중국이 러시아, 영국, 프랑스, 독일 등 서구 열강과 체결한 조약 및 한중일 내 체결된 조약들의 원본을 수집, 분류하고 번역 및 해제 작업을 함으로써 그 역사적 배경과 전체적 모습을 그려 보려고 시도하였다.

이 자료집이 향후 관련 분야 전문가 및 연구자들에게 '조약'을 통해 동아시아 및 세계적 시각에서 한국근대사 및 한일, 한중, 일중 등 동아시아의 변화와 역사를 심층적으로 이해하는 데 좋은 자료가 될 것으로 기대한다. 또한 관심 있는 일반 시민 및 학생들에게 이 자료집이 근대 일본의 한국 및 동아시아 침략 과정을 전체적으로 이해하는 데에도 도움이 되리라고 기대한다.

2권에 걸친 방대한 자료집이 나오기까지 연구에 참여해 주신 유바다, 이재훈, 조국, 한승훈, 이동욱 교수님과 조약의 입력 및 번역 작업을 도와 준 대학원생들에게 기획 연구의 책임자로서 감사의 마음을 전한다. 또한, 2018, 2019년 재단에서 개최한 기획연구 결과 발표 세미나 때 토론과 재단 출판심의회에서 심사를 맡은 재단 내외 전문가들의 지적과 제안 사항은 이 자료집의 원고를 수정하는 데 많은 도움이 되었다. 마지막으로 이 책이 출간될 수 있도록 애써 준 재단 출판 관계자들에게도 감사의 말씀을 전한다.

2021년 3월
동북아역사재단 책임 연구위원
김현철 씀

I. 서론: 근대 동아시아 영토 관련 조약 자료 및 연구 현황과 한중일의 조약 체결 과정 _ 김현철

1. 동아시아 근대 조약 연구의 목적과 의의 · 14

2. 관련 조약 자료집의 현황, 참고문헌 및 조약 목록 · 18
1) 관련 조약 자료집의 현황 · 18
2) 참고문헌 · 25
3) 국가별 체결한 전체 조약 목록 · 40

3. 개관: 기존 연구 현황 및 한중일 3국의 조약 체결 과정 · 45
1) 근대 중국(청)이 서양 국가와 체결한 조약들 · 45
2) 근대 일본이 서양 국가와 체결한 조약들 · 57
3) 근대 한국(조선)이 서양 국가와 체결한 조약들 · 60
4) 근대 중국(청)과 일본 간 체결한 조약들 · 61
5) 근대 한국이 중국(청)과 체결한 조약들 · 62

II. 근대 중국(청)이 서양 국가와 체결한 조약들 _ 유바다, 이재훈, 한승훈, 이동욱

1. 중국(청)과 러시아 간 국경 획정 관련 조약들 · 66
1) 네르친스크조약(1689) · 66
2) 캬흐타조약(1727) · 90
3) 아이훈(璦琿)조약(1858) · 106
4) (중러) 톈진(天津)조약(1858) · 116
5) (중러) 베이징(北京)조약(1860) · 134
6) 이리(伊犁)조약[상트페테르부르크조약, 1881] · 163

2. 중국(청)과 영국 간 홍콩 할양 관련 조약들 · 191

　1) 난징(南京)조약(1842) · 191

　2) (중영) 톈진(天津)조약(1858) · 218

　3) (중영) 베이징(北京)조약(1860) · 273

　4) 전척홍콩계지전조(展拓香港界址專條, 1898) · 288

3. 중국(청)이 서양 국가와 체결한 조차지 관련 조약들 · 298

　1) (중독) 자오저우조계조약(膠澳租界條約, 1898) · 298

　2) (중러) 뤼순다롄조차지조약(旅大租地條約, 1898) · 308

　3) (중영) 웨이하이조차조약(訂租威海衛專條, 1898) · 315

　4) (중불) 광저우만조계조약(廣州灣租界條約, 1899) · 321

4. 중국(청)과 영국 간 티베트 관련 조약들 · 328

　1) 시킴-티베트 협약[장인(藏印)조약](1890) · 328

　2) 장인(藏印)조관[시킴-티베트 협약 부속 조관](1893) · 334

　3) 영장(英藏)조약[라싸조약](1904) · 342

　4) (중영) 속정장인조약[中英續訂藏印條約](1906) · 352

5. 중국(청)이 서양 국가와 체결한 기타 조약들: 영토 및 해양의 강제 개방과 불평등 조약 체제의 심화 · 359

　1) (중영) 후먼(虎門)조약(1843) · 359

　2) (중미) 왕샤(望廈)조약(1844) · 375

　3) (중불) 황푸(黃埔)조약(1844) · 398

　4) (중미) 톈진조약(1858) · 416

　5) (중불) 톈진조약(1858) · 439

　6) (중불) 베이징조약(1860) · 460

　7) (중영) 옌타이(煙臺)조약[즈푸(芝罘)조약](1876) · 467

찾아보기 · 481

III. 근대 일본이 서양 국가와 체결한 조약들 _ 조국, 이재훈, 한승훈

1. 일본이 러시아와 체결한 조약 및 한국 관련 문서들 · 14

    1) 러일화친조약[시모다조약](1855) · 14
    2) 상트페테르부르크조약[사할린-치시마교환조약](1875) · 34
    3) 베베르-고무라 각서[조선문제에 관한 각서](1896) · 54
    4) 로바노프-야마가타의정서[조선문제에 관한 러일 간 의정서](1896) · 61
    5) 로젠-니시협정(1898) · 72
    6) 러일강화조약[포츠머스조약](1905) · 79
    7) (제1차) 러일협약(1907) · 105

2. 일-미, 영 간 화친조약 · 119

    1) 미일화친조약(1854) 및 부록 · 119
    2) 영일화친조약(1854) · 143
    3) 미일약정[시모다조약, 1857] · 155

3. 일-서양 간 통상조약 및 기타 문서들 · 161

    1) 미일수호통상조약 및 무역장정(1858) · 161
    2) 영일수호통상조약 및 무역장정(1858) · 182
    3) 에도협약[개세약서](일·영·미·불·란 5개국 간, 1866) · 229
    4) 오(오스트리아-헝가리)일 수호통상항해조약 및 교역정칙(1869) · 240
    5) 오가사와라 제도 귀속에 관한 서한(1876) · 268

4. 일-서양 간 조약 개정 · 278

    1) 영일통상항해조약 및 부속 의정서, 세목(1894) · 278

Ⅳ. 근대 한국(조선)이 서양 국가와 체결한 조약들 _ 한승훈, 김현철, 이재훈

1. 조미수호통상조약(1882) · 304

2. 조영수호통상조약(1883) · 321

3. 조불수호통상조약(1886) · 375

4. 한-러 간 조약 및 문서들 · 419

1) 조러수호통상조약(1884) · **419**
2) 조러육로통상장정(1888) · **442**
3) 마산포조차비밀협정[마산포 지소 조차에 관한 한러조약, 1900] · **459**

Ⅴ. 근대 중국(청)과 일본 간 체결한 조약들 _ 조국, 유바다

1. 청일수호조규(1871) · 468

2. 타이완 출병에 따른 청일 양국 간 호환조관 체결[일청 양국 간 호환조관 및 호환증서](1874) · 478

3. 류큐분할조약(1880) · 484

4. 톈진조약(1885) · 488

5. 청일강화조약[시모노세키조약] 및 부속 별약(1895) · 492

6. 랴오둥환부조약[펑톈반도 환부에 관한 조약](1895) · 514

7. 청일통상항해조약(1896) · 520

8. 청국 신개항장 일본 전관거류지 설치에 관한 의정서(1896) · 535

9. 간도협약[만주 및 간도에 관한 청일 협약](1909) · 539

VI. 근대 한국(조선/대한제국)이 중국(청)과 체결한 조약 _ 유바다

1. 조중상민수륙무역장정[朝中商民水陸貿易章程](1882) · 546

2. 한청통상조약[韓淸通商條約](1899) · 553

찾아보기 · 564

I

서론:
근대 동아시아 영토 관련
조약 자료 및 연구 현황과
한중일의 조약 체결 과정

김현철 동북아역사재단 책임연구위원

1. 동아시아 근대 조약 연구의 목적과 의의

김현철

19세기 개항 이후부터 20세기 초 일본에 강제 병합되기까지 한국(조선, 대한제국)이 일본, 중국(청), 러시아 등 주변 열강 및 미국, 영국 등 서구 국가들에게 간섭을 받고 영토와 주권 및 이권을 빼앗겼던 역사적 과정을 돌이켜 볼 때, 이들 국가와 체결한 불평등 조약들이 영토침탈의 주된 요인으로 작용하였다.

중화 세계질서하에 있던 조선은 1876년 조일수호조규 체결을 계기로 근대 국제법 질서에 편입되었다. 이후 1894~1895년 청일전쟁을 거치면서 시모노세키조약을 통하여 "자주"와 "독립"이 대외적으로 공인되고, 1904~1910년 일본 제국주의 세력의 침략을 받으면서 각종 조약 체결을 통하여 "보호국"이 되었다가 일본에 "강제 병합"되었다.

조선이 체결한 수호조규와 수호통상조약 등 각종 주요 조약들은 중국, 일본이 서구 열강과 먼저 체결한 조규, 조약으로부터 영향을 받은 만큼 이들 중국, 일본의 조약이나 관련 자료들도 한국근대사 규명에 필수적이다. 이렇듯 근대 조선의 국제법적 지위는 근대 조약의 체결을 통하여 규정된 만큼 조약이 지니는 역사적 의미는 매우 크다.

그러나 조선과 밀접한 관련이 있는 중국, 일본의 조약 자료집은 한국에서 아직 편찬되지 않은 상황이다. 특히 난징(南京)조약(1842), 아이훈(璦琿)조약(1858), 이리(伊犁)조약[상트페테르부르크조약](1881), 간도협약(1909), 러일화친조약[시모다조약](1855), 상트페테르부르크조약[사할린-치시마교환조약](1875), 랴오둥환부조약(1895), 러일강화조약[포츠머스조약](1905) 등은 홍콩, 신강, 사할린, 센카쿠열도 등 동아시아 영토 문제의 기원이 되는 조약들이다.

동북아역사재단과 국내 학계의 선행 연구를 검토해 볼 때, 19세기 중국과 조선 간 관계에 대해서는 한국사 분야에서 활발하게 진행되었으나, 정작 중국 본토 및 번부의 상실 과정에 대한 연구는 아직까지 미개척 분야로 남아 있다.

시대에 따라 변화해 가는 '속국(屬國)'에 대한 청조의 관할권의 문제, 즉 '속국'이 청조와 외국 간의 조약이 적용되는 영역인가, 아니면 그렇지 않은 독립적인 영역인가라는 질문은, 사실 청조에 '속(屬)'한다고 전통적으로 인식되어 왔던 공간을 근대 국제법적으로 어떻게 재정의해야 하는가 하는 문제와 직결되는 문제였다. 그중 '속국'이라 불리던 지역들은 먼저 청에 예속된 공간임을 부정당하거나 스스로 부정하고, 타국의 식민지가 되거나 독립국이 되어 중화질서로부터 떨어져 나갔다. 그리고 중국인들이 '속지(屬地)'라고 생각했던 티베트와 같은 지역은 상당 부분이 중국의 '영토'로 남게 되었다. 영토 관념과는 별개로 중국인은 청말 이후 제국주의 열강에 의해 많은 영토를 '상실'했다고 인식하고 있는데, 그들이 잃어버렸다고 인식하고 있는 지리적 공간의 범위가 근대적 '영토' 관념을 넘어선 전통적인 '속(屬)' 관념의 영역이었다.

또한 티베트 문제에 있어서도 청조 측에서 인식하고 있던 '속지(屬地)'라는 개념은 근대적 '영토(領土)' 개념과 완전히 일치하지 않는다. 이 개념은 청 정부가 직접 통치하는 내지의 직성(直省)에도 사용되고, 경우에 따라서는 조선 등 조공국을 지칭하는 데 사용되기도 했다.[1] 또한 1870년 일본의 대만 출병 사건처럼 청조가 '속지'로 주장하는 공간 중 일부는 종종 교섭 상대방에 의해 국제법적 '무주지(無主地)'로 주장되기도 했다. 요컨대, 청조와 영국 사이의 티베트 문제에 대한 교섭들은 서로 이질적인 동서양 국제질서의 충돌과 절충의 과정, 그리고 그 결과로 나타난 중화질서 또는 청 제국 질서의 해체와 국민국가로서의 중국의 탄생 과정 속에서 파악할 필요가 있다. 티베트를 둘러싼 서양 제국주의 국가와 근대적으로 변모해 가는 전통제국 사이의 외교적 각축의 전개 과정을 이해하고 추적하기 위한 기초 자료를 제공하는 데 이 자료집의 의의가 있다.

'영토'로 확립되지 않은 채 막연하게 청 제국에 속한다고 여겨져 온 중국의 주변 공간에 대해서 중국적 '속(屬)' 개념과 근대 서양의 '주권' 및 '종주권' 개념이 조약문의 제정과 이후 현안 해결 과정에서의 조문 해석을 통해 충돌했던 것이다. 이러한 충돌과 그에 따른 재편의 과정은 근현대 동아시아 질서를 이해하는 데 매우 중요하다. 그리고 그 과정에서 청조가 단순한 피해자로 머무르지 않고 주변 공간에 대한 서양식 '종주권' 또는 '주권'을 주장하며 간섭을 강화하는 방향으로 나아가려 했다는 점은 주목해야 할 필요가 있다.

---

1 何如璋은 '屬地' 대신 '屬土'라는 용어를 사용하여 조선을 지칭한다(何如璋, 2010, 「主持朝鮮外交議」, 『何如璋集』, 天津人民出版社, 92~94쪽).

만약 '영토'가 아닌 특정 공간에 대한 청 정부의 관할권을 논의의 대상으로 삼는다면, 이 조약들이 가지는 제국주의 침탈사적 특징은 보다 뚜렷해진다. 본 자료집에 수록된 조약들의 내용 중 주목해야 할 점은 서구 열강에게 개방되는 항구, 바다, 하천, 육지 등 공간의 단계적 확장, 그리고 이들 공간, 특히 해양에 대한 청조의 관할권에 대한 침해이다. 동아시아의 연해 지역에서 청조와 조선, 일본에 의해 엄격한 해금 정책이 실시되고 있었으나, 서구 열강 및 일본이 함포외교를 통해 단계적으로 항구들과 연해, 나아가 하천과 육로의 개방을 강요해 온 것은 주지의 사실이다. 이는 보호주의에 대항하는 자유주의적 대의로 포장되었지만, 동시에 당시 서구 국제사회에서 통용되던 해양 주권에 대한 관념이 청조와의 조약에서는 충분히 반영되지 않았던 것으로 보인다. 연해 지역을 영토 주권의 연장선상에서 국가의 사법권이 미치는 영역으로 주장한 유럽 국가들의 논의는 로마시대로까지 거슬러 올라갈 수 있다. 19세기에도 연안 3해리 또는 4해리에 대한 관할권은 영국이나 다른 제국주의 국가들이 지속적으로 주장해 왔지만, 중국과의 조약 체결에 있어서 19세기의 해양 주권과 관련하여 국제적으로 주장되고 통용되던 관행들이 어떠한 형태로 적용되거나 무시되고 있는지에 대해서는 추가적인 연구가 필요하다.[2] 이 연구에서는 이를 위한 기초 자료의 일부를 제공한다는 데 의의가 있다.

근대 국제법 체제로 편입된 이후 국경과 영토의 획정은 근대국가 성립의 필수 요소로서 매우 중요하게 보아야 하는 문제임에도 불구하고 이에 대한 연구가 미진하다. 특히 1910년 일본에 의해 강제 병합된 한국 입장에서 그 이전에 있던 중국의 영토 상실 과정에 대한 고찰은 반드시 필요하다.

청(淸)은 1689년 러시아와 네르친스크조약을 체결한 이래 북쪽 방면 국경선을 여러 차례 정리한 바 있다. 영국과 1842년 난징조약을 체결하고 차례로 홍콩을 할양, 조차지(租借地)로 준 바 있다. 이러한 일련의 과정들은 모두 조약 체결을 통하여 이루어졌다. 서구 열강의 동아시아 지역 영토침탈사를 자세하게 파악할 수 있는 도구가 바로 조약이다. 그럼에도 불구하고 네르친스크조약을 비롯하여 난징(南京)조약(1842), 톈진(天津)조약(1858), 베이

---

2 서양 영해 관념과 제도의 변천에 대해서는 이창위, 2011, 「해양관할권의 확대에 대한 해양강대국과 연안국의 대립-영해제도의 역사와 현대적 의의를 중심으로-」, 『동북아역사논총』 34, 333~343쪽 참조; 근대 중국의 '領海' 관념 수용에 대한 연구는 조세현, 2011, 「근대중국 해양관련 개념의 형성과 바다 이미지의 변화」, 『동북아문화연구』 29, 335~339쪽 참조.

징(北京)조약(1860)에 이르기까지 체결된 조약문 원문에 대한 자세한 고찰과 원문에 대한 한국어 번역은 아직까지 제대로 이루어지지 않았다. 서구 열강의 동아시아 영토침탈사에 관한 조약 내용에 대해서도 제대로 알 수 없었고, 그 내용을 토대로 한 영토침탈 과정에 대한 이해도 부족한 실정이다. 따라서 서양 제국주의 국가들의 근대 한·중·일 등 동아시아 국가에 대한 간섭과 영토 및 주권 침탈 과정에서 관련 국가 간 체결된 불평등 조약에 대한 역사적, 국제관계적 측면에서 재조명이 필요하다.

이상과 같은 문제의식에서 한국이 일본, 중국 및 서구 열강과 체결한 조약들의 기원과 동아시아 역사의 전개 과정에서 한국사의 위상을 밝히기 위해서도 당시 일본 및 중국이 동시대에 체결한 조약들에 대한 분석이 필수적이다. 이에 한일, 한중, 중일 간 및 서양과 체결된 조약들을 중심으로 19세기 후반 이후 중국(청), 일본에서 서양 국가 등과 맺은 조약 체결 과정에 대해 개별 국가 차원이 아니라 동아시아사 전체 맥락에서 관련 조약 자료들을 취합하여 비교분석할 필요성이 커진다.

근대 일본의 한반도와 동아시아 침략 과정에 대한 역사 왜곡이 아직 시정되지 않았으며, 일본의 독도영유권 주장과 중, 러 등 주변 국가 간 영토분쟁이 계속되는 상황에서, 한국이 이에 대응하기 위해서도 조약의 역사적 연원과 구체적 내용들에 대해 정리한 자료집을 발간할 필요가 있다.

이하 본문에서는 한국뿐만 아니라 일본, 중국이 러시아, 영국, 미국, 프랑스, 독일 등 서구 열강과 체결한 조약 원본을 수집, 분류, 번역, 해제 작업을 함으로써, '조약'을 통해 동아시아 및 세계적 시각에서 한국근대사 및 한일, 한중, 일중 간 등 동아시아의 변화와 역사를 심층적으로 이해하는 기반을 조성하게 될 것으로 기대된다. 그리고 번역과 해제를 통해 이들 조약에 대한 이해의 수준을 높이는 것은 동아시아와 한국의 굴절된 근대를 연구하는 데 큰 도움을 줄 수 있을 것으로 기대된다.

이 자료집은 향후 동아시아 내 영토침탈과 일본의 한국 침략을 비판하는 기초 자료로 적극 활용케 하고자 한다. 그리고 관련 연구 성과와 수집된 자료를 기반으로 향후 심층적으로 비교분석한 연구를 진행함으로써, 향후 일본의 역사 왜곡에 대한 대응과 근대 동아시아 침략 과정에 대한 비판 논리 개발에 적극 참조케 한다. 나아가 본 자료집 내용들이 일본이 제기하는 독도영유권 주장을 반박, 비판하며 관련 국제법에 대한 사료와 법리의 정립을 통해 한국의 독도주권 수호를 위한 연구 및 대응 활동에 기여하고자 한다.

2. 관련 조약 자료집의 현황, 참고문헌 및 조약 목록

김현철

1) 관련 조약 자료집의 현황

한·중·일에서 그동안 각각 자국을 중심으로 외교문서 자료집이 여러 차례 발간되었다. 다음에 제시할 참고문헌에 있는 조약 자료집 발간에도 불구하고, 아직까지도 중국과 일본의 근대 조약 체결 과정과 주요 내용, 특히 한국사 및 동아시아사와 관련이 깊은 조약들에 대한 자료집은 현재까지 간행되지 못했다. 예를 들어 조선이 일본과 체결한 조일수호조규와 영국, 미국 등과 체결한 수호통상조약 등 주요 조약들은 중국, 일본이 아편전쟁 이후 서구 열강과 먼저 체결한 조약들인 난징조약(1842), 톈진조약(1858), 베이징조약(1860), 미일화친조약(1854), 미일수호통상조약(1858) 등의 연장선상에서 형성된 것이다. 또한 중국(청)과 일본이 체결한 청일수호조규(1871), 톈진조약(1885), 청일강화조약[시모노세키조약](1895) 등은 조선의 국제적 지위 및 외교적 지위에 커다란 영향을 끼친 조약들이다.

그리고 한국에서 발간된 기존의 자료집을 보더라도, 동아시아의 역사와 영토 문제가 발생하게 된 연원에 관련된 조약, 자료를 별도로 집대성한 것은 거의 없는 상태이다.

국내 학계에서 최덕수 고려대 교수 등 연구자들이 1876년 조일수호조규(강화도조약)에서 1910년 일본의 한국 강제 병합 시기까지 조선이 서구, 일본, 중국과 체결한 조약들을 분류하고 해제를 붙인 『조약으로 본 한국 근대사』(열린책들, 2010)를 간행하였다.

동북아역사재단에서 한국 관련 조약집이나 러-일, 러-중 간 근대 국경 문제에 대한 연구서들이 출판되었다. 그 예로서 2010년 일제의 한국 강제 병합 100년이 되는 시점에서 1876~1910년까지 일본의 한국 침탈 과정의 일환으로 체결된 조약들을 정리한 『조약으로 본 한국 병합-불법성의 증거들』(이태진·이상찬 저)을 발간하였다. 2009년 동북아역사재단 독도연구소에서 내부 자료집으로 『근대 한국 조약 자료집』(국회도서관 입법조사국, 원편)을 발간하였다. 동 자료는 국회도서관 입법조사국이 1964~1965년 발간한 『구한말 조약휘찬

(상, 중, 하)』을 국회도서관의 협조를 받아 한글로 입력한 것이다. 이 자료집에는 조선과 대한제국 시기에 체결된 총 134개 조약의 한글 원문만을 수록했으며, 체결 과정과 배경, 원문의 출처 등 해제 사항은 포함되지 않았다.

최근 동북아역사재단에서 펴낸 『한일 조약 자료집(1876~1910)-근대외교로 포장된 침략』(2020)에서는 1876년 조일수호조규부터 1910년 일본의 한국 강제병합조약에 이르기까지 한일 양국 간에 체결된 조약들을 수록하고 있다. 이 책에서는 당시 한일 간 조약들과 관련 문서들을 조선의 국제적 지위에 관한 조약, 조계(거류지)에 관한 조약, 통상·어업·금융에 관한 조약, 교통·전신·운수에 관한 조약, 경찰·사업에 관한 조약, 국권 침탈에 관한 기본 조약으로 분류하여 각 조약들의 원문과 번역문, 해제 등을 정리하여 수록하고 있다. 따라서 이 자료집에서는 한·중·일 3국이 체결한 조약들 중 한일 간 조약 부분을 빼고 나머지 부분을 상세하게 다루고 있다.

동북아역사재단에서 부분적으로 청-러 간 국경 및 일-러 간 영토분쟁의 기원을 살펴보는 작업으로서 러시아의 전문가인 보리스 이바노비치 트카첸코의 저서들을 번역하였다. 『러시아-중국 문서와 사실에 나타난 동부국경』(성종환 옮김, 2011)/『쿠릴문제 역사, 법, 정책 그리고 경제』(김종헌 옮김, 2015)에서 관련 조약들에 대해 소개 및 설명하였다.

이 자료집에서 다루는 러시아, 중국, 일본, 미국, 영국 등 주요 국가들의 외교문서고 또는 사료관 등 조약 자료들의 원본이 소장된 기관들의 자료 보관 현황과 주요 내용을 간략하게 소개하면 다음과 같다.

러시아

먼저 러시아의 경우를 보면, 근대 한국과 러시아의 조약 체결 및 러시아의 한국 영토 침탈에 관련된 러시아 자료는 러시아제국대외정책문서보관소(АВПРИ), 러시아국립문서보관소(ГАРФ), 러시아국립역사문서보관소(РГИА)에 그 대부분이 소장되어 있다. 기존에 국내에 수집되어 있는 위 문서보관소 소장 문서들을 통해 조러수호통상조약(1884)과 조러육로통상장정(1888)의 러시아어 전문을 포함한 조약 관련 문서들과 로바노프-야마가타의정서(1896), 로젠-니시협정(1898), 한러 간 마산포조차비밀협정(1899), 러일협상(1903~1904) 등의 협정문과 협상 과정 및 결과를 비교적 상세하게 확인할 수 있다. 그 외 한러 양국 간 조약과 협정, 한국을 둘러싼 러시아와 여타 열강의 접촉과 관련하여 현재까지 위 러시아 문서보관소에 소장된 것으로 확인된 문서들은 다음과 같다.

- ○ 조러수호통상조약, 러시아제국대외정책문서보관소(АВПРИ, 이하 АВПРИ로 약칭함) ф.138, оп.493, д.214, лл.6-14об.
- ○ 로바노프-야마가타 의정서(1896.6.9.)의 의정서, АВПРИ, ф.138, оп.467, д.153/159, лл.13-14об.
  - 서울주재 대리공사에게 보낸 비밀훈령 시안, АВПРИ, ф.138, оп.467, д.153/159, лл.38-40об.
- ○ 로젠-니시 협정(1898.4.25.)의 협정문, АВПРИ, ф.138, оп.467, д.174/180/181, лл.81-81об.
  - 1898년 러일협정에 관한 간략보고서, 러시아국립문서보관소(ГАРФ, 이하 ГАРФ로 약칭함) ф.818, оп.1, д.39, лл.41-41об.
- ○ 조러육로통상장정
  - 육로통상장정, АВПРИ, ф.150, оп.493, д.214, лл.58-69об.
  - 육로통상장정에 대한 보고서, АВПРИ, ф.150, оп.493, д.2, лл.129-130об.
  - 육로통상장정의 세부 항목에 관한 설명 첨부문, АВПРИ, ф.150, оп.493, д.2, лл.131-134об.
- ○ 마산포 조차 비밀협정, АВПРИ, ф.150, оп.493, д.10, лл.44-45об.
  - 무라비요프 백작이 해군부 대신에게 보낸 비밀편지 사본, АВПРИ, ф.150, оп.493, д.104, лл.5-7об.

그 외 본 자료집에 수록되지 않았으나 한국 관련하여 중요한 문서들은 다음과 같다.

- ○ 한반도 분할론
  - 조선 북부에 파견된 러시아 탐사대에 대하여(1899.03), АВПРИ, ф.138, оп.467, д.183, лл.3-7об.
  - 한국문제에 대한 보고(1899.02), АВПРИ, Ф.143, оп.491, д.21, лл.9-15.
- ○ 1903-1904년 러일협상 관련 문서

- 러일회담 관련 문서 합본집, АВПРИ, Ф.150, оп.493, д.200, лл.??
- 한국 사안에 대한 새로운 협정 체결과 관련한 일본과의 협상들, ГАРФ, ф.543, оп.1, д.186, лл.4а-28об.
- 1901년 11월 30일 해군대신 서리가 외무대신에게 보내는 비밀서신, ГАРФ, ф.568, оп.1, д.177, лл.1-6об.
- 러시아의 협정안. 일본의 제안에 대한 답변, ГАРФ, ф.568, оп.1, д.183, лл.73-74об.
- 극동특별위원회에서 발행한 1903-04년 대일협상 자료집에 대한 기록, ГАРФ, ф.543, оп.1, д.184, лл.1-12об.
- 황명에 따라 1904년 1월 15일 개최된 특별협의회 회의록, ГАРФ, ф.568, оп.1, д.181, лл.6-13об.
- 일본 정부에 보내는 수정안, ГАРФ, ф.568, оп.1, д.181, лл.14-15об.
- 황명에 따라 1904년 1월 15일 개최된 특별회의 의사록, ГАРФ, ф.818, оп.1, д.49, лл.35-42об.
- 1904년 1월 15일 회의 대일협정 5조, 6조 검토안, ГАРФ, ф.818, оп.1, д.49, л.73.
- 일본 정부에 보낼 수정제안 시안, ГАРФ, ф.818, оп.1, д.49, лл.74-74об.

근대 중국과 러시아의 조약 및 영토 문제에 관련된 러시아 자료 또한 러시아 현지에서 문서보관소 문서들을 통해 확인할 수 있지만, 국내에서 관련 문서를 확보하기가 어렵다. 따라서 러시아에서 발간된 단행본들을 통해 네르친스크조약(1689), 캬흐타조약(1727), 아이훈조약(1858), 톈진조약(1858), 베이징조약(1860), 이리(伊犁)조약[상트페테르부르크 조약](1881) 등 중국과 러시아 간의 영토 문제를 규정한 조약과 협정들의 전문을 파악하여 구체적 내용을 확인 및 비교해 볼 수 있다.

또한 중국 영토와 관련하여 러시아와 여타 제국주의 국가들 간에 체결한 협정 및 협약들도 러시아에서 발간된 서적들을 통해 전문을 확인할 수 있다. 이러한 조약과 협정의 전문이 수록되어 있는 서적으로는 *Сборник договоров России с другими государствами 1856-1917*(『러시아와 타국 간의 조약집 1856-1917』, 1952), *Русско-китайские отношения*

1689-1916. официальные документы(『러중관계 1689-1916. 공식문서』, 1958), *Международные отношения на Дальнем Востоке*(『극동의 국제관계』, 1973) 등이 대표적이며, 이 서적들을 통해 총 60여 건의 관련 문서를 확보할 수 있다.

그리고 러일관계에 관련된 주요 조약문과 문서집들의 소장 현황은 다음과 같다.

한편 러시아와 일본의 영토를 획정한 최초의 조약은 1855년에 체결된 러일화친조약[시모다조약], Симодский договор между Россией и Японией)이며, 이후 상트페테르부르크조약[사할린-치시마교환조약](Санктпетербургский договор, 1875), 러일강화조약[포츠머스조약] (Портсмутский мирный договор, 1905) 등을 통해 영토의 경계가 변경되어 왔다. 동 조약과 협정 관련 러시아 자료는 러시아문서보관소들에 원본이 있기는 하지만, 러시아와 일본에서 발간된 관련 서적들을 통해 확보하는 것이 효율적이다. 러시아의 경우 *Русские Курилы. Сборник документов по истории формирования русско-японской и советско-японской границы*(『러시아의 쿠릴. 러시아-일본 및 소련-일본 국경형성의 역사에 대한 문서집』, 2015)과 *сборник договоров и других документов по истории международных отношений на дальнем Востоке(1842-1925)*(『극동 국제관계사 조약 및 기타 문서집(1842-1925)』, 1927)들이 대표적이다.

중국

중국의 경우를 보면, 청 왕조가 1840년 이후 서양 및 러시아, 일본 등 각국과 체결한 조약 및 협정문서의 원본들 중 제2차 아편전쟁 당시 영불 연합군의 베이징 점령(1860)과 의화단 시기 8개국 연합군의 베이징 점령 당시 훼손되거나 산실되지 않은 것들은 청 왕조 시기의 총리각국사무아문(總理各國事務衙門)과 그 후신인 외무부(外務部)를 거쳐 중화민국 외교부에 이관, 보존되었으며, 1949년 국공내전의 전황이 불리해지자 다른 청말 외교 문서들과 함께 타이완(臺灣)으로 옮겨졌다. 2002년부터 중화민국외교부가 타이베이(臺北) 소재 국립고궁박물원(國立故宮博物院)에 위탁하여 보존, 관리하고 있으며, 2012년부터 이들 조약 및 협정서 총 174건의 디지털 사본을 모두 온라인에 공개하여 열람 및 다운로드 서비스

를 제공하고 있다.[3]

한편, 조약자료집의 경우, 청 왕조 멸망 전인 1908년과 중화민국 성립 이후인 1917년에 해관총세무사서(海關總稅務司署)에서 청 왕조가 1840년 이후 서양 및 러시아, 일본 등 각국과 체결한 조약 및 협정들을 망라하여 수록한 『Treaties, Conventions, etc., Between China and Foreign States』[4]라는 자료집을 출판하였다. 이 조약자료집은 각각 청 왕조의 총리각국사무아문과 외무부, 중화민국의 외교부에서 제공한 자료를 기초로 제작되었으며, 조약문의 중국어본 외에도 조약 체결 상대국의 언어인 영어, 프랑스어, 러시아어 등 각 언어로 된 판본을 함께 수록하고 있다. 특히 중문과 해당 국가의 언어로 된 조약문을 각 조항마다 대조하여 볼 수 있도록 나란히 배치하고 있기 때문에 이용하기 편리하다. 또한 20세기 후반 이후 중국 대륙에서 『中外舊約章彙編』王鐵崖 編, (北京:三聯書店, 1957)과 『淸朝條約全集』田濤 主編, (黑龍江人民出版社, 1999) 등의 조약집이 출판되기도 하였다.

일본

일본의 경우를 보면, 일본이 체결한 조약 가운데 원본은 일본 외무성 외교사료관에서 소장하고 있으며 이를 온라인을 통해 공개하고 있다[아시아역사자료센터 Jacar의 '외무성외교사료관-전전기조약서(戰前期條約書)' 항목을 참조]. 조약서는 크게 제2차 세계대전을 전후로 하여 '전전기조약서'와 '전후조약서'로 나뉘어지며 본 연구에서 다루고 있는 시기에 해당되는 전전기조약서는 다시 '다국 간 조약'과 '2국 간 조약'으로 분류되어 공개되고 있다. 한편, 조약 원문 이외에 일본 외무성이 편찬한 조약집 또한 온라인에서 공개되고 있다(위의 Jacar의 '외무성외교사료관-조약집' 항목 및 일본국회도서관 홈페이지 참조). 1925~1941년에 걸쳐 『조약휘찬』이 편찬되었는데 제1권이 2국 간 조약, 제2권이 다국 간 조약, 제3권은 베르사유조약 관계로 구성되어 있다. 이 『조약휘찬』은 1874년, 1884년, 1889년, 1899년, 1908년, 1913년에 외무성에서 간행한 조약집을 개정·증보한 조약집이다. 이 연구에서는 이와 별

---

[3] http://npmhost.npm.gov.tw/tts/npmkm2/10010.html (2021년 2월 26일 최종 확인)
[4] 본 자료집에서는 1917년에 출판된 제2판을 이용하였다: China. The Maritime Customs, 1917, *Treaties, Conventions, etc., Between China and Foreign States*, vol.1, 2d ed, Shanghai: Published at the Statistical Department Of The Inspectorate General of Customs.

도로 1930~1936년 사이에 간행된 『구조약휘찬』을 주로 활용했는데, 제목에서 알 수 있듯 당시(1928년) 실효조약이 된 조약들 내용을 일본어와 외국어로 수록하고 집대성한 조약집이다. 한편, 일본 외무성에서 편찬·공간 중인 『일본외교문서』 간행 과정에서 편찬된 『일본외교연표 및 주요문서(상·하)』(1965·1966)는 기존 조약집에서 누락된 조약 및 비밀조항 등을 포함하고 있어 이 또한 참고하였다.

미국

미국의 경우, 미국 정부는 외국 등과 체결한 조약을 크게 두 개로 구분하여 공개하고 있다. 먼저 미국 국무부는 1795~1945년까지 체결한 조약을 Treaty Series(TS)라는 제목으로 분류하고 있다. 다음으로 1945년 이래로 체결한 조약 및 국제 협약, 국제 협정을 *Treaties and Other International Acts Series*(TIAS)로 다루고 있다. 이들 조약문은 정부의 인쇄국(Government Printing Office)에서 팸플릿 등의 형태로 출판되었으며, 2006년 이후로 체결된 조약은 전자 출판 형태로만 공개하고 있다. 본 연구의 대상 시기에 해당하는 조약의 원문은 미의회 상원 도서관 홈페이지(https://www.loc.gov/law/help/us-treaties/)에서 확인이 가능하다.

영국

그리고 영국의 경우, 영국이 체결한 조약의 원본은 영국국립기록보존소(The National Archives in UK)에서 소장하고 있다. 이와는 별도로 영국 외무부는 1841~1977년까지 *British and Foreign State Papers*(이하 *BFSP*)를 출판하였다. 총 170권으로 제작한 *BFSP*에는 1812~1968년까지 영국이 관여한 조약, 협정, 협약 들이 수록되어 있다. 한편 영국 외무부는 외국과 체결한 조약이 효력을 발휘(체결 및 비준 완료)할 때마다 조약 원문을 수록한 팸플릿을 제작하였다. 팸플릿에는 조약의 영어본을 비롯해서 조약 체결일, 조약 비준일이 수록되어 있다. 현재 영국 의회는 영국 외무부에서 의회에 보고한 개별 조약의 팸플릿을 House of Commons Parliamentary Papers(HCPP)에서 온라인으로 공개하고 있다.

2) 참고문헌

1차 사료, 공문서, 조약집

국립외교원 외교안보연구소 외교사연구센터 편, 2020, 『주요국의 외교문서집 편찬-미국, 영국, 독일, 러시아, 중국, 일본, 조선-』, 국립외교원.

국사편찬위원회 편, 1970, 『高宗純宗實錄 (高宗實錄)』上·中·下, 탐구당.

국회도서관 입법조사국, 1964~1965, 『구한말 조약휘찬(상, 중, 하)』.

국회도서관 입법조사국 원편, 동북아역사재단 독도연구소, 2009, 『근대 한국 조약 자료집』, 서울: 동북아역사재단.

근대한국외교문서 편찬위원회 편, 2012, 『근대한국외교문서』제4권 조미수호통상조약, 제5권 조영수호통상조약, 동북아역사재단.

동북아역사재단 편, 2020, 『한일 조약 자료집(1876-1910)-근대외교로 포장된 침략』, 동북아역사재단.

월간조선 편집부 엮음, 2017, 『조약 협정: 한국의 대외 관계 주요 문서들: 강화도 조약에서 한미 FTA까지』, 서울: 조선뉴스프레스.

이태진·이상찬 저, 2010, 『조약으로 본 한국 병합-불법성의 증거들』, 동북아역사재단.

최덕수 외 저, 2010, 『조약으로 본 한국 근대사』, 열린책들.

日本 外務省 編, 1963, 『日本外交文書 (明治年間)』, 東京: 日本國際連合協會.

日本 外務省條約局 編, 1930·1934·1936, 『舊條約彙纂(제1권~제3권)』, 外務省條約局.

日本 外務省條約局 編纂, 1998, 『日本及他國間ノ條約: 日支間竝支那ニ關スル』(大正 12年版), 東京: クレス出版.

明治期外交資料研究會 編, 1996, 『條約改正關係調書集. 第1~18卷』(明治期外務省調書集成), 東京: クレス出版.

歷史學研究會 編, 1997, 『日本史史料 4: 近代』, 岩波書店.

アジア歷史資料センター(아시아 역사자료 센터 https://www.jacar.archives.go.jp) 外務省外交

史料館〉條約書〉二國間條約.

大山梓, 稻生典太郎 編, 1991, 『条約改正調書集成』, 原書房.

王鐵崖 編, 1957, 『中外舊約章彙編』, 北京: 三聯書店.
田濤 主編, 1999, 『淸朝條約全集』, 黑龍江人民出版社.
中华人民共和國外交部条约法律司 編译, 2005, 『領土边界事务國际条约和法律汇編』, 北京: 世界知识出版社.
張廷灝, 1976, 『不平等條約的硏究』, 近代中國史料叢刊續編 369, 臺北: 文海出版社.

China. The Maritime Customs, 1917, *Treaties, Conventions, etc., Between China and Foreign States*, vol.1, 2d ed, Shanghai: Published at the Statistical Department Of The Inspectorate General of Customs.

Kenneth Bourne and D. Cameron Watt, eds., 1989-1994 *British documents on foreign affairs-reports and papers from the Foreign Office Confidential Print*. Part I, *From the mid-nineteenth century to the First World War. Series E, Asia, 1860-1914*, Vol. 2, *Korea, the Ryukyu Islands, and North-East Asia, 1875-1888*, Frederick, Md.: University Publications of America.

United States Department of States, 1983, *Papers Relating to the Foreign Relations of the United States, 1867-1905*, Washington: Government Printing Office.

George C. McCune and John A. Harrison eds., 1951, *Korean-American Relations: Documents Pertaining to the Far Eastern Diplomacy of the United States*, Vol. I. *The Initial Period, 1883-1886*, Berkeley and Los Angelos: Univ. of California Press.

Park Il-Keun(朴日根), 1989, *Anglo-American Diplomatic Materials Relating to Korea, 1866-1886* (『近代韓國關係英·美外交資料集』), Seoul: Shinmundang.

국사편찬위원회 편, 2002, 『한국근대사자료집 11: 프랑스외무부문서 1 1854~1899』, 국사편찬위원회.

동광출판사 편, 1997, 『韓英外交史關係資料集』 1-45, 동광출판사.

박종효 편역, 2002, 『러시아 국립문서보관서 소장 한국관련 문서 요약집』, 한국국제교류재단.

이재훈 외 공역, 2007, 『러시아 국립해군성 문서 1』, 국사편찬위원회.

이재훈 역, 2014, 『근대한러관계연구: 러시아문서번역집 16』, 선인.

_____ 역, 2015, 『근대한러관계연구: 러시아문서번역집 23』, 선인.

서울대 독일학연구소, 1992, 『한국근대사에 대한 자료-오스트리아 헝가리제국 외교보고서(1885-1913)』, 신원문화사.

서울대 한국교육사고 편, 1994, 『19세기 미국무성 외교문서: 한국관련 문서』 1-4, 서울대 교육연구소 한국교육사고.

Сборник договоров России с другими государствами 1856-1917, М.: Государственное издательство политической литературы, 1952(『러시아와 타국 간의 조약집 1856-1917』).

Русско-китайские отношения 1689-1916. официальные документы, М.: Издательство восточной литературы, 1958(『러중관계 1689-1916. 공식문서』).

Международные отношения на Дальнем Востоке, Мысль, 1973(『극동의 국제관계』)

Русские Курилы. Сборник документов по истории формирования русско-японской и советско-японской границы, Издательство Алгоритм, 2015(『러시아의 쿠릴. 러시아-일본 및 소련-일본 국경형성의 역사에 대한 문서집』).

2·3차 연구문헌

〈한국어〉

강정일, 2014, 「지정학으로 본 러시아제국의 對한반도정책(1884-1904): 팽창원인과 실패과정을 중심으로」, 고려대학교 박사학위논문.

강진아, 2016, 「동아시아의 개항: 난징조약에서 강화도 조약까지」, 『현대사광장』 7.

강판권, 1989, 「洋務官僚의 淸·佛戰爭 對策論-李鴻章과 曾紀澤의 主和·主戰論」, 『大丘史學』 38.

구범진, 2006, 「「韓淸通商條約」일부 條文의 해석을 둘러싼 韓-淸의 외교 분쟁」, 『대구사학』 83.

_____, 2008, 「淸代 對러시아 外交의 성격과 그 변화-締約大臣과 交換 條約文의 言語를 중심으로」, 『大東文化硏究』 61.

_____, 2012, 『청나라, 키메라의 제국』, 민음사.

구선희, 2006, 「청일전쟁의 의미-조·청 '속방' 관계를 중심으로」, 『한국근현대사연구』 37.

_____, 1999, 『한국근대 대청 정책사 연구』, 도서출판 혜안.

권석봉, 1986, 『청말 대조선정책사연구』, 일조각.

권혁수, 2000, 『19世紀末 韓中 關係史 硏究-李鴻章의 朝鮮認識과 政策을 中心으로』, 백산자료원.

_____, 2007, 『근대 한중관계사의 재조명』, 혜안.

김경창, 1982, 『東洋外交史』, 集文堂.

김기혁, 1991, 「江華島條約의 歷史的 背景과 國際的 環境」, 『國史館論叢』 25.

김대성 외, 2009, 『중앙아시아학 입문』, 한국외국어대학교 출판부.

김민규, 2002, 「近代 東아시아 國際秩序의 變容과 淸日修好條規(1871년)-'條規體制'의 生成-」, 『大東文化硏究』 41.

김성원, 2010, 『미얀마 왕조사』, 부산외국어대학교 출판부.

김시배, 1992, 「韓淸貿易의 展開와 그 特質에 대한 考察: 1899년 韓淸通商條約을 中心

으로」, 『東國論集』 11.

김용구, 1997a, 『전정판 세계외교사』, 서울대학교 출판부.

_____, 1997b, 『세계관 충돌의 국제정치학-동양 禮와 서양 公法』, 나남출판.

_____, 2004, 『임오군란과 갑신정변-사대질서의 변형과 한국외교사』, 도서출판 원.

김용구·하영선 편, 1996, 『한국외교사연구: 기본사료·문헌해제』, 나남출판.

김원수, 2010, 「간도문제와 간도협약의 글로벌 히스토리, 1907-1909: 전지구적 국제관계와 연계하여」, 『사회과교육』 49-1.

김정기, 1986, 「청의 조선에 대한 군사정책과 종주권(1879-1894)」, 변태섭박사화갑기념사학논총간행위원회, 『변태섭박사화갑기념사학논총』, 삼영사.

김종성, 2006, 「韓淸通商條約이 양국간 무역에 미친 영향에 관한 연구」, 『史林』 25.

김종원, 1993, 「壬午軍亂 硏究」, 『國史館論叢』 44.

_____, 1966, 「朝·中商民水陸貿易章程에 대하여」, 『歷史學報』 32.

_____, 1999, 『근세 동아시아관계사 연구-朝淸交涉과 東亞三國交易을 중심으로-』, 혜안.

김종학, 2017, 『개화당의 기원과 비밀외교』, 일조각.

김학준, 2020, 『남북한문전』 제6권 근대(1), 단국대학교출판부.

김현수, 2011, 『해리 S. 파크스: 대영제국의 동아시아 외교 주역』, 단국대 출판부.

김현철, 2012, 「근대한국의 '자주'와 '독립' 개념의 전개: '속방자주'에서 '자주독립'으로」, 하영선·손열 엮음, 『근대한국의 사회과학 개념 형성사 2』, 창비.

_____, 2016, 「개항기 청의 대조선 정책」, 대한민국역사박물관, 『현대사과정』 제8호.

김형렬, 2011, 「獨逸의 靑島 經略과 植民空間의 擴張(1898-1914)」, 『中國史硏究』 70.

나미하라 쓰네오 저, 윤경원·박해순 역, 2019, 『근대 동아시아 역사 속의 류큐 병합 - 중화 세계 질서에서 식민지 제국 일본으로』, 진인진.

노영순, 2005, 「청불전쟁(1884~1885년) 전후 중국-베트남 국경문제와 획정과정」, 『東北亞歷史論叢』 4.

_____, 2012, 「황제에서 보호국 군주로의 이행: 1867~1885 베트남에서의 격변」, 『동북아 문화연구』 31.

동북아역사재단 편, 2018, 『한국의 대외관계와 외교사 - 근대편』, 동북아역사재단.

동북아역사재단 한일관계연구소 편, 2017, 『조일수호조규 - 근대의 의미를 묻다』, 청아출판사.

동북아역사재단 한일역사문제연구소, 2018, 『제국주의의 동아시아영토 침탈사와 근대조약 체결 연구-2018년 기획연구 결과 발표 세미나 자료집』, 동북아역사재단 중회의실.

동북아역사재단, 2019, 『제국주의의 동아시아영토 침탈사와 근대조약 체결 연구- 2019년 기획연구 결과 발표 세미나 자료집』, 동북아역사재단 중회의실.

류재택, 1993, 「開港期 조선의 國際關係와 反從屬論」, 단국대학교 박사학위논문.

이헌주, 2004, 「姜瑋의 開國論 硏究」, 고려대학교 박사학위논문.

박대인, 2006, 「17-18세기 淸-러시아 조약체제와 邊境의 재정립」, 연세대학교 석사학위논문.

박준형, 2011, 「청일전쟁 이후 雜居地漢城의 공간재편논의와 한청통상조약」, 『서울학연구』 45.

박찬승, 2015, 「시모노세키 조약 120주년을 맞이하여」, 『역사와 현실』 95.

방향, 2013, 「開港後 한국의 對淸通商交涉의 변화와 近代外交關係의 수립」, 연세대학교 박사학위논문.

방향숙 외 저, 2005, 『한중 외교관계와 조공책봉』, 고구려연구재단.

백종기, 1982, 「壬午軍亂을 에워싼 淸·日 兩國의 對韓政策에 관한 一管見」, 『大東文化硏究』 16.

백종기, 1977, 『近代韓日交涉史硏究』, 正音社.

벨라 보리소브나 박 지음, 최덕규·김종헌 옮김, 2020, 『러시아 외교관 베베르와 조선』, 동북아역사재단.

보리스 이바노비치 트카첸코 저, 김종헌 옮김, 2015, 『쿠릴문제 역사, 법, 정책 그리고 경제』, 동북아역사재단.

_____, 성종환 옮김, 2011, 『러시아-중국 문서와 사실에 나타난 동부국경』, 동북아역사재단.

서영희, 2016, 「청일전쟁·러일전쟁-한반도에서 벌어진 국제전을 바라보는 한국학계의 시각」,『軍史』100.

석화정, 2017,「청일전쟁 戰況과 '조선의 독립' 문제에 대한 열강의 정책」,『軍史』102.

신기석, 1959,「淸韓宗屬關係-壬午軍亂을 前後한-」,『亞細亞研究』2-1.

신승복·최재영, 2015,「제국주의 침략에 따른 베트남·중국 관계와 조선·중국 관계의 변화, 그리고 두 관계의 상호작용」,『영토해양연구』9.

안종철, 2016,「19세기 '국제법'의 성격과 조일수호조규(1876)」,『역사비평』114.

어욘에르덴, 2016,「1910년대 몽골 독립운동과 내치/외교 관계」, 한서대학교 석사학위논문.

엄찬호, 2006,「淸日戰爭에 대한 조선의 대응」,『韓日關係史研究』25.

오카모토 다카시(岡本隆司), 2011,「일본의 류큐 병합과 동아시아 질서의 전환-청일수호조규를 중심으로-」,『동북아역사논총』32.

_____, 2012,「"主權"의 형성-20세기 초 중국과 티베트, 몽고」,『중국근현대사연구』54.

王紹坊 著, 韓仁熙 譯, 1996,『中國外交史』, 知永社.

왕현종 외, 2009,『청일전쟁기 한·중·일 삼국의 상호 전략』, 동북아역사재단.

우신, 2014,「1885년 淸·日 天津條約의 性格」, 성균관대학교 석사학위논문.

우철구, 2016,「개항기 프랑스의 대조선 정책」,『현대사과정』제8호.

유바다, 2017a,「19세기 후반 조선의 국제법적 지위에 관한 연구」, 고려대학교 박사학위논문.

_____, 2017b,「甲申政變 前後 淸·日의 朝鮮保護論 제기와 天津條約의 체결」,『역사학연구』66.

_____, 2016a,「1876년 朝日修好條規의 체결과 조선의 국제법적 지위」,『한국근현대사연구』78.

_____, 2016b,「1882년 조약·장정의 체결과 속국(屬國)·반주지국(半主之國) 조선의 국제법적 지위」,『역사와 현실』99.

유영익 외 공저·한림대학교 아시아문화연구소 편, 1996,『청일전쟁의 재조명』, 한림대학교 출판부.

유인선, 2012, 『베트남과 그 이웃 중국-양국관계의 어제와 오늘』, 창비.

은정태, 2005, 「1899년 韓·淸通商條約 締結과 大韓帝國」, 『역사학보』 186.

_____, 2009, 「청일전쟁 전후 조선의 대청정책과 조청관계의 변화」, 왕현종 외 4인 지음, 『청일전쟁기 한·중·일 삼국의 상호 전략』, 동북아역사재단.

이규하, 1983, 「獨逸의 膠州灣의 租借와 喪失-日本의 對獨戰爭 參與와 함께-」, 『전북사학』 7.

이동욱, 2020a, 「1840-1860년대 청조의 '속국' 문제에 대한 대응」, 『중국근현대사연구』 86.

_____, 2020b, 「청일전쟁의 기원: 청말의 종주권 관념과 속국정책의 변화」, 동북아역사재단 한일역사문제연구소 편, 『청일전쟁과 근대 동아시아의 세력전이』, 동북아역사재단.

이삼성, 2008, 「동아시아 제국주의의 시대구분」, 『國際政治論叢』 제48집 3호.

이완종, 2005, 「러시아의 극동진출과 중-러 국경획정과정 연구」, 『東北亞歷史論叢』 4.

이재석, 2011, 「한청통상조약 연구」, 『대한정치학회보』 19집 2호.

이재훈 역, 2012, 『20세기 러시아와 중국: 국경』, 국방부 군사편찬연구소.

_____ 역, 2010, 『러시아 외교관이 바라본 근대 한국』, 동북아역사재단.

_____, 2008, 「근대 조선과 러시아의 경제관계 형성」, 『대동문화연구』 제61집.

이준희, 2011, 「20세기 초 몽골 민족주의의 전개: 독립 선언에서 임시정부 수립까지」, 『中國學論叢』 32.

이창위, 2011, 「해양관할권의 확대에 대한 해양강대국과 연안국의 대립-영해제도의 역사와 현대적 의의를 중심으로-」, 『동북아역사논총』 34.

이평래, 2011, 「1911년 몽골 독립과 하이산」, 『大東文化研究』 75.

임경석·김영수·이항준 공편, 2012, 『한국근대외교사전』, 성균관대학교 출판부.

장인성·김현철·김종학 엮음, 2012, 『근대한국 국제정치관 자료집 제1권: 개항·대한제국기』, 서울대 출판문화원.

전경선, 1995, 「左宗棠의 新疆建省論」, 『역사와 세계』 19.

조세현, 2011, 「근대중국 해양관련 개념의 형성과 바다 이미지의 변화」, 『동북아문화연구』 29.

존 K. 페어뱅크 지음, 김한식 옮김, 2007, 『캠브리지 중국사 10(상): 청 제국 말 1부』, 새물결.

진정덕, 1984, 「남경조약과 강화도조약에 대한 비교연구: 영, 일의 제국주의적 침략양태분석을 중심으로」, 국민대학교 석사학위논문.

최덕규, 2008a, 「제국주의 열강의 만주정책과 간도협약(1905-1910)」, 『역사문화연구』 31.

_____, 2008b, 『제정러시아의 한반도 정책, 1891~1907』, 경인문화사.

최덕수, 2004, 『개항과 조일관계』, 고려대학교 출판부.

최문형, 1981, 「列强의 對韓政策에 대한 一研究-壬午軍亂과 甲申政變을 中心으로-」, 『歷史學報』 92.

최소자, 1964, 「伊犁事件에 對한 考察: 事件 發生前後의 經緯및 新疆出師를 中心으로」, 이화여자대학교 석사학위논문.

최영희, 1975, 「江華島條約의 締結과 그 影響」, 『한국사』 16.

최진욱, 2008, 「19세기 海防論 전개과정 연구: 申櫶의 海防論을 중심으로」, 고려대학교 박사학위논문.

최형원, 2002, 「네르친스크條約의 滿洲文 考察」, 『알타이학보』 12-1.

한규무, 2002, 「19세기 청-조선 간 종속관계의 변화와 그 성격」, 하정식·유장근 엮음, 『근대 동아시아 국제관계의 변모』, 혜안.

한승훈, 2018a, 「「조미수호통상조약(1882)」 체결 당시 미국의 '공평함'이 갖는 함의 – 조선의 관세자주권 확보 시도와 좌절을 중심으로 –」, 『전북사학』 52.

_____, 2018b, 「조미수호통상조약(1882)」, 『내일을 여는 역사』 71·72호.

_____, 2017a, 「조일수호조규 체결 전후 영국의 대조선 정책」, 동북아역사재단 한일관계연구소 편, 『조일수호조규』, 청아출판사.

_____, 2017b, 「19세기 중반 영국의 대조선 문호개방정책 기원: 영·러 대립과 조·청 속방 관계를 중심으로」, 『인문논총』 74-2.

_____, 2017c, 「19세기 후반 조선의 대외정책 기조와 그 실현-균세정책과 거중조정의 추진」, 『한국근현대사연구』 83.

_____, 2015, 「19세기 후반 朝鮮의 對英정책 연구 (1874~1895)-조선의 均勢政策과 영

국의 干涉政策의 관계 정립과 균열 -」, 고려대학교 박사학위 논문.

_____, 2010, 「조선의 불평등조약체제 편입에 관여한 영국외교관의 활동과 그 의의 (1882~1884)」, 『한국근현대사연구』 52호.

_____, 2006a, 「19세기 후반 불평등조약체제의 성립 과정」, 『내일을 여는 역사』.

_____, 2006b, 「朝英條約과 불평등조약체제의 재정립」, 『韓國史研究』 135호.

홍웅호, 2006, 「1858~1898년 러시아의 동아시아 팽창과 만주」, 『東北亞歷史論叢』 14.

황귀연, 1992, 「라오스의 歷史的 形成과 政治構造」, 김달중 외, 『베트남·캄보디아·라오스: 政治·經濟·社會·文化構造와 政策』, 法文社.

황기우, 2018, 「독일해군의 교주만膠州灣 조차와 건함사업(함대법과 건함경쟁을 중심으로)」, 『韓國史學史學報』 37-1.

Amartuvshin, Buyannemekh, 2013, 「몽골의 독립과 외교정책에 관한 연구: 준완충국에서 완충국으로 이행」, 고려대학교 석사학위논문.

〈일본어〉

「(特集)東アジアの國際秩序と条約体制」, 2010, 『東アジア近代史』 13號.

加藤祐三, 2012, 『幕末外交と開國』, 講談社(원본은 2004년 筑摩書房에서 간행).

姜東局, 2004, 「屬邦の政治思想史」, 東京大 博士學位論文.

岡本隆司, 川島眞 編, 2009, 『中國近代外交の胎動』, 東京大學出版會.

岡本隆司, 2004, 『屬國と自主のあいだ- 近代淸韓關係と東アジアの命運』, 名古屋大學出版會.

高橋秀直, 1998, 「江華條約と明治政府」, 『京都大學文學部研究紀要』 37.

高橋秀直, 1995, 『日淸戰爭への道』, 東京: 創元社.

堀口修, 1997, 「日淸講和條約」及び「日淸通商航海條約」について-條文の背後にあるものを求めて」, 東アジア近代史學會 編, 『日淸戰爭と東アジア世界の變容』 下, ゆまに書房.

大山梓, 1967, 『舊條約下に於ける開市開港の研究-日本に於ける外國人居留地』, 鳳書房.

稲生典太郎, 1995, 『東アジアにおける不平等條約体制と近代日本』, 東京: 岩田書院.

藤間生大, 1987, 『壬午軍亂と近代東アジア世界の形成』, 春秋社.

藤原明久, 2004, 『日本條約改正史の研究: 井上大外の改正交渉と歐米列國』, 東京: 雄松堂出版.

藤村道生, 1995, 『日淸戰爭前後のアジア政策』, 岩波書店.

鹿島守之助, 1970, 『日本外交史 第3卷: 近隣諸國及び領土問題』, 鹿島硏究所出版會.

鹿島守之助, 1970, 『日本外交史 第2卷: 條約改正問題』, 鹿島硏究所出版會.

李啓彰, 2008, 『近代日中外交の黎明－日淸修好条規の締結過程から見る－』, 東京大學博士學位論文.

明治維新史學會 編, 2017, 『講座明治維新 第6卷 明治維新と外交』, 有志舍.

明治維新史學會 編, 2001, 『明治維新史硏究 第6卷 明治維新とアジア』, 吉川弘文館.

白春岩, 2015, 『李鴻章の対日観－「日淸修好条規」を中心に－』, 成文堂.

山辺建太郞, 1966, 『日本の韓國倂合』, 太平出版會.

徐越庭, 1994, 「日淸修好の成立」, 『大阪市立大學法學雜誌』40-2・40-3.

石井孝, 1993, 『明治維新と外壓』, 吉川弘文館.

小宮一夫, 2001, 『條約改正と國內政治』, 吉川弘文館.

小林隆夫, 2012, 『19世紀イギリス外交と東アジア』, 彩流社.

五百旗頭薫, 2010, 『條約改正史 － 法權回復への展望とナショナリズム』, 有斐閣.

日本國際政治學會 編, 1959, 『日本外交史硏究 －明治時代』, 東京: 有信堂.

趙國, 2015, 「明治期日本における淸國の法權行使―長崎の事例を中心として」, 『アジア民衆史硏究』20.

趙國, 2014, 「新条約實施に於ける淸國人の內地雜居問題について―勅令三五二号の成立時期を中心に」, 『早稻田大學大學院文學硏究科紀要 第4分冊』59.

佐々木揚, 2010, 「淸末の「不平等条約」觀」, 『東アジア近代史』13號.

中塚明, 1968, 『日淸戰爭の硏究』, 靑木書店.

川島眞, 2004, 『中國近代外交の形成』, 名古屋大學出版會.

村田忠禧, 2013, 『日中領土問題の起源: 公文書が語る不都合な真実』, 東京: 花傳社.

崔碩莞, 1997, 『日淸戰爭への道程』, 吉川弘文館.

秋月望, 1985, 「中間の三貿易章程の締結経緯」, 『朝鮮學報』115.

彭澤周, 1963, 「甲申事變をめぐる井上外務卿とフランス公使との交涉」, 『歷史學硏究』 282.

⟨중국어⟩

權赫秀, 2009, 「晚淸對外關係中的 "一個外交兩種體制" 現象芻議」, 『中國邊疆史地』 19-4.

劉利民, 2010, 『不平等條約與中國近代領水主權問題硏究』, 長沙: 湖南人民出版社.

李動旭, 2018, 「觀念與體制: 中西語境互動中的淸廷對朝鮮政策演變(1843-1893)」, 北京大學博士學位論文.

文慶 等編, 2008, 『道光朝籌辦夷務始末』 卷七十九, 道光二十八年十二月乙酉, 中華書局.

文慶 等編, 2008, 『道光朝籌辦夷務始末』 卷七十四, 中華書局.

文慶 等編, 2008, 『道光朝籌辦夷務始末』 卷七十八, 道光二十七年十一月壬辰, 中華書局.

王璽, 1981, 『李鴻章與中日訂約』, 中央硏究院 近代史硏究所.

王紹坊, 1988, 『中國外交史』, 河南人民出版社.

劉彦, 1919, 『中國近時外交史』, 漢江各大書坊.

정유영, 2012, 『旅大租借地史』, 上海社会科學院出版社.

曾紀澤, 2008, 「倫敦再致李傅相」, 『曾紀澤集』, 嶽麓書社.

何如璋, 2010, 『主持朝鮮外交議』, 『何如璋集』, 天津人民出版社.

⟨영어⟩

Arrighi, Giovanni, Silver, Beverly J, Ahmad, Iftikhar, 1999, *Chaos and governance in the modern world system*, Minneapolis: University of Minnesota Press.

Auslin, Michael R., 2009, *Negotiating with Imperialism: The Unequal Treaties and the Culture of Japanese Diplomacy*, Cambridge: Harvard University Press.

Coates, P. D. 1988, *The China consuls: British consular officers, 1843-1943*, Oxford University Press.

Daniels, Gordon, 1996, *Sir Harry Parkes: British representative in Japan 1865-83*,

Folkestone: Japan Library.

Fairbank, John K., 1978, "The Creation of the Treaty System," in *The Cambridge History of China*. Vol.10. Late Ch'ing, 1800-1911. Part 1, New York: Cambridge University Press.

Han, Seunghoon, 2018, "The Endeavour to Revise Unequal Treaties in East Asia in the Early 1880s," *International Journal of Korean History*, 23-1.

Hopkirk, Peter, 1994, *The great game: the struggle for empire in central Asia*, New York: Kodansha International.(정영목 역, 2008, 『그레이트 게임: 중앙아시아를 둘러싼 숨겨진 전쟁』, 사계절).

Jones, F. C., 1935, "Foreign Diplomacy in Korea 1866~1894," Cambridge: Harvard University, Ph. D. Dissertation.

Kiernan, E. V. G., 1939, *British Diplomacy in China 1880 to 1885*, Cambridge Uviv. Press.

Lee, Yur-Bok, 1970, *Diplomatic Relations Between the United States and Korea, 1866-1887*, New York: Humanities Press.

Morse, Hosea Ballou, 1918, *The International Relations of the Chinese Empire Vol. Ⅲ The period of Subjecton 1894-1911*, Longmans, Green, and Co.

Parkinson, Roger, 2008, *The Late Victorian Navy: The Pre-Dreadnought Era and the Origins of the First World War*, Boydell Press.

Peter Duss, Ramon H. Meyers, and Mark R. Peattie (eds.), 1989, *The Japanese Informal Empire in China, 1895-1937*, Princeton University Press.

Porter, Andrew, 1998, *The Nineteenth Century, The Oxford History of the British Empire*, Volume III, Oxford University Press.

Sebes, Joseph, S.J., 1961, *The diary of Thomas Pereira, S.J.*, Institutum Historicum.

Sebes, Joseph, S.J., 1969, *The Jesuits and the Sino-Russian Treaty of Nerchinsk*, Institutum Historicum.

Stanley Lane-Poole, 1894, *Life of Sir Harry Parkes v.1, v.2*, London Macmillan and Co.

Treat, Payson J., 1932, *Diplomatic Relations between the United States and Japan*, Stanford University Press, Vol. II.

Wang, Dong, 2008, *China's Unequal Treaties: Narrating National History*, Lanham, MD: Lexington Books.

〈러시아어〉

Б. Н. Верещагин. В старом и новом Китае. Из воспоминаний дипломата. М., 1999. С. 173 [B. N. 베레샤긴, 『옛 중국과 새로운 중국에서. 외교관의 회고』(모스크바, 1999)].

Гу Юнь. Чжунго цзиньдай ши чжун ды бу пиндэн тяоюе (Неравноправные договоры в новой истории Китая). Пекин, 1973. С. 25, 41, 42 и 51 [구윤, 『중국 근대의 불평등조약들』(베이징, 1973)].

Земля российская: о необоснованности территориальных претензий Японии к России// *Свободная мысль*. No.4, 2013.(러시아의 땅: 일본의 러시아에 대한 근거 없는 영토주장)

Империя Цин и Русское государство в XVII веке, Москва: Наука, 1980.(17세기 청제국과 러시아)

История географического изучения и картографирования Сибири и Дальнего Востока в XVII — начале XX вв. в связи с формированием русско-китайской границы, Москва: Леканд, 2013.(18~20세기 초 지리탐구와 시베리아 및 극동 지도제작의 역사-중러국경의 형성과 관련하여)

История советско-японских дипломатических отношений. М.: Издательство Института международных отношений, 1962.(소일 외교관계사)

Кошкин А. А. *Россия и Япония: Узлы противоречий*. М.: Изд-во 《Вече》, 2010.(러시아와 일본: 대립의 매듭)

Латышев И. А. *Россия и Япония: в тупике территориального спора*. М.: Алгоритм, 2004.(러시아와 일본: 영토논쟁의 극단에서)

Мясников В.С. *Русско-китайские отношения 1689—1916*. М.: Политическая литература, 1958.(러중관계 1689-1916)

Панов А.Н. *Современные Российско-Японские отношения и перспективы их развития*, М.: Спецкнига, 2012.(현대 러일관계와 관계발전의 전망)

Портяков В.Я. *Проблемы Дальнего Востока*, Институт Дальнего Востока РАН, 1976.(극동문제)

Постников А. В. *Становление рубежей России в Центральной и Средней Азии (XVIII—XIX вв.)*, Москва: Памятники исторической мысли, 2007.(러시아와 중앙아시아 경계의 형성(18-19세기))

Российско-китайские отношения-история и современность, Благовещенск, 2014.(러중관계-역사와 현실)

Российско-японские отношения: история и современность, Молодой ученый, 2016.(러일관계: 역사와 현실)

Шишов А. В. *Россия и Япония. История военных конфликтов*.—М.:Изд-во ≪Вече≫, 2000.(러시아와 일본: 군사분쟁의 역사)

3) 국가별 체결한 전체 조약 목록

(1) 근대 중국(청)이 체결한 조약 목록

순번	연도	조약명(일본 측 조약 문서집에 명기된 조약명)	체결 상대국	비고(약칭 또는 한국 관련하여 불리는 조약 명칭)
1	1842	中英江寧條約	영국	난징(南京)조약
2	1843	中英五口通商章程	영국	
3	1844	中美五口貿易章程	미국	왕샤(望廈)조약
4	1844	中法五口通商章程	프랑스	황푸(黃埔)조약
5	1844	中意五口通商章程	이탈리아	
6	1844	中瑞五口通商章程	스웨덴	
7	1858	中俄瑗琿和約	러시아	아이훈조약
8	1858	中俄天津和約	러시아	톈진조약
9	1858	中美和好條約	미국	톈진조약
10	1858	中英天津條約	영국	톈진조약
11	1858	中法天津條約	프랑스	톈진조약
12	1860	中俄續增條約	러시아	베이징조약
13	1860	中英續增條約	영국	베이징조약
14	1860	中法續增條約	프랑스	베이징조약
15	1861	中德和好通商條約	독일	
16	1862	中俄陸路通商章程	러시아	
17	1862	中葡和好貿易條約	포르투갈	
18	1863	中丹天津條約	덴마크	
19	1864	中國日斯巴尼亞和好貿易條約	스페인	
20	1865	中比通商條約	벨기에	
21	1866	中意通商條約	이탈리아	
22	1868	中美續增條約	미국	
23	1869	中奧通商條約	오스트리아	
24	1871	中日修好條規	일본	청일수호조규
25	1880	中德續修條約	독일	
26	1880	中美續修條約	미국	
27	1881	中俄改訂條約	러시아	
28	1882	中朝商民水陸貿易章程	조선	조중상민수륙무역장정

28	1885	中日天津會議專條	일본	텐진조약
29	1885	中法會訂越南條約	프랑스	베트남
30	1886	中英會議緬甸條款	영국	미얀마
31	1887	中葡條約	포르투갈	
32	1890	中英會議藏印條約	영국	티베트-인도
33	1893	中英會議藏印條約	영국	티베트-인도
34	1895	中日馬關新約	일본	청일강화조약[시모노세키조약]
35	1895	中日遼南條約	일본	랴오둥환부조약
36	1897	中英緬甸條約	영국	미얀마
37	1898	中德膠澳租界條約	독일	자오저우(膠澳)만 조차
38	1898	中俄旅大租地條約	러시아	뤼순다롄 조차
39	1898	中英訂租威海衛專條	영국	웨이하이 조차
40	1899	中韓通商條約	한국	한청통상조약
41	1899	中法廣州灣租界約	프랑스	광저우만 조차
42	1899	中墨通商條約	멕시코	
43	1901	各國和約	오스트리아-헝가리, 벨기에, 프랑스, 독일, 영국, 이탈리아, 일본, 네덜란드, 러시아, 스페인, 미국	신축화약
44	1904	中葡通商條約	포르투갈	
45	1906	中英藏印條約	영국	티베트-인도
46	1908	中英修訂藏印通商章程	영국	티베트-인도
47	1908	中瑞通商條約	스웨덴	
48	1909	中日圖們江界務條款	일본	간도협약

출전: 田濤 主編, 1999, 『淸朝條約全集』, 黑龍江人民出版社

(2) 근대 일본이 체결한 조약 목록

순번	연도	조약명 (일본 측 조약 문서집에 명기된 조약명)	체결 상대국	비고(약칭 또는 한국 관련 하여 불리는 조약 명칭)
1	1854	日本國米利堅合衆國和親條約	미국	미일화친조약
2	1855	日本國和蘭國和親假條約	네덜란드	
3	1855	日本國魯西亞國通好條約	러시아	
4	1856	日本國和蘭國條約	네덜란드	
5	1857	日本國和蘭國全權追加條約	네덜란드	
6	1857	日本國魯西亞國追加條約	러시아	
7	1857	日本國米利堅合衆國條約	미국	
8	1858	日本國米利堅合衆國修好通商條約	미국	미일수호통상조약
9	1858	日本國佛蘭西國修好通商條約	프랑스	
10	1858	日本國大不列顛國修好通商條約	영국	
11	1858	日本和蘭修好通商航海條約	네덜란드	
12	1858	日本國魯西亞國修好通商條約	러시아	
13	1860	日本國葡萄呀國修好通商條約	포르투갈	
14	1861	日本國普魯士國修好通商條約	독일	
15	1864	日本國瑞西國修好通商條約	스위스	
16	1866	日本國白耳義國修好通商及航海條約	벨기에	
17	1866	日本國伊太利國修好通商條約	이탈리아	
18	1867	日本國丁抹國修好通商及航海條約	덴마크	
19	1868	日本國西班牙國修好通商及航海條約	스페인	
20	1868	日本國瑞典那耳回國修好通商及ヒ航海條約	스웨덴-노르웨이	
21	1869	日本國獨逸北部聯邦修好通商航海條約	독일	
22	1869	日本國澳地利洪噶利國修好通商航海條約	오스트리아-헝가리	
23	1871	大日本國大淸國修好條規	청	청일수호조규
24	1871	日本國布哇國修好通商條約	하와이	
25	1873	日本國祕魯國和親貿易航海假條約	페루	
26	1876	修好條規	조선	조일수호조규
27	1876	通商章程	조선	조일통상장정
28	1882	修好條規續約	조선	조일수호조규속약
29	1882	濟物浦條約	조선	제물포조약
30	1883	通商章程續約	조선	조일통상장정속약

31	1884	漢城條約	조선	한성조약
32	1885	天津條約	청	텐진조약
33	1888	修好通商條約	멕시코	
34	1889	日米和親通商航海條約	미국	※조약 시행 무기한 연기 (각의결정)
35	1889	和親通商及航海條約	독일	
36	1889	和親通商及航海條約	러시아	
37	1889	朝鮮日本兩國通漁章程	조선	조일양국통어장정
38	1894	通商航海條約	영국	
39	1894	通商航海條約	미국	
40	1894	暫定合同條款	조선	잠정합동조관
41	1894	大朝鮮大日本兩國盟約	조선	조일양국맹약
42	1895	休戰延期條約-停戰展期專條	청	청일강화조약 (시모노세키조약)
43	1895	通商航海條約	덴마크	
44	1895	通商航海條約	페루	
45	1895	通商航海條約	러시아	
46	1896	通商航海條約	벨기에	
47	1896	通商航海條約	프랑스	
48	1896	通商航海條約	네덜란드	
49	1896	通商航海條約	이탈리아	
50	1896	通商航海條約	스웨덴-노르웨이	
51	1896	航海條約	하와이	
52	1896	日獨通商航海條約	독일	
	1896	日清通商航海条約	청	
	1896	清國新開市場に日本專管居留地設置其の他に關する議定書	청	
53	1896	日本及瑞西修好居住通商條約	스위스	
54	1896	朝鮮問題ニ關スル覺書	러시아	베베르-고무라 각서
55	1896	朝鮮問題ニ關スル議定書	러시아	로바노프-야마가타 의정서
56	1897	通商航海條約	포르투갈	
57	1897	通商航海條約	오스트리아-헝가리	
58	1897	日西修好交通條約	스페인	
59	1898	朝鮮問題ニ關スル議定書	러시아	로젠-니시 협정

60	1898	日本暹羅修好通商航海條約	태국	
61	1902	第一回同盟協約	영국	제1차 영일동맹
62	1904	日韓議定書	한국	한일의정서
63	1904	日韓協約	한국	고문 용빙에 관한 협정서
64	1905	第二回同盟協約	영국	제2차 영일동맹
65	1905	休戰ニ關スル議定書	러시아	러일강화조약(포츠머스조약)
66	1905	日韓協約	한국	을사늑약
67	1907	日韓協約	한국	정미조약[한일협약]
68	1907	警察事務執行ニ關スル取極書	한국	재한국 일본인의 경찰사무에 관한 협정
69	1907	第一回協約	러시아	(제1차) 러일협약
70	1909	韓國司法及監獄事務委託ニ關スル覺書	한국	한국 사법 및 감옥 사무 위탁에 관한 각서(기유각서)
71	1909	韓國中央銀行ニ關スル覺書	한국	한국 중앙은행에 관한 각서
72	1910	韓國警察事務委託ニ關スル覺書	한국	한국 경찰 사무 위탁에 관한 각서
73	1910	韓國倂合ニ關スル條約	한국	한일 강제 병합조약
74	1910	韓國倂合ニ關スル宣言	한국	
75	1910	第二回協約	러시아	제2차 러일협약
76	1911	第三回同盟協約	영국	제3차 영일동맹
77	1911	日獨通商航海條約	독일	
78	1912	通商航海條約	오스트리아-헝가리	

출전: 日本 外務省, 1930~1936, 『旧条約彙纂』. 이 중 중국(청)과의 조약은 "아시아역사자료센터 소장 이국 간 조약" 참조

3. 개관: 기존 연구 현황 및 한중일 3국의 조약 체결 과정

김현철

이 자료집에서는 근대 시기 동아시아 3국의 영토 관련 조약을, 구체적으로는 영국, 프랑스, 독일, 러시아 등이 중국(청), 일본을 중심으로 영토를 침탈해 가는 과정을 살펴보고자 한다. 그 과정에서 서구 국가들의 동아시아 침탈 과정과 근대 조약 체결에 관한 학계의 연구 현황을 간략히 소개하고자 한다.

일반적으로 19세기 중반 이후 동아시아는 영국이 중심이 된 서구 열강의 정치적·경제적 침략에 직면하였다. 제1, 2차 중영전쟁, 영·프 연합군의 베이징 점령, 영국·사쓰마 전쟁, 시모노세키 전쟁은 영국이 중심이 되어서 전개되었던 무력 침략의 대표적인 예라 할 수 있다. 그 결과 영국을 위시한 서구 열강은 청국과 일본에 일련의 불평등한 조약들의 체결을 관철시켰다. 난징조약(1842), 텐진조약(1858), 베이징조약(1860), 에도협약[개세약서](1866) 등이 불평등 조약의 대표적 사례들이다.

1) 근대 중국(청)이 서양 국가와 체결한 조약들

중국이 서구 열강과 체결한 조약들로서, 영국과 체결한 (중영)난징조약(1842), (중영)텐진조약(1858) 및 (중영)베이징조약(1860) 들이 대표적이다. 그리고 난징조약을 보충하는 성격의 (중영)후먼(虎門)조약(1843)이, 그 후 미국과 프랑스가 영국을 모방하여 청조와 체결한 (중미)왕샤(望廈)조약(1844)과 (중불)황푸(黃埔)조약(1844) 들은 최혜국 대우 조항을 통해 각 조약의 부족한 점을 서로 보완해 주는 성격을 가진다. 이들 조약들은 서구 제국주의 열강의 동아시아 정책의 특징 중 하나인 다변적 비공식 제국주의(multilateral informal imperialism)의 틀을 형성하는 불평등 조약들이라 하겠다. 최혜국 대우 조항을 활용한 이들 조약의 상호보완적 성격은 제2차 아편전쟁 시기에 미국, 프랑스, 영국, 러시아가 각각 청조와 체결한 텐진조약(1858) 및 영국, 프랑스가 청조와 체결한 베이징조약(1860)의 체결 과정을 통해서도 다시 한 번 확인되었다.

중국은 최초의 근대적 조약이라고 할 수 있는 난징조약을 영국과 1842년 체결하면서 홍콩부터 상실한다.[5] 중국은 특히 영국과 1860년 베이징조약을 체결하여 구룡반도를 할양하였으며, 1898년 전척홍콩계지전조[展拓香港界址專條]를 체결하여 99년간 신계 지역을 영국에 조차지(租借地)로 내주었다(이와 관련하여 이 자료집의 II장 2절 "중국과 영국 간 홍콩 할양 관련 조약들"에 관련 조약들 수록).

1842년 난징조약을 통해 영국이 홍콩을 할양받은 이후, 불평등 조약 체제 속에서 이루어진 열강의 중국 침탈은 주로 상업과 여행에서의 특권을 확보하고, 더 많은 항구와 육로의 '개방'을 요구하는 형태로 이루어졌다. 초기에는 명백한 영토침탈은 이루어지지 않고, '조계(租界)'의 설치와 확장을 요구하는 정도였다. 이러한 사정으로 인해 19세기 후반의 중국인들은 대체로 영국과 프랑스, 미국 등 서양 열강이 영토를 탐내지 않고 상업과 선교에만 열을 올리고, 러시아와 일본은 직접적으로 남의 땅을 빼앗으려 한다는 인식을 가지고 있었으며, 이러한 인식은 조선의 대외개방 정책에도 영향을 끼쳤다. 그것이 중국이 열강에 의해 영토가 분할될 수 있다는 위기감으로 전환된 것은 중국의 청일전쟁 패배 이후 각국이 경쟁적으로 중국에서 조차지를 획득하고 배타적 세력 범위를 설정하면서부터였다(이와 관련하여 본 자료집의 II장 3절 "중국이 서양 국가와 체결한 조차지 관련 조약들"에 관련 조약들 수록). 이후 중국은 1898년 영국, 독일, 러시아, 프랑스와 조약을 체결하여 차례로 웨이하이, 자오저우, 다롄, 광저우를 조차지로 내어준다.[6] 이 과정에서 일련의 조약들이 체결되었으나 아직까지 이들 조약을 전문적으로 다룬 연구는 거의 없는 편이다.

그중 중국이 체결한 영토 관련 조약들은 그 성격상 다음과 같이 3가지로 구분된다.

첫째, 러시아와의 국경 획정을 비롯한 중국(청) 본토의 일부 상실 과정이다. 크게 흑룡강, 외몽골 국경, 연해주, 이리 국경, 뤼순, 다롄, 홍콩, 웨이하이, 광저우, 자오저우 조차지 등을 들 수 있다.

중국(청)은 러시아와 1689년 네르친스크조약 체결을 계기로 흑룡강 방면 국경을 획정하

---

[5] 강진아, 2016, 「동아시아의 개항: 난징조약에서 강화도 조약까지」, 『현대사광장』 7; 진정덕, 1984, 「남경조약과 강화도조약에 대한 비교연구: 영, 일의 제국주의적 침략양태분석을 중심으로」, 국민대학교 석사학위논문.

[6] 李挨河, 1983, 「獨逸의 膠州灣의 租借와 喪失-日本의 對獨戰爭 參與와 함께-」, 『전북사학』 7; 김형렬, 2011, 「獨逸의 靑島 經略과 植民空間의 擴張(1898-1914)」, 『中國史硏究』 70.

였다. 이어 1727년 캬흐타조약을 체결하여 외몽골 방면 국경을 획정하였다. 본격적인 제국주의 침탈 시기가 되면서 1858년 톈진조약과 아이훈조약, 1860년 베이징조약의 체결을 계기로 연해주를 러시아에 넘겨주었다. 마지막으로 1879년 리바이다조약, 1881년 이리조약을 통하여 신강 방면 국경을 획정하였다(이와 관련하여 본 자료집의 II장 1절 "중국과 러시아 간 국경 획정 관련 조약들"에 관련 조약들 수록).

이와 같은 19세기 중국의 영토 상실 과정에 대한 연구는 그 중요성에도 불구하고 국내에서는 매우 소략한 편이다. 네르친스크조약(1689), 캬흐타조약(1727)을 중심으로 중국과 러시아 사이에 외몽골 지방을 중심으로 형성된 국경 획정에 대한 연구들이 일부 진행되었다.[7] 그리고 1870년대 촉발된 이리(伊犁) 분쟁과 그 해결을 위한 이리조약 체결 과정을 서술한 연구를 들 수 있다.[8]

둘째, 티베트, 외몽골을 비롯한 번부(藩部)의 상실 과정에서 체결된 조약을 들 수 있다. 주로 중국(청)은 영국과 조약을 체결하면서 티베트는 가까스로 보존하나 외몽골은 상실하였다. 그중 티베트 문제의 역사적 형성 과정을 보여 주는 일련의 조약들이 중요하다(이와 관련하여 본 자료집의 II장 4절 "중국과 영국 간 티베트 관련 조약들"에 관련 조약들 수록).

다른 한편 번부(藩部)에 속해 있었던 몽골과 티베트는 1913년 상호 간에 몽장조약을 체결하면서 독립을 승인하였으며, 몽골의 독립 과정에 대한 일부 연구가 있다.[9] 직접적인 중국의 영토는 아니나 종주권(宗主權)을 보유하였던 속국의 상실 과정에 대한 연구의 예를 들면 다음과 같다. 먼저 프랑스가 베트남을 보호국화하는 과정을 들 수 있다.[10] 라오스, 미얀

---

[7] 박대인, 2006, 「17-18세기 淸-러시아 조약체제와 邊境의 재정립」, 연세대학교 석사학위논문; 崔亨源, 2002, 「네르친스크條約의 滿洲文 考察」, 『알타이학보』 12-1; 구범진, 2008, 「淸代 對러시아 外交의 성격과 그 변화 – 締約大臣과 交換 條約文의 言語를 중심으로」, 『大東文化硏究』 61; 이완종, 2005, 「러시아의 극동진출과 중-러 국경획정과정 연구」, 『東北亞歷史論叢』 4.

[8] 崔韶子, 1964, 「伊犁事件에 對한 考察: 事件 發生前後의 經緯및 新疆出師를 中心으로」, 이화여자대학교 석사학위논문; 全京先, 1995, 「左宗棠의 新疆建省論」, 『역사와 세계』 19.

[9] 어온에르덴, 2016, 「1910년대 몽골 독립운동과 내치/외교 관계」, 한서대학교 석사학위논문; Amartuvshin, Buyannemekh, 2013, 「몽골의 독립과 외교정책에 관한 연구: 준완충국에서 완충국으로 이행」, 고려대학교 석사학위논문; 이평래, 2011, 「1911년 몽골 독립과 하이산」, 『大東文化硏究』 75; 이준희, 2011, 「20세기 초 몽골 민족주의의 전개: 독립 선언에서 임시정부 수립까지」, 『中國學論叢』 32.

[10] 노영순, 2005, 「청불전쟁(1884~1885년) 전후 중국-베트남 국경문제와 획정과정」, 『東北亞歷史論叢』 4; 신승복·최재영, 2015, 「제국주의 침략에 따른 베트남·중국 관계와 조선·중국 관계의 변화, 그리고 두 관계의 상호작용」, 『영토해양연구』 9; 유인선, 2012, 『베트남과 그 이웃 중국-양국관계의 어제와 오늘』, 창비.

마 역시 프랑스와 영국에 각각 귀속되었다.[11] 그밖에 중앙아시아 지역 속국 또한 러시아의 식민지로 넘어갔다.[12] 이 과정에서 중국은 프랑스, 영국 등과 조약을 체결하였다.

셋째, 중국은 프랑스, 영국, 일본과 조약을 체결하면서 베트남, 미얀마, 라오스 등 중국 동남방면에 위치한 속국 또는 속방 및 조선에 대한 종주권을 상실하였다.[13]

이와 같이 중국(청)은 19세기에 들어서 본토, 번부, 속국의 순서대로 영토 및 종주권을 상실하는 과정을 겪었으며 이에 대한 조약을 차례로 체결하였다.

이상 중국(청)이 체결한 조약들을 개괄하면 다음 도표와 같다.

구분	해당 영토	조약명(연도)	상대국
본토	흑룡강 국경	네르친스크조약(1689)	러시아
	외몽골 국경	캬흐타조약(1727)	
	연해주	(중러) 톈진조약(1858)	
		(중러) 아이훈조약(1858)	
		(중러) 베이징조약(1860)	
	이리 국경	리바이다조약(1879)	
		이리조약(1881)	
	뤼순·다롄 조차	(중러) 뤼순·다롄조차지조약(1898)	
	홍콩 할양	난징조약(1842)	영국
		(중영) 톈진조약(1858)	
		(중영) 베이징조약(1860)	
		전척홍콩계지전조(1898)	
	웨이하이 조차	(중영) 웨이하이조차조약(1898)	
	광저우 조계	(중불) 광저우만조계조약(1898)	프랑스
	자오저우 조계	(중독) 자오저우조계조약(1898)	독일

---

11 黃貴淵, 「라오스의 歷史的 形成과 政治構造」, 金達中 외, 1992, 『베트남·캄보디아·라오스: 政治·經濟·社會·文化構造와 政策』, 法文社; 김성원, 2010, 『미얀마 왕조사』, 부산외국어대학교 출판부.

12 강정일, 2014, 「지정학으로 본 러시아제국의 對한반도정책(1884-1904): 팽창원인과 실패과정을 중심으로」, 고려대학교 박사학위논문; 김대성 외, 2009, 『중앙아시아학 입문』, 한국외국어대학교 출판부.

13 이상 중국(청)이 각국과 체결한 조약들에 대한 개괄적 해제는 유바다, 2018, 「중국이 체결한 조약: 러시아와 국경 획정 관련 및 영국과 홍콩 할양 관련 조약」, 동북아역사재단 한일역사문제연구소, 『제국주의의 동아시아영토침탈사와 근대조약 체결 연구- 2018년 기획연구 결과 발표 세미나 자료집』, 2018. 11. 30, 서울, 43-57쪽 및 유바다, 2019, 「중국(청)이 서구와 체결한 조차지 관련 조약 및 조선 관련 조약들의 내용과 해제」, 동북아역사재단, 『제국주의의 동아시아영토침탈사와 근대조약 체결 연구- 2019년 기획연구 결과 발표 세미나 자료집』, 2019. 11. 8, 서울, 3~14쪽 참조.

번부	티베트	시킴-티베트협약[장인(藏印)조약](1890)	영국
		장인조관[시킴-티베트 협약 부속 조관]	
		영장(英藏)조약[라싸조약]	
		(중영) 속정장인조약[中英續訂藏印條約]	
	티베트/외몽골 상실	몽장조약(1913)	티베트-외몽골
속국	베트남 상실	(중불) 월남조약(1885)	프랑스
	미얀마 상실	(중영) 미얀마조약(1886)	영국
		(중영) 미얀마조약(1897)	
	조선 상실	조중상민수륙무역장정(1882)	조선
		(중일) 텐진조약(1885)	일본
		청일강화조약[시모노세키조약](1895)	
		랴오둥환부조약(1895)	
		한청통상조약(1899)	대한제국
		간도협약(1909)	일본

이하 이 자료집에서 다루는 서구 열강과 중국(청) 간 조약들의 주요 내용과 그 성격들을 개괄하면 다음과 같다.

중국 내 영토의 이러한 변화 과정에 대해 기존 연구에서는 서구 열강이 최혜국 대우 조항을 근거로 다른 국가가 청국, 일본과 체결한 조약을 균점함으로써, 동아시아는 사실상 하나의 조약체제를 이루게 되었다고 설명하였다. 그 대표적 예로서 페어뱅크(John K. Fairbank)는 기존의 중국 중심의 조공체제와는 구별되는 특징으로 19세기 중반 이래 동아시아에 조약체제가 성립되었다고 설명하였다.[14] 페어뱅크는 '조약체제'가 1842년 난징조약을 시작으로 형성되어 1860년 베이징조약을 통해 완성 단계에 이르렀다고 이해했다.[15] 이러한 단계적인 이해는 이들 조약의 특징을 파악하는 데 유용하다. 난징조약(1842)에서부터 (중불)황푸조약(1844)에 이르는 일련의 조약들에 의해 규정된 청조의 문호개방은 겨우 5개 항구에서 무역을 허가하는 데 그치고 있으며, 그 밖의 광활한 지역은 상기한 조약들에 포함

---

14 John K. Fairbank, 1978, "The Creation of the Treaty System," in *The Cambridge History of China*. Vol.10. Late Ch'ing, 1800-1911. Part 1. New York: Cambridge University Press.

15 존 K. 페어뱅크 지음, 김한식 옮김, 2007, 『캠브리지 중국사 10(상): 청 제국 말 1부』, 새물결.

된 조항들에 의해 서양인의 교역과 여행이 금지되었다. 당시 중요한 외교적 현안은 청의 중앙 정부가 아닌 양광총독(兩廣總督)과 같은 지방관과 교섭해야만 했으며, 기대한 만큼의 무역 이익을 얻어 내지 못한 영국, 프랑스, 미국 등의 조약 개정 요구는 청조 측의 완강한 저항에 부딪혔다. 상업적 이익을 위한 새로운 항구 및 내지의 개방 외에도 이들 국가가 청조에 줄기차게 요구한 것은 외교관이 수도에 상주하여 청의 중앙 정부와 대등하게 교섭할 권리였다. 결국 '조공체제'와 대비되는 '주권국가들 간의 대등한 외교와 자유무역주의'를 명분으로 하여 서구 열강들이 자신들의 이익을 동아시아에 관철시키기 위한 노력은 제2차 아편전쟁의 결과물인 톈진조약(1858)과 베이징조약(1860)을 통해 한층 강화되었다.

사실, 페어뱅크의 '조약체제'론은 이들 조약이 불평등 조약으로서의 성격을 띠는 것 이외에도 중국을 비롯한 동아시아 국가들이 '주권국가들 사이의 대등한 외교'를 전제로 하는 근대 유럽의 국제질서를 수용하고 그 일원이 되는 과정을 상당히 강조하고 있다. 이에 따라 청이 총리각국사무아문이라는, 조약 체결국과의 외교를 전담하는 부서를 설치하고 근대 외교의 실천에 나선 점을 중시한다. 그러나 그의 이론은 청나라가 전통시대부터 이미 러시아와 일련의 '평등한' 조약 관계를 형성하고 있었다는 점,[16] 그리고 동아시아 근대 질서에 대한 '조공체제(Tributary System)에서 조약체제로의 전환'이라는 서구 중심적이고 도식적인 이해 방식이 근대 동아시아의 실제 질서를 설명하기에 충분하지 못하다는 비판을 받아 왔다.[17] 이러한 논의에도 불구하고 당시 청이 서구 열강들과 체결한 조약들이 동아시아 근대의 국제정치 지형을 형성하는 데 커다란 영향을 끼쳤다는 것은 부인할 수 없다.[18]

일부 연구자들은 동아시아에 불평등 조약체제가 확립되었다는 관점으로 설명하였다. 피터 듀스의 경우, 영국이 동아시아에 식민지 확보보다는 조약체제를 통한 경제적 이익 확보를 추구했다는 관점에 주목하였다.[19] 영국이 조약체제의 확립을 통해서 동아시아에 자유

---

16 구범진은 이를 '불평등'한 조공관계나 19세기의 '불평등 조약 체제'와 구별하여 '네르친스크–캬흐타 조약 체제'라 부른다(구범진, 2012, 『청나라, 키메라의 제국』, 민음사).
17 權赫秀, 2009, 「晚淸對外關係中的"一個外交兩種體制"現象芻議」, 『中國邊疆史地』 19-4.
18 이상 중국이 체결한 조약들의 성격에 대한 연구 현황에 대해서는 이동욱, 2019, 「서양 열강이 중국과 맺은 조약: 공간의 관할권에 대한 동서양 관념의 충돌과 절충, 그리고 중화질서의 해체」, 동북아역사재단, 『제국주의의 동아시아영토침탈사와 근대조약 체결 연구– 2019년 기획연구 결과 발표 세미나 자료집』, 2019. 11. 8, 서울, 37~46쪽 참조.
19 Peter Duss, Ramon H. Meyers, and Mark R. Peattie (eds.), 1989, *The Japanese Informal Empire in China, 1895–*

무역에 기반을 둔 경제체제를 확립시켰고, 이를 기반으로 경제적 이익을 확대해 갔다고 보았다. 피터 듀스는 19세기 후반부터 20세기 초까지 동아시아에서 전개된 서구 열강의 침략 형태를 '비공식 제국주의 형태의 불평등 조약 체제(The Unequal Treaty System as Informal Imperialism)'로 설명하였다. 특히 '비공식 제국주의(Informal Imperialism)'는 서구 열강이 아프리카에서 전개하였던 식민지 쟁탈전과는 구별되는 동아시아의 특징으로 주목받게 되었다.

영국을 비롯한 서구 열강은 동아시아 진출 과정에서 자신들의 이익을 극대화하기 위해서 무력을 사용하였으며, 그 과정에서 일부 지역을 식민지화하였다. 영국의 홍콩 지배, 프랑스가 청국의 속방 베트남을 식민지화한 사례는 대표적인 예라 하겠다. 하지만 서구의 기존 연구들은 조약 체결 과정에서 영국을 비롯한 서구 열강의 영토 침략을 부수적으로 다루는 경우가 일반적이었다.[20] 이로 인해 서구 열강의 영토침탈 및 지배에 대한 규정이 어떠한 과정을 거쳐서 조약에 반영되었으며, 영토 지배를 담은 조문들이 효력을 발휘하였던 전후 관계에 대해서는 간략하게 다루어진 측면이 없지 않다.[21]

○ 중국(청)과 러시아 간 국경 획정 관련 조약들[22]

1969년 3월 2일 아무르강(黑龍江)의 지류 중 하나인 우수리강의 다만스키섬(Даманский остров, 珍寶島)에서 소련과 중국 간에 섬의 소유권을 둘러싸고 양국의 군대가 동원된 무력 충돌이 발생하였다. 이는 이미 예견된 것이었다. 17세기부터 20세기 초반까지 양국 사이에 여러 차례의 국경조약이 체결되었고 이를 통해 국경선의 대부분이 비교적 명확하게 획정되었음에도, 중국 측으로서는 소련 측과는 달리 기존의 국경 조약들과 그 조약들을 통해

1937, Princeton University Press, Introduction, xi.

20 John K. Fairbank, 1978; 王紹坊, 1988, 『中國外交史』, 河南人民出版社.
21 王紹坊(1988)의 연구는 제국주의 열강의 침략이라는 관점에서 조약의 불평등성을 강조하였지만, 조약을 통한 영토 침략 및 지배가 갖는 본질을 추적한 것은 아니었다.
22 이와 관련하여 청이 러시아와 체결한 조약들의 목록을 들면 다음과 같다. 네르친스크조약(Нерчинский договор, 1689), 부라조약(Буринский трактат, 1727), 캬흐타조약(Кяхтинский договор, 1727), 아이훈조약(Айгунский договор, 1858), 톈진조약(Тяньцзинские Договоры, 1858), 베이징조약(Пекинский договор, 1860), 한카의정서(1861), 상트페테르부르크조약(Петербургский договор, 1881), 노보키옙스크의정서(1886), 하바롭스크의정서(1886), 치치하얼협약(1911).

설정된 국경선을 그대로 받아들일 수 없었기 때문이다. 중국인의 입장에서 볼 때 아직까지 체결된 국경 조약들은 '불평등'하고 '불공정'한 것이었으며, 이러한 잘못된 국경 조약들을 통해 차르의 러시아가 자기들의 영토를 '강탈'했기 때문이었다. 요컨대 중국 측에게 소련과 중국의 국경선은 근본적인 조정과 개편을 필요로 하는 대상이었다.

따라서 중국 측은 일찍부터 소련과의 국경 협상에서 기존 조약들의 '불평등성'을 강력하게 제기하였다. 일례로 1926년 5월 6일 소련과 중화민국 국경소위원회 제4차 회의에서 소련 대표단에 전달된 중국 대표단의 비망록에 첨부된 '중화민국과 소련 간 국경선 획정 조약안'에 따르면 중국 대표단은 양국 간 국경선을 동부는 1689년 네르친스크조약에 따라, 중부는 1727년 캬흐타조약에 따라, 서부는 1864년 추구차크 의정서(中俄勘分西北界約記)[23]에 따라 획정할 것을 제안하였다.[24] 중국 측이 주장한 개편안에 따르면 1858년 아이훈조약, 1860년 베이징조약 및 1881년 이리조약[상트페테르부르크 조약]은 인용되어서는 안 되는 잘못된 조약들이었고, 따라서 파기의 대상이었다. 궁극적으로 중국 대표단은 "기존의 국경선은 차르 정부의 군사적 침략 결과로 설정된 것"[25]이라는 이유를 들면서 국경 조약들을 근본적으로 재검토할 것을 요구하였다.

이러한 입장은 중화인민공화국에서도 동일하였다. 1964년 베이징에서 개최된 양국 간 국경 협상에서 중국 측은 공식적으로 "과거 차르의 러시아가 중국에게서 154만 km²의 영토를 강압적으로 탈취했다"고 주장하였다. 중국 측 주장에 의하면 러시아는 중국에게서 아이훈조약으로 60만km², 베이징조약으로 40만km², 추구차크의정서로 44만km², 이리조약으로 7만km² 이상의 영역을 강탈했다는 것이다.[26] 또한 양국 간 국경 협상이 난관에 봉착해 있던 같은 해 7월 마오쩌둥은 코조 사사키(更三佐佐木)를 단장으로 하는 일본 사회주의자 단체와의 대담에서 "100여 년 전 바이칼의 동쪽 지역이 러시아 영토가 되었고, 그때부터 블라디보스토크, 하바롭스크, 캄차카와 여타 지역들이 소련 영토가 되어 있습니다. 우

---

23 타르바가타이조약(Тарбагатайский договор)이라고도 한다.
24 АВПР(러시아연방 대외정책문서보관소), ф.100, оп.10, п.124, д.18, л.175.
25 АВПР, ф.100, оп.10, п.124, д.18, л.179.
26 Гу Юнь. Чжунго цзиньдай ши чжун ды бу пиндэн тяоюе (Неравноправные договоры в новой истории Китая). Пекин, 1973. С. 25, 41, 42 и 51 [구윤, 『중국 근대의 불평등조약들』, (베이징, 1973), 25·41·42·51쪽]

리는 아직 이에 대한 청구서를 제출하지 않고 있습니다"라고 말하였다.[27] 마오쩌둥은 이 말을 통해 바이칼 동쪽의 시베리아로부터 연해주와 캄차카 반도까지가 모두 사실상 중국의 영토라고 주장하였던 것이다. 당연히 소련 측으로서는 이러한 중국 측의 입장을 받아들일 수 없었다.

그런데 당시 중국 측은 소련과의 협상에서 과거의 국경 조약들로 인해 강탈당했던 영토를 곧바로 되찾으려는 시도를 하지는 않았다. 그들은 "국제주의 원칙에 입각하여 동 조약들에 의해 획정된 국경선을 받아들이기는 하지만, 이 조약들이 갖는 불평등성을 인정하고 기록으로 남기자"[28]라고 주장했을 뿐이었다. 하지만 소련 측은 이러한 중국 측의 주장 역시 받아들일 수 없었다. 기록으로 남기는 것은 양국 간에 영토 문제가 존재함을 인정하는 것이고, 이는 곧 장차 국경의 재설정에 나설 수 있는 권리, 즉 마오쩌둥이 언급한 '청구서'를 중국 측이 보유하고 있음을 인정하는 것이었기 때문이다.

어떻든 양측의 상이한 입장이 충돌하는 가운데 국경 협상은 교착 상태에 빠졌고, 아무런 진전도 없는 상황에서 1969년 3월 다만스키섬(진보도)에서 살상용 화기를 사용한 비교적 큰 규모의 무력충돌이 벌어졌던 것이다.

이후 소련과 중국 양측은 더 이상의 무력충돌을 방지하고 분쟁의 불씨가 되고 있는 국경 문제를 해결하기 위해 같은 해 9월 소련 각료회의 의장 코시긴과 중화인민공화국 국무원 총리 저우언라이 간의 정부수반 회동을 성사시켰으며, 10월 19일부터는 베이징에서 양국 대표단 간에 본격적인 대화가 시작되었다. 하지만 이 대화 역시 양국의 기본적인 입장 차이를 좁히기에는 턱없이 부족했고, 결과적으로 중국 측이 불평등하다고 주장하는 과거의 조약들을 통해 설정된 양국의 국경선을 둘러싼 갈등은 중소 분쟁이라는 큰 흐름과 맞물려 양국 간의 호혜 관계를 단절시키는 원인 중 하나로 작용하였다.

이하 본문 II장 1절에서는 1926년 중화민국 대표단이 중국과 소련 간 국경선 획정의 기준으로 삼자고 주장한 네르친스크조약, 캬흐타조약과 1964년에 중화인민공화국 대표단이 러시아가 중국 영토를 강탈하게 한 불평등 조약이라고 주장한 아이훈조약, 베이징조약, 이

---

27 Правда. 1964. 2 сентября. [프라브다, 1964.09.02]
28 Б. Н. Верещагин. В старом и новом Китае. Из воспоминаний дипломата. М., 1999. С. 173 [B. N. 베레샤긴, 1999, 『옛 중국과 새로운 중국에서. 외교관의 회고』(모스크바), 173쪽]

리조약 들에 대한 번역과 해제를 통하여 동아시아, 특히 중국에 대한 러시아의 제국주의적 영토 침탈이 양 당사국 간의 국경 조약들에 어떻게 구현되었는지를 설명하고 있다.[29]

○ 중국(청)이 서양 국가와 체결한 조차지 관련 조약

1895년 청일전쟁의 패배와 함께 중국(청)은 동아시아 세계에서 기존에 가지고 있던 영향력을 급격히 상실하였다. 이에 따라 1898년에 이르러 주요 지역을 중심으로 러시아, 영국, 프랑스, 독일 등 서구 열강에 의하여 분할당하는 처지에 놓이게 된다.

먼저 러시아는 1898년 중국과 (중러)뤼순다롄조차지조약을 체결하여 랴오둥반도 남반부에 위치한 뤼순과 다롄을 조차(租借)하였다. 당초 러시아는 1895년 조선의 독립을 해친다는 이유로 일본의 랴오둥반도 획득을 저지한 바 있다. 그러나 곧바로 뤼순과 다롄을 조차지로 획득함으로써 조선의 독립에는 큰 관심이 없었음을 드러내었다. 그뿐만 아니라 러시아는 랴오둥반도 남반부까지 진출함으로써 사실상 중국 동북 지역에 대한 영향력을 행사하게 되었다.

다음으로 영국은 1898년 중국과 (중영)웨이하이조차조약을 체결하여 산둥(山東)반도 동반부에 위치한 웨이하이웨이(威海衛)를 조차지로 획득하였다. 이곳은 당초 청일전쟁 당시 일본 해군이 일시적으로 점령하였던 중국의 군항이었다. 이로써 중국은 산둥반도 동반부를 상실함은 물론 황해 제해권을 대부분 영국에게 넘겨주게 되었다. 독일, 프랑스 또한 1898~1899년 중국과 각각 (중독)자오저우조계조약, (중불)광저우만조계조약을 체결하여 산둥반도 남반부에 위치한 자오저우만(膠州灣)과 중국 광둥성(廣東省) 광저우(廣州)를 조계지로 확보하였다. 이미 프랑스는 광서성 이남의 베트남을 장악한 상태에서 중국 남부 지역을 획득할 수 있는 기반을 확보할 수 있었다.

---

29 중소 간 국경 분쟁의 역사적 배경이 된 러시아와 중국 간 국경 획정 조약들의 개괄적 내용은 이재훈, 2019, 「러중조약을 통해 본 러시아의 동아시아 영토침탈-일부 조약들에 대한 해제」, 동북아역사재단, 『제국주의의 동아시아영토침탈사와 근대조약 체결 연구-2019년 기획연구 결과 발표 세미나 자료집』, 2019. 11. 8, 서울, 174~118쪽 참조.

○ 중국(청)과 영국 간 티베트 관련 조약

두 번째 범주의 조약들은 티베트 문제의 역사적 형성 과정을 보여 주는 조약들이다. 청조와 영국이 1876년 (중영)옌타이(煙臺)조약[즈푸(芝罘)조약]을 통해 영국인이 쓰촨(四川)에서 티베트를 거쳐 인도로 왕래하는 것에 동의하였다. 이후 영국의 식민지였던 인도 및 네팔과 경계를 접하고 있는 티베트 토착 세력과 영국 세력 사이의 충돌, 그리고 이를 이용해 티베트에 대한 영향력을 강화하려는 영국과 티베트 달라이 라마 정권, 청 정부 사이의 역학관계에 따른 갈등과 타협의 과정이 이들 조약에 반영되어 있다.[30]

흔히 청 제국 질서는 내지의 직성(直省)과 번부(藩部), 속국(屬國) 또는 조공국(朝貢國)으로 구성된다고 인식되고 있는데, 티베트는 몽골, 신장 등과 함께 번부를 구성하는 지역이다. 일련의 조약 체결 과정에서 점차 불거진, 청조가 티베트에 대해 '주권(sovereignty)'을 가지고 있는가, 아니면 '종주권(suzerainty)'만을 가지고 있는가 하는 문제는 전근대 동아시아 제국의 통치 질서를 근대적 국제법의 틀에 맞추어 재편해 가는 과정에서 나타난 여러 문제의 연장선상에 있었다.[31]

이와 관련, 영국은 티베트와 관련한 교섭 대상으로서 청조를 인정해 왔지만, 점차 티베트에 대해 "'완전 주권(full sovereignty)'을 유지하지 못하고, '직접 시정(direct administration)'을 실시하지 못하는" 청조의 관할권은 '주권'이 아닌 '종주권'에 불과하다는 입장을 취하게 되었다.[32] 반면 청조의 외교관들은 1880년대부터 이미 열강으로부터 티베트에 대한 청조의 '주권'을 인정받지 못할 가능성을 우려하기 시작했다. 기존 연구에 의하면 증기택(曾紀澤)은 '속지'인 티베트에 대한 관대한 정책을 유지하면 서양인들은 티베트를 조선, 베트남, 미얀마 등과 같은 '속국'이라 주장할 것이고, 결국 중국의 속국은 진짜 속국이 아니라는 주장을 하며 티베트를 침탈할 것이라 우려했다. 이를 막으려면 청조가 티베트의 '대권을 총람'

---

30 중화민국 성립 이후 영국, 티베트, 중화민국 사이에서 열려 중국의 종주권과 티베트의 자치를 선언했지만 중국 측이 비준을 거부한 심라회의(1914) 및 외몽골과 티베트가 서로의 독립을 인정해 준 '몽장조약(蒙藏條約: 몽골-티베트 조약)'은 제국주의 침략사의 틀에서 다루어질 성질의 것이 아니어서 본 자료집 대상에서 제외하였다.

31 이와 관련해서는 오카모토 다카시(岡本隆司), 2012, 「'主權'의 형성-20세기 초 중국과 티베트, 몽고」, 『중국근현대사연구』 54, 21~35쪽 참조.

32 오카모토 다카시(岡本隆司), 2012, 32쪽.

해야 한다는 것이 그의 견해였다.[33] 영국이 청조를 배제한 채, 티베트의 달라이 라마 등과 1904년 직접 체결한 영장(英藏)조약[라싸조약]은 이러한 우려가 현실화하는 것으로 여겨졌다.

청조는 자신의 티베트에 대한 권리를 확인하기 위해 영국과 이를 대체하는 새로운 조약인 (중영)속정장인조약(中英續訂藏印條約, 1906)을 체결하면서 청조의 티베트에 대한 '주권'을 명문화하려 했지만, 영국이 '종주권' 주장을 굽히지 않았기 때문에 조약문에는 결국 주권이나 종주권에 관련된 표현 모두 포함되지 않았다.[34]

---

[33] 曾紀澤, 2008, 「倫敦再致李傅相」, 『曾紀澤集』, 嶽麓書社, 198~199쪽.
[34] 오카모토 다카시(岡本隆司), 2012, 28쪽.

2) 근대 일본이 서양 국가와 체결한 조약들

○ 일본이 러시아와 체결한 조약 및 한국 관련 문서

일본이 서구와 체결한 조약 가운데 영토 획정과 관련하여 주목되는 국가는 러시아다.

다른 서구 국가들과 달리, 러시아와는 가라후토(樺太, 사할린), 치시마(千島, 쿠릴) 열도를 둘러싼 양국의 직접적인 영토 획정 문제가 조약 체결 당시부터 대두되었기 때문이다. 우선 1855년 러일화친조약[시모다(下田)조약]을 통해 치시마 열도에서 이투루프와 우루프 사이를 국경으로 획정하고 가라후토에 대한 공동 점유를 규정하였다. 1875년에는 상트페테르부르크조약[사할린-치시마교환조약]을 체결하여 가라후토(사할린)에 대한 러시아의 점유와 치시마 열도에 대한 일본의 점유가 각각 인정되었다. 러일전쟁을 통해 체결된 러일강화조약(포츠머스조약, 1905)에서는 가라후토(사할린) 북위 50도 이남 지역에 대한 일본의 점유가 인정되었다. 이상과 같이 가라후토, 치시마 지역은 러일 양국의 분쟁 속에서 국경 변화가 이루어졌으며 현재까지도 영토 분쟁 지역으로 남아 있다.[35]

일본이 서양과 체결한 조약이 영사재판권과 협정관세, 편무적 최혜국 대우 등을 규정한 점에서 불평등 조약이었던 것은 사실이나, 중국과 달리 직접적인 영토 할양 등을 피한 점에서 서구에 의한 '영토침탈'의 현실을 피할 수 있었다. 오히려 직접적인 국경 획정과 관련하여 러시아와 체결한 일련의 조약들은, 조약 개정에 성공하고 청일전쟁과 러일전쟁에서 승리하며 서구의 제국주의 열강 반열에 다가간 일본에 의한 '영토침탈'의 모습을 드러내기 시작했다고도 할 수 있다. 그 예로서 한국과 관련하여 러일 간에 체결된 로바노프-야마가타의정서(1896)와 로젠-니시협정(1898)을 들 수 있다.

---

[35] 이상 러시아와 일본 간 영토 획정 조약들의 개괄적 내용은 이재훈, 2019, 「러일조약을 통해 본 러시아의 동아시아 영토침탈-일부 조약들에 대한 해제」, 동북아역사재단, 『제국주의의 동아시아영토침탈사와 근대조약 체결 연구- 2019년 기획연구 결과 발표 세미나 자료집』, 2019. 11. 8, 서울, 193~199쪽 참조.

○ 일-미, 영 간 화친 조약

일본의 경우에는 페리 제독의 내항 이후, 서구 열강들과 체결한 화친통상 조약은 협정 관세와 치외법권(영사재판권), 편무적 최혜국 대우로 대표되는 불평등 조약이었다. 다만, 중국이 서구 열강과 체결한 불평등 조약과는 상이한 측면이 있었다.

먼저 일본 내 개항장을 중심으로 외국인 거류지가 형성되었으나 영토 할양(조차지)에 관한 조약 규정이 없었기에, 조약으로 명문화된 서구 열강의 직접적인 영토침탈을 피할 수 있었다. 또한 외국인은 일본 내지에서의 통상이 금지되었으며, 거류지에서의 외국인 자치도 제한적으로 운용됨으로써, 거류지가 '나라 안의 작은 외국'화하는 것을 저지할 수 있었다.[36] 중국과 일본이 각각 서구와 맺은 불평등 조약의 이와 같은 차이점에 대해서는 '패전 조약'과 '교섭조약'의 차이로 설명되기도 한다.[37] 물론 이 같은 차이에도 불구하고 서구 열강에 의한 '개국'이 일본 사회를 크게 뒤흔든 것은 사실이며, 결국 근세 에도막부 권력이 붕괴하고 메이지 유신으로 이어지는 중요한 원인을 제공하였다.[38]

한편 메이지정부 수립 이후 본격화된 조약 개정 교섭은 대외관계뿐 아니라 일본 내부의 정치 동향과도 복잡하게 얽히며 실패를 거듭한 끝에 1894년 달성되었다.[39] 여기에는 치외법권 철폐와 외국인 내지 잡거의 시행 등이 해당되며, 관세 자주권의 획득은 1911년에 가서야 달성되었다. 이로써 일본은 동아시아 3국 가운데 가장 먼저 서구 열강과의 불평등 조약 관계를 해소하였다.

---

36 大山梓, 1967, 『舊條約下に於ける開市開港の研究-日本に於ける外國人居留地』, 鳳書房. 또한 일본이 서구 열강들과 체결한 조약의 불평등성의 실체에 대한 문제제기 또한 이루어지고 있다. 『東アジア近現代史』 13, 2010의 특집 논문들(東アジアの國際秩序と條約體制- 近世から近代へ)을 참조.

37 加藤祐三, 2012, 『幕末外交と開國』, 講談社.

38 페리 내항 이후 일본사의 역사적 전환기에 있어서 외압, 즉 서구 열강에 의한 반식민지적 위기가 실제로 존재했는지에 대해서는 일본 학계의 논쟁이 있었으나(石井孝, 1993, 『明治維新と外壓』, 吉川弘文館), 외압의 실체와는 별개로 이를 이용한 정치적 언설과 활동으로 에도 막부 말의 혼란과 동요가 발생한 것은 부정할 수 없겠다.

39 鹿島守之助, 1970, 『日本外交史 第2卷 條約改正問題』, 鹿島研究所出版會; 小宮一夫, 2001, 『條約改正と國內政治』, 吉川弘文館; 五百旗頭薰, 2010, 『條約改正史 - 法權回復への展望とナショナリズム』, 有斐閣.

당시 영토 획득과 관련하여 일본이 체결한 조약들을 개괄하면 다음 표와 같다.

해당 영토	조약명(연도)	상대국
사할린 공동 영유	러일화친조약[시모다조약](1855)	러시아
사할린 포기 및 쿠릴 열도 획득	상트페테르부르크조약[사할린-치시마교환조약](1875)	
사할린 획득(북위 50도 이남)	러일강화조약[포츠머스조약](1905)	
	(제1차) 러일협약(1907)	
타이완 획득(센카쿠 열도 점령)	청일강화조약[시모노세키조약](1895)	중국(청)
랴오둥 상실	랴오둥환부조약(1895)	
한국강제병합	조일수호조규(1876)	조선
	제물포조약(1882)	
	한성조약(1884)	
	잠정합동조관(1894)	
	조일양국맹약(1894)	
	청일강화조약[시모노세키조약](1895)	중국(청)
	베버-고무라각서[조선문제에 관한 각서]((1896)	러시아
	로바노프-야마가타의정서[조선문제에 관한 러일 간 의정서](1896)	
	로젠-니시협정[조선문제에 관한 의정서](1898)	
	영일동맹(1902)	영국
	영일동맹(1905)	
	영일동맹(1911)	
	러일강화조약[포츠머스조약](1905)	러시아
	가쓰라-태프트밀약(1905)	미국
	한일의정서(1904)	대한제국
	고문 용빙에 관한 협정서(1904)	
	을사늑약(1905)	
	정미조약[한일협약](1907)	
	한일 사법 및 감옥 사무 위탁에 관한 각서[기유각서](1909)	
	한일 강제 병합조약(1910)	

3) 근대 한국(조선)이 서양 국가와 체결한 조약들

기존 연구에서 서구 열강의 동아시아 각국에 대한 영토 침략 및 지배를 중요하게 언급하였지만, 그 침략이 조선에 어떠한 영향을 미쳤는가에 대해서는 주목하지 않았다. 하지만 서구 열강의 침략과 영토 지배 과정이 조선에 미친 파급 효과는 적지 않았다. 크림전쟁 당시 영국과 프랑스가 캄차카를 공격하였을 때, 영국은 러시아의 남하를 우려해서 조선의 문호개방을 고려하기 시작하였다. 1860년 영국과 프랑스 연합군이 베이징을 점령하였을 때, 러시아는 영국, 프랑스와 청국을 중재하면서 자국의 영토를 확장시켜 나갈 수 있었다. 그 과정에서 조선은 러시아와 국경을 맞대게 되었다. 1875년 상트페테르부르크조약(사할린-치시마교환조약)을 통해 일본이 러시아에게 사할린의 영유권을 넘겨주자, 영국은 러시아와 일본이 조선을 대가로 이면 합의에 도달하였으며 이에 따라 러시아가 일본의 조선 침략을 함께할 것이라고 의심하였다. 이에 주일 영국공사 파크스는 1875년에 거문도 점령을 제안하였다.

따라서 조선이 서구 및 중국과 체결한 조약들을 검토할 때, 서구 열강의 동아시아 국가들에 대한 영토 침략 및 지배의 과정과 조선을 둘러싼 청일의 대립, 그리고 영국과 러시아의 대립이 조선에 미친 영향들을 종합적으로 염두에 두어야 한다.

이러한 문제의식에 따르면 일본이 1905년 을사늑약으로 조선의 외교권을 박탈하기 이전까지 서구 열강과 청이 조선과 체결한 조약들을 시기에 따라 세 부분으로 나눌 수 있다.[40]

첫째, 조선이 처음으로 서구 열강들을 상대로 문호를 개방하는 시기의 조약들이다. 여기에는 조미수호통상조약(1882), 조영수호통상조약(1883) 및 조선이 프랑스, 독일 등과 체결한 수호통상조약들이 해당한다(이와 관련하여 본 자료집의 IV장 "근대 한국(조선)이 서양 국가들과 체결한 조약들"의 1~3절에 관련 조약들 수록).

조선은 서구 열강과 수호통상조약을 통해서 점차 전통적인 동아시아 국제 질서의 틀에서 탈피해 갔지만, 조선이 만난 새로운 세계는 서구 열강이 동아시아에서 자국의 정치적·

---

[40] 이하의 시기 구분은 최덕수 외, 2010, 『조약으로 본 한국 근대사』, 열린책들, 8~9쪽을 참조하였다.

경제적 이익을 극대화하기 위해 구축한 체제였다. 조선과 외부의 '근대적' 형식의 관계 맺음은 불평등한 내용들로 채워졌던 것이다. 이 시기 한국이 러시아와 체결한 조약들로서 조러수호통상조약(1884), 조러육로통상장정(1888) 및 마산포조차비밀협정(1900)이 있다(이와 관련하여 본 자료집의 IV장 4절 "한러 간 조약 및 문서들"에 관련 조약들 수록).

둘째, 19세기 후반 개항 이후 청일전쟁까지 조선의 정치 변동과 관련해 청일 양국이 자국의 세력을 확장하기 위해 적극적으로 개입한 결과로 체결된 조약들이다. 그중 조선이 청의 영향력을 견제하기 위해 오스트리아와 체결한 수호통상조약(1892)이 해당된다.

셋째, 청일전쟁의 종전 후 삼국간섭 이후 러시아와 일본의 대립이 심화되고 서구 열강이 동아시아에서 각기 자국의 세력권 확대를 꾀하는 시기에 체결된 조약들로서, 조선이 러시아 및 일본과 맺은 조약을 제외하면 한청통상조약(1899) 등을 연구 범위에 포함시킬 수 있다.[41]

4) 근대 중국(청)과 일본 간 체결한 조약들

근대 일본의 대외관계는 서구와의 불평등 조약 해소라는 목표와 함께, 동아시아에서의 전통적 화이질서의 재편이라는 측면에서도 전개되었다. 이 과정에서 일본은 스스로 영토 침탈의 주체, 혹은 가해자로서 그 모습을 본격적으로 드러낸다. 청일수호조규(1871)는 청과 일본 양국이 자발적으로 상호 대등성을 기반으로 체결한 최초의 근대적 조약이었다. 다만 그 대등성은 상호 영사재판권을 인정하고 최혜국 대우를 제외하는 등 특수한 성격을 지니고 있었다.[42] 이러한 대등성은 청일전쟁이 발발하기 전까지 유지되었으나, 이 시기 동안에도 동아시아 국제질서를 둘러싼 양국의 대립과 갈등은 계속되었다. 우선 류큐(琉球, 현재의 오키나와〈沖繩〉) 표류민 조난 사건을 계기로 이루어진 일본의 대만 침공(1874)은 청의 대

---

41 이상 청조의 '속국'에 대한 조약 적용 여부에 관한 입장 변화의 자세한 내용은 이동욱, 2020, 「1840-1860년대 청조의 '속국' 문제에 대한 대응」, 『중국근현대사연구』 86을 참조하기 바람.

42 岡本隆司, 川島眞 編, 2009, 『中國近代外交の胎動』, 東京大學出版會; 徐越庭, 1994, 「日淸修好の成立」, 『大阪市立大學法學雜誌』 40-2·3. 金旼奎, 2002, 「近代 東아시아 國際秩序의 變容과 淸日修好條規(1871年)-'條規體制'의 生成-」, 『大東文化硏究』 41; 李啓彰, 2008, 「近代日中外交の黎明-日淸修好条規の締結過程から見る-」, 東京大學 博士學位論文; 岡本隆司, 2011, 「일본의 류큐 병합과 동아시아 질서의 전환-청일수호조규를 중심으로-」, 『동북아역사논총』 32; 白春岩, 2015, 『李鴻章の対日観-「日清修好条規」を中心に-』, 成文堂.

만 귀속에 대한 근대적 영토, 국민 개념을 촉발시켰다. 한편 일본과 청에 양속되어 있던 류큐 왕국은 일본의 독단적이고 강압적인 조치인 류큐처분에 의해 일본의 영토로 편입되었다. 이를 둘러싼 청일 간의 갈등은 류큐분할조약(1880) 체결로 마무리되는 듯 보였으나, 결국 협의에 실패하며 파약에 이른 채 미해결 상태로 청일전쟁을 맞이하게 된다[43](이와 관련하여 본 자료집의 V장 "근대 중국(청)과 일본 간 체결한 조약들"의 1절 청일수호조규, 2절 타이완 출병에 따른 청일 양국 간 호환 조관 체결, 3절 류큐분할조약에 관련 조약들 수록).

청일전쟁은 조선에서의 주도권 다툼을 둘러싼 양국의 갈등이 폭발한 것이라 할 수 있다. 전쟁에서 승리한 일본은 청국과 강화조약(시모노세키조약, 1895), 청일통상항해조약(1896)을 잇달아 체결하며 일본 우위의 청일관계를 새롭게 수립할 수 있게 되었다. 일본은 비록 삼국간섭에 의해 랴오둥반도를 반환하였으나 대만의 식민지화에 성공하였으며 청국에서의 일본 전관거류지가 이후 본격적으로 확대되기 시작하였다(이와 관련하여 본 자료집의 V장 "근대 중국(청)과 일본 간 체결한 조약들"의 5~8절에 관련 조약들 수록).

한편, 대한제국은 1905년 일본의 보호국이 되었고, 일본이 중국과 간도협약[만주 및 간도에 관한 청일 협약](1909)을 체결할 때 아무런 역할을 하지 못하여 간도(間島)를 영구히 상실하게 되었다. 이와 같이 중국의 영토 상실 과정에서 이루어진 한국의 간도 상실 또한 중요하게 다룰 필요가 있다(이와 관련하여 본 자료집의 V장 9절 "간도협약"에 관련 조약 내용을 수록).

5) 근대 한국이 중국(청)과 체결한 조약들

조선은 기존 중국과의 종번관계를 명시한 조중상민수륙무역장정(1882)을 체결하였으나, 청일전쟁이후 청일강화조약[시모노세키조약](1895)의 체결 결과를 받아들임으로써 중국으로부터 자주와 독립을 획득할 수 있었다. 이와 관련 근대 한국과 중국(청) 간 조약 체결 관계에 대한 연구로서 조선에 대한 청의 종주권 상실과 관련하여 1876년 조일수호조규 체결 과정에 대한 연구가 있다.[44] 구체적으로 중국은 한때 1882년 체결된 조중상민수륙무역장정

---

43 나미하라 쓰네오 저, 윤경원·박해순 역, 2019, 『근대 동아시아 역사 속의 류큐 병합-중화 세계 질서에서 식민지 제국 일본으로』, 진인진.
44 崔永禧, 1975, 「江華島條約의 締結과 그 影響」, 국사편찬위원회, 『한국사』 16; 金基赫, 1991, 「江華條約의 歷

을 통하여 조선이 중국의 속국임을 국제법적으로 공인받고자 하였다[45](이와 관련하여 본 자료집의 VI장 "근대 한국(조선/대한제국)이 중국(청)과 체결한 조약들"의 1절 조중상민수륙무역장정에 관련 조약 내용을 수록).

史的 背景과 國際的 環境」, 『國史館論叢』 25; 高橋秀直, 1998, 「江華條約と明治政府」, 『京都大學文學部研究紀要』 37; 최덕수, 2004, 『개항과 조일관계』, 고려대학교 출판부; 안종철, 2016, 「19세기 '국제법'의 성격과 조일수호조규(1876)」, 『역사비평』 114; 유바다, 2016a, 「1876년 朝日修好條規의 체결과 조선의 국제법적 지위」, 『한국근현대사연구』 78; 동북아역사재단 한일관계연구소 편, 2017, 『조일수호조규-근대의 의미를 묻다』, 청아출판사; 김종학, 2017, 『개화당의 기원과 비밀외교』, 일조각.

[45] 申基碩, 1959, 「淸韓宗屬關係-壬午軍亂을 前後한-」, 『亞細亞研究』 2-1; 金鍾圓, 1966, 「朝·中商民水陸貿易章程에 대하여」, 『歷史學報』 32; 藤間生大, 1987, 『壬午軍亂と近代東アジア世界の形成』, 春秋社; 유바다, 2016b, 「1882년 조약·장정의 체결과 속국(屬國)·반주지국(半主之國) 조선의 국제법적 지위」, 『역사와 현실』 99.

II

근대 중국(청)이 서양 국가와 체결한 조약들

유바다 고려대학교 한국사학과 조교수
이재훈 한국외국어대학교 연구교수
한승훈 건국대학교 글로컬캠퍼스 조교수
이동욱 건국대학교 글로컬캠퍼스 조교수

1. 중국(청)과 러시아 간 국경 획정 관련 조약들

유바다, 이재훈

1) 네르친스크조약(1689)

○ 명칭
- 중국어: 尼布楚條約
- 만주어: ᠨᡳᠪᠴᡠ ᡳ ᠪᠣᡳᡨᠠ ᠪᡳᡨᡥᡝ
- 러시아어: Нерчинский договор
- 라틴어: Tractatus pacis de Nipkoa

○ 체결 국가: 러시아, 청

○ 체결일: 1689년 8월 28일(8월 27일)(9월 6일)[46]

○ 체결 장소: 네르친스크(Нерчинск, 尼布楚)

○ 서명자(또는 전권대사)
- 러시아: 표도르 알렉세예비치 골로빈(Фёдор Алексéевич Головúн) (러시아의 차간 한의 칙명을 띠고 국경을 확정 지으러 온 사신 Okolnitschi, Namjes-tnik Brjansk의 Theodor Aleksjevi-chi, Golovin)
- 청: 송고투(索額图, ᠰᠣᠩᡤᠣᡨᡠ) (의정대신, 시위 들을 통솔하는 내대신 송고투)

○ 작성 언어: 라틴어, 만주어, 러시아어

---

46 조약 체결일을 청국, 러시아, 그레고리력의 순으로 표기하였다.

○ 체결 배경 및 과정

15세기 후반까지 러시아의 활동 범위는 주로 우랄산맥 서쪽으로 한정되어 있었다. 하지만 1650년대에 이르러 러시아는 시베리아로 진출하면서 아무르강(흑룡강) 유역의 네르친스크와 알바진(雅克薩) 등지에 성을 구축하고 청과 충돌하였다. 특히 러시아는 청과의 통상을 목적으로 베이징에 수차례 사절을 파견하였다. 이에 청은 러시아의 통상 요구를 거부하고, 1681년 삼번의 난(三藩之亂)을 진압하여 국내 상황을 안정시킨 후인 1685년과 1686년 두 차례에 걸쳐 알바진 성을 공략하여 함락시켰다.

이후 골로빈을 필두로 한 러시아 대표단과 송고투의 청국 대표단이 네르친스크 인근에서 조우하여 1689년 8월 12일부터 국경 획정 협상을 시작하였고, 같은 해 8월 27일(9월 6일)에 양국 간 최초의 국경 조약이자 화친 조약인 네르친스크조약을 체결하였다.

이 조약은 아무르강(흑룡강)을 양국 간 국경으로 설정하는 1858년 아이훈조약과 우수리강을 국경으로 설정하는 1860년 베이징조약이 체결되면서 그 효력을 상실하였다.

○ 주요 내용

고르비차강(실카강의 첫 번째 유입부)과 스타노보이산맥(외흥안령)을 따라 국경선을 설정하여, 강과 산맥의 남면은 중국, 북면은 러시아에 속하게 한다. 우다강과 외흥안령 사이의 땅은 차후에 국경을 획정한다.

아르군강을 경계로 강의 동안은 중국, 서안은 러시아에 속한다.

러시아가 알바진에 세운 성곽을 즉시 철거하고, 알바진의 러시아인들은 러시아 경내로 이주한다.

통행증을 소지한 양국 사람들은 상호 왕래와 교역 활동을 할 수 있다.

이 조약에 의하여 청과 러시아는 다음과 같은 사항을 합의하였다. 먼저 만주어 조약문에서 다음과 같은 사항이 확인되었다.

첫째, 흑룡강으로 흐르는 북쪽에서부터 흘러오는 "초르나"라고 칭하는 우루마강의 부근에 있는, 거르비치강을 경계로 삼는다. 이 강의 근원의 쪽인 돌투성이 외흥안령의 능선을 잡고서 바다에 이르기까지 외흥안령의 남쪽 흑룡강으로 유입하는 강과 하천을 모두 중국의 부속으로 한다. 영(嶺)의 응달쪽의 다른 모든 강과 하천을 모두 러시아의 부속으로 한다. 다만 우디강에서 남쪽과 이 확정된 흥안의 산령(山嶺)에서 북쪽 둘 사이에 있는 토지, 강계천(江溪川)을 일시적 중간지대로 삼는다.

둘째, 흑룡강으로 유입하는 어르구너강을 국경으로 한다. 남안(南岸)을 중국의 부속, 북안(北岸)을 러시아의 부속으로 한다. 남안의 머이럴커 강의 하구에 현재 있는 러시아의 집들을 이주시켜서 북안에 짓도록 한다.

셋째, 현재 약사의 땅에 러시아가 세웠던 성곽을 완전히 납작하게 부수기로(=焦土化) 한다. 약사의 땅에 거주하는 러시아의 인민들과 모든 소유물을 모두 차간 한의 영토로 물러나게 한다.

넷째, 이 확정된 국경을 양국의 사냥꾼들이 어떤 일이 있더라도 넘어가지 않도록 한다.

다섯째, 이전에 발생하였던 여러 가지의 옛 일들을 거론하지 않는다는 것 외에 현재 중국에 거주하는 러시아의 인민과 러시아에 거주하는 중국의 인민을 서로 체포하는 것을 중지하고 그냥 살던 곳에 머무르게 한다.

여섯째, 양국은 영구히 지속적으로 화평하기로 합의한 것을 따르며, 이 이후부터 누구라도 앞뒤로 다니는 사람들이 길 다니는 증명서를 지닌 자이면, 그들의 사고 팔고하는 것을 제지하지 않고 놔둔다.

일곱째, 화평을 맺기로 서약한 날로부터 이후에 도망자가 도주한다면 필히 거두어 들이지 말고 잡아서 돌려준다.

그밖에 러시아어본을 통하여 다음과 같은 사항이 확인된다.

첫째, 고르비차강(실카강의 첫 번째 유입부)과 스타노보이산맥(외흥안령)을 따라 국경선을 설정하여, 강과 산맥의 남면은 중국, 북면은 러시아에 속하게 한다. 우다강과 외흥안령 사이의 땅은 차후에 국경을 획정한다.

둘째, 아르군강을 경계로 강의 동안은 중국, 서안은 러시아에 속한다.

셋째, 러시아가 알바진에 세운 성곽을 측시 철거하고, 알바진의 러시아인들은 러시아 경내로 이주한다.

넷째, 통행증을 소지한 양국인은 상호 왕래와 교역 활동을 할 수 있다.

○ 결과 또는 파급 효과

청은 아무르강(흑룡강)부터 스타노보이산맥(외흥안령)까지의 영토를 확보하였고, 러시아는 알바진이 포함된 연아무르 유역을 상실하는 대신 청과의 교역을 보장받게 되었다.

이 합의에 따르면 청과 러시아의 동북쪽 국경은 어르구너강(Argun River)과 대흥안령, 그리고 우루마강이 된다. 지도로 표현하면 다음과 같다.

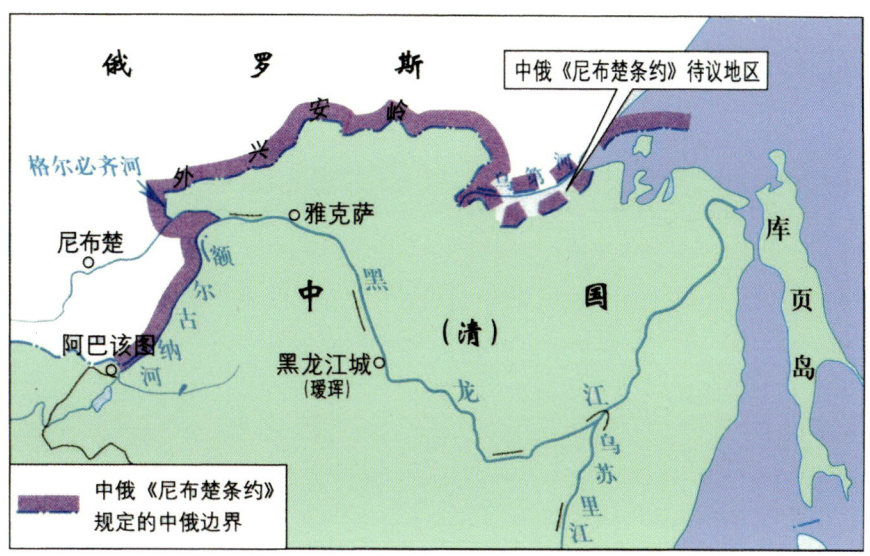

다른 지도[47]로 표현하면 다음과 같다.

---

[47] 殷丁泰, 2005, 「1899년 韓·淸通商條約 締結과 大韓帝國」, 『역사학보』 186; 이재석, 2011, 「한청통상조약 연구」, 『大韓政治學會報』 19-2; 박준형, 2011, 「청일전쟁 이후 雜居地漢城의 공간재편논의와 한청통상조약」, 『서울학연구』 45; 구범진, 2006, 「韓淸通商條約 일부 條文의 해석을 둘러싼 韓-淸의 외교 분쟁」, 『대구사학』 83. Library of Congress Geography and Map Division Washington, 1960, *Manchuria-U.S.S.R. boundary*, 20540-4650 USA DIGITAL ID g7822m ct002999.

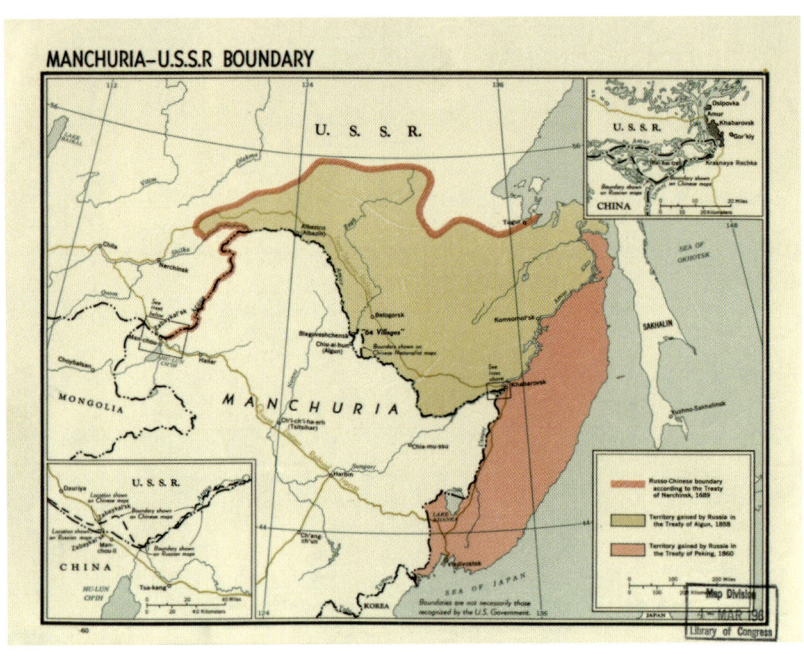

『중국역사지도집(中國歷史地圖集)』[48]에 나타난 지도는 다음과 같다. 흑룡강성의 경계가 바로 네르친스크 조약으로 형성된 청-러시아 간 국경선이 되었다.

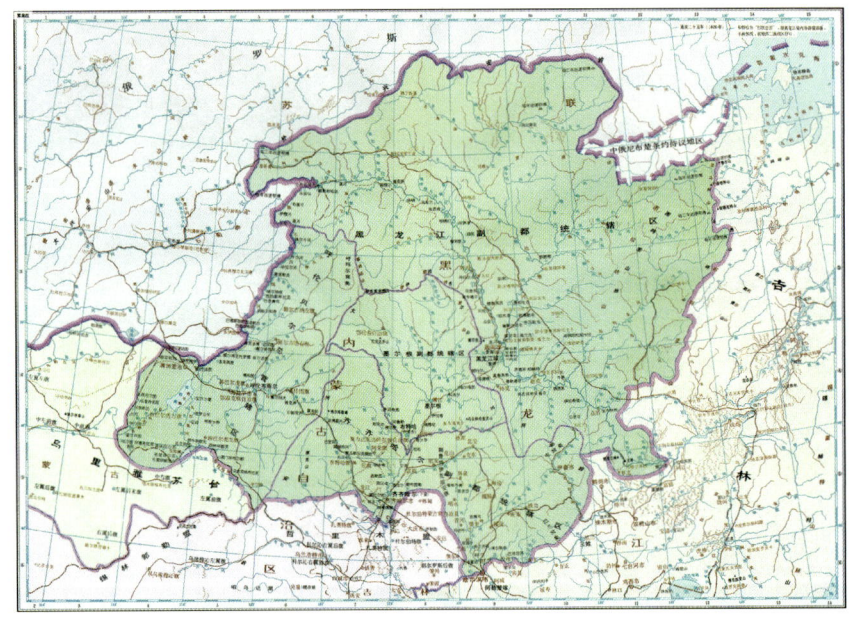

48 譚其驤, 1996, 『中國歷史地圖集』 8, 「黑龍江」, 14~15쪽.

○ (조약문) 출처

최형원, 2002, 「네르친스크條約의 滿洲文 考察」, 『알타이학보』 12.

Fuchs, Walter, 1939~40, "Der russisch-chinesische Vertrag von Nertschinsk vom Jahre 1689", *Monumenta Serica 4*.

野見山溫, 1977, 『露淸外交の硏究』, 酉井書店.

АВПРИ(러시아제국대외정책문서보관소), Ф. Трактаты, Оп.1.1689, Д.22, Л.2-3об.

네르친스크조약(만주어본) 원문

Dulimbai gurun-i
enduringge hūwangdi hesei jecen ba toktobume takūraha amban.
hebei amban. hiya be kadalara dorgi amban Songgotu. dorgi
amban bime. gūsai ejen uju jergi gung nakcu Tung Guwe
g'ang. gūsai ejen Langtan. gūsai ejen Bandarša. Sahaliyan
ula jergi babe tuwakiyara janggiyūn Sabsu. tui janggin

Mala. tulergi golo be dasara jurgan-i ashan-i amban

Unda. Oros gurun-i cagan han-i hesei takūrafi jecen be
toktobome jihe amba elcin. O-k'ul-ni-cei na miyes-
ti-ni-ke Bueriyan-ssu-k'ui Fiyodoro Elik-siyei-fii
c'i Ho lofin se. Elhe taifin-i orin jakūci sohon meihe
aniya nadan biyai orin duin de. Nibcoo-i bade uheri
acafi. juwe gurun-i buthašame yabure buya urse cisui
jecen be dabame buthašame. ishunde wandume durinume facuhūn
yabure be fafulame. dulimbai gurun. oros gurun menimeni
jecen-i babe getukeleme toktobufi. doro acafi. enteheme
goidame hūwaliyasun-i banjire jalin toktobume gisurehengge.

Emu hacin. Sahaliyan ula de amargici dosinjiha Corna sere Uruma birai hanci bisire
Gerbici bira be. jecen obufi. ere birai sekiyen-i ergi wehe noho Amba Hinggan-i
mudun be jafahai mederi de niketele antu-i ergi Sahaliyan ula de dosikale
bira birgan be gemu Dulimbai gurun-i harangga obume. bosoi ergi gūwa yaya
bira birgan be gemu Oros gurun-i harangga obume. damu Udi bira ci julesi.
ere toktobuha Hinggan-i alin ci amasi. juwe siden de bisire. ba na. bira.
birgan be taka siden de obufi. meni meni gurun de bederehe manggi. ba na be
getukeleme baicafi. eici elcin takūrame gisurere. eici bithe unggime toktobure
babe amala jai toktobume.

Emu hacin. Sahaliyan ula de dosinjiha Ergune bira be jecen obufi. julergi dalin
be dulimbai gurun-i harangga. amargi dalin be Oros gurun-i harangga obume.
julergi dalin-i Meirelke birai angga de ne bisire Oros-i boo be guribufi amargi

dalin de arabume.

Emu hacin. Ne Yaksa-i bade Oros gurun-i araha hoton be yooni necihiyeme efulefi.
Yaksa-i bade tehe Oros-i niyalma. eiten jaka be gemu Cagan han-i bade
amasi gocibume.

Emu hacin. Ere toktobuha jecen be juwe gurun-i buthašara urse be ainaha seme
dababurakū obufi. emu juwe buya urse cisui jecen be dabame buthašame hūlhame
yaburengge bici. jafafi meni meni ba na-i harangga kadalara hafasa de benekini.
ba na-i hafasa tere yabuha niyalmai araha weilei ujen weihuken be ilgame
weile arame isebukini. ereci fulu juwan tofohon-i hokilafi. coohai agūra
jafaoi. buthašame yabure. niyalma wame durime cuwangname yaburengge bici. urunakū
donjibume wesimbufi. uthai fafun-i gamakini. emu udu niyalme endebume yabuha
seme juwe gurun kemuni hūwaliyasun-i banjime. afara dailara be deriburakū oki.

Emu hacin. Neneme yabuha yaya hacin-i fe baita be gisurerakūci tulgiyen. ne dulimbai
gurun de bisire Oros-i niyalma. Oros gurun de bisire Dulimbai gurun-i niyalma
be ishunde gaire be nakafi uthai bibume.

Emu hacin. Juwe gurun enteheme goidame hūwaliyame acaha be dahame. ereci amasi.
yaya amasi julesi yabure niyalma jugūn yabure temgetu bithe bisirengge oci.
terei udara uncara be iliburakū obume.

Emu hacin. Doro acame gashūha inenggici amasi ukanju ukaci. ainahaseme
singgeburakū. jafafi amasi bume.

Emu hacin. Juwe gurun-i ambasa acafi juwe jecen-i afaradailara be
nakabufi. doro acafi hūwaliyasun
sain-i enteheme goro goidame. umesi
akdun-i toktobuha babe dahame
yabume jurcerakū oki. ere songkoi
emte bithe arafi doron gidafi
ishunde bume. geli ere songkoi dulimbai
gurun-i bithe. Oros gurun-i bithe.

Latinu gurun bithe arafi. wehe de folofi juwe gurun-i acan-i bade ilibufi. goro goidara temgetu obuki.

Elhe taifin-iorin jakūci aniya nadan biyai orin duin.

네르친스크조약(만주어본)의 한글 번역문

중국의 대성황제(大聖皇帝)의 성지(聖旨)로 경계를 확정하러 파견된 대신들:

의정대신, 시위들을 통솔하는 내대신 송고투(索額圖), 내대신이며 도통1등공(都統一等公) 황제의 외숙[舅舅] 퉁궈강(佟國綱), 도통(都統), 랑탄(郎談), 도통(都統) 반다르샨(班達爾善), 흑룡강 등 주변 지역을 지키는 장군(將軍) 사푸수(薩布素), 호군통령(護軍統領) 마라(瑪喇), 이번원(理藩院)의 시랑(侍郎) 원다(溫達), 러시아국의 차간한의 칙명을 띠고 국경을 확정지으러 온 사신 어전대신 겸 브란스크 총독 표도르 알렉세예비치 골로빈 등은 강희 28 기사년 7월 20일에 네르친스크(尼布楚)의 땅에서 모두 회합했다. 양국의 사냥을 하며 살아가는 소인(小人)들이 사사로이 국경을 넘어가 사냥하다가 서로 죽이고 약탈하여 혼란을 일으키는 것을 방지하기 위해서 중국과 러시아국 각자 각자의 국경지역을 명백하게 확정시켰다. 화평을 맺어 영원히 지속하는 옹화(雍和)속에 살기 위하여 다음과 같이 의정하였다.

1건. 흑룡강으로 흐르는 북쪽에서부터 흘러오는 초르나고 칭하는 우루마강의 부근에 있는, 거르비치 강을 경계로 삼았다. 이 강의 근원의 쪽인 돌투성이 대흥안령(大興安嶺)의 능선을 잡고서 바다에 이르기 까지 대흥안령의 남쪽 흑룡강으로 유입하는 강과 계천(溪川)을 모두 중국의 부속으로 한다. 영(嶺)의 응달 쪽의 다른 모든 강과 계천을 모두 러시아국의 부속으로 한다. 다만 우디강에서 남쪽과의 확정된 흥안의 산령에서 북쪽 둘 사이에 있는 토지, 강, 계천을 일시적 중간지대로 삼았다. 사긴(使臣)들이 각자 각자 나라로 돌아간 후에, 지역을 명백하게 조사한 후에 혹은 사신을 보내어 논의하거나 혹은 글을 보내기로 확정하고 지역을 나중에 다시 확정하도록 한다.

1건. 흑룡강으로 유입하는 어르구너강을 국경으로 하였다. 남안(南岸)을 중국의 부속, 북안(北岸)을 러시아국의 부속으로 한다. 남안의 머이럴커 강의 하구에 현재 있는 러시아의 집들을 이주시켜서 북안에 짓도록 한다.

1건. 현재 약사의 땅에 러시아국이 세웠던 성곽을 완전히 납작하게 부수기로 한다.
약사의 땅에 거주하는 러시아의 인민(들과) 모든 소유물을 모두 차간 한의 영토로 물러나게 한다.

1건. 이 확정된 국경을 양국의 사냥꾼들이 어떤 일이 있더라도 넘어가지 않도록 한다. 한 두 소인들이 사사로이 국경을 넘어가서 사냥하고 도둑질하며 다니는 자가 있다면 잡아서 각자 각자의 지역의 해당 관리들에게 보내라!
지역의 관리들이 그 짓을 한 사람들의 지은 죄의 경중을 판단하여 죄과를 적어서 징벌하도록하라! 이보다 지나쳐서 10, 15인들이 작당하여 무기를 들고 사냥하러 다니다가 사람을 죽이고 약탈을 일삼는 자가 있다면 반드시 각자의 군주에게 아뢰고 당장 법에 따라 집행(처형)하라! 한 여남은 사람

II. 근대 중국(청)이 서양 국가와 체결한 조약들

들이 실수하여 월경했다 할지라도 양국은 항시 화평하게 살아가며 전쟁하기를 시작하지 않을 것이다.

1건. 이전에 발생하였던 여러 가지의 옛 일들을 거론하지 않는다는 것 외에 현재 중국에 거주하는 러시아의 인민과 러시아국에 거주하는 중국의 인민을 서로 체포하는 것을 중지하고 그냥 살던 곳에 머무르게 한다.

1건. 양국은 영구히 지속적으로 화평하기로 합의한 것을 따르며 이 이후부터 누구라도 뒤로 앞으로 다니는 사람들이 길 다니는 증명서를 지닌 자이면, 그들의 사고 팔고하는 것을 제지하지 않고 놔둔다.

1건. 화평을 맺기로 잠시 약속한 날로부터 이후에 도망자가 도주한다면 필히 거두어들이지 말고 잡아서 돌려준다.

1건. 양국의 관리들이 회동하여 양 국경의 싸움하기를 중지시키고 화평을 의정했다. 화호가 영원히 오래 지속하고 큰 신뢰로 확정된 지역들을 받들어 행하고 그에 어긋남이 없을 것이다. 이에 따라서 한 부씩 조약문을 작성하고 날인하여 서로 교환하였다. 그리고 이에 따라서 중국의 글과 러시아국의 글 라틴국의 글로 써서 돌에 새겨서 양국의 의정의 지점에 세워놓도록 하여 영원히 존속하는 징표로 삼도록 할 것이다.

강희 28년
8월 28(일)

네르친스크조약(러시아어) 원문

Нерчинский договор 1689 г.
(Нерчинский договор, заключенный между Россией и Китаем о русско-китайской государственной границе и условиях торговли)

(만주어본)

Посланные по указу премудрого китайского императора для установления границ вельможи — главноначальствующий над императорскими телохранителями, первого старшего класса свитский генерал Сонготу; первого старшего класса свитский генерал и корпусный командир, чиновник первого класса, дядя императора со стороны матери Тунгуве-ган; корпусной командир Лантань; корпусной командир Баньдарша; охраняющий Сахалянь-ула и другие места, командующий войсками Сабсу; начальник знамени Мала; советник Трибунала внешних сношений Уньда и посланный по указу Белого царя Русского государства для установления границ великий посол, окольничий и наместник брянский Федор Алексеевич Головин и другие при личной встрече в 28 год Элхэ-тайфинь, год Желтой змеи, в 24 день 7 луны (28 августа 1689 г.), собравшись в местности, называемой Нерчинск (Здесь и далее в договоре: Нибчу.), для того, чтобы обуздать тех, занимающихся охотой подлых людей обоих государств, которые самовольно переходят границу, охотятся, убивают друг друга, совершают насилия, занимаясь гнусными делами; чтобы точно установить границу Китайского и Российского государств, а также, чтобы, законы соединив, осуществить вечный мир, в результате совещания постановили:

Одна статья
(В подлинном тексте нет порядковой нумерации статей.)

Сделать границей реку Горбицу (Здесь в договоре: Гербичи.), находящуюся близ реки Чорной, именуемой Урум, и впадающей с севера в Сахалянь-улу. Следуя все время по склонам достигающего моря каменистого Большого Хингана, на котором истоки этой реки, все реки и речушки, впадающие в Сахалянь-улу с южных склонов хребта, сделать подвластными Срединному государству, все другие реки и речушки на северной стороне хребта сделать подвластными Русскому государству; только земли, реки и речушки, находящиеся к югу от реки Уди и к северу от установленного [в качестве границы] Хинганского хребта, временно сделать промежуточными.

После того, как послы вернутся в свои государства, точно изучив земли, будут посланы послы для переговоров или грамоты и неутвержденные земли затем снова утвердятся.

Одна статья

Установить границей реку Аргунь, впадающую в Сахалянь-улу. Южный берег сделать подвластным Срединному государству, северный берег утвердить владением Русского государства. Находящиеся в настоящее время на южном берегу близ устья реки Мэйрелкэ русские строения построить на северном берегу.

Одна статья

Город, построенный в настоящее время Русским государством в теперешней местности Якса, полностью разрушить, сравняв с землей. Русских людей, живущих в местах Яксы, и все их имущество перевести обратно во владения Белого царя.

Одна статья

Решительно воспретить охотникам обоих государств переходить границы, установленные настоящим [договором]. Если один-два беспутных человека, самовольно перейдя границу, будут охотиться и разбойничать, то, схватив их, препроводить к чиновникам, управляющим теми местами, а местные чиновники, быстро разобравшись в тяжести проступка, совершенного этими пришедшими людьми, подвергнут [их] строгому наказанию. Если, кроме того, свыше 10 — 15 [человек], соединившись в шайку и взяв воинское оружие, будут охотиться, убивать людей, заниматься насилием и грабежом, то, непременно представив доклады государям, тотчас предать смертной казни. Хотя один или несколько человек совершат что-либо по ошибке, желательно, чтобы оба государства, по-прежнему живя в мире, не начинали войну.

Одна статья

Не подвергать обсуждению прежде имевшие место различные старые дела. Живущих ныне в Срединном государстве русских людей и китайских подданных, находящихся в Русском государстве, оставить там же на жительство.

Одна статья

Оба государства, следуя вечному миру, постановили, что отныне и впредь каждый человек, приезжающий в ту или другую страну, если у него есть проезжая грамота, может вести торговлю.

Одна статья

Со дня клятвы на посольском съезде взаимно не принимать скрывающихся беглецов, схватывать их и выдавать обратно.

Одна статья Вельможи двух государств встретились и прекратили пограничные ссоры и войны, установили согласие и вечный мир, который впредь не должен нарушаться. Вслед за этим, написав каждому по документу и приложив к ним казенные печати, обменяться ими. Затем, написав на письменности Срединного государства, на письменности Российского государства и на письменности Латинского государства, высечь на камне и поставить на границе двух государств как знак на вечные времена.

Правления Элхэ-тайфинь 28 год, 7 луна 24-е (28 августа 1689 г.).

Подписи: Сонготу, Дунгуве-ган, Лантань, Бандарша, Сабсу, Унда, Мала.

〈라틴어본〉

Высланные указом святого китайского императора для определения границ сановники - Сомготу, начальник войск императорского дворца, советник империи и проч.; Тумкекам, вельможа внутреннего дворца, военачальник первого разряда, господин императорского знамени, дядя императора и проч.; Ламтан, одного знамени господин; Памтарха, также одного знамени господин; Сапсо, генеральный начальник земель вокруг Сагалиен-ула и других земель; Мала, начальник одного знамени; Вента, второй начальник Внешнего суда, и прочие вместе с послами божиею милостью великих государей царей и великих князей Иоанна Алексеевича, Петра Алексеевича, всея Великия, Малыя и Белыя России монархов и многих государств и земель Восточных, Западных и Северных отчичей и дедичей, наследников и обладателей, их царского величества, с великими и полномочными послами, ближним окольничим и наместником брянским Фёдором Алексеевичем Головиным, стольником и наместником елатомским Иоанном Евстафьевичем Власовым и дьяком Семионом Корницким в год Камхи 28-й, названный годом Золотистого змея, 7 луны 24 дня (28 августа 1689 г.) собрались близ города Нерчинска (Здесь и далее в договоре: Нипчоу (Nipchou).) для обуздания и подавления дерзости охотничьих людей низкого положения, которые, переходя границы, или убивают друг друга, или грабят, или совершают всякие беспорядки и возмущения, также и для ясного и точного определения и установления границ между Китайской и Российской империями, а также, наконец, для установления постоянного мира и заключения вечного союза, с обоюдного согласия постановляем и определяем следующие статьи:

1-я

Река, называемая Горбица (Кербичи (Kerbichi).), которая расположена близ реки Черной, по-татарски называемой Урум, и впадает в реку Сагалиен-ула, составляет рубеж между обеими империями. Также от вершины скалы или каменной горы, на которой находится исток и начало вышеназванной реки Горбицы, и через вершины той горы до моря, владение империй так разделить, чтобы все земли и реки, малые или большие, которые от южной части той горы впадают в реку Сагалиен-ула, были бы под властью Китайской империи, все же земли и все реки, которые с другой стороны горы простираются к северной стороне, остаются под властью Российской империи, таким образом, чтобы реки, впадающие в море, и земли, находящиеся в промежутке между рекой Удью и вершиной горы, указанной в качестве рубежа, оставались бы до времени не определенными. Вопрос о них после возвращения к себе послов обеих империй тщательно рассмотреть и точно исследовать и через послов или грамоты после определить.

Также река, называемая Аргунь (Здесь в договоре: Ергон (Ergon).), которая впадает в вышеназванную реку Сагалиен-ула, определяет границы так, что все земли, которые с южной стороны, принадлежат Китайской, а те, которые с северной стороны, — Российской империи. И все строения, которые находятся с южной стороны указанной реки до устья реки, называемой Мейрелке, должны быть перенесены на северный берег.

2-я

Крепость Албазин (Здесь в договоре: Ягса (Jagsa).) или твердыня в месте, называемом Ягса, выстроенная русскими, должна быть до основания срыта и разрушена. И все ее жители, подданные Российской империи, со всем своим какого бы то ни было рода имуществом, должны быть выведены в земли Русской империи.

И определенные эти рубежи охотники обеих империй никоем образом да не переходят. Если же один или двое людей низкого положения или перебежчики или воры перейдут эти установленные границы, немедленно, заключив в оковы, препроводить их к начальникам обеих империй, которые, рассмотрев их вину, наложат должное наказание. Если же соберутся 10 или 15 вооруженных [людей] и перейдут [границу], или убьют человека другой империи, или ограбят, о том доносить императорам каждой империи, чтобы наложено было наказание за все эти преступления, как за уголовное преступление, дабы не возникла война из-за бесчинства отдельных частных людей и было бы предотвращено кровопролитие.

3-я

И все, что прежде было содеяно, какого бы рода ни было, предается вечному забвению. С того же дня, в какой между обеими империями этот вечный мир был заключен, никому не дозволяется принимать перебежчиков из одной империи в другую, но закованных в кандалы немедленно возвращать.

4-я

Те же подданные Русской империи, которые находятся в Китае, и Китайской империи — в России, пусть останутся в том же состоянии.

5-я

Вследствие ныне заключенной дружбы и установленного вечного союза люди какого бы то ни было положения, имеющие охранные грамоты для проезда, могут свободно следовать в земли обеих держав и повсюду продавать и покупать, как им будет необходимо для обоюдной торговли.

6-я

[В результате] торжественного совета послов обеих империй, прекратившего спор о границах обоих государств и заключившего мир и клятвенно установившего вечную дружбу, не остается места для беспорядков, если только эти определенные условия надлежащим образом будут соблюдаться.

Условия этого союза письменно утверждаются обеими сторонами, и вторые экземпляры, скрепленные установленными печатями, великие послы обеих империй передают друг другу.

Именно и только в соответствии с этим экземпляром эти условия на китайском, русском и латинском языках следует вырезать на камнях, каковые камни воздвигнуть на рубежах обеих империй как постоянный и вечный знак памяти.

Дано при Нерчинске в год Камхи 28-й 7 луны день 24 (28 августа 1689 г.).

(러시아어본)

Список с договору, каков постановил боярин Федор Алексеевич Головин китайского хана с послы Сумгута советником с товарищи на съезде на рубеже близ Нерчинска 7197-го году.

Божиею милостию великих государей, царей и великих князей Иоанна Алексеевича, Петра Алексеевича, всеа Великия и Малыя и Белыя России самодержцев и многих государств и земель восточных и западных и северных отчичей и дедичей и наследников и государей и обладателей, их царского величества великие и полномочные послы ближней окольничей и наместник брянской Федор Алексеевич Головин, стольник и наместник елатомской Иван Остафьевич Власов, дияк Семен Корницкой, будучи на посольских съездах близ Нерчинска великих азиацких стран повелителя, монарха самовластнейшаго меж премудрейшими вельможи, богдойскими закона управителя, дел общества народа китайского хранителя и славы, настоящаго богдойского и китайского бугдыханова высочества с великими послы Самгута, надворных войск с начальником и Внутренния полаты с воеводою, царства советником, да с Тумке-Камом, Внутренния ж полаты с воеводою, первого чину князем и ханского знамени с господином и ханским дядею Иламтом, одного ж знамени господином и протчими, постановили и сими договорными статьями утвердили:

1-е.

Река, имянем Горбица, которая впадает, идучи вниз, в реку Шилку, с левые стороны, близ реки Черной, рубеж между обоими государствы постановить.

Такожде от вершены тоя реки каменными горами, которые начинаются от той вершины реки и по самым тех гор вершинам, даже до моря протягненными, обоих государств державу тако разделить, яко всем рекам малым или великим, которые с полуденные стороны сих гор впадают в реку Амур, быти под владением Хинского государства.

Такожде всем рекам, которые с другие стороны тех гор идут, тем быти под державою царского величества Российского государства. Прочие ж реки, которые лежат в средине меж рекою Удью под Российского государства владением и меж ограниченными горами, которые содержатца близ

Амура, владения Хинского государства, и впадают в море и всякие земли посреди сущие, меж тою вышепомянутою рекою Удью и меж горами, которые до границы надлежат, не ограничены ныне да пребывают, понеже на оные земли заграничение великие и полномочные послы, не имеюще указу царского величества, отлагают не ограничены до иного благополучного времени, в котором при возвращении с обоих сторон послов царское величество изволит и бугдыханово высочество похочет о том обосласти послы или посланники любительными пересылки, и тогда или чрез грамоты, или чрез послов тые назначенные неограниченные земли покойными и пристойными случаи успокоити и разграничить могут.

2-е.
Такожде река, реченная Аргун, которая в реку Амур впадает, границу постановить тако, яко всем землям, которые суть стороны левые, идучи тою рекою до самых вершин, под владением хинского хана да содержится, правая сторона, такожде все земли да содержатся в стороне царского величества Российского государства и все строение с полуденные стороны той реки Аргуни снесть на другую сторону тоя ж реки.

3-е.
Город Албазин, которой построен был с стороны царского величества, разорить до основания и тамо пребывающие люди со всеми при них будущими воинскими и иными припасы да изведены будут в сторону царского величества и ни малого убытку или каких малых вещей от них тамо оставлено будет.

4-е.
Беглецы, которые до сего мирного постановления как с стороны царского величества, так и с стороны бугдыханова высочества были, и тем перебещикам быть в обоих сторонах безрозменно, а которые после сего постановленного миру перебегати будут и таких беглецов без всякаго умедления отсылати с обоих сторон без замедления к пограничным воеводам.

5-е.
Каким-либо ни есть людем с проезжими грамотами из обоих сторон для нынешние начатые дружбы для своих дел в обоих сторонах приезжати и отъезжати до обоих государств добровольно и покупать и продавать, что им надобно, да повелено будет.

6-е.
Прежде будущие какие ни есть ссоры меж порубежными жители до сего постановленного миру

были, для каких промыслов обоих государств промышленные люди преходити будут и разбои или убивство учинят, и таких людей поймав, присылати в те стороны, из которых они будут, в порубежные города к воеводам, а им за то чинить казнь жестокую; будет же соединясь многолюдством и учинят такое вышеписанное воровство, и таких своевольников, переловя, отсылать к порубежным воеводам, а им за то чинить смертная казнь. А войны и кровопролития с обоих сторон для таких притчин и за самые пограничных людей преступки не всчинать, а о таких ссорах писать, из которые стороны то воровство будет, обоих сторон к государем и розрывати те ссоры любительными посольскими пересылки.

Противу сих постановленных о границе посольскими договоры статей, естли похочет бугдыханово высочество поставить от себя при границах для памяти какие признаки, и подписать на них сии статьи, и то отдаем мы на волю бугдыханова высочества.

Дан при границах царского величества в Даурской земле, лета 7197-го августа 27-го дня.

Таково ж письмо Андрея Белобоцкого написано и на латинском языке.

Скрепа по листам секретаря Федора Протопопова.

По листам (ниже текста): С подлинною копиею читал переводчик Фома Розанов.

출처

Российско-китайские отношения – История и современность, 7~9쪽
Русско-китайские отношения 1689-1916, официальные документы, 9~11쪽
АВПРИ. Ф. Трактаты. Оп. 1.1689. Д. 22. Л. 2–3 об.

네르친스크조약(러시아어본)의 한글 번역문

네르친스크조약(Нерчинский договор) 1689. 08. 27

(만주어본)
국경을 획정하고자 매우 지혜로운 중국 황제의 칙령에 따라 파견된 고관이자 황제 친위대 총사령관이며 최선임 시종무관인 송고투(Сумкуту, 索額圖), 최선임 시종무관이자 군사령관이며 1등관이고 황제의 외삼촌인 퉁궈강(Тумке-Кам, 佟國綱), 군사령관 랑탄(Иламт, 郞談), 군사령관 반다르샤(Баньдарша), 사할랸-울라(Сахалянь-ула)와 다른 지역들의 수호자이자 군사령관인 삽수(Сабсу), 기수장 마라(Мала), 대외관계 심의관 운다(Уньда)와 국경을 획정하고자 러시아국 백인 황제의 칙령에 따라 파견된 능력 있는 대사이고, 대귀족이자 브랸스크의 대관인 표도르 알렉세예비치 골로빈(Федор Алексеевич Головин)과 다른 자들이 강희(Элхэ-тайфинь) 28년, 황색 뱀의 해 음력 7월 24일(1689년 8월 28일)에 양국의 천민들이 무단으로 월경하여 사냥을 하고, 서로 살인을 하고, 겁탈을 하고, 추잡한 일을 하면서 자의적으로 점유하고 있는 것들에 대해 논의하고, 중국과 러시아의 국경선을 정확하게 획정하며, 법률을 하나로 만들고 영구적인 평화를 실현하기 위하여 니브추(Нибчу)[49]라고 불리는 장소에 모여서 회의를 한 결과 다음과 같이 결정하였다.

우름(Урум)이라는 명칭의 쵸르나야(Черная)강 인근에 위치하고 북쪽으로부터 사할랸-울라로 유입되는 게르비치(Гербичи)강을 국경으로 한다. 이 강의 수원이 있고 바다까지 이어져 있는 암석으로 된 외흥안령(Большой Хинган)의 산줄기를 계속 따라서 산맥의 남쪽 사면으로부터 사할랸-울라로 유입되는 모든 강과 하천은 중국에 속하고, 산줄기의 북쪽 사면에 위치한 여타의 모든 강과 하천은 러시아에 속한다. 우다(Уда)강 남쪽에서 획정된 흥안령 북쪽까지의 토지, 강 및 하천은 일시적으로 중립적인 것으로 한다.
사절들이 자기 나라로 귀국하여 토지를 정확하게 검토한 후 대화 혹은 문서를 위하여 토지사절들을 파견하게 될 것이며, 그 후 미확정 토지가 새롭게 확정될 것이다.

사할랸-울라로 유입되는 아르군(Аргунь)강을 국경으로 설정한다. 남안은 중국에 속하며, 북안은 러시아에 속함을 인정한다. 현재 메이렐케(Мэйрелкэ)강 어구 인근의 남안에 위치하고 있는 러시아 건축물들을 북안에 축조한다.

현재의 장소인 약사(Якса)에 러시아가 조성한 도시는 땅과 같아지게 완전히 철거한다. 약사에 거주하는 러시아인들과 그들의 모든 자산을 백인 차르의 소속으로 재이주시킨다.

49 네르친스크의 만주어 명칭이다.

본 조약에 의거하여 양국 사냥꾼들의 월경을 단호하게 금지한다. 한두 명의 천한 자가 무단으로 월경하여 사냥을 하고 약탈을 할 경우 그들을 체포하여 동 지역을 관할하는 관리들에게 인도하고, 지역 관리들은 이 외래자들이 저지른 범죄의 경중을 신속하게 가려서 엄중하게 처벌한다. 그 외에 만약 패거리를 짓고 군용 무기를 소지한 10~15명이 넘는 자들이 사냥을 하고, 살인을 하고, 약탈과 강도짓을 한다면, 군주에게 반드시 보고하고 즉각 사형에 처한다. 한 명 혹은 여러 명이 실수로 무엇인가를 한다 해도, 양국은 계속 평화롭게 살면서 전쟁을 개시하지 않는다.

이전에 있었던 다양한 옛 사안들을 논의에 부치지 않는다. 현재 중국에 거주하는 러시아인들과 러시아에 있는 중국 신민들은 현 거주지에서 살도록 한다.

양국은 영구적인 평화를 추구하면서 금후 여행증서를 소지하고 이 나라나 다른 나라로 오는 모든 자들에게 교역할 수 있는 권리를 줄 것을 결정하였다.

사절회의의 서약일 이후 상호 간에 은신한 탈주자들을 받아들이지 않으며, 그들을 체포하여 인도한다.

양국의 고관들이 만나 국경분쟁과 전쟁을 중단시켰고, 차후에도 파기되지 않을 영구적인 평화를 합의하였다. 이것에 이어 각 문서를 작성하고 그것에 날인하여 서로 교환한다. 그 후 중국어와 러시아어, 라틴어로 작성하여 돌에 새겨서 영원한 시간의 표식으로 양국의 국경선에 설치한다.

강희 28년 음력 7월 24일(1689년 8월 28일)
서명: 송고투, 퉁궈강, 랑탄, 반다르샤, 삽수, 운다, 마라

(라틴어본)
국경을 획정하고자 거룩한 중국 황제의 칙령에 따라 파견된 고관들인 황궁부대장이자 황제의 고문 등등인 송고투(Сомготу), 궁내 고관이자 1등 군사령관이자 황제의 삼촌 등등인 퉁궈강(ТумкеКам), 한 깃발의 통치자인 랑탄(Ламтан), 또 한 명의 한 깃발의 통치자인 반다르샤(Памтарха), 사할랸-울라(Сагалиен-ула)를 둘러싼 지역과 다른 지역들의 총사령관인 삽수(Сапсо), 한 깃발의 장인 마라(Мала), 대외관계 2등관 운다(Вента) 등등이 신의 자비를 지닌 위대한 군주 차르가 파견한 위대한 공후 요안 알렉세예비치(Иоанн Алексеевич), 표트르 알렉세예비치(Петр Алексеевич), 동방, 서방, 북방 선조들의 수많은 각 영토의 세습, 전제군주인 대러시아와 소러시아, 백러시아와 그 차르 폐하의 위대한 전권 사절인 어전대신 겸 브랸스크(Брянск) 총독 표도르 알렉세예비치 골로빈(Федор Алексеевич Головин), 어전대신이자 옐라톰스크 총독 이반 오스타피예비치 블라소프(Иван Остафьевич Власов), 서기 세몬 코르니츠코이(Семен Корницктй)와 함께 황색 뱀의 해라고 불리는 강희(Камхи) 28년 음력 7월 24일(1689년 8월 28일)에 닙초우(Nipchou) 인근에 모여서 월경을

하거나 서로 살인을 하거나 약탈을 하거나 모든 무질서와 소요를 일으키는 천한 사냥꾼들의 불손함을 제지하고 진압하고, 중국 제국과 러시아 제국 사이의 국경선을 명백하고 정확하게 결정 및 제정하며, 마침내는 항구적인 평화를 수립하고 영원한 동맹을 체결하기 위하여 양측의 합의에 따라 다음의 조항들을 결의하고 결정한다.

제1조
타타르어로 우름(Урум)이라고 불리는 쵸르나야(Черная)강 인근에 위치하고 북쪽으로부터 사갈리엔-울라(Сагалиен-ула)로 유입되는 케르비치(Kerbichi)라고 불리는 강이 양 제국의 경계를 이룬다. 상기 케르비치강의 수원이자 시작점이 있는 암석 봉우리 혹은 돌산부터 그 산의 산줄기를 따라 바다에 이르기까지 제국들의 영토는 다음과 같이 구분된다. 그 산의 남쪽 부분으로부터 사갈리엔-울라강으로 유입되는 모든 땅과 대소의 강들은 청 제국의 권력하에 있고, 산의 다른 쪽으로부터 북쪽으로 뻗어 있는 땅과 강들은 러시아 제국의 권력하에 둔다. 따라서 바다로 유입되는 강들 및 우다(Удa)강과 경계선으로 규정된 산의 줄기 사이에 위치한 땅은 일시적으로 확정되지 않은 것으로 한다. 이 문제는 양 제국의 사절들이 귀국한 후 면밀히 파악하고 정확하게 검토할 것이며, 그 후 사절이나 문서를 통해 해결할 것이다.
또한 상기 사갈리엔-울라강으로 유입되는 에르곤(Ergon)이라고 불리는 강을 경계선으로 하여 그 남쪽은 중국에 속하고, 북쪽은 러시아 제국에 속한다. 상기 강의 남쪽부터 머이럴커(Мэйрелкэ)강 어구까지에 위치한 모든 건축물은 북안으로 이전해야 한다.

제2조
러시아인들이 건설한 약사(Jagsa) 요새 혹은 약사라고 불리는 장소의 요새는 그 기반까지 파괴하고 허물어뜨려야 한다. 또한 러시아 신민인 그곳 주민 모두는 자기들의 자산 전부와 함께 러시아 제국 영토로 이주되어야 한다.
또한 양국의 사냥꾼들은 어떠한 경우에도 확정된 이 경계선을 넘어서는 안 된다. 한두 명의 천민 혹은 월경 도주자 혹은 절도범이 이 획정된 경계선을 넘을 경우 족쇄를 채워서 즉각 양 제국의 관리들에게 인도한다. 관리들은 그들이 저지른 죄를 살펴보고 응당한 처벌을 한다.
무장한 10명 혹은 15명이 모여서 월경을 하거나 다른 제국의 사람을 살해 혹은 강탈할 경우, 형사 범죄로서의 이 모든 범죄를 징벌하도록 하고, 개별적 사인들의 난폭한 행위로 인해 전쟁이 발발하지 않도록 하며, 유혈사태를 방지하기 위하여 각 제국의 군주에게 이에 대해 보고한다.

제3조
이전에 있었던 다양한 옛 사안들은 그것이 무엇이건 영원한 망각에 들게 한다. 양 제국 간에 이 영원한 평화가 체결된 금일부로 어느 누구에게도 한 제국으로부터 다른 제국으로 탈주하는 자를 받아들이는 것이 허용되지 않으며, 족쇄를 채워 즉각 송환해야 한다.

제4조
중국에 거주하는 러시아 제국 신민과 러시아에 있는 청 제국 신민들을 기존의 상황에서 살도록 한다.
제5조
금번에 체결한 우호와 영구적인 동맹의 확립 결과 어떠한 지위에 있는 자일지라도 통행증서를 소지하고 있으면 양국의 땅을 자유롭게 다니고 어디에서건 상호 교역에 필요한 상품을 매매를 할 수 있다.

제6조
양국 국경선에 대한 논쟁을 종식시키고 평화를 체결하고 영원한 우호를 확립한 양 제국 고관들의 성공적인 회의 결과 이 확정된 조항들이 적절하게 준수되는 한 무질서한 부분이 남지 않게 되었다. 이 동맹의 조항은 문서를 통해 양측으로부터 확인을 받으며, 위대한 제국의 사절들은 인장이 날인된 2부씩을 서로 교환한다.
이 문서들에 의거하여 이 조항들을 중국어와 러시아어, 라틴어로 작성하여 돌에 새겨서 항구적이고 영원한 표식으로 양국의 국경선에 설치한다.

강희 28년 음력 7월 24일(1689년 8월 28일)

(러시아어본)
귀족 표도르 알렉세예비치 골로빈(Федор Алексеевич Головин)과 중국 한의 대사 송고투(Сумкуту, 索額圖)를 네르친스크 근교 국경에서 개최된 회의 고문으로 지정한 조약의 사본

위대한 지도자 차르 폐하의 위대한 공후 요안 알렉세예비치(Иоанн Алексеевич), 표트르 알렉세예비치(Петр Алексеевич)의 뜻에 의하여, 동방, 서방, 북방 선조들의 수많은 각 영토의 세습, 전제군주의 대러시아와 소러시아, 백러시아와 그 차르 폐하의 위대한 전권 사절인 어전대신 겸 브랸스크(Брянск) 총독 표도르 알렉세예비치 골로빈, 어전대신이자 옐라톰스크 총독 이반 오스타피예비치 블라소프(Иван Остафьевич Власов), 서기 세묜 코르니츠코이(Семен Корницкой), 거대한 아시아 각 영토의 통치자이자 가장 현명한 중국 황제들 중에서 고귀한 이의 최고 전제군주 지배자, 중국 보존자의 법률과 명예, 인민 사회 업무, 현 천자와 중국 제국 황제의 위대한 사절 송고투, 궁정근위대 지휘관이자 군사령관 겸 내대신, 제국 자문 퉁궈강(Тумке-Кам, 佟國綱), 역시 군사령관이자 내대신 일등공인 한의 기를 보유한 랑탄(Иламт, 郎談), 기를 지닌 다른 한 명의 장군과 다른 이들은 네르친스크 근교에서의 사절단 회의에서 아래와 같은 조약의 조항들을 협정하였다.

제1조
하류로 흐르며 흑룡강(Черная река, 黑龍江) 근처에서 실카(Шилка, 綽爾河, 烏倫穆河) 강 좌안으로 흘러들어가는 고르비차(Горбица, 格爾必齊)라는 명칭의 강을 양국의 국경으로 설정한다.

또한 고르비차강의 수원에서 시작하여 산의 정상을 따라 바다까지 연결된 암석으로 이루어진 양국의 산맥(Становой хребет, 外興安嶺)으로 국토를 나누는 바, 이 산맥에서 시작하여 아무르강으로 흘러드는 모든 크고 작은 강들은 중국에 귀속된다.

위 산맥에서 발원하여 위 강들과 반대편으로 흐르는 모든 강들은 러시아국 차르 폐하의 국토로 귀속된다. 러시아국에 귀속된 우다(Уда, 烏第河)강과 중국령 아무르 근처의 산악들에 둘러 싸여 있으면서 바다로 유입되는 다른 강들과 위에 언급된 우다강과 산악들 사이에 존재하며 국경까지 이어진 모든 토지들에 대한 경계 설정은 이 시점에서 이루어지지 않은 바, 차르 폐하의 칙령을 보유하지 못한 위대한 전권 사절들은 위 토지들에 대한 경계 설정을 연기하여 다른 적절한 시기까지 설정하지 않기로 하였으니, 양측 사절이 귀국 후 차르 폐하께서 허여하고 중국의 천자께서 우호적 방식으로 사절이나 공사를 상호 파견하고자 원할 경우 그때 칙서 혹은 사절을 통해서 상기 경계 설정이 이루어지지 않은 토지를 평화적이면서 적절한 방식으로 문제 해결하여 경계를 설정할 수 있을 것이다.

제2조
아무르강으로 유입되는 아르군(Аргун, 額爾古納) 강을 국경으로 설정하여, 그 강 최상류에 이르기까지의 좌안에 위치한 모든 토지는 중국에 귀속되며, 우안의 모든 토지는 러시아 차르 폐하에게 귀속된다. 이 아르군강의 남안에 있는 모든 건축물들을 강의 반대편으로 이전한다.

제3조
차르 폐하 측에서 건설한 알바진(Албазин, 額爾古納)은 그 토대까지 철거하고, 그곳에 체류 중인 사람들은 각자 소유의 모든 군용 및 다른 물자들과 함께 차르 폐하의 측으로 이주될 것이며, 그 어떤 사소한 잊은 물건 혹은 어떤 작은 물건도 그곳에 남겨두지 않는다.

제4조
강화 수립 이전에 차르 폐하와 중국 천자 양측의 탈주자, 그리고 본 강화조약의 체결 이후 도주하게 될 투항자 등을 어떠한 지체도 없이 즉각 양측으로부터 국경군 사령관에게 송환한다.

제5조
지금 시작된 우정을 위하여 양측에서 각자의 업무 차 누구든 양측으로부터 증서를 지니고 방문한 자들은 양국을 자유롭게 방문하고 출국할 수 있으며, 각자에게 필요하거나 요구되어지는 것을 구매하고 판매할 수 있다.

제6조
양국 국경 지역 주민들 간에 현 강화조약의 체결 이전에 있었던 분쟁이 향후 장래에는 있지 않을 것인바, 양국 간 교역을 위해 교역자들이 국경을 왕래할 수 있으며, 강도와 살인을 저지른 자는 검거 후 양국 국경 도시의 군사령관에게 인계하여 죄에 대한 대가로서 가혹한 형벌에 처하고, 다수의 사람들과 함께 위에 서술된 범죄를 행할 경우 그런 독단적인 사람들을 체포하여 국경 군사령관에게 송환하여 사형에 처한다. 위와 같은 사유 및 국경지역 사람들 간의 범죄행위로 인하여 전쟁이나 유혈사태를 시작하지 않으며, 양측에서 그런 범죄행위가 발생할 경우 분쟁을 각국 폐하에게 문서로 보고하고, 우호적인 사절단의 상호 파견으로 그 분쟁을 해결한다.

사절단이 체결한 국경조약에 대하여 만약 천자 폐하께서 어떤 표시를 설치하고 그 위에 그 조항을 기입해 넣고자 원할 경우, 우리는 그것을 천자 폐하의 의지에 맡긴다.

차르 폐하의 국경 다우르 땅에서 7197년 8월 27일 체결됨.
안드레이 벨로보츠키(Андрей Белобоцкий)가 라틴어로 동일한 문서를 작성하였다.
표도르 프로토포포프(Федор Протопопов) 서기가 각 매수별로 철하였다.
통역관 포마 로자노프(Фома Розанов)가 각 매수별로 원본과 대조하면서 사본을 읽었다.

2) 캬흐타조약(1727)

○ 명칭
- 러시아어: Кяхтинский договор
- 중국어: 恰克圖界約/布連斯奇條約
- 만주어: ᠴᠠᠪᡳᠨᠠ ᡳ ᡶᡝ ᠪᠣᠵᡳ ᡳ ᠪᡳᡨᡥᡝ

○ 체결 국가: 러시아, 청

○ 체결일: 1727년 10월 21일(11월 1일)

○ 체결 장소: 캬흐타(Кяхта, 恰克图)

○ 서명자(또는 전권대사)
- 러시아: 사바 루키치 라구진스키-블라디슬라비치(Са́вва Луки́ч Рагузи́нский-Владиславич)
- 청: 차비나(Чабина), 테구트(Тегут), 툴레신(Тулешин)

○ 작성 언어: 라틴어, 만주어, 러시아어

○ 체결 배경 및 과정

캬흐타는 1689년 네르친스크조약이 체결된 후에 생긴 러시아 마을로 러시아와 외몽골의 국경에 위치하면서 청의 매매성(賣買城)과 대치하고 있었다.

네르친스크조약에 의해 러시아와 청 양 국민 간에 자유교역이 허용되자 러시아 상인들이 몽골 방면으로 몰려들기 시작하였다. 하지만 몽골 방면의 국경이 불명확할 뿐 아니라 베이징 무역을 포함한 일련의 교역과 관련한 분쟁이 점차 증가하자, 러시아와 청은 통상 문제를 조정하고 러시아와 외몽골 사이의 국경을 획정하기 위한 교섭을 하지 않을 수 없었다.

이에 양국은 1727년 회담을 개시하여 같은 해 8월 20일(8월 31일) 아르군 강의 지류인 부라(Бура) 강변에서 아르군강으로부터 서-사얀(Западные Саяны) 산맥까지의 양국 간 국경을 획정하는 부라조약(Буринский договор)을 체결하였다.

캬흐타조약은 이 부라조약의 국경선을 보다 명확하게 획정하고 양국의 정치, 경제 관계를 규정하기 위하여 새롭게 체결한 것이다.

○ 주요 내용

캬흐타조약은 현재로서는 만주문으로 되어 있어 해독이 쉽지 않다. 그러므로 기존 연구[50]를 활용하여 캬흐타조약을 재구성하고자 한다. 그 내용은 다음과 같다.

첫째, 동쪽에서는 아르군강부터 서쪽으로는 사얀산맥에 걸친 경계선(=현 러시아-몽골 국경, 서단부 제외)을 확정하고, (오츠크해 방면의) 우다 강 부근에서의 양국 국경은 미확정 상태로 둔다.

둘째, 러시아의 베이징 무역은 4년에 1회, 인원은 200명으로 한정하며, 캬흐타 및 다른 국경지역에 교역장을 설치한다.

셋째, 베이징에 있는 회동관(會同館)을 전용 러시아관으로하고 그리스정교 교회 설치 및 성직자와 어학연수생의 체류를 인정한다

넷째, 외교와 통상을 구별하고, 외교교섭을 러시아의 원로원과 청나라의 이번원(理藩院)이 담당한다.

○ 결과 또는 파급 효과

러시아와 외몽골의 경계선이 최종적으로 확정되었으며, 이 조약의 체결로 베이징 무역이 쇠퇴하고 캬흐타 무역이 융성해졌다.

동 조약과 결부된 영토적 이해관계와 관련한 러시아와 중국 양측의 견해는 완전히 다르다. 러시아 측은 아르군강 상류와 치코이(Чикой)강 및 셀렝가(Селенга, 偰輦河)강 유역을 포

---

[50] 이완종, 2005, 「러시아의 극동진출과 중-러 국경획정과정 연구」, 『東北亞歷史論叢』 4.

함하여 17세기 전반 러시아의 지배를 받았던 서부 몽골 지역의 영토가 청에게 넘어갔다고 주장하는 반면, 중국 측은 세계 최대의 담수호이자 중국 북방 소수민족의 전통적인 활동 영역인 바이칼호 지역을 러시아에 양도해야 했기 때문에 중국에게 매우 불리한 조약이었다고 주장하고 있다.

○ 지도

이 조약에 따른 외몽골 방면에 획정된 국경선[51]은 다음과 같다.

---

51 譚其驤, 1996, 『中國歷史地圖集』 8, 『烏里雅蘇台』, 55~56쪽.

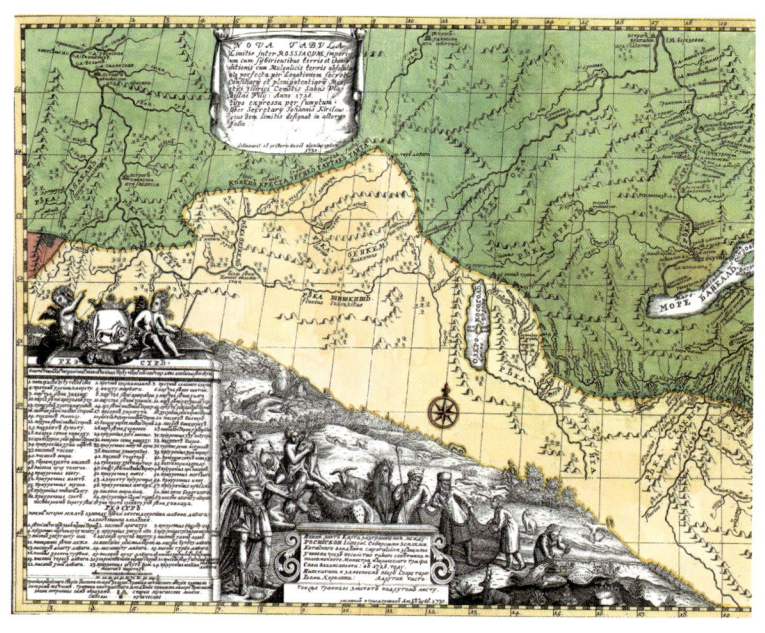

○ (조약문) 출처

АВПРИ. Ф. Трактаты. Оп. 2,1728. Д. 24017. Л. 3-7.

캬흐타조약(1727) 원문

Кяхтинский договор 1727 г.

По указу императрицы всероссийския и протчая, и протчая, и протчая. Посол Сава Владиславич Ильирийской граф, присланной для обновления и вящшаго утверждения мира, которой прежде сего при Нипкове (Нерчинском) между обоими империями заключен был, согласился императора империя, Тайджин называемаго, с вельможи определенными, сиречь с царским советником вельможею Трибунала мандаринского президентом, и внутренний палаты дел управителем Чабинею, с царским советником вельможею Трибунала внешних провинцей управителя президентом и красного знамени вельмежею Тегутом, Трибунала военного со вторым президентом Тулешиным, и договорились как следует:

1-я
Сей новый договор нарочно зделан, чтоб между обоими империями мир крепчайший был и вечный и от нынешняго дне каждое государство своими подданными имеет владеть и удерживать и, зело почитая мир, каждой имеет жестоко своих собирать и крепить, чтоб никакого противнаго дела не могли возбудить.

2-я
Ныне, следуя обновлению мира, не довлеют воспоминатися прежние дела между обоими империями, ниже возвратитися перебещики, которые прежде сего уходили, но да оставятся по прежнему. А впредь ежели кто убежит, ни по какому образу имеет удерживаться, но с обоих сторон прилежно сысканные и пойманные, да отдадутся людем пограничным.

3-я
Российской посол Ильирийской граф Сава Владиславич с вельможи китайскими вкупе согласился:
Границы обоих империй суть дело зело важное, и ежели места не будут осмотрены, тому быть невозможно. Того ради российской посол Ильирийской граф Сава Владиславич поехал на границы, и тамо согласился Китайского государства с генералом Шусак-торой кун вам, хоксой Ефу Церин и с Бесыгою, вельможею царского караулу, и с Тулешиным, вторым президентом Трибунала военного, и обоих империй границы и край постановили, как следует.
От российского караулу строения, которое при речке Кяхте, и каменного маяку караулу китайского, которое суть на сопке Орогойту, между тех двух маяков земля лежащая разделена

равномерно пополам, и на средине поставлен маяк во знак разграниченья, и тут учреждено место купечества обоих государств. Оттуды посланы комисары в обе стороны для разграничения.

И начиная от того вышереченного места к востоку, по вершине гор Бургутейских, до Киранского караулу, и от Киранского караулу по Чиктаю, Ара Худара, Ара Хадаин Усу, против тех четырех караулов часть реки Чикоя постановлена за границу.

От Ара Хадаин Усу до маяку караульного мунгалского Убур Хадаин Усу, и от Убур Хадаин Усу до маяку мунгалских караулов места Цаган Ола, все пустые места между завладенными от подданных российских землями и маяками царства Китайскаго подданных мунгалов разделены равно пополам, кака учинено на месте Кяхта называемом, таким образом, что когда прилучились горы, сопки, речки близ мест, поселенных от российских подданных, поставлены в знак границы; взаимно, когда прилучились горы, сопки, речки, близ маяков мунгалских караулов, поставлены в знак же границы; а в равных местах, без гор и речек, разделено пополам, и тут поставлены пограничные знаки.

Обоих государств люди, которые от маяку караульнаго места, реченного Цаган Ола, ездили до берега реки Аргуни, осмотря земли, которые суть за маяками мунгалскими, единогласно за границу причли. Начиная от пограничнаго маяку, которой поставлен границею между двумя местами Кяхтою и Орогойту, йдучи к западу по горам Орогойту, Тымен Ковиоху, Бичикту Хошегу, Булесоту Оло, Куку Челотуин, Хонгор обо, Янхор ола, Богосун ама, Гундзан ола, Хутугайту ола, Кови-Моулоу, Бутугу дабага (сиричь проезд), Екоутен шаой моулоу, Дошиту дабага, Кысынкту дабага, Гурби дабага, Нукуту дабага, Ергик таракг, Пензе мада, Хонин дабага, Кем кемчик бом, Шабина дабага.

По вершине сих гор учинено разделение посредине и за границу причтено. Между ими попереж какие хрепты и реки прилегли, хрепты и реки пополам пересечены и равномерно разделены таким образом, что северная сторона Российскому государству да будет, а полуденная сторона Китайскому государству. И которые посланные с обоих сторон люди разделение ясно написали и начертили, и промеж собою письмами и чертежами разменились, и к своим вельможам привезли. Между утверждением границ обоих империй, которые подлые люди воровски заночевали, завладев землями, и внутри юрты поставили, сысканы и в собственные кочевания переведены. Такожде обоих государств люди, которые перебегали туда и сюда, сысканы и установлены жить в своих кочевьях. И тако пограничное место стало быть чисто.

А урянхи в которую сторону платили по пяти соболей, впредь оставлены по прежнему у своих владетелей. А которые по одному соболю давали, впредь не возмется с них вечно, с котораго дни пограничной договор установился. И что так решено, о том подтверждено письменным свидетельством и каждой стороне вручено.

4-я

Ныне, по установлении обоих государств границ, не надлежит с одной стороны, ни с другой удерживать перебещиков, и к сему последствуя для обновления мира, как решено с российским послом Ильлирийским графом Савою Владиславичем, будет свободное купечество между обоими империями, и число купцов, как прежде сего уже постановлено, не будет более двухсот человек, которые по каждых трех летех могут приходить единожды в Пекин. И понеже они будут все купцы, того ради не дастся им корм по-прежнему, и никакая ж пошлина ниже от продающих, ниже от купующих возмется. Когда купцы прибудут на границу, и о прибытии своем будут описоваться, тогда, получив письма, пошлются мандарины, которые встретят и препроводят ради купечества. И ежели купцы на дороге похотят купить верблюдов, лошадей, корм и нанять работников своим собственным иждивением, да купят и наймывают. Мандарин же или начальник купеческаго каравана оными да владеет и управляет, и ежели какой спор возбудится, и он праведно да смирит. Ежели же оной начальник или вождь будет какого достоинства, с почтением имеет быть принят. Вещи какого-либо звания могут продаваны и покупаны быть, кроме тех, которые указами обоих империй запрещены суть. Ежели кто без ведома начальническаго похочет тайным образом остаться, ему не позволяется. Ежели же кто болезнию умрет, и что от него останется, какого ни есть звания, то оные отдадутся людем того государства, как российской посол Ильлирийской граф Сава Владиславич постановил. И кроме купечества между обоими государствами еще на границах ради меньшаго купечества изберется удобное место при Нипкове (Нерчинске) и на Селенгинской Кяхте, где построятся домы и оградятся оградою, или полисадом, как покажется. И кто-либо похочет итти на оное место купечества ради, да идет токмо прямою дорогою. А ежели кто с ней уклонится, блудя, или на иные места поедут для купечества, да возьмутся товары их на государя. С одной же стороны и с другой равное число служивых да установится, над которыми да управляют равнаго рангу офицеры, которые единодушно место да стерегут и несогласия да разводят, как постановлено с послом российским Ильлирийским графом Савою Владиславичем.

5-я

Коен или дом, которой ныне для российских в Пекине обретается, будет для россиян и впредь приезжающих, оные сами будут жить в сем доме. А что российской посол Ильлирийской граф Сава Владиславич представлял о строении церкви, зделана в сем доме вспоможением вельможей, которые имеют надсмотрение в делах российских. В сем доме будет жить один лама (священник), ныне в Пекине обретающийся, и прибавятся другие три ламы (священника), которые прибудут, как решено. Когда прибудут, дастся им корм, как дается сему, которой прежде приехал и при той же церкви поставлены будут. Россияном не будет запрещено молитися и почитати своего бога по своему закону. Кроме того, четыре мальчика учеников, и два побольшаго возраста, которые по-руски и по-латыне знают и которых посол российской Ильлирийской граф Сава Владиславич хощет оставить в Пекине для обучения языков, будут жить также в сем доме, и корм дастся им из царскаго иждивения. А когда выучатся, по своей воли да возмутся назад.

6-я

Для коммуникации между обоими империями печатные пашпорты весьма нужны суть. Того ради, когда из Российскаго государства к Китайскому государству пошлются грамоты, дадутся печатию закрепленные из Сената или из Трибунала российскаго и града Тобольска от губернатора, к Трибуналу китайскому внешних провинцей управителю. А когда от Китайского государства к Российскому государству пошлются такожде письма от Трибунала внешних провинцей управителя, запечатанные ж дадутся к Сенату или к Трибуналу российскому, и града Тобольска губернатору. Ежели же от границ и порубежных мест пошлются письма о перебещиках, воровствах, и прочих, сим подобных нуждах, то которые пребывают на границах российских городов начальники, а которые суть на границах китайских Тушету-хан, Ован джан торжи, Ован танжин торжи, взаимно между собою да посылают письма, собственною рукою подписанные и печатью закрепленные ради свидетельства. И когда россияны будут писать к Тушету-хану, Ован джан торжию, Ован танжин торжию, а оные такожде от своей стороны к вышереченным будут писать. Все курьеры, которые будут возить такие письма, имеют ездить чрез одну Кяхтинскую дорогу. А ежели прилучитца какое важное и великое дело, то какою ни есть ближнею дорогою позволяется ездить. Ежели же кто с умыслу (понеже дорога Кяхтинская далека) нарочно восприимет ближнюю дорогу, тогда российския градския управители и коменданты, и китайские пограничные ханы имеют меж собою списоваться и по изяснении дела каждой своих да накажет.

7-я

Что касается до реки Уды и тамошних мест, понеже российской посол Федор Алексеевич, Китайского империя внутренний палаты с вельможею Самгуту согласяся вкупе говорили: сей пункт да останется ныне не окончен, а впредь или чрез письма или чрез послов окончится; и так писано в протоколах. Того ради Китайскаго империя вельможи говорили российскому послу Саве Владиславичю графу Ильлирийскому: понеже ты прислан от императрицы с полною мочю окончить все дела, то и о сем пункте имеем трактовать, ибо ваши люди беспрестанно переходят границы в наше (В тексте ошибочно «ваше») место, имянуемое Химкон Тугурик. Ежели сей пункт ныне не окончим, зело опасно, дабы обоих империй подданные, которые живут при границах, между собою ссоры и несогласия не возбудили; и понеже сие весьма противно миру и соединению, ныне же надлежит окончить.

Российской посол Сава Владиславич Илльирийской граф ответствовал: сия земля восточная, нетокмо мне от императрицы не приказана, но еще я о той земле подлинно известия не имею; да останется еще, как прежде постановлено. А с же ли кто из наших пройдет чрез границу, унимать и запрещать буду.

На сие китайские вельможи говорили; когда императрица не приказала тебе о восточной стороне трактовать, мы не будем более принуждать, и между тем так принуждены оставить. Но по твоем возвращении накрепко закажи вашим: ибо ежели какие из ваших прейдут за границу и пойманы будут, без сумнения от нас наказаны быть имеют; и не можете тогда говорить, что мы нарушили мир. А ежели из наших за вашу границу кто перейдет, вы также их накажите.

Того ради, понеже ныне не трактуется о реке Уде ниже о протчих тамошних реках, да останутся по прежнему, но ваши люди не имеют более завладеть на поселение.

Российской посол Илльирийской граф Сава Владиславич когда возвратится, вся сия ясно донес бы императрице и изъяснил, каким образом надлежит туда послать вкупе известных людей о тамошних землях, которые б вкупе могли разсмотреть, и что-нибудь решить, и сие бы изрядно было. А ежели оставится сие малое дело, худо гласиться будет с миром обоих государств. О сем пункте писано к российскому Сенату.

8-я

Пограничные обоих империй управители имеют непродолжительно но правде каждое дело решить. А ежели будет замедление, за свою партикулярную корысть, тогда каждое государство да накажет своих по своим правам.

9-я

Ежели от одного к другому империю пошлется за публичными делами малой или великой посол, когда оной прибудет на границу и объявит о своем деле и о своем характере, будет ожидать недолго на границе, дондеже вышлется кто на встречу для препровождения. И тогда ему дадутся скорые подводы, корм, и с прилежанием препровожден будет. По прибытии дастся же дом и корм. А ежели посол прибудет в тот год, в которой не имеет быть пропущено купечество, товары с ним не пропустятся. А ежели для важного какого дела один или дна курьера прибудут, тогда, показав запечатанные пашпорты, мандарины пограничные без жадной описки немедленно дадут подводы, корм, проводников, как российской посол Сава Владиславич Илльирийской граф решил, так утверждено.

И понеже письменная пересылка между обоими империями чрез письма или чрез людей зело нужная, того ради ни по какому образу имеет замедлитися. И ежели впредь замедлятся письма, удержатся присланные люди, и не дастся отповедь, или оная отложится с потерянием времени; и понеже таковые поступки не соглашаются с миром, того ради посланники и купечество не могут быть пропущены, но на время и посланники и купечество будут удержаны, дондеже дело изъяснено будет, и по изъяснении пропустится по прежнему.

10-я

Впредь, ежели кто из подданных обоих государств перебежит, кажнен да будет в том месте, где поимается. Ежели оружейные перейдут на границу, учиня грабежи и убийства, также смертию имеют быть кажнены. Кто же оружейною рукою без запечатаннаго пашпорту такожде за границу прейдет, хотя б и не учинил убийства и грабежа, однако ж наказан быть имеет, как надлежит. Ежели кто из служивых или иной кто, покрадши господина своего, убежит, ежели будет рускаго владения, да будет повешен, а ежели китайскаго владения, имеет быть кажнен на том месте, где поимается; а вещи покраденный да возвратятся его господину.

Ежели кто перейдет за границу и зверей или инаго скота покрадет, своему начальнику на суд да предастся, которой осудит ево за первую кражу вдесятеро; за другую против того вдвое; а за третию да предастся смертной казни. Кто будет промышляти недалеко от границы для своей корысти за рубежами, промышленное да будет взято на государя; и тот промышленник да будет наказан по рассмотрению судьи. Подлые же люди, которые без пашпорту прейдут за границу, такожде имеют быть наказаны, как российской посол Сава Владиславич Ильлирийской граф постановил.

11-я

Инструмент обновления мира между обоими империями с обоих сторон разменен тако.

Посол российской Ильлирийской граф Сава Владиславич на руском и латинском языках написанной, за своею рукою и печатью закрепленной вручил Китайского государства вельможам к сохранению. А китайские вельможи, на манжурском, российском и латинском языках написанные, равным образом за своим подписанием и укреплением печати, вручили российскому послу Ильлирийскому графу Саве Владиславичу к сохранению.

Сего же инструмента екземпляры печати преданы, всем пограничным жителем розданы, чтоб ведомо было о сем деле.

Лета господня 1727-го, месяца октября 21-го дня, а Петра Втораго всероссийского императора и протчая, и протчая, и протчая, государствования первого году. Розменен на Кяхте, 1 июня 14-го дня 1728-го году.

На подлинном при разменении подписано тако:

М. П.

Граф Сава Владиславич

Секретарь посольства Иван Глазунов

출처

Российско-китайские отношения-История и современность, 10~13쪽

Русско-китайские отношения 1689-1916. официальные документы, 17~22쪽

АВПРИ. Ф. Трактаты. Оп. 2,1728. Д. 24017. Л. 3-7.

캬흐타조약 한글 번역문

캬흐타조약(Кяхтинский договор) 1727. 10. 21

니프코베(Нипкове, 네르친스크)에서 러시아와 중국 양국 간에 체결되었던 평화의 회복 및 강력한 확인을 위해 여황 폐하의 황명에 따라 파견된 사바 블라디슬라비치 일리르스코이(Ильирской) 백작은 대청(Тайджин)으로 불리는 제국 황제의 일정한 고관들, 즉 중국 귀족 법원의 대표로서 차르의 고문과, 그리고 차비나(Чабина) 내무회의 소장과, 대외 지역 통치자 대표 일족 대외법원장으로서 그리고 적기의 귀족 테구트(Тегут), 군사법원의 부법원장 툴레신(Тулешин)과 동의하여 다음과 같이 조약을 체결하였다.

1. 이 조약은 양 제국 간의 가장 견고한 평화가 영원하고, 오늘부터 각국은 자신의 신민을 보유, 유지하고, 실로 평화를 존중하면서 그 어떤 불편한 사안도 발생하지 않도록 각 체약국이 엄격하게 준비하고 강화하려는 의도에서 체결되었다.

2. 지금 평화의 회복을 추구하는 양 제국 간의 과거사를 상기할 필요가 없으며, 과거에 탈주하여 현재까지 그곳에 체류하고 있는 망명자들을 아래와 같이 송환한다. 향후 도주하는 자의 경우 어떠한 형태로도 그곳에 체류하도록 해서는 안 되며, 양측은 발견되어 체포된 자를 국경 관리에게 인도한다.

3. 러시아 사절 사바 블라디슬라비치 일리르스코이 백작은 중국의 고관과 다음과 같이 합의하였다. 양 제국의 국경은 중요 사안으로서 장소를 확인하지 않고는 설정이 불가능할 것이다. 이에 러시아 사절 사바 블라디슬라비치 일리르스코이 백작은 국경을 방문하여 투삭토로이쿤 밤, 호쇼이 예푸(тусак-торой кун вам, хошо ефу) 체린(Церин) 장군, 차르 초병 베싀가(Бесыга)와 군사법원 부원장 툴레신(Тулешин)과 함께 필요에 따라 양 제국 국경과 변경에 다음을 설치하였다.
캬흐타 강의 러시아 초소 구조물과 오로고이투(Орогойту)산 정상에 위치한 중국 초소의 석재 국경표석의 두 국경표석 사이에 위치한 토지는 절반으로 나누고 그 중간에 접경의 표시로서 국경표석을 설치하며, 그곳에 양국의 교역장을 마련한다. 양측은 국경 획정을 위해 국경위원을 그곳으로 파견한다.
상기 장소에서 동쪽으로 부르구테이스크(Бургутейск)산맥의 정상을 따라 키란스키(Киранский) 초소까지, 그리고 키란스키 초소에서 치크타이(Чиктай), 아라 후다라(Ара Худара), 아라 하다인 우수(Ара Хадаин Усу)를 따라 이들 네 개 초소의 치코이(Чикой)강 맞은편 부분에 국경을 설정한다.
아라 하다인 우수에서 몽골의 우부르 하다인 우수(мунгалский Убур Хадаин Усу)까지, 그리고 우부르 하다인 우수부터 몽골 초소 지점인 차간 올라(Цаган Ола)의 국경표석까지 러시아 신민들이 점유하고 있는 토지와 중국 내 몽골 신민의 국경표석 사이에 위치한 모든 빈 땅은 균등하게 반으로 나누고, 러시아 신민들이 정주하고 있는 장소에 인접한 산맥, 언덕, 강 들이 캬흐타에서 연이어지는 곳에 국경표석을 설치한다.

몽골 초소 국경표석 근처에서 산맥, 언덕, 강 들이 서로 연이어지는 곳에도 국경표석을 설치한다. 산이나 강이 없는 평원에는 땅을 반으로 나누고 그곳에 국경표석을 설치한다.

차간 올라 강 초소 국경표석에서 아르군 강변까지 몽골 국경표석 뒤편의 토지를 조사하면서 다닌 양국 사절들은 한목소리로 그 토지를 국경으로 지정하였다. 캬흐타와 오로고이투 두 장소 사이에서 국경으로 설치된 국경표석에서 서쪽으로 가면서 오로고이투, 티멘 코비오후(Тымен Ковиоху), 비칙투 호셰구(Бичикту Хошегу), 불레소투 올로(Булесоту Оло), 쿠쿠 텔로두인(Куку Челотуин), 혼고르 오보(Хонгор обо), 얀호르 올라(Янхор ола), 보고순 아마(Богосун ама), 군잔 올라(Гундзан ола), 후투가이투 올라(Хутугайту ола), 코비-모울로우(Кови-Моулоу), 부투구 다바가(Бутугу дабага, 시리치(сиричь), 예코우텐 샤오이 모울로우(Екоутен шаой моулоу), 도시투 다바가(Дошиту дабага), 키시니크투 다바가(Кысыныкту дабага), 구르비 다바가(Гурби дабага), 누쿠두 다바가(Нукуту дабага), 예르기크 타라크트(Ергик таракт), 켄제 마다(Кензе мада), 호닌 다바가(Хонин дабага), 켐 켐치크 봄(Кем Кемчик бом), 샤비나 다바가(Шабина дабага) 산을 따라 국경을 설정한다.

위 산의 정상을 따라 중간선으로 획정되는 선을 국경으로 인정한다. 이 산들 사이를 횡단하는 산맥과 접경하여 흐르는 강, 반반으로 횡단하는 산맥과 강은 다음과 같은 형태로 균등하게 나눈다. 북쪽은 러시아에, 남쪽은 중국에 귀속될 것이다. 양측이 파견한 자들은 국경선 획정을 명확하게 기록하고 그려 넣었으며, 그들 간에 문서와 도면을 교환하고 각자의 대표들에게 제출하였다. 양 제국의 국경선을 획정하는 중에 은밀하게 유목하는 비천한 자들이 토지를 점유하고 천막을 쳤으며, 사적인 유목 시설을 그곳에 설치하였다. 사방으로 도주한 양국의 이런 자들을 찾아내서 자신의 유목지에서 살도록 해야 한다. 그리하여 접경 장소는 비어 있어야 할 것이다.

강치 다섯 마리를 한 편으로 납부했던 우량카이(Уранхи, 兀良哈)들은 이전처럼 각자 자신을 소유한 자들에게 남는다. 강치 한 마리를 납부하던 자들로부터는 국경조약이 성립되는 날로부터 향후 영원히 강치를 받지 않는다. 문서상의 증거로서 이처럼 결정되고 확인되었으며, 각 측에 수교되었다.

4. 현하 양국 국경을 설정함에 따라 양 체약국 어느 쪽도 도주자를 보유하면 안 되고, 그에 더해 평화의 회복을 위해 러시아 사절 사바 블라디슬라비치 일리르스코이 백작과 결정한 바와 같이, 양 제국 간에는 무역의 자유가 있을 것이며, 상인의 수는 이전 규정과 동일하게 200명을 넘지 않고, 3년에 1회 베이징을 방문할 수 있다. 200명 모두 상인이기 때문에 그들에게 이전처럼 음식을 제공하지 않으며, 판매자와 구매자 모두로부터 세금을 징수하지 않는다. 상인들이 국경에 도착하면, 자신의 도착 사실을 기록한다. 서한을 접수한 뒤 그들을 맞이하여 호송해 줄 중국 고관이 파견될 것이다. 상인이 이동 중에 자신의 비용으로 낙타, 말, 사료 등의 구입과 짐꾼의 고용을 원할 경우, 구입하고 고용할 수 있다. 중국 고관 혹은 대상의 우두머리는 대상을 지배하고 관리하며, 모종의 논쟁이 발생하면 올바르게 화해시켜야 한다. 이 우두머리나 수령은 존중받아야 하는 존엄을 지닌다. 양 제

국의 칙령에 의해 본질적으로 금지된 것을 제외하고는 어떠한 칭호도 판매되거나 구입될 수 있다. 지도부에 알리지 않고 남몰래 잔류하기를 원하는 자들은 그렇게 할 수 없다. 병사한 자에게 어떤 물건이 남아 있으나 어떤 칭호가 아닐 경우, 러시아 사절 사바 블라디슬라비치 일리르스코이 백작이 규정한 바와 같이 그것은 해당 국가의 자들에게 제공된다.

상업 외에도 양국 간 국경지역에서의 소규모 상행위를 위해 니프코프와 셀렌긴스카야 캬흐타(Селенгинская Кяхта) 내의 편리한 장소를 선택하고, 그곳에 건물을 짓고 울타리를 치거나 눈에 띠도록 목책을 쌓는다. 누구든 위의 교역장 중 한 곳으로 가기를 원하는 자는 오직 직통로를 따라 가야 한다. 그 도로에서 벗어나 방황하거나 또는 상업을 목적으로 다른 장소로 향할 경우, 상품은 국왕에게 압수된다. 한쪽에서 그리고 상대 측에서 동일한 수의 근무자를 배치하며, 동일한 관등의 장교들이 그들을 통치하며, 일치하여 장소를 지키고, 러시아 사절 사바 블라디슬라비치 일리르스코이 백작과 함께 규정한 바와 같이 불화를 해결한다.

5. 현재 베이징의 러시아인들을 위한 관 또는 건물은 향후 그곳을 방문하는 러시아인을 위한 건물이 될 것이며, 러시아인들 스스로 그 건물에서 살게 될 것이다. 러시아 사절 사바 블라디슬라비치 일리르스코이 백작은 교회 건축을 제안하였으며, 그 건물 안에 러시아 업무에 대한 감독권을 지닌 고관들의 조력으로 교회가 만들어졌다. 그 건물에는 현재 베이징에서 거주 중인 라마승 1명이 살 것이며, 다른 3명의 라마승이 추가되어 결정된 바에 따라 도착할 것이다. 그들이 도착하면, 예전에 도착했던 사람들에게 주었던 것과 같은 음식을 그들에게도 제공하며, 같은 교회에 배치될 것이다. 러시아인들에게 기도가 금지되지 않으며, 자신의 법에 따라 자신의 신을 선택할 수 있다. 그 외에도 러시아 사절 사바 블라디슬라비치 일리르스코이 백작이 언어를 배울 수 있게 베이징에 남겨 두기를 원하는 러시아어와 라틴어를 아는 어린 학생 4명, 좀 더 나이든 학생 2명 역시 그 건물에서 거주할 것이며, 교회 생계비에서 그들에게 음식을 제공한다. 공부를 마쳤을 때 본인의 의지에 따라 귀국할 수 있다.

6. 양 제국 간의 통행을 위해 날인된 여권이 매우 필요하다. 그것을 위해 러시아에서 중국으로 증서가 발송될 경우 토볼스크 시의 상원이나 혹은 법원에서 주지사가 인정한 것이 중국 접경도의 법원 통치자에게 날인을 받도록 발송될 것이다. 중국의 접경도 법원 통치자가 러시아로 그런 서한을 발송할 경우 그 증서는 토볼스크 시의 상원 또는 법원의 주지사에게 제출된다. 도주자, 절도 및 여타의 필요에 관한 편지가 국경이나 접경 지역으로부터 발송될 경우, 러시아 국경 도시들의 관리자들, 그리고 본질적으로 투셰투한(тушету-хан), 오반 잔 토르지(Ован джан торжи), 오반 탄진 토르지(Ован танжин торжи) 등의 중국 국경에 있는 관리자들은 손으로 직접 작성하고 증명을 위해 도장으로 봉인된 서한을 그들 간에 주고받는다. 러시아인이 투셰투한, 오반 잔 토르지, 오반 탄진 토르지 등에게 편지를 보내면, 그들 역시 상기 자들에게 그런 편지를 보낸다. 이런 편지를 배달하게 될 배달부들은 캬흐타 도로 하나만을 통행할 수 있다. 어떤 중요한 임무나 중대한 사안일 경우에는 인접도로의 통행이 허락된다. 누군가 고의로(왜냐하면 캬흐타 도로가 멀어서) 인접도로를 택했을 경우, 러시아 국경 관리인과 사령관, 중국 국경 칸(хан)들은 그들 간에 서한을 주고받으며, 사안이

밝혀지면 각자 자신의 신민들에게 형벌을 가한다.

7. 우다(Уда)강과 세관 지점까지에 대해서 러시아 사절 표도르 알렉세예비치(Федор Алексеевич), 중국 황제 내각의 고관 송고투는 합의하여 함께 다음과 같이 말하였다. 그 지점은 현재 아직 종결되지 않은 상태로 두며, 향후 서한을 통해 또는 사절을 통해 그 일을 마무리 짓는다고 의정서에 명문화되어 있다. 또한 중화 제국을 위하여 고관들이 러시아 사절 사바 블라디슬라비치 일리르스코이 백작에게 다음과 같이 언급하였다. 귀하는 모든 사안을 종결짓도록 여황의 전권을 받고 파견된 만큼 이 장소에 관해서 논할 수 있을 것인바, 귀국 사람들이 힘콘 투구리크(Химкон Тугурик)라고 불리는 우리 국경 지역으로 지속적으로 넘어오고 있기 때문이다. 지금 이 장소에 관해 종결짓지 않을 경우, 국경 지역에 거주하는 양 제국 신민들에게 매우 위험할 것이다. 그들은 매우 반평화적이고 반통합적인 만큼, 지금 이 문제를 종결지어야 한다.

러시아 사절 사바 블라디슬라비치 일리르스코이 백작은 다음과 같이 답하였다. 그 동쪽 땅은 여황이 내게 하명하지 않았을 뿐 아니라, 나 또한 그 지역에 대한 확실한 정보를 전혀 갖고 있지 않다. 이에 예전과 같은 형태로 남겨 두어야 할 것이다. 우리나라 사람 중 누군가가 국경을 넘으면 그들을 정지시키고 금지시킬 것이다.

이에 중국 고관은 다음과 같이 말하였다. "여황이 귀하에게 하명하지 않았다면, 우리는 더 이상 강요하지 않겠다. 이대로 남겨 두도록 하자. 그러나 귀하는 귀국 즉시 귀국 신민들에게 절대로 금지시켜야 할 것이다. 왜냐하면 귀국 신민이 월경할 경우 그들을 체포할 것이며, 마땅히 우리가 처벌할 것이기 때문이다. 그때 귀하는 우리가 평화를 위반했다고 말할 수 없다. 만약 우리나라 사람 중 누군가가 귀국으로 월경하면 귀하도 그들을 처벌하기 바란다."

우다 강과 다른 세관용 강에 관해서 논하지 않았기 때문에 예전과 같이 남겨 두지만, 귀국 사람들은 더 이상 정주할 수 없다.

러시아 사절 사바 블라디슬라비치 일리르스코이 백작은 다음과 같이 말하였다. "귀국할 때 위의 모든 사실을 여황에게 명확하게 보고하며, 세관 지역에 관해서 단연코 저명하며, 고찰할 수 있고 무엇이든 결정을 내릴 수 있을 그런 사람들을 어떤 형태로 그곳으로 파견할지를 설명해야 하는 바, 그런 사람은 많을 것이다. 만약 이 작은 일을 남겨 두면, 양국의 평화에 해가 될 것이다. 이 조항에 관해 러시아 상원에 서한을 발송하였다."

8. 양 제국 국경 관리자들은 모든 문제를 매우 빠른 시일 내에 해결해야 한다. 개인의 사익을 위해 지체할 경우 각 국가는 자국 법에 따라 그들을 처벌한다.

9. 한 제국에서 상대 제국으로 관등이 낮거나 높은 사절을 공무로 파견할 경우 그 사절은 국경에 도착하여 자신의 사무와 자신의 특성에 대해서 설명하고, 마중 나올 사람을 만날 때까지 국경에서 잠시 기다린다. 사절이 도착하면 숙소와 음식을 제공한다. 사절이 상업을 허용하지 않는 시점에 도착할 경우 그 사절과 함께 온 상품은 통관되지 않는다. 어떤 중요한 일을 위해 1~2명의 배달원이 도착할 경우, 러시아 사절 사바 블라디슬라비치 일리르스코이 백작이 결정하고 확인한 바와 같이,

날인된 여권을 보여 주고 국경 관리는 탐욕스러운 오기 없이 즉시 급수, 식량, 길안내인 등을 제공한다.

서한 또는 사람을 통한 양 제국 간의 서신 교환이 매우 필요하기 때문에 그것을 위해 어떤 형태로도 늦춰지면 안 된다. 만약 향후 파견된 사람이 지연되고, 비난도 않거나 그 편지가 시간을 잃어가며 연기된다면, 사절과 상업이 평화를 위해 허용되는 것인데, 그런 행위는 평화에 동의하는 것이 아니기 때문에, 상업과 사절은 문제가 밝혀질 때까지의 일정 기간 동안 연기되었다가, 밝혀지는 순간부터 예전처럼 이루어진다.

10. 향후 양국 신민 중 누군가가 도주할 경우, 체포된 즉시 사형에 처해질 것이다. 무장한 자들이 강도와 살인을 저지르기 위해 월경할 경우, 그 역시 사형에 처해진다. 날인된 여권 없이 무장한 채로 국경을 넘을 경우, 살인이나 강도를 저지르지 않았다 할지라도 응당 사형에 처한다. 군인 중 한 명 또는 자기 주인의 물건을 훔친 자가 도주할 경우, 그것이 러시아 영토라면 교수형에 처해질 것이며, 그것이 중국 영토라면 체포된 즉시 사형에 처해질 것이다. 이 경우 훔친 물건은 그의 주인에게 반환될 것이다.

누군가 국경을 넘어 짐승이나 가죽을 훔칠 경우 자국 관리인의 법정으로 인도되며, 이 법정은 첫 번째 절취에는 물건의 10배, 두 번째는 그것의 2배[52], 세 번째는 사형에 처한다. 누군가 자신의 탐욕을 위해 수출용으로 국경 부근에서 상업에 종사할 경우, 그 상품은 국가의 소유로 한다. 그리고 그 생산자는 법원의 판결에 따라 처벌된다. 여권 없이 국경을 넘은 비열한 사람들 역시 러시아 사절 사바 블라디슬라비치 일리르스코이 백작이 규정한 바와 같이 처벌된다.

11. 양 제국 간의 평화 회복 문서는 양측이 다음과 같이 교환한다.

러시아 사절 사바 블라디슬라비치 일리르스코이 백작은 자신의 손으로 쓰고 직인으로 날인한 러시아어와 라틴어 본을 중국의 고관들이 보관하도록 그들에게 수교한다. 중국 고관들은 만주어와 러시아어 그리고 라틴어로 작성된 것을 동일한 형태로 자신의 서명을 기재하고 직인을 날인하여 러시아 사절 사바 블라디슬라비치 일리르스코이 백작이 보관하도록 그에게 수교한다.

이 문서 부본의 인쇄본을 모든 국경 지역 주민들에게 배포하여 그 내용을 통보한다.

1727년 10월 21일, 전 러시아 황제 표트르 2세 통치 1년. 1728년 6월 14일 캬흐타에서 교환되었다.

백작 사바 블라디슬라비치
사절단 서기 이반 글라주노프

---

52 20배를 의미하는 것으로 보인다.

3) 아이훈(愛琿)조약(1858)

○ 명칭
- 러시아어: Айгунский договор
- 중국어: 瑷琿條約

○ 체결 국가: 러시아, 청

○ 체결일: 1858년 4월 16일(5월 16일)

○ 체결 장소: 아이훈(Айгун, 瑷琿)

○ 서명자
- 러시아: 니콜라이 니콜라예비치 무라비요프-아무르스키(Николай Николаевич Муравьёв-Амурский) (대러시아국 총리 동시베리아 각성(各省) 장군, 대황제 알렉산드르 니콜라예비치의 어전대신(御前大臣), 중장(中將) 니콜라이 무라비요프)
- 청: 아이신교로 이샨(Айсиньгёро Ишань, 愛新覺羅·奕譚) (대청국 어전대신(御前大臣) 내대신(內大臣) 진국장군(鎭國將軍) 진수흑룡강등처장군(鎭守黑龍江等處將軍) 종실(宗室) 이샨(奕山))

○ 작성 언어: 러시아어, 만주어, 몽골어

○ 체결 배경 및 과정

1852년 러시아 제국 동시베리아 총독 무라비요프는 청 제국 정부가 태평천국의 난 진압에 여념이 없는 틈을 타서 중국 경내의 흑룡강(아무르강) 어귀와 사할린 섬을 점령하고 니콜라옙스크(Николаевск)와 알렉산드롭스크(Александровск)라는 군사거점을 설치하였으며, 시베리아 주둔 병력을 1만 2천여 명으로 확충하였다. 무라비요프는 중국 정부의 항의를 무시한 채 수시로 함대를 이끌고 흑룡강을 통과했고, 강의 북안에 4개의 주둔군 병영을 설치하였으며, 중국 정부를 상대로 흑룡강 북안을 획득하려는 외교적 시도를 했으나 거절당하였다.

1858년 봄에 러시아는 함대와 보병 1만 2천 명을 파견하여 흑룡강 유역을 점령하고 현지에 러시아인들을 이주시키는 한편, 영불 연합군과 청의 전쟁을 기화로 중국 정부를 압박하여 흑룡강변의 아이훈에서 국경 재조정을 위한 담판을 벌이고, 그 결과로 1858년 5월 28일 아이훈조약을 체결하였다.

○ 주요 내용

흑룡강 좌안(이북)은 러시아령, 우안(이남)은 청의 영토로 하고, 흑룡강 이남의 우수리강부터 동쪽으로 바다까지를 양국이 공동 관리한다.

아이훈성 맞은편(흑룡강 동안)과 제야강 이남의 강동 64둔 지구 등 중국인 거주지는 청이 관할한다.

양국은 흑룡강, 송화강(숭가리강), 우수리강의 항행권을 배타적으로 공유한다.

흑룡강, 송화강, 우수리강 연안의 양국 주민들 간 상호 무역을 허용하며, 역내 지도자들은 강 양안의 양국 상인들을 보호한다. 이를 좀더 자세히 살펴보면, 아이훈조약을 통하여 청과 러시아 사이에 다음과 같은 사항이 합의되었다.

첫째, 흑룡강과 송화강의 좌안(左岸)은 아르군강(額爾古訥河, Argun River)부터 송화강 해구(海口)까지 러시아에 속한 땅이 된다.

둘째, 우안(右岸) 순강(順江)부터 우수리강(烏蘇里河)까지는 대청국에 속한 땅이 된다.

셋째, 우수리강부터 바다에 이르러 있는 땅은, 이 땅은 같이 접하여 양국에 연이어 교계(交界)가 명확히 정한 사이에 있는 지방과 같으니, 대청국과 러시아가 공동으로 관할하는 땅으로 삼는다.

넷째, 흑룡강, 송화강, 우수리강으로부터 이후 단지 대청국과 러시아의 선박의 이동을 승인하고 각각 따로 외국 선박이 이 강하(江河)로 들어오는 것을 승인하지 않는다.

다섯째, 아이훈성 맞은편(흑룡강 동안)과 제야 강 이남의 강동 64둔에 원래 거주한 만주인 등은 옛날부터 각자 있으면서 주둔하는 중에 영원히 거주하는 것을 승인하였으니, 거듭 만주국 대신과 관원이 관리할 것이며, 러시아인 등과 화호(和好)하여 침범하지 않는다.

보통 흑룡강 이북은 러시아 영토로 들어가고 흑룡강 이남 우수리강 동안은 청 영토로 남는 것으로 알려져 있으나, 정확히 말하자면 흑룡강 이남 우수리강 동안은 청과 러시아의 공동관할에 들어간다. 이와 같은 조관은 결국 1860년 베이징조약을 통하여 러시아가 우수리강 동안의 연해주를 획득하게 되는 계기가 된다.

○ 결과 또는 파급 효과

청은 강동 64둔을 제외한 흑룡강 이북부터 외흥안령 이남까지의 60만 km²를 러시아에 양도하고, 흑룡강 이남의 우수리강 이동 지역 40만 km²를 양국의 공동 관리 지역으로 설정할 수밖에 없었으며, 이로 인해 원래 중국의 내하(內河)였던 흑룡강, 송화강, 우수리강이 양국의 경계를 구분하는 하천이 되었다.

청 정부는 이 조약을 승인하고 얼마 뒤에 다시 부인하였으나, 1869년 베이징조약을 통해 조약 내용을 최종적으로 인정하였다.

○ 지도

이 조약은 러시아의 동시베리아 총독 무라비요프와 청 측 흑룡강등처장군(黑龍江等處將軍) 종실(宗室) 이샨(奕山)이 대표로 체결한 조약이다. 이 조약에서 규정한 양국의 국경 획정을 지도로[53] 표현하면 다음과 같다. 지도상 붉은색 경계선이 1689년 네르친스크조약 당시 책정된 청과 러시아 사이의 경계다. 그리고 이하 황색 영역이 아이훈조약으로 인하여 러시아에 할양되었다. 여기에 그 이하 적색 영역은 청-러시아 간 공동 관할에 들어갔다.

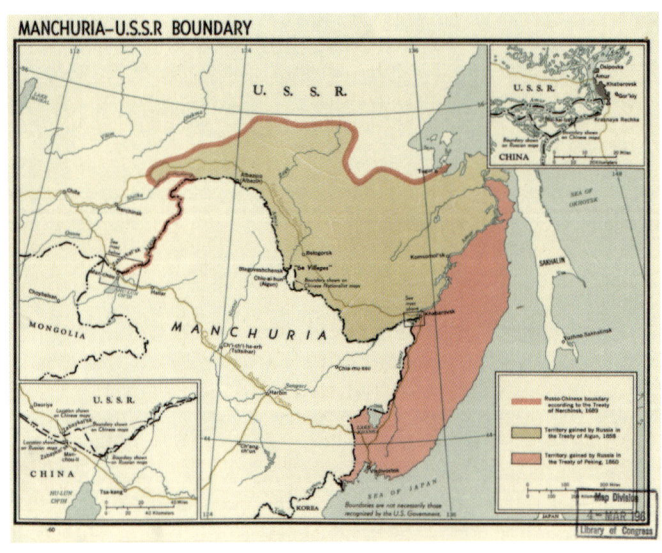

---

53 Library of Congress Geography and Map Division Washington, 1960, Manchuria-U.S.S.R. boundary, 20540-4650 USA DIGITAL ID g7822m ct002999.

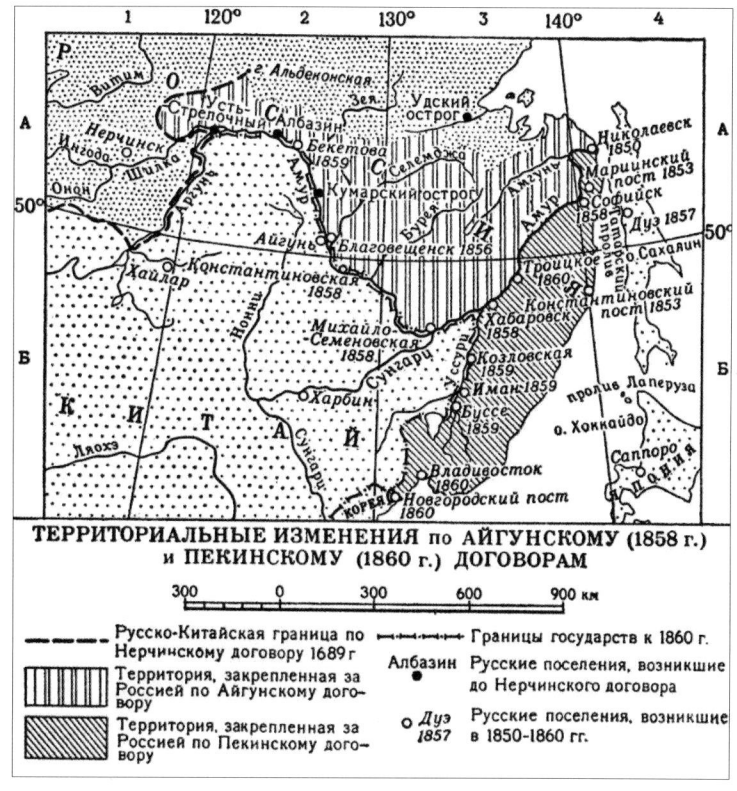

○ (조약문) 출처

汪毅, 張承棨 編, 1974, 『咸豊條約』, 文海出版社

АВПРИ. Ф. Трактаты. Оп. 3.1858. Д. 878/156. Л. 4-5 об.

아이훈조약(한문본) 원문

中俄愛琿和約

大俄羅斯國總理東悉畢爾各省將軍, 大伊木丕業喇托爾主阿利克桑得爾·尼逗拉業斐齊之御前大臣、結聶喇勒累特囊特尼沼來·木喇電岳福, 大淸國之御前大臣、內大臣、鎭國將軍、鎭守黑龍江等處將軍、宗室奕山, 會同爲兩國彼此永遠益生和好, 兩國所屬之人有益並防外國, 共議定者:

一、黑龍江、松花江左岸, 由額爾古訥河至松花江海口, 作爲俄羅斯國所屬之地; 右岸順江流至烏蘇里河, 作爲大淸國所屬之地; 由烏蘇里河往彼至海所有之地, 此地如同接連兩國交界明定之間地方, 作爲大淸國、俄羅斯國共管之地。由黑龍江、松花江、烏蘇里河, 此後只准大淸國、俄羅斯國行船, 各別外國船隻不准由此江河行走。黑龍江左岸, 由精奇里河以南至豁爾莫勒津屯, 原住之滿洲人等, 照舊准其各在所住屯中永遠居住, 仍著滿洲國大臣官員管理, 俄羅斯人等和好, 不得侵犯。

一條, 兩國所屬之人互相取和, 烏蘇里、黑龍江、松花江居住兩國所屬之人, 令其一同交易, 官員等在兩岸彼此照看兩國貿易之人。

一條, 俄羅斯國結聶喇勒固畢爾那托爾木喇福岳福, 大淸國鎭守黑龍江等處將軍奕山, 會同議定之條, 永遠遵行勿替等因; 大俄羅斯國結聶喇勒固畢爾那批爾木喇福岳福繕寫俄羅斯字、滿洲字, 親自畫押, 交與大淸國將軍宗室奕山, 並大淸國將軍宗室奕山繕寫滿洲字、蒙古字, 親自畫押, 交與俄羅斯國結聶喇勒固畢爾那托爾木喇福岳福, 照依此文繕寫, 曉諭兩國交界上人等

一千八百五十八年瑪伊月十六日 咸豐八年四月十六日 愛琿城

아이훈조약(한문본)의 한글 번역문

중러 아이훈화약

대러시아국 총리 동시베리아 각 성 장군, 대황제 알렉산드르 니콜라예비치의 어전대신(御前大臣), 중장(中將) 니콜라이 무라비요프와, 대청국 어전대신, 내대신, 진국장군(鎭國將軍), 진수흑룡강등처장군(鎭守黑龍江等處將軍) 종실(宗室) 이산(奕山)이 회동하여 양국이 피차 영원히 화호(和好)를 익히 만들고 양국에 소속된 사람들의 유익함과 외국을 막기 위하여 같이 의논하여 정한 것이다.

1. 흑룡강과 쑹화강의 좌안(左岸)은 아르군강(額爾古訥河, Argun River)부터 쑹화강(松花江) 해구(海口)까지 러시아국에 속한 땅이 된다. 우안(右岸) 순강(順江)부터 우수리강까지는 대청국에 속한 땅이 된다. 우수리강부터 바다에 이르러 있는 땅은, 이 땅은 같이 접하여 양국에 연이어 교계(交界)가 명확히 정한 사이에 있는 지방과 같으니, 대청국과 대러시아국이 공동으로 관할하는 땅으로 삼는다. 흑룡강, 쑹화강, 우수리강으로부터 이후 단지 대청국과 러시아국의 선박의 이동을 승인하고 각각 따로 외국 선척이 이 강하(江河)로 들어오는 것을 승인하지 않는다. 흑룡강 좌안 징치리(精奇里) 강 이남부터 豁爾莫勒津屯까지 원래 거주한 만주인 등은 옛날부터 각자 있으면서 주둔하는 중에 영원히 거주하는 것을 승인하였으니, 거듭 만주국 대신과 관원이 관리할 것이며, 러시아인 등과 화호하여 침범하지 않는다.

1조. 양국에 속한 사람들은 상호 간에 화호를 취하고, 우수리강, 흑룡강, 쑹화강에 거주하는 양국에 속한 사람들은 하나같이 교역하도록 하며 관원 등은 양안에서 피차 양국에서 무역하는 사람들을 돌보아 준다.

1조. 러시아국 총독 무라비요프와 대청국 진수(鎭守) 흑룡강등처장군 이산이 회동하여 정한 조관은 영원히 지키며 바꾸지 않는다. 대러시아국 총독 무라비요프는 러시아 문자, 만주 문자를 베껴 쓰고 친히 화압하고 대청국 장군 종실 이산에게 건네주며, 아울러 대청국 장군 종실 이산은 만주 문자, 몽고 문자를 베껴 쓰고 친히 화압하고 러시아국 총독 무라비요프에게 건네준다. 이 조약문에 의거하여 양국 교계에 있는 사람들을 효유한다.

1858년 5월 16일 함풍 8년 4월 16일 아이훈성(愛琿城)

아이훈조약(러시아어본) 원문

Айгунский договор 1858 г.

Великогороссийского государства главноначальствующий над всеми губерниями Восточной Сибири, е.и.в. государя императора Александра Николаевича ген.-ад., ген.-лейт. Николай Муравьев, и великого дайцинского государства ген.-ад., придворный вельможа, амурский главнокомандующий князь И-Шань, по общему согласию, ради большей вечной взаимной дружбы двух государств, для пользы их подданных, постановили:

1. Левый берег реки Амура, начиная от реки Аргуни до морского устья р. Амура, да будет владениемроссийского государства, а правый берег, считая вниз по течению до р. Усури, владением дайцинского государства; от реки Усури далее до моря находящиеся места и земли, впредь до определения по сим местам границы между двумя государствами, как ныне да будут в общем владении дайцинского и российского государств. По рекам Амуру, Сунгари и Усури могут плавать только суда дайцинского и российского государств; всех же прочих иностранных государств судам по сим рекам плавать не должно. Находящихся по левому берегу р. Амура от р. Зеи на юг, до деревни Хормолдзинь, маньчжурских жителей оставить вечно на прежних местах их жительства, под ведением маньчжурского правительства, с тем, чтобы русские жители обид и притеснений им не делали.

2. Для взаимной дружбы подданных двух государств дозволяется взаимная торговля проживающим порекам Усури, Амуру и Сунгари подданным обоих государств, а начальствующие должны взаимно покровительствовать на обоих берегах торгующим людям двух государств.

3. Что уполномоченный российского государства генерал-губернатор Муравьев и уполномоченныйдайцинского государства амурский главнокомандующий И-Шань, по общему согласию, постановили — да будет исполняемо в точности и ненарушимо на вечные времена; для чего российского государства генерал-губернатор Муравьев, написавший на русском и маньчжурском языках, передал дайцинского государства главнокомандующему И-Шань, а дайцинского государства главнокомандующий И-Шань, написавши на маньчжурском и монгольском языках, передал российского государства генерал-губернатору Муравьеву. Все здесь написанное распубликовать во известие пограничным людям двух государств.

Город Айхунь, мая 16 дня 1858 года.

(На подлинном подписали)

Всемилостивейшего государя моего императора и самодержца всея России ген.-ад., ген.-губернатор Восточной Сибири, ген.-лейт. и разных орденов кавалер Николай Муравьев.

Службы е.и.в., государя и самодержца всея России, по Министерству иностранных дел ст.сов. Петр

Перовский.

Амурский главнокомандующий И-Шань.

Помощник дивизионного начальника Дзираминга.

Скрепили:

Состоящий при генерал-губернаторе Восточной Сибири переводчик губернский секретарь Яков Шишмарев.

출처

Российско-китайские отношения - История и современность, 16~17쪽

Сборник договоров России с другими государствами 1856-1917, 47~48쪽

Русско-китайские отношения 1689-1916. официальные документы, 29~30쪽

АВПРИ. Ф. Трактаты. Оп. 3.1858. Д. 878/156. Л. 4-5 об.

아이훈조약(러시아어본)의 한글 번역문

아이훈조약 1858. 05. 16

위대한 러시아국 동시베리아 전(全) 지역에 대한 수석 통치부, 위대한 황제 폐하 알렉산드르 니콜라예비치(Александр Николаевич)의 시종무관 중장 니콜라이 무라비요프(Николай Муравьев)와 위대한 대청국 시종무관, 궁내부 대공, 아무르 총사령관 이샨 공은 공동의 합의에 따라 양국 간의 크고 영원한 상호 친선을 위하여, 양국 신민에게 이익이 되고 외국인으로부터 그들을 보호하기 위하여 다음과 같이 규정하였다.

제1조
아르군 강부터 아무르강이 바다로 유입되는 하구까지의 아무르강 좌안은 러시아의 소유가 될 것이고, 강의 흐름을 따라 하류 쪽으로 우수리강까지의 우안은 대청국의 소유가 될 것이다. 우수리강에서 계속해서 바다까지의 사이에 위치한 장소와 땅은 향후 두 국가 간에 그 장소에 대한 국경이 결정될 때까지 현재와 같이 대청국과 러시아의 공동 소유지가 될 것이다. 아무르강, 송화강, 우수리강을 따라서는 대청국과 러시아의 선박만이 항행할 수 있다. 다른 모든 외국 선박은 이 강을 따라 항행해서는 안 된다. 제야(Зея) 강에서 남쪽으로 호르몰진(Хормолдзинь) 촌까지의 아무르강 좌안을 따라 거주하고 있는 만주 주민들은 러시아인 주민들이 그들을 상대로 모욕하고 학대하지 못하도록 만주 정부의 지배하에 그들이 살던 예전 장소에 영구히 거주할 수 있다.

제2조
양국 신민들의 상호 친선을 위해 우수리, 아무르, 송화강을 따라 거주하는 양국 신민들 간의 상호 교역을 허용한다. 양 당국은 강 양안에서의 양국 상인들을 상호 보호해야 한다.

제3조
러시아의 전권 총주지사 무라비요프와 대청국의 전권 아무르 총사령관 이샨이 공동의 합의에 따라 규정하였으니, 정확하게 이행될 것이며, 영구히 위반되지 않을 것이다. 이를 위해 러시아의 총주지사 무라비요프는 러시아어와 만주어로 작성한 후, 대청국의 총사령관 이샨에게 전달했으며, 이샨은 만주어와 몽골어로 작성한 후 러시아의 총주지사 무라비요프에게 전달하였다. 여기에 기재된 모든 것은 양국의 국경지대 주민들에게 통보하기 위해 출판될 것이다.

아이훈 1858년 5월 16일
최고의 관용을 지닌 우리 황제 폐하와 전 러시아 군주의 시종무관, 동시베리아 총주지사, 중장이자 다양한 훈장의 수훈자 니콜라이 무라비요프.

위대한 군주 황제 폐하이자 전 러시아 군주의 외교 업무 근무자 4등관 표트르 테프로프스키(Петр Петровский).

동시베리아 총주지사의 통역관 현서기 야코프 쉬시마례프(Яков Шишимарев).

사하랸우라스키(아무르) 장군 이샨(서명). 지라밍가(Чжираминга) 군단 지휘관 보좌관(서명). 아이신타이(Айсиньтай) 중대장(서명).

4) (중러) 톈진(天津)조약(1858)

○ 명칭
- 러시아어: Тяньцзиньский трактат
- 중국어: 天津条约

○ 체결 국가: 러시아, 청

○ 체결일: 1858년 5월 3일(6월 1일)(6월 13일)

○ 체결 장소: 톈진(天津)

○ 서명자(또는 전권대사)
- 러시아: 예브피미 바실리예비치 푸탸틴(Евфи́мий Васи́льевич Путя́тин)
- 청: 흠차(欽差) 동각대학사(東閣大學士) 총리형부사무(總理刑部事務) 구이량(桂良)

○ 작성 언어: 러시아어, 중국어, 만주어

○ 체결 배경 및 과정

제1차 아편전쟁 이후 중국에 대한 보다 강력한 경제적 영향력 행사를 의도했던 영국은 기대와 달리 경제적 효과가 미미하자 청 정부에 자유로운 내지 여행과 북쪽 항구들의 개방 등을 요구하였지만 청 정부는 이를 거절하였다. 이에 영국은 1857년 애로호 사건을 구실로 프랑스와 연합군을 구성해 광저우 시내로 침입한 후 3년 동안 지방관의 괴뢰정권을 앞세워 연합군위원회(영국, 프랑스)의 점령행정을 실시하였다. 다음 해인 1858년 영국-프랑스 연합군은 북상하여 다구포대(大沽炮台)를 점령하고, 베이징의 관문인 톈진까지 점령하였으며, 청 정부는 더 이상 버티지 못하고 영, 프, 미, 러 4국과 톈진조약을 체결하였다.

○ 주요 내용

(중략) 톈진조약을 통하여 다음과 같은 사항이 합의되었다.

첫째, 제2조를 통하여 양국 간의 사신 왕래에 대한 절차를 규정하였다. 이로써 러시아 외교관이 베이징에 주재할 수 있게 되었다.

둘째, 제3조에서 상하이, 닝보, 푸저우부, 샤먼, 광저우부, 타이완, 충저우부 등 7곳의 항구를 추가로 개항하였다.

셋째, 제5조에서 각 개항장에 주재하는 러시아 측 영사관 설치를 명기하였다. 영사관이 설치되는 이상 러시아인은 이제 청국에서 여행과 무역을 할 수 있게 되었다.

넷째, 제7조에서 영사재판권이 인정되었다.

다섯째, 제8조에서 천주교, 즉 정교회 포교가 보장되었다.

이 조약에서는 영토에 대해서는 특별한 규정이 없으나, 추가로 개항장을 선정하고 영사재판권을 인정하는 등 전형적인 제국주의적 침탈로서의 모습이 나타났다.

○ 결과 또는 파급 효과

조약의 비준과 관련하여 이를 관철시키려는 연합국과 반대하는 청국 간에 재차 전투가 벌어졌으며, 전투에서 청 측이 패배하면서 새롭게 베이징조약을 체결하게 된다.

○ (조약문) 출처

汪毅, 張承棨 編, 1974, 『咸豐條約』, 文海出版社

АВПРИ. Ф. Трактаты. Оп. 3. 1858. Д. 8791156. Л. 64-69.

(중러) 톈진조약(한문본) 원문

中俄天津條約

大淸國大皇帝, 大俄羅斯國大皇帝依木丕業拉托爾明定兩國和好之道及兩國利益之事另立章程十二條。

大淸國大皇帝欽差東閣大學士總理刑部事務桂良、吏部尙書鑲藍旗漢軍都統花沙納爲全權大臣; 大俄羅斯國大皇帝特簡承宣管帶東海官兵戰船副將軍御前大臣公普提雅廷爲全權大臣; 兩國大臣各承君命, 詳細會議, 酌定十二條, 永遵勿替。

第一條　大淸國大皇帝、大俄羅斯大皇帝今將從前和好之道復立和約, 嗣後兩國臣民不相殘害, 不相侵奪, 永遠保護, 以固和好。

第二條　議將從前使臣進京之例, 酌要改正。嗣後, 兩國不必由薩那特衙門及理藩院行文, 由俄國總理各國事務大臣或逕行大淸之軍機大臣, 或特派之大學士, 往來照會, 俱按平等。設有緊要公文遣使臣親送到京, 交禮部轉達軍機處。至俄國之全權大臣與大淸之大學士及沿海之督撫往來照會, 均按平等。兩國封疆大臣及駐扎官員往來照會, 亦按平等。俄國酌定駐扎中華海口之全權大臣與中國地方大員及京師大臣往來照會, 均照從前各外國總例辦理。遇有要事, 俄國使臣或由恰克圖進京故道, 或由就近海口, 預日行文, 以便進京商辦。使臣及隨從人等迅速順路行走, 沿途及京師公館派人妥爲預備。以上費用均由俄國經理, 中國毋庸預備。

第三條　此後除兩國旱路於從前所定邊疆通商外, 今議準由海路之上海、寧波、福州府、廈門、廣州府、臺灣、瓊州府第七處海口通商。若別國再有在沿海增添口岸, 準俄國一律照辦。

第四條　嗣後, 陸路前定通商處所商人數目及所帶貨物幷本銀多寡, 不必示以限制。海路通商章程, 將所帶貨物呈單備查, 拋錨寄碇一律給價, 照定例上納稅課等事, 俄國商船均照外國與中華通商總例辦理。如帶有違禁貨物, 卽將該商船所有貨物槪行查抄入官。

第五條　俄國在中國通商海口設立領事官。爲查各海口駐扎商船居住規矩, 再派兵船在彼停泊, 以資護持。領事官與地方官有事相會幷行文之例, 蓋天主堂、住房幷收存貨物房間, 俄國與中國會置議買地畝及領事官責任應辦之事, 皆照中國與外國所立通商總例辦理。

第六條　俄國兵、商船隻如有在中國沿海地方損壞者, 地方官立將被難之人及載物船隻救護, 所救護之人及所有物件, 儘力設法送至附近俄國通商海口, 或與俄國素好國之領事官所駐扎海口, 或順便咨送到邊, 其救護之公費, 均由俄國賠還。俄國兵、貨船隻在中國沿海地方, 遇有修理損壞及取甜水、買食物者, 準進中國附近未開之海口, 按市價公平買取, 該地方官不可攔阻.

第七條　通商處所俄國與中國所屬之人若有事故, 中國官員須與俄國領事官員, 或與代辦俄國事務之人會同辦理.

第八條　天主教原爲行善, 嗣後中國於安分傳教之人, 當一體矜恤保護, 不可欺侮凌虐, 亦不可於安分之人禁其傳習. 若俄國人有由通商處所進內地傳教者, 領事官與內地沿邊地方官按照定額查驗執照, 果系良民, 即行畫押放行, 以便稽查.

第九條　中國與俄國將從前未經定明邊界, 由兩國派出信任大員秉公查勘, 務將邊界清理補入此次和約之內. 邊界既定之後, 登入地冊, 繪爲地圖, 立定憑據, 俾兩國永無此疆彼界之爭.

第十條　俄國人習學中國漢、滿文義居住京城者, 酌改先時定限, 不拘年份. 如有事故, 立即呈明行文本國核准後, 隨辦事官員遄回本國, 再派人來京接替. 所有駐京俄國之人一切費用, 統由俄國付給, 中國毋庸出此項費用. 駐京之人及恰克圖或各海口往來京城送遞公文各項人等路費, 亦由俄國付給. 中國地方官於伊等往來之時程途一切事務, 務宜妥速辦理.

第十一條　爲整理俄國與中國往來行文及京城駐居俄國人之事宜, 京城、恰克圖二處遇有往來公文, 均由台站迅速行走, 除途間有故不計外, 以半月爲限, 不得遲延耽誤, 信函一併附寄. 再運送應用物件, 每屆三個月一次, 一年之間分爲四次, 照指明地方投遞, 勿致舛錯. 所有驛站費用, 由俄國同中國各出一半, 以免偏枯.

第十二條　日後大清國若有重待外國通商等事, 凡有利益之處, 毋庸再議, 即與俄國一律辦理施行.

以上十二條, 自此次議定後, 將所定和約繕寫二份. 大清國聖主皇帝裁定, 大俄羅斯國聖主皇帝裁定之後, 將諭旨定立和書, 限一年之內兩國換交於京, 永遠遵守, 兩無違背. 今將兩國和書用俄羅斯並清、漢字體抄寫, 專以清文爲主. 由二國欽差大臣手書畫押, 鈐用印信, 換交可也, 所議條款俱照中國清文辦理.

大淸國　　　欽差全權大臣　大學士　　桂良

大淸國　　　欽差全權大臣　尙書　　　花沙納

大俄羅斯國　欽差全權大臣　　　　　　普提雅廷

咸豐八年五月初三日

一千八百五十八年伊雲月初一日

(중러) 톈진조약(한문본)의 한글 번역문

중러 톈진조약

대청국 대황제와 대러시아국 대황제는 무라비예프 아무르스키(木不業拉托爾)가 명확히 정한 화호(和好)의 도리와 양국에 이익이 되는 일에 의거하여 따로 장정(章程) 12조를 세운다.

대청국 대황제는 흠차(欽差) 동각대학사(東閣大學士) 총리형부사무(總理刑部事務) 구이량(桂良)과 이부상서(吏部尚書) 양람기(鑲藍旗) 한군도통(漢軍都統) 화사나(花沙納)를 전권대신(全權大臣)으로 삼고 대러시아국 대황제(大皇帝)는 승선(承宣) 관대(管帶) 동해(東海) 관병전선(官兵戰船) 부장군(副將軍) 어전대신(御前大臣) 공(公) 예프피미 푸탸틴(普提雅廷)를 전권대신(全權大臣)으로 삼아, 양국 대신은 각각 군명(君命)을 이어 상세히 회의하고 12조를 약정하여 영원히 준수하고 바꾸지 않는다.

제1조
대청국 대황제와 대러시아국 대황제는 지금 장차 이전의 화호(和好)하는 도리를 따라 화약(和約)을 다시 세우고, 사후 양국 신민(臣民)이 서로 해를 입지 않도록 하고, 침탈하지 않도록 하여 영원히 보호함으로써 화호(和好)를 굳힌다.

제2조
장차 전에 사신(使臣)이 수도에 진입하는 예에 따라 요점을 작정하여 개정한다. 사후, 양국은 반드시 러시아 원로원(薩那特衙門) 및 이번원(理藩院)의 행문(行文)으로부터 하지 않고, 러시아국의 총리각국사무대신(總理各國事務大臣) 혹은 대청국의 군기대신(軍機大臣)을 거치거나, 혹은 특별히 파견한 대학사(大學士)로부터 조회(照會)를 왕래하고 모두 평등에 의거한다. 설령 긴요한 공문을 보낸 사신을 친히 보내어 수도에 도착하면 예부에서 맞이하여 구기처로 전달한다. 러시아국의 전권대신과 대청국의 대학사 및 연해의 독무(督撫)가 왕래하는 조회(照會)는 모두 평등에 의거한다. 양국의 봉강대신(封疆大臣) 및 주찰관원(駐扎官員)이 왕래하는 조회는 또한 평등에 의거한다. 러시아국이 작정한 중화(中華) 해구(海口)에 주찰(駐扎)하는 전권대신과 중국 지방 대원(大員) 및 경사대신(京師大臣)이 왕래하는 조회는 모두 종전에 각 외국 총례(總例)가 처리하는 바를 따른다. 중요한 일을 만났을 때 러시아국 사신 혹은 캬흐타(恰克圖)로부터 수도에 진입하는 옛 길, 혹은 가까운 해구로 나아가 예정된 날짜에 글을 보내는 것은 편하게 수도에 진입하여 상의한다. 사신 및 수종인 등은 신속히 바른 길로 나아가며, 연도(沿途) 및 경사(京師)의 공관(公館)은 사람을 파견하여 타당히 예비하게 한다. 이상의 비용은 모두 러시아국의 경리에서 나오며 중국은 예비를 쓸 필요가 없다.

제3조

이후 양국이 종전에 정한 변경에서 통상하는 육로를 제외하고, 지금 해로의 상하이, 닝보, 푸저우부, 샤먼, 광저우부, 타이완, 충저우부 등 7곳의 해구(海口)에서 통상하기로 의논한다. 만약 다른 나라가 다시 연해(沿海)에서 구안(口岸)을 증가하거나 첨가하면 러시아국은 일률적으로 이에 따른다.

제4조

사후 육로에서 전에 정한 통상하는 곳의 상인 수 및 휴대하는 화물과 본은(本銀)의 많고 적음은 제한을 두어 볼 필요가 없다. 해로통상장정(海路通商章程)은 장차 휴대한 화물의 명단을 미리 검사하고 닻을 내려 정박하는 것은 일률적으로 대가를 지불하고 정해진 예에 따라 세금을 납부하는 등의 일은 러시아국 상선이 모두 외국과 중화(中華)의 통상총례(通商總例)의 처리에 따른다. 만약 어긋나고 금지하는 화물을 휴대하고 있으면, 즉시 장차 해당 상선이 소유한 화물은 대개 조사를 거쳐 관청에 몰수한다.

제5조

러시아국은 중국에서 통상하는 해구에 영사관을 설립한다. 각 해구에서 주찰하는 상선과 거주하는 규격을 조사하기 위하여 다시 병선을 파견하여 그곳에서 정박시킴으로써 보호하는 밑천으로 삼는다. 영사관과 지방관은 일이 있을 때 서로 만나 글을 보내는 예를 하고, 대개 천주당, 주택 및 화물을 보존하는 방은 러시아국과 중국이 만나서 토지 매입 및 영사관이 책임지고 처리하는 일을 의논하며, 모두 중국과 외국이 통상총례(通商總例)하는 처리에 따른다.

제6조

러시아국의 병선, 상선이 만약 중국 연해 지방에서 손괴될 때는 지방관이 장차 피난인 및 화물을 실은 선척을 구호하고 구호한 사람 및 물건은 힘써 대책을 마련하여 부근의 러시아국의 통상하는 해구, 혹 러시아국과 본래 우호적인 나라의 영사관이 주재하는 해구에 보내주거나, 혹은 순리대로 편하게 보내어 변경에 닿게 하여 그 구호하는 비용은 러시아국이 상환하도록 한다. 러시아국 병선과 상선이 중국 연해의 지방에서 손괴된 것을 수리하거나 담수 및 매식물을 취득하게 되면 중국 부근의 열리지 않은 해구에 들어가서 시가에 따라 공평히 취득하고 해당 지방관은 저지할 수 없다.

제7조

통상하는 곳에서 러시아국과 중국에 속한 사람이 만약 사고를 일으키면 중국 관원은 반드시 러시아국 영사관원과, 혹은 러시아국의 사무를 대신 처리하는 사람과 회동하여 처리한다.

제8조

천주교는 원래 선을 행하는 것이니 사후 중국이 본분을 지키는 전교인에게 마땅히 일체 긍휼히 보호하고 모욕하거나 학대할 수 없으며 또한 본분을 지키는 사람에게 그 전교를 막을 수 없다. 만약 러시아국 사람 중 통상하는 곳에서 내지에 들어간 전교자가 있으면 영사관과 내지 연변의 지방관은 정한 액수에 따라 집조(執照)를 검사하고 과연 양민이면 즉시 도장을 찍어 풀어줌으로써 편히 조사한다.

제9조
중국과 러시아국은 장차 종전에 아직 명확히 정하지 않은 변경의 경계는 양국이 신임대원(信任大員)을 파견하여 조사하도록 하고 힘써 장차 변경의 경계는 깨끗이 정리하여 이번 다음의 화약 안에 보충한다. 변경의 경계가 이미 정해진 후, 지도책에 등록하고 그림을 그려 지도로 삼고 증빙할 만한 근거로 세워 양국이 영원히 이 강역과 저 경계의 싸움이 일어나지 않게 한다.

제10조
러시아국 사람 중 중국의 한문과 만주문을 배우면서 경성(京城)에 거주하는 자는 지난 날을 참작하여 한도를 정하고 연한에 구애되지 않도록 한다. 만약 사고가 일어나면 즉시 따로 명확히 본국에 글을 보내어 조사한 후 판사관원(辦事官員)을 따라 본국에 돌려보내고 다시 사람을 파견하여 수도에 와서 교체하도록 한다. 수도에 주재하는 러시아국 사람의 일체 비용은 모두 러시아국에서 교부하고 중국은 이러한 비용을 지출하지 안는다. 수도에 주재하는 사람 및 캬흐타 혹은 각 해구와 경성을 왕래하는 공문과 각 사람들의 여행 경비는 또한 러시아국에서 교부한다. 중국 지방관은 이러한 왕래하는 때와 도로의 일체 사무는 힘써 마땅히 타당하게 속히 처리한다.

제11조
러시아국과 중국이 왕래하는 행문(行文) 및 경성(京城)에 주재하는 러시아국 사람의 사무를 정리하기 위하여 경성, 캬흐타 두 곳에서 왕래하는 공문은 모두 역참으로부터 신속히 나아가도록 하며 도중에 사고와 계획되지 않은 일을 제외하고는 반 개월을 한도로 하여 지연되거나 오류에 빠지지 않게 하여 서신을 하나같이 부치도록 한다. 다시 운송하고 응용하는 물건은 매번 3개월에 한 번, 1년 사이에 4차로 나누어 지명된 지방에서 교체하도록 하고 뒤틀리지 않도록 한다. 역참 비용은 러시아국이 같이 중국과 각각 반으로 나누어 지나치게 기울지 않도록 한다.

제12조
이후 대청국이 만약 중대한 외국과 통상하는 일이 있을 경우 이익이 나는 곳에는 다시 의논하지 말고 즉시 러시아국과 일률적으로 처리하고 시행하도록 한다.

이상 12조는 이번에 의논하여 정한 후로부터 장차 정한 화약을 둘로 나누어 베낀다. 대청국 성주(聖主) 황제가 재가하고 대러시아국 성주(聖主) 황제가 재가한 후 장차 유지가 정하여 세운 화약서를 1년 안을 한도로 하여 양국이 수도에서 교환하고 영원히 준수하여 양쪽에 위배함이 없게 한다. 지금 장차 양국의 화약서는 러시아어와 청국 한자체로 베끼고 오로지 청문(淸文)을 주로 한다. 양국의 흠차대신이 서명하여 화압(畫押)하고 도장을 찍어 교환할 수 있고 의논한 조관은 모두 중국의 청문(淸文)으로 처리한다.

대청국　　　흠차전권대신　대학사　구이량(桂良)
대청국　　　흠차전권대신　상서　　화사나(花沙納)
대러시아국　흠차전권대신　　　　　푸탸틴(普提雅廷)

함풍(咸豊) 8년 5월 초3일
1858년 6월 1일

(중러) 톈진조약(러시아어본) 원문

Тяньцзиньский трактат,
заключенный между Россией и Китаем об условиях политических взаимоотношений, торговле, определении границ, изменении регламента и порядка финансирования Пекинской духовной миссии

Его величество император и самодержец Всероссийский и его величество богдохан Дайцинской империи, признавая необходимым определить вновь взаимныя отношения между Китаем и Россиею и утвердить новыя постановления для пользы обоих государств, назначили для сего полномочными: его величество император Всероссийский, императорскаго комиссара в Китае, начальствующаго морскими силами в Восточном океане, своего генерал-адъютанта, вице-адмирала, графа Евфимия Путятина; а его величество богдохан дайцинский — своего государства Восточнаго отделения да-сио-ши (государственный муж), главноуправляющаго делами Уголовной палаты, высокаго сановника Гуй Ляна и своего государства председателя Инспекторской палаты, дивизионнаго начальника тяжелаго войска, голубаго знамени с каймою, высокаго сановника Хуашана.
Означенные полномочные, на основании данной им власти от своих правительств, согласились и постановили следующия статьи:

Статья 1.
Настоящим трактатом подтверждаются мир и дружба, с давних времен существовавшие между его величеством императором Всероссийским и его величеством богдоханом дайцинским и их подданными.
Личная безопасность и неприкосновенность собственности русских, живущих в Китае, и китайцев, находящихся в России, будут всегда состоять под покровительством и защитою правительств обеих империй.

Статья 2.
Прежнее право России отправлять посланников в Пекин всякий раз, когда российское правительство признает это нужным, теперь вновь подтверждается.
Сношения высшаго российскаго правительства с высшим китайским будут производиться не чрез Сенат и Ли-фань-юань, как было прежде, но чрез российскаго министра иностранных дел и старшаго члена Верховнаго государственнаго совета (Цзюнь-цзичу), или главнаго министра, на

основании совершеннаго равенства между ними.

Обыкновенная переписка между означенными выше лицами будет пересылаться чрез пограничных начальников. Когда же встретится надобность отправить бумагу о весьма важном деле, то для отвоза ее в столицу, и для личных по делу объяснений с членами Государственнаго совета, или главным министром, будет назначаться особый чиновник. По прибытии своем он передает бумагу чрез президента Палаты церемоний (Ли-бу).

Совершенное равенство будет также соблюдаться в переписках и при свиданиях российских посланников или полномочных министров с членами Государственнаго совета, с министрами пекинскаго двора и с генерал-губернаторами пограничных и приморских областей. На том же основании будут происходить все сношения между пограничными генерал-губернаторами и прочими начальниками смежных мест обоих государств.

Если бы российское правительство нашло нужным назначить полномочнаго министра для жительства в одном из открытых портов, то в личных и письменных своих сношениях с высшими местными властями и с министрами в Пекине, он будет руководствоваться общими правилами, теперь постановленными для всех иностранных государств.

Российские посланники могут следовать в Пекин или из Кяхты чрез Ургу, или из Да-гу, при устье реки Хай-хэ (Peiho), или иным путем из других открытых городов или портов Китая. По предварительном извещении китайское правительство обязывается немедленно сделать надлежащия распоряжения, как для скораго и удобнаго следования посланника и сопровождающих его лиц, так и относительно приема их в столице с должным почетом, отвода им хороших помещений и снабжения всем нужным.

Денежные по всем этим статьям расходы относятся на счет Российскаго государства, а отнюдь не Китайскаго.

Статья 3.

Торговля России с Китаем отныне может производиться не только сухим путем в прежних пограничных местах, но и морем. Русские купеческия суда могут приходить для торговли в следующие порты: Шанхай (Shanghai), Нин-бо (Ningpo), Фу-чжоу-фу (Foo-chow-foo), Ся-мынь (Amoy), Гуан-дун (Ganton), Тай-вань-фу (Tai-wan-foo) на острове Формоза, Цюн-чжоу (Kiungchow) на острове Хай-нань (Hainan) и в другия открытыя места для иностранной торговли.

Статья 4.

В торговле сухопутной впредь не должно быть никаких ограничений относительно числа лиц, в ней участвующих, количества привозимых товаров или употребляемаго капитала.

В торговле морской и во всех подробностях ея производства, как-то: представлении объявлений о привезенных товарах, уплате якорных денег, пошлин по действующему тарифу и т. п., русския купеческия суда будут сообразоваться с общими постановлениями об иностранной торговле в портах Китая.

За контрабандную торговлю русские подвергаются конфискации свезенных товаров.

Статья 5.

Во все означенные порты российское правительство имеет право по желанию своему назначать консулов.

Для наблюдения за порядком со стороны русских подданных, пребывающих в открытых портах Китая, и для поддержания власти консулов, оно может посылать в них свои военныя суда.

Порядок сношений между консулами и местными властями, отведение удобной земли для постройки церквей, домов и складочных магазинов, покупка земли русскими у китайцев по взаимному соглашению, и другие подобнаго рода предметы, касающиеся обязанностей консулов, будут производиться на основании общих правил, принятых китайским правительством в разсуждении иностранцев.

Статья 6.

Если бы русское военное или купеческое судно подверглось крушению у берегов Китая, то местныя власти обязаны немедленно распорядиться о спасении погибающих, имущества, товаров и самаго судна. Они также должны принимать все меры, чтобы спасенные люди, имущество их и товары были доставлены в ближайший из открытых портов, где находится русский консул или агент какой-либо нации, дружественной России, или, наконец, на границу, если это будет удобнее сделать. Издержки, употребленные на спасение людей и товаров, будут уплачены впоследствии по распоряжению русскаго правительства.

В случае, если русским военным или купеческим судам встретится надобность во время их плавания у берегов китайских исправить повреждения, запастись водою или свежею провизиею, то они могут заходить для этого и в не открытые для торговли порты Китая и приобретать все нужное по добровольно условленным ценам и без всяких препятствий со стороны местнаго начальства.

Статья 7.

Разбирательство всякаго дела между русскими и китайскими подданными в местах, открытых для торговли, не иначе должно производиться китайским начальством, как сообща с русским консулом, или лицем, представляющем власть российскаго правительства в том месте. В случае обвинения русских в каком-либо проступке или преступлении, виновные судятся по русским законам. Равно и китайские подданные за всякую вину или покушение на жизнь, или собственность русских, будут судиться и наказываться по постановлениям своего государства.

Русские подданные, проникнувшие внутрь Китая и учинившие там какой-либо проступок или преступление, должны быть препровождены для суждения их и наказания по русским законам на границу, или в тот из открытых портов, в котором есть русский консул.

Статья 8.

Китайское правительство, признавая, что христианское учение способствует водворению порядка и согласия между людьми, обязуется не только не преследовать своих подданных за исполнение обязанностей христианской веры, но и покровительствовать им наравне с теми, которые следуют другим допущенным в государстве верованиям.

Считая христианских миссионеров за добрых людей, не ищущих собственных выгод, китайское правительство дозволяет им распространять христианство между своими подданными и не будет препятствовать им проникать из всех открытых мест внутрь империи, для чего определенное число миссионеров будет снабжено свидетельствами от русских консулов или пограничных властей.

Статья 9.

Неопределенныя части границ между Китаем и Россиею будут без отлагательства изследованы на местах доверенными лицами от обоих правительств, и заключенное ими условие о граничной черте составит дополнительную статью к настоящему Трактату. По назначении границ сделаны будут подробное описание и карты смежных пространств, которыя и послужат обоим правительствам на будущее время безспорными документами о границах.

Статья 10.

Вместо пребывания в Пекине членов Русской духовной миссии по прежнему обычаю в течении определеннаго срока, каждый из них может по усмотрению высшаго начальства возвращаться в Россию чрез Кяхту, или иным путем во всякое время, и на место выбывающих могут назначаться в Пекин другия лица.

Все издержки на содержание Миссии с настоящаго времени будут относиться на счет российскаго правительства, а китайское правительство вовсе освобождается от расходов, доселе им производившихся в ея пользу.

Издержки проезда членов Миссии, курьеров и других лиц, отправленных русским правительством из Кяхты или открытых портов Китая в Пекин и обратно, будут уплачиваться им самим; китайския же местныя власти обязаны содействовать с своей стороны всеми мерами к удобному и скорому следованию всех вышеупомянутых лиц к местам своего назначения.

Статья 11.

Для правильных сношений между российским и китайским правительствами, равно как и для потребностей Пекинской духовной миссии, учреждается ежемесячное легкое почтовое сообщение между Кяхтою и Пекином. Китайский курьер будет отправляться в определенное число каждаго месяца из Пекина и из Кяхты и должен не более как чрез пятнадцать дней доставлять посланныя с ним бумаги и письма в одно из означенных мест.

Сверх того чрез каждые три месяца, или четыре раза в год, будет отправляться тяжелая почта с посылками и вещами, как из Кяхты в Пекин, так и обратно, и для следования оной определяется месячный срок.

Все издержки по отправлению, как легких, так и тяжелых почт, будут поровну уплачиваться китайским и русским правительствами.

Статья 12.

Все права и преимущества политическия, торговыя и другаго рода, какия впоследствии могут приобресть государства, наиболее благоприятствуемыя китайским правительством, распространяются в то же время и на Россию, без дальнейших с ея стороны по сим предметам переговоров.

Трактат сей утверждается ныне же его величеством богдоханом Дайцинским и, по утверждению онаго его величеством императором Всероссийским, размен ратификаций последует в Пекине чрез год или ранее, если обстоятельства позволят. Теперь же размениваются копии Трактата на русском, маньчжурском и китайском языках за подписью и печатями полномочных обоих государств, и маньчжурский текст будет принимаем за основание при толковании смысла всех статей.

Все постановления сего Трактата будут храниться на будущия времена обеими договаривающимися сторонами верно и ненарушимо.

Заключен и подписан в городе Тянь-цзине, в лето от Рождества Христова тысяча восемьсот пятьдесят осьмое, июня в 1 (13) день, царствования же государя императора Александра II в четвертый год.

Граф Евфимий Путятин

(подписи по-маньчжурски): Гуй Лян

Хувашана

○ 〈조약문〉 출처

АВПРИ. Ф. Трактаты. Оп. 3. 1858. Д. 8791156. Л. 64-69.

Сборник договоров России с Китаем. 1689-1881. С. 122-130.

Русско-китайские отношения. 1689-1916. С. 30-34.

(중러) 톈진조약(러시아어본)의 한글 번역문

톈진조약(Тяньцзиньский трактат) 1858.06.01.

위대한 황제이자 전 러시아의 전제군주와 대청 제국의 위대한 천자는 중국과 러시아 간의 상호 관계를 재차 규정하고 양국에 이익이 되도록 새로운 규정을 확립할 필요가 있음을 인식하고, 이를 위하여 다음의 자를 전권으로 임명하였다. 위대한 전 러시아 황제의 중국 주재 황제 위원, 동부해양 해군사령관, 시종무관, 해군중장 백작 예브피미 푸탸틴(Евфимий Путятин), 위대한 대청국 천자의 동부 지역 다시오시(국부), 형사재판소장, 고관 구이랸(Гуй Лян) 그리고 중국 검사원 대표, 중군(重軍) 사단장, 테가 있는 담청색기, 고위관 후아샨(Хуашан).
상기 전권들은 자국 정부가 그들에게 부여한 권력에 의거하여 다음과 같은 조항에 동의하고 그것을 규정하였다.

제1조
본 조약에 의하여 오래전부터 전 러시아의 위대한 황제와 위대한 대청국 천자 그리고 그 신민들 간에 존재했던 평화와 우정이 확인된다.
중국 거주 러시아인들, 러시아 거주 중국인들의 개인적 안전과 재산의 불가침성이 항상 양 제국 정부의 보호와 옹호하에 있게 될 것이다.

제2조
러시아 정부가 필요하다고 인정할 경우 언제든지 베이징에 사절을 파견할 수 있는 러시아의 기존 권리가 재확인된다.
러시아 정부와 중국 정부 간 최고위 관계는 예전의 방식인 상원과 이번원(理藩院)을 통하는 것이 아니라, 양자 간 완전한 평등의 원칙에 입각하여 러시아 외무성과 군기처(軍機處)의 선임 위원 또는 수석 대신을 통하도록 한다.
상기 고관들 간의 일반적인 서한은 국경 관리자들을 통해서 전달된다. 매우 중요한 사안에 관한 서류를 발송할 필요가 있을 경우, 동 서류를 수도로 운반하기 위하여, 그리고 업무상 국가위원회 위원들 또는 수석 대신에게 개인적으로 설명하기 위하여 특별 관원이 임명될 것이다. 그는 자신이 도착하는 즉시 서류를 예부(禮部)의 대표에게 전달한다.
교신 중에 그리고 러시아 사절 또는 전권 사절이 군기처 위원들, 베이징 궁정 대신들, 국경 및 연해 지역 총주지사들과 회합할 경우 완전한 평등이 지켜질 것이다. 양국 국경 지역 총주지사와 다른 인접 장소의 책임자들 간의 관계 역시 동일한 원칙에 입각하여 이루어진다.
만약 러시아 정부가 개항장들 중 한 곳에 거주토록 하고자 전권대신을 임명할 필요성을 발견한 경우, 지역 최고 당국 및 베이징 주재 대신들과의 개인적 그리고 문서상의 관계에 있어서 러시아 전권대신은 모든 해외 국가들을 위한 현재의 규정을 준수하게 될 것이다.

러시아 사절은 캬흐타에서 우르가(Ypra)를 거쳐서 또는 하이허(黑河, Peiho)강 하구에 있는 다구(大沽)에서 또는 다른 개항 도시 혹은 개항장으로부터 다른 길을 통해 베이징으로 갈 수 있다. 사전 통보를 받은 중국 정부는 사절과 그 수행원들의 신속하고 편리한 통과, 수도에서 상응하는 명예로운 접대, 그들에게 좋은 거주 공간과 모든 필요한 것을 공급하는 것에 대해서도 즉시 필요한 명령을 내려야 할 의무가 있다.

이 모든 조항에 따른 금전 지출은 러시아의 비용으로 하며 결코 중국이 지불하지 않는다.

제3조
러시아의 대중국 교역은 예전 국경 지역에서의 육로를 통한 교역만이 아니라 지금부터는 해로를 통해서도 이루어진다. 러시아 상선은 교역을 위하여 다음의 항구에 기항할 수 있다. 상하이(上海), 닝보(寧波), 푸저우부(福州), 샤먼(廈門), 광둥(廣東), 타이완(臺灣) 섬에 위치한 타이반푸, 하이난(海南) 섬에 있는 충저우(瓊州) 및 해외 교역을 위한 다른 개항장 등.

제4조
육로교역에서 향후 교역 참여 인원, 도입 상품의 양 또는 사용되는 자본의 양과 관련하여 어떠한 제한도 있어서는 안 될 것이다.

예를 들어 운송한 상품에 관한 통지서 제출, 정박료 지불, 적용되는 세율표에 따른 관세 지불 등 해상교역과 그 교역을 행함에 필요한 모든 것에 있어 러시아 선박은 중국 항구에서의 해외 교역에 관한 일반 규정을 준수한다.

제5조
러시아 정부는 자신의 요구에 따라 전술한 모든 항구에 영사를 임명할 수 있는 권리를 보유한다.

중국 개항장을 방문하는 러시아 신민의 질서를 감시하고 영사의 권력을 유지하기 위하여 러시아 정부는 개항장으로 자신의 전함을 파견할 수 있다.

영사와 지방 당국 간의 관계 규칙, 교회, 집, 저장용 창고 건립에 편리한 토지 제공, 상호 합의에 따른 러시아인의 중국인으로부터의 토지 구매, 그리고 영사의 의무와 관련된 여타 유사한 종류의 사안들은 외국인에 한하여 중국 정부가 채택한 공통 규정에 기초해서 발생될 것이다.

제6조
러시아 전함 또는 상선이 중국 해안에서 좌초될 경우, 지방 당국은 사망자, 재산, 상품 그리고 선박 자체를 구조하라는 명령을 즉시 내려야 한다. 또한 피구조자, 그들의 재산 및 상품이 러시아 영사 또는 어떤 국가이든 러시아에 우호적인 국가의 요원이 위치한 개항장들 중에서 가장 가까운 곳으로, 또는 만일 그것이 행하기에 보다 편리하다면 국경으로 운반될 수 있도록 모든 대책을 마련하여야 한다. 사람과 상품의 구조에 사용된 비용은 러시아 정부의 명령에 따라 후에 지불될 것이다.

러시아 전함이나 상선이 항해 중에 중국 연안에서 파손된 부분을 수리할 필요가 있거나 물 또는 신선식품을 예비로 마련해야 할 경우에는 대외교역에 개방된 항구가 아닌 중국의 항구에 기항할 수 있으며, 지역 관청의 어떠한 방해도 받지 않고 자발적으로 규정된 가격에 따라 필요한 모든 것을 구입할 수 있다.

제7조
무역을 위해 개방된 장소에서 러시아 신민과 중국 신민 간의 모든 사안에 관한 심리는 러시아 영사 또는 해당 지역에서 러시아 정부의 권력을 대표하는 자에게 통보한 후 중국 관청에 의하여 이루어진다. 무엇인가 악행이나 범죄로 러시아인을 기소할 경우, 피고인은 러시아 법에 따라 재판을 받는다. 동일하게 러시아인을 상대로 한 중국 신민의 모든 죄 또는 살해 기도 또는 재산 침해는 중국의 규정에 따라 재판받고 처벌된다.
중국 내지로 침투하여 그곳에서 무엇이건 악행이나 죄를 범한 러시아 신민은 러시아 법에 따라 재판받고 처벌될 수 있도록 국경이나 개항장 중 러시아 영사가 주재하는 곳으로 이송되어야 한다.

제8조
중국 정부는 기독교 교리가 사람들 사이에 질서와 합의를 도입하는 데 부응함을 인식하여, 자기 신민들의 기독교 신앙의 책무 이행을 탄압하지 않아야 할 뿐 아니라, 국가에서 허용된 타종교를 따르는 자들과 동등하게 그들을 보호하여야 한다.
중국 정부는 기독교 선교사들을 사익을 추구하지 않는 선량한 자들로 간주하여 자국 신민들을 상대로 한 기독교 전파를 허용하고, 모든 개방된 장소에서 제국의 내부로 들어가는 것을 막지 않으며, 이를 위하여 일정한 수의 선교사가 그 증거로써 러시아 영사로부터 혹은 접경 지역 당국으로부터 제공될 것이다.

제9조
중국과 러시아 간 국경의 획정되지 않은 부분은 양국 정부의 위임을 받은 자들에 의하여 지체 없이 현장에서 조사될 것이며, 그들에 의해 결정된 국경선에 관한 조건은 본 조약의 추가 조항을 구성하게 될 것이다. 국경이 획정되면 상세하게 기록되고, 인접 지역의 지도가 작성될 것이며, 이것들은 향후 양국 정부에 있어 국경에 관한 논쟁의 여지가 없는 문서가 될 것이다.

제10조
베이징에 러시아 선교단원이 이전의 관례와 같이 일정 기간 동안 체류하는 것 대신에, 그들 각자는 최고 당국의 판단에 따라 캬흐타를 거쳐 또는 언제든지 다른 경로를 통해 러시아로 귀환할 수 있으며, 떠난 자들의 자리에 다른 자들을 베이징으로 배정할 수 있다.
차후 선교단의 유지에 소요되는 모든 비용은 러시아 정부가 지불하며, 중국 정부는 지금까지 선교단을 위하여 했던 모든 지출로부터 전적으로 해방된다.

러시아 정부가 캬흐타 또는 중국의 개항장에서 베이징으로 그리고 그 반대로 파송하는 선교단원, 짐꾼 그리고 다른 자들의 여행 경비는 그들 스스로가 지불하며, 중국 지방 당국은 모든 대책을 강구하여 상기 모든 자들이 자신의 임지로 편리하고 신속하게 향하는 데 조력하여야 한다.

제11조
러시아와 중국 정부 간의 올바른 교제를 위하여, 그리고 베이징 선교단의 필요를 위하여 캬흐타와 베이징 간에 매월 소규모 우편 배송이 조직될 것이다. 중국의 배달원이 매월 특정일에 베이징과 캬흐타로부터 출발하며, 15일 이내에 지정된 장소들 중 한 곳에 서류와 서한이 도착하도록 하여야 한다.
그에 더하여 매 3개월마다 또는 1년에 4회 소포와 물건을 포함하는 대형 우편 배송이 캬흐타에서 베이징으로 그리고 그 반대로 조직될 것이며, 이의 배송 시한은 1개월로 정한다.
소규모 우편이나 대형 우편 배송에 따른 모든 비용은 러시아 정부와 중국 정부가 동일하게 지불한다.

제12조
중국 정부에 의해 최혜국 대우를 받는 국가가 획득할 수 있는 정치, 무역 및 여타 유형의 모든 권리와 우월권은 그 사안에 대하여 이후에 협의를 거치지 않고 동시에 러시아에게도 적용된다.
이 조약은 위대한 대청 천자에 의하여 확인되며, 위대한 전 러시아 황제가 확인하고 1년 또는 상황이 허락한다면 그 이전에 베이징에서 비준 교환될 것이다. 지금은 러시아어, 만주어 그리고 중국어로 작성되어 양국 전권이 서명하고 직인을 날인한 조약의 사본이 교환되며, 모든 조항의 해석은 만주어 본문에 따른다.
본 조약의 모든 규정은 정당하고 위반되어서는 안 되는 것으로 양 체약국에 의해 향후에도 보존될 것이다.
톈진에서, 예수 탄생 이후 1858년 6월 1(13)일, 군주인 황제 알렉산드르 2세의 즉위 4년에 체결되고 서명되었다.

백작 예브피미 푸탸틴
(만주어로 서명): 구이 럄
후바샨나(Хувашана)

5) (중러) 베이징(北京)조약(1860)

○ 명칭
- 러시아어: Пекинский договор
- 중국어: 北京条约

○ 체결 국가: 러시아, 청

○ 체결일: 1860년 11월 4일(11월 2일)

○ 체결 장소: 베이징(北京)

○ 서명자(또는 전권대사)
- 러시아: 니콜라이 파블로비치 이그나티예프(Николáй Пáвлович Игнáтьев)
- 청: 내대신(內大臣) 전권(全權) 화석공친왕(和碩恭親王) 이신(奕訢)

○ 작성 언어: 중국어, 러시아어

○ 체결 배경 및 과정

애로호 사건을 계기로 발발한 제2차 아편전쟁 기간인 1858년 6월 1일(6월 13일) 톈진(天津)에서 청과 러시아, 미국, 영국, 프랑스 사이에 각각 조약이 체결되었다. 이후 러시아는 이 조약 제9조 "양국 간의 국경선 미획정 지역에 대한 현지실사를 실시"한다는 조항에 근거하여 아이훈조약에서 러시아와 청이 공동으로 관리하도록 규정한 우수리강 동쪽 지역을 실사하였다.

제2차 아편전쟁으로 영불 연합군이 베이징을 점령하고 원명원(圓明園)을 불태우는 등 청의 패배가 기정사실로 되었을 때 러시아는 청과 영국, 프랑스 등 연합군의 화평을 주선하고 이를 중재한 공을 내세우면서 청 정부를 압박하여 베이징조약을 체결하였다.

○ 주요 내용

(중러) 베이징조약을 통하여 다음과 같은 사항이 합의되었다.

첫째, 양국의 동쪽 경계를 실카강(什勒喀), 아르군강(額爾古納, Argun River) 두 하천이 모이는 곳, 즉 곧바로 흑룡강 하류부터 흑룡강, 우수리강(烏蘇里河)이 모이는 곳으로 하기로 결정한다. 그 북쪽의 땅은 러시아에 속하도록 하고, 그 남쪽의 땅은 우수리(烏蘇里) 하구(河口)까지 있는 지방은 중국에 속하게 한다. 우수리 하구로부터 남쪽, 위로는 홍개호(興凱湖)에 이르기까지는 양국이 우수리 및 쑹아차(松阿察) 두 하천으로써 경계로 삼는다. 그 두 하천의 동쪽의 땅은 러시아에 속하도록 하고 두 하천 서쪽은 중국에 속하도록 한다. 양국의 경계와 도문강(圖們江)이 만나는 곳 및 해당 강구(江口)는 거리가 20리에 불과하다.

둘째, 공광지(空曠地)를 설정한다. 중국인이 거주하는 곳 및 중국인이 점거하여 어로와 수렵을 하는 땅에서 러시아는 점거할 수 없고, 거듭 중국인이 항상 하던 대로 어로하고 수렵한다.

셋째, 서쪽 강역은 1712년, 즉 옹정 6년에 세운 차빈다비고(沙賓達巴哈)의 경계비 끝에 있는 곳에서부터 시작하여, 서쪽으로 가 곧바로 자이쌍 호수(齋桑淖爾湖)에 이르기까지 이로부터 서남쪽으로 가 곧바로 톈산(天山)의 이식쿨 호수(特穆爾圖淖爾), 남쪽으로 코칸트(浩罕)의 변계(邊界)까지를 경계로 삼는다.

넷째, 양국 간 국경선 전체에서 양국 신민들에게 자유로운 무관세 교역이 보장된다. 이와 함께 러시아 상인들의 중국 내 교역 권한을 대폭 강화한다.

○ 결과 또는 파급 효과

러시아는 양국 간에 체결된 아이훈조약의 유효함을 확인하고, 우수리강 동쪽 약 40만 km²의 영토를 할양받았다. 또한 양국의 서부 국경선을 규정함으로써, 이 조항에 근거하여 1864년 10월 7일 중국-러시아 감분서북계약기(勘分西北界約記)가 체결되었다. 이에 따라 러시아는 바얼카스호(巴爾喀什湖) 이동 및 이남과 자이상나오얼(齋桑爾) 이북 44만 km²를 할양받게 되었다. 또한 카스가얼(喀什)⁵⁴을 추가로 개방하여 상업 교류지로 만들고, 쿠룬(庫倫)⁵⁵과 카스가얼에 러시아 영사관을 증설하였다.

베이징조약 체결에 따라 러시아는 우수리강 동안 연해주를 완전히 획득하였다.

흔히 베이징조약은 러시아의 연해주 획득으로만 알려져 있지만, 다른 한편으로는 제2조에 나타난 바와 같이 차빈다비고(沙賓達巴哈)-자이쌍 호수(齋桑淖爾湖)-이식쿨 호수(特穆爾圖淖爾)-코칸트(浩罕)에 이르는 청러 간 서쪽 경계를 잠정적으로 획정하는 계기가 되기도 하였다. 이는 향후 이리분쟁의 씨앗이 된다.

다음으로 제1조에서 나타난 바와 같이 "양국의 교계(交界)와 도문강(圖們江)이 만나는 곳 및 해당 강구(江口)"는 "공광지(空曠地)"다. 조약에 따르면 "중국인이 거주하는 곳 및 중국인이 점거하여 어로와 수렵을 하는 땅에서 러시아국은 점거할 수 없고, 거듭 중국인이 항상 하던 대로 어로하고 수렵한다. 경계비를 세운 뒤를 따라 영원히 다시 고치지 않고, 아울러 부근 및 다른 곳의 땅을 침범하지 않는"다. 문제는 이 공광지는 조선 국경과도 접하는 곳이기 때문에 향후 조선, 청, 러시아 사이에 영토 문제로 불거진다.⁵⁶

---

54 현재는 카스(喀什)로 불린다.
55 현재는 울란바토르이다.
56 한동훈, 2012, 「조러육로통상장정(1888) 체결을 둘러싼 조·청·러 삼국의 협상과정 연구」, 『역사와 현실』 85; 韓東勳, 2017, 「19세기 말 조·러 접경에 대한 조·청의 '空曠地' 논리 대두와 의미」, 『大東文化硏究』 97.

○ 지도

이를 지도[57]로 나타내면 다음과 같다. 적색 영역, 즉 연해주가 완전히 러시아에게 할양되었다.

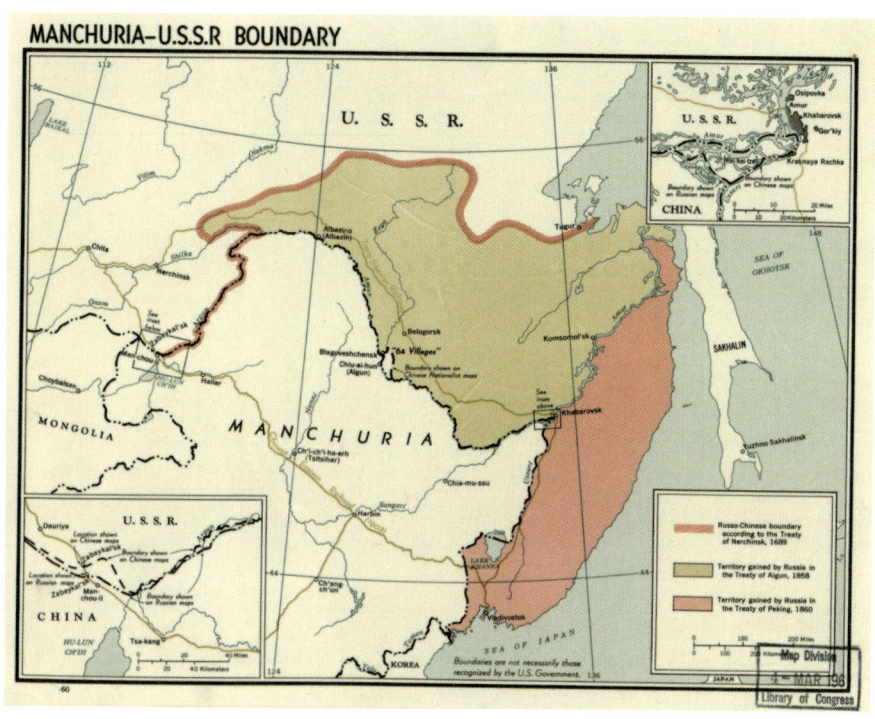

[57] Library of Congress Geography and Map Division Washington, 1960, Manchuria-U.S.S.R. boundary, 20540-4650 USA DIGITAL ID g7822m ct002999.

향후 체결되는 이리조약을 포함하여 청러 간 획정된 국경은 지도[58]로 표현하면 다음과 같다.

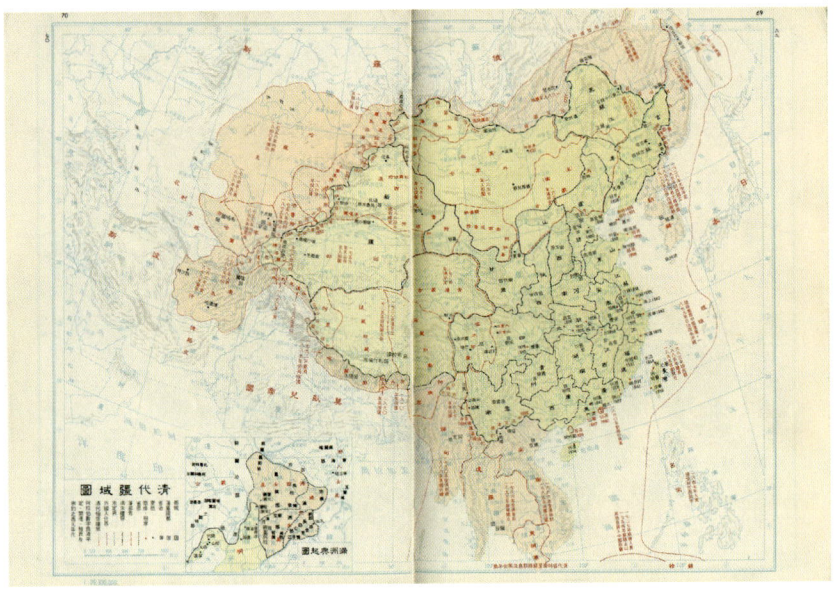

○ (조약문) 출처

汪毅, 張承棨 編, 1974, 『咸豊條約』, 文海出版社

АВПРИ. Ф. Трактаты. Оп. 3. 1860. Д. 881/157. Л. 1-14.

---

[58] 程光裕, 徐聖謨, 1980, 『中國歷史地圖』, 中國文化大學 華岡出版部.

(중러) 베이징조약(중국어본) 원문

中俄北京條約

一千八百六十年十一月十四日, 咸豐十年十月初二日, 俄歷一千八百六十年十一月二日, 北京.

大淸國大皇帝與大俄羅斯皇帝詳細檢閱早年所立和約, 現在議定數條以固兩國和好、貿易相助及預防疑忌爭端, 所以, 大淸國欽派內大臣全權和碩恭親王奕訢, 大俄羅斯國派出欽差內大臣伊格那季耶夫, 付與全權, 該大臣等各將本國欽派諭旨互閱後, 會議酌定數條如下:

第一條　決定詳明一千八百五十八年瑪乙月十六日(卽咸豐八年四月二十一日)在璦琿城所立和約之第一條, 遵照是年伊雲月初一日(卽五月初三日)在天津地方所立和約之第九條, 此後兩國東界定爲由什勒喀、額爾古納兩河會處, 卽順黑龍江下流至該江、烏蘇里河會處. 其北邊地, 屬俄羅斯國, 其南邊地至烏蘇里河口, 所有地方屬中國. 自烏蘇里河口而南, 上至興凱湖, 兩國以烏蘇里及松阿察二河作爲交界. 其二河東之地, 屬俄羅斯國; 二河西屬中國. 自松阿察河之源, 兩國交界逾興凱湖直至白棱河; 自白棱河口順山嶺至瑚布圖河口, 再由瑚布圖河口順琿春河及海中間之嶺至圖們江口, 其東皆屬俄羅斯國; 其西皆屬中國. 兩國交界與圖們江之會處及該江口相距不過二十里. 且遵天津和約第九條議定繪畫地圖, 內以紅色分爲交界之地, 上寫俄羅斯國阿、巴、瓦、噶、達、耶、熱、皆、伊、亦、喀、拉、瑪、那、倭、怕、啦、薩、土、烏等字頭, 以便易詳閱. 其地圖上必須兩國欽差大臣畵押鈐印爲據. 上所言者, 乃空曠之地. 遇有中國人住之處及中國人所佔漁獵之地, 俄國均不得佔, 仍準由中國人照常漁獵. 從立界牌之後, 永無更改, 並不侵占附近及他處之地.

第二條　西疆尙在未定之交界, 此後應順山嶺、大河之流及現在中國常駐卡倫等處, 及一千七百二十八年, 卽雍正六年所立沙賓達巴哈之界牌末處起, 往西直至齋桑淖爾湖, 自此往西南順天山之特穆爾圖淖爾, 南至浩罕邊界爲界.

第三條　嗣後交界遇有含混相疑之處, 以上兩條所定之界作爲解證. 至東邊自興凱湖至圖們江中間之地, 西邊自沙賓達巴哈至浩罕中間之地設立界牌之事, 應如何定立交界, 由兩國派出信任大員秉公查勘. 東界查勘, 在烏蘇里河口會齊, 於咸豐十一年三月內辦理. 西界查勘, 在塔爾巴哈台會齊商辦, 不必限定日期. 所派大員等遵此約第一、第二條, 將所指各交界作記繪圖, 各書寫俄羅斯字二分, 或滿洲字或漢字二分, 共四分. 所作圖記, 該大員等畵押用印後, 將俄羅斯字一分, 或滿或漢字一分, 共二分, 送俄羅斯收存; 將俄羅斯字一分, 或滿或漢字一分, 送中國收存. 互換此記文、地圖, 仍會同具文, 畵押用印, 當爲補續此約之條.

第四條　此約第一條所定交界各處, 准許兩國所屬之人隨便交易, 並不納稅。各處邊界官員護助商人, 按理貿易。其璦琿和約第二條之事, 此次重複申明。

第五條　俄國商人, 除在恰克圖貿易外, 其由恰克圖照舊到京, 經過庫倫、張家口地方, 如有零星貨物, 亦準行銷。庫倫准設領事官一員, 酌帶數人, 自行蓋房一所, 在彼照料。其地基及房間若干, 並餵養牲畜之地, 應由庫倫辦事大臣酌核辦理。中國商人願往俄羅斯國內地行商亦可。俄羅斯國商人, 不拘年限, 往中國通商之區, 一處往來人數通共不得過二百人, 但須本國邊界官員給予路引, 內寫明商人頭目名字、帶領人多少、前往某處貿易、並買賣所需及食物、牲口等項。所有路費, 由該商人自備。

第六條　試行貿易, 喀什噶爾與伊犁、塔爾巴哈台一律辦理。在喀什噶爾, 中國給與可蓋房屋、建造堆房、聖堂等地, 以便俄羅斯國商人居住, 並給予設立墳塋之地, 並照伊犁、塔爾巴哈台, 給予空曠之地一塊, 以便牧放牲畜。以上應給各地數目, 應行文喀什噶爾大臣酌核辦理。其俄國商人在喀什噶爾貿易物件, 如被卡外之人進卡搶奪, 中國一概不管。

第七條　俄羅斯國商人及中國商人至通商之處, 准其隨便買賣, 該處官員不必攔阻。兩國商人亦准其隨意往市肆鋪商零發買賣, 互換貨物。或交現錢, 或因相信賒帳俱可。居住兩國通商日期, 亦隨該商人之便, 不必定限。

第八條　俄羅斯國商人在中國, 中國商人在俄羅斯國, 俱仗兩國扶持。俄羅斯國可以在通商之處設立領事官等, 以便管理商人, 並預防含混爭端。除伊犁、塔爾巴哈台二處外, 即在喀什噶爾庫倫設立領事官。中國若欲在俄羅斯京城或別處設立領事官, 亦聽中國之便。兩國領事官各居本國所蓋房屋, 如願租典通商處居人之房, 亦任從其便, 不必攔阻。

兩國領事官及該地方官相交行文, 俱照天津和約第二條平行。凡兩國商人遇有一切事件, 兩國官員商辦; 倘有犯罪之人, 照天津和約第七條, 各按本國法律治罪。兩國商人, 遇有發賣及賒欠含混相爭大小事故, 聽其自行擇人調處, 俄國領事官與中國地方官止可幫同和解, 其賒欠賬目不能代賠。兩國商人在通商之處, 准其預定貨物、代典鋪房等事, 寫立字據, 報知領事官處及該地方官署。遇有不按字據辦理之人, 領事官及該地方官令其照依字據辦理。其不關買賣, 若係爭訟之小事, 領事官及該地方官會同查辦, 各治所屬之人之罪。俄羅斯國人私住中國人家或逃往中國內地, 中國官員照依領事官行文查找送回。中國人在俄羅斯國內地, 或私住, 或逃往, 該地方官亦當照此辦理。若有殺人、搶奪、重傷、謀殺、故燒房屋等重案, 查明係俄羅斯國人犯者, 將該犯送交本國, 按律治罪; 中國人犯者, 或在犯事地方, 或在別處, 俱聽中國按律治罪。遇有大小案件, 領事官與地方官各辦各國之人, 不可彼此妄拿、存留、查治。

第九條　現在買賣比前較大, 且又新立交界, 所以早年在尼布楚、恰克圖等處所立和約及歷年補續諸條, 情形多有不同, 兩國交界官員往來行文查辦所起爭端時, 勢亦不相合, 所以從前一切和約有應改之處, 應另立新條如下:

向來僅止庫倫辦事大臣與恰克圖固畢爾那托爾及西悉畢爾總督與伊犁將軍往來行文, 辦理邊界之事. 自今此外擬增阿穆爾省及東海濱省固畢爾那托爾, 遇有邊界事件, 與黑龍江及吉林將軍往來行文. 恰克圖之事由恰克圖邊界廓米薩爾與恰克圖部員往來行文, 俱按此約第八條規模. 該將軍、總督等往來行文, 俱按天津第二條和約, 彼此平等, 且所行之文, 若非所應辦者, 一概不管. 遇有邊界緊要之事, 由東悉畢爾總督行文軍機處或理藩院辦理.

第十條　查辦邊界大小事件, 俱照此約第八條, 由邊界官會同查辦；其審訊兩國所屬之人, 俱照天津和約第七條, 各按本國法律治罪.
遇有牲畜或自逸越邊界, 或被誘取, 該處官員一經接得照會, 即行派人尋找, 並將踪跡示知卡倫官兵. 其係逸越尋獲者, 或係被搶查出, 牲畜俱依照會之數, 將所失之物尋獲, 立即送還；如無原物, 即照例計贓定罪, 不管賠償. 如有越邊逃人, 一經接得照會, 即設法查找. 找獲時, 送交近處邊界官員, 並將逃人所有物件一併送回；其緣何逃走之處, 由該國官員自行審辦. 解送時, 沿途給與飲食, 如無衣, 給衣, 不可任令兵丁將其凌虐. 如尚未接得照會, 查獲越邊之人, 亦即照此辦理.

第十一條　兩國邊界大臣彼此行文, 交官員轉送, 必有回投. 東悉畢爾總督、恰克圖固畢爾那托爾行文, 送交恰克圖廓米薩爾轉送部員；庫倫辦事大臣行文, 即交部員, 轉送恰克圖廓米薩爾. 阿穆爾省固畢爾那托爾行文, 送交璦琿副都統轉送；黑龍江將軍、吉林將軍行文, 亦送交該副都統轉送. 東海濱省固畢爾那托爾與吉林將軍彼此行文, 俱托烏蘇里、琿春地方卡倫官員轉送. 西悉畢爾總督與伊犁將軍行文, 送交伊犁俄羅斯領事官轉送. 遇有重大緊要事件, 必須有人傳述東西悉畢爾總督、固畢爾那托爾等, 庫倫辦事大臣、黑龍江、吉林、伊犁等處將軍行文, 交俄羅斯國可靠之員亦可.

第十二條　按照天津和約第十一條, 由恰克圖至北京, 因公事送書信, 因公事送物件, 往返限期, 開列於後：書信, 每月一次；物件、箱子、自恰克圖至北京, 每兩個月一次, 自北京往恰克圖, 三個月一次. 送書信, 限期二十日；送箱子, 限期四十日. 每次箱子數目, 至多不得過二十隻；每隻份量, 至重不得過中國一百二十斤之數. 所送之信. 必須當日傳送, 不得耽延, 如遇事故, 嚴行查辦.
由恰克圖往北京, 或由北京往恰克圖, 送書信、物件之人必須由庫倫行走, 到領事官公所, 如有送交該領事官等書信、物件, 即便留下, 如該領事官等有書信、物件, 亦即帶送. 送箱隻時, 開寫清單, 自恰克圖及庫倫知照庫倫辦事大臣；自北京送時, 報知理藩院. 單上註明何時起程, 箱隻數目、份量多少及每箱份量. 於封皮上按俄羅斯字翻出蒙古字或漢字, 寫明份量、數碼. 若商人為買賣之事, 送書信、物箱, 願自行僱人, 另立行規, 准其預先報明該處長官允行後照辦, 以免官出花費.

第十三條　大俄羅斯國總理各外國事條大臣與大清國軍機處互相行文, 或東悉畢爾總督與軍機處及理藩院行文, 此項公文照例按站解送, 並不拘前定時日亦可. 設有重要事件, 恐有耽誤, 即交俄國可靠之員速送. 大俄羅斯國欽差大臣居住北京時, 遇有緊要書信, 亦由俄國自行派員解送. 該差派送文之人, 行至何處, 不可使其耽延等候. 所派送文之員必系俄羅斯國之人. 派員之事, 在恰克圖由廓米薩爾前一日報明部員; 在北京由俄羅斯館前一日報明兵部。

第十四條　日後如所定陸路通商之事內設有彼此不便之處, 由東悉畢爾總督會同中國邊界大臣酌商, 仍遵此次議定章程辦理, 不得節外生枝。至天津所定和約第十二條, 亦應照舊, 勿再更張。

第十五條　合同商定後, 大清國欽派大臣將此約條規原文譯出漢字, 畫押用印, 交付大俄羅斯國欽差大臣一份; 大俄羅斯國欽差內大臣亦將此條規原文譯出漢字, 畫押用印, 交付大清國欽差大臣一份。

此次條款, 從兩國欽差大臣互換之日起, 與天津和約一體永遵勿替。兩國大皇帝互換和約後, 各將此和約原文曉諭各處應辦事件地方。

大清國欽派全權內大臣和碩恭親王大俄羅斯國欽差全權內大臣伊

咸豐十年十月初二日

一千八百六十年諾雅卜爾月初二日

(중러) 베이징조약(중국어본)의 한글 번역문

중러 베이징조약

1860년 11월 4일 함풍 10년 10월 2일 러시아력 1860년 11월 2일 베이징.

대청국 대황제와 대러시아 황제가 상세히 검열하여 조기에 세운 화약이다. 현재 수개 조관을 의정함으로써 양국의 화호를 굳히고, 무역을 서로 돕고 시기하여 일으키는 분쟁을 예방한다. 따라서 대청국 흠파 내대신 전권 화석공친왕 이신(奕訢)과 대러시아국 파출흠차(派出欽差) 내대신 이그나티예프(伊格那季耶夫)가 전권을 부여받아 해당 대신 등이 각자 본국의 흠파(欽派)한 유지(諭旨)를 상호 교열한 후 수개 조관을 회의하여 작정하니 아래와 같다.

제1조
1858년 5월 16일(즉 함풍 8년 4월 21일) 아이훈성(璦琿城)에서 체결한 화약에서 상세히 밝힌 바, 같은 해 6월 1일(즉 5월 3일) 톈진 지방에서 체결한 화약의 제9조에 의거하여 이후 양국의 동쪽 경계를 실카강(什勒喀), 아르군강(額爾古納, Argun River) 두 하천이 모이는 곳, 즉 곧바로 흑룡강 하류부터 흑룡강, 우수리강(烏蘇里河)이 모이는 곳으로 하기로 결정한다. 그 북쪽의 땅은 러시아국에 속하도록 하고, 그 남쪽의 땅은 우수리강 하구까지 있는 지방은 중국에 속하게 한다. 우수리강 하구로부터 남쪽, 위로는 싱카이오호(興凱湖)에 이르기까지는 양국이 우수리 및 쑹아차(松阿察) 두 하천으로써 교계(交界)로 삼는다. 그 두 하천의 동쪽의 땅은 러시아국에 속하도록 하고 두 하천 서쪽은 중국에 속하도록 한다. 양국의 교계와 도문강(圖們江)이 만나는 곳 및 해당 강 하구는 거리가 20리에 불과하다. 또한 톈진화약(天津和約) 제9조에서 의논하여 정한 회화와 지도에 의거하여 위로는 러시아국의 파(巴), 와(瓦), 갈(噶), 달(達), 야(耶), 열(熱), 개(皆), 이(伊), 역(亦), 객(喀), 납(拉), 마(瑪), 나(那), 위(倭), 파(怕), 랍(啦), 살(薩), 토(土), 오(烏) 등의 글자를 사용하여 편의에 따라 상세히 열거한다. 그 지도 위에서 반드시 양국의 흠차대신이 화압하고 검인(鈐印)하여 근거로 삼는다. 앞에서 말한 바는 이에 공광지(空曠地)다. 중국인이 거주하는 곳 및 중국인이 점거하여 어로와 수렵을 하는 땅에서 러시아국은 점거할 수 없고, 거듭 중국인이 항상 하던 대로 어로하고 수렵한다. 경계비를 세운 뒤를 따라 영원히 다시 고치지 않고, 아울러 부근 및 다른 곳의 땅을 침범하지 않는다.

제2조
서쪽 강역은 오히려 아직 정하지 않은 교계가 있어, 이후 마땅히 곧바로 산령(山嶺), 대하(大河)의 흐름 및 현재 중국에서 상주하는 카룬(卡倫) 등의 곳 및 1712년, 즉 옹정 6년에 세운 차빈다비고(沙賓達巴哈)의 경계비 끝에 있는 곳에서부터 시작하여, 서쪽으로 가 곧바로 자이쌍 호수(齋桑淖爾湖)에 이르기까지 이로부터 서남쪽으로 가 곧바로 톈산(天山)의 이식쿨 호수(特穆爾圖淖爾), 남쪽으로 코칸트(浩罕)의 변계(邊界)까지를 경계로 삼는다.

제3조
사후 교계(交界)에서 혼란스럽거나 서로 의심되는 곳은, 이상 제2조에서 정한 경계를 해중으로 삼는다. 동쪽으로는 싱카이 호부터 도문강 중간의 땅까지, 서쪽으로는 차빈다비고부터 코칸트의 중간의 땅까지 경계비를 세울 것이며, 마땅히 어떻게 교계를 정하는지에 대해서는 양국이 파견한 신임대원(信任大員)이 공동으로 조사한다. 동쪽 경계의 조사는 우수리강 하구에서 만나 함풍 11년 3월 내에 처리한다. 서쪽 경계의 조사는 타르바가타이(塔爾巴哈台)에서 만나 상의하고 반드시 기일을 한정하지 않는다.

제4조
이 조약 제1조에 정한 교계의 각 처소는 양국에 소속된 사람들이 편의에 따라 교역하는 것을 허락하고 아울러 세금을 거두지 않는다. 각 처소 변계의 관원은 상인들을 돕고 무역을 관리한다. 아이훈화약 제2조의 일은 이번에 거듭 다시 확실히 밝힌다.

제5조
러시아국 상인은 캬흐타(恰克圖)에서의 무역을 제외하고 캬흐타로부터 옛것을 따라 경사(京司)에 이르러 울란바토르(庫倫), 장자커우(張家口) 등 지방을 거칠 수 있다. 보잘것없는 화물이 있으면 또한 상품을 판매하도록 허락한다. 울란바토르에는 영사관 1명을 설치하여 여러 사람을 거느리고 스스로 한 곳을 잡아 그곳에서 처리하도록 한다. 그 지반 및 주택 약간과 목축을 사용하는 토지는 마땅히 울란바토르 판사대신이 처리해 준다. 중국 상인이 러시아국 내지에서 상행위를 하기를 원하면 또한 들어준다. 러시아국 상인은 연한에 구애받지 않고 중국의 통상하는 구역으로 가며, 한 곳에서 왕래하는 사람의 수는 공통적으로 200명을 넘지 못한다. 단, 본국 변계의 관원이 통행증을 발급하여 상인 두목의 이름과 거느린 사람의 수, 전에 갔던 모처에서의 무역, 매매하여 수송한 식품, 가축 등의 항목을 적도록 할 수 있다.

제6조
무역을 시행하여 카슈카르(喀什噶爾)와 이리, 타얼바하타이(塔爾巴哈台)에서 일률적으로 처리한다. 카슈카르에서 중국이 급여하여 주택을 짓고 창고, 성당 등을 건조함으로써 아라사국 상인의 거주를 편하게 하고 아울러 무덤을 설립할 수 있도록 급여해 준다. 이에 따라 이리, 타얼바하타이에 공광지 한 덩이를 급여함으로써 가축의 목축을 편하게 한다. 이상 급여하는 각지의 항목은 마땅히 문서로써 카슈카르 대신이 참작하여 처리한다. 러시아국 상인이 카슈카르에서 무역하는 물건은 외부인의 약탈을 받을 경우 중국이 대개 관리하지 않는다.

제7조
러시아국 상인 및 중국 상인이 통상하는 곳에 이르러 편의에 따라 매매하고 해당 처소의 관원은 방해할 수 없다. 양국 상인은 또한 그 뜻에 따라 시장과 점포에 가서 매매하고 화물을 교환할 수 있다. 혹 금전을 교환하거나 혹은 신용하여 외상으로 거래할 수 있다. 양국에 거주하여 통상하는 기한은 또한 해당 상인의 편의에 따르고 기한을 정하지 않는다.

제8조
러시아국 상인이 중국에서, 중국 상인이 러시아국에서 양국에 의지하여 서로 도와준다. 러시아국은 통상하는 곳에서 영사관 등을 설립함으로써 상인을 관리하고 모호한 분쟁을 예방할 수 있다. 이리, 타얼바하타이를 제외하고 카슈카르와 울란바토르에 영사관을 설립한다. 중국이 만약 러시아의 경성, 혹은 별다른 곳에서 영사관을 설립하기를 원한다면 또한 중국의 편의를 들어준다. 양국 영사관은 각자 거주하는 본국에서 주택을 짓고 관아와 통상하는 곳에 거주하는 사람들의 주택을 원한다면 또한 그 편의에 따르고 방해할 수 없다.
양국 영사관 및 해당 지방관은 서로 문서를 교환하여 톈진화약 제2조에 따라 평행(平行)하도록 한다. 모든 양국 상인이 일체의 사건을 만나면 양국 관원이 상의하여 처리한다. 만약 범죄인이 있으면 톈진화약 제7조에 따라 각각 본국의 법률에 따라 그 죄를 다스린다. 양국 상인이 매매와 외상에서 애매한 분쟁이나 크고 작은 사고를 만나면 스스로 사람을 택하여 조처하기를 들어주고, 러시아국 영사관과 중국 지방관은 화해를 돕도록 하며 외상의 장부는 대신 배상할 수 없다. 양국 상인이 통상하는 곳에서 화물을 예정하고 점포를 마련하는 일은 문서에 근거하여 영사관의 처소 및 해당 지방관서에 알린다. 문서에 근거하여 처리를 하지 않는 사람은 영사관 및 해당 지방관이 문서의 근거에 따라 처리한다. 매매에 관계하지 않는 소송이 걸린 작은 일은 영사관 및 해당 지방관이 회동하여 처리하고 각각 소속한 사람의 죄를 다스린다. 러시아국 사람이 사사로이 중국인의 가옥에 가거나 혹은 중국 내지에 도주하면 중국 관원은 영사관에게 문서를 보내고 붙잡아 송환한다. 중국인이 러시아국 내지에 사사로이 가거나 혹은 도주하면 해당 지방관 또한 이에 따라 처리한다. 만약 살인, 약탈, 중상, 모살(謀殺), 고의 방화 등의 중대한 사안이 있으면 러시아국 사람과 관계된 범죄자는 본국으로 송환하여 법률에 따라 죄를 다스린다. 중국인 범죄자가 혹은 범죄를 저지른 지방에, 혹은 다른 곳에 있으면 모두 중국이 법률에 따라 죄를 다스리도록 한다. 크고 작은 안건을 만나면 영사관과 지방관에 각각 각국의 사람을 처리하고 피차 나포, 억류, 조사를 할 수 없다.

제9조
현재 매매가 이전과 비교하여 커졌고 또한 새로 교계를 세워 일찍이 네르친스크(尼布楚), 캬흐타 등의 곳에서 세운 화약 및 해를 걸러 보충한 여러 조관에서 그 형세가 많이 달라졌기 때문에 양국 교계의 관원은 문서를 왕래하여 분쟁을 처리할 때 사세가 또한 맞지 않는다. 따라서 종전의 일체의 화약에서 마땅히 고쳐야 할 것은 새로운 조관을 아래와 같이 마련한다.
향후 울란바토르 판사대신과 캬흐타 총독, 그리고 서시베리아(西悉畢爾) 총독과 이리장군이 문서를 교환하여 변계의 일을 처리한다. 지금부터 이 외에 아무르성(阿穆爾省)과 연해주성(東海濱省)의 총독은 변계의 사건이 있으면 흑룡강 및 길림장군과 문서를 교환한다. 캬흐타의 일은 캬흐타 변계의 군정관으로부터 캬흐타의 관원에게 주어 문서를 왕래하도록 하고 이 조약 8조의 규모를 따른다. 해당 장군, 총독 등은 문서를 왕래하여 모두 톈진화약 제2조를 따라 피차 평등하게 하고 왕래하는 문서는 만약 처리하는 자가 없으면 대개 관리하지 않는다. 변계의 긴요한 일이 있으면 동시베리아(東悉畢爾) 총독이 군기처 혹은 이번원에 문서를 보내어 처리한다.

제10조
변계의 크고 작은 사건에 대한 조사는 모두 이 조약 제8조에 따라 변계관(邊界官)이 회동하여 처리한다. 양국에 소속된 사람에 대한 심문은 톈진화약 제7조에 따라 각각 본국 법률에 따라 죄를 다스린다.
목축이 변계를 넘거나 혹은 유인하여 잡으면 해당 처소의 관원이 조회를 거쳐 즉시 사람을 파견하여 잡아들이고 종적은 감시초소의 관병에게 알린다. 경계를 넘어 포획한 것, 혹은 빼앗긴 것은 조사하여 내어주고 목축은 조회한 수에 따라 잃어버린 물건은 포획하고 즉시 송환한다. 만약 원래의 물건이 없으면 장물에 따라 죄를 정하고 배상은 관할하지 않는다. 만약 월경하여 도주하는 사람이 있으면 조회를 보내어 즉시 법을 설치하여 잡아들인다. 체포할 때 근처 변계의 관원에게 송부하고 도주인이 가진 물건을 일체 반환한다. 그들이 어느 곳에서 도주하던 간에 해당국 관원이 스스로 심판하여 처리한다. 풀어줄 때는 도로에서 음식을 급여하고 옷이 없으면 옷을 주고 병정의 학대에 맡길 수 없다. 만약 조회를 하지 않고 월경한 사람을 잡으면 또한 즉시 이에 따라 처리한다.

제11조
양국 변계 대신은 피차 문서를 보내고 관원을 보내어 전송하며 반드시 돌아오도록 한다. 동시베리아 총독, 캬흐타 총독이 캬흐타 군정관에게 문서를 보내 부원을 전송한다. 울란바토르 판사대신은 문서를 부원에게 교부하여 캬흐타 군정관에게 전송한다. 아무르성(阿穆爾省) 총독은 아이훈 부도통에게 문서를 보내어 전송한다. 흑룡강장군, 길림장군 또한 문서를 해당 부도통에게 보내어 전송한다. 연해주 성 총독과 길림장군이 피차 문서를 보내고 우수리, 훈춘 지방의 감시초소의 관원에게 전송한다. 서시베리아 총독과 이리장군이 문서를 교환하고 이리 러시아 영사관에게 전송한다. 중대하고 긴요한 사건이 있으면 반드시 사람을 통하여 동서시베리아 총독 등에게 전하고 울란바토르 판사대신, 흑룡강, 길림, 이리장군에게 문서를 보내고 러시아국의 믿음직한 관원에게 교부하는 것 또한 가하다.

제12조
톈진조약 제11조에 따라 캬흐타에서 베이징까지 공무로 인하여 서신을 발송하고 공무로 인하여 물건을 발송하는 왕복 기한은 아래에 열거한다. 서신은 매월 1회. 물건, 상자는 캬흐타에서 베이징까지 매 2개월에 1회, 베이징에서 캬흐타까지 3개월에 1회. 서신 송부는 기한 20일. 상자 송부는 기한 40일. 매번 상자의 수량과 항목은 20짝을 넘을 수 없다. 매짝의 분량은 중국 10근을 넘을 수 없다. 송부하는 서신은 반드시 당일 전송하고 연기할 수 없다. 사고가 있으면 엄히 조사한다.
캬흐타에서 베이징까지, 혹은 베이징에서 캬흐타까지 서신, 물건을 보내는 사람은 반드시 울란바토르로부터 가야 하며 영사관의 공소(公所)에 도착하여 해당 영사관 등에게 송부하는 서신, 물건이 있으면 즉시 유치시키고 해당 영사관 등이 서신, 물건이 있으면 또한 즉시 송부한다. 상자를 송부할 때 목록을 베끼고 캬흐타 및 울란바토르에서 울란바토르 판사대신에게 알린다. 베이징에서 송부할 때 이번원에 알린다. 목록에 때와 일정, 상자의 수량, 분량 다소 및 매 상자의 분량을 명기한다. 겉봉에 러시아 문자를 번역한 몽고 문자 혹은 한자에 따라 분량, 수량을 명기한다. 만약 상인이 매매하기 위하여 서신, 상자를 보내어 스스로 사람을 고용하여 규정을 따르기를 원한다면 미리 먼저 그곳의 장관에게 알려 허락 후 처리함으로써 관서의 지출을 줄인다.

제13조
대러시아국 총리각외국사무대신(總理各外國事條大臣)과 대청국 군기처가 서로 문서를 보내고 혹은 동서시베리아 총독과 군기처 및 이번원이 문서를 보낸다. 이러한 항목의 공문은 전례에 따라 역참을 거쳐 발송하고 아울러 전에 정한 시일에 구애받지 않는 것 또한 가하다. 설령 중요한 사건이 있으면 지체할 것이 우려스러우니 즉시 러시아국의 믿을 만한 관원에게 속히 송부한다. 대러시아국 흠차대신이 베이징에 거주할 때 긴요한 서신이 있으면 또한 러시아국으로부터 관원을 파견하여 송부한다. 해당 흠차대신이 문서를 파송하는 사람은 어느 곳에 이르던지 이를 지체하게 할 수 없다. 문서를 파송하는 관원은 반드시 러시아국 사람이어야 한다. 관원을 파견하는 일은 캬흐타에서 군정관이 하루 전날 부원에게 알린다. 베이징에서 러시아 공사관으로부터 하루 전날 병부(兵部)에 알린다.

제14조
이후 만약 의정한 육로통상의 사안 내에 피차 불편한 사항이 있으면 동서시베리아 총독으로부터 중국변계대신과 회동하여 상의하고 거듭 이번에 의정된 장정을 따라 처리하고 다른 일을 만들지 않는다. 톈진화약 제12조에 이르러 또한 옛것에 따르며 다시 고치지 않는다.
제15조 합동하여 상정한 후 대청국 흠파대신은 이 조약 원문을 한자로 번역하고 서명하여 도장을 찍어 대러시아국 흠차대신에게 1부를 교부한다. 대러시아국 흠차내대신 또한 이 조약 원문을 한자로 번역하고 서명하여 도장을 찍어 대청국 흠차대신에게 1부를 교부한다.

이번 조관은 양국흠차대신이 서로 교환한 날로부터 톈진조약과 더불어 일체 영원히 준수하고 고칠 수 없다. 양국 대황제는 서로 화약을 교환한 후 각각 이 조약 원문을 곳곳에 알려 지방의 사건을 처리하도록 한다.

대청국 흠파전권 내대신 화석공친왕

대러시아국 흠차전권 내대신 이그나티예프

함풍 10년 10월 초2일

1860년 11월 초2일

(중러) 베이징조약(러시아어본) 원문

Пекинский договор

(Дополнительный договор между Россией и Дайцинской империей)

По внимательном рассмотрении и обсуждении существующих между Россией и Китаем договоров, е.в. император и самодержец всероссийский и е.в. богдохан дайцинский, для вящего скрепления взаимной дружбы между двумя империями, для развития торговых сношений и предупреждения недоразумений, положили составить несколько добавочных статей, и для сей цели назначили уполномоченными:

российского государства, свиты е.и.в. ген.-майора... Николая Игнатьева; дайцинского государства, князя первой степени, принца Гун, по имени И-син.

Означенные уполномоченные, по предъявлении своих полномочий, найденных достаточными, постановили нижеследующее:

СТАТЬЯ 1

В подтверждение и пояснение первой статьи договора, заключенного в городе Айгуне, 1858 года, мая 16-го дня (Сян-фын VIII года, IV луны, 21-го числа), и во исполнение девятой статьи договора, заключенного в том же году, июня 1-го дня (V луны, 3-го числа), в городе Тянь-Цзине, определяется: с сих пор восточная граница между двумя государствами, начиная от слияния рек Шилки и Аргуни, пойдет вниз по течению реки Амура до места слияния сей последней реки с рекой Усури. Земли, лежащие по левому берегу (на север) реки Амура, принадлежат российскому государству, а земли, лежащие на правом берегу (на юг), до устья реки Усури, принадлежат китайскому государству. Далее от устья реки Усури до озера Хинкай граничная линия идет по рекам Усури и Сун'гача.

Земли, лежащие по восточному (правому) берегу сих рек, принадлежат российскому государству, а по западному (левому), - китайскому государству. Затем граничная между двумя государствами линия, от истока реки Сун'гача, пересекает озеро Хинкай и идет к реке Бэлэн-хэ (Тур), от устья же сей последней, по горному хребту, к устью реки Хубиту (Хубту), а отсюда по горам, лежащим между рекой Хуньчунь и морем, до реки Ту-мынь-дзян. Здесь также земли, лежащие на востоке, принадлежат российскому государству, а на запад-китайскому. Граничная линия упирается в реку Ту-мынь-дзян на двадцать китайских верст (ли), выше впадения ее в море.

Сверх сего, во исполнение девятой же статьи Тянь-цзинского договора, утверждается составленная карта, на коей граничная линия, для большей ясности, обозначена красной чертой и направление ее показано буквами русского алфавита: А. Б. В. Г. Д. Е. Ж. З. И. I. К. Л. М. Н. О. П. Р. С. Т. У. Карта сия подписывается уполномоченными обоих государств и скрепляется их печатями.

Если бы в вышеозначенных местах оказались поселения китайских подданных, то русское правительство обязуется оставить их на тех же местах и дозволить по-прежнему заниматься рыбными и звериными промыслами.

После постановления пограничных знаков, граничная линия на веки не должна быть изменяема.

СТАТЬЯ 2

Граничная черта на западе, доселе неопределенная, отныне должна проходить, следуя направлению гор, течению больших рек и линии ныне существующих китайских пикетов, от последнего маяка, называемого Шабин-дабага, поставленного в 1728 году (Юн-чжэн VI года), по заключении Кяхтинского договора, на юго-запад до озера Цзай-сан, а оттуда до гор, проходящих южнее озера Иссыккуль и называемых Тэнгэри-шань или Киргизнын алатау, иначе Тянь-шань-нань-лу (южные отроги Небесных гор), и по сим горам до кокандских владений.

СТАТЬЯ 3

Отныне все пограничные вопросы, могущие возникнуть впоследствии, должны решаться на основании изложенного в первой и второй статьях сего договора, для постановки же пограничных знаков на востоке-от озера Хинкай до реки Ту-мынь-дзян, а на западе-от маяка Шабин-дабага до кокандских владений, российское и китайское правительства назначают доверенных лиц (комиссаров).

Для обозрения восточной границы, съезд комиссаров назначается на устье реки Усури, в течение апреля месяца будущего года (Сян-фын XI года в третьей луне). Для обзора же западной границы комиссары съезжаются в Тарбагатае, но время для их съезда теперь не определяется.

На основании того, что постановлено в первой и второй статьях сего договора, командированные доверенные сановники (комиссары) составляют карты и подробные описания граничной линии в четырех экземплярах-два на русском и два на китайском или маньчжурском языках. Карты и описания сии утверждаются подписями и печатями комиссаров; затем два экземпляра оных,-один на русском, другой на китайском или маньчжурском языках, вручаются русскому, а два таковых же экземпляра-китайскому правительству, для хранения.

По случаю вручения карт и описания граничной линии составляется протокол, который утверждается подписями и печатями комиссаров и будет считаться дополнительной статьей сего договора.

СТАТЬЯ 4

На протяжении всей граничной линии, определенной первой статьей сего договора, дозволяется свободная и беспошлинная меновая торговля между подданными обоих государств. Местные пограничные начальники должны оказывать особое покровительство этой торговле и людям, ею занимающимся. С сим вместе подтверждается постановленное касательно торговли во второй статье Айгунского договора.

СТАТЬЯ 5

Русским купцам, сверх существующей торговли на Кяхте, предоставляется прежнее право ездить для торговли из Кяхты в Пекин. По пути, в Урге и Калгане им дозволяется также торговать, не открывая оптовой продажи. В Урге-русскому правительству предоставляется право иметь консула (лин-ши-гуань), с несколькими при нем людьми, и на свой счет выстроить для него помещение. Касательно отвода земли под здание, величины постройки сего последнего, равно и отвода места под пастбище, предоставляется войти в соглашение с ургинскими правителями. Китайским купцам, если они пожелают, также дозволяется отправляться для торговли в Россию. Русские купцы имеют право ездить для торговли в Китай во всякое время, только в одном и том же месте их не должно быть более двухсот человек, притом они должны иметь билеты от своего пограничного начальства, в которых обозначается: имя караванного старшины, число людей, при караване состоящих, и место, куда следует караван. Во время пути купцам дозволяется покупать и продавать все, по их усмотрению. Все дорожные издержки относятся на счет самих купцов.

СТАТЬЯ 6

В виде опыта открывается торговля в Кашгаре, на тех же самых основаниях, как в Или и Тарбагатае. В Кашгаре китайское правительство отводит в достаточном количестве землю для постройки фактории, со всеми нужными при ней зданиями для жилища в склада товаров, церкви и т.п., а также место для кладбища, и, по примеру Или и Тарбагатая,-место для пастбища. Об отводе мест для выше означенных надобностей будет сообщено теперь же управляющему Кашгарским краем. Китайское правительство не отвечает за разграбление русских купцов, торгующих в Кашгаре, в том случае, когда грабеж будет произведен людьми, вторгнувшимися из-за линии китайских караулов.

СТАТЬЯ 7

Как русские в Китае, так и китайские подданные в России, в местах, открытых для торговли, могут заниматься торговыми делами совершенно свободно, без всяких стеснений со стороны местного начальства, посещать также свободно и во всякое время-рынки, лавки, дома местных купцов, продавать и покупать разные товары оптом или в розницу, на деньги или посредством мены, давать и брать в долг по взаимному доверию. Срок пребывания купцов в местах, где производится торговля, не определяется, а зависит от их собственного усмотрения.

СТАТЬЯ 8

Русские купцы в Китае, а китайские в России состоят под особым покровительством обоих правительств. Для наблюдения за купцами и предотвращения могущих возникнуть между ними и местными жителями недоразумений, русское правительство, на основании правил, принятых для Или и Тарбагатая, может назначить теперь же своих консулов в Кашгар и Ургу. Китайское правительство, равным образом, может, если бы пожелало, назначать своих консулов в столицах и других городах российской империи. Консулы того и другого государства помещаются в домах, устроенных на счет их правительств. Впрочем, им не запрещается, по собственному усмотрению, нанимать для себя квартиры у местных жителей.

В сношениях с местным начальством, консулы обоих государств, на основании второй статьи Тянь-цзинского трактата, соблюдают совершенное равенство. Все дела, касающиеся купцов того и другого государства, разбираются ими по взаимному соглашению; проступки же и преступления должны судиться, как сказано в седьмой статье Тянь-цзинского договора, по законам того государства, подданным которого окажется виновный.

Споры, иски и тому подобные недоразумения, возникающие между купцами при торговых сделках, предоставляется решать самим купцам, посредством выбранных из своей среды людей; консулы же и местное начальство только содействуют примирению, но не принимают на себя ответственности по искам.

Купцы того и другого государства, в местах, где дозволена торговля, могут вступать между собой в письменные обязательства по случаю заказа товаров, найма лавок, домов и т. п. и предъявлять их для засвидетельствования в консульство и местное правление. В случае неустойки по письменному обязательству, консул и местное начальство принимают меры к побуждению исполнить обязательство в точности.

Дела, не касающиеся торговых между купцами сделок, например, споры, жалобы и проч., разбираются консулом и местным начальством, по общему соглашению; виновные же наказываются по законам своего государства.

В случае укрывательства русского подданного между китайцами или побега его внутрь страны, местное начальство, по получении о том извещения от русского консула, немедленно принимает меры к отысканию бежавшего, а по отыскании немедленно представляет его в русское консульство. Подобные меры равным образом должны быть соблюдаемы и в отношении китайского подданного, скрывавшегося у русских или бежавшего в Россию.

В преступлениях важных, как-то: убийстве, грабеже с нанесением опасных ранений, покушении на жизнь другого, злонамеренном поджоге и том.подоб., по произведении следствия, виновный, если он будет русский, отсылается в Россию, для поступления с ним по законам своего государства, а если китайский, то наказание его производится, – или начальством того места, где учинено преступление, или, если того потребуют государственные постановления, виновный для наказания отправляется в другой город или область.

Как в преступлениях важных, так равно и маловажных, консул и местное начальство могут принимать нужные меры только в отношении к виновному своего государства, но никто из них не имеет никакого права ни задерживать, ни отдельно разбирать, а тем более наказывать подданного не своего государства.

СТАТЬЯ 9

При распространении в настоящее время торговых сношений между подданными того и другого государства и проведения новой граничной линии, прежние правила, постановленные в трактатах, заключенных в Нерчинске и Кяхте и в дополнительных к ним договорах, сделались уже неприменимыми; сношения пограничных начальников между собой и правила для разбирательства пограничных дел равным образом не соответствуют современным обстоятельствам, а поэтому взамен сих правил постановляется следующее:

Отныне, кроме сношений, производившихся на восточной границе, чрез Ургу и Кяхту, между кяхтинским градоначальником и ургинскими правителями, а на западной между генерал-губернатором Западной Сибири и Илийским управлением, пограничные сношения будут еще производиться: между военными губернаторами Амурской и Приморской областей и хэйлун-цзянским и гириньским цзян-цзюнами (главнокомандующими); между кяхтинским пограничным комиссаром и цзаргучеем (бу-юань), по смыслу осьмой статьи сего договора. Вышеупомянутые военные губернаторы и главнокомандующие (цзян-цзюни), на основании второй статьи Тянь-цзинского договора, в сношениях своих должны соблюдать совершенное равенство и вести оные исключительно по делам, относящимся непосредственно к их управлению.

В случае дел особой важности, генерал-губернатору Восточной Сибири предоставляется право иметь письменные сношения, – или с Верховным советом (Цзюнь-цзи-чу), или с Палатой внешних сношений (Ли-фань-юань), как главным местом, заведывающим пограничными сношениями и управлением.

СТАТЬЯ 10

При исследовании и решении дел пограничных, как важных, так в маловажных, пограничные начальники руководствуются правилами, изложенными в осьмой статье сего договора; следствия же и наказания подданных того и другого государства производятся, как сказано в седьмой статье Тянь-цзинского договора, по законам того государства, которому принадлежит виновный. При переходе, угоне или уводе скота за границу, местное начальство, по первому о том извещению и по сдаче следов страже ближайшего караула, посылает людей для отыскания. Отысканный скот возвращается без замедления, причем, за недостающее число его, если бы оное оказалось, взыскивается по закону, но в сем случае уплата не должна быть увеличиваема в несколько раз (как то было прежде).

В случае побегов за границу, по первому же о том извещению, немедленно принимаются меры к отысканию перебежчика. Найденный перебежчик немедленно передается со всеми принадлежащими ему вещами пограничному начальству; исследование причин побега и самый суд производятся ближайшим местным начальством того государства, подданным которого окажется перебежчик. Во все время нахождения за границей, от поимки до сдачи кому следует, перебежчику дается нужная пища и питье, а в случае надобности и одежда; сопровождающая его стража должна обходиться с ним человеколюбиво и не позволять себе своевольных поступков. То же самое должно соблюдать и в отношении того перебежчика, о котором не дано было уведомления.

СТАТЬЯ 11

Письменные сношения главных пограничных начальников того и другого государства производятся чрез ближайших пограничных чиновников, которым отправляемые бумаги отдаются под расписку. Генерал-губернатор Восточной Сибири и кяхтинский градоначальник отправляют свои бумаги к кяхтинскому пограничному комиссару, который передаст их цзаргучею (бу-юань); ургинские же правители посылают свои бумаги к цзаргучею (бу-юань), который передает их кяхтинскому пограничному комиссару.

Военный губернатор Амурской области пересылает свои бумаги чрез помощника (фу-ду-туна) главнокомандующего (цзян-цзюнь) в городе Айгуне, чрез которого также передают свои бумаги к военному губернатору Амурской области хэй-лун-цзянский и гиринский главнокомандующие (цзян-цзюнь).

Военный губернатор Приморской области и гиринский главнокомандующий (цзян-цзюнь) пересылают бумаги чрез начальников своих караулов на реках Усури в Хунь-чунь.

Пересылка бумаг между генерал-губернатором Западной Сибири и Илийским главным управлением или главнокомандующим (цзян-цзюнем) производится чрез русского консула в городе Или (Кульдже). В случае дел особой важности, требующих личных объяснений, главные пограничные начальники того и другого государства могут отправлять друг другу бумаги с доверенными русскими чиновниками.

СТАТЬЯ 12

На основании одиннадцатой статьи Тянь-цзинского договора, отправляемые по казенной надобности из Кяхты в Пекин и обратно, легкие и тяжелые почты будут отходить в следующие сроки: легкие – каждый месяц однажды из того и другого места; а тяжелые – из Кяхты в Пекин – каждые два месяца однажды, а из Пекина в Кяхту – каждые три месяца однажды.

Легкие почты до места назначения должны идти никак не более двадцати, а тяжелые не более сорока дней. С тяжелой почтой посылается одновременно не более двадцати ящиков, весом каждый не более ста двадцати китайских фунтов (гинов), – четырех пудов.

Легкие почты должны быть отправляемы в тот же день, в который будут доставлены; при промедлении в сем случае должно быть производимо строгое исследование и взыскание. Отправляемый с легкими и тяжелыми почтами почтальон, в проезд чрез Ургу, должен заезжать в русское консульство, отдавать адресованные к проживающим там лицам, и принимать равным образом адресованные ими письма и посылки.

При отправлении тяжелых почт должны составляться накладные (цинь-дань) посылаемых ящиков. Из Кяхты накладные, при отношении, отсылаются в Ургу к тамошнему правителю, а из Пекина – при отношении же – в Палату внешних сношений (Ли-фань-юань). В накладных точно обозначается: время отправления, число ящиков и общий вес их. Частный вес каждого ящика должен быть обозначаем на самой обшивке ящика и писаться русскими цифрами, с переводом их на монгольский или китайский счет.

Если бы русские купцы по своим торговым делам нашли нужным учредить на свой счет, для пересылки писем или перевоза товаров, почту, то, для облегчения казенных почт, сие им дозволяется. При устройстве почтового сообщения, купцы должны только предварить местное начальство, для получения от него согласия.

СТАТЬЯ 13

Отправление обыкновенных бумаг российского министра иностранных дел в Верховный совет (Цзюнь-цзи-чу) дайцинского государства, а также генерал-губернатора Восточной Сибири в тот же совет, или в Палату внешних сношений (Ли-фань-юань), производится обыкновенным порядком, чрез почту, не стесняясь впрочем сроком отхода почт; в случае же дел особой важности, бумаги от вышеозначенных лиц могут быть отправляемы с русским курьером.

Во время пребывания в Пекине русских посланников, бумаги особой важности могут быть также отправляемы с нарочно командированными русскими чиновниками.

Русские курьеры, на пути своем, не должны быть никем и нигде задерживаемы.

Командируемый для доставления бумаг курьер непременно должен быть русский подданный.

О выезде курьера дается знать за сутки, в Кяхте – цзаргучею (бу-юань) комиссаром, а в

Пекине в Военную палату (бинь-бу), из русского подворья.

СТАТЬЯ 14

Со временем, когда в постановленном в сем договоре, касательно сухопутной торговли, встретится что-либо для той или другой стороны неудобное, то генерал-губернатору Восточной Сибири предоставляется войти по сему предмету в соглашение с пограничными сановниками дайцинского государства и составить дополнительные условия, придерживаясь во всяком случае вышепостановленных оснований.

Статья двенадцатая Тянь-цзинского договора с сим вместе подтверждается и не должна быть изменяема.

СТАТЬЯ 15

Утвердив таким образом все вышесказанное, по взаимному соглашению, уполномоченные российского и китайского государств подписали собственноручно и скрепили своими печатями два экземпляра русского текста договора и два экземпляра перевода оного на китайский язык и затем передали друг другу по одному экземпляру того и другого.

Статьи сего договора возымеют законную силу со дня размена их уполномоченными того и другого государства, как бы включенные слово в слово в Тянь-цзинский договор, и должны быть исполняемы на вечные времена свято и ненарушимо.

По утверждении императорами обоих государств, договор сей объявляется в каждом государстве к сведению и руководству тем, кому о том ведать надлежит.

Заключен и подписан в столичном городе Пекине, в лето от рождества Христова тысяча восемьсот шестидесятое, ноября второй (четырнадцатый) день, царствования же государя императора Александра Второго в шестой год; а Сян-фын десятого года, десятой луны во второе число.

ПОДПИСАЛИ:
НИКОЛАЙ ИГНАТЬЕВ,
ГУН

출처

Российско-китайские отношения-История и современность, 20~24쪽.
Сборник договоров России с другими государствами 1856-1917, 74~84쪽.
Русско-китайские отношения 1689-1916. официальные документы, 34~40쪽.
АВПРИ. Ф. Трактаты. Оп. 3. 1860. Д. 881/157. Л. 1-14.

(중러) 베이징조약(러시아어본)의 한글 번역문

베이징조약(Пекинский договор) 1860.11.02

러시아와 중국 간의 기존 조약에 대한 주의 깊은 검토와 논의에 따라 전 러시아의 전제군주이신 위대한 황제 폐하와 대청의 위대한 천자는 두 제국 간의 상호 친선을 보다 확실하게 인증하고 통상의 발전을 위하여 그리고 오해를 막기 위하여 일부 추가 조항을 작성하기로 하였으며, 그 목적을 위하여 러시아의 위대한 황제 폐하의 수행 육군소장이자 다양한 훈장을 하사받은 수훈자 니콜라이 이그나티예프(Николай Игнатьев), 대청국의 1등급 공후, 이신(И-син)의 이름을 지닌 공(恭) 왕자를 각각 전권으로 임명하였다.
전권으로 임명된 자들은 자신들의 전권을 충분히 발휘하여 아래와 같이 결정하였다.

제1조
1858년 5월 16일(함풍 8년 음력 4월 21일) 아이훈에서 체결된 조약 제1조의 확인과 설명으로 그리고 같은 해 6월 1일(음력 5월 3일) 텐진(天津)에서 체결된 조약의 실행으로, 다음의 사항을 규정한다. 위 조약 이후 양국 간의 동부 국경은 실카 강과 아르군강의 합류점에서 시작하여 아무르강의 하류를 따라 내려가며 아무르강이 우수리강과 합류하는 지점까지이다. 아무르강 좌안(북안)에 펼쳐진 땅은 러시아에 속하며, 우안(남안)에 펼쳐진 땅은 중국에 속한다. 계속해서 우수리강 하구로부터 힌카이(Хинкай, 興凱)호까지의 국경선은 우수리와 순가차(Сунгача, 松阿察) 강을 따라 이어진다. 이 두 강의 동안(우안)을 따라 펼쳐진 땅은 러시아에 속하고, 서안(좌안)의 땅은 중국에 속한다. 계속해서 양국 간의 국경선은 순가차강의 발원지로부터 벨렌하(Бэлэн-хэ, Тур)강 방면으로 힌카이호를 횡단하여 그 강의 하구에서부터 산맥을 따라 후비투(Хубиту, Хубту)강 하구 방면으로 향하여, 그곳에서 훈춘(Хунь-чунь)강과 바다 사이에 형성되어 두만강까지 이르는 산 정상을 따라 이어진다. 이곳에서 동쪽에 펼쳐진 땅은 러시아 소유이고, 서쪽은 중국에 속한다. 국경선은 두만강이 바다로 유입되는 곳으로부터 상행 20베르스타(리)인 곳과 맞닿는다.
그 외에도 텐진조약 제9조의 실행으로 붉은색 선으로 표시하여 확연하게 국경선이 표시되어 있으며, 국경선의 방향이 러시아 알파벳으로 А, Б, В, Г, Д, Е, Ж, З, И, I, К, Л, М, Н, О, П, Р, С, Т, У로 표시되어 있는 지도가 승인된다.
양국 전권은 이 지도에 서명하며, 인장으로 확증한다.
상기 언급된 지역에서 중국 신민의 거주지가 발견될 경우, 러시아 정부는 그들을 그 장소에 존치시키고, 이전처럼 어업과 수렵에 종사할 수 있도록 허락할 의무를 진다.
국경표석을 설치한 후 국경선은 영원히 변경되지 않아야 한다.

제2조
지금까지 규정되지 않은 서부에서의 국경선은 이 순간 이후부터는 산맥의 방향, 큰 강의 물줄기 흐름 그리고 캬흐타조약의 체결로 1728년(옹정 6)에 세워진 샤빈다바가(Ша-бин-дабага)라는 명칭의 마지막 봉화에서 시작하여 남서쪽으로 자이산(Цзай-сан) 호수까지, 그리고 그곳으로부터 이시쿨(иссыккуль) 호수 아래의 남쪽을 따라 이어지면서 텐게리샨(Тэнгэришань) 또는 키르기스 산맥(Киргизный алатау), 다르게는 탼샨난루(Тянь-шань-нань-лу, 톈산산맥의 남쪽 지맥)라고 불리는 산맥까지 그리고 그 산맥으로부터 코칸트한국까지 이어지는 기존의 중국 측 정계비를 따라 이어진다.

제3조
이제부터 앞으로 발생할 수 있는 모든 국경 문제는 본 조약의 제1조와 제2조에 규정한 바에 의거하여 해결될 것이며, 동부에서는 힌카이 호로부터 두만강에 이르기까지, 그리고 서부에서는 샤빈다바가 봉화로부터 코칸트한국까지 정계비를 설치하기 위하여 러시아와 중국 정부는 대리인(위원)을 임명한다. 동부 국경의 조사를 위해 내년 4월(함풍 3년 음력 3월) 1개월 동안 우수리강 하구에서 국경위원 회의가 소집된다. 서부 국경의 조사를 위해 타르바가타이(Тарбагатай)에서 국경위원 회의가 소집되지만, 현 시점에서는 그 회의의 개최 시기를 규정하지 않는다.
본 조약의 제1조와 제2조에서 규정된 사실에 기초하여 파견된 대리관원(국경위원)들이 러시아어 2부와 중국어 또는 만주어 2부 등 총 4부의 지도와 자세한 국경선 지도를 작성하여 보관용으로 2부는 러시아 정부에, 그리고 동일한 내용의 나머지 2부는 중국 정부에 제공한다.
지도와 국경선 묘사도를 수교할 때 양국 국경위원의 서명과 직인으로 확인한 의사록을 작성하고, 그 의사록을 본 조약의 추가 조항으로 인정한다.

제4조
본 조약의 제1조와 제2조에 규정된 전 국경선에 걸쳐 양국 신민들 간에 자유로운 무관세 현물 교역이 허용된다. 지방의 국경 담당관은 이러한 무역과 무역 종사자들을 특별히 보호해야 한다.
이와 함께 무역과 관련하여 아이훈조약 제2조의 규정도 확증된다.

제5조
캬흐타에서의 기존 무역에 더하여 캬흐타에서 베이징까지 교역을 위해 왕래할 수 있는 권리가 러시아 상인들에게 부여된다. 또한 도정에 우르가(Урга)와 칼간(Калган)에서 도매업이 아닌 상업에 종사하는 것도 허용된다. 러시아 정부는 우르가에 자국 영사(린시관, лин-ши-гуань)와 그 휘하 수 명을 주재시키는 권리를 보유하며, 자국 예산으로 영사용 건물을 건축할 수 있다. 건물용 토지의 수용, 건물의 규모, 그리고 목초지용 장소의 수용에 관해서 우르가의 통치자들과 합의한다.
중국 상인들은 자신들이 원할 경우 상업을 목적으로 러시아를 왕래할 수 있다.
러시아 상인들은 언제이건 상업을 목적으로 중국을 통행할 수 있는 권리를 지니지만, 한 장소에 상인의 수가 200명을 넘어서는 안 되며, 그 외에 대상(隊商) 책임자의 이름, 대상에 속한 사람의 수, 대상이 향하는 행선지가 제시된 자국 국경사무소 발행 표를 지녀야 한다. 상인들은 여행 도중 자신들의 판단에 따라 모든 것을 매매할 수 있다. 모든 여행 경비는 상인 스스로 부담한다.

제6조
카슈가르(Кашгар, 喀什)에서는 일리(Или)와 타르바가타이(Тарбагатай)에서와 동일한 원칙에 따라 도매 형태의 상업이 열린다. 중국 정부는 카슈가르에서 상인 거류지 설립용으로 충분한 규모의 토지를 배분하며, 그곳에 거주용, 상품 저장고용, 그리고 교회용 등등의 필요한 모든 건물을 지을 수 있으며, 공동묘지용 장소 및 일리와 타르바가타이의 예에 따라 방목장을 갖출 수 있다. 상기 필요를 위한 장소의 배분에 관해서는 현재 카슈가르주의 통치자에게 통보될 것이다. 중국 정부는 중국의 경비선을 넘어 침입한 자들이 카슈가르에서 상업에 종사하는 러시아 상인들을 약탈하는 것에 대해 책임지지 않는다.

제7조
중국에 있는 러시아인이나, 러시아에 있는 중국인 모두 상업을 목적으로 개방된 장소에서 지방관헌의 어떠한 제약도 받지 않고 전적으로 자유롭게 상업에 종사할 수 있으며, 자유롭게 그리고 언제든지 시장, 상점, 현지 상인의 집 등을 방문하고, 도소매로 다양한 상품을 현금이나 물물교환으로 매매하고, 상호 신용에 따라 채권채무 관계를 설정할 수 있다. 상인의 교역장 체류 기간은 정하지 않으며, 각자의 사적인 판단에 따른다.

제8조
중국에 있는 러시아 상인, 러시아에 있는 중국 상인은 양국 정부의 특별 보호를 받는다. 상인을 감시하고, 상인들과 현지 주민들 간에 발생할 수 있는 오해를 예방하기 위하여 러시아 정부는 일리와 타르바가타이를 위해 채택된 규정에 의거하여 이제 카슈가르와 우르가에 자국 영사를 임명할 수 있다. 중국 정부는 만약 원한다면 동일한 형태로 러시아 제국의 수도와 다른 도시들에 자국 영사를 임명할 수 있다.

양국 영사는 자국 정부의 비용으로 건설된 공간 내에 거주한다. 또한 영사들은 개인적 판단에 따라 자신이 사용할 주택을 현지 주민으로부터 임차할 수 있다.

양국 영사는 현지 당국과의 관계에서 톈진조약 제2조에 기초하여 완전한 평등을 준수한다. 양국 상인과 관련된 모든 사안은 상호 합의에 따라 현지 당국과 영사들에 의하여 조사되며, 과실이나 범죄는 톈진조약 제7조에 규정된 바와 같이 범법자가 신민인 국가의 법에 따라 재판한다.

상거래 시 상인들 간에 발생하는 논쟁, 송사 및 그와 유사한 오해는 상인들 내에서 선발된 자들에 의해 해결되도록 상인들에게 위임되며, 영사와 현지 당국은 오직 중재에만 협력하지만, 송사에 따른 책임을 지지는 않는다.

양국 상인은 상업이 허락된 장소에서 그들 간에 상품의 예약, 상점과 가옥의 임대차 및 그와 유사한 사안에 따른 명문화된 의무를 질 수도 있으며, 증명을 목적으로 그것들을 영사관이나 현지 관헌에게 제출할 수도 있다. 명문화된 의무에 따른 위약금이 발생할 경우 영사와 현지 당국은 의무의 정확한 이행을 독촉하기 위한 대책을 마련한다.

상인들 간의 거래와 관련되지 않은 사안, 예를 들어 논쟁, 불평 및 이와 유사한 것들은 영사와 현지 당국의 상호 합의에 따라 조정되며, 잘못이 있는 자는 자국의 법에 따라 처벌받는다.

러시아 신민인 범인을 중국인들이 은닉했을 경우 또는 죄를 짓고 중국 내부로 도주했을 경우 현지 당국은 러시아 영사로부터 그에 관한 통지를 접수하는 즉시 도망자를 추적하기 위한 대책을 지체 없이 마련하며, 색출한 즉시 그를 러시아 영사관에 인계한다. 이와 동일하게 중국 신민이 러시아인 사이에 숨거나 러시아로 도주할 경우 동일한 조치가 반드시 이루어져야 한다.

살인, 중상해 강도, 다른 자에 대한 살인미수, 악의를 품은 방화 및 그와 유사한 중범죄의 경우 조사 결과 범인이 러시아인이라면 자국 법에 따라 그를 처리하도록 그를 러시아에 인도하며, 범인이 중국인이라면 범죄행위가 발생한 곳의 당국이 그에 대한 형벌을 집행하도록 또는 국가 규정이 그것을 요구할 경우 범법자가 처벌을 받도록 다른 도시 또는 주에 인도한다.

영사와 현지 당국은 중범죄나 경범죄 모두에 대해서 자국 법에 따라서만 범법자에 대한 조치를 취할 수 있으나, 영사와 현지 당국 중 누구도 구류를 집행하거나 개별적으로 심의하는 권리는 물론, 그에 더하여 자국의 신민이 아닌 자를 처벌할 수 있는 권리를 지니지 않는다.

제9조

양국 신민들 사이에 교역이 확산되고 새로운 국경선을 획정하는 현 시점에서 네르친스크조약과 캬흐타조약에, 그리고 두 조약에 대한 부가조약에 규정된 이전의 규칙들은 이미 적용할 수 없는 것이 되었으며, 국경 관헌들 간 관계, 국경 문제 심리를 위한 규칙 등도 동일하게 현재의 상황에 부응하지 않는바, 그에 따라 이런 규칙들을 대신하여 다음의 사항이 규정된다. 우르가와 캬흐타를 통해 캬흐타 도시 책임자와 우르가 통치자 간에 동방 국경에서, 또한 서시베리아 총주지사와 일리 통치부 간에 이루어지는 관계 이외에 지금부터 아무르주와 연해주의 군주지사와 헤이룽장성과 지린성 장군(수석통치자), 캬흐타 국경위원과 자르구체이(Цзагучей, 부유안[бу-юань, 部員]) 간의 국경관계는 본 조약 제8조의 의미에 따라 계속 이루어질 것이다.

상기 군주지사들과 수석통치자(장군)는 톈진조약 제2조에 의거하여 자신들의 왕래에서 완전한 평등을 준수해야 하며, 자신들의 통치에 직접적으로 관련되어 있는 사안에 대해서는 절대적으로 평등관계를 지켜야 한다.

동시베리아 총주지사에게 특별히 중요한 일이 발생할 경우 국경 왕래와 국경 통치를 관할하는 주요 직위인 상원[군기처(軍機處)]이나, 대외관계원[이번원(理蕃院)]과 문서를 주고받을 권리를 지닌다.

제10조

중요하거나 중요하지 않은 국경 문제를 조사하고 해결함에 있어 국경 책임자는 본 조약 제8조에 서술된 규칙에 의거한다. 양국 신민에 대한 조사와 처벌은 톈진조약 제7조에 언급된 바와 같이 죄인이 속한 국가의 법률에 따른다.

가축을 데리고, 훔쳐서 또는 몰고 월경했을 경우 현지 관헌은 그에 관한 첫 통보를 받은 즉시 최근접 초소의 초병에게 행적을 제공하는 동시에 가축을 찾아내고자 사람들을 파견한다.
찾아낸 가축은 지체 없이 반환되며, 가축 수가 부족한 것으로 밝혀질 경우 그 부족한 수는 법에 따라 징수되지나, 그 경우에 지불금은 (이전에 그랬던 것처럼) 몇 배로 늘어나서는 안 된다.
월경하여 도주할 경우 그에 관한 첫 번째 통보를 받은 즉시 월경자를 찾기 위한 대책을 마련한다. 발견된 월경자는 즉시 그가 소유한 모든 물건과 함께 국경 당국에 인계되며, 월경 이유에 대한 심리와 재판은 월경자가 신민으로 되어 있는 해당 국가의 가장 인접한 현지 관헌에 의해 진행된다.
자국 국경을 넘어 지내는 기간 내내, 즉 체포부터 인계 순간까지 필요한 경우 월경자에게 음식과 음료가 제공되며, 불가피한 경우 의복도 제공된다. 월경자를 호송하는 경비대는 인도적으로 대해야 하며, 제멋대로 행동해서는 안 된다. 또한 통보를 받지 못한 상태에서 체포된 월경자를 대함에 있어서도 위와 동일한 혜택이 준수되어야 한다.

제11조
체약 양국 수석 국경 당국의 문서 왕래는 가장 인접한 국경 관헌을 통해 이루어지며, 그 관헌에게는 서명이 들어간 규정된 문서가 교부된다.
동시베리아 총주지사와 캬흐타 시장은 캬흐타 국경위원에 대한 자신의 서류를 발송하며, 국경위원은 그 서류를 받아 자르구체이(부원)에게 전달하고, 우르긴스키의 통치자 역시 자신의 문서를 자르구체이에게 발송하면, 후자는 그 서류를 캬흐타 국경위원에게 전달한다.
아무르 주의 군주지사는 자신의 서류를 아이훈 시 장군의 부도통(副都統, Фудутун)을 통해서 발송하고, 헤이룽장과 지린성 장군 역시 부도통을 통해서 자신의 서류를 아무르 주 군주지사에게 전달한다.
연해주 주지사와 지린성 장군은 우수리와 훈춘강에 위치한 자국의 국경초소장을 통해 자신의 서류를 전달한다.
서시베리아 총주지사와 일리의 수석통치부나 장군 간의 문서 왕래는 일리(쿨자) 시에 위치한 러시아 공사를 통해 이루어진다.
특별히 중요하여 개인적인 설명을 필요로 하는 사안의 경우 체약 양국의 수석 국경 담당관은 상대방에게 신임을 받은 러시아 관헌들이 동반된 서류를 발송할 수 있다.

제12조
톈진조약 제11조에 의거하여 국고의 필요에 따라 캬흐타에서 베이징으로 그리고 그 반대로 발송되는 우편과 소포는 다음과 같은 기간에 따라 이루어질 것이다. 가벼운 우편물은 양 체약국으로부터 1개월에 1회, 무거운 우편물은 캬흐타에서 베이징으로는 매 2개월에 1회, 베이징에서 캬흐타로는 매 3개월에 1회 발송된다.
소형 우편물은 20일 이내에 상대적으로 큰 우편물은 40일 이내에 지정된 장소까지 배달되어야 한다. 대형 우편물과 함께 중국 무게 20근(러시아 4 푸드) 이하의 우편물을 20통 이내로 함께 발송할 수 있다.

소형 우편물은 배달 예정일 당일에 반드시 발송되어야 하며, 늦어질 경우 엄격한 조사와 탐색이 진행되어야 한다.

소형 및 대형 우편물을 운반하는 우편배달부는 우르가를 통과할 때 반드시 러시아 영사관을 방문하여 그곳 거주자에게 보내지는 수신 편지와 소포를 제출하고, 그와 동일하게 그들이 발송한 편지와 소포를 접수해야 한다.

무거운 우편물을 발송할 경우 발송되는 우편물함에 화물인수증이 있어야 한다. 캬흐타에서 인수할 때 인수증이 우르가 세관장에게 인계되어야 하고, 베이징에서 발송하여 이번원으로 보내지는 것 또한 인수할 때 동일한 방식을 취한다.

인수장에는 정확하게 다음의 사실이 기재되어야 한다. 발송지, 우편함의 수와 전체 무게, 각 우편함의 개별적 무게는 각 우편함의 가장자리에 러시아식 숫자로 표시되어 있어야 하며, 그 수치는 몽골 또는 중국 방식으로 번역 병기되어야 한다.

러시아 상인이 자신의 무역 업무로 서신을 발송하기 위하여 혹은 상품을 운송하기 위하여 자신의 비용으로 우체국을 설립할 필요가 있을 경우, 국가 우체국의 부담을 경감하기 위하여 그들이 그렇게 할 것을 허락한다. 우편통신망을 건설할 때 상인들은 현지 관청에 미리 통보하여 동의를 얻어야 한다.

제13조

러시아 외무부가 청국 군기처로 보내는, 그리고 동시베리아 총독이 군기처나 이번원으로 보내는 일반 서류의 발송은 우편물의 발송 기간에 구애됨이 없이 우편을 통해 일반적인 절차에 따라 이루어지며, 특별히 중요한 업무의 경우 상기 기관들로부터의 서류들은 러시아의 운반자에 의해 발송될 수도 있다.

러시아 사절단이 베이징에 머무는 동안 특별히 중요한 서류들은 특별 파견된 러시아 관헌에 의하여 발송될 수 있다.

러시아 운반자는 문서를 운송하는 도중에는 어느 누구에 의해서도 그리고 어느 곳에서도 억류되지 않아야 한다.

서류를 운송하기 위해 파견된 운반인은 반드시 러시아 신민이어야 한다.

운반인의 출발에 관하여 캬흐타에서는 자르구체이(부유안) 위원에게, 베이징에서는 러시아 거류처에서 병부에게 수일 전에 통보가 이루어져야 한다.

제14조

시간이 흘러 육로무역에 관하여 본 조약에서 규정된 것 중에 양 체약국에게 무엇인가 불편한 것이 있을 경우, 그 문제로 청국의 국경 관헌들과 합의에 도달할 것을 동시베리아 총독에게 허락하지만, 어떠한 경우에도 위에 규정된 원칙들이 확인되어야 한다.

톈진조약 제12조는 본 조약과 함께 확인되며, 변경되어서는 안 된다.

제15조

이처럼 상호 합의에 따라 위에 언급된 모든 것을 확인한 후, 러시아와 청국의 전권은 자신의 손으로 직접 서명하였으며, 자신의 인장으로 러시아어 조약문 2부와 이것의 중국어 번역본 2부를 날인하여 서로에게 위 두 조약문을 각 1부씩 교환하였다.

본 조약의 조항들은 양 체약국의 전권들에 의하여 교환이 이루어진 날로부터 법적 효력을 지니며, 다름 아닌 톈진조약에 포함된 것들은 앞으로 영구히 이행되어야 하며 위배되어서는 안 된다.

양 체약국 황제의 윤허에 따라 본 조약은 양 체약국 내에서 그것을 관리하는 지도부에 포고되어야 한다.

서기 1860년 11월 2(14)일, 알렉산드르 2세 즉위 6년, 함풍(咸豊) 10년 음력 10월 2일
청의 수도 베이징에서 체결되고 서명되었다.
니콜라이 이그나티예프 공

6) 이리(伊犁)조약(상트페테르부르크조약, 1881)

○ 명칭
- 러시아어: Петербургский договор / Договор об Илийском крае
- 중국어: 伊犁條約
- 프랑스어: traité de Saint-Pétersbourg

○ 체결 국가: 러시아, 청

○ 체결일: 1881년 1월 26일(2월 12일)〈2월 24일〉

○ 체결 장소: 상트페테르부르크

○ 서명자(또는 전권대사)
- 러시아: 니콜라이 카를로비치 기르스(Никола́й Ка́рлович Гирс)
- 청: 출사러시아국전권대신(出使俄國全權大臣) 일등(一等) 의용후(毅勇侯) 대리시(大理寺) 소경(少卿) 증기택(曾紀澤)

○ 작성 언어: 러시아어, 중국어, 프랑스어

○ 체결 배경 및 과정

1864년 청의 신장(新疆)에서 이슬람교도들이 반청 봉기를 일으키자 1871년 러시아는 이 기회를 틈타 병력을 파견하여 이리 지구를 강제로 점령하였다. 이와 함께 러시아는 코칸트 한국의 야쿱 벡(Yakub Beg)을 지원하여 신장에 진입하고, 그곳에 야타 샤하르(Yatta Shahar)국이라는 괴뢰정부를 세웠다.

하지만 1878년 6월 청의 좌종당(左宗棠)이 반란을 평정하고 신장을 탈환한 후, 러시아에 이리의 반환을 요구하기 위하여 숭후(崇厚)를 사절로 파견하여 회담하였으며, 그 결과로 크림반도의 리바디야(Ливадия)에서 조약을 체결하였다. 이것이 1879년의 리바디야조약(제1차 이리조약) 혹은 교수이리조약(交收伊犁條約)이다. 조약의 내용은 러시아가 1871년 러시아군이 점령한 이리를 반환하고, 청은 그 대가로 호르고스(Хорос)강과 이리 남쪽 테케스(Текес)강 유역을 러시아에 할양한다는 것이었다.

청 정부는 숭후의 굴욕적인 조약에 분노하여 조약의 비준을 거부하였으며, 이로 인해 양국관계는 악화되었다. 그러나 영국과 프랑스의 중재로 청은 증기택(曾紀澤)을 사절로 파견하여 다음 해 2월에 상트페테르부르크조약(개정 이리조약, 중러 이리조약, 중러 개정조약)을 체결하게 되었다.

○ 주요 내용

러시아는 호르고스강 및 테케스강 유역과 함께 이리 변강을 청에 반환하고, 이리 변강의 서쪽 부분 일부만을 보유한다.

자이산(Зайсан)호수와 쵸르니 이르띠슈(Черный Иртыш)강 지역의 국경선을 개정한다.

변강의 주민들은 중국 신민으로 일리에 남거나 러시아로 이주하여 러시아 신민권을 획득할 수 있는 권리를 보유한다.

청 정부는 러시아에 900만 주화 루블을 배상한다.

러시아는 수제우(Су-чжэу)와 투르판(Турфан)에 자기의 영사관을 건립할 수 있는 권리를 보유한다.

러시아 상인들은 이리 관구, 타르바가타이(Тарбагатай) 관구, 카슈가르 관구, 우루무치 관구 및 여타 관구들의 도시와 기타 지역에서 무관세 교역의 권리를 보유한다.

○ 결과 또는 파급 효과

이 조약에 의해서 청나라는 이리 지구의 대부분을 되찾았으나, 자이산호(湖) 동남부 지역과 호르고스 강 서안, 이시쿨 호수 등 7만여km²를 러시아에 할양하였고, 청은 러시아에 배상금 900만 주화 루블을 지불하기로 하였다. 또한 이 조약에 의해 러시아는 수제우와 투르판에 영사관을 증설하게 되었고, 러시아 상인들은 신장 각지의 무역에서 면세 혜택을 받게 되었다.

○ 지도

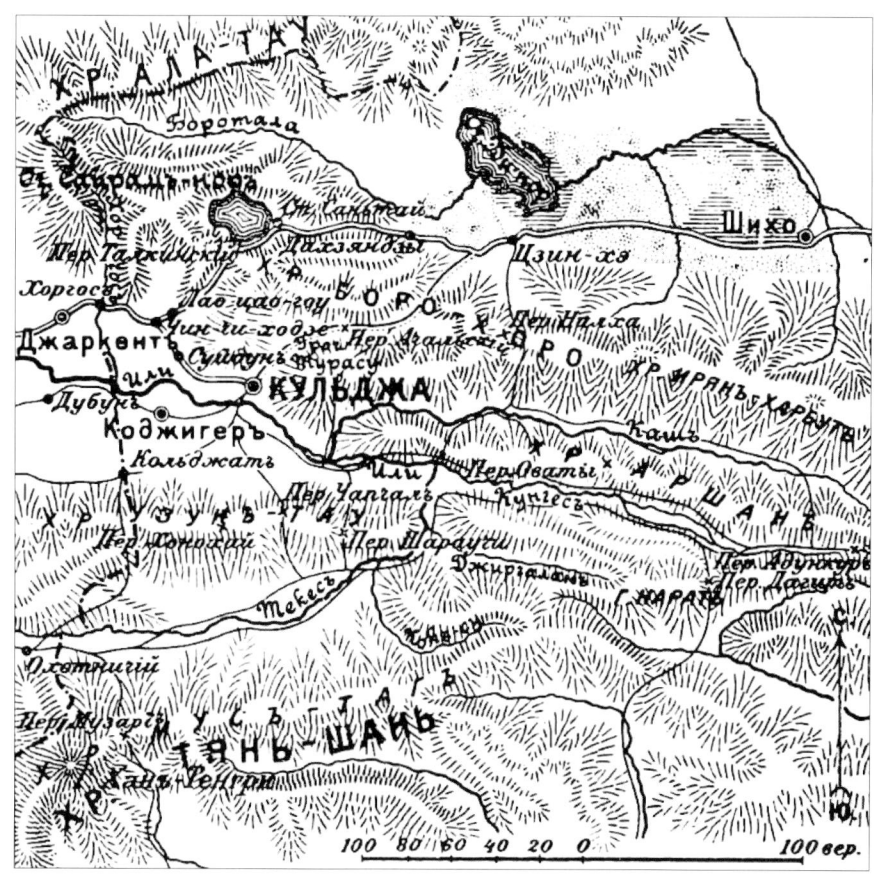

이 조약으로 인하여 청은 신강 방면으로 다음 지도[58]와 같이 러시아와의 국경선을 획정할 수 있었다.

---

58 譚其驤, 1996, 『中國歷史地圖集』 8, 『新疆』, 52~53쪽.

○ (조약문) 출처

- 許同莘 等編, 1974, 『光緒條約』, 文海出版社
- *Сборник договоров России с другими государствами 1856−1917*, лл. 211−221.

이리조약(상트페테르부르크조약)(중국어본) 원문

伊犁條約

一八八一年二月二十四日, 光緒七年正月二十六日, 俄歷一八八一年二月十二日, 聖彼得堡.

大淸國大皇帝大俄國大皇帝願將兩國邊界及通商等事於兩國有益者, 商定妥協, 以固和好, 是以特派全權大臣會同商定. 大淸國欽差出使俄國全權大臣一等毅勇侯大理寺少卿曾; 大俄國欽差參政大臣署理總管外部大臣薩那爾特部堂格, 參議大臣出使中國全權大臣布; 兩國全權大臣各將所奉全權諭旨互相校閱後, 議定條約如左:

第一條 大俄國大皇帝允將一千八百七十一年, 卽同治十年, 俄兵代收伊犁地方, 交還大淸國管屬. 其伊犁西邊, 按照此約第七條所定界址, 應歸俄國管屬.

第二條 大淸國大皇帝允降諭旨, 將伊犁擾亂時及平靖後該處居民所爲不是, 無分民, 敎, 均免究治, 免追財産. 中國官員於交收伊犁以前, 遵照大淸國大皇帝恩旨, 出示曉諭伊犁居民.

第三條 伊犁居民或願仍居原處爲中國民, 或願遷居俄國入俄國籍者, 均聽其便. 應於交收伊犁以前詢明, 其願遷居俄國者, 自交收伊犁之日起, 予一年限期; 遷居攜帶財物, 中國官並不攔阻.

第四條 俄國人在伊犁地方置有田地者, 交收伊犁後, 仍準照舊管業. 其伊犁居民交收伊犁之時入俄國籍者, 不得援此條之例. 俄國人田地在咸豐元年伊犁通商章程第十三條所定貿易圈以外者, 應照中國民人一體完納稅餉.

第五條 兩國特派大臣一面交還伊犁, 一面接收伊犁, 並遵照約內關係交收各事宜, 在伊犁城會齊辦理施行. 該大臣遵照督辦交收伊犁事宜之陝甘總督與土爾吉斯坦總督商定次序開辦, 陝甘總督奉到大淸國大皇帝批准條約, 將通行之事派委妥員前往塔什干城知照土爾吉斯坦總督. 自該員到塔什干城之日起, 於三個月內, 應將交收伊犁之事辦竣, 能於先期辦竣亦可.

第六條 大淸國大皇帝允將大俄國自同治十年代收, 代守伊犁所需兵費, 並所有前此在中國境內被搶受虧俄商及被害俄民家屬各案補之款, 共銀盧布九百萬圓, 歸還俄國. 自換約之日起, 按照此約所附專條內載辦法次序, 二年歸完.

第七條 伊犁西邊地方應歸俄國管屬, 以便因入俄籍而棄田地之民在彼安置. 中國伊犁地方與俄國地方交界, 自別珍島山, 順霍爾果斯河, 至該河入伊犁河匯流處, 再過伊犁河, 往南至烏宗島山廓里扎特村東邊。自此處往南, 順同治三年塔城界約所定舊界。

第八條 同治三年塔城界約所定齋桑湖迤東之界, 查有不妥之處, 應由兩國特派大臣會同勘改, 以歸妥協, 並將兩國所屬之哈薩克分別清楚。至分界辦法, 應自奎峒山過黑伊爾特什河至薩烏爾嶺畫一直線, 由分界大臣就此直線與舊界之間, 酌定新界。

第九條 以上第七、第八兩條所定兩國交界地方及從前未立界牌之交界各處, 應由兩國特派大員安設界牌。該大員等會齊地方、時日, 由兩國商議酌定。俄國所屬之費爾乾省與中國喀什噶爾西邊交界地方, 亦由兩國特派大員前往查勘, 照兩國現管之界勘定, 安設界牌。

第十條 俄國照舊約在伊犁、塔爾巴哈台、喀什噶爾、庫倫設立領事官外, 亦準在肅州(即嘉峪關)及吐魯番兩城設立領事。其餘如科布多、烏里雅蘇台、哈密、烏魯木齊、古城五處, 俟商務興旺始由兩國陸續商議添設。俄國在肅州(即嘉峪關)及吐魯番所設領事官, 於附近各處地方關係俄民事件, 均有前往辦理之責。按照一千八百六十年, 即咸豐十年, 北京條約第五、第六兩條應給予可蓋房屋、牧放牲畜、設立墳塋等地, 嘉峪關及吐魯番亦一律照辦。領事官公署未經起蓋之先, 地方官幫同租覓暫住房屋。俄國領事官在蒙古地方及天山南北兩路往來行路, 寄發信函, 按照天津條約第十一條、北京條約第十二條, 可由台站行走。俄國領事官以此事相托, 中國官即妥為照料。吐魯番非通商口岸而設立領事, 各海口及十八省、東三省內地, 不得援以為例。

第十一條 俄國領事官駐中國, 遇有公事, 按事體之關係、案件之繁要及應如何作速辦理之處, 或與本城地方官, 或與地方大憲往來, 均用公文。彼此往來會晤, 均以友邦官員之禮相待。兩國人民在中國貿易等事, 致生事端, 應由領事官與地方官公同查辦。如因貿易事務致啟爭端, 聽其自行擇人從中調處, 如不能調處完結, 再由兩國官員會同查辦。兩國人民為預定貨物, 運載貨物, 租賃鋪房等事所立字據, 可以呈報領事官及地方官處, 應與畫押蓋印為憑。遇有不按字據辦理情事, 領事官及地方官設法務令照依字據辦理。

第十二條 俄國人民準在中國蒙古地方貿易, 照舊不納稅, 其蒙古各處及各盟設官與未設官之處, 均準貿易, 亦照舊不納稅。並準俄民在伊犁, 塔爾巴哈台、喀什噶爾、烏魯木齊及關外之天山南北兩路各城貿易, 暫不納稅。俟將來商務興旺, 由兩國議定稅則, 即將免稅之例廢棄。以上所載中國各處準俄民出入販運各國貨物, 其買賣貨物或用現錢, 或以貨相易俱可, 並準俄民以各種貨物抵帳。

第十三條 俄國應設領事官各處及張家口, 準俄民建造鋪房、行棧, 或在自置地方, 或照一千八百五十一年, 即咸豐元年, 所定伊犁、塔爾巴哈台通商章程第十三條辦法, 由地方官給地蓋房亦可。張家口無領事而準俄民建造鋪房、行棧, 他處內地不得援以為例。

第十四條 俄商自俄國販貨, 由陸路運入中國內地者, 可照舊經過張家口, 通州前赴天津, 或由天津運往別口及中國內地, 並準在以上各處銷售。俄商在以上各城、各口及內地置買貨物, 運送回國者, 亦由此路行走。並準俄商前往肅州(即嘉峪關)貿易, 貨幫至關而止, 應得利益照天津一律辦理。

第十五條 俄國人民在中國內地及關外地方陸路通商, 應照此約所附章程辦理。此約所載通商各條及所附陸路通商章程, 自換約之日起, 於十年後, 可以商議酌改; 如十年限滿前六個月未請商改, 應仍照行十年。俄國人民在中國沿海通商, 應照各國總例辦理。如將來總例有應修改之處, 由兩國商議酌定。

第十六條 將來俄國陸路通商興旺, 如出入中國貨物必須另定稅則, 較現在稅則更為合宜者, 應由兩國商定, 凡進口、出口之稅均按值百抽五之例定擬。於未定稅則以前, 應將現照上等茶納稅之各種下等茶出口之稅, 先行分別酌減。至各種茶稅, 應由中國總理衙門會同俄國駐京大臣, 自換約後一年內會商酌定。

第十七條 一千八百六十年, 即咸豐十年, 在北京所定條約第十條至今講解各異, 應將此條聲明, 其所載追還牲畜之意, 作為凡有牲畜被人偷盜, 誘取, 一經獲犯, 應將牲畜追還, 如無原物, 作價向該犯追償。倘該犯無力賠還, 地方官不能代賠。兩國邊界官應各按本國之例, 將盜取牲畜之犯嚴行究治, 並設法將自行越界及盜取之牲畜追還。其自行越界及被盜之牲畜蹤跡, 可以示知邊界兵並附近鄉長。

第十八條 按照一千八百五十八年五月十六日, 即咸豐八年, 在璦琿所定條約, 應準兩國人民在黑龍江、松花江、烏蘇里河行船並與沿江一帶地方居民貿易, 現在復為申明。至如何照辦之處, 應由兩國再行商定。

第十九條 兩國從前所定條約未經此約更改之款, 應仍舊照行。

第二十條 此約奉兩國御筆批准後, 各將條約通行曉諭各處地方遵照。將來換約應在森比德堡, 自畫押之日起以六個月為期。

兩國全權大臣議定, 此約備漢文、俄文、法文約本兩分, 畫押蓋印為憑, 三國文字校對無訛, 遇有講論以法文為證。

光緒七年正月二十六日

一千八百八十一年二月十二日

訂於森比德堡都城
專條:

按照中、俄兩國全權大臣現在所定條約第六條所載, 中國將俄兵代收、代守伊犁兵費及俄民各案補償之款, 共銀盧布九百萬圓, 歸還俄國, 自換約之日起, 二年歸完。兩國全權大臣議將此款交納次序辦法商定如左:

以上銀盧布九百萬圓, 合英金磅一百四十三萬一千六百六十四圓零二希令, 勻作六次, 除兌至倫敦匯費毋庸由中國付給外, 按每次中國淨交英金磅二十三萬八千六百一十圓零十三希令八本土, 付與倫敦城內布拉得別林格銀號收領, 作爲每四個月交納一次, 第一次自換約後四個月交納, 末一次在換約後二年期滿交納。此專條應與載明現在所定條約無異, 是以兩國全權大臣畫押、蓋印爲憑。

이리조약[상트페테르부르크조약] (중국어본)의 한글 번역문

이리조약

1881년 2월 24일, 광서 7년 1월 26일, 러시아력 1881년 2월 12일, 상트페테르부르크

대청국 대황제는 대러시아국 대황제와 양국의 변계(邊界) 및 통상 등의 사안을 유익하게 하고자 하여 상의하고 타협함으로써 화호를 굳힌다. 이로써 특파 전권대신이 회동하여 상의하고 정하였다. 대청국 흠차출사러시아국 전권대신 1등 의용후(毅勇侯) 대리사(大理寺) 소경(少卿) 증기택(曾紀澤)과 대러시아국 흠차참정대신 서리총관외부대신 니콜라이 기르스, 참의대신 출사중국전권대신 예브게니 뷰초프, 이들 양국 전권대신은 각자 전권의 유지를 받들어 상호 교열한 후 아래와 같이 조약을 의정한다.

제1조
대러시아국 대황제는 1871년, 즉 동치(同治) 10년 러시아군이 정벌한 이리 지방을 대청국 관할로 교환할 것을 허락한다. 이리 서쪽 변경은 이 조약 제7조에 정한 경계에 따라 러시아국 관할에 귀속시킨다.

제2조
대청국 대황제는 유지를 내려 이리가 요란할 때 및 평정 후 해당 처소에 거주하는 백성들을 위하여 민족, 종교를 구분하지 않고 모두 치죄하지 말고 재산을 추궁하지 않는다. 중국 관원은 이리를 교환받기 이전 대청국 대황제의 은혜로운 유지에 따라 이리 거주민을 효유한다.

제3조
이리 거주민 혹은 원래 거처에 거주하고자 하는 중국인, 혹은 러시아국에 이주하기를 원하는 러시아 국적자는 모두 그 편의를 들어준다. 마땅히 이리를 교환받기 이전에 조사하여 러시아국에 이주하기를 원하는 자는 이리를 교환받는 날로부터 미리 1년을 기한으로 한다. 이주자는 재물을 휴대하고 중국 관원은 방해하지 않는다.

제4조
러시아국 사람이 이리 지방에서 경작지를 두고 있으면 이리 교환 후 구례에 따라 업무를 관할한다. 이리 거주민은 이리를 교환할 때 러시아 국적자이면 이 조례를 원용할 수 없다. 러시아국 사람의 경작지가 함풍(咸豐) 원년 이리통상장정 제13조에 정한 무역권 이외에 있는 것이라면 중국 인민에 따라 일체 세금을 완납한다.

제5조
양국 특파대신은 한편으로는 이리를 내어주고 한편으로는 이리를 접수하여 조약 내에 관계한 문건에서 수습한 각 사의(事宜)에 따라 이리 성회(城會)에서 처리를 시행한다. 해당 대신은 이리를 교환받는 사의(事宜)를 독판(督辦)하는 섬감총독(陝甘總督)과 투르키스탄(土爾吉斯坦) 총독에 순서에 따라 상의하고 처리하여 섬감총독은 대청국 대황제가 비준한 조약을 받들고 통행하는 일은 위원을 타슈켄트(塔什干城)를 파견하여 투르키스탄 총독에게 알린다. 해당 관원이 타슈켄트에 도착하는 날로부터 3개월 내에 이리를 교환하는 일을 처리하며 기한보다 먼저 처리하는 것 또한 가하다.

제6조
대청국 대황제는 대러시아국이 동치 10년부터 이리에서 소요되는 군비를 대신 거두어 지키는 것을 허락한다. 아울러 이전에 중국 경내에서 빼앗김 당한 러시아 상인과 피해를 입은 러시아 민가에 속한 각종 보충할 금액을 은(銀) 루블 900만 원으로 러시아국에 귀속시킨다. 이 조약을 교환한 날로부터 이 조약에 첨부한 전조(專條) 내에 기재한 처리 방법에 따라 순서를 정하여 2년 동안 완납한다.

제7조
이리 서변(西邊)의 지방은 마땅히 러시아국 관할로 귀속시킴으로써 러시아 국적에 들어갔기에 경작지를 버린 백성들을 안치시키도록 한다. 중국 이리 지방과 러시아국 지방 교계(交界)는 베진타우산(別珍島山)에서부터 코르가스하(Хороc, Khargos, 霍爾果斯河)를 따라 해당 하천에서 이리하에 들어가는 합류처까지, 다시 이리하를 지나 남쪽으로 우준타우(Узун-Tay, Duzon Jaon, 烏宗島山) 콜자트(Кольджат, 廓里扎特)촌 동변(東邊)까지이다. 이곳으로부터 남쪽으로 동치 3년 탑성계약(塔城界約)에 정한 옛 경계를 따른다.

제8조
동치 3년 탑성계약에서 정한 자이산호(齋桑湖)로 굽어지는 동쪽 경계는 타당하지 않은 곳을 조사하여 양국이 대신을 특파하여 고치게 함으로써 타협하도록 한다. 아울러 양국에 속한 카자크(哈薩克)족의 분별을 분명하게 한다. 분계의 처리는 쿠이툰산(Куй-тун, 奎峒山)으로부터 이르티스하(額爾齊斯河, 黑伊爾特什河)를 지나 사우르령(Cayp, 薩烏爾嶺)까지를 일직선으로 그어 분계대신(分界大臣)이 이 직선과 옛 경계의 사이에서 새로운 경계를 작정하도록 한다.

제9조
이상 제7조, 제8조의 두 개조에서 정한 양국 교계(交界) 지방 및 종전에 세우지 못한 계비(界碑)의 교계 각 처소는 양국이 대원을 파견하여 계비를 설립하도록 한다. 해당 대원 등은 지방과 시일을 회합하여 양국이 상의하여 작정하도록 한다. 러시아국에 속한 페르가나성(費爾乾省)과 중국 카슈가르(喀什噶爾) 서변의 교계 지방은 또한 양국이 대원을 특파하여 조사하도록 하고 양국이 현재 관할하는 경계에 따라 작정하여 계비를 세운다.

제10조
러시아국은 옛 조약에 따라 이리, 타얼바하타이(塔爾巴哈台), 카슈가르(喀什噶爾), 울란바토르(庫倫)에서 영사관을 설립하는 것 외에 또한 쑤저우(肅州), 즉 자위관(嘉峪關) 및 투르판(吐魯番) 두 성에 영사를 설립한다. 그 나머지 허브드(科布多), 울리아스타이(烏里雅蘇台), 하미(哈密), 우루무치(烏魯木齊), 고성(古城) 다섯 곳은 상업이 왕성해지기를 기다려 비로소 양국이 육로속약을 상의하여 추가로 설립한다. 러시아국이 쑤저우, 즉 자위관 및 투르판에 설립한 영사관 부근 각처 지방에서 러시아 인민에 관계된 사건에서 먼저 가서 처리하는 책임을 가지고 있다. 1860년, 즉 함풍 10년, 베이징조약 제5, 제6 두 개 조에 따라 주택, 축사를 급여하고 무덤 등을 설립하고 자위관 및 투르판 또한 일률적으로 그렇게 처리한다. 영사관의 공서(公署)는 아직 세워지기 전에는 지방관이 비용을 들여 잠시 주택에 머무르도록 도와준다. 러시아국 영사관은 몽고지방 및 톈산남북(天山南北) 양로(兩路)에서 길을 걷고 서신을 발송하는 것은 톈진조약 제11조, 베이징조약 제12조에 따라 역참으로 다닐 수 있다. 러시아국 영사관은 이러한 일로써 서로 의탁하고 중국 관원은 곧 타당히 보살핀다.

제11조
러시아국 영사관은 중국에 주재하면서 공무가 있을 경우 사안의 관계, 안건의 긴요함 및 급속 처리에 대한 대응 여하에 따라 혹은 본성(本城)의 지방관, 혹은 지방 대헌(大憲)과 함께 왕래하여 공문을 사용한다. 피차 왕래하는 회견은 모두 우방(友邦) 관원의 예의로써 상대한다. 양국 인민이 중국에서 무역 등의 일을 하여 사단이 생기면 영사관과 지방관이 공동으로 조사 처리한다. 무역 사무가 분쟁에 이르면 스스로 사람을 택하여 중간에서 조처하고 조처가 완결되지 않으면 다시 양국 관원이 회동하여 조사 처리한다. 양국 인민이 예정한 화물, 운송한 화물, 건물 임대 등의 일은 문자에 근거하여 영사관 및 지방관이 있는 곳에 알려 마땅히 서명하고 도장을 찍어 증빙으로 삼는다. 문자에 근거하지 않고 일을 처리할 경우 영사관 및 지방관은 대책을 세워 문자에 근거하여 처리한다.

제12조
양국 인민이 중국, 몽고 지방에서 무역하는 것은 옛것에 따라 납세하지 않고 몽고 각 처소 및 각 맹(盟)에 관아를 설치하고 설치하지 않은 곳은 모두 무역할 수 있고 또한 옛것에 따라 납세하지 않는다. 아울러 러시아 인민은 이리, 타얼바하타이, 카슈가르, 우루무치(烏魯木齊) 및 관외(關外)의 톈산남북 양로의 각 성(城)에서 무역하고 잠시 납세하지 않는다. 장래 상업이 왕성해지기를 기다려 양국이 세칙을 의정하면 곧 면세의 전례는 폐기한다. 이상 기재한 중국 각처에서 러시아 인민이 각국 화물을 출입, 운송하고 화물을 매매하고 혹은 현금을 사용하거나 혹은 화물로써 교환하는 것이 모두 가하며 러시아 인민이 각종 화물로써 상환할 수 있다.

제13조
러시아국은 영사관을 각 처소 및 장자커우(張家口)에 설립하여 러시아 인민이 건물, 점포를 건조할 수 있고 혹은 지방에 스스로 두고 혹은 1851년, 즉 함풍 원년에 정한 이리-타얼바하타이통상장정

제13조의 처리에 따라 지방관이 토지와 건물을 급여할 수 있다. 장자커우(張家口)에는 영사가 없어 러시아 인민이 건물, 점포를 건조하고 다른 내지에서는 원용하여 상례로 삼을 수 없다.

제14조
러시아 상인이 러시아국의 화물로부터 육로로 중국 내지로 운송하는 경우 옛 것에 따라 장자커우, 퉁저우(通州)를 경과하고 톈진으로 가거나 혹은 톈진에서 다른 항구 및 중국 내지로 운송하여 이상 각 처소에서 판매할 수 있다. 러시아 상인이 이상의 각 성(城), 각 항구 및 내지에서 화물을 판매하고 운송하면서 귀국할 경우 또한 이 길을 따라 갈 수 있다. 아울러 러시아 상인이 쑤저우, 즉 자위관에 가서 무역하고 화물이 관(關)에 이르러 멈추면 톈진조약 1조의 처리에 따라 이득을 볼 수 있다.

제15조
러시아국 인민이 중국 내지 및 관외 지방에서 육로로 통상하는 것은 이 조약에 부속된 장정에 따라 처리한다. 이 조약에 기재한 통상 각조 및 첨부한 육로통상장정은 조약을 교환한 날로부터 10년 후 상의하여 개정할 수 있다. 만약 1년 기한 만기 6개월 전 개정을 청하지 않으면 거듭 10년을 행한다. 러시아국 인민이 중국 연해에서 통상하는 것은 각국의 총례에 따라 처리한다. 만약 장래 총례에서 고칠 것이 있으면 양국이 상의하여 작정한다.

제16조
장래 러시아국의 육로 통상이 왕성하여 만약 중국에 출입하는 화물이 반드시 세칙을 정해야 한다면 현재의 세칙과 비교하여 다시 합의하는 것은 마땅히 양국이 상의하여 정하고 모든 출입구세는 100분의 5의 사례에 따라 정한다. 세칙을 정하기 이전에는 현재 상등 차(上等茶)의 납세하는 각종 하등 차(何等茶)의 출구세에 따라 먼저 분별하여 감액한다. 각종 차세(茶稅)는 중국 총리아문으로부터 러시아국 주경대신과 회동하여 조약 교환 후 1년 내에 상의하여 작정한다.

제17조
1860년, 즉 함풍 10년 베이징에서 정한 조약 제10조에서 지금에 이르기까지 해석이 각기 다른 것은 마땅히 이 조약에서 성명한다. 목축을 돌려주기를 기재한 뜻은 목축이 도난, 유괴되면 범인을 획득하여 마땅히 목축을 돌려주는 것이고 원래 물건이 없으면 가격을 매겨 해당 범인에게 배상을 요구한다. 만약 해당 범인이 배상할 능력이 없으면 지방관은 대신 배상할 수 없다. 양국 변계(邊界)의 관원은 각각 본국의 사례에 따라 목축을 도난한 범인을 엄히 추궁하여 다스리고 대책을 세워 스스로 경계를 넘어 도난한 목축을 돌려준다. 스스로 경계를 넘어 도난당한 목축의 종적은 변계의 군대 및 부근의 향장에게 보여 줄 수 있다.

제18조
1858년 5월 16일, 즉 함풍 8년 아이훈에서 정한 조약은 양국 인민이 흑룡강, 송화강, 우수리 강(烏

蘇里河)에서 선박을 사용하여 강 부근 일대 지방의 거주민과 무역하도록 하였으니 현재 다시 분명히 밝힌다. 어떠한 처리에 이르던지 간에 양국이 다시 상의하여 정리한다.

제19조
양국이 종전에 정한 조약에서 이 조약으로 변경되지 않은 조관은 거듭 구례에 따라 행한다.

제20조
이 조약은 양국 어필로 비준한 후 각각 조약을 통행하고 각 처의 지방에 효유하여 따르도록 한다. 장래 조약 교환은 상트페테르부르크(森比德堡)에서 서명한 날로부터 6개월을 기한으로 한다.

양국 전권대신이 의정하여 이 조약은 한문, 러시아문, 프랑스문을 구비하여 조약본을 양분하고 서명하여 도장을 찍어 증빙으로 삼고 3국 문자를 대비하여 오류가 없으니 강론이 있을 경우 프랑스문을 증빙으로 삼는다.

광서 7년 1월 26일

1881년 2월 12일

상트페테르부르크 도성에서 의정

전조(專條, 특별조항) :

중러 양국 전권대신은 현재 정한 조약 제6조에 기재한 바 중국이 장차 러시아군이 대신 거두고 대신 지킨 이리 군비 및 러시아 인민의 각 사안에 대한 보상금은 은(銀) 루블 900만 원은 러시아국에 귀속시키고 조약을 교환한 날로부터 2년에 완납한다. 양국 전권대신은 의논하여 이 조관에서 납부하는 순서를 처리하여 아래와 같이 정한다.

이상 은(銀) 루블 900만 원은 영국 파운드 143만 1,664원 2실링을 6차로 나눈다. 런던 수수료에 이르기까지 중국으로부터 부여할 필요가 없는 것을 제외하고 매번 중국이 영국 파운드 23만 8,610원 30실링 8펜스를 런던 성내의 베어링스 은행(Barings Bank, 布拉得別林格銀號)에 부여하여 수령하도록 한다. 매 4개월마다 1차례 납부하고 제1차는 조약 교환 후 4개월에 납부하고 마지막 1차는 조약 교환 후 2년 만기로 납부한다. 이 특별조항은 현재 정한 조약에 기재된 바와 다를 것이 없다. 이로써 양국 전권대신이 서명하고 도장을 찍어 증빙으로 삼는다.

이리조약(러시아어본) 원문

Петербургский договор

(Договор между Россией и Китаем об Илийском крае)

Е.в. император и самодержец всероссийский и е.в. император китайский, желая, для скрепления дружественных между ними отношений, разрешить некоторые пограничные и торговые вопросы, касающиеся пользы обеих империй, назначили для установления соглашений по этим вопросам своими уполномоченными:

е.в. император всероссийский: … сенатора, действительного тайного советника, управляющего императорским Министерством иностранных дел, Николая Гирса и своего чрезвычайного посланника и полномочного министра при дворе е.в. императора китайского, действительного статского советника Евгения Бюцова;

и е.в. император китайский Цзэна, … своего чрезвычайного посланника и полномочного министра при дворе е.в. императора всероссийского, снабженного особым полномочием для подписания настоящего договора в качестве чрезвычайного посла.

Означенные уполномоченные, снабженные полномочиями, найденными достаточными, постановили нижеследующие условия:

СТАТЬЯ I

Е.в. император всероссийский соглашается на восстановление власти китайского правительства в Илийском крае, временно занятом русскими войсками с 1871 года. Западная часть этого края, в пределах, обозначенных в VII статье настоящего договора, остается во владении России.

СТАТЬЯ II

Е.в. император китайский обязуется принять соответствующие меры к ограждению жителей Илийского края, к какому бы племени и вероисповеданию они ни принадлежали, от личной или имущественной ответственности за действия их во время смут, господствовавших в этом крае, или после оных. Сообразное с этим обязательством объявление будет сделано китайскими властями, от имени е.в. императора китайского, населению Илийского края, до передачи оного им.

СТАТЬЯ III

Жителям Илийского края предоставляется остаться на нынешних местах жительства их, в китайском подданстве, или же выселиться в пределы России и принять российское подданство.

Они будут спрошены об этом до восстановления китайской власти в Илийском крае, и тем из них, которые пожелают выселиться в Россию, дан будет на это годичный срок со дня передачи края китайским властям. Китайские власти не будут чинить каких-либо препятствий к выселению их и к вывозу их движимого имущества.

СТАТЬЯ IV

Русские подданные, владеющие участками земли в Илийском крае, сохранят право собственности на оные и после восстановления власти китайского правительства в этом крае. Постановление это не относится к жителям Илийского края, которые перейдут в российское подданство при восстановлении в этом крае китайской власти.

Русские подданные, земельные участки которых находятся за пределами мест, отведенных для русской фактории на основании 13-й статьи Кульчжинского договора 1851 года, обязаны будут платить те же подати и повинности, какие платятся китайскими подданными.

СТАТЬЯ V

Оба правительства отправят в Кульчжу комиссаров, которые приступят, с одной стороны, к передаче, а с другой-к приему управления Илийским краем, и на которых возложено будет вообще приведение в исполнение тех условий настоящего договора, которые относятся к восстановлению власти китайского правительства в этом крае.

Означенные комиссары исполнят возложенное на них поручение, сообразуясь с тем соглашением, которое установится на счет порядка передачи с одной стороны и приема – с другой управления Илийским краем между ген.-губернатором Туркестанского края и ген.-губернатором провинции Шань-си и Гань-су, которым поручено обоими правительствами главное заведывание этим делом.

Передача управления Илийским краем должна быть окончена в трехмесячный срок, а буде возможно, и ранее, со дня прибытия в Ташкент чиновника, который будет командирован ген.-губернатором Шань-си и Гань-су к ген.-губернатору Туркестанского края, с извещением о ратификации настоящего договора е.в. императором китайским и об обнародовании оного.

СТАТЬЯ VI

Правительство е.в. императора китайского уплатит российскому правительству сумму в девять миллионов металлических рублей, назначаемых: на покрытие издержек, вызванных занятием русскими войсками Илийского края с 1871 года, на удовлетворение всех денежных исков, возбужденных до сего дня вследствие потерь, понесенных русскими подданными от разграбления их имущества в китайских пределах, и на выдачу вспомоществований семействам русских подданных, убитых при вооруженных нападениях на них на китайской территории.

Вышеупомянутая сумма в девять миллионов металлических рублей будет выплачена в течение двух лет со дня размена ратификаций настоящего договора, порядком, определенным по соглашению между обоими правительствами в особом протоколе, приложенном к настоящему договору.

СТАТЬЯ VII

Западная часть Илийского края присоединяется к России для поселения в оной тех жителей этого края, которые примут российское подданство и, вследствие этого, должны будут покинуть земли, которыми владели там.

Граница между владениями России и принадлежащей Китаю Илийской областью будет следовать, начиная от гор Бе-джин-Тау, по течению реки Хоргос до впадения ее в реку Или, и, пересекши последнюю, направится на юг к горам Узун-Тау, оставив к западу селение Кольджат. Оттуда она направится на юг, следуя по черте, определенной в протоколе, подписанном в Чугучаке в 1864 году.

СТАТЬЯ VIII

Ввиду обнаружившихся недостатков известной части граничной черты на восток от озера Зайсана, определенной в протоколе, подписанном в Чугучаке в 1864 году, оба правительства назначат комиссаров, которые, по взаимному соглашению, изменят прежнее направление границы таким образом, чтобы указанные недостатки были устранены и чтобы между киргизскими родами, подвластными обеим империям, было произведено надлежащее разграничение. Новой граничной черте дано будет, по возможности, направление среднее между прежней границей и прямой линией, пересекающей Черный Иртыш по направлению от гор Куй-тун к хребту Саур.

СТАТЬЯ IX

Для постановки граничных знаков как на граничной черте, определенной в предыдущих статьях VII и VIII, так и на участках границы, где знаки еще не были поставлены, будут назначены обеими договаривающимися сторонами комиссары. Время и место съездов комиссаров будут определены по соглашению между обоими правительствами.

Оба правительства назначат также комиссаров для осмотра границы и постановки граничных знаков между принадлежащей России областью Ферганской и западной частью принадлежащей Китаю Кашгарской области. В основание работ комиссаров будет принята существующая граница.

СТАТЬЯ X

Принадлежащее российскому правительству, по договорам, право назначать консулов в Или, Тарбагатае, Кашгаре и Урге распространяется отныне на города Су-чжэу (Цзя-юй-гуань) и Турфан. В городах: Кобдо, Улясу-тае, Хами, Урумци и Гучене российское правительство будет учреждать консульства по мере развития торговли и по соглашению с китайским правительством. Консулы в Су-чжэу (Цзя-юй-гуане) и Турфане будут исполнять консульские обязанности в соседних округах, в которых интересы русских подданных будут требовать присутствия их.

Постановления 5-й и 6-й статей договора, заключенного в Пекине в 1860 году, относительно отвода участков земли под здания консульств и под кладбища и пастбища, будут относиться также к городам Су-чжэу (Цзя-юй-гуань) и Турфану. До постройки зданий для консульств местные власти будут оказывать консулам содействие к приисканию необходимых для них временных помещений.

Российские консулы в Монголии и в округах, лежащих по обоим склонам Тянь-Шаня, будут пользоваться, для переездов своих и пересылки корреспонденции, правительственными почтовыми учреждениями, согласно с тем, что постановлено в 11-й статье Тянь-цзиньского договора и в 12-й статье Пекинского договора. Китайские власти, к которым они будут обращаться с этой целью, будут оказывать им содействие.

Так как город Турфан не принадлежит к местам, открытым для иностранной торговли, то право учредить консульство в этом городе не может служить основанием к распространению такого же преимущества на китайские порты, на внутренние области и на Маньчжурию.

СТАТЬЯ XI

Российские консулы в Китае будут сноситься по делам службы, или с местными властями города, в котором они пребывают, или с высшими властями округа, или области, смотря по тому, как этого потребуют вверенные им интересы, важность подлежащих обсуждению дел и скорейшее их решение. Переписка между ними будет производиться в форме официальных писем. Что же касается до порядка, который должен соблюдаться при свиданиях их, и вообще в их сношениях, то он будет основан на внимании, которое обязаны оказывать друг другу должностные лица дружественных держав. Все дела, которые будут возникать между подданными обоих государств, в китайских пределах, по поводу торговых и другого рода сделок, будут разбираться и решаться консулами и китайскими властями по взаимному соглашению.

В тяжбах по торговым делам обеим сторонам предоставляется окончить дело полюбовно, при содействии посредников, выбранных каждой стороной. Если бы соглашение не было достигнуто этим путем, дело разбирается и решается властями обоих государств. Письменные обязательства, заключаемые между русскими и китайскими подданными, относительно заказа товаров, перевозки оных, найма лавок, домов и других помещений, или относительно других сделок подобного рода, могут быть предъявляемы к засвидетельствованию в консульства и в высшие местные управления, которые обязаны свидетельствовать предъявляемые им документы. В случае неустойки по заключенным обязательствам, консулы и китайские власти принимают меры, посредством которых выполнение обязательств могло бы быть обеспечено.

СТАТЬЯ XII

Русским подданным предоставляется право попрежнему торговать беспошлинно в подвластной Китаю Монголии, как в местах и аймаках, в которых существует китайское управление, так и в тех, где оного не имеется.

Правом беспошлинной торговли русские подданные будут равным образом пользоваться в городах и прочих местах Илийского, Тарбагатайского, Кашгарского, Урумцийского и прочих округов, лежащих по северному и южному склонам Тянь-шанского хребта, до великой стены. Право это будет отменено, когда с развитием торговли возникнет необходимость установить таможенный тариф, о чем оба правительства войдут в соглашение.

Русские подданные могут ввозить в упомянутые выше китайские области и вывозить из них всякие произведения, какого бы происхождения они ни были. Покупки и продажи они могут совершать на деньги, или посредством обмена товаров; уплаты же они имеют право производить товарами всякого рода.

СТАТЬЯ XIII

В местах, где российское правительство будет иметь право учредить консульства, а равно и в городе Калгане, русские подданные могут строить собственные дома, лавки, амбары и другие здания на участках, которые будут приобретаться ими, или же отводиться им местными властями, согласно с тем, что постановлено в 13-й статье договора, заключенного в Кульдже в 1851 году для Или и Тарбагатая.

Преимущества, предоставляемые русским подданным в Калгане, где консульство не будет учреждено, составляют исключение, которое не может быть распространено на какое-либо другое место во внутренних областях.

СТАТЬЯ XIV

Русские купцы, желающие отправлять товары сухим путем из России, во внутренние области Катая, могут провозить оные, попрежнему чрез города Калган и Тун-чжэу, в порт Тянь-цзинь, а оттуда в другие порты и на внутренние рынки, и продавать их во всех этих местах.

Этим же путем купцы будут пользоваться для вывоза в Россию товаров, купленных как в названных выше портах и городах, так и на внутренних рынках.

Им предоставляется также право отправляться для торговых дел в город Су-чжэу (Цзя-юй-гуань), далее которого русские караваны не будут проходить, и где они будут пользоваться всеми правами, предоставленными русской торговле в Тянь-цзине.

СТАТЬЯ XV

Производство русскими подданными сухопутной торговли во внутренних и внешних областях Китая подчиняется правилам, приложенным к настоящему договору.

Торговые постановления настоящего договора и правила, составляющие дополнения к ним, могут быть подвергнуты пересмотру по прошествии десяти лет со дня размена ратификаций договора; но если в течение шести месяцев до окончания этого срока ни одна из договаривающихся сторон не заявит желания приступить к пересмотру, торговые постановления и правила останутся в силе на новый десятилетний срок.

На торговлю, производимую русскими подданными в Китае морским путем, распространяются общие правила, установленные для иностранной морской торговли в Китае. В случае необходимости подвергнуть эти правила изменениям, оба правительства вступят в соглашение между собой по этому предмету.

СТАТЬЯ XVI

Если бы с развитием русской сухопутной торговли возникла необходимость установить таможенный тариф на ввозимые в Китай и вывозимые оттуда товары, более соответствующий потребностям этой торговли, чем ныне действующие тарифы, российское и китайское правительства войдут между собой в соглашение по этому предмету, приняв за основание для определения ввозных и вывозных пошлин пятипроцентное со стоимости товаров обложение.

До установления же этого тарифа, вывозные пошлины, взимаемые ныне с некоторых сортов чая низшего качества, в размере одинаковом с пошлинами на чай высшего достоинства, будут уменьшены соразмерно со стоимостью этих низших сортов чая. Определение этих пошлин на каждый сорт чая последует, по соглашению китайского правительства с российским посланником в Пекине, не позже одного года со дня размена ратификаций настоящего договора.

СТАТЬЯ XVII

Ввиду разногласий, возникавших до сего времени в применении 10-й статьи договора, заключенного в Пекине в 1860 году, сим определяется, что постановление означенной статьи, по предмету взыскания за украденный или угнанный за границу скот, должно быть понимаемо в том смысле, что, при открытии виновных в покраже или угоне скота, с них взыскивается действительная стоимость не возвращенного ими скота. Само собой разумеется, что, в случае несостоятельности виновных в покраже скота, взыскание за недостающее количество его не может быть обращено на местное начальство.

Пограничные власти обоих государств будут строго преследовать, согласно законам своего государства, виновных в угоне или краже скота и принимать зависящие от них меры для возвращения, по принадлежности, угнанного или перешедшего за границу скота. Следы угнанного или перешедшего границу скота могут быть сдаваемы не только страже пограничных караулов, но и старшинам ближайших поселений.

СТАТЬЯ XVIII

Постановления договора, заключенного в Айгуне 16-го мая 1858 года, касательно права подданных обеих империй ходить на судах своих по рекам Амуру, Сунгари и Усури и торговать с жителями расположенных по этим рекам местностей, сим подтверждается.

Оба правительства приступят к установлению соглашения относительно способа применения означенных постановлений.

СТАТЬЯ XIX

Постановления прежних договоров между Россией и Китаем, не измененные настоящим договором, остаются в полной силе.

СТАТЬЯ XX

Договор сей, по утверждении его обоими императорами, будет объявлен в каждом государстве к всеобщему сведению и руководству. Размен ратификаций последует в С.-Петербурге в шестимесячный срок со дня подписания договора.

Постановив вышеприведенные статьи, уполномоченные обеих сторон подписали и скрепили своими печатями два экземпляра настоящего договора на русском, китайском и французском языках. Из трех текстов, по сличении оказавшихся согласными, руководствующим при толковании договора будет служить французский текст.

Заключен в Санкт-Петербурге, февраля двенадцатого дня тысяча восемьсот восемьдесят первого года.

ПОДПИСАЛИ:
ГИРС, ЦЗЭН, БЮЦОВ.

ПРОТОКОЛ

На основании VI статьи договора, подписанного сего числа уполномоченными российского и китайского правительств, китайское правительство уплатит российскому правительству сумму в девять миллионов металлических рублей, назначаемых на покрытие издержек по занятию русскими войсками Илийского края и на удовлетворение разных денежных претензий русских подданных. Сумма эта должна быть выплачена в течение двух лет со дня размена ратификаций договора.

Желая точнейшим образом определить порядок уплаты вышеупомянутой суммы, нижеподписавшиеся пришли к следующему соглашению:

Китайское правительство внесет в фунтах стерлингов сумму, составляющую девять миллионов металлических рублей, то есть один миллион четыреста тридцать одну тысячу шестьсот шестьдесят четыре фунта стерлингов, два шиллинга, братьям Беринг и К° в Лондоне, в шести равных частях, по двести тридцати восьми тысяч шестьсот десяти фунтов стерлингов тринадцати шиллингов восьми пенсов каждая, за вычетом обычных банкирских расходов, которые потребуются на перевод этих уплат в Лондон.

Уплаты будут производиться каждые четыре месяца, первая—чрез четыре месяца после размена ратификаций договора, подписанного сего числа, последняя же—в двухгодичный срок после размена его.

Настоящий протокол будет иметь ту же силу и действие, как если бы он был помещен от слова до слова в подписанный сего числа договор.

В удостоверение чего уполномоченные обоих правительств подписали настоящий протокол и приложили к оному печати свои.

В Санкт-Петербурге, февраля двенадцатого дня тысяча восемьсот восемьдесят первого года.

ПОДПИСАЛИ:
НИКОЛАЙ ГИРС, ЦЗЭН, БЮЦОВ.

이리조약(러시아본)의 한글 번역문

페테르부르크조약(Петербурский договор), 1881.02.12.

전 러시아 황제 폐하이자 군주와 청 제국 황제 폐하는 양국 간의 우호관계 강화를 위해 몇몇 국경 및 통상 문제를 해결하기를 희망하면서 동 사안들에 대한 협정을 체결하도록 자기들의 전권위원들을 임명하였다.
전 러시아 황제 폐하는 상원의원이자 1등 문관이자 황제 외무성의 수장인 니콜라이 기르스(Николай Гирс)와 그의 특명전권공사이자 중국 황제 폐하 궁정 산하 전권공사이자 3등 문관인 예브게니 뷰쪼프(Евгений Бюцов)를 ……
그리고 청 황제 폐하는 특명전권대사의 자격으로 동 조약에 서명하는 특별 전권을 부여받은 자기의 특명전권공사이자 전 러시아 황제 폐하 궁정 산하 전권공사를 ……
자격이 있다고 인정되고 전권을 부여받은 특임 전권대표들은 다음과 같이 약정하기로 결의하였다.

제1조
전 러시아 황제 폐하는 1871년 이래 러시아군대가 일시적으로 점령했던 이리(伊犁) 변강에 대한 중국 정부의 권력 회복에 동의한다. 본 조약 제7조에 표시된 지역인 동 변강의 서쪽 부분은 러시아가 계속 관할한다.

제2조
중국 황제 폐하는 이리 변강에 만연했던 소요의 시기와 그 이후에 이리 변강 주민들의 행위에 대한 인적, 물적 책임으로부터 그들이 속해 있는 인종과 종교에 상관없이 그들을 보호할 수 있는 적절한 방안을 마련할 의무가 있다. 이에 상응한 약정으로 그것을 그들에게 양도할 때까지 중국 황제 폐하를 대신하여 중국 정권이 이리 변강 주민들에게 포고하게 될 것이다.

제3조
이리 변강 주민들에게는 그들이 현재 거주하는 지역에 남아 있으면서 중국 신민이 되거나 러시아 영토로 이주하여 러시아 신민권을 취득하는 것이 허용된다. 그들은 이리 변강에 중국 정권이 복원될 때까지 이에 대하여 질문을 받게 될 것이며, 그들 가운데 러시아로 이주하기를 희망하는 자들에게는 변강을 중국 정권에 양도하는 날부터 1년 내에 신민권이 부여될 것이다. 중국 정권은 그들의 이주와 그들의 동산 반출에 대해 어떠한 방해도 해서는 안 된다.

제4조
이리 변강에 토지를 보유한 러시아 신민은 동 변강에 중국 정부가 복구된 후에도 본 토지에 대한 소유권을 계속 보유한다.

1851년 쿨자조약(Кульчжинский договор) 제13조에 의거하여 러시아 상업촌으로 할당된 지역을 벗어난 곳에 위치한 토지를 보유한 러시아 신민은 중국 신민들이 지불하는 것과 동일한 세금 및 부역을 제공해야 할 것이다.

제5조
양국 정부는 쿨자[59]에 전권위원들을 파견한다. 그들은 한편으로 이리 변강의 이양에, 그리고 다른 한편으로는 변강의 관할권 접수에 착수하게 되며, 그들에게는 또한 동 변강에 중국 정부를 복귀하도록 하는 본 조약의 규정들을 전반적으로 수행하는 임무도 부여될 것이다.
상기 전권위원들은 양국 정부로부터 동 건에 대한 총체적인 관리를 위임받은 투르케스탄(Туркестан) 변강 총독과 산시(山西)성 및 간쑤(甘肅)성 성장 간의 한편으로는 이리 변강을 이양하고 다른 한편으로는 동 변강의 관할권을 접수하는 규정에 대한 협정들을 준수하면서 자신들에게 부여된 책무를 수행하게 될 것이다.
이리 변강 관할권의 이양은 산시성 및 간쑤성 성장이 투르케스탄 총독에게 파견하게 될 관료가 중국 황제 폐하의 본 조약 비준과 공포에 대한 통보서를 소지하고 타슈켄트에 도착하는 날로부터 3개월이 지날 때까지, 혹은 그 이내에 완료되어야 한다.

제6조
1871년 이래 이리 변강을 러시아 군대가 점유함에 따라 발생한 비용을 보상하고, 러시아 신민들이 중국 영토에서 자기들의 재산을 탈취당함에 따라 입은 손실로 인하여 금일까지 제기된 모든 금전적 배상 요구를 충족시키며, 중국 영토에서 러시아 신민들에 대한 무장 공격으로 인해 사망한 러시아 신민들의 가족들에게 원조를 제공할 목적으로 중국 황제 폐하의 정부는 러시아 정부에 900만 주화 루블을 지불한다.
상기한 900만 주화 루블의 금액은 본 조약에 첨부된 특별의정서에서 양국 정부 간에 합의된 규정에 따라 본 조약의 비준서를 교환하는 날로부터 2년 기간에 걸쳐 지불될 것이다.

제7조
러시아 신민권을 취득하고 그로 인하여 그곳에 점유하고 있던 토지를 포기할 수밖에 없는 이리 변강의 주민들이 거주할 수 있도록 동 변강의 서쪽 부분을 러시아에 귀속시킨다.
이리 변강의 러시아 소유지와 중국 소유지 간 경계선은 베진타우(Бе-джин-Тау)산맥으로부터 시작하여 호르고스(Хоргос)강의 흐름을 따라가서 이리(Или)강과의 합류점까지 이어지며, 이리강을 가로질러 서쪽의 콜자트(Кольджат) 부락을 남겨둔 채 남쪽으로 우준타우(Узун-Тау)산맥으로 향한다. 그곳에서 경계선은 1864년에 추구차크(Чугучак)[60]에서 체결된 의정서에 획정되어 있는 경계를 따

---

[59] 이 도시는 현재 이닝(伊宁)으로 불리고 있다.
[60] 이 도시는 현재 타청(塔城)으로 불리고 있다.

라 남쪽으로 향한다.

제8조
1864년에 추구차크에서 체결된 의정서에 규정된 자이산(Зайсан)호수로부터 동쪽으로 향한 국경선의 일정한 부분에 결함이 있음이 판명되었으므로 양국 정부는 상호 합의를 통해 상기 결함을 해소하고 양 제국에 소속된 키르기스(киргиз) 부족들 사이에 적절한 국경선 획정이 이루어지도록 이전의 국경선 방향을 변경시킬 전권위원들을 임명한다. 새로운 국경선은 가능한 한 이전의 국경선과 쿠이툰(Куй-тун)산맥으로부터 사우르(Саур)산맥 방향으로 쵸르니 이르티슈(Черный Иртыш)강[61]을 횡단하는 직선의 중간을 따라 획정될 것이다.

제9조
상기 제7조와 제8조에 규정된 국경선과 표식이 아직 설치된 적이 없는 국경지대에 국경 표식을 설치하기 위하여 양 조약 체결 당사자들은 전권위원들을 임명한다. 전권위원회의의 시간과 장소는 양국 정부 간의 합의에 따라 결정될 것이다.
또한 양국 정부는 국경선을 점검하고 러시아에 속한 페르가나(Фергана)주와 중국에 속한 카슈가르(Кашгар)[62]주의 서쪽 부분 사이에 국경 표식을 설치하기 위하여 전권위원들을 임명한다. 기존 국경선이 전권위원들 작업의 근거로 채택될 것이다.

제10조
조약들에 의거하여 이리, 타르바가타이(Тарбагатай), 카슈가르, 우르그(Ург)에 영사를 임명하는 러시아 정부의 권리는 금일부로 수제우(Су-чжэу, 嘉峪关)와 투르판(Турфан, 吐鲁番)으로 확대된다. 러시아 정부는 교역 증진 및 중국 정부와의 합의에 의거하여 콥도(Кобдо), 울랴수-타에(Улясу-тае), 하미(Хами, 哈密), 우루무치(Урумци, 烏魯木齊), 구첸(Гучен, 古城) 등의 도시에 영사관을 설립할 것이다. 수제우(지아유관)와 투르판의 영사들은 러시아 신민들의 이해관계가 그들의 집무를 요구하게 될 인접 관구들에서 영사 직무를 수행하게 될 것이다.
영사관 건물 및 묘지, 목장용 토지의 배정과 관련하여 1869년 베이징에서 체결된 조약의 제5조 및 제6조 결정을 수제우(지아유관)와 투르판에도 적용하게 될 것이다. 영사관을 위한 건물이 완공될 때까지 지방정권은 영사들에게 필수적인 임시 거처를 구하는 데 조력하게 될 것이다.
몽골과 톈샨(Тянь-Шань, 天山) 양측 사면을 따라 위치한 관구들의 러시아 영사들은 톈진조약 제11조와 베이징조약 제12조에 의거하여 자기들의 이동과 서신의 발송을 위하여 국가 우정기관들을 이용하게 될 것이다. 그들이 이러한 목적으로 접촉하게 될 중국 정권은 그들에게 협조를 제공하게 될 것이다.

---

61   중국 명칭은 어얼치스하(額尔齐斯河)이다.
62   중국 명칭은 카스(喀什)이다.

투르판이 국외 교역을 개방한 지역에 속해 있지 않은 관계로 이 도시에 영사관을 설립하는 권리는 중국의 항구들, 내륙 관구들, 만주 등에서 향유하는 특권과 동일한 특권이 확장되었음을 의미하는 것이 아니다.

제11조
중국 주재 러시아 영사들은 자기들에게 위임된 이해관계, 논의해야 할 사안의 중요도, 사안의 신속한 해결 등이 요구하는 바에 따라 자기가 주재하는 시의 지방정권들 혹은 관구 혹은 주의 상급 정권과 직무 현안에 대하여 의사소통할 것이다. 그들 간의 의견 왕래는 공식 서한의 형태로 이루어지게 될 것이다. 그들의 회동 및 의사소통 전반에 있어 준수해야 할 규정은 우호적인 열강들의 관료들 각자가 상대방에게 기울여야 할 관심에 기반을 두게 될 것이다. 영사들과 중국 정권들 간의 상호 협의를 통해 중국 영토 내에서 교역 및 여타 형태의 거래와 관련하여 양국 신민들 간에 발생하게 될 모든 사안을 논의하고 해결하게 될 것이다.

양측 간의 교역 문제에 대한 분쟁에서는 양측이 선정한 중개자들의 조력하에 문제가 우호적으로 종결될 것이다. 이러한 과정을 통해 합의에 이르지 못할 경우 문제는 양국 정권에 의해 논의되고 해결될 것이다. 상품 주문, 상품 운송, 상점, 가옥 및 여타 건물의 임차, 혹은 유사한 유형의 여타 거래와 관련하여 러시아 신민과 중국 신민 사이에 체결된 서면 약정은 영사관과 상급 지방정권에 증명서로 제출될 수 있으며, 영사관과 상급 지방정권은 자기들에게 제출된 문서들을 검증하여야 한다. 체결된 약정을 어겼을 경우 영사들과 중국 정권들은 약정의 이행이 보장될 수 있는 방안을 강구한다.

제12조
러시아 신민들에게 종전과 같이 중국의 통치권이 존재하는 지역과 구역 및 중국의 통치권이 없는 지역과 구역 등 중국에 속한 몽골에서 세금을 납부하지 않고 교역할 수 있는 권리가 부여된다.

러시아 신민들은 톈샨산맥의 북측 사면과 남측 사면을 따라 만리장성에 이르는 지역에 위치한 이리 관구, 타르바가타이(Тарбагатай) 관구, 카슈가르 관구, 우루무치 관구 및 여타 관구들의 도시와 기타 지역에서 무관세 교역의 권리를 동등하게 향유하게 될 것이다. 교역이 발달하게 됨에 따라 양국 정부의 합의를 통해 결정되는 관세를 부과할 필요성이 생길 경우 이 권리는 취소될 것이다.

러시아 신민들은 상기 중국의 주들에 여하한 품목의 상품일지라도 반입 및 반출할 수 있다. 그들은 현금이나 물물교환을 통해 구매 및 판매를 할 수 있다. 그들은 여하한 품목의 상품으로 지불할 수 있는 권리도 보유한다.

제13조
이리와 타르바가타이를 위해 1851년 쿨자에서 체결된 조약의 제13조 결정에 따라, 러시아 정부가 영사관 부설권을 보유하게 될 지역들과 칼간(Калган)에서는 러시아 신민들은 그들이 구입하거나 지방정권이 그들에게 할당하게 될 구역에 자가주택, 상점, 창고 및 여타 건물을 건설할 수 있다.

영사관이 부설되지 않을 칼간에서 러시아 신민들에게 부여되는 특권은 어떠한 다른 내륙 주에도 확대될 수 없는 예외적인 것이다.

제14조
러시아로부터 육로를 통해 카타이(Катай)의 내륙 주들로 상품을 운반하기를 희망하는 러시아 상인들은 이전과 마찬가지로 칼간과 툰제우(Тун-чжэу)를 통해 톈진 항으로, 그리고 그곳으로부터 다른 항구들과 내륙 시장들로 운반할 수 있으며, 이 모든 장소에서 그것들을 판매할 수 있다.
상인들은 상기 항구들과 도시들, 그리고 내륙 시장들에서 구매한 상품들을 러시아로 반출하는 데도 이와 동일한 경로를 이용하게 될 것이다.
또한 그들에게는 교역을 위해 수제우(지아유관)로 갈 수 있는 권리를 부여한다. 러시아 상단들은 그 이상 나아가지 않을 것이며, 그들은 그곳에서 톈진에서 러시아 교역에 부여된 모든 권리를 향유하게 될 것이다.

제15조
중국 내부 주 및 외부 주들에서 러시아 신민들에 의한 육상 교역 시행은 본 조약에 첨부된 규정에 의거한다.
본 조약의 교역 관련 결정들과 그 부속문에 편성된 규정들은 조약 비준서를 교환한 날로부터 10년이 경과한 후에 재검토될 수 있다. 하지만 동 기간 만료일 이전 6개월 기간에 체약 당사자들 중 어느 하나도 재검토에 착수하고자 하는 희망을 표명하지 않을 경우, 교역 관련 결정과 규정들은 새로운 10년 동안 유효하다.
중국에서 러시아 신민들이 수행하는 해상 교역은 중국에서 외국인들의 해상 교역을 위해 제정한 일반 규정에 의거한다. 동 규정을 불가피하게 개정해야 할 경우 양국 정부는 동 사안에 대한 상호 협상을 개시한다.

제16조
러시아의 육상 교역 발전으로 인해 중국으로의 반입 상품과 중국으로부터의 반출 상품에 대하여 기존의 관세보다 동 교역의 필요에 보다 더 적합한 관세를 제정할 필요성이 발생할 경우 러시아 정부와 중국 정부는 상품 가액의 5%를 부과하는 반입세 및 반출세를 산정하기 위한 근거를 마련하면서 동 사안에 대한 협상을 실시한다.
동 관세가 확정될 때까지 현재 고급 차에 부과되는 관세와 동일한 세율로 부과되는 저급 차에 대한 반출세가 동 저급 차의 가격에 비례하여 인하될 것이다. 모든 품질의 차에 대한 세금의 결정은 본 조약의 비준서를 교환한 날로부터 1년 이내에 중국 정부와 베이징 주재 러시아 공사의 협상을 통해 진행된다.

제17조
1860년 베이징에서 체결된 조약 제10조의 적용에서 지금까지 제기된 이견과 관련하여 다음과 같이 확정한다.
외국으로 도난당해 가거나 납치당한 가축에 대한 징수에 관한 해당 조항의 결정은 도난이나 납치에 책임이 있는 자가 밝혀질 경우 그자가 반환하지 않은 가축의 실제 가격이 그자에게 부과된다는 의미로 이해되어야 한다. 당연히 가축 절도 범죄의 근거가 희박할 경우에는 지역 기관에 도달하지 못한 가축 두수에 대한 부과를 요청할 수 없다.
양국의 국경 기관들은 자기 나라의 법률에 따라 가축의 납치나 절도에 책임 있는 자들을 엄정하게 추적하고, 납치되거나 국외로 이전된 가축들을 정해진 바에 따라 반환하기 위하여 자기들이 할 수 있는 조치를 취할 것이다. 납치되거나 국경을 넘어간 가축들의 흔적은 국경수비대나 인접 부락들의 촌장들에게 인계될 수 있다.

제18조
양 제국 신민들이 아무르강, 숭가리[63]강, 우수리강을 자기의 선박으로 통행하고 이 강에 전개된 지역들의 주민들과 교역을 하는 권리에 대한 1858년 아이훈에서 체결된 조약의 결정을 확인한다.
양국 정부는 상기 결정을 적용하는 방안에 대한 협상에 착수한다.

제19조
본 조약으로 인하여 변경되지 않은 러시아와 중국 간의 이전 조약들의 결정들은 완전한 효력을 유지한다.

제20조
본 조약은 양국 황제의 승인을 얻고 만인과 지도부에 공람된 후 각 국가에서 공표될 것이다. 비준서의 교환은 조약 체결일로부터 6개월 후에 상트페테르부르크에서 거행된다.
상기 조항들을 결정한 후 양측 전권대표들은 러시아어, 중국어, 프랑스어로 작성된 본 조약 2부에 서명하고 각자 자기의 도장을 날인하였다. 3개의 문서들 중 프랑스어 문서를 조약 해석의 지침으로 삼을 것이다.
1881년 2월 12일 상트페테르부르크에서 체결되었다.
서명 :
기르스(ГИРС), 쩬(ЦЗЭН), 뷰쪼프(БЮЦОВ)

의정서
러시아 정부와 중국 정부의 전권대표들이 동일 일자에 체결한 조약 제6조에 의거하여 중국 정부는

---

63 송화강의 만주어 발음이다.

이리 변강을 러시아 군대가 점유함에 따라 발생한 비용을 보상하고, 러시아 신민들의 다양한 금전적 배상 요구를 충족시킬 목적으로 러시아 정부에 900만 주화 루블을 지불한다. 동 금액은 조약 비준서를 교환한 날로부터 2년 이내에 지불되어야 한다.

상기 금액의 지불 규정을 가장 정확하게 확정하기를 희망하면서 하기 조인자들은 다음과 같은 합의에 도달하였다.

중국 정부는 900만 주화 루블에 상당하는 금액의 파운드 스털링, 즉 143만 1,664파운드 스털링 2실링을 런던 소재 베링회사 동료들에게 지불한다. 동 금액을 런던으로 송금하는 데 요구되는 일반 은행 비용을 공제하고 6개의 지부에 각각 2만 3,861파운드 스털링 30실링 8펜스를 지불한다.

대금 지급은 각 4개월마다 있을 것이다. 첫 번째 – 동일자로 체결된 조약의 비준서 교환일로부터 4개월 후, 최종 지급일은 조약 비준서 교환일로부터 2년 이내.

본 의정서는 동일자에 체결된 조약에 처음부터 끝까지 전문이 게재될 경우 조약과 동일한 효력을 갖게 될 것이다.

이를 보장하기 위하여 양국 정부 전권대표들은 본 의정서를 체결하고 자기들의 조약에 첨부하였다. 상트페테르부르크에서 1881년 2월 12일에 체결되었다.

서명: 니콜라이 기르스(НИКОЛАЙ ГИРС), 쩬(ЦЗЭН), 뷰쪼프(БЮЦОВ)

2. 중국(청)과 영국 간 홍콩 할양 관련 조약들

유바다, 한승훈

1) (중영) 난징(南京)조약 (1842)

○ 명칭
- 영어: Peace Treaty between the Queen of the United Kingdom of Great Britain and Ireland and the Emperor of China, Treaty of Nanking
- 중국어: 南京條約, 江寧條約

○ 체결 국가: 영국, 청

○ 체결일: 1842년 7월 24일(8월 29일)
- 비준일: 1843년 6월 26일

○ 체결 장소: 난징 콘월러스호 선상(체결) / 홍콩(비준)

○ 서명자(또는 전권대사)
- 영국 전권대사: 헨리 포틴저(Henry Pottinger)
- 청국 흠차대신: 흠차편의행사대신(欽差便宜行事大臣) 태자소보(太子少保) 진수광동(鎭守廣東) 광주장군(廣州將軍) 종실(宗室) 치잉(耆英)

○ 작성 언어: 중국어, 영어

○ 체결 배경 및 과정

아편전쟁(제1차 중영전쟁, 1839~1842)의 결과로 영국과 청국이 체결한 조약이다. 1784년 영국 정부가 100%를 넘겼던 중국산 차에 대한 수입 관세율을 10분의 1까지 인하하자, 영국 국내에서는 차 소비가 비약적으로 증가하였다. 이로 인해 영국 내에서는 차를 중심으로 한 대중국 수입 또한 급증하였지만, 중국 시장에서 영국산 모직물의 수요는 거의 없었던 관계로 막대한 양의 은이 영국에서 중국으로 유출되었다. 이에 영국 정부는 1793년 조지 매카트니(George Macartney) 사절단을 파견한 것을 기점으로 청국에 광둥무역체제의 폐지와 추가적인 무역항의 개항, 청국 내 영국인 거주지 설정, 상주 외교관 파견을 요구하였다. 하지만 청국은 광둥무역체제를 고수함으로써 영국 측 요구를 거부하였다.

한편 영국은 대중국 무역 적자에 따른 은 유출을 만회하기 위한 목적에서 인도산 아편을 중국에 팔고, 그 판매 대금으로 중국산 차와 인도산 면화를 수입하는 삼각무역을 추진하였다. 특히 산업혁명의 결과, 영국에서 면화의 수요가 증가하자 영국은 면화의 안정적 수입을 목적으로 아편을 중국으로 수출하기에 이르렀다.

중국에서 아편의 수요가 증가하자, 1820년대 중반을 기점으로 중국은 영국으로부터 은 유출이 은 유입을 앞지르는 상황에 직면하였다. 그 결과 중국 내에서는 은화 공급의 감소에 따른 은 값 폭등이 초래하였으며, 그에 따른 농민들의 세 부담 또한 증대되었다. 그뿐만 아니라 아편 중독에 따른 사회문제가 대두되었다. 이에 18세기 말부터 아편의 재배 및 수입을 금지하고 있었던 청국 정부는 아편 무역에 강경하게 대응하기로 결심하고 린쩌쉬(林則徐)를 광저우로 파견하였다. 1839년 봄, 광저우에 도착한 린쩌쉬는 영국 상인을 비롯한 각국 상인들로부터 압수한 아편 2만여 상자를 전량 폐기하였다.

청국 정부가 아편 무역을 강력하게 단속하자, 영국 의회에서는 향후 대책을 두고 격렬한 논의가 진행되었다. 의회 내부에서는 아편 무역에 따른 전쟁 발발이 부도덕하다는 의견도 제기되었지만, 결국 1840년 4월 영국 의회는 자유무역과 중국과의 대등한 외교관계의 수립을 관철시키겠다는 목적으로 대청 개전을 결정하였다.

이미 마카오 인근에서는 1839년 11월부터 영국군과 청국군 사이에서 무력 충돌이 전개되고 있었다. 이러한 상황에서 영국 원정군이 1840년 6월에 도착하면서 전쟁이 본격화되었다. 영국은 우세한 해군력을 바탕으로 그해 7월에 양쯔강과 대운하의 교차점인 전장(鎭江)을 함락하였으며, 11월에는 홍콩을 강점하고 자국 영토로 선언하였다. 이에 불복한 청국군이 영국군과 재차 전투를 벌였지만 패배하였으며, 1841년 5월에는 영국군의 광저우 상륙을 저지하는 데 실패하였다.

  1842년 영국 군대가 광저우를 포위하고, 또한 난징의 함락을 목전에 두자, 청국 정부는 영국 측의 요구를 수용함으로써 1842년 8월 29일에 난징에서 조약을 체결하였다.

  ○ 주요 내용

  난징조약은 전문과 총 13개조, 통행 관세에 대한 각서, 그리고 개항장에서 영국 무역에 대한 일반 장정으로 구성되어 있다.

  먼저 제3조에서는 청국이 영국에게 홍콩 제도를 양도한다는 내용을 담고 있다. 이 조항에서는 영국의 홍콩 소유 기한을 무제한으로 보장함으로써 향후 영국이 홍콩을 식민 통치하는 데 법적인 근거가 되었다.

  다음으로 조약 전문에는 영국과 청국의 전권대사 임명 및 파견과 아편전쟁으로 말미암은 오해와 적대적 행위를 청산한다고 명시되어 있다. 그리고 제4, 6, 7, 8, 9조에서는 아편전쟁 및 그 직전에 영국과 청국의 갈등 과정에서 발생한 영국 측 피해에 대한 보상을 명문화하였다. 영국은 난징조약을 통해서 아편전쟁의 승리와 이에 따른 보상을 보장받았다.

  영국이 난징조약을 통해서 이루고자 한 목적은 중국의 개항장에서 영국인의 자유로운 상업 활동을 보장받는 것이었다. 이에 1조에서는 영국 및 청국에 주재하는 각국 신민들의 생명 및 재산의 보호를 규정하였다. 2조에서는 청국 내 영국인이 거주 및 상업 활동을 수행할 수 있는 개항장 설치 및 영국의 영사 파견을 명시하였다. 구체적으로 청국은 광저우, 아모이, 푸저우, 닝보, 상하이 등 5개 항의 개항을 약속하였다. 그리고 청국 관리와 영국인의 원활한 의사소통과 청국 관리가 영국인을 위한 제반 규정을 이행하는지의 여부를 확인하기 위한 목적으로 개항장 내 영국 정부의 영사 혹은 감독관의 파견을 보장하였다.

  한편 제5조에서는 공행 폐지와 개항장에서 영국 상인의 자유로운 무역을 허가하였으며, 청국 황제의 명의로 일부 공행 상인들이 영국 측에 갚아야 할 금액의 지불을 약속하였다. 제10조에서는 수출입 관세를 비롯한 각종 세금의 제정 및 공포를 명문화하였다. 특히 청국은 관세와 세금의 일회 지불 및 청국 지방 정부의 추가 세금 부과에 따른 제한 사항으로 각 상품의 관세율을 초과하지 않겠다고 약속하였다. 이를 통해 영국은 중국에서의 자유무역을 관철시켜 나갈 수 있었다.

마지막으로 영국은 1조에서 영국과 청국의 우호 증진을 약속하고, 11조에서는 영국과 청국의 당국자 직급별 교환 서신의 형식을 규정함으로써, 청국과의 대등한 외교관계의 구축을 명문화하는 데에 성공하였다.

○ 결과 또는 파급 효과

후세 연구자들은 난징조약을 영국을 필두로 서구 열강이 동아시아에 관철시킨 최초의 불평등 조약으로 규정하고 있다. 특히 영국이 아편전쟁을 통해서 청국에게 강압적으로 조약을 관철시켰다는 의미에서 난징조약의 체결 행위를 포함외교(Gunboat-Diplomacy)로 설명하기도 한다.

실제 난징조약에는 청국의 자주적인 무역정책인 공행제도를 폐지하도록 규정하였으며, 상품에 대한 관세 및 지방세 납부 과정에서 청국의 자주적인 관세정책을 인정하지 않았다. 뿐만 아니라 항구의 개항과 개항장에서 영국 상인의 자유로운 상업 활동을 보장하였다. 이를 통해 영국은 동아시아를 자유무역이 관철되는 공간으로 재편하고자 했다. 하지만 난징조약에는 동아시아 불평등 조약의 주요 요소인 영사재판권(치외법권)과 최혜국 대우 조항이 명문화되어 있지 않다. 그렇기에 난징조약은 서구가 동아시아에 관철한 불평등 조약의 상징이지만, 불평등이라는 관점에서는 완결성을 갖는 조약은 아니었다.

더욱이 영국은 난징조약을 통한 경제적 이익에 만족하지 않았다. 무엇보다 양쯔강 이북 지역으로 무역항을 확대함으로써, 자유무역의 공간을 중국 전역으로 확대하고자 했다. 이에 영국은 청국 정부와 교섭을 통해서 추가 개항을 요구하였지만, 청국 정부는 이에 응하지 않았다. 더욱이 난징조약에서 영국과 청국의 교섭 범위를 개항장의 영국 영사와 그 지역 지방관으로 한정하였다. 베이징 정부와의 교섭 자체가 어려웠던 것이다. 이에 영국은 개항장의 확대와 더불어 상주 외교관의 베이징 주재를 추진하게 되었으며, 이는 애로호 사건, 제2차 중영전쟁, 톈진조약, 그리고 베이징조약으로 이어지는 결과를 가져왔다.

○ 관련 지도

『중국역사지도집』[64]에 나타난 홍콩의 모습은 다음과 같다. 난징조약에서는 홍콩 섬만 할양되었다.

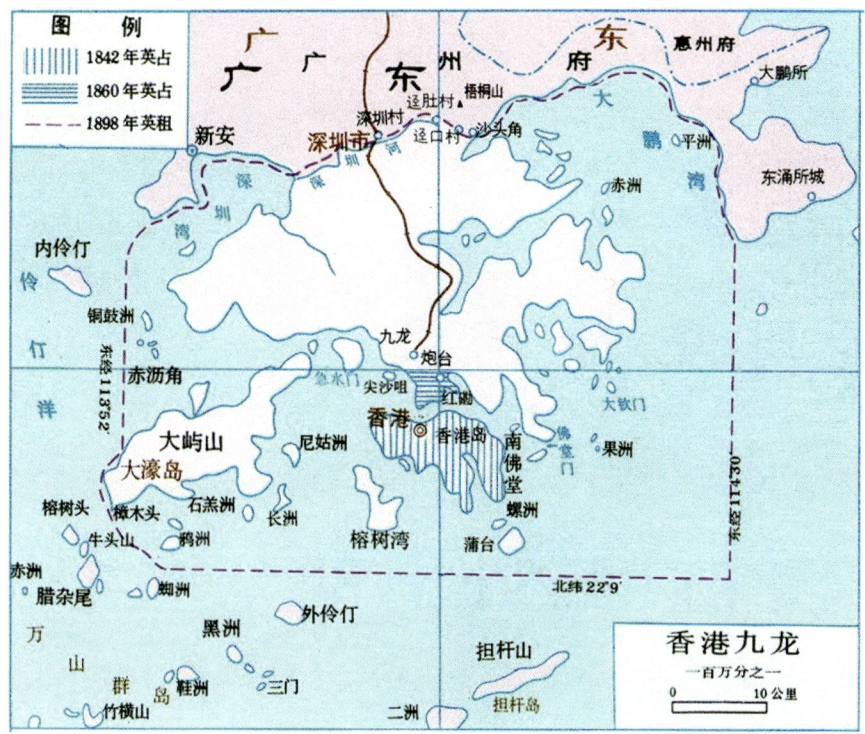

○ (조약문) 출처

- 王鐵崖 編, 1982, 『中外舊約章彙編』, 生活·讀書·新知三聯書店
- 영국 의회 (Treaty between Her Majesty and The Emperor of China, *Presented to both Houses of Parliament by Command of Her Majesty*, 1844, LONDON: T. R. HARRISON, ST. MARTIN'S LANE).

64　譚其驤, 1996, 『中國歷史地圖集』 8, 『淸季列强侵占地區圖(部分)』, 64~65쪽.

(중영) 난징조약(중국어본) 원문

《南京條約》/《江寧條約》

茲因大淸大皇帝, 大英君主, 欲以近來不和之端解釋, 息止肇衅, 爲此議定設立永久和約。

是以大淸大皇帝特派欽差便宜行事大臣太子少保鎭守廣東廣州將軍宗室耆英, 頭品頂戴花翎前閣督部堂乍浦副都統紅帶子伊里布;

大英伊耳蘭等國君主特派欽奉全權公使大臣英國所屬印度等處三等將軍世襲男爵璞鼎查;

公同各將所奉之上諭便宜行事及敕賜全權之命互相較閱, 俱屬善當, 卽便議擬各條, 陳列於左:

一、嗣後大淸大皇帝、大英國君主永存平和, 所屬華英人民彼此友睦, 各住他國者必受該國保佑身家全安。

二、自今以後, 大皇帝恩准英國人民帶回所屬家眷, 寄居沿海之廣州、福州、廈門、寧波、上海等五處港口, 貿易通商無礙; 英國君主派設領事、管事等官住該五處城邑, 專理商賈事宜, 與各該地方官公文往來; 令英人按照下條開敘之例, 淸楚交納貨稅、鈔餉等費。

三、因大英商船遠路涉洋, 往往有損壞須修補者, 自願給予沿海一處, 以便修船及存守所用物料。今大皇帝准將香港一島給予大英國君主暨嗣後世襲主位者常遠主掌, 任便立法治理。

四、因欽差大臣等於道光十九年二月間將英國領事官及民人等強留粵省, 嚇以死罪, 索出鴉片以爲贖命, 今大皇帝准以洋銀六百萬圓償補原價。

五、凡英國商民在粵貿易, 向例全歸額設行商, 亦稱公行者承辦, 今大皇帝准其嗣後不必仍照向例, 凡有英商等赴各該口貿易者, 勿論與何商交易, 均聽其便; 且向例額設行商等內有累欠英商甚多無措淸還者, 今酌定洋銀三百萬圓, 作爲商欠之數, 由中國官爲償還。

六、欽差大臣等向英國官民人等不公強辦, 致須撥發軍士討求伸理, 今酌定水陸軍費洋銀一千二百萬圓, 大皇帝准爲償補, 惟自道光二十一年六月十五日以後, 英國在各城收過銀兩之數, 按數扣除。

七、以上酌定銀 數共二千一百萬圓:

此時交銀六百萬圓;
癸卯年六月間交銀三百萬圓, 十二月間交銀三百萬圓, 共銀六百萬圓;
甲辰年六月間交銀二百五十萬圓, 十二月間交銀二百五十萬圓, 共銀五百萬圓;
乙巳年六月間交銀二百萬圓, 十二月間交銀二百萬圓, 共銀四百萬圓;
自壬寅年起至乙巳年止, 四年共交銀二千一百萬圓。
倘按期未能交足, 則酌定每年每百圓應加息五圓。

八、凡系英國人, 無論本國、屬國軍民等, 今在中國所管轄各地方被禁者, 大皇帝准即釋放。

九、凡系中國人, 前在英人所據之邑居住者, 與英人有來往者, 或有跟隨及侍候英國官人者, 均由大皇帝俯降諭旨, 謄錄天下, 恩准免罪; 凡係中國人, 為英國事被拏禁者, 亦加恩釋放。

十、前第二條內言明開關俾英國商民居住通商之廣州等五處, 應納進口、出口貨稅、餉費, 均宜秉公議定則例, 由部頒發曉示, 以便英商按例交納; 今又議定, 英國貨物自在某港按例納稅後, 即准由中國商人徧運天下, 而路所經過稅關不得加重稅例, 只可照估價則例若干, 每兩加稅不過某分。

十一、議定英國住中國之總管大員, 與中國大臣無論京內、京外者, 有文書來往, 用照會字樣; 英國屬員, 用申陳字樣; 大臣批覆用劄行字樣; 兩國屬員往來, 必當平行照會。若兩國商賈上達官憲, 不在議內, 仍用稟明字樣。

十二、俟奉大皇帝允准和約各條施行, 並以此時准交之六百萬圓交清, 英國水陸軍士當即退出江寧、京口等處江面, 並不再行攔阻中國各省商賈貿易。至鎮海之招寶山, 亦將退讓。惟有定海縣之舟山海島, 廈門廳之古浪嶼小島, 仍歸英兵暫為住守; 迨及所議洋銀全數交清, 而前議各海口均已開關俾英人通商後, 即將駐守二處軍士退出, 不復占據。

十三、以上各條均關議和要約, 應俟大臣等分別奏明大清大皇帝、大英君主各用(硃、親)筆批准後, 即速行相交, 俾兩國分執一冊, 以昭信守; 惟兩國相離遙遠, 不得一旦而到, 是以另繕二冊, 先由大清欽差便宜行事大臣等、大英欽奉全權公使大臣各為君上定事, 蓋用關防印信, 各執一冊為據, 俾即日按照和約開載之條, 施行妥辦無礙矣。要至和約者。

大清道光二十二年七月二十四日即英國記年之
一千八百四十二年八月二十九日由江寧省會行
大英君主汗華囒船上鈐關防

(중영) 난징조약(중국어본)의 한글 번역문

《난징조약》/《장닝조약》

이(玆)에 대청(大淸) 대황제(大皇帝)와 대영(大英) 군주(君主)는 근래 화목하지 못한 단서를 풀고 흔단을 그치고자 한다. 이를 위하여 영구한 화약(和約)을 의논하여 설립한다.

이로써 대청 대황제는 흠차편의행사대신(欽差便宜行事大臣) 태자소보(太子少保) 진수광동(鎭守廣東) 광주장군(廣州將軍) 종실(宗室) 치잉(耆英)과 두품(頭品) 정대(頂戴) 화령(花翎) 전각도독(前閣督部) 당사포(堂乍浦) 부도통(副都統) 홍대자(紅帶子) 이리부(伊里布)를 특별히 파견하고,

대영-아일랜드국 군주는 흠봉(欽奉) 전권공사대신(全權公使大臣) 영국소속(英國所屬) 인도등처(印度等處) 삼등장군(三等將軍) 세습남작(世襲男爵) 헨리 포틴저(璞鼎查)를 특별히 파견하여,

공동으로 각자 상유(上諭)를 받든바 편의(便宜)로 행사(行事)하고 전권(全權)을 받으라는 명에 따라 서로 교열하고, 모두 타당히 갖추어 즉각 각 조관을 의정하였으니 아래에 진열한다.

1. 사후 대청 대황제와 대영국 군주는 영원히 평화를 보존하고, 중국과 영국에 소속된 인민이 피차 우의를 지키며, 각자 거주하는 타국인은 반드시 해당국의 신변과 가옥에 대한 안전을 보장받는다.

2. 지금 이후 대황제는 영국 인민이 데리고 돌아오는 식구를 은혜로이 승인하고 연해(沿海)의 광저우(廣州), 푸저우(福州), 샤먼(廈門), 닝보(寧波), 상하이(上海) 등 다섯 곳의 항구에서 거주하고 무역 통상하는 데 장애가 없도록 한다. 영국 군주는 영사를 파견하고 설치하여, 해당 5개 항구의 성읍에 거주하는 관원들을 관리하도록 하고 상업 등의 일들을 처리하게 하며 각 해당 지방관과 더불어 공문을 왕래하도록 한다. 영국인으로 하여금 아래에 열거하는 조관에 따라 분명히 화세(貨稅)를 납부하도록 하고 화폐나 식량의 비용을 지불하도록 한다.

3. 대영국 상선이 먼 길을 통하여 바다를 건너왔기 때문에 종종 손상되고 파괴되어 반드시 보수해야 할 것이 있으니, 연해의 한 곳을 스스로 급여하기를 원하면 편의로써 배를 수리하고 쓰이는 물료를 지켜주도록 한다. 지금 대황제가 장차 홍콩 한 개 섬을 대영국 군주에게 급여하니, 사후 주위(主位)를 세습하는 자가 항상 영원히 장악하고 편의에 따라 법을 세워 다스리도록 맡긴다.

4. 흠차대신 등이 도광 19년 2월 사이에 영국 영사관 및 민인들을 강제로 광동성에 억류하였기 때문에 사죄(死罪)로써 다스리고 아편을 색출하여 속죄하도록 하며, 지금 대황제가 양은(洋銀) 600만 원으로써 원가를 보상할 것을 승인한다.

5. 모든 영국 상민이 광둥에서 무역하는 것은 관례가 온전히 액설(額設)한 행상에 귀속되었는데 또한 공행(公行)이라 칭하여 승인되었다. 지금 대황제가 사후 거듭 관례를 따를 필요가 없음을 승인하니, 모든 영국 상인 등이 각 해당 항구에 가서 무역하는 것은 어떠한 상행위와 교역을 막론하고 모두 그 편의를 들어준다. 또 관례적으로 액설한 행상 등은 안으로 영국 상인에게 손해를 끼치고 돌려주지 않은 것이 매우 많았으니 지금 양은 300만 원을 작정하여 손해 본 액수로 삼도록 하고 중국 관원으로부터 상환한다.

6. 흠차대신 등이 영국 관인 및 민인 등에게 불공정하게 강요하고 처리하여 반드시 군대를 출동시켜 토벌하고 억울한 일을 처리하였으니, 지금 수군, 육군 비용 양은 1,200만 원을 작정하여 대황제가 보상할 것을 승인한다. 오직 도광 21년 6월 15일 이후 영국이 각 성에서 거둔 은량의 수는 그 액수에 따라 공제한다.

7. 이상 작정한 은량의 수는 모두 2,100만 원이다.
즉시 교부할 은량은 600만 원이다.
계묘년 6월 간에 교부할 은량은 300만 원, 12월 간 교부할 은량은 300만 원이며 모두 은량 600만 원이다.
갑진년 6월 간에 교부할 은량은 250만 원, 12월 간 교부할 은량은 250만 원이며 모두 은량 500만 원이다.
을사년 6월 간 교부할 은량은 200만 원, 12월 간 교부할 은량은 200만 원이며 모두 은량 400만 원이다.
임인년부터 을사년에 이르기까지 4년간 모두 교부할 은량이 2,100만 원이다.
만약 기한 내에 능히 교부하지 못하면, 매년 매 100원당 이자 5원을 더할 것을 작정한다.

8. 모든 영국인은 본국 및 속국 군민을 막론하고 지금 중국에서 관할하고 있는 각 지방에 구금된 자는 대황제가 즉시 석방할 것을 승인한다.

9. 모든 중국인은 전에 영국인이 살고 있는 고을에서 거주하는 자, 영국인과 더불어 왕래하는 자, 혹은 영국 관인을 뒤따르고 시중드는 자들은 모두 대황제로부터 유지(諭旨)를 내려 천하에 등록하도록 하고 은혜로이 죄를 면할 것을 승인한다. 모든 중국인은 영국의 일을 위하여 체포된 자들은 또한 은혜를 내려 석방한다.

10. 앞의 제2조에서 언명하였듯이 개관(開關)은 영국 상민들로 하여금 통상하는 광저우 등 다섯 곳에 거주하도록 하는 것이며, 마땅히 항구에 들어올 때 납세하고, 항구를 나갈 때 화세(貨稅)와 향비(餉費)를 내도록 하는 것은 모두 마땅히 공정하게 정한 규칙에 따라 관부에서 반포하고 알리도록 하고 편의로써 영국 상인들이 규칙에 의거하여 납부한다. 지금 또 의정하기를, 영국 화물이 모 항

구에서 규칙에 따라 세금을 납부한 후, 곧 중국 상인이 천하에 운송할 것을 승인하고 도로를 통과하는 세관은 세금을 가중할 수 없다. 다만 가격 규칙 약간에 따라 매 양마다 불과 몇 푼의 세금을 더할 수 있다.

11. 영국이 중국에서 거주하는 총관대원을 의정하여 중국 대신과 더불어 경내(京內)는 물론이고 경외(京外)에 있는 자까지 문서로 왕래하도록 하고 조회(照會)의 자구를 사용한다. 영국의 속원(屬員)은 신진(申陳)의 자구를 사용한다. 대신의 비복(批覆)은 차행(劄行)의 자구를 사용한다. 양국 속원의 왕래는 반드시 평행으로 조회해야 한다. 만약 양국 상인들이 관헌에게 상달한다면 의논 안에 있지 아니하고 거듭 주명(奏明)의 자구를 사용한다.

12. 대황제가 화약 각조를 윤허하고 시행하기를 기다리고, 아울러 즉시 교부한 600만 원을 납부하면, 영국 수군, 육군은 마땅히 즉시 강녕(江寧), 경구(京口) 등의 강면(江面)에서 철수하고, 동시에 다시는 중국 각 성(省)의 상업과 무역을 저지하지 않는다. 전하이(鎭海)의 자오바오산(招寶山)에서도 또한 물러난다. 오직 딩하이현(定海縣) 주산해도(舟山海島)와 샤먼청(廈門廳)의 구랑위소도(古浪嶼小島)는 거듭 영국군에 귀속되어 잠시 주둔하여 지킨다. 양은 전액을 의정하여 납부하기까지 전에 의정한 각 항구는 모두 이미 열렸으니 영국인들로 하여금 통상한 후에 즉시 주둔한 두 곳의 군대는 철수시키고 다시 점거하지 않는다.

13. 이상 각 조관은 모두 의논하여 약속한 것이니 마땅히 대신 등이 분별하고 대청 대황제와 대영 군주에게 주달하기를 기다려 각각 붉은 먹과 친필을 사용하여 비준한 후 즉시 속히 교환하고 양국으로 하여금 1책(冊)을 나누어 집성하여 신의로써 지킨다. 오직 양국이 서로 떨어져 있고 멀어서 한번에 이르지 못하기 때문에 이로써 2책을 따로 보수하여 먼저 대청 흠차 편의행사대신(大淸 欽差 便宜行事大臣) 등과 대영 흠봉 전권공사대신(大英 欽奉 全權公使大臣)은 각자 군주에게 올려 일을 정하고 관방(關防)의 인신(印信)을 사용하여 찍고 각각 1책을 집성하여 근거로 삼고 즉시 화약에 실린 조관에 의거하여 시행하고 처리하는 데 장애가 없도록 한다. 이에 화약을 마친다.

대청 도광 22년 7월 24일, 즉 영국 기년 1842년 8월 29일 강녕(江寧) 성회(省會)에 간 대영 군주의 콘월리스(Cornwallis, 汗華囉) 선상에서 도장을 찍는다.

(중영) 난징조약(영어본)의 원문

HER Majesty the Queen of the United Kingdom of Great Britain and Ireland, and His Majesty the Emperor of China, being desirous of putting an end to the misunderstandings and consequent hostilities which have arisen between the two countries, have resolved to conclude a Treaty for that purpose, and have therefore named as their Plenipotentiaries, that is to say:

Her Majesty the Queen of Great Britain and Ireland, Sir Henry Pottinger, Bart., a Major-General in the service of the East India Company, &c.,;

And His Imperial Majesty the Emperor of China, the High Commissioners Keying, a Member of the Imperial House, a Guardian of the Crown Prince, and General of the garrison of Canton; and Elepoo, of the Imperial Kindred, graciously permitted to wear the insignia of the first rank, and the distinction of a peacocks feather, lately Minister and Governor-General, &c., and now Lieutenant-General commanding at Chapoo;

Who, after having communicated to each other their respective Full Powers, and found them to be in good and due form, have agreed upon and concluded the following Articles:

Article I.

There shall henceforward be peace and friendship between Her Majesty the Queen of the United Kingdom of Great Britain and Ireland and His Majesty the Emperor of China, and between their respective subjects, who shall enjoy full security and protection for their persons and property within the dominions of the other.

Article II.

His Majesty the Emperor of China agrees, that British subjects, with their families and establishments, shall be allowed to reside, for the purposes of carrying on their mercantile pursuits, without molestation or restraint, at the cities and towns of Canton, Amoy, Foochowfoo, Ningpo, and Shanghai; and Her Majesty the Queen of Great Britain, &c., will appoint Superintendents, or Consular officers, to reside at each of the above-named cities or towns, to be the medium of communication between the Chinese authorities and the said merchants, and to see that the just duties and other dues of the Chinese Government, as hereafter provided for, are duly discharged by Her Britannic Majesty's subjects.

Article III.

It being obviously necessary and desirable that British subjects should have some port whereat they may careen and refit their ships when required, and keep stores for that purpose, His Majesty the

Emperor of China cedes to Her Majesty the Queen of Great Britain, &c., the Island of Hong-Kong, to be possessed in perpetuity by Her Britannic Majesty, her heirs and successors, and to be governed by such laws and regulations as Her Majesty the Queen of Great Britain, &c., shall see fit to direct.

Article IV.
The Emperor of China agrees to pay the sum of Six Millions of dollars, as the value of the opium which was delivered up at Canton in the month of March, 1839, as a ransom for the lives of Her Britannic Majesty's Superintendent and subjects, who had been imprisoned and threatened with death by the Chinese High Officers.

Article V.
The Government of China having compelled the British merchants trading at Canton to deal exclusively with certain Chinese merchants, called Hong merchants (or Cohong), who had been licensed by the Chinese Government for that purpose, the Emperor of China agrees to abolish that practice in future at all ports where British merchants may reside, and to permit them to carry on their mercantile transactions with whatever persons they please; and His Imperial Majesty further agrees to pay to the British Government the sum of Three Millions of dollars, on account of debts due to British subjects by some of the said Hong merchants (or Cohong), who have become insolvent, and who owe very large sums of money to subjects of Her Britannic Majesty.

Article VI.
The Government of Her Britannic Majesty having been obliged to send out an expedition to demand and obtain redress for the violent and unjust proceedings of the Chinese High Authorities towards Her Britannic Majesty's officer and subjects, the Emperor of China agrees to pay the sum of Twelve Millions of dollars, on account of the expenses incurred; and Her Britannic Majesty's Plenipotentiary voluntarily agrees, on behalf of Her Majesty, to deduct from the said amount of Twelve Millions of dollars, any sums which may have been received by Her Majesty's combined forces, as ransom for cities and towns in China, subsequent to the 1st day of August, 1841.

Article VII.
It is agreed, that the total amount of Twenty-One Millions of dollars, described in the three preceding Articles, shall be paid as follows:
Six Millions immediately.
Six Millions in 1843. That is: Three Millions on or before the 30th of the month of June, and 3,000,000 on or before the 31st of December.

Five Millions in 1844. That is: Two millions and a half on or before the 30th of June, and 2,500,000 on or before the 31st of December.

Four Millions in 1845. That is: Two Millions on or before the 30th of June, and Two Millions on or before the 31st of December.

And it is further stipulated, that Interest, at the rate of 5 per cent per annum, shall be paid by the Government of China on any portion of the above sums that are not punctually discharged at the periods fixed.

Article VIII.

The Emperor of China agrees to release unconditionally all Subjects of Her Britannic Majesty (whether Natives of Europe or India) who may be in confinement at this moment, in any part of the Chinese Empire.

Article IX.

The Emperor of China agrees to publish and promulgate, under his Imperial sign manual and seal, a full and entire amnesty and act of indemnity to all subjects of China, on account of their having resided under, or having had dealings and intercourse with, or having entered the service of Her Britannic Majesty, or of Her Majesty's officers; and His Imperial Majesty further engages to release all Chinese subjects who may be at this moment in confinement for similar reasons.

Article X.

His Majesty the Emperor of China agrees to establish at all the ports which are, by the 2nd Article of this Treaty, to be thrown open for the resort of British merchants, a fair and regular tariff of export and import customs and other dues, which tariff shall be publicly notified and promulgated for general information; and the Emperor further engages, that when British merchandise shall have once paid at any of the said ports the regulated customs and dues, agreeable to the tariff to be hereafter fixed, such merchandise may be conveyed by Chinese merchants to any province or city in the interior of the Empire of China, on paying a further amount as transit duties, which shall not exceed [see Declaration respecting Transit Duties below] on the tariff value of such goods.

Article XI.

It is agreed that Her Britannic Majesty's Chief High Officer in China shall correspond with the Chinese High Officers, both at the Capital and in the Provinces, under the term "Communication" 照會. The Subordinate British Officers and Chinese High Officers in the Provinces under the terms "Statement" 申陳 on the part of the former, and on the part of the latter "Declaration" 劄行, and the Subordinates of both Countries on a footing of perfect equality. Merchants and others not holding official situations and, therefore, not included in the above, on both sides, to use the term "Representation" 稟明 in all Papers addressed to, or intended for the notice of the respective Governments.

Article XII.
On the assent of the Emperor of China to this Treaty being received, and the discharge of the first instalment of money, Her Britannic Majesty's forces will retire from Nanking and the Grand Canal, and will no longer molest or stop the trade of China. The military post at Chinhai will also be withdrawn, but the Islands of Koolangsoo, and that of Chusan, will continue to be held by Her Majesty's forces until the money payments, and the arrangements for opening the ports to British merchants, be completed.

Article XIII.
The ratification of this Treaty by Her Majesty the Queen of Great Britain, &c., and His Majesty the Emperor of China, shall be exchanged as soon as the great distance which separates England from China will admit; but in the meantime, counterpart copies of it, signed and sealed by the Plenipotentiaries on behalf of their respective Sovereigns, shall be mutually delivered, and all its provisions and arrangements shall take effect.

Done at Nanking, and signed and sealed by the Plenipotentiaries on board Her Britannic Majesty's ship Cornwallis, this 29th day of August, 1842, corresponding with the Chinese date, twenty-fourth day of the seventh month in the 22nd Year of TAOU KWANG.

Declaration respecting Transit Duties.

WHEREAS by the Tenth Article of the Treaty between Her Majesty the Queen of the United Kingdom of Great Britain and Ireland, and His Majesty the Emperor of China, concluded and signed on board Her Britannick Majesty's ship "Cornwallis" at Nanking, on the 29th day of August, 1842, corresponding with the Chinese date 24th day of the 7th month, in the 22nd year of Taoukwang, it is stipulated and agreed, that His Majesty the Emperor of China shall establish at all the ports which, by the Second Article of the said Treaty, are to be thrown open for the resort of British merchants, a fair and regular Tariff of export and import customs and other dues, which Tariff shall be publickly notified and promulgated for general information; and further, that when British merchandize shall have once paid, at any of the said ports, the regulated customs and dues, agreeably to the Tariff to be hereafter fixed, such merchandize may be conveyed by Chinese merchants to any province or city in the interior of the Empire of China, on paying a further amount of duty as transit duty;

And whereas the rate of transit duty to be so levied was not fixed by the said Treaty;

Now therefore, the undersigned Plenipotentiaries of Her Britannick Majesty, and of His Majesty the Emperor of China, do hereby, on proceeding to the exchange of the Ratifications of the said Treaty, agree and declare, that the further amount of duty to be so levied on British merchandize, as transit duty, shall not exceed the present rates, which are upon a moderate scale; and the Ratifications of the said Treaty are exchanged subject to the express declaration and stipulation herein contained.

In witness whereof the respective Plenipotentiaries have signed the present Declaration, and have affixed thereto their respective seals. Done at Hong-Kong, the 26th day of June, one thousand eight hundred and forty-three, corresponding with the Chinese date, Taoukwang twenty-third year, fifth month, and twenty-ninth day.

GENERAL REGULATIONS, under which the British Trade is to be conducted at the Five Ports of Canton, Amoy, Foochowfoo, Ningpo, and Shanghai.

I. Pilots.

WHENEVER a British merchantman shall arrive off any of the five ports opened to trade, viz., Canton, Foochowfoo, Amoy, Ningpo, or Shanghai, pilots shall be allowed to take her immediately into port; and, in like manner, when such British ship shall have settled all legal duties and charges, and is about to return home, pilots shall be immediately granted to take her out to sea, without any stoppage or delay. Regarding the remuneration to be given these pilots, that will be equitably settled by the British Consul appointed to each particular port, who will determine it with due reference to the distance gone over, the risk run, &c.

II. Custom-house Guards.

The Chinese Superintendent of Customs at each port will adop; the means that he may judge most proper to prevent the revenue suffering by fraud or smuggling. Whenever the pilot shall have brought any British merchantman into port, the Superintendent of Customs will depute one or two trusty Custom-house officers, whose duty it will be to watch against, frauds on the revenue. These will either live in a boat of their own, or stay on board the English ship, as may best suit their convenience. Their food and expenses will be supplied them from day to day from the Custom-house, and they may not exact any fees whatever from either the Commander or Consignee. Should they violate this regulation, they shall be punished porportiohately to the amount so exacted.

III. Masters of Ships reporting themselves on arrival.
Whenever a British vessel shall have cast anchor at any one of the above-mentioned ports, the Captain will, within four and twenty hours after arrival, proceed to the British Consulate, and deposit his ship's papers, bills of lading, manifest, &c., in the hands of the Consul; failing to do which, he will subject himself to a penalty of two hundred dollars. For presenting a false manifest, the penalty will be five hundred dollars. For breaking bulk and commencing to discharge, before due permission shall be obtained, the penalty will be five hundred dollars, and confiscation of the goods so discharged. The Consul, having taken possession of the ship's papers, will immediately send a written communication to the Superintendent of Customs, specifying the register tonnage of the ship, and the particulars of the cargo she has on board ; all of which being done in due form, permission will then be given to discharge, and the duties levied as provided for in the Tariff.

IV. Commercial Dealings between English and Chinese Merchants.
It having been stipulated that English merchants may trade with whatever native merchants they please, should any Chinese merchant fraudulently abscond or incur debts which he is unable to discharge, the Chinese authorities, upon complaint being made thereof, will of course do their utmost to bring the offender to justice; it must, however, be distinctly understood, that if the defaulter really cannot be found, or be dead, or bankrupt, and there be not wherewithal to pay, the English merchants may not appeal to the former custom of the Hong Merchants paying for one another, and can no longer expect to have their losses made good to them.

V. Tonnage Dues. Every English merchantman, on entering any one of the above-mentioned five ports, shall pay tonnage-dues at the rate of five mace per register-ton, in full of all charges. The fees formerly levied on entry and departure, of every description, are henceforth abolished.

VI. Import and Export Duties. Goods, whether imported into, or exported from, any one of the above-mentioned five ports, are henceforward to be—taxed according to the Tariff as now fixed and agreed upon, and no further sums are to be levied beyond those which are specified in the Tariff; all duties incurred by an English merchant—vessel, whether on goods imported or exported, or in the shape of tonnage-dues, must first be paid up in full; which done, the Superintendent of Customs will grant a port-clearance, and this being shown to the British Consul, he will thereupon return the ship's papers, and permit the vessel to depart.

VII. Examination of Goods at the Custom-house. Every English merchant, having cargo to load or discharge, must give due intimation thereof, and hand particulars of the same to the Consul, who will immediately dispatch a recognized linguist of his own establishment to communicate the particulars to the Superintendent of Customs, —that the goods may be duly examined, and neither party subjected to loss. The English merchant must also have a properly qualified person on the spot to attend to his interests when his goods arc being examined for duty, otherwise, should there be complaints, these cannot be attended to. Regarding such goods as are subject by the Tariff to an ad valorem duty, if the English merchant cannot agree with me Chinese officer in fixing a value, then each party shall call two or three merchants to look at the goods, and the highest price at which any of these merchants would be willing to purchase, shall be assumed as the value of the goods. To fix the tare on any article, such as tea; if the English, merchant cannot agree with the Custom-house officer, then each party shall choose so many chests out of every hundred, which being first weighed in gross, shall afterwards be tared, and the average tare upon these chests shall be assumed as the tare upon the whole; and upon this principle shall the tare be fixed upon all other goods in packages. If there should still be any disputed points which cannot be settled, the English merchant may appeal to the Consul, who will communicate the particulars of the case to the Superintendent of Customs, that it may be equitably arranged. But the appeal must be made on the same day, or it will not be regarded. While such points are still open, the Super-intendent of Customs will delay to insert the same in his books, thus affording an opportunity that the merits of the case may be duly tried and sifted.

VIII. Manner It is hereinbefore provided, that every English vessel that enters any one of the five ports, shall pay all duties and tonnage-dues before she be permitted to depart. The Superintendent of Customs will select certain shroffs, or banking establishments, of known stability, to whom he will give licences, authorizing them to receive duties from the English merchants on behalf of Government, and the receipt of these shroffs for any moneys paid them shall be considered as a Government voucher. In the paying of these duties, different kinds of foreign money may be made use of; but as foreign money is not of equal purity with sycee silver, the English Consuls appointed to the different ports will, according to time, place, and circumstances, arrange with the Superintendents of Customs at each, what coins may be taken in payment, and what per centage may be necessary to make them equal to standard or pure silver.

IX. Weights Sets of balance-yards for the weighing of goods, of money-weights, and of measures, prepared in exact conformity to those hitherto in use at the Custom-house of Canton, and duly stamped and sealed in proof thereof, will be kept in possession of the Superintendent of Customs, and also at the British Consulate at each of the five ports, and these shall be the standards by which all duties shall be charged, and all sums paid to Government. In case of any dispute arising between

British merchants and Chinese officers of Customs, regarding the weights or measures of goods, reference shall be made to these standards, and disputes decided accordingly.

X. Lighters "Whenever any English merchant shall have to load or discharge cargo, he may hire whatever kind of lighter or cargo-boat he pleases, and the sum to be paid for such boat can be settled between the parties themselves, without the interference of Government. The number of these boats shall not be limited, nor shall a monopoly of them be granted to any parties. If any smuggling take place in them, the offenders will of course be punished according to law. Should any of these boat-people, while engaged in conveying goods for English merchants, fraudulently abscond with the property, the Chinese authorities will do their best to apprehend them; but, at the same time, the English merchants must take every due precaution for the safety of their goods.

XI. Transshipment of Goods. No English merchant-ships may transship goods without special permission : should any urgent case happen where transshipment is necessary, the circumstances must first be submitted to the Consul, who will give a certificate to that effect, and the Superintendent of Customs will then send a special officer to bo present at the transshipment. If any one presumes to transship without such permission being asked for and obtained, the whole of the goods so illicitly transshipped will be confiscated.

XII. Subordinate Consular Officers. At any place selected for the anchorage of the English merchantships, there may be appointed a subordinate Consular officer, of approved good conduct, to exercise due control over the seamen and others. He must exert himself to prevent quarrels between the English seamen and natives, this being of the utmost importance. Should any thing of the kind unfortunately take place, he will in like manner do his best to arrange it amicably. When sailors go on shore to walk, officers shall be required to accompany them; and should disturbances take place, such officers will be held responsible. The Chinese officers may not impede natives from coming alongside the ships to sell clothes or other necessaries to the sailors living on board.

XIII. Disputes between British Subjects and Chinese. Whenever a British subject has reason to complain of a Chinese, he must first proceed to the Consulate and state his grievance; the Consul will thereupon inquire into the merits of the case, and do his utmost to arrange it amicably. In like manner, if a Chinese have reason to complain of a British subject, he shall no less listen to his complaint, and endeavour to settle it in a friendly manner. If an English merchant have occasion to address the Chinese authorities, he shall send such address through the Consul, who will see that the language is becoming; and, if otherwise, will direct it to be changed, or will refuse to convey the address. If, unfortunately, any disputes take place of such a nature that the Consul cannot arrange them amicably, then he shall request the assistance ofa Chinese officer, that they may together examine inro the merits of the case, and decide it equitably. Regarding the punishment of English criminals, the English Government will enact the laws necessary to attain that end, and the Consul will be empowered to put them in force ; and regarding the punishment of Chinese criminals, these will be tried and punished by their own laws, in the way provided for by the correspondence which took place at Nanking, after the concluding of the peace.

XIV. British Government Cruisers anchoring within the Ports. An English Government cruizer will anchor within each of the five ports, that the Consul may have the means of better restraining sailors and others, and preventing disturbances. But these Government cruizers are not to be put on the same footing as merchant-vessels; for, as they bring no merchandize and do not come to trade, they will of course pay neither dues nor charges. The Resident Consul will keep the Superintendent of Customs duly informed of the arrival and departure of such Government cruizers, that he may take his measures accordingly.

XV. On the Security to be givenfor British Merchant-Vessels. It has hitherto been the custom, when an English vessel entered the port of Canton, that a Chinese Hong Merchant stood security for her, and all duties and charges were paid through such security-merchant; but these security-merchants being now done away with, it is understood, that the British Consul will henceforth be security for all British merchant- ships entering any of the aforesaid five ports.

(중영) 난징조약(영어본)의 한글 번역문

대영 및 아일랜드 연합왕국의 여왕 폐하와 청국 황제 폐하는 양국 간 오해와 그에 따른 적대 행위를 끝내기를 희망하며 그러한 목적을 위해서 조약 체결을 결정하였으며, 즉 이에 따라 전권 대사를 지명하였다.

대영 및 아일랜드 연합왕국의 여왕 폐하는 동인도회사군의 소장 헨리 포팅거를 전권대사로 임명하였다.
청국 황제 폐하는 황실 구성원, 태자의 후견인, 그리고 광둥과 광저우의 장군 치잉(耆英)과 두품(頭品, 은혜를 베풀어 첫 번째 계급의 휘장 착용이 허가된 제국의 친족), 정대화령(頂戴花翎, 공작새 깃털의 구별), 전 상서와 총독, 그리고 현재 자푸(Chapoo, 乍浦)의 부도통(副都統)인 이리부(伊里布)를 전권대사(흠차대신)로 임명하였다.
그들은 각각의 전권(위임장)을 서로 교환하고 그 전권위임장이 양호하고 타당함을 확인한 후에, 다음 조항에 동의하고 조약을 체결하였다.

제1조
대영 및 아일랜드 연합왕국의 여왕 폐하와 청국 황제, 그리고 각국의 신민 사이에 평화와 우정이 있게 될 것이며, 각각의 신민들은 상대국의 지배권 내에서 그들의 개인과 재산에 대한 완전한 안전과 보호를 누릴 것이다.

제2조
청국의 황제는 영국 신민들이 그들의 가족 및 회사와 함께 광저우, 아모이, 푸저우, 닝보, 상하이의 도시와 마을에서 상업적인 거래를 수행하기 위해서 학대와 제약 없이 거주할 수 있도록 허용해야 한다는 데 동의합니다. 그리고 대영 및 아일랜드 연합왕국의 여왕 폐하는 위의 각 도시 또는 마을에 거주하고, 청국 당국자와 이미 언급한 상인들 사이에 의사소통을 중재하며, 그리고 아래에 명시되어 있는 청국 정부의 정당한 임무 및 청국 정부에게 마땅히 주어져야 할 경비들이 당연하게 영국 신민에 의해서 이행되는지를 보기 위해서 감독관 혹은 영사를 임명할 것이다.

제3조
영국 신민들이 필요할 때 배를 관리하거나 수리할 수 있는 항구를 가지고 있어야 하는 것은 분명 필요하고 바람직하다. 그리고 그 목적을 위해서 청국 황제는 대영 및 아일랜드 연합왕국의 여왕 폐하에게 홍콩 제도를 양도한다. 홍콩 제도는 영원토록 영국 여왕, 그 상속자와 후계자의 소유가 될 것이며, 대영 및 아일랜드 연합왕국의 여왕 폐하가 직접적으로 적절하다고 생각하는 이와 같은 법률과 규정에 의해서 통치될 것이다.

제4조
청국 황제는 1839년 3월 광둥에서 내던져진 아편의 가치와 청국 고위 관리들에 의해서 수감되어서 살해 위협을 받은 영국 감독관과 신민들의 생명을 위한 배상금으로 600만 달러를 지불하는 데 동의한다.

제5조
청국 정부는 광둥에서 거래하는 영국 상인들에게 청국 정부에 의해 허가를 받은 홍(Hong) 상인들(또는 코홍; 공행 – 역자)이라고 불리는 특정 청국 상인들과 독점적으로 거래하도록 강요했는데, 청국 황제는 그 행위를 폐지하기로 동의한다. 영국 상인들이 거주할 모든 항구에서 장래에 그들이 원하는 모든 사람들과 상거래를 계속할 수 있도록 해줄 것이다. 그리고 청국 폐하는 영국인들에게 지급하지 못한 채 거액의 빚을 지고 있는 일부 홍 상인들(또는 코홍)의 채무 합계 300만 달러를 영국 정부에 지불하는 데 추가로 동의한다.

제6조
영국 폐하 정부는 영국 폐하의 관리와 신민에 대한 청국 고위 당국의 폭력적이고 부당한 소송 절차에 대한 배상을 요구하고 확보하기 위한 목적에서 원정대(특사 – 역자)를 파견하기로 했으며, 청국 황제는 (전쟁으로 발생된 – 역자) 1,200만 달러를 지불하는 데 동의한다. 그리고 영국 전권대신은 자주적으로 대영 및 아일랜드 연합왕국의 여왕 폐하가 직접적으로 적절하다고 생각하는 이와 같은 법률과 규정에 의해서 영국 여왕 폐하, 여왕의 상속자와 계승자가 통치(운영, 관리 – 역자)하는 것에 동의한다.

제7조
다음 3개 조항들에 기술된 2,100만 달러의 총액은 다음과 같이 지급되어야 한다는 점에 동의한다.
600만 달러는 즉시.
600만 달러는 1843년. 300만 달러는 음력 6월 30일 이전까지. 그리고 300만 달러는 12월 31일 이전까지.
500만 달러는 1844년. 250만 달러는 6월 30일 이전까지. 그리고 250만 달러는 12월 31일 이전까지.
400만 달러는 1844년. 200만 달러는 6월 30일 이전까지. 그리고 200만 달러는 12월 31일 이전까지.
그리고 매년 5%의 이율로 고정된 기간에 일정 기간 환급되지 않는 위 금액 중 일부에 대해서 청국 정부가 지불해야 함을 추가 사항으로 명문화한다.

제8조
청국 황제는 현재 청국 제국의 일부 지역에서 현 시점에서 감금되어 있는 영국 여왕 폐하의 모든 신민(유럽인 혹은 인도인을 불문하고)을 무조건 석방하기로 동의한다.

제9조
청국 황제는 황제의 직인이 찍혀 있는 친서를 통해서 영국 여왕 폐하의 군대 혹은 관리들과 거주하였거나 장사를 하였거나 교제를 하였거나 영국 군대 혹은 관청에 근무하였던 모든 청국 신민들에 대해서 완전한 사면 및 면책에 동의한다. 그리고 청국 황제 폐하는 나아가 동일한 이유로 현 시점에서 감금되어 있는 모든 청국 신민들을 풀어줄 것을 약속한다.

제10조
청국 황제 폐하는 이 조약의 제2조에 의거하여 영국 상인들이 많이 모이는 장소로 개방된 모든 항구에 공정하고 규칙적인 수출입 관세와 여타 세금을 제정하고, 관세는 일반에게 통보되고 공포할 것을 동의한다. 그리고 청국 황제는 영국 상품이 언급한 항구에서 조정된 관세와 세금으로 한 번 지불되며, 청국 황제의 관할권 안의 지방이나 도시에서 청국 상인은 추가적인 관세를 지불하되 각 상품의 관세율을 [아래 통과 관세에 관한 선언에 따라서] 초과하지 않을 것을 약속한다.

제11조
청국의 영국 여왕 폐하의 최고 책임자는 '조회(照會)'라는 용어로 수도와 각 성 모두에서 청국 고위 관리들과 왕래하는 것을 동의한다. 영국의 하위직 관리들과 각 성의 청국 고위 관리들은 전자의 경우는 '신진(申陳)'이라는 용어로, 후자의 경우는 '차행(劄行)'으로 왕래하며, 양국 하위직은 완전히 동등한 자격을 갖는다. 상인과 공직의 위치에 있지 않은 다른 사람들은 위에 언급한 두 상황에 포함되지 않기에 서신 혹은 각 정부에 통지할 때에는 '품명(稟明)'의 용어를 사용한다.

제12조
청국 황제가 이 조약을 승인하고, 최초의 배상금이 지불되면, 영국 여왕의 군대는 즉시 난징과 대운하에서 철수할 것이며, 더 이상 청국 무역을 저지하거나 중단하지 않을 것이다. 진하이(鎭海)의 군대 역시 철수하겠지만 구랑수(鼓浪嶼)와 주산(舟山)의 제도에서는 배상금을 지불하고 영국 신민에게 항구의 개방을 위한 조정이 완료될 때까지 영국 군대가 계속해서 주둔할 것이다.

제13조
대영 및 아일랜드 연합왕국의 여왕 폐하와 청국 황제 폐하에 의해서 이 조약의 비준서는 청국으로부터 영국을 분리시키는 먼 거리를 인정하자마자 교환될 것이다. 그러나 그동안은 각각 통수권자를 위해서 전권대사에 의해서 서명되고 봉인된 원본의 각각의 복사본은 상호적으로 전달되어야 하며, 모든 조항과 약정은 효력을 발휘한다.

1842년 8월 29일 난징에서 전권대사들에 의해서 영국 군함 콘월리스(Cornwallis) 갑판에서 작성하고 서명 및 봉인되었음. 청국력으로는 도광제 22년 음력 7월 24일과 일치함.

〈통행 관세에 관한 각서〉

1842년 8월 29일(중국력으로는 도광제 22년 음력 7월 24일)에 난징에 정박한 영국 군함 '콘월리스' 호에서 대영 및 아일랜드 연합왕국의 여왕 폐하와 청국 황제 폐하 사이에 체결한 조약의 제10조에 의거해서, 청국 황제는 전술한 조약의 제2조에 의거한 영국 상인들의 거주를 위해서 개방하는 모든 항구에서 공정하고 규칙적인 수출입 관세와 기타 세금을 제정해야 하며, 이 관세율표는 빠른 시기에 일반 정보를 위해서 고지되고 공표되어야 한다. 영국 상품이 전술한 항구에서 동의가 이루어진 고정된 세율표에 의해서 규정된 관세와 지불해야 할 세금이 납부되면, 청국 상인들에 의해서 이러한 상품들이 청 제국 영토 내의 어떤 성이나 도시로 운반되어질 때는 상당한 금액의 추가적인 통행세를 납부할 것이다.

그리고 그렇게 부과되는 통행세율은 아직 전술한 조약에 의해서 정해지지 않았다.

그러므로 현재 아래에 기명한 영국 여왕의 전권대사와 청국 황제의 전권대사는 언급한 조약의 비준서 교환 절차 과정에서 영국 상인들에게 부과되는 관세와 통행 관세를 동의하고 선언하며, 적당한 세율을 보이는 현재의 비율을 초과하지 않을 것이다. 그리고 전술한 조약의 비준서는 조약에 포함된 명시적 선언과 규정에 의해서 교환된다.

입회한 각각의 전권대사들은 현재의 선언에 서명하였으며, 각각의 도장으로 봉인하였다. 홍콩에서 1843년 6월 26일, 이에 상응하는 청국력으로는 도광제 23년 음력 5월 29일에 했다.

〈광저우, 아모이, 푸저우, 닝보, 그리고 상하이 항구에서 적용되는 영국 무역에 대한 일반 장정〉

1. 도선

영국 상인이 광저우, 푸저우, 아모이, 닝보, 상하이 등 5개 항구에서 무역을 위해서 도착할 경우, 도선사는 즉시 선박을 항구로 인도해야 한다. 그리고 이와 같이 영국 선박이 모든 법적 의무와 비용을 해결하고 귀국하게 되면, 도선사는 중지하거나 연기하지 않고 즉시 출항하도록 보장해야 한다. 이러한 도선사에게 지급될 보수와 관련해서는, 각 항구에 임명된 영국 영사관에 의해 공평하게 결제될 것이며, 영국 영사관은 초과된 거리, 위험도 등을 참조하여 보수를 결정할 것이다.

2. 해관 보호

각 항구의 청국 세관장은 사기 또는 밀수로 인한 수입 손실을 방지하기 위해 가장 적절하다고 판단할 수 있는 방법을 채택할 것이다. 도선사가 영국 상인을 항구로 인도할 때마다 세관장은 매출에 대한 사기에 대해 감시해야 할 의무가 있는 한두 명의 신뢰할 수 있는 세관 공무원에게 위임할 것이다. 그들은 편의상 가장 적합하도록 소속 선박에 머물거나 영국 선박의 선상에 머무를 것이다. 그들의 식량과 경비는 세관에서 매일 제공될 것이고, 지휘관이나 수하인으로부터 어떤 수수료를 요구하지 않을 것이다. 만약 그들이 이 규정을 어길 경우, 그들은 그렇게 엄격한 정도에 비례하여 처벌을 받을 것이다.

3. 선장의 도착 자신 신고

영국 선박이 위에 언급한 항구 중 하나에 정박할 때마다 선장은 도착 후 24시간 이내에 영국 영사관에 가서 선박 증명서, 선하 증권, 적하 목록 등을 영사관에 제출한다. 그렇게 하지 않으면 그는 200달러의 벌금을 내야 한다. 적하 목록을 허위로 제출하면, 벌금은 500달러가 될 것이다. 정당한 허가를 받기 전에 뱃짐을 내리고 배출이 시작되면 벌금은 500달러가 될 것이며, 그렇게 배출된 물품은 압수한다. 영사는 선박의 서류를 접수받은 즉시 선박 등록 명부 및 선상에 있는 화물의 세부 사항을 명시하여 작성된 통신문을 세관장에게 보낸다. 이 모든 것이 정당한 방식으로 행하여지면, 하선이 허가되고, 규정에 의해서 관세가 부과된다.

4. 영국 상인과 청국 상인 사이의 상업 거래

영국 상인들은 어떤 토착 상인과도 거래할 수 있다고 규정되어 있다. 만일 청국 상인이 사기를 치고 도망가거나 그가 갚을 수 없는 빚을 지게 된다면, 신고를 받은 청국 당국은 당연히 범죄자를 사법처리하기 위해 최선을 다할 것이다. 그러나 만약 그 채무 불이행자를 정말로 찾을 수 없거나, 죽거나, 파산하거나, 돈을 지불할 곳이 없다면, 영국 상인들은 상호 간에 지불을 위해서 공행 상인들의 관습에 호소할 수 없으며 더 이상 그들의 손실이 나아지도록 만드는 것을 기대할 수 없다는 것을 분명히 이해해야 한다.

5. 톤세

위에 언급한 5개 항구의 어느 항만 중 하나에 입항하는 모든 영국 상인은 등록 톤당 5메이스의 비율로 모든 요금을 지불하여야 한다. 그러므로 이전에 출국 시 부과되었던 모든 종류의 수수료는 곧 폐지된다.

6. 수입 및 수출 관세

이후로는 위에서 언급한 5개 항구에서 수입하거나 수출하는 물품들은 현재 확정되고 합의된 대로 세칙에 따라 관세를 부과해야 하며, 더 이상의 금액은 세칙에 명시된 것 이상으로 부과되어서는 안 된다. 영국 상선에 의해서 발생된 모든 의무는 수입품이나 수출품, 혹은 톤의 규모로 완전히 지불되어야 한다. 세관장이 항만 허가를 줄 때 하는 것이고, 그리고 영국 영사에게 제출하고, 그 후 그는 선박의 서류를 즉시 돌려주고, 선박의 출발을 허락할 것이다.

7. 세관에서의 물품 검사

화물을 적재 또는 하선할 화물을 보유한 모든 영국 상인은 그 정보를 면밀히 확인한 후 동일한 명세서를 영사에게 제출하고, 영사는 즉시 그의 소속인 공인된 통역관을 파견해서 그 명세서를 세관장에게 전달할 것이며, 상품들을 엄밀히 확인할 것이며 어떠한 이도 손실을 입히지 않을 것이다. 영국 상인은 또한 자신의 상품을 검사받을 때, 자신의 이익에 주의를 기울일 적절한 자격을 갖춘 사람을 현장에 두어야 한다. 그렇지 않으면, 불만이 있을 때 주의를 기울일 수 없다. 세관이 종가세를 부과하는 상품에 관해서, 영국 상인이 청국 관리가 가치를 결정하는 데 동의하지 않는다면, 각 당사자는 상품을 보기 위해 2, 3명의 상인을 불러서 상품을 확인해야 하며, 이들 상인들이 구매할 수 있는 최고 가격을 상품의 가치로 간주하여야 한다. 차와 같은 어떤 물품에 대한 포장 용기의 중량과 관련해서, 영국 상인이 세관 관리에게 동의할 수 없는 경우, 당사자는 100개당 가장 많은 상자에서 처음으로 총무게를 잰 다음 나중에 무게를 잰 다음에 상자의 평균 중량으로 해서 전체의 중량으로 정해서 이를 전체로 여길 것이다. 그리고 이 원칙에 따라서 포장되어 있는 다른 모든 상품들도 용기의 중량을 정할 것이다. 아직 해결하지 못한 분쟁의 여지가 있는 경우 영국 상인은 영사에게 항소할 수 있으며, 영사는 사건의 세부 사항을 세관장에게 전달하여 공평하게 조정할 수 있다. 그러나 항소는 당일에 이루어져야 하며 그렇지 않으면 고려되지 않는다. 이런 점들은 아직 열려 있지만, 세관장은 그의 명부에 이와 같은 내용을 삽입하는 것을 연기할 것이며, 따라서 이러한 경우의 장점들이 충분히 검토되고 조사될 수 있는 기회가 될 것이다.

8. 수단
앞에서 이미 언급한 바와 같이, 5개 개항장 중 한 곳에 진입하는 모든 영국 선박은 출항이 허가되기 전에 모든 관세와 톤세를 지불해야 한다. 세관장은 정부가 대신하여 영국인 상인으로부터 관세를 받기 위해서 권한을 받을 수 있는 안정성이 알려진 환전상 혹은 은행 시설을 선정할 것이며, 그들에게 정부 증빙으로 권한을 주는 면허장을 발급할 것이다. 그리고 지불된 돈에 대한 환전 영수증은 정부 증빙으로 간주된다. 이러한 관세를 지불함에 있어서, 다양한 종류의 외화를 사용할 수 있다. 그러나 외국 돈이 말굽은과 동등한 순도를 가지지 않기 때문에 다른 항구에 임명된 영국 영사관은 시간, 장소 및 상황에 따라 각 세관장과 지불금을 받을 수 있는 동전을 표준 또는 순수한 은과 동등하게 만들기 위한 비율을 조정해야 한다.

9. 중량
상품의 중량, 돈의 중량, 그리고 물품의 중량을 위해서 광저우의 세관에서 사용되었던 현장용 저울 세트와 정확하게 일치하는 것들을 엄격하게 날인해서 증거로서 봉인한 다음에 세관장이 소유하며, 5개 개항장의 영국 영사관의 소속에 두며, 이들은 모든 관세를 매기고 정부에 모든 총액으로 지불되는 기준이 될 것이다. 영국 상인과 중국 세관 관리 사이에 분쟁이 발생하는 경우 상품의 중량 또는 치수와 관련해서는 이 기준을 참조하고 이에 따라 분쟁을 결정한다.

10. 거룻배(운송선)
어떤 영국 상인이든 화물을 싣거나 하선해야 할 때마다, 그는 그가 원하는 어떤 종류의 거룻배나 화물선도 빌릴 수 있고, 그러한 선박에 대해 지불하는 금액은 정부의 간섭 없이 당사자들 간에 결정될 수 있다. 이러한 선박의 수는 제한되지 않으며, 이들의 독점도 어떤 당사자들에게도 부여되지 않는다. 밀수가 일어나면 범죄자들은 당연히 법에 따라 처벌받을 것이다. 만약 이들 선원 중 누구라도, 영국 상인들을 위해 물건을 운반하는 동안, 부정하게 재산을 양도하는 동안, 청국 당국은 그들을 체포하기 위해 최선을 다할 것이다. 그러나 동시에 영국 상인들은 그들의 상품의 안전을 위해 모든 적절한 예방 조치를 취해야 한다.

11. 상품의 환적
영국 상선은 특별한 허가 없이 상품을 운송할 수 없다. 환적이 필요한 곳에서 긴급한 사안이 발생하면 상황을 먼저 영사에게 보고해야 하며, 그 영사는 증서를 발급해야 한다. 그러면 세관장은 수송에 참석할 특별 관리를 파견할 것이다. 만일 어떤 사람이 이와 같은 허가를 요청하거나 받지 않고 통과하기로 했다면, 그렇게 불법적으로 환적된 모든 물품은 압수될 것이다.

12. 영사관 하급 관리
영국 상선의 정박지로 선정된 장소에는 선원과 그 밖의 인원들을 적절히 통제하기 위해 적절한 행동을 취하는 것이 허용된 하급 영사관원을 임명할 수 있다. 그는 영국 선원과 내지인들 사이의 싸움을 막기 위해 최선의 노력을 다하는 것이 가장 중요하다. 불행하게도 어떤 일이라도 발생한다면, 그는 우호적인 태도로서 최선을 다할 것이다. 선원들이 해안으로 걸어갈 때에 영사관원들은 그들과 동행해야 하고, 소동이 일어나면, 동행한 영사관원들은 책임을 져야 한다. 청국 관리들은 배에 머물고 있는 선원들에게 옷이나 다른 필수품들을 팔기 위해 배와 함께 오는 내지인들을 방해할 수 없다.

13. 영국 신민과 중국 신민 사이의 분쟁
영국 신민이 중국 신민에 대해 불만을 가질 이유가 있을 때마다, 그는 먼저 영사관에 가서 그 고충을 진술해야 한다. 영사는 그 사건의 시비에 대해 조사한 후 우호적인 방식으로 사건을 처리하도록 최선을 다한다. 같은 방법으로, 중국 신민이 영국 신민에 대해 불만을 가질 이유가 있다면, 그는 같은 정도로 불만을 경청하며 우호적으로 해결하려고 노력할 것이다. 영국 상인이 청국 당국에 건의할 경우가 있는 경우, 그는 영사를 통해 그러한 건의를 보내야 하며 영사는 그 말이 적당한가를 볼 것이며, 그렇지 않은 경우 직접 그것을 변경하거나 그 건의를 전달하는 것을 거부할 것이다. 불행하게도 영사가 우호적으로 주선할 수 없는 성격의 분쟁이 발생하면, 그는 청국 관리의 도움을 요청해야 하며, 그 관리는 사건의 시비를 검토하고 그것을 공평하게 결정한다. 영국인 범죄자의 처벌과 관련해서 영국 정부는 그 목적을 달성하는 데 필요한 법률을 제정할 것이며, 영사는 강제로 시행할 수 있는 권한을 부여받으며, 청국 범죄자에 대한 처벌과 관련해서는 평화 조약이 체결된 후 난징에서 발생한 서신에 의해 제공되는 방식으로 청국 법에 따라 재판하고 처벌될 것이다.

14. 항구 내에서 정박하는 영국 정부 순양함
영국 정부의 순양함은 5개 항구 각각에 정박하며, 영사가 선원과 다른 사람들을 잘 제지하고 소동을 막기 위한 수단을 가질 것이다. 그러나 이러한 정부 순양함은 상선과 동일한 기준에 놓여서는 안 되는데, 왜냐하면 그들은 상품을 가져올 수 없고 무역을 할 수 없기 때문에 그들은 물론 세금이나 어떠한 비용도 지불하지 않을 것이기 때문이다. 총영사는 세관장에게 이러한 정부 순양함의 입항과 출항을 정식으로 보고해야 하며 그는 적절한 조치를 취할 것이다.

15. 영국 상선의 신원 보장

지금까지 영국 선박이 광둥항에 입항하였을 때, 중국 공행 상선이 영국 상선의 신원을 보장하였으며, 모든 관세와 비용은 이러한 신원을 보증한 상인에 의해서 지불되었다. 그러나 이러한 신원 보증을 한 상인이 존재하지 않는 것으로 이해되었기에, 영국 영사는 지금부터 앞에서 언급한 5개 항구로 입항하는 영국 상선의 신원 보증을 한다.

2) (중영) 톈진(天津)조약(1858)

○ 명칭
- 영어: Treaty of Peace, Friendship, and Commerce between the Queen of the United Kingdom of Great Britain and Ireland and the Emperor of China, Treaty of Tien-Tsin between the Queen of Great Britain and the Emperor of China, Treaty of Tientsin
- 중국어: 中英天津條約

○ 체결국가: 영국, 청

○ 체결일: 1858년 5월 16일(6월 26일)
- 비준일: 1860년 10월 24일

○ 체결 장소: 톈진(체결) / 베이징(비준)

○ 서명자(또는 전권대사)
- 영국 전권대사: 엘긴(the Earl of Elgin and Kincardine)
- 청국 흠차대신: 동각대학사(東閣大學士) 정백기(正白旗) 만주도통(滿洲都統) 총리형부사무(總理刑部事務) 구이량(桂良)

○ 작성 언어: 영어, 중국어

○ 체결 배경 및 과정

영국은 난징조약을 통해서 상하이를 비롯한 5개 항구를 개항하고 자유무역의 기반을 조성하였지만, 무역상의 이익을 확대하지 못하였다. 그 이유는 상대적으로 저렴하면서도 품질이 우수한 중국산 면포로 인해서 영국산 면제품의 수출이 지지부진했기 때문이다. 뿐만 아니라 자급자족의 중국 경제 역시 영국산 제품의 중국 시장 진출을 더디게 하는 요소로 작동하였다.

이에 주청 영국공사 겸 홍콩총독 보우링(John Bowring)은 광저우의 양광총독(兩廣總督) 예밍천(葉名琛)에게 중국 내지와 연안 도시의 개방, 영국 상선의 자유로운 양쯔강 항해, 아편무역의 합법화, 외국 사절의 베이징 상주 등을 주장하면서 난징조약의 개정을 요구하였다. 하지만 청국 정부는 영국 측의 조약 개정 요구를 응하지 않았다.

그러던 중 1856년 10월 광저우의 청국 관헌이 주강(珠江)에 정박해 있었던 중국인 소유로 영국인 선장이 지휘하던 애로호(Arrow)의 영국 국기를 내리고 선원 11명을 해적 혐의로 체포한 사건이 발생하였다. 이 소식을 들은 영국 수상 헨리 존 템플(Henry John Temple, 3rd Viscount Palmerston)은 대청 전쟁에 반대하는 하원을 해산시키는 강경책을 구사하면서, 결국에는 새롭게 선출되는 하원의 동의를 얻어서 개전을 결정하였다. 1857년 영국은 프랑스와 연합군을 편성해서 광저우시를 점령하였다. 이어서 북상을 거듭한 영프 연합군이 톈진을 점령하자, 청국 정부는 영국과 프랑스의 침략에 굴복해서 이들 국가와 톈진조약을 체결하였다.

○ 주요 내용

톈진조약은 전문과 총 56개조, 제26조(관세)와 관련된 협정(1858년 11월 8일 상하이에서 체결)으로 구성되어 있다.

먼저 조약 전문에는 영국과 청국의 전권대사 임명 및 파견과 제2차 중영전쟁으로 말미암은 오해와 적대적 행위를 청산한다고 명시되어 있다. 제1조는 톈진조약이 난징조약의 개정 조약임을 명시함과 동시에 난징조약의 부속조약과 무역장정을 폐기하도록 했다. 그리고 제2, 3, 4, 5, 6조는 청국의 수도 베이징, 영국의 수도 런던에 각각 대사, 공사 혹은 기타 외교관이 상주할 수 있으며, 외교관의 수도 상주에 따른 각종 규정 및 특권, 자유로운 통행, 그리고 베이징 상주 영국 외교관의 청국 교섭 담당자를 지정하였다. 제7조에서는 영사 임명, 영사관 설치 및 영사관 관리의 상주 문제, 영사 활동에 따른 특권을 보장하였다. 제8조에서는 영국인이 중국에서 기독교를 비롯한 종교 활동을 자유롭게 영위할 수 있도록 명문화하였다. 제50조에서는 영국 정부와 청국 정부 사이에 오고 가는 공식 문서의 언어를 영어로 규정하였으며, 청국의 모든 공문서에 영국 정부 혹은 영국 신민을 야만인으로 표기하지 않도록 명시하였다.

영국은 톈진조약을 통해서 개항장의 추가 지정 및 내지 통상의 자유를 확보하고자 했다. 이에 제9조에서는 영국 신민의 자유로운 내지 통행 및 무역을 보장하고 이에 따른 관련 규정을 명문화하였다. 제10조에서는 양쯔강에서의 영국 상선의 무역 권리를 보장하였으며, 제11조에서는 뉴쫭, 덩저우, 타이완[포모사], 차오저우[스와토우], 치웅저우[하이난]의 개항을 보장하였다. 제12조는 개항장에서 영국 신민의 토지 임대, 주택 구입 및 임대와 관련한 특권과 면제 조항을 규정하였다. 제14, 15조는 영국 신민이 청국 정부의 간섭 없이 자유롭게 중국인을 고용할 수 있으며, 밀수에 대한 처벌 규정을 명시하였다. 제15, 16, 17, 18, 19, 21, 22, 23조는 중국에 거주하는 영국인의 영사재판권(치외법권)을 보장하고, 중국에서 발생하는 영국인 관련 민사 및 형사 사건에 대한 관할권 및 법적 절차를 규정하였다. 한편 제26, 27, 28, 29, 30, 31, 33조와 26조와 관련된 협정에서는 중국에서 수출입하는 물품에 대한 관세와 톤세 규정, 관세 납부 화폐를 명문화하였다. 이를 통해 청국은 영국 수입품에 대해서 5%의 수입관세율과 2.5%의 내지 통행세만을 부과하는 제약을 받게 되었다.

한편 제32, 34, 35, 36, 37, 38, 39, 40, 41, 42, 43, 44, 45조에서는 청국 정부의 개항장 설치에 따른 세관 운영 방침과 영국 상선의 입출항에 따른 절차 및 준수사항을 명문화하였다. 제46, 47, 48, 49조에서는 밀수 및 미개항장에서의 영국 상선의 무역 행위를 불법으로 규정하고 이에 대한 처벌을 명문화하였다.

마지막으로 제54조에서는 영국 정부와 영국 신민에게 최혜국 대우를 보장하였다.

○ 결과 또는 파급 효과

톈진조약은 영국이 제2차 중영전쟁을 통해서 청국에게 강압적으로 조약을 관철시켰다는 의미에서 조약의 체결 행위를 난징조약과 더불어 포함외교(Gunboat-Diplomacy)로 설명한다.

영국은 톈진조약을 통해서 영국 외교관의 베이징 상주를 관철시킴으로써, 광저우를 비롯한 개항장에서 지방관리를 통해서 간접적이고 제한적으로 시행되었던 교섭의 한계를 극복하고, 중국과의 현안을 중앙정부와 직접적으로 처리할 수 있는 발판을 마련하였다.

톈진조약에서는 중국 내 개항장 확대, 양쯔강에서의 무역 및 영국인의 내지 통행 및 통상의 특권을 보장하였다. 영국의 수입품에 대해서는 5%라는 저율의 수입관세율 및 내지에서 추가적인 세금 납부를 내지통행세(2.5%)로만 억제함으로써, 난징조약에 이어서 청국의 관세정책에 한층 더 제약을 가하였다. 이와 동시에 영국은 중국에서 영사재판권(치외법권)을 관철시킴으로써, 청국 정부의 사법권을 제약함과 동시에 중국 주재 영국인들의 자유로운 활동을 보장하였다. 이를 통해 영국은 중국을 자유무역이 관철되는 공간으로 재편하였으며, 그 과정에서 청국은 난징조약보다 더욱더 불평등한 조약을 강요받아야 했다.

톈진조약이 체결되자, 청국 정부 내에서는 조약 비준을 거부하는 강경론이 대두되었다. 이에 청국 정부는 베이징에서 조약 비준서를 교환하려는 영국군과 프랑스군의 진입을 막기 위한 목적으로 다구포대(大沽炮台)에 병력을 배치하면서, 청국과 영국·프랑스 사이에 전투가 재개되어 영국과 청국 관계는 새로운 국면을 맞이하게 되었다.

○ (조약문) 출처
- 汪毅, 張承棨 編, 1974, 『咸豐條約』, 文海出版社
- 영국 의회 (Treaty between Her Majesty and The Emperor of China with Rules for Trade and Tariff of Duties, *Presented to both Houses of Parliament by Command of Her Majesty*, 1861, LONDON: PRINTED BY HARRISON AND SONS.).

(중영) 톈진조약(중국어본) 원문

中英天津條約

一八五八年六月二十六日, 咸豊八年五月十六日, 天津。

大清皇帝、大英君主, 因視兩國情意未洽, 今願重修舊好, 俾嗣後得永遠相安; 是以大淸國特簡東閣大學士正白旗滿洲都統總理刑部事務桂良, 經筵講官吏部尙書鑲藍旗漢軍都統稽查會同四譯館花沙納; 大英國特簡世襲額羅金並金喀爾田二郡伯爵額爾金; 各將所奉全權大臣便宜行事之上諭互相較閱, 俱屬妥當, 現將會議商定條約開列於左:

第一款　前壬寅年七月二十四日江寧所定和約仍留照行。廣東所定善後舊約並通商章程現在更章, 旣經倂入新約, 所有舊約作爲廢紙。

第二款　大淸皇帝、大英君主意存睦好不絶, 約定照各大邦和好常規, 亦可任意交派秉權大員, 分詣大淸、大英兩國京師。

第三款　大英欽差各等大員及各眷屬可在京師, 或長行居住, 或能隨時往來, 總候奉本國諭旨遵行; 英國自主之邦與中國平等, 大英欽差大臣作爲代國秉權大員, 覲大淸皇上時, 遇有礙於國體之禮, 是不可行。惟大英君主每有派員前往泰西各與國拜國主之禮, 亦拜大淸皇上, 以昭劃一肅敬。至在京師租賃地基或房屋, 作爲大臣等員公館, 大淸官員亦宜協同辦。雇覓夫役, 亦隨其意, 毫無阻攔。待大英欽差公館眷屬、隨員人等, 或有越禮欺藐等情弊, 該犯由地方官從嚴懲辦。

第四款　大英欽差大臣並各隨員等, 皆可任便往來, 收發文件, 行裝囊箱不得有人擅行啓拆, 由沿海無論何處皆可。送文專差同大淸驛站差使一律保安照料; 凡有大英欽差大臣各式費用, 皆由英國支理, 與中國無涉; 總之, 泰西各國於此等大臣向爲合宜例准應有優待之處, 皆一律行辦。

第五款　大淸皇上特簡內閣大學士尙書中一員, 與大英欽差大臣文移、會晤各等事務, 商辦儀式皆照平儀相待。

第六款　今玆約定, 以上所開應有大淸優待各節, 日後特派大臣秉權出使前來大英, 亦允優待, 視此均同。

第七款　大英君主酌看通商各口之要, 設立領事官, 與中國官員於相待諸國領事官最優者, 英國亦一律無異。領事官、署領事官與道台同品; 副領事官、署副領事官及翻譯官與知府同品。視公務應需,衙署相見, 會晤文移, 均用平禮。

第八款　耶穌聖教暨天主教原係爲善之道, 待人知己。自后凡有傳授習學者, 一體保護, 其安分無過, 中國官毫不得刻待禁阻。

第九款　英國民人准聽持照前往內地各處遊歷、通商, 執照由領事官發給, 由地方官蓋印。經過地方, 如餝交出執照, 應可隨時呈驗, 無訛放行；雇船、僱人, 裝運行李、貨物, 不得攔阻。如其無照, 其中或有訛誤, 以及有不法情事, 就近送交領事官懲辦, 沿途止可拘禁, 不可凌虐。如通商各口有出外遊玩者, 地在百里, 期在三五日內, 毋庸請照。惟水手、船上人等, 不在此列, 應由地方官會同領事官, 另定章程, 妥爲彈壓。惟於江寧等處, 有賊處所, 候城池克複之後, 再行給照。

第十款　長江一帶各口, 英商船隻俱可通商。惟現在江上下游均有賊匪, 除鎮江一年後立口通商外, 其餘俟地方平靖, 大英欽差大臣與大清特派之大學士尚書會議, 准將自漢口溯流至海各地, 選擇不逾三口, 准爲英船出進貨物通商之區。

第十一款　廣州、福州、廈門、寧波、上海五處, 已有江寧條約舊准通商外, 即在牛庄、登州、台灣、潮州、瓊州等府城口, 嗣後皆准英商辦可任意與無論何人買賣, 船貨隨時往來。至於聽便居住、賃房、買屋, 租地起造禮拜堂、醫院、墳墓等事, 並另有取益防損諸節, 悉照已通商五口無異。

第十二款　英國民人, 在各口並各地方意欲租地蓋屋, 設立棧房、禮拜堂、醫院、墳塋, 均按民價照給, 公平定議, 不得互相勒捎。

第十三款　英民任便覓致諸色華庶, 執分內工藝, 中國官毫無限制禁阻。

第十四款　遊行往來, 卸貨、下貨, 任從英商自雇小船剝運, 不論各項艇只, 雇價銀兩若干, 聽英商與船戶自議, 不必官爲經理, 亦不得限定船數, 並何船攬載及挑夫包攬運送。倘有走私漏稅情弊查出, 該犯自應照例懲辦。

第十五款　英國屬民相涉案件, 不論人、產, 皆歸英官查辦。

第十六款　英國民人有犯事者, 皆由英國懲辦。中國人欺凌擾害英民, 皆由中國地方官自行懲辦。兩國交涉事件, 彼此均須會同公平審斷, 以昭允當。

第十七款　凡英國民人控告中國民人事件, 應先赴領事官衙門投稟。領事官即當查明根由, 先業勸息, 使不成訟。中國民人有赴領事官告英國民人者, 領事官亦應一體勸息。間有不能勸息者, 即由中國地方官與領事官會同審辦, 公平訊斷。

第十八款　英國民人, 中國官憲自必時加保護, 令其身家安全。如遭欺凌擾害, 及有不法匪徒放火焚燒房屋或搶掠者, 地方官立即設法派撥兵役彈壓查追, 並將焚搶匪徒, 按例嚴辦。

第十九款　英國船隻在中國轄下海洋, 有被強竊搶劫者, 地方官一經聞報, 即應設法查追拿辦, 所有追得賊物, 交領事官給還原主。

第二十款　英國船隻, 有在中國沿海地方碰壞擱淺, 或遭風收口, 地方官查知, 立即設法妥爲照料, 護送交就近領事官查收, 以昭睦誼。

第二十一款　中國民人因犯法逃在香港或潛往英國船中者, 中國官照會英國官, 訪查嚴拿, 查明實系罪犯交出。通商各口倘有中國犯罪民人潛匿英國船中房屋, 一經中國官員照會領事官, 即行交出不得隱匿袒庇。

第二十二款　中國人有欠英國人債務不償或潛行逃避者, 中國官務須認真嚴拿追繳。英國人有欠中國人債不償或潛行逃避者, 英國官亦應一體辦理。

第二十三款　中國商民或到香港生理拖欠債務者, 由香港英官辦理；惟債主逃往中國地方, 由領事官通知中國官, 務須設法嚴拿, 果系有力能償還者, 務須盡數追繳, 秉公辦理。

第二十四款　英商起卸貨物納稅, 俱照稅則, 爲額總不能較他國有彼免此輸之別, 以昭平允, 而免偏枯。

第二十五款　輸稅期候, 進口貨於起載時, 出口貨於落貨時, 各行按納。

第二十六款　前在江寧立約第十條內定進、出口各貨稅, 彼時欲綜算稅餉多寡, 均以價值爲率, 每價百兩, 徵稅五兩, 大概核計, 以爲公當, 旋因條內載列各貨種式, 多有價值漸減, 而稅餉定額不改, 以致原定公平稅則, 今已較重, 擬將舊則重修, 允定此次立約加用印信之後, 奏明欽派戶部大員, 即日前赴上海, 會同英員, 迅速商奪, 俾俟本約奉到朱批, 即可按照新章迅行措辦。

第二十七款　此次新定稅則並通商各款, 日後彼此兩國再欲重修, 以十年爲限, 期滿須於六個月之前先行知照, 酌量更改。若彼此未曾先期聲明更改, 則稅課仍照前章完納, 復俟十年再行更改；以後均照此限此式辦理, 永行弗替。

第二十八款　前據江寧定約第十條內載「各貨納稅后, 即准由中國商人遍運天下, 而路所經過稅關, 不得加重稅則, 只可按估價則例若干, 每兩加稅不過幾分」等語在案。迄今子口課稅實爲若干, 未得確數, 英商每種貨物或自某內地赴某口, 或自某口進某內地不等, 各子口恆設新章, 任其徵稅, 名爲抽課, 實於貿易有損；現定立約之後, 或在現通商各口, 或在日後新開口岸, 限四個月爲期, 各領事官備文移各關監督, 務以路所經處, 應納稅銀實數明晰照復, 彼此出示曉布, 漢、英商民均得通悉。惟有英商已有內地買貨, 欲運赴口下載, 或在口有洋貨欲進售內地, 倘願一次納稅, 免各子口徵收紛繁, 則准照行此一次之課。其內地貨, 則在路上首經之子口輸交, 洋貨則在海口完納, 給票爲他子口毫不另證之據。所征若干, 綜算貨價爲率, 每百兩征銀二兩五錢, 俟在上海彼此派員商酌重修稅則時, 亦可將各貨分別種式應納之數議定。此僅免各子口零星抽課之法, 海口關稅仍照例完納, 兩例並無交礙。

第二十九款　英國商船應納鈔課, 一百五十噸以上, 每噸納鈔銀四錢, 一百五十噸正及一百五十噸以下, 每噸納鈔銀一錢。凡船隻出口, 欲往通商他口並香港地方, 該船主稟明海關監督, 發給專照, 自是日起以四個月爲期, 如系前赴通商各口, 俱無庸另納船鈔, 以免重輸。

第三十款　英國貨船進口並未開艙欲行他往者, 限二日之內出口, 即不徵收船鈔, 倘逾二日之限, 即須全數輸納。此外船隻出、進口時, 並無應支費項。

第三十一款　英商在各口自用艇只, 運帶客人、行李、書信、食物及例不納稅之物, 毋庸完鈔；倘帶例應完稅之貨, 則每四個月一次納鈔, 每噸一錢。

第三十二款　通商各口分設浮椿、號船、塔表、望樓, 由領事官與地方官會同酌視建造。

第三十三款　稅課銀兩由英商交官設銀號, 或紋銀, 或洋錢, 按照道光二十三年在廣東所定各樣成色交納。

第三十四款　秤碼、丈尺均按照粵海關部頒定式, 由各監督在各口送交領事官, 爲昭劃一。

第三十五款　英國船隻欲進各口, 聽其雇覓引水之人；完清稅務之後, 亦可雇覓引水之人, 帶其出口。

第三十六款　英國船隻甫臨近口, 監督官派委員弁、丁役看守, 或在英船, 或在本艇, 隨便居住。其需用經費, 由關支發, 惟於船主並該管船商處, 不得私受毫釐；倘有收受, 查出分別所取之數多寡懲治。

第三十七款　英國船隻進口, 限一日該船主將船牌、艙口單各件交領事官, 即於次日通知監督官, 並將船名及押載噸數、裝何貨物之處照會監督官, 以憑查驗。如過限期, 該船主並未報明領事官, 每日罰銀五十兩；惟所罰之數, 總不能逾二百兩以外。至其艙口單內, 須將所載貨物詳細開明, 如有漏報者, 船主應罰銀五百兩；倘系筆誤, 即在遞貨單之日改正者, 可不罰銀。

第三十八款　監督官接到領事官詳細照會後, 即發開艙單。倘船主未領開艙單, 擅行下貨, 即罰銀五百兩, 並將所下貨物全行入官。

第三十九款　英商上貨、下貨, 總須先領監督官准單；如違即將貨物一併入官。

第四十款　各船不準私行撥貨, 如有互相撥貨者, 必須先由監督官處撥給准單, 方准動撥, 違者即將該貨全行入官。

第四十一款　各船完清稅餉之後, 方准撥給紅單, 領事官接到紅單, 始行發回船牌等件, 准其出口。

第四十二款　至稅則所載按價若干抽稅若干, 倘海關驗貨人役與英商不能平定其價, 即須各邀客商二三人前來驗貨, 客商內有願出價銀若干買此貨者, 即以所出最高之價爲此貨之價式, 免致收稅不公。

第四十三款　凡納稅實按兩秤計, 先除皮包粉飾等料, 以淨貨輕重爲準。至有連皮過秤除皮核算之貨, 即若茶葉一項, 倘海關人役與英商意見不同, 即於每百箱內, 聽關役揀出若干箱, 英商亦揀出若干箱, 先以一箱連皮過秤得若干, 再稱其皮得若干, 除皮算之, 即可得每箱實在數。其餘貨物, 凡繫有包皮者, 均可準此類推。倘再理論不明, 英商赴領事官報知情節, 由領事官通知監督官商量酌辦, 惟必於此日稟報, 遲則不爲辦理。此項尚未論定之貨, 監督官暫緩填簿, 免致后難更易, 須俟秉公核斷明晰, 再爲登填。

第四十四款　英國貨物, 如因受潮濕以致價低減者, 應行按價減稅。倘英商與關吏理論價值未定, 則照按價抽稅條內之法置辦。

第四十五款　英國民人運貨進口既經納清稅課者, 凡欲改運別口售賣, 須稟明領事官, 轉報監督官委員驗明, 實系原包原貨, 查與底簿相符, 並未拆動抽換, 即照數填入牌照, 發給該商收執, 一面行文別口海關查照, 仍俟該船進口, 查驗符合, 即准開艙出售, 免其重納稅課。如查有影射夾帶情事, 貨罰入官。至或欲將該貨運出外國, 亦應一律聲稟海關監督, 驗明發給存票一紙, 他日不論進口、出口之貨, 均可持作已納稅餉之據。至於外國所產糧食, 英船裝載進口, 未經起卸, 仍欲運赴他處, 概無禁阻。

第四十六款　中國各口收稅官員, 凡有嚴防偸漏之法, 均准其相度機宜, 隨時便宜設法辦理, 以杜弊端。

第四十七款　英商船隻獨在約內准開通商各口貿易。如到別處沿海地方私做買賣, 卽將船、貨一幷入官。

第四十八款　英國商船查有涉走私, 該貨無論式類、價值, 全數查抄入官外, 俟該商船賬目清后, 亦可嚴行驅除, 不準在口貿易。

第四十九款　約內所指英民罰款及船貨入官, 皆應歸中國收辦。

第五十款　嗣後英國文書俱用英字書寫, 暫時仍以漢文配送, 俟中國選派學生學習英文、英語熟習, 卽不用配送漢文。自今以後, 遇有文詞辯論之處, 總以英文作爲正義。此次定約, 漢、英文書詳細較對無訛, 亦照此例。

第五十一款　嗣後各式公文, 無論京外, 內敘大英國官民, 自不得提書夷字。

第五十二款　英國師船, 別無他意, 或因捕盜駛入中國, 無論何口, 一切買取食物、甜水、修理船隻, 地方官妥爲照料。船上水師各官與中國官員平行相待。

第五十三款　中華海面每有賊盜搶劫, 大淸、大英視爲向於內外商民大有損礙, 意合會議設法消除。

第五十四款　上年立約, 所有英國官民理應取益防損各事, 今仍存之勿失, 倘若他國今後別有潤及之處, 英國無不同獲其美。

第五十五款　大英君主懷意恆存友睦, 允將前因粵城一事所致需支賠補各項經費等款如何辦理, 另立專條, 與約內列條同爲堅定不移。

第五十六款　本約立定后, 候兩國御筆批准, 以一年爲期, 彼此各派大臣於大淸京師會晤, 互相交付, 現下大淸、大英各大官先蓋用關防, 以昭信守。

大淸咸豐戊午年五月十六日

大英降生后一千八百五十八年六月二十六日

專條

前因粵城大憲辦理不善, 致英民受損, 大英君主只得動兵取償, 保其將來守約勿失。商虧銀二百萬兩, 軍需經費銀二百萬兩二項, 大清皇帝皆允由粵省督、撫設措, 至應如何分期辦法, 與大英秉權大員酌定行辦。以上款項付清, 方將粵城仍交回大清國管屬。

咸豐八年五月十六日

一千八百五十八年六月二十六日

(중영) 톈진조약(중국어본) 한글 번역문

중영 톈진조약

1858년 6월 26일 함풍 8년 5월 16일 톈진

대청국(大淸國) 황제(皇帝)와 대영국(大英國) 군주(君主)는 양국의 정의(情意)가 미흡하기 때문에 지금 옛 우호를 다시 닦기를 원하여 사후 영원히 서로 편안함을 얻고자 한다. 이로써 대청국은 동각대학사(東閣大學士) 정백기(正白旗) 만주도통(滿洲都統) 총리형부사무(總理刑部事務) 구이량(桂良), 경연강관(經筵講官) 이부상서(吏部尚書) 양람기(鑲藍旗) 한군도통(漢軍都統) 계사(稽查) 회동사역관(會同四譯館) 화사나(花沙納)를 특별히 선발하고, 대영국은 세습(世襲) 額羅金(엘긴), 즉 金略爾田(Kincardine, 킨카딘) 2군(二郡) 백작(伯爵) 엘긴을 특별히 선발하여 각자 전권대신으로서 편의로 행사할 수 있는 상유를 받들어 상호 교열하고 타당함에 속하게 하여 현재 조약을 회의하고 상정하여 아래에 나열한다.

제1관
전 임신년 7월 24일 강녕(江寧)에서 정한 화약(和約)은 거듭 두어 따른다. 광둥에서 정한 선후구약(善後舊約)과 통상장정은 현재 고쳐 이미 새로운 조약에 넣었으니 옛 조약에서 만든 것은 폐지한다.

제2관
대청국 황제와 대영국 군주의 뜻은 친목이 끊이지 않음에 있으니 각 대방(大邦)이 화호(和好)하는 상규에 따라 또한 임의로 병권대원(秉權大員)을 파견하여 대청국, 대영국 양국의 경사(京師)에 이르도록 한다.

제3관
대영국 흠차 각 등급의 대원 및 각 권속은 경사에 있을 수 있으며 혹 멀리 가 거주하거나 혹은 수시로 왕래할 수 있으며 본국의 유지를 받들어 따른다. 영국은 자주(自主)의 나라로 중국과 평등하니 대영국 흠차대신으로 하여금 나라를 대신하는 병권대원(秉權大員)으로 삼아 대청국 황상을 알현할 때 국체의 예의에 장애가 되는 것이 있으면 이는 행할 수 없다. 오직 대영국 군주는 매번 대원을 태서(泰西) 각국에 파견하여 군주에 대한 배례를 행하기에 또한 대청국 황상에게 배례함으로써 삼가 존경을 나타낸다. 경사에서 토지 및 주택을 빌려 대신 등 대원의 공관으로 삼는 것은 대청국 관원이 또한 협동하여 처리한다. 부역의 고용은 또한 그 뜻을 따라 조금이라도 어려움이 없게 한다. 대영국 흠차 공관의 권속과 수행원 등을 대할 때 혹 예의를 넘거나 업신여기는 폐단이 있으면 해당 범인은 지방관이 엄히 징계하여 처리한다.

제4관
대영국 흠차대신과 각 수행원 등은 모두 임의로 왕래할 수 있고 문건의 수발은 행장과 상자에 사람이 제멋대로 열어볼 수 없고 연해는 물론 어느 곳에서도 모두 할 수 있다. 문건을 발송하는 전차(專差)는 대청국 역참의 차사와 함께 일률적으로 보호받을 수 있다. 대영국 흠차대신의 각종 비용은 모두 영국이 지불하고 중국이 간섭하지 않는다. 이를 모두 합쳐 태서 각국이 이들 대신에게 부합하는 의례에서 우대하는 것을 따른다면 모두 일률적으로 그렇게 처리한다.

제5관
대청국 황상은 내각대학사 상서 중 1명을 특별히 선발하여 대영국 흠차대신과 문서의 이관, 회동 등 각종 사무와 상의하는 의식을 모두 평등한 의례에 따라 상대하도록 한다.

제6관
지금 이에 조약을 정함으로써 이상 나열한 대청국이 우대하는 각 절목은 이후 특파대신과 병권대원이 출사하여 대영국에 갈 때 또한 우대하고 이를 똑같이 보도록 한다.

제7관
대영국 군주는 통상하는 각 항구의 요충지를 참작하여 영사관을 설립하고 중국 관원이 여러 나라의 영사관을 제일 우대하여 상대하는 것과 더불어 영국 또한 일률적으로 다름이 없도록 한다. 영사관, 서리영사관(署理領事官)과 도태(道台)는 같은 품급이다. 부영사관, 서리부영사관 및 번역관은 지부(知府)와 같은 품급이다. 공무의 응수, 관아의 상견, 회담과 문서 교환은 모두 평등한 예의를 사용한다.

제8관
예수교는 천주교와 근본이 선한 가르침에 있어 사람을 지기(知己)와 같이 대우한다. 학문을 전수받아 배우는 자는 일체 보호하고 신분에 지나침이 없도록 하며 중국 관원은 조금이라도 금지할 수 없다.

제9관
영국 인민은 내지 각 처소에 여행, 통상하러 가기 위하여 집조(執照)를 영사관으로부터 발급받아 지방관에게 도장을 받는다. 지방을 경과할 때 집조 제출을 요구받으면 수시로 증거로 낼 수 있으며 어려움 없이 통행한다. 고용된 선박, 인원, 행장, 화물은 가로막힐 수 없다. 만약 집조가 없거나 그 중에 혹은 오류가 있음으로써 불법한 정황에 미치면 곧바로 근처 영사관에게 보내어 징계 처리하고 도중에 멈추어 구금하거나 학대할 수 없다. 만약 통상하는 각 항구에서 외유하러 나간 자가 있으면 땅으로는 100리, 기한으로는 35일 이내에는 집조를 청할 필요가 없다. 오직 수수(水手), 선원 등은 이 사례에 있지 않고 마땅히 지방관이 영사관과 회동하여 장정을 정하고 타당하게 탄압한다. 오직 강녕(江寧) 등의 곳에서 도적이 있는 곳이라면 성지(城池)를 수복한 뒤에 다시 집조를 발급한다.

제10관
장강 일대의 각 항구에서 영국 상선은 모두 통상할 수 있다. 오직 현재 강 상하 유역에 모두 비적이 있으니 전장(鎭江)은 1년 후에 통상하는 항구를 세우는 것을 제외하고 그 나머지 지방이 평정되면 대영국 흠차대신이 대청국이 특파한 대학사, 상서와 회의하여 한커우(漢口)로부터 거슬러 올라가 바다에 이르는 각지에서 3곳이 넘지 않는 항구를 선택하여 영국 선박이 화물을 출입하고 통상하는 구역으로 삼게한다.

제11관
광저우(廣州), 푸저우(福州), 샤먼(廈門), 닝보(寧波), 상하이 등 다섯 곳은 이미 강녕조약(江寧條約)에서 옛날에 통상을 승인하였고, 그 외에 곧 뉴좡(牛庄), 덩저우(登州), 타이완(台灣), 차오저우(潮州), 충저우(瓊州) 등의 도시에서 사후 모두 영국 상인이 임의로 어느 사람이 매매하던지 선박과 화물을 수시로 왕래하도록 한다. 거주, 임대, 가옥 매매에 대한 편의를 들어주고 토지를 빌려 건조하는 예배당, 의원, 무덤 등의 일은 아울러 이익을 취하고 손해를 막는 여러 절목을 만들어 이미 통상하는 다섯 곳의 항구와 다르지 않다는 것을 알리도록 한다.

제12관
영국 인민은 각 항구 및 각 지방에서 토지를 빌려 가옥을 짓고 점포, 예배당, 의원, 무덤 등을 설립하고자 한다면 시중가에 따라 발급하고 공평하게 의논을 정하여 서로 억누르지 않도록 한다.

제13관
영국 인민은 여러 가지 중국 서민을 임의대로 구하고 신분에 맞게 공예를 시킬 수 있는데 중국 관원은 조금이라도 제한하거나 금지할 수 없다.

제14관
여행을 왕래할 때 화물의 상하차는 영국 상인이 스스로 고용한 작은 배의 운송에 맡긴다. 각 항목의 선박을 막론하고 고가(雇價)는 은량 약간으로 하고 영국 상인과 선주가 스스로 의논하여 관원이 경리를 맡을 필요가 없으며 또한 선박의 수량을 한정할 수 없다. 아울러 어떠한 선박이라 하더라도 화물과 짐꾼은 포괄하여 운송한다. 만약 사사로이 세금을 탈루하는 폐단이 드러나면 해당 범인은 마땅히 규례에 따라 징계 처리한다.

제15관
영국에 속한 인민에 관계한 안건은 사람, 물산을 막론하고 모두 영국 관원의 조사 처리에 귀속시킨다.

제16관
영국 인민이 범죄를 저지르면 모두 영국의 징계 처리에 맡긴다. 중국인이 영국 인민을 능욕하고 해를 끼치면 모두 중국 지방관이 스스로 징계 처리한다. 양국이 교섭하는 사건은 피차 고르게 회동하여 공평히 심판함으로써 타당함을 밝힌다.

제17관
영국 인민이 중국 인민을 공소한 사건은 마땅히 먼저 영사관 아문에 나아가 품의하도록 한다. 영사관은 즉시 근거와 이유를 조사하고 먼저 소송이 그치기를 권하고 소송에 이르지 못하게 한다. 중국 인민이 영사관에 나아가 영국 인민을 공소하면 영사관은 또한 일체 소송이 그치기를 권한다. 그 사이에 소송이 그치기를 권할 수 없으면 즉시 중국 지방관이 영사관과 회동하여 심판하고 공평히 판결을 내린다.

제18관
영국 인민은 중국 관헌이 보호하고 그 신원을 안전하게 한다. 만약 능욕하고 해를 끼치고 불법한 비도가 주택을 방화하고 약탈하기에 미친다면 지방관은 즉시 대책을 세워 군대를 파견하여 탄압하고 조사 추궁한다. 아울로 방화하고 약탈한 비도는 규례에 따라 엄히 처리한다.

제19관
영국 선박이 중국 관할 하의 해양에서 강도, 약탈을 당하면 지방관은 한편으로는 통보를 듣고 즉시 대책을 세워 조사하고 붙잡는다. 추궁하여 얻은 장물은 영사관에게 교부하여 원래 주인에게 돌려준다.

제20관
영국 선박이 중국 연해지방에서 파괴, 좌초되거나 혹은 풍랑을 만나 항구를 찾으면 지방관은 이를 알고 즉시 대책을 세워 타당하게 보살피고 근처 영사관에게 호송하여 수습하게 함으로써 우의를 밝힌다.

제21관
중국 인민이 범죄로 인하여 홍콩에 도주하거나 혹은 영국 선박에 들어가면 중국 관원은 영국 관원에게 조회하여 조사 체포하도록 하고 사실을 조사하여 범죄인을 내어주도록 한다. 통상하는 각 항구에서 만약 중국 범죄인이 영국 선박 안의 방에 잠닉하면 한편으로는 중국 관원이 영사관에게 조회하고 즉시 내어주어 은닉, 비호할 수 없게 한다.

제22관
중국인이 영국인에게 채무를 지고 갚지 않거나 혹은 도주하면 중국 관원이 반드시 진실을 인지하고 엄히 체포하여 추징한다. 영국인이 중국인에게 채무를 지고 갚지 않거나 혹은 도주하면 영국 관원 또한 일체 처리한다.

제23관
중국 상인이 혹은 홍콩에 이르러 채무를 질질 끌며 갚지 않으면 홍콩의 영국 관원이 처리한다. 오직 채무자가 중국 지방에 도주하면 영사관이 중국 관원에게 통지하여 반드시 대책을 세워 엄히 체포하고 갚을 능력이 있는자라면 반드시 몰수하여 추징하고 공평한 처리를 하도록 한다.

제24관
영국 상인이 화물을 싣는 세금은 모두 세칙에 따르고, 총액은 타국과 비교하여 그들이 면제받는 구별이 없게 함으로써 공평함을 알리고 치우침이 없게 한다.

제25관
수출세의 시기는 항구에 들어가 화물을 적재할 때, 항구를 나가면서 화물을 내릴 때로 하여 각자 납세하도록 한다.

제26관
전의 강녕조약 제10조에서 정한 화물의 입출구세는 그때 산정하고자 한 세금의 다과가 모두 가치를 기준으로 삼아 매 가격 100냥마다 5냥을 징수하여 대개 채산이 공평 타당하였다. 도리어 조관 내에 기재한 각 화물의 물종이 많이 가치가 감소한 것이 있는데 세금 정액이 고쳐지지 않았다. 원래 정한 공평한 세칙에 이름으로써 지금 이미 비중을 비교하여 옛 규칙을 거듭 고치고자 한다. 이번에 세우는 조약에서 인신을 사용한 후 호부(戶部)에서 대원을 흠파할 것을 주청하여 즉시 상하이로 가서 영국 대원과 회동하여 신속히 상의하고 본 조약이 비준될때까지 기다려 새로운 장정에 따라 신속히 조치한다.

제27관
이번에 새로 정한 세칙과 통상에 관한 각 조관은 이후 피차 양국이 다시 거듭 고치고자 하면 10년을 기한으로 하여 기한이 차면 반드시 6개월 전에 먼저 알려 작량하고 고치도록 한다. 만약 피차 기한에 앞서 성명하여 다시 고치지 않는다면 세금의 부과는 거듭 종전의 장정에 따라 완납하고 다시 10년을 기다려 다시 고친다. 이후 모두 이 기한에 따라 이러한 법식으로 처리하며 영원히 바꾸지 않는다.

제28관
전에 강녕조약 제10조 내에 기재한 "각 화물의 세금을 납부한 후, 곧 중국 상인이 천하에 운송할 것을 승인하고 도로를 통과하는 세관은 세금을 가중할 수 없다. 다만 가격 규칙 약간에 따라 매 양(兩)마다 불과 몇 푼의 세금을 더할 수 있다"라는 말이 사안에 있다. 지금까지 항구의 과세는 실로 약간이었고 확실한 액수가 없었다. 영국 상인이 매번 화물이라고 칭하고 혹 모 내지에서 모 항구로 가거나 혹은 모 항구에서 모 내지로 가는 것이 균등하지 않았다. 각 항구가 항상 새로운 장정을 세워 그 징세를 맡겼다. 이름은 과세 계산이라고 하나 실로 무역에 손해가 있었다. 현재 조약을 정한 후 혹 현재 통상하는 각 항구에서 혹 이후 새로운 개항장에서 4개월을 기한으로 하여 각 영사관이 문서를 마련하여 각 관문의 감독에게 보내고 길로써 거치는 곳에 마땅히 납세하는 은보(銀寶)의 실제 수량을 명석히 알리고 피차 포고를 내려 중국, 영국 상민이 모두 알 수 있도록 한다. 오직 영국 상인이 이미 내지에서 화물을 매매하고 운송하여 항구에 나아가 내리고자 하니 혹 항구에서 서양 화물을 내지에 팔고자 하여 만약 한 차례 납세하고 각 항구의 징수하는 번잡함을 면하고자 한다면 이 한 차례의 과세로 한다. 내지의 화물은 길 위의 먼저 거치는 항구에서 넘기고 서양 화물은 항구에서 완납하며 표를 발급하여 다른 항구에서 조금이라도 징수할 수 없는 증거로 삼는다. 징수하는 약간은 화물가를 산정하여 기준으로 삼고 매 100냥에 은 2냥 5전을 거두고 상하이에서 피차 관원을 파견하여 세칙을 거듭 고칠 때 또한 각 화물의 분별과 종류에 따라 납세의 수량을 의정할 수 있다. 이는 겨우 각 항구의 영성한 과세법을 면하는 것으로 항구 관세는 거듭 규례에 따라 완납하고 두 규례는 충돌하지 않는다.

제29관
영국 상선이 납부하는 세금은 150톤 이상은 매 톤당 은 4전을 납부하고 150톤 및 150톤 이하는 매 톤당 은 1전을 납부한다. 선박이 항구를 나갈 때 통상하는 다른 항구나 홍콩 지방으로 가고자 한다면 해당 선주는 해관 도독에게 알려 전조(專照)를 발급받고 이 날로부터 4개월을 기한으로 하여 통상하는 항구에 가면 선세를 납부하지 않게 함으로써 중복 과세를 면하게 한다.

제30관
영국 화물선이 항구에 들어가 아직 승강구를 열지 않아 다른 곳에 가고자 한다면 2일 안으로 항구를 나가면 선세를 징수하지 않는다. 만약 2일의 기한을 넘기면 전액을 수납한다. 그밖의 선박이 항구에 출입할 때 비용을 지불하지 않는다.

제31관
영국 상인이 각 항구에서 사용하는 거룻배와 이끌고 다니는 손님, 행장, 서신, 음식물 및 납세하지 않는 물건은 세금을 내지 않는다. 만약 규례에 따라 완납하는 화물은 매 4개월에 한 번 납부하고 매 톤당 1전으로 한다.

제32관
통상하는 각 항구에 부표, 호선(號船), 탑표, 망루는 영사관과 지방관에 회동하여 건조하도록 한다.

제33관
과세하는 은냥(銀兩)은 영국 상인이 관원에게 주어 은호(銀號)를 설립하고 혹 문은(紋銀)이나 혹 양은(洋錢)은 도광 23년 광둥에서 정한 각 모양의 종류에 따라 납부하도록 한다.

제34관
파운드법과 척관법은 모두 광동 해관부에서 반포한 정식에 따라 각 감독이 각 항구에서 영사관에게 송부하여 획일적으로 한다.

제35관
영국 선박이 각 항구에 들어가고자 하면 수로 안내인을 고용할 수 있다. 세무를 완료한 후 또한 수로 안내인을 고용하여 항구를 떠날 수 있다.

제36관
영국 선박이 근처 항구에 임하면 감독관이 위원과 군인, 장정을 파견하여 돌보아주고 혹 영국 선박에서 혹은 본 선박에서 편의에 따라 거주한다. 사용하는 경비는 관문에서 지급하고 오직 선주와 관리선이 거래하는 곳에서는 사사로이 세금을 거둘 수 없다. 만약 수수하는 일이 있으면 수취한 다과를 조사하고 분별하여 징계한다.

제37관
영국 선박이 항구에 들어가 1일을 한도로 해당 선주가 선패(船牌), 화물 명단을 영사관에게 건네어 주면 다음 날 감독관에게 통지하고 선박 이름 및 적재 톤수, 화물의 목적지를 감독관에게 알림으로써 증빙한다. 기한을 넘기면 해당 선주와 보고하지 않은 영사관이 매 일당 벌금 은 50냥을 물린다. 오직 벌금의 액수는 모두 200냥 이상을 넘길 수 없다. 화물 명단은 적재한 화물의 상세를 밝히고 보고가 누락되면 선주에게 벌금 은 500냥을 물린다. 만약 잘못 적으면 화물 명단을 지체한 날짜를 개정한 경우 벌금을 물리지 않는다.

제38관
감독관은 영사관의 상세한 조회를 접수한 후 화물 적하 증명서를 발급한다. 만약 선주가 화물 적하 증명서를 수령하지 않고 제멋대로 화물을 내리면 벌금 은 500냥을 물리고 내린 화물을 전부 관아에 몰수한다.

제39관
영국 상인은 화물을 싣고 화물을 내릴 때 감독관의 허가를 받아야 한다. 만약 어기면 화물 일체를 관아에 몰수한다.

제40관
각 선박이 승인 없이 사사로이 화물을 운송하고 서로 화물을 운송하는 자가 있으면 반드시 먼저 감독관이 허가서를 발급해야만 이동시킬 수 있으며 어기는 자는 해당 화물 모두를 관아에 몰수한다.

제41관
각 선박은 세금을 완납한 후에야 서류를 발급할 수 있고 영사관은 서류를 접수하고서야 선패(船牌) 등을 돌려주어 항구를 나가게 해 준다.

제42관
세칙은 적재한 화물의 가격 약간에 따라 약간의 세금을 추출한다. 만약 해관이 화물 인부와 영국 상인을 중험하여 그 가격을 정하지 못하면 각 방문 상인 2, 3명이 와서 화물을 중험하고 방문 상인 내에 은 약간을 내어 이 화물을 사고자 하는 자가 있으면 최고 가격으로 이 화물의 가격을 매김으로써 징세의 불공정함을 면하게 한다.

제43관
모든 납세의 실제는 저울에 따라 계산하며 먼저 포장, 꾸밈 등의 재료를 제거함으로써 화물 경중의 기준을 정한다. 포장까지 포함하여 저울을 넘어 외피를 제거하여 산정한 화물은 茶葉 한 가지 항목이다. 만약 해관의 인부와 영국 상인의 의견이 같지 않으면 매 100상자 내에 해관 인부가 약간의 상자를 분간하게 하며 영국 상인 또한 약간의 상자를 분간하게 한다. 먼저 한 상자의 포장이 저울 약간을 넘으면 다시 그 외피 약간을 얻었다고 하여 외피를 제외하고 이를 산정하면 매 상자의 실 수량을 얻을 수 있다. 그 나머지 화물은 포장에 묶인 것은 모두 이러한 기준에 따라 추측한다. 만약 다시 이치가 명확하지 않으면 영국 상인이 영사관에게 정황을 통지하고 영사관이 감독관에게 통지하여 상의하고 처리하게 한다. 반드시 그 날 알려야 하고 지체하면 처리할 수 없다. 이 항목에서 정하지 못한 화물은 감독관이 잠시 장부에 기입하여 나중에 어렵게 바꾸는 것을 면하게 하고 반드시 공평하고 명석하게 조사하여 다시 장부에 기입한다.

제44관
영국 화물이 눅눅하게 되어 가치가 하락하면 가격에 따라 감세한다. 만약 영국 상인이 해관의 관리와 논하는 가치가 정해지지 않으면 가격에 따라 세금을 추출하는 조관 안의 법에 따라 처치한다.

제45관
영국 인민의 화물 운송과 항구 진입은 이미 세금 납부를 거쳤으니 다른 항구에 가서 판매하고자 한다면 반드시 영사관에게 아뢰고 감독관 위원에게 알려 검사하게 한다. 실제로 원래 포장과 원래 화물은 장부와 맞는지 조사하고 아직 바뀌친 것을 물리지 않은 것은 수량에 따라 문서에 기입하고 해당 상에게 발급하여 수집한다. 한편으로는 문서를 다른 항구 해관에 보내어 조사하게 하고 해당 선박이 항구에 진입하기를 기다려 실제와 부합한지 검사하면 승강구를 열어 화물을 내리고 중복 과세를 면하게 한다. 만약 은폐하여 가져온 정황이 있으면 화물을 관아에 몰수한다. 해당 화물을 외국으로 운송하고자 한다면 또한 일률적으로 해관 감독에게 아뢰어 검사하도록 하고 표 1장을 발급하여 다른 날 화물의 진입과 반출을 막론하고 이미 납세한 근거로 지니게 할 수 있다. 외국에서 생산한 양식은 영국 선박이 짐을 꾸려 항고에 들어오면 짐을 내리지 말게 하고 다른 곳에 운송하고자 한다면 대개 금지하지 않는다.

제46관
중국 각 항구에서 세금을 걷는 관원은 탈세를 엄히 막고 형편을 따져보아 수시로 편의로 대책을 마련하여 처리함으로써 폐단을 막는다.

제47관
영국 선박은 오직 조약 내에서 허락한 통상하는 각 항구에서 무역한다. 만약 다른 연해 지방에 이르러 사사로이 매매하면 즉시 선박, 화물 일체를 관아에 몰수한다.

제48관
영국 선박을 조사하여 밀수한 것이 있으면 해당 화물은 종류, 가격을 막론하고 전체를 찾아내어 관아에 몰수하는 것 외에 해당 선박의 장부를 청산한 후 또한 엄히 없애 버려 항구에서 무역하지 못하게 한다.

제49관
조약 내에 지명한 영국 인민의 벌금 및 관아에 몰수된 선박과 화물은 모두 중국의 처리에 귀속시킨다.

제50관
사후 영국 문서는 영문자를 사용하여 작성하고 잠시 한문으로써 배송하여 중국이 학생을 파견하여 영어를 영문, 영어를 능숙하게 학습할 때까지 기다린 다음 한문으로 배송하지 않는다. 지금 이후 문서에서 변론할 곳이 있으면 모두 영문 작성을 옳은 뜻으로 한다. 이번에 정하는 조약은 한문, 영문 문서로 상세하게 비교 대조하여 오류가 없으니 또한 이러한 예를 따른다.

제51관
사후 각 형식의 공문은 북경 안팎을 막론하고 대영국 관민에게 주는 것이니 이자(夷字)를 사용할 수 없다.

제52관
영국 군선은 다른 뜻이 별도로 없으니 혹 도둑을 잡으로 중국에 들어갈 때 어느 항구를 막론하고 일체 사들이는 음식, 담수와 선박의 수리는 지방관이 타당히 보살펴 준다. 선박 위의 해군장교들은 중국 관원과 평등하게 상대한다.

제53관
중국 해안에는 매번 도적들의 약탈이 있으니 대청국, 대영국은 안팎의 상민들에게 커다란 손해가 있음을 알고 뜻을 모아 회의하고 대책을 마련하여 없애 버린다.

제54관
지난 해의 조약은 영국 관민이 이익을 취하고 손해를 막은 각 사안이었고 지금 거듭 여기에서 어기지 않는다. 만약 타국이 이후 별도로 은혜를 받는 곳이 있으면 영국은 그 아름다움을 같이 취하지 않음이 없다.

제55관
대영국 군주는 항상 우의를 품고 전에 광저우성에서 일어난 한 가지 사건으로 인하여 배상해야 하는 각 항목의 경비 등의 처리 방법은 별도로 특별조관을 마련하여 조약 내에 진열한 조관과 같이 굳히고 바꾸지 않는다.

제56관
본 조약 체결 후 양국 어필의 비준은 1년을 기한으로 하여 피차 대신을 대청국 베이징에 각각 파견하여 회담하도록 하고 상호 교부한다. 현재 아래 대청국, 대영국 각 대관은 먼저 도장을 사용함으로써 신뢰를 알린다.

대청 함풍 무오년 5월 16일

대영국 주후(主後) 1858년 6월 26일

전조(專條, 특별조관)
전에 광저우성 대헌(大憲)이 좋지 않게 처리하여 영국 인민에게 손해를 입혀 대영국 군주가 군대를 동원하여 배상을 얻고 그것을 지켜 장래 조약을 지키고 바꾸지 않게 하였다. 상인들의 손해에 은 200만 냥, 군수 경비에 은 200만 냥으로 하는 두 가지 항목은 대청국 황제가 양광총독, 순무에게 처리하도록 하고 처리할 건에 대해서는 대영국 병권대원(秉權大員)과 작정하여 처리하도록 하였다. 이상의 금액을 청에 부과한 다음에 광저우성을 대청국 관할로 돌려준다.

함풍 8년 5월 16일

1858년 6월 26일

(중영) 톈진조약(영어본) 원문

HER MAJESTY the Queen of the United Kingdom of Great Britain and Ireland, and His Majesty the Emperor of China, being desirous to put an end to the existing misunderstanding between the two countries, and to place their relations on a more satisfactory footing in future, have resolved to proceed to a revision and improvement of the Treaties existing between them; and, for that purpose, have named as their Plenipotentiaries, that is to say :

Her Majesty the Queen of Great Britain and Ireland, the Right Honourable the Earl of Elgin and Kincardine, a Peer of the United Kingdom, and Knight of the Most Ancient and Most Noble Order of the Thistle;

And His Majesty the Emperor of China, the High Commissioners Kweiliang, a Senior Chief Secretary of State, styled of the East Cabinet, Captain-General of the Plain White Banner of the Manchu Banner Force, Superintendent-General of the administration of Criminal Law; and Hwashana, one of His Imperial Majesty's Expositors of the Classics, Manchu President of the Office for the regulation of the Civil Establishment, Captain-General of the Bordered Blue Banner of the Chinese Banner Force, and Visitor of the Office of Interpretation.

Who, after having communicated to each other their respective full powders, and found them to be in good and due form, have agreed upon and concluded the following Articles:

ARTICLE I.

The Treaty of Peace and Amity between the two nations, signed at Nanking on the twenty-ninth day of August, in the year eighteen hundred and forty-two, is hereby renewed and confirmed.

The Supplementary Treaty and General Regulations of Trade having been amended and improved, and the substance of their provisions having been incorporated in this Treaty, the said Supplementary Treaty and General Regulations of Trade are hereby abrogated.

ARTICLE II.

For the better preservation of harmony in future, Her Majesty the Queen of Great Britain and His Majesty the Emperor of China mutually agree that, in accordance with the universal practice of great and friendly nations, Her Majesty the Queen, may, if she see fit, appoint ambassadors, ministers, or other diplomatic agents to the Court of Peking; and His Majesty the Emperor of China may, in like manner, if he see fit, appoint ambassadors, ministers, or other diplomatic agents to the Court of St. James'.

ARTICLE III.

His Majesty the Emperor of China hereby agrees that the ambassador, minister, or other diplomatic agent, so appointed by Her Majesty the Queen of Great Britain, may reside, with his family and establishment, permanently at the capital, or may visit it occasionally, at the option of the British Government. He shall not be called upon to perform any ceremony derogatory to him as representing the Sovereign of an independent nation on a footing of equality with that of China. On the other hand, he shall use the same forms of ceremony and respect to His Majesty the Emperor as are employed by the ambassadors, ministers, or diplomatic agents of Her Majesty towards the Sovereigns of independent and equal European nations.

It is further agreed, that Her Majesty's Government may acquire at Peking a site for building, or may hire houses for the accommodation of Her Majesty's Mission, and that the Chinese Government will assist it in so doing.

Her Majesty's Representative shall be at liberty to choose his own servants and attendants, who shall not be subjected to any kind of molestation whatever.

Any person guilty of disrespect or violence to Her Majesty's Representative, or to any member of his family or establishment, in deed or word, shall be severely punished.

ARTICLE IV.

It is further agreed, that no obstacle or difficulty shall be made to the free movements of Her Majesty's Representative, and that he, and the persons of his suite, may come and go, and travel at their pleasure. He shall, moreover, have full liberty to send and receive his correspondence, to and from any point on the sea coast that he may select; and his letters and effects shall be held sacred and inviolable. He may employ, for their transmission, special couriers, who shall meet with the same protection and facilities for travelling as the persons employed in carrying despatches for the Imperial Government; and, generally, he shall enjoy the same privileges as are accorded to officers of the same rank by the usage and consent of Western nations.

All expenses attending the Diplomatic Mission of Great Britain in China shall be borne by the British Government.

ARTICLE V.

His Majesty the Emperor of China agrees to nominate one of the Secretaries of State, or a President of one of the Boards, as the high officer with whom the ambassador, minister, or other diplomatic agent of Her Majesty the Queen shall transact business, either personally or in writing, on a footing of perfect equality.

ARTICLE VI.
Her Majesty the Queen of Great Britain agrees that the privileges hereby secured shall be enjoyed in her dominions by the ambassadors, ministers, or diplomatic agents of the Emperor of China, accredited to the Court of Her Majesty.

ARTICLE VII.
Her Majesty the Queen may appoint one or more Consuls in the dominions of the Emperor of China; and such Consul or Consuls shall be at liberty to reside in any of the open ports or cities of China, as Her Majesty the Queen may consider most expedient for the interests of British commerce. They shall be treated with due respect by the Chinese authorities, and enjoy the same privileges and immunities as the Consular officers of the most favoured nation.

Consuls and Vice-Consuls in charge shall rank with Intendants of Circuits; Vice-Consuls, Acting Vice-Consuls and Interpreters with Prefects. They shall have access to the official residencies of the Officers, and communicate with them, either personally, or in writing, on a footing of equality as the interests of the public service may require.

ARTICLE VIII.
The Christian religion, as professed by Protestants or Roman Catholics, inculcates the practice of virtue, and teaches man to do as he would be done by. Persons teaching or professing it, therefore, shall alike be entitled to the protection of the Chinese authorities, nor shall any such, peaceably pursuing their calling, and not offending against the law, be persecuted or interfered with.

ARTICLE IX.
British subjects are hereby authorized to travel, for their pleasure or for purposes of trade, to all parts of the interior, under passports which will be issued by their Consuls, and countersigned by the local authorities. These passports, if demanded, must be produced for examination in the localities passed through. If the passport be not irregular, the bearer will be allowed to proceed, and no opposition shall be offered to his hiring persons or hiring vessels for the carriage of his Baggage or Merchandise.

If he be without a passport, or if he commit any offence against the law, he shall be handed over to the nearest Consul for punishment; but he must not be subjected to any ill-usage in excess of necessary restraint. No passport need be applied for by persons going on excursions from the ports open to trade to a distance not exceeding one hundred li, and for a period not exceeding days.

The provisions of this Article do not apply to crews of ships, for the due restraint of whom regulations will be drawn up by the Consul and the local authorities.

To Nanking, and other cities disturbed by persons in arms against the Government, no pass shall be given, until they shall have been recaptured.

ARTICLE X.
British merchant ships shall have authority to trade upon the Great River[Yangtze]. The Upper and Lower Valley of the river being, however, disturbed by outlaws, no port shall be for the present opened to trade, with the exception of Chinkiang, which shall be opened in a year from the date of the signing of this Treaty.

So soon as peace shall have been restored, British vessels shall also be admitted to trade at such ports as far as Hankow, not exceeding three in number, as the British Minister, after consultation with the Chinese Secretary of State, may determine shall be ports of entry and discharge.

ARTICLE XI.
In addition to the cities and towns of Canton, Amoy, Fuchow, Ningpo, and Shanghai, opened by the Treaty of Nanking, it is agreed that British subjects may frequent the cities and ports of Newchwang, Tăngchow, Taiwan[Formosa], Chawchow[Swatow], and Kiungchow[Hainan].

They are permitted to carry on trade with whomsoever they please, and to proceed to and fro at pleasure with their Vessels and Merchandise.

They shall enjoy the same privileges, advantages, and immunities, at the said towns and Ports, as they enjoy at the Ports already opened to trade, including the right of residence, of buying or renting Houses, of leasing Land therein, and of building Churches, Hospitals, and Cemeteries.

ARTICLE XII.
British subjects, whether at the Ports or at other places, desiring to build or open Houses, Warehouses, Churches, Hospitals, or Burial-grounds, shall make their agreement for the land or

buildings they require, as the rates prevailing among the people, equitably, and without exactions on either side.

ARTICLE XIII.

The Chinese Government will place no restrictions whatever upon the employment, by British subjects, of Chinese subjects in any lawful capacity.

ARTICLE XIV.

British subjects may hire whatever boats they please for the transport of Goods or Passengers, and the sum to be paid for such boats shall be settled between the parties themselves, without the interference of the Chinese Government. The number of these boats shall not be limited, nor shall a monopoly in respect either of the boats, or of the porters or coolies engaged in carrying the Goods, be granted to any parties. If any smuggling takes place in them, the offenders will, of course, be punished according to law.

ARTICLE XV.

All questions in regard to rights, whether of property or person, arising between British subjects, shall be subject to the jurisdiction of the British authorities.

ARTICLE XVI.

Chinese subjects who may be guilty of any criminal act towards British subjects shall be arrested and punished by the Chinese authorities, according to the Laws of China.

British subjects who may commit any crime in China shall be tried and punished by the Consul, or other public functionary authorized thereto, according to the Laws of Great Britain.

Justice shall be equitably and impartially administered on both sides.

ARTICLE XVII.

A British subject having reason to complain of a Chinese, must proceed to the Consulate, and state his grievance. The Consul will inquire into the merits of the case, and do his utmost to arrange it amicably. In like manner if a Chinese have reason to complain of a British subject, the Consul shall no less listen to his complaint, and endeavour to settle it in a friendly manner. If disputes take place of such a nature that the Consul cannot arrange them amicably, then he shall request the assistance of the Chinese authorities, that they may together examine into the merits of the case, and decide it equitably.

ARTICLE XVIII.

The Chinese authorities shall at all times afford the fullest protection to the persons and property of British subjects, whenever these shall have been subjected to insult or violence. In all cases of incendiarism or robbery, the local authorities shall at once take the necessary steps for the recovery of the stolen property, the suppression of disorder, and the arrest of the guilty parties, whom they will punish according to Law.

ARTICLE XIX.

If any British merchant-vessel, while within Chinese waters, be plundered by robbers or pirates, it shall be the duty of the Chinese authorities to use every endeavour to capture and punish the said robbers or pirates, and to recover the stolen property, that it may be handed over to the Consul for restoration to the owner.

ARTICLE XX.

If any British vessel be at any time wrecked or stranded on the coast of China, or be compelled to take refuge in any port within the dominions of the Emperor of China, the Chinese authorities, on being apprised of the fact, shall immediately adopt measures for its relief and security; the persons on board shall receive friendly treatment, and shall be furnished, if necessary, with the means of conveyance to the nearest Consular station.

ARTICLE XXI.

If criminals, subjects of China, shall take refuge in Hongkong, or on board the British ships there, they shall, upon due requisition by the Chinese authorities, be searched for, and, on proof of their guilt, be delivered up.

In like manner, if Chinese offenders take refuge in the houses or on board the vessels of British subjects at the open Ports, they shall not be harbored or concealed, but shall be delivered up, on due requisition by the Chinese authorities, addressed to the British Consul.

ARTICLE XXII.

Should any Chinese subject fail to discharge debts incurred to a British subject, or should he fraudulently abscond, the Chinese authorities will do their utmost to effect his arrest, and enforce recovery of the Debts. The British authorities will likewise do their utmost to bring to justice any

British subject fraudulently absconding or failing to discharge Debts incurred by him to a Chinese subject.

ARTICLE XXIII.

Should natives of China who may repair to Hongkong to trade incur Debts there, the recovery of such Debts must be arranged for by the English Courts of justice on the spot; but should the Chinese Debtor abscond, and be known to have property, real or personal, within the Chinese Territory, it shall be the duty of the Chinese authorities, on application by, and in concert with, the British Consul, to do their utmost to see Justice done between the parties.

ARTICLE XXIV.

It is agreed that British subjects shall pay, on all merchandise imported or exported by them, the duties prescribed by the tariff; but in no case shall they be called upon to pay other or higher duties than are required of the subjects of any other foreign nation.

ARTICLE XXV.

Import duties shall be considered payable on the landing of the goods, and duties of export on the shipment of the same.

ARTICLE XXVI.

Whereas the Tariff fixed by Article X of the Treaty of Nanking, and which was estimated so as to impose on imports and exports a duty at about the rate of 5 per cent. ad valorem, has been found, by reason of the fall in value of various articles of merchandise, therein enumerated, to impose a duty upon these considerably in excess of the rate originally assumed as above to be a fair rate, it is agreed that the said tariff shall be revised, and that as soon as the Treaty shall have been signed, application shall be made to the Emperor of China to depute a high officer of the Board of Revenue to meet, at Shanghai, officers to be deputed on behalf of the British Government, to consider its revision together, so that the tariff, as revised, may come into operation immediately after the ratification of this Treaty.

ARTICLE XXVII.

It is agreed that either of the High Contracting Parties to this Treaty may demand a further revision of the tariff, and of the commercial Articles of this Treaty, at the end of ten years; but if no demand be made on either side within six months after the end of the first ten years, then the tariff shall remain in force for ten years more, reckoned from the end of the preceding ten years; and so it shall be, at the end of each successive period of ten years.

ARTICLE XXVIII.
Whereas it was agreed in Article X of the Treaty of Nanking, that British imports, having paid the Tariff Duties, should be conveyed into the interior free of all further charges, except a Transit Duty, the amount whereof was not to exceed a certain percentage on Tariff value; and whereas no accurate information having been furnished of the amount of such Duty, British merchants have constantly complained that charges are suddenly and arbitrarily imposed by the provincial authorities as transit duties upon produce on its way to the foreign market, and on imports on their way into the Interior, to the detriment of trade; it is agreed that within four months from the signing of this Treaty, at all ports now open to British trade, and within a similar period at all ports that may hereafter be opened, the authority appointed to superintend the collection of duties shall be obliged, upon application of the Consul, to declare the amount of duties leviable on produce between the place of production and the Port of Shipment, and upon Imports between the Consular Port in question and the inland markets named by the Consul; and that a notification thereof shall be published in English and Chinese for general information.

But it shall be at the option of any British subject, desiring to convey produce purchased inland to a port, or to convey imports from a port to an inland market, to clear his goods of all transit duties, by payment of a single charge. The amount of this charge shall be leviable on exports at the first barrier they may have to pass, or, on imports, at the port at which they are landed; and on payment thereof, a certificate shall be issued, which shall exempt the goods from all further inland charges whatsoever.

It is further agreed, that the amount of this charge shall be calculated, as nearly as possible, at the rate of two and a half per cent. ad valorem, and that it shall be fixed for each article at the Conference to be held at Shanghai for the revision of the tariff.

It is distinctly understood that the payment of transit dues, by commutation or otherwise, shall in no way affect the tariff duties on imports or exports, which will continue to be levied separately and in full.

ARTICLE XXIX.
British merchant vessels of more than one hundred and fifty tons burden shall be charged Tonnage Dues at the rate of four mace per ton; if of one hundred and fifty tons and under, they shall be

charged at the rate of one mace per ton.

Any Vessel clearing from any of the open ports of China for any other of the open Ports, or for Hongkong, shall be entitled, on application of the master, to a special certificate from the Customs, on exhibition of which she shall be exempted from all further payment of Tonnage Dues in any open port of China, for a period of four months, to be reckoned from the date of her Port Clearance.

ARTICLE XXX.

The master of any British merchant-vessel may, within fort-eight hours after the arrival of his vessel, but not later, decide to depart without breaking bulk, in which case he will not be subject to pay Tonnage Dues. But tonnage dues shall be held due after the expiration of the said 48 hours. No other fees or charges upon entry or departure shall be levied.

ARTICLE XXXI.

No tonnage dues shall be payable on boats employed by British subjects in the conveyance of passengers, baggage, letters, articles of provision, or other articles not subject to duty, between any of the open ports. All cargo boats, however, conveying merchandize subject to duty shall pay tonnage dues once in six months at the rate of four mace per register tons.

ARTICLE XXXII.

The Consuls and Superintendents of Customs shall consult together regarding the erection of Beacons or Lighthouses, and the distribution of Buoys and Light-ships, as occasion may demand.

ARTICLE XXXIII.

Duties shall be paid to the Bankers authorized by the Chinese Government to receive the same in its behalf either in Sycee or in Foreign money, according to the assay made at Canton on the thirteenth of July, one thousand eight hundred and forty three.

ARTICLE XXXIV.

Sets of standard weights and measures, prepared according to the standard issued to the Canton Custom House by the Board of Revenue, shall be delivered by the Superintendent of Customs to the Consul at each Port, to secure uniformity and prevent confusion.

ARTICLE XXXV.

Any British merchant vessel arriving at one of the Open Ports, shall be at liberty to engage the services of a Pilot to take her into Port. In like manner, after she has discharged all legal Due and Duties, and is ready to take her departure, she sghall be allowed to select a Pilot to conduct her out of port.

ARTICLE XXXVI.
Whenever a British merchant-vessel shall arrive off one of the open ports, the Superintendent of Customs shall depute one or more Customs officers to guard the ship. They shall either live in a boat of their own, or stay on board the ship, as may best suit their convenience. Their food and expenses shall be supplied them from the Custom House, and they shall not be entitled to any fees whatever from the master or consignee. Should they violate this regulation, they shall be punished proportionately to the amount exacted.

ARTICLE XXXVII.
Within twenty-four hours after arrival, the ship's papers, bills of lading, &c., shall be lodged in the hands of the Consul, who will, within a further period of twenty-four hours, report to the Superintendent of Customs the name of the ship, her register tonnage, and the nature of her cargo. If, owing to neglect on the part of the master, the above rule is not complied with within forty-eight hours after the ship's arrival, he shall be liable to a fine of fifty taels for every day's delay; the total amount of penalty, however, shall not exceed two hundred taels.

The master will be responsible for the correctness of the manifest, which shall contain a full and true account of the particulars of the cargo on board. For presenting a false manifest, he will subject himself to a fine of five hundred taels; but he will be allowed to correct, within twenty-four hours after delivery of it to the Customs officers, any mistake he may discover in his manifest, without incurring this penalty.

ARTICLE XXXVIII.
After receiving from the Consul the report in due form, the Superintendent of Customs shall grant the vessel a permit to open hatches. If the master shall open hatches and begin to discharge any goods without such permission, he shall be fined five hundred taels, and the goods discharged shall be confiscated wholly.

ARTICLE XXXIX.
Any British merchant who has cargo to land or ship, must apply to the Superintendent of Customs for a special permit. Cargo landed or shipped without such permit, will be liable to confiscation.

ARTICLE XL.

No transshipment from one vessel to another can be made without special permission, under pain of confiscation of the goods so transhipped.

ARTICLE XLI.

When all dues and duties shall have been paid, the Superintendent of Customs shall give a port-clearance, and the Consul shall then return the ship's papers, so that she may depart on her voyage.

ARTICLE XLII.

With respect to articles subject, according to the Tariff, to an ad valorem duty, if the British merchant cannot agree with the Chinese officer in fixing a value, then each party shall call two or three merchants to look at the goods, and the highest price at which any of these merchants would be willing to purchase them, shall be assumed as the value of the goods, and the highest price at which any of these merchants would be willing to purchase them shall be assumed as the value of the goods.

ARTICLE XLIII.

Duties shall be charged upon the net weight of each article, making a deduction for the tare weight of congee &c. To fix the tare on any article, such as tea, if the British merchant cannot agree with the custom-house officer, then each party shall choose so many chests out of every hundred, which being first weighed in gross, shall afterwards be tared, and the average tare upon these chests shall be assumed as the tare upon the whole, and upon this principle shall the tare be fixed upon all other goods in packages. If there should be any other points in dispute which cannot be settled, the British merchant may appeal to his consul, who will communicate the particulars of the case to the superintendent of customs, that it may be equitably arranged. But the appeal must be made within twenty-four hours, or it will not be attended to. While such points are still unsettled, the superintendent of customs shall postpone the insertion of the same in his books.

ARTICLE XLIV.

Upon all damaged goods a fair reduction of Duty shall be allowed, proportionate to their deterioration. Idf any disputes arise, they shall be settled in the manner pointed out in the clause of this Treaty, having reference to article which pay Duty ad valorem.

ARTICLE XLV.

British merchants who may have imported merchandise into any of the Open Ports and paid the

Duty thereon, if they desire to re-export the same, shall be entitled to make application the Superintendent of Customs, who, in order to prevent fraud on the Revenue, shall cause examination to be made by suitable officers, to see that the Duties paid on such goods, as entered in the Custom House books, correspond with the representation made, and that the goods remain with their original marks unchanged. He shall then make a memorandum on the Port Clearance of the goods and of the amount of Duties paid, and deliver the same to the merchant; and shall also certify to the facts to the Officers of Customs of the other Ports. All which being done, on the arrival in Port of the Vessel in which the goods are laden, everything being found on examination there to correspond, she shall be permitted to break bulk and land the said goods, without being subject to the payment of any additional Duty thereon. But if, on such examination, the Superintendent of Customs shall detect any fraud on the Revenue in the case, then the goods shall be subject to confiscation by the Chinese government.

British merchants desiring to re-export duty paid Imports to a Foreign Country, shall be entitled, on complying with the same conditions as in the case of re-exportation to another port in China, to a Drawback Certificate, which shall be a valid tender to the Customs in payment of Import to Export Duties.

Foreign Grain brought into any Port of China in a British Ship, if no part thereof has been landed, may be re-exported without hindrance.

ARTICLE XLVI.
The Chinese authorities at each Port shall adopt the means they may judge most proper to prevent the revenue suffering from fraud or smuggling.

ARTICLE XLVII.
British merchant-vessels are not entitled to resort to other than the Ports of Trade declared open by this Treaty. They are not unlawfully to enter other Ports in China, or to carry on clandestine trade along the coasts thereof. Any vessel violating this provision, shall, with her cargo, be subject to confiscation by the Chinese Government.

ARTICLE XLVIII.
If any British merchant-vessel be concerned in smuggling, the goods, whatever their value or nature, shall be subject to confiscation by the Chinese authorities, and the Ship may be prohibited from trading further, and sent away as soon as her accounts shall have been adjusted and paid.

ARTICLE XLIX.
All penalties enforced, or confiscations made, under this Treaty, shall belong and be appropriated to the public service of the Government of China.

ARTICLE L.
All official communications, addressed by the Diplomatic and Consular Agents of Her Majesty the Queen to the Chinese authorities, shall, henceforth, be written in English. They will for the present be accompanied by a Chinese version, but it is understood that, in the event of there being any difference of meaning between the English and Chinese text, the English Government will hold the sense as expressed in the English text to be the correct sense.

This provision is to apply to the Treaty now negotiated, the Chinese text of which has been carefully corrected by the English original.

ARTICLE LI.
It is agreed, that henceforward the character "I" 夷 ('barbarian') shall not be applied to the Government or subjects of Her Britannic Majesty, in any Chinese official document issued by the Chinese authorities, either in the capital or in the provinces.

ARTICLE LII.
British Ships of War coming for no hostile purpose, or being engaged in the pursuit of Pirates, shall be at liberty to visit all ports within the dominions of the Emperor of China and shall receive every facility for the purchase of provisions, procuring water, and, if occasion require, for the making of repairs. The Commanders of such Ships shall hold intercourse with the Chinese authorities on terms of equality and courtesy.

ARTICLE LIII.
In consideration of the injury sustained by native and foreign commerce from the prevalence of piracy in the seas of China, the High Contracting Parties agree to concert measures for its suppression.

ARTICLE LIV.
The British Government and its subjects are hereby confirmed in all privileges, immunities, and advantages conferred on them by previous Treaties; and it is hereby expressly stipulated, that the British Government and its subjects will be allowed free and equal participation in all privileges, immunities, and advantages that may have been, or may be hereafter, granted by His Majesty the

Emperor of China to the Government or subjects of any other nation.

ARTICLE LV.
In evidence of Her desire for the continuance of a friendly understanding Her Majesty the Queen of Great Britain consents to include in a separate Article, which shall be in every respect of equal validity with the Articles of this Treaty, the conditions affecting indemnity for expenses incurred and losses sustained in the matter of the Canton question.

ARTICLE LVI.
The ratifications of this Treaty, under the Hand of Her Majesty the Queen of Great Britain and Ireland and His Majesty the Emperor of China, respectively, shall be exchanged at Peking, within a year from this day of signature.

In token whereof, the respective Plenipotentiaries have signed and sealed this Treaty.

Done at Tientsin, this Twenty-Sixth day of June, in the year of Our Lord One Thousand Eight Hundred and Fifty-Eight Hundred and Fifty-Eight, corresponding with the Chinese date the Sixteenth day, Fifth moon, of the Eighth Year of HIEN FUNG.

AGREEMENT made in pursuance of Article XXVI of the Treaty.
Signed November 8, 1858.

WHEREAS it was provided by the Treaty of Tien-tsin that a conference should be held at Shanghai between officers deputed by the British Government on the one part, and by the Chinese Government on the other part, for the purpose of determining the amount of tariff-duties and transit-dues to be henceforth levied, a conference has been held accordingly; and its proceedings having been submitted to the Right Honourable the Earl of Elgin and Kincardine, High Commissioner and Plenipotentiary of Her Britannic Majesty the Queen, on the one part; and to Kweiliang, Hwashana, Ho Kweitsing, Mingshen, and Twau Ching-Shili, High Commissioners and Plenipotentiaries of His Imperial Majesty the Emperor, on the other part; these high officers have agreed and determined upon the revised Tariff hereto appended, the rate of transit-dues therewith declared, together with other Rules and Regulations for the better explanation of the Treaty aforesaid ; and do hereby agree that the said Tariff and Rules—the latter being in ten Articles thereto appended—shall be equally binding on the Governments and subjects of both countries with the Treaty itself.

In witness whereof, they hereto affix their seals and signatures.

Rule 1. Unenumerated Goods.
Articles not enumerated in the list of exports, but enumerated in the list of imports, when exported will pay the amount of duty set against them in the list of imports ; and similarly, articles not enumerated in the lists of imports, but enumerated in the list of exports, when imported will pay the amount of duty set against them in the list of exports.

Articles not enumerated in cither list, nor in the list of duty-free goods, will pay an ad valorem duty of five per cent., calculated cn their market value.

Rule 2. Duty-Free Goods.
Gold and silver bullion, foreign coins, flour, Indian meal, sago, biscuit, preserved meats and vegetables, cheese, butter, confectionery, foreign clothing, jewellery, plated ware, perfumery, soap of all kinds, charcoal, fire-wood, candles(foreign), tobacco(foreign), cigars(foreign), wine, beer, spirits, household stores, ships' stores, personal baggage, stationery, carpeting, druggeting, cutlery, foreign medicines, and glass and crystal ware.

The above pay no import or export duty; but, if transported into the interior, will, with the exception of personal baggage, gold and silver bullion, and foreign coins, pay a transit-duty at the rate of two and a-half per cent. ad valorem. A freight or part-freight of duty-free commodities(personal baggage, gold and silver bullion, and foreign coins excepted) will render the vessel carrying them, though no other cargo be on board, liable to tonnage-dues.

Rule 3. Contraband Goods.
Import and export trade is alike prohibited in the following articles: Gunpowder, shot, cannon, fowling-pieces, rifles, muskets, pistols, and all other munitions and implements of war; and salt.

Rule 4. Weights and Measures.
In the calculations of the Tariff, the 'weight of a pecul of one hundred catties is held to be equal to one hundred and thirty-three and one-third pounds avoirdupois ; and the length of a chang of ten Chinese feet, to be equal to one hundred and forty-one English inches.

One Chinese chik is held to equal fourteen and one-tenth inches English; and four yards English, less three inches, to equal one chang.

Rule 5. Regarding certain Commodities heretofore Contraband.
The restrictions affecting trade in opium, cash, grain, pulse, sulphur, brimstone, saltpetre, and

spelter, are relaxed, under the following conditions:

1. Opium will henceforth pay thirty taels per pecul import duty. The importer will sell it only at the port. It will be carried into the interior by Chinese only, and only as Chinese property; the foreign trader will not be allowed to accompany it. The provisions of Article IX of the Treaty of Tien-tsin, by which British subjects are authorized to proceed into the interior with passports to trade, will not extend to it, nor will those of Article XXVIII of the same Treaty, by which the transit-dues are regulated; the transit-dues on it will be arranged as the Chinese Government see fit: nor, in future revisions of the Tariff, is the same rule of revision to be applied to opium as to other goods.

2. Copper Cash. The export of cash to any foreign port is prohibited; but it shall be lawful for British subjects to ship it at one of the open ports of China to another, on compliance with the following Regulation. The shipper shall give notice of the amount of cash he desires to ship, and the port of its destination, and shall bind himself, either by a bond with two sufficient sureties, or by depositing such other security as may be deemed by the Customs satisfactory, to return, within six months from the date of clearance, to the Collector at the port of shipment, the certificate issued by him, with an acknowledgment thereon of the receipt of the cash at the port of destination, by the Collector at that port, who shall thereto affix his seal; or, failing the production of the certificate, to forfeit a sum equal in value to the cash shipped. Cash will pay no duty inwards or outwards; but a freight or part-freight of cash, though no other cargo be on board, will render the vessel carrying it liable to pay tonnage-dues.

3. The export of rice and all other grain whatsoever, native or foreign, no matter where grown or whence imported, to any foreign port, is prohibited; but these commodities may be carried by British merchants from one of the open ports of China to another, binder the same conditions in respect of security as cash, on payment at the port of shipment of the duty specified in the Tariff.
No import duty will be leviable upon ripe or grain ; but a freight, or part-freight of rice or grain, though no other cargo be on board, will render the vessel importing it liable to tonnage-dues.

4. Pulse. The export of pulse and bean-cake from Tung-chau and Niu-chwang, under the British flag, is prohibited. From any other of the open ports they may be shipped, on payment of the tariff-duty, either to other ports of China or to foreign countries.

5. Saltpetre, sulphur, brimstone, and spelter, being munitions of war, shall not be imported by British subjects, save at the requisition of the Chinese Government, or for sale to Chinese duly

authorized to purchase them. No permit to land them will be issued until the Customs have proof that the necessary authority has been given to the purchaser. It shall not be lawful for British subjects to carry these commodities up the Yang-tze-kiang, or into any port other than those open on the seaboard, nor to accompany them into the interior on behalf of Chinese. They must be sold at the ports only; and except at the ports they will be regarded as Chinese property.

Infractions of the conditions, as above set forth, under which trade in opium, cash, grain, pulse, saltpetre, brimstone, sulphur, and spelter, may be henceforward carried on, will be punishable by confiscation of all the goods concerned.

Rule 6. Liability of Vessels entering Port.

To the prevention of misunderstanding, it is agreed that the term of twenty four hours, within which British vessels must be reported to the Consul under Article XXXVII of the Treaty of Tien-tsin, shall be understood to commence from the time a British vessel comes within the limits of the port; as also the term of forty-eight hours allowed her by Article XXX of the same Treaty to remain in port without payment of tonnage-dues.

The limits of the port shall be defined by the Customs, with all consideration: for the convenience of trade, compatible with due protection of the revenue; also; the limits of the anchorages within which lading and discharging is permitted by the Customs; and the same shall be notified to the Consuls for public information.

Rule 7. Transit Dues.

It is agreed that Article XXVIII of the Treaty of Tien-tsin shall be interpreted to deelarc the amount of transit-dues legally leviable upon merchandise imported or exported by British subjects, to be one-half of the tariff-duties, except in the case of the duty-free goods liable to a transit-duty of two and a-half per cent. ad valorem, as provided in Article-2 of these Rules. Merchandize shall be cleared' of its transit-dues under the following conditions:

In the case of Imports.—Notice being given at the port of entry from -which the, imports are to be forwarded inland ; of the nature and quantity of the goods; the ship from which they have been landed; and the place inland to which they are bound, with all other necessary particulars; the Collector of Customs will, on due inspection made, and on receipt of the transit-duty due, issue a transit-duty certificate. This must be produced at every barrier station, and viséd. No further duty will be leviable upon imports so certificated, no matter how distant the place of their destination. In the case of Exports.—Produce purchased by a British subject in the interior will be inspected and taken account of at the first barrier it passes on its way to the port of .shipment. A memorandum, showing the amount of the produce and the port at which it is to be shipped, will be deposited there by the person in charge of the produce; he will then receiv.e a certificate, which must be exhibited and vised at every barrier on his way to the port of shipment. On the arrival of the produce at the barrier nearest the port, notice must be given to the Customs at the port, and the transit-dues due thereon being paid, it will be passed. On exportation the produce will pay the tariff-duty.

Any attempt to pass goods inwards or outwards, otherwise than in compliance with the rule here laid down, will render them liable to confiscation.

Unauthorized sale, in transitu, of goods that have been entered as above for a port, will render them liable to confiscation. Any attempt to pass goods in excess of the quantity specified in the certificate, will render all the goods of the same denomination named in the certificate liable to confiscation. Permission to export produce which cannot be proved to have paid its transit-dues, will be refused by the Customs until the transit-dues shall have been paid.

The above being the arrangement agreed to regarding the transit-dues, which will thus be levied once and for all, the notification required under Article XXVIII of the Treaty of Tien-tsin, for the information of British and Chinese subjects, is hereby dispensed with.

Rule 8. Foreign Trade under Passports.
It is agreed that Article IX of the Treaty of Tien-tsin shall not be interpreted as authorizing British subjects to enter the capital city of Peking for purposes of trade.

Rule 9. Abolition of the Meltage Fee.
It is agreed that the per-centage of one tael two mace, hitherto charged in excess of duty-payments, to defray the expenses of melting by the Chinese Government, shall be no longer levied on British subjects.

Rule 10. Collection of Duties under one System at all Ports.
It being, by Treaty at the option of the Chinese Government to adopt what means appear to it best suited to protect its revenue, accruing on British trade, it is agreed that one uniform system shall be enforced at every port.

The high officer appointed by the Chinese Government to superintend foreign trade will accordingly, from time to time, either himself visit, or will send a deputy to visit, the different ports. The said high officer will be at liberty, of his own choice, and independently of the suggestion or nomination of any British authority, to select any British subject lie may see fit to aid him in the administration of the Customs revenue; in the prevention of smuggling; in the definition of port boundaries; or in discharging the duties of harbour-master; also in the distribution of lights, buoys, beacons, and the like, the maintenance of which shall be provided for out of the tonnage dues.

The Chinese Government will adopt what measures it shall find requisite to prevent smuggling up the Yang-tzo-kiang, when that river shall be opened to trade.

Done at Shanghai, in the province of Kiang-su, this eighth day of November, in the year of our Lord eighteen hundred and fifty-eight, being the third day of the tenth moon of the eighth year of the reign of Hien-fung.

(중영) 텐진조약(영어본)의 한글 번역문

대영 및 아일랜드 연합왕국의 여왕 폐하와 청국 황제 폐하께서는 양국 간의 기존 오해를 종식시키고 미래의 관계를 보다 만족스러운 수준으로 삼기를 희망하며, 양국 사이에 존재하는 조약의 개정 및 개선을 진행하기로 결의한다. 그러한 목적으로 전권위원을 다음과 같이 지명한다.
대영 및 아일랜드 연합왕국의 여왕 폐하는 영국의 상원의원이자 가장 역사가 깊고 가장 존귀한 존경스러운 엘긴 백작.
그리고 청국 황제 폐하는 대학사 계량(桂良), 이부상서 화사납(花沙納).
그들은 각각의 전권(위임장)을 서로 교환하고 그 전권위임장이 양호하고 타당함을 확인한 후에, 다음 조항에 동의하고 조약을 체결하였다.

제1조
1842년 8월 29일에 난징에서 서명한 양국 간의 평화와 조약은 이 조약에 의해서 갱신되고 갱신됨을 확인한다.
부속조약 및 일반적인 무역장정은 개정되고 개선되었기에, 이 조약에 통합된 조항의 내용, 언급되었던 부속조약과 일반적인 무역장정은 이로써 폐지된다.

제2조
미래의 화합을 보다 잘 보존하기 위해 대영 및 아일랜드 연합왕국의 여왕 폐하와 청국 황제 폐하께서는 위대하고 우호적인 국가의 보편적인 관행에 따라 여왕 폐하가 적합하다고 생각한다면 대사, 공사 또는 기타 외교관을 베이징 대사관에 임명하고, 청국 황제 폐하도 비슷한 방법으로 적합하다고 생각한다면 대사, 공사, 기타 외교관을 성 제임스 궁정(영국 왕궁의 공식 명칭-역자)에 임명 할 수 있다는 데에 서로 동의한다.

제3조
청국 황제 폐하는 대영 제국 여왕에 의해서 임명된 대사, 공사 또는 다른 외교관이 자신의 가족 및 시설과 함께 영원히 수도에 거주하거나 때때로 방문할 수 있다는 데 동의한다. 영국 정부의 선택에 따라 그는 중국과 평등의 기초 위에서 독립 국가의 주권자를 대표하며 그의 품위를 떨어뜨리는 어떤 의식을 수행하도록 요구받지 않을 것이다. 한편, 영국의 대사, 공사, 혹은 외교관들이 유럽의 독립적이고 평등한 국가의 군주를 향해서 올리는 형식과 동일하게 중국 황제에게 의례와 경의를 표할 것이다.

나아가 영국 정부가 베이징에서 건물 부지를 취득하거나 영국 사절단의 숙소를 위한 가옥을 구입할 수 있으며 청국 정부가 이를 지원할 것임을 동의한다.

영국 여왕의 대리인은 자유롭게 자신의 하인과 수행원을 선발할 수 있으며, 그들은 어떠한 종류의 방해도 받을 수 없다.

영국 여왕의 대리인 또는 가족이나 소속의 구성원에게, 실질적으로 또는 말로 무례하거나 폭력을 저지른 사람은 엄중히 처벌한다.

제4조
또한 영국 여왕의 대리인의 자유로운 행동에 어떠한 장애물이나 어려움이 없어야 하며, 그와 그의 수행원들은 그가 원하는 곳에 오가며 여행할 수 있다는 데에 동의한다. 나아가 그는 그가 선택한 해안가의 어느 지점에서 어느 곳까지 자유롭게 서신을 송수신할 수 있는 완전한 자유를 가진다. 그의 편지와 휴대품들은 신성하고 불가침한 상태로 유지되어야 한다. 그는 송달을 위하여 특별한 운송 단체를 고용할 수 있으며, 이들은 영국 정부의 파견 근무자와 동일한 보호 및 편의 시설을 갖추고 있어야 한다. 일반적으로 그는 서구 국가의 대우와 동의에 의해서 동일한 계급의 관리들에게 부여되는 것과 동일한 특권을 향유한다.

청국에서 대영제국 외교사절단에 소요되는 모든 비용은 영국 정부가 부담한다.

제5조
청국 황제 폐하는 내각 대학사 또는 상서 중 한 명을 대사, 공사 또는 영국 여왕 폐하의 다른 외교관과 업무를 처리하는 고위 관리로 임명하며, 그들은 개인적으로나 서면으로, 완전하게 평등한 위치에서 업무를 수행해야 한다.

제6조
영국 여왕 폐하는 이로써 보장된 특권을 청국 황제의 대사, 공사 또는 외교 대리인들에 의해 영국 여왕폐하의 영토에서 누리게 될 것이라는 데 동의한다.

제7조
영국 여왕 폐하는 청국 황제의 영토에서 한 명 이상의 영사를 임명할 수 있으며, 그러한 영사 혹은 영사들은 여왕 폐하가 영국 무역의 이익을 위해 가장 편하다고 생각할 수 있는 청국 지역 혹은 어느 개항장이건 자유롭게 거주할 수 있다. 그들은 청국 당국으로부터 적절한 존경을 받아야 하며, 최혜국 대우를 받은 국가의 영사관 관리와 같은 특권과 면제를 누려야 한다.

영사와 부영사는 순회 감독관과 함께 담당자로 등급을 매겨진다. 부영사, 대리부영사, 그리고 학생 통역관. 그들은 관리의 공식적인 거주지에 접근할 수 있어야 하며, 공적인 이익으로서 요구할 수 있는 바와 같이 공평한 입장에서 개인적으로 또는 서면으로 관리와 의견을 교환한다.

제8조
개신교 또는 로마 천주교로 칭하는 그리스도교는 미덕의 실천을 가르치고, 인간에게 그가 행한 대로 행동할 것을 가르친다. 그러므로 그것을 가르치거나 칭하는 사람들은 모두 청국 당국의 보호를 받을 권리가 있고, 작위 또는 부작위로 평화롭게 자신의 소명을 추구할 권리가 있으며, 법을 위반하지 않는다면 박해를 받거나 간섭을 받을 수도 없다.

제9조
영국 신민은 이 조약에 따라서 영사관에 의해 발급되고 지방당국에 의해서 서명할 여권으로 그들의 여가 또는 무역의 목적을 위해서 중국 내지의 모든 지역으로 여행할 수 있다. 이 여권은, 필요하다면, 통과 지역에서 검사를 위해 제시되어야 한다. 여권이 불법적이지 않을 경우, 소지인은 계속 여행을 할 수 있으며, 수하물 또는 상품을 운반하기 위해 고용된 사람이나 선박을 고용하는 것에 대해서는 어떠한 반대도 없다.

만약 그가 여권이 없거나, 만약 그가 법을 어긴다면, 그는 처벌을 위해 가장 가까운 영사관으로 넘겨질 것이다. 그러나 그는 필요한 구속을 초과하여 어떠한 부당한 대우도 받아서는 안 된다. 100리를 초과하지 않는 거리에서 거래하기 위해 개방된 항구에서 나가는 사람 및 일수를 초과하지 않는 기간에는 여권을 신청할 필요가 없다.

본 조의 규정은 영사와 지방당국에 의해서 제지 규정이 정해지기 때문에 선박 승무원에게는 적용되지 않는다.

난징 및 정부에 대항하는 사람들에 의해 방해받는 다른 도시들에 대해서는, 그들이 다시 체포될 때까지는 어떤 여권도 주어질 수 없다.

제10조
영국의 상선은 장강(양쯔강)에서 무역할 권리를 갖는다. 그러나 강 상류 및 하류 계곡은 무법자들에 의해 방해받고 있으며, 이 조약의 서명일로부터 1년 내에 열리는 진강[Chinkiang, 鎭江]을 제외하고는 현재 개방된 항구가 존재할 수가 없다.

평화가 회복되는 즉시, 영국 상선은 한커우(漢口)에서 3번을 넘지 않는 범위에서 무역을 허가받았으며, 영국 공사는 청국 당국자와 협의를 한 이후에 항구의 입항 및 출항을 결정할 것이다.

제11조
난징조약에 의해 개항된 광저우, 아모이, 푸저우, 닝보, 상하이의 도시들과 더불어 뉴좡, 덩저우, 타이완[포모사], 차오저우[스와토우], 치웅저우[하이난]의 항구와 도시를 언제든지 영국 신민에게 개방하는 데 동의한다.

그들은 자신이 원하는 누구와도 거래를 할 수 있고, 그들의 선박과 상품을 가지고 마음대로 드나들 수 있다.

제12조
영국 신민들은 이미 개항한 항구에서 거주권, 주택 구입권 또는 임대권, 토지 임대권, 교회, 병원 및 공동묘지 건설권 등을 향유하였듯이, 해당 도시와 항구에서 동일한 특권, 이익 및 면제를 누려야 한다.

제13조
청국 정부는 영국 신민에 의해서 어떤 법적인 자격으로든 중국인을 고용하는 데 어떠한 제약도 두지 않을 것이다.

제14조
영국 신민들은 물품이나 승객 수송을 위해 그들이 원하는 어떤 선박이든지 고용할 수 있으며, 그러한 선박들에 대해 지불하는 금액은 청국 정부의 간섭 없이 당사자들 간에 정해질 것이다. 이러한 선박의 수는 제한되지 않으며, 상품을 운반하는 선박이나 짐꾼 또는 쿨리와 관련하여 독점권을 당사자에게 부여할 수 없다. 만약 밀수가 발생하면, 위반자들은 당연히 법에 따라 처벌될 것이다.

제15조
영국 신민 사이에 발생하는 재산 또는 개인의 권리와 관련한 모든 문제는 영국 당국의 관할권을 따른다.

제16조
영국인에 대한 범죄행위에 대해 유죄가 될 수 있는 청국 신민은 청국 법률에 따라 청국 당국에 의해 체포되어 처벌받아야 한다.

청국에서 범죄를 저지르는 영국인은 영국 법률에 따라 영사관이나 다른 공공기관에서 재판을 받고 처벌받아야 한다.

재판은 양측에 공평하고 공정하게 시행되어야 한다.

제17조
청국 신민에 대해 불평할 이유가 있는 영국 신민은 영사관에 가서 그의 불만을 진술해야 한다. 영사는 사건의 진상을 조사하고 원만한 방법으로 사건을 조정하도록 최선을 다한다. 동일한 방법으로 청국 신민이 영국 신민에게 불만을 가질 이유가 있는 경우 영사는 불만을 경청하고 우호적으로 해결하도록 노력한다. 영사가 우호적으로 주선할 수 없는 성격의 분쟁이 발생하면 청국 당국에 도움을 요청하여 합심하여 사건의 진상을 검토하고 공평하게 결정할 수 있다.

제18조
청국 당국은 영국 신민들이 모욕이나 폭력의 대상이 될 때마다 항상 영국 신민들의 신체와 재산에 대한 완전한 보호를 제공해야 한다. 모든 종류의 방화 또는 강도 사건이 발생할 경우, 지방 당국은 즉시 도난당한 재산의 복구, 무질서의 진압, 그리고 법에 따라 유죄판결의 처벌을 받을 범죄 당사자들의 체포에 필요한 조치를 취해야 한다.

제19조
영국 상인이 중국 해역에서 강도나 해적에게 강탈당할 경우, 청국 당국은 해적들을 붙잡아 처벌하고 도난당한 재산을 회수하도록 모든 노력을 기울여야 하며, 주인에게 손해 배상을 위해서 영사에게 인도할 것이다.

제20조
영국 선박이 언제든지 중국 해안에 난파되거나 좌초되거나 청국 황제의 통치권 아래 있는 항구로 피신할 수밖에 없는 경우, 청국 당국은 사실을 인지한 즉시 그 구호와 안전을 위한 조치를 취해야 한다. 탑승객은 우호적인 대우를 받아야 하며, 필요한 경우 가장 가까운 영사관으로 인도될 수 있는 수단을 강구할 것이다.

제21조
청국 신민 중에서 범죄자가 홍콩 또는 영국 국적 선박으로 도피할 경우, 청국 당국의 정당한 요구에 의해서 그들은 조사를 받아야 하며, 유죄가 입증될 경우 인도되어야 한다.

동일한 방법으로, 청국 범죄자들이 개항장의 영국 신민의 가옥이나 영국 신민의 선박으로 도피할 경우, 그들은 은신 또는 은닉되지 않고, 청국 당국의 적절한 요청으로 영국 영사관에 인도되어야 한다.

제22조
만약 청국 신민이 영국 신민에게 발생한 채무를 갚지 못하거나 부당하게 잠적할 경우, 청국 당국은 그를 체포하고 부채를 회수하기 위해 최선을 다할 것이다. 이와 마찬가지로 영국 당국은 영국 신민이 청국 신민에게 초래한 채무를 갚지 못하거나 부당하게 잠적할 경우, 모든 영국 신민들을 재판에 회부하도록 최선을 다할 것이다.

제23조
홍콩으로 무역하기 위해 간 청국 토착민들이 해당 채무를 지게 될 경우, 즉시 영국 법원에 의해 그러한 채권의 회수가 이루어져야 하지만, 청국 영토 내에서 재산, 실재 또는 개인 재산이 있는 것으로 알려지면, 청국 당국의 의무로 하되, 영국 영사관과 협력하여 당사자들 사이에서 재판이 이루어지도록 최선을 다한다.

제24조
영국 신민은 수입 또는 수출되는 모든 상품에 대해 관세로 규정된 의무를 부담해야 하지만, 어떠한 경우에도 다른 외국 신민에게 요구되는 것보다 더 높은 관세를 지불하도록 요청할 수 없다는 데에 동의한다.

제25조
수입 관세는 상품을 하선할 때, 그리고 수출 관세는 상품을 선적할 때 지불되어야 한다.

제26조
난징조약 제10조에서 정하였던 관세와 수입품과 수출품에 약 5%의 관세를 부과하는 것으로 산정되었으나, 여기에 열거된 다양한 상품의 가치의 하락으로 인해, 위에 언급한 세율을 상당히 초과하여 의무를 부과하는 것으로 확인되었으며, 상기 세율은 수정될 것이며, 조약이 체결되는 즉시 상하이에서 청국 황제를 대리해서 호부(戶部)의 세무 국장은 영국 정부에서 파견한 관리들과 만나서 그것의 개정을 함께 고려함으로써 개정된 관세가 이 조약의 발효 직후 시행될 수 있도록 한다.

제27조
이 조약의 체약국 중 어느 일방 체약국이 10년의 마지막에 관세 및 이 조약의 상업 조약에 대한 추가 개정을 요구할 수 있다는 점에 동의한다. 그러나 최초 10년이 끝난 후 6개월 이내에 어느 한쪽에서 요구가 없을 경우, 관세는 지난 10년이 끝난 이후부터 10년 동안 유효하다. 따라서 10년의 연속 기간이 종료할 때가 될 것이다.

제28조
난징조약 제10조에서 합의된 바에 의하면, 관세를 지불한 영국 수입품은 통행세를 제외하고, 관세를 제외한 모든 추가 요금 없이 내지로 운송되어야 하며, 관세율에 대한 일정 비율을 초과하지 않아야 한다. 반면에 관세에 대한 정확한 정보가 제공되지 않았기에, 영국 상인들은 지방 당국이 외국 시장으로 가는 생산품과 내지로 가는 수입품에 대한 통행세에 대해서 요금을 갑자기 임의적으로 부과하여 무역에 손해를 입었다고 끊임없이 불평해 왔다. 이 조약 체결 후 4개월 이내에, 현재 영국 무역에 개방된 모든 항구와, 향후 개항될 수 있는 모든 항구에서 동일한 기간 내에, 영사의 신청에 의해서 관세 징수를 감독하기 위해 임명된 당국은, 생산물에 부과할 수 있는 관세를 통지할 의무가 있다. 그리고 생산지 및 선적항, 영사가 지정한 내륙 시장과 해당 영사항(개항장-역자) 사이에서 수입할 경우 부과되는 관세는 영어와 중국어로 공표되어야 한다.

그러나 그것은 내륙으로 구입한 생산물을 항구로 운송하거나, 항구에서 내륙 시장으로 수입품을 운송할 때 단 한 번의 요금으로 모든 통행세를 완료하는 것은 영국 신민의 선택으로 한다. 이 통행세는 수출품이 상륙한 항구에서 통과하거나 수입해야 할 첫 번째 관문에 있는 수출품에 부과되며, 수입되는 경우, 모든 추가 내륙 요금에서 면제되는 증명서가 발급될 것이다.

추가적으로, 이 요금의 비율은 가능한 한 2.5%의 비율로 계산되어야 하며, 관세 개정을 위해 상하이에서 개최되는 회의에서 각 상품에 대해서 기준을 정함에 동의한다.

통행세의 지불은, 감면되거나 그렇지 않거나, 수입품이나 수출품에 대한 관세에는 어떠한 영향도 미치지 않아야 하며, 이는 계속해서 개별적으로 그리고 전체적으로 부과될 것임을 분명히 이해한다.

제29조
영국 상선의 중량이 150톤 이상인 경우에는 톤당 4메이스를 부과하고, 150톤 이하일 경우 톤당 1메이스를 부과한다.

청국의 개방된 항구나 다른 항구 또는 홍콩에서 출항하는 선박은 선주의 신청에 따라, 세관의 특별 증명서에 대한 자격을 부여받아야 하며, 이 특별 증명서는 클리어런스 항구의 날짜로부터 4개월 동안 중국의 모든 개항장에서 톤세를 추가로 지불하지 않아도 된다.

제30조
영국 상선의 선주는 선박이 도착한 후 48시간 이내에, 그러나 나중은 아니더라도, 상품의 포장을 해체하지 않고 출발하도록 결정할 수 있는데, 이 경우 그는 톤세를 지불하지 않을 것이다. 그러나 48시간이 경과된 후에 톤세는 지불되어야 한다. 입항 또는 출항 시에는 어떠한 추가 요금도 부과되지 않는다.

제31조
영국 선박이 승객, 수하물, 편지, 공급 물품 또는 기타 관세를 지불하지 않아도 되는 물품을 개항장 간 운송할 때에는 톤세를 지불할 수 없다. 단, 모든 화물선은 관세가 적용되는 상품을 운송하는 경우에는 6개월에 한 번씩 등록 톤당 4메이스의 비율로 톤세를 지불해야 한다.

제32조
영사와 세관의 세관장은 봉화대(등대-역자) 또는 등대의 설치, 그리고 필요할 때마다 부표 및 등대선의 배치에 관해 함께 상의해야 한다.

제33조
관세는 1843년 7월 13일에 광저우에 설치된 시금에 의거해서 말굽은 또는 외국 돈 중 하나를 대신하여 그 대가로 청국 정부가 위임한 은행업자에게 지불되어야 한다.

제34조
광둥성 세관에서 표준에 따라 작성하고 발행한 표준추 및 표준양의 세트는 통일성을 확보하고 혼동을 방지하기 위해 각 항구의 세관장에 의해서 영사관에게 전달해야 한다.

제35조
개항장 중 한 곳에 도착하는 영국 상선은 상선을 항구로 인도하기 위해 도선사의 서비스를 자유롭게 이용할 수 있어야 한다. 마찬가지로, 모든 법적 의무와 의무를 면제하고 출국할 준비가 된 후, 영국 상선이 항구를 떠날 때, 도선사를 선택할 수 있도록 허락된다.

제36조
영국 상선이 개항장 중 한 곳에 도착할 때마다 세관장은 한 명 이상의 세관원에게 배를 경호하도록 대리로 파견해야 한다. 그들은 해당 선박에 주재하거나 선상에 머물러야 한다. 그들의 식량과 비용은 세관에서 제공되어야 하며, 선주나 수탁자에게 어떤 수수료도 부과되지 않는다. 이 규정을 위반하면 정한 금액에 비례하여 처벌된다.

제37조
도착 후 24시간 이내에 선박의 서류와 선하증권은 영사의 손에 맡겨야 하며, 24시간 이내에 선박의 이름, 등록 톤수 및 화물의 성격 등을 세관장에게 보고해야 한다. 선주의 태만으로 인하여, 위에서 정한 규칙을 지키지 않을 경우, 그는 지연에 대해 하루 50테일의 벌금을 물어야 한다. 단, 벌금의 총액은 200테일을 초과하지 않는다.

선내 화물 세부 사항에 대해서 완벽하고 정확한 기술을 포함하는, 상명의 정확성에 대한 책임은 선주에게 있다. 그는 허위 내용을 제출하면 500테일의 벌금을 물게 될 것이다. 그러나 그는 세관원에게 서류를 제출한 후 24시간 이내에 그가 밝혀 낼 수 있는 실수를 벌금 납부 없이 바로잡을 수 있다.

제38조
세관장은 영사관으로부터 정식 보고서를 받은 후 해치를 여는 허가를 선박에 부여해야 한다. 선장이 그러한 허가 없이 승강구를 열고 물품을 배출하기 시작하면 그는 500테일의 벌금을 부과받으며, 배출된 물품은 전적으로 압수되어야 한다.

제39조
육로 또는 선적화물을 소지한 모든 영국 상인은 관세청장에게 특별 허가를 신청해야 한다. 그러한 허가 없이 하선되거나 운송된 화물은 몰수의 책임이 있다.

제40조
한 선박에서 다른 선박으로의 환적은 특별한 허가 없이 이루어질 수 있다.

제41조
모든 세금과 관세를 완납할 경우 세관장은 항구에서 통관을 하고 영사는 출항할 수 있도록 선박의 서류를 반환해야 한다.

제42조
관세에 따라 종가세를 부과하는 조항과 관련하여 영국 상인이 가격을 수정하는데 청국 관리와 합의할 수 없다면 각 당사자는 물품을 확인하기 위해서 2~3명의 상인을 불러야 하며, 이들 상인들이 구매할 의향이 있는 가장 높은 가격을 기준으로 산정해야 한다. 이러한 상인들이 구매할 수 있는 가장 높은 가격을 상품의 가치로 산정한다.

제43조
관세는 각 물품의 순중량에 따라 부과되며, 용기 중량을 공제한다. 영국 상인이 세관장 관리와 동의할 수 없는 경우 차와 같은 물품에 대한 용기를 수정하려면 각 당사자는 매 100파운드 중 많은 상자를 골라야 하며 그 무게는 처음에 무게가 나간 후, 그리고 이 상자들에 대한 평균 용기는 전체에 대한 용기로 산정되어야 하고, 이 원칙에 따라 상자는 다른 모든 물품에 포장되어야 한다. 해결될 수 없는 다른 분쟁이 있는 경우, 영국 상인은 영사에게 항소할 수 있으며, 영사는 사건의 세부사항을 세관장에게 전달하여 공평하게 조정할 수 있다. 그러나 이의 제기는 24시간 이내에 해야 하며, 그렇지 않을 경우 적용되지 않는다. 그러한 관점이 여전히 정리되지 않으면, 세관장은 그의 장부에서 관세 부과를 연기해야 한다.

제44조
모든 파손된 물품에 대하여는 그 품질 저하에 비례하여 상당한 세금 감면이 허용된다. 분쟁이 발생하는 경우, 그들은 본 조약의 조항에서 지적된 방식으로 관세를 지불하는 조항을 참조하여 해결한다.

제45조
개방항으로 물품을 수입하고 이에 따라 관세를 지불한 영국 상인들은 재수출하고자 할 경우 세관에 신청할 권리가 있으며, 세관원은 수입품에 대한 부정행위를 방지하기 위하여, 해당 관리가 지정목록에 입력된 것과 같은 물품에 지불된 관세가 작성된 것과 일치하고 원래의 상표가 변경되지 않은 상태를 유지하고 있는지를 확인해야 한다. 그는 상품의 항구 통관 및 지불된 관세 금액에 대한 서류를 작성하여 상인에게 전달하고, 다른 항구의 세관 공무원에게 사실을 증명해야 한다. 모든 일을 완료하고 화물이 적재된 선박이 개항장에 도착하여, 그에 상응하는 모든 조사를 한 결과, 영국 선박은 추가적인 지불 의무 없이 대량으로 물건을 하선할 수 있도록 허용되어야 한다. 그러나 이러한 조사를 할 때, 세관장이 세입에 관한 부정행위를 발견하면 그 물품은 청국 정부에 의해 몰수될 수 있다.

관세가 지불된 수입품을 외국으로 재수출하고자 하는 영국 상인은 청국의 다른 항구로 재수출하는 경우와 동일한 조건을 준수할 경우 수출 관세 수입에 대한 관세 지불에 있어 관세에 유효한 환급 증명서에 대한 자격을 부여해야 한다.

영국 선박에서 청국의 어느 항구에서 반입된 외국산 곡물이 영국에 도착하지 못하면 방해받지 않고 재수출될 수 있다.

제46조
각 항구의 청국 당국은 부정행위나 밀수를 방지하기 위해 그들이 가장 적절하다고 판단할 수 있는 수단을 채택해야 한다.

제47조
영국 상선은 이 조약에 의해 개방된 무역항 외에 다른 곳에서 권리를 주지 않는다. 그들은 불법적으로 청국에 있는 다른 항구에 들어가거나, 그 해안가를 따라 밀수를 하지 않는다. 이 규정을 위반하는 선박은 화물과 함께 청국 정부에 의해 몰수될 수 있다.

제48조
영국 상인이 밀수에 관여하는 경우, 그 물건의 가치나 성격에 관계없이 청국 당국에 의해 압수될 수 있으며, 그 선박은 더 이상 거래할 수 없고, 선박의 계좌가 조정되고 지불되는 즉시 추방된다.

제49조
이 조약에 따라 시행되는 모든 처벌 또는 압수는 청국 정부의 관리에 귀속되고 전용된다.

제50조
이제부터는 영국 여왕 폐하의 외교 및 영사 관리가 청국 당국에 전달하는 모든 공식 문서는 영어로 작성되어야 한다. 현재에는 중국어본이 첨부될 것이지만, 영어와 중국어의 의미 차이가 있을 경우 영국 정부는 영어 텍스트로 표현된 의미를 정확한 의미로 간주할 것이다.

이 조항은 현재 협상된 조약에 적용되는 것으로 중국어 본문은 영어 원본으로 신중하게 바로잡았다.

제51조
이제부터는 청국 당국이 수도나 지방에서 발행하는 어떠한 청국 공문서에도 'I', [夷('야만인')]라는 문자가 영국 정부 혹은 신민에게 적용되지 않는다는 데 합의한다.

제52조
적의를 보이지 않거나 해적들을 쫓는 영국 군함들은 자유롭게 청국 황제의 통치 아래 있는 모든 항구를 방문할 수 있어야 하며, 식량 구입과 물 조달, 그리고 필요한 경우 수리를 위해 모든 시설을 수령해야 한다. 이러한 군함들의 지휘관은 평등과 예의의 관점에서 청국 당국자와 교류를 해야 한다.

제53조
중국 해상에서의 해적 행위로 인한 본토와 외국 무역의 피해를 감안하여, 고위 계약 당사자들은 그것의 탄압을 위한 공동 조치에 동의한다.

제54조
영국 정부와 그 신민은 이에 따라 이전의 조약에 의해 부여된 모든 특권, 면책 및 이익이 확인되며, 이에 따라 이후 청국 황제가 정부나 다른 나라의 문제에 대해 허락한 모든 특권, 면제 및 이익에 대해서 영국 정부와 그 신민은 자유롭고 동등하게 참여를 허용하는 데 명시적으로 규정된다.

제55조
영국 여왕 폐하가 우호적인 이해를 지속하고자 하는 바람의 증거로 본 조약의 조항과 별도로 광둥 문제에서 발생한 비용과 손실에 대한 보상에 관한 조항을 포함시키기로 동의한다.

제56조
대영 및 아일랜드 연합왕국의 여왕 폐하와 청국 황제 폐하에 의해서 체결된 이 조약의 비준은 서명일로부터 1년 이내에 베이징에서 교환될 것이다.

각 전권 위원은 이 조약에 서명하고 봉인하였다.
톈진에서 1858년 6월 26일, 함풍 8년 음력 5월 16일

〈26조와 관련된 협정〉
톈진조약에 의해서 상하이에서 영국 정부와 청국 정부에 의해서 위임된 관리들 간에 앞으로 부과될 관세와 통행세 금액을 결정할 목적으로 회의를 개최해야 하며, 이에 따라 회의를 개최하였다. 회의의 진행은 대영 제국 여왕의 특명전권대사 엘긴 백작과 청국 황제의 특명전권대사 대학사 구

이량(桂良), 이부상서 화사나(花沙納)에 의해서 진행되었다. 이들 고위 관리들은 여기에 추가되는 개정된 관세, 전술한 조약의 더 나은 설명을 위한 다른 규칙 및 규정과 함께 여기에 부과된 통행세율에 동의하기로 결정하였다. 이 조약 및 그 규칙이 첨부된 10개의 조약에 첨부된 상기 관세 및 규칙은 양국 정부 및 주체에 조약 자체를 동등하게 구속한다는 데 합의한다.
그 증거로 그들은 여기에 인감과 서명을 붙인다.

규칙 1. 열거되지 않은 물품.
수출 목록에 열거되지는 않았지만 수입 목록에 열거된 품목은 수출 목록에서 수입 목록에 설정된 품목의 금액을 지불하게 된다. 마찬가지로 수입 목록에 열거되지는 않지만 수출 목록에 열거된 품목은 수출 목록에서 수입 목록에 대해 부과된 금액을 지불하게 된다.
양쪽 목록에 열거되지 않은 상품이나 면세 물품 목록에 열거되지 않은 상품은 시가로 계산하여 5%의 종가세를 부과한다.

규칙 2. 면세 물품.
금괴와 은괴, 외국 동전, 밀가루, 인도 음식, 사고, 비스킷, 보존된 육류와 채소, 치즈, 버터, 제과, 외국 의류, 보석류, 도금 제품, 향료, 모든 종류의 비누, 목탄, 불 목재, 양초 와인, 맥주, 주류, 가계 상점, 수하물 보관소, 개인 수하물, 문구류, 카페트, 약국, 칼붙이, 외국 의약품, 유리 및 크리스탈 제품 등이 있다.
위의 물품은 수입관세나 수출관세를 지불하지 않는다. 그러나 내지로 이동된다면 개인 수하물, 금괴 및 은괴, 외국 동전을 제외하고는 2.5%의 통행세를 지불해야 한다. 면세품(개인 수하물, 금은 및 금괴 및 외국 동전 제외)의 화물 또는 부분 화물 운송은 다른 화물이 배에 실리지 않았더라도 선박에 운송해야 하며 톤세가 부과된다.

규칙 3. 밀수품.
화약, 총, 대포, 파울링 조각, 소총, 총구, 권총 및 기타 모든 군수품 및 전쟁 도구에 관한 수입 및 수출 무역은 금지된다. 소금도 포함된다.

규칙 4. 중량과 치수.
관세의 계산에서, 100캐티의 페컬의 무게는 $133\frac{1}{3}$ 파운드, 3분의 1파운드 아보루두포(avoirdupois)와 같으며, 10 중국 피트(feet, 장)의 길이는 141 영국 인치와 같다.
중국의 1척(尺)은 $14\frac{1}{10}$ 영국 인치(inch)와 같으며, 4 영국 야드와 3인치는 1장(丈)과 같다.

규칙 5. 지금까지 금지 품목에 대하여.
아편, 현금, 곡물, 맥박, 유황, 황, 초석 및 아연에서 무역에 영향을 미치는 제한은 다음과 같은 조건에서 완화된다.

1. 앞으로 아편은 페컬(pecul)당 30테일(tael)의 수입 관세를 지불할 것이다. 수입업자는 아편을 항만에서만 판매할 것이다. 그것은 단지 청국인에 의해서 내지로 운반되며, 청국인의 재산으로만 사용된다. 외국 상인은 그것을 지참할 수 없다. 영국 신민이 여권으로 내지로 무역을 할 수 있도록 허가한 톈진조약 9조는 여기에 포함되지 않으며, 같은 조약의 28조도 포함되지 않는다. 통행세도 규제되는데 청국 정부가 적합하다고 볼 때, 아편에 관한 통행세도 조정될 것이다. 향후 관세 개정에서 아편에 적용될 동일한 재화의 규칙이 다른 재화에 대해서는 적용되지 않는다.

2. 동화 – 외국 항만으로의 현금 수출은 금지되지만, 영국 신민이 다음 규정에 따라 청국의 개항장 중 한 곳에서 다른 항구로 현금을 운송하는 것은 합법적이다. 화주는 자신이 배송하고자 하는 현금의 양과 목적지의 항구에 대한 통지를 해야 하며, 충분한 보증의 채권 또는 통관일로부터 6개월 이내에 세관이 납득할 만한 것으로 간주하는 기타 담보를 보증하여 스스로 약속해야 하며, 운송, 목적지 항구에서의 현금 수령에 대한 승인과 함께, 그가 발급한 증명서에다가 그 항구의 징세원이 도장을 찍으며, 증명서의 제출에 실패하면 발송된 현금과 동일한 가치의 금액을 상실한다. 현금은 안이나 밖에서 어떠한 관세도 지불하지 않는다. 그러나 다른 화물이 배에 없더라도 현금의 화물 혹은 그 일부 화물은 그것을 운반하는 선박에게 톤세를 지불할 책임을 지게 할 것이다.

3. 내지이건 외국이건 쌀과 모든 다른 곡물의 외국 항구로의 수출은 재배 장소가 어디든 간에 혹은 어디서 수입되든 관계없이 외국 항구로 수출하는 것이 금지된다. 그러나 영국 상인에 의해서 이러한 상품들이 청국의 개항장 한 곳에서 다른 한 곳으로 운송될 수 있으며, 현금의 보증과 마찬가지로 세칙에 명시된 관세를 출하 항구에서 지불할 것이다.
수입세는 쌀이나 곡물에는 부과되지 않을 것이다. 그러나 다른 화물이 배에 없더라도 쌀, 곡물의 화물 혹은 그 일부 화물은 그것을 운반하는 선박에게 톤세를 지불할 책임을 지게 할 것이다.

4. 콩 – 동차우와 뉴창에서 영국 국기 아래의 콩과 콩깻묵의 수출은 금지된다. 다른 개항장으로부터 청국의 다른 항구 혹은 외국으로 운반되는 콩과 콩깻묵은 관세를 부과한다.

5. 전쟁의 군수품이 되는 초석, 유황, 황, 그리고 아연은 영국 신민에 의해서 수입될 수가 없으며, 청국 정부의 요청이나 그것을 구매하기 위해서 청국으로부터 정식으로 공인받은 곳에게 판매하는 경우는 수입 금지를 면하게 된다. 세관에서는 구매자에게 필요한 권한을 부여했다는 증거를 입수할 때까지 어떠한 상륙 허가도 발급되지 않을 것이다. 영국 신민이 양쯔강이나 개항장 이외의 항구로 그 물자들을 운반하거나 중국인을 대신해서 내지로 그것들을 운반하는 것은 합법적이지 않다.
위와 같이 아편, 현금, 곡물, 콩, 초석, 유황, 황 및 아연이 이제부터 운반되어진다면 관련된 모든 상품은 몰수되는 처벌을 받을 것이다.

규칙 6. 항에 입항하는 선박의 책임.
오해를 방지하기 위해 영국 선박이 톈진조약 제37조에 따라 영사에게 보고해야 하는 24시간의 기간은 영국 선박이 오는 때로부터 시작된다는 것을 인지해야 한다. 항구의 한도 내에서. 같은 조약 제30조에 의거한 48시간의 기간은 톤세를 지불하지 않고 항구에 남아 있도록 허락되었다.
항구의 제한은 모든 점을 고려해서 무역의 편의를 위해서 수입의 적절한 보호과 양립해서 세관이 정하는 바에 따른다. 또한 입항과 출항 관련 정박의 제한은 세관에 의해서 허락된다. 그리고 공공의 정보를 위해서 영사에게 동일한 내용이 통보되어야 한다.

규칙 7. 통행세.
톈진조약 제22조는 영국 국민이 수입 또는 수출하는 상품에 대하여 합법적으로 부과될 수 있는 경유 회비의 액수를 해당 경우를 제외하고는 관세의 2분의 1로 줄이는 것으로 해석된다. 면세 물품은 2.5%의 관세가 부과된다. 규칙 제2조에 규정된 바와 같이 종가. 상품화는 다음과 같은 조건하에서 그 운송료를 지불해야 한다.

수입품의 경우. 입항에서 수입되는 통지는 상품의 특성 및 수량, 선적이 된 선박, 선적하려는 장소, 그리고 모든 다른 필요한 세부 사항과 함께 내륙으로 전달된다. 세관의 징세원은 정해진 조사에 의해서 통행세 영수증과 통행 증명서를 발행해야 한다. 이는 모든 관문에서 이루어져야 하며 도장을 찍어서 공식으로 검사되었음을 나타내야 한다. 목적지까지는 아무리 멀어도 그렇게 인증을 받은 수입품에 대해서는 더 이상의 관세가 부과되지 않을 것이다.
수출품의 경우. 영국인이 내지에서 구입한 상품은 선적항으로 가는 첫 번째 관문에서 조사하여 감안한다. 생산물의 양과 선적할 항구를 나타내는 각서는 생산품을 담당하였던 사람에 의해서 그곳에 맡겨진다. 그러면 그는 증명서를 받는데, 그 증명서에서는 모든 관문에서 선적하는 항구까지 조사가 이루어졌고 도장을 찍어서 공식으로 검사되었음이 나타나게 된다. 항구에 가장 가까운 관문에서 생산품이 도착하면 항구의 세관에 통보해야 하며 그로 인해 지불해야 하는 운송비를 납부해야 한다. 수출 시에 생산품은 관세를 지불할 것이다.
여기에 정한 규칙을 따르지 않고 물품을 안이나 밖으로 보내려는 시도는 그것을 몰수할 수 있는 책임을 지게 할 것이다.
위와 같이 항구에 들어온 상품을 수송 중에 무단으로 판매할 경우, 그것을 몰수할 수 있는 책임을 지게 할 것이다. 증명서에 명시된 수량을 초과하여 상품을 반입하려고 시도할 경우, 증명서에 명기된 동일한 명칭의 모든 상품이 몰수될 수 있다. 통행세를 납부하지 않은 수출품에 대한 허가는 통행세가 납부될 때까지 세관에 의해서 거부된다.
위에서 최종적으로 부과될 통행세에 관한 합의의 조정으로서, 영국 신민과 청국 신민을 위해서 톈진조약 28조에 의해서 요구되는 고지는 이에 따라 시행된다.

규칙 8. 여권에 의한 대외 무역.
톈진조약 제9조는 영국 신민들이 무역을 목적으로 수도 베이징에 들어가는 것을 허가하는 것으로 해석되지 않는다는 데 합의한다.

규칙 9. 융자료 폐지.
중국 정부에 의한 용융 비용을 충당하기 위해 지금까지 의무 지불금을 초과하여 부과된 1테일당 2메이스(mace; tsin)는 더 이상 영국 신민에게 부과되지 않는다는 데 동의한다.

규칙 10. 모든 항구에서 하나의 제도 아래의 관세 징수.
조약에 따르면 청국 정부의 선택권에서 영국 무역에서 발생하는 수익을 보호하는 데 가장 적합한 방법을 채택하기 위해서 모든 항구에서 하나의 통일된 제도로 적용되는 데 동의한다.
이에 따라 청국 정부가 해외 무역을 감독하기 위해 임명한 고위 관리는 수시로 직접 방문하거나 다른 항구를 방문하기 위해 대리인을 파견할 예정이다. 그 고위 관리는 세관 수익의 행정, 밀수 방지, 항구 경계의 지정, 혹은 항구 의무의 이행, 또한 조명, 부표, 비콘 등과 같은 것의 설치, 톤세를 벗어나는 것들의 유지를 위해서 그를 돕는 데 적합한 영국 신민을 자유롭게 스스로 선택해서 특정 영국 당국에 독립적으로 제안할 것이다.
청국 정부는 양쯔강에서 무역을 위해서 개방되었을 때 밀수를 방지하기 위해 필요한 조치를 취할 것이다.

장쑤성 상하이에서, 1858년 11월 8일, 함풍 8년 음력 10월 3일 체결되었다.

3) (중영) 베이징(北京)조약(1860)

○ 명칭
- 영어: Convention between Her Majesty and the Emperor of China, Convention of Beijing, Beijing Treaty
- 중국어: 北京條約

○ 체결 국가: 영국, 청

○ 체결일: 1860년 9월 11일(10월 24일)

○ 체결 장소: 베이징(北京)

○ 서명자(또는 전권대사)
- 영국 전권대사: 엘긴(the Earl of Elgin and Kincardine)
- 청국 흠차대신: 화석공친왕(和碩恭親王) 이신(奕訢)

○ 작성 언어: 중국어, 영어

○ 체결 배경 및 과정

1858년 말 톈진조약의 비준 거부를 결정한 청국 정부는 조약 비준을 강행하려고 한 영국군과 프랑스군의 베이징 진입 시도를 차단하였다. 그 과정에서 영프 연합군과 청군 사이에 전투가 전개되었으며, 전투에서 패배한 영국과 프랑스는 1860년 6월에 추가 병력을 파견해서 다구포대(大沽炮台)와 베이징 근교를 점령하였다. 그러자 청국의 함풍제(咸豊帝)는 열하행궁(熱河行宮)으로 몽진하였으며, 그해 10월에 영프 연합군은 베이징에 입성하였다. 베이징 근교에 주둔한 영프 연합군은 황제의 별궁인 원명원을 비롯해서 베이징 인근 지역에서 약탈 및 방화를 자행하였다. 청국 정부는 베이징에 남겨 두었던 궁친왕(恭親王)에게 영국, 프랑스와의 협상을 지시하였으며, 러시아의 중재 아래 영프 연합군은 궁친왕과 협상을 통해서 베이징조약을 관철시켰다.

○ 주요 내용

1860년 제2차 아편전쟁에서 승리한 영국은 청을 상대로 주룽반도(九龍半島)를 획득할 수 있었다.

베이징조약은 전문과 총 9개조로 구성되어 있다.

먼저 영국은 홍콩 항구의 질서 유지를 빌미로 주룽반도의 양도를 관철시켰다. 6조에는 주룽반도의 할양 및 이에 따른 재산권 처분 및 그 절차에 관한 규정을 명시하였다.

다음으로 영국과 청국은 조약 전문에 제2차 중영전쟁으로 말미암은 오해와 적대적 행위를 청산하며, 1, 3조에서는 제2차 중영전쟁에 따른 청국이 지불해야 할 배상 내용을 명시하였다. 그리고 9조에서는 배상 절차가 완료되기 전까지 영국군의 중국 내 주둔을 명문화하였다.

3조에서는 톈진조약에 명시된 영국 외교관의 베이징 상주를 다시금 명문화하였다. 그리고 톈진의 개항을 비롯해서 청국의 추가 개항에 따른 영국의 균점을 4조에서 명시하였으며, 5조에서는 중국인이 자유롭게 영국인들과 계약을 체결하고 영국 선박에 탑승하고 이주할 수 있는 권리를 부여함으로써, 영국은 자신들에 협력적이고 우호적인 중국인을 확보할 수 있는 기반을 마련하였다. 그리고 7, 8, 9조에서는 본 조약의 효력 및 청국 정부의 신속한 공포를 명문화하였다.

○ 결과 또는 파급 효과

영국은 베이징조약을 통해서 중국 내 홍콩 식민지를 주룽반도까지 확대시킬 수 있었다. 그리고 톈진조약에서 규정한 영국 외교관의 베이징 상주를 다시금 확약받음으로써, 영국은 청국과의 현안을 중앙정부와 직접 처리함과 동시에 자국의 상업적 이익과 관련해서 청국 정부에 간섭정책을 추진할 수 있는 기반을 마련하였다.

한편 영프 연합군과 청국군을 중재한 러시아도 청국과 별도의 베이징조약(1860)을 체결하였다. 이 조약을 통해 러시아는 1858년에 청국과 체결한 아이훈조약에서 러청 공동관리로 두었던 연해주를 자국 영토로 편입하였다. 그 결과 조선은 두만강 하구에서 러시아와

국경을 접하게 되었다

원래 광둥 주룽쓰(九龍司)는 청이 영국 파크스에게 영원히 빌려주기로 되어 있었으나, 결국 조약 체결을 통하여 모조리 영국에 속한 홍콩 경내에 귀속되었다. 이로써 영국은 홍콩 섬에 이어 주룽반도를 획득하였다.

○ 지도

이를 지도[65]로 표현하면 다음과 같다.

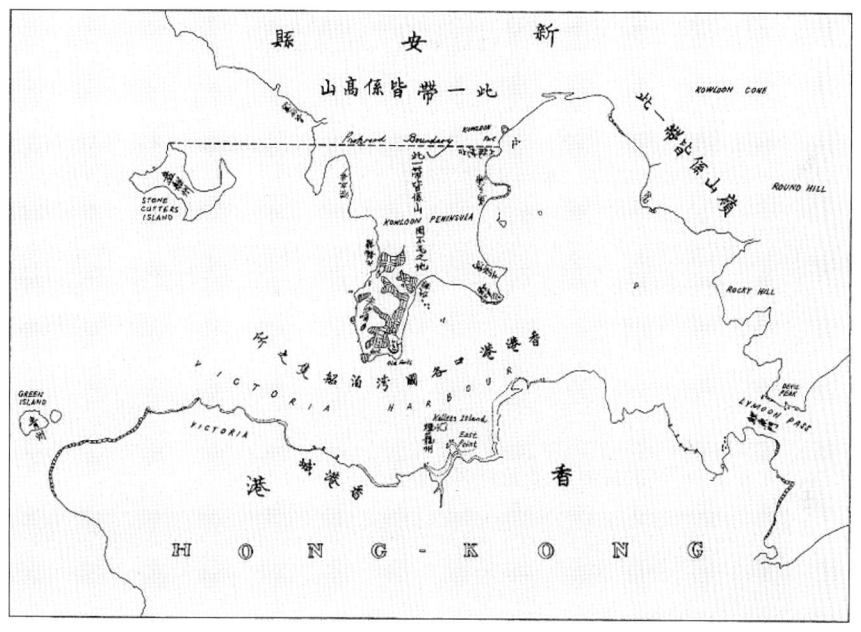

---

65 『中英北京條約附圖』.

『중국역사지도집』⁶⁶에 따르면 주룽반도는 다음과 같이 할양되었다.

○ (조약문) 출처

- 汪毅, 張承棨 編, 1974, 『咸豐條約』, 文海出版社
- 영국 의회 (Treaty between Her Majesty and The Emperor of China with Rules for Trade and Tariff of Duties, *Presented to both Houses of Parliament by Command of Her Majesty*, 1861, LONDON: PRINTED BY HARRISON AND SONS.).

66　譚其驤, 1996, 『中國歷史地圖集』 8, 『淸季列强侵占地區圖(部分)』, 64~65쪽.

(중영) 베이징조약(중국어본) 원문

中英北京條約

一八六〇年十月二十四日, 咸丰十年九月十一日, 北京。

茲以兩國有所不愜, 大淸大皇帝與大英大君主合意修好, 保其嗣後不至失和。爲此大淸大皇帝特派和碩恭親王奕訢; 大英大君主特派內廷建議功賜佩帶頭等寶星會議國政世職上堂內世襲額羅金並金喀爾田二郡伯爵額爾金;

公同會議, 各將本國恭奉欽差全權大臣便宜行事之上諭、敕書等件互相較閱, 均臻妥善, 現將商定續增條約開列于左;

第一款 前於戊午年五月在天津所定原約, 本爲兩國敦睦之設, 後於己未年五月大英欽差大臣進京換約, 行抵大沽炮臺, 該處守弁阻塞前路, 以致有隙, 大淸大皇帝視此失好甚爲惋惜。

第二款 再前於戊午年九月大淸欽差大臣桂良、花沙納, 大英欽差大臣額爾金, 將大英欽差駐華大臣嗣在何處居住一節, 在滬會商所定之議, 茲特申明作爲罷論。將來大英欽差大員應否在京長住, 抑或隨時往來, 仍照原約第三款明文, 總候本國諭旨遵行。

第三款 戊午年原約後附專條, 作爲廢紙, 所載賠償各項, 大淸大皇帝允以八百萬兩相易。其應如何分繳, 卽於十月十九日在於津郡先將銀伍拾萬兩繳楚; 以本年十月二十日, 卽英國十二月初二日以前, 應在於粵省分繳三十三萬三千三百十三兩內, 將查明該日以前粵省大吏經支塡築沙面地方英商行基之費若干, 扣除入算; 其餘銀兩應於通商各關所納總數內分結, 扣繳二成, 以英月三個月爲一結, 卽行算淸。自本年英十月初一日, 卽庚申年八月十七日至英十二月三十一日, 卽庚申年十一月二十日爲第一結, 如此陸續扣繳八百萬總數完結, 均當隨結淸交大英欽差大臣專派委員監收外, 兩國彼此各應先期添派數員稽查數目淸單等件, 以昭愼重。再今所定取賞八百萬兩內, 二百萬兩仍爲住粵英商補虧之款, 其六百萬兩少裨軍需之費, 載此明文, 庶免紛糾。

第四款 續增條約畫押之日, 大淸大皇帝允以天津郡城海口作爲通商之埠, 凡有英民人等至此居住貿易均照經准各條所開各口章程比例, 畫一無別。

第五款 戊午年定約互換以後, 大淸大皇帝允于卽日降諭各省督撫大吏, 以凡有華民情甘出口, 或在英國所屬各處, 或在外洋別地承工, 俱准與英民立約爲憑, 無論單身或願攜帶家屬一倂赴通商各口, 下英國船隻, 毫無禁阻。該省大吏亦宜時與大英欽差大臣查照各口地方情形, 會定章程, 爲保全前項華工之意。

第六款　前據本年二月二十八日大淸兩廣總督勞崇光, 將粵東九龍司地方一品, 交與大英駐紮粵省暫充英法總局正使功賜三等寶星巴夏禮代國立批永租在案。茲大淸大皇帝定卽將該地界付與大英大君主並歷後嗣, 並歸英屬香港界內, 以期該港埠面管轄所及庶保無事。其批作爲廢紙外, 其有該地華民自稱業戶, 應由彼此兩國各派委員會勘查明, 果爲該戶本業, 嗣後倘遇勢必令遷別地, 大英國無不公當賠補。

第七款　戊午年所定原約, 除現定續約或有更張外, 其餘各節, 候互換之後, 無不克日盡行, 毫無出入。今定續約, 均應自畫押之日爲始, 卽行照辦, 兩國毋須另行御筆批准, 惟當視與原約無異, 一體遵守。

第八款　戊午年原約在京互換之日, 大淸大皇帝允於卽日降諭京外各省督撫大吏, 將此原約及續約各條發鈔給閱, 並令刊該懸布通衢, 函使知悉。

第九款　續增條約一經蓋印畫押, 戊午年和約亦已互換, 須俟續約第八款內載, 大淸大皇帝允降諭旨奉到, 業皆宣佈, 所有英國舟山屯兵立當出境, 京外大軍卽應爲程前赴津城並大沽炮臺、登州、北海、廣東省城等處, 候續約第三款所載賠項八百萬兩總數交完, 方能回國, 抑或早退, 總候大英大君主諭旨施行。

以上各條又續增條約, 現下大淸、大英各大臣同在京都禮部衙門蓋印畫押以昭信守。

大淸咸豐十年九月十一日

大英一千八百六十年十月二十四日

(중영) 베이징조약 한글 번역문

중영 베이징조약

1860년 10월 24일 함풍 10년 9월 11일 베이징

이에 양국이 만족함으로써 대청국 대황제는 대영국 대군주와 수호(修好)하기로 합의하고 사후 화친을 잃지 않도록 지킨다. 이를 위하여 대청국 대황제는 화석공친왕(和碩恭親王) 이신(奕訢)을 특파하고 대영국 대군주는 내정건의(內廷建議) 공사패대(功賜佩帶) 두등(頭等) 보성회의(寶星會議) 국정세직상당(國政世職上堂) 세습(世襲) 襲額羅金(엘긴), 즉 金咯爾田(킨카딘) 2군(二郡) 백작(伯爵) 額爾金(엘긴)을 특파하여 공동으로 회의하고 각자 본국에서 흠차전권대신으로 편의로 행사하라는 상유와 칙서를 공손히 받들어 상호 교열하고 고르게 모아 타당하게 하여 현재 속증조약(續增條約)을 상정하고 아래와 같이 나열한다.

제1관
전에 무오년 5월 톈진(天津)에서 정한 원래 조약은 본래 양국의 돈독함을 위하여 세운 것이다. 이후 기미년 5월 대영국 흠차대신이 베이징으로 들어가 조약을 교환하고자 하여 다구포대에 이르렀다. 그곳의 수비병이 요새 앞길에서 막음으로써 틈이 있기에 이르렀다. 대청국 대황제는 이렇게 우호를 잃는 것을 보고 매우 애석하였다.

제2관
다시 전에 무오년 9월 대청국 흠차대신 구이량(桂良)과 화사나(花沙納), 대영국 흠차대신 엘긴(額爾金)이 대영국 흠차주화대신(欽差駐華大臣)이 어느 곳에 거주할 것인가에 대한 한 가지 절목은 상하이에서 상의하여 정한 논의가 있었는데 이에 특별히 논의가 깨졌음을 밝힌다. 장래 대영국 흠차대원은 수도에서 길게 거주하지 않고 혹은 수시로 왕래하여 거듭 원조약 제3관의 명문에 따라 본국의 유지를 따른다.

제3관
무오년 원조약 뒤에 첨부한 특별조관은 폐지하고 기재된 배상금 각 항목은 대청국 대황제가 800만 냥으로써 바꿀 것을 허락한다. 얼마만큼 납부할 것인지는 10월 19일 톈진에서 먼저 은 50만 냥을 납부하고 올해 10월 20일, 즉 영국 12월 초2일 이전에 광둥성에서 33만 3,313냥을 납부한다. 그날 이전 광둥성 대리(大吏)가 샤미엔(沙面) 지방에 영국 상인이 기지를 건설하는 비용 약간을 지불하여 공제하고 계산한다. 그 나머지 은냥(銀兩)은 통상하는 각 관문에서 납부할 총액 내에서 결(結)을 나누어 두 번 납부하고 영국 개월 3개월을 1결로 하여 즉시 청산한다. 올해 영국 10월 초1일부터 즉 경진년 8월 17일부터 영국 12월 1일, 즉 경진년 11월 20일까지를 제1결로 한다. 이와 같이

연이어 800만 냥 총액 납부를 완결하여 결에 따라 대영국 흠차대신의 전파위원의 감독을 거치는 것 외에 양국이 피차 먼저 추가로 파견한 여러명의 대원들이 수량과 명세서를 조사함으로써 신중을 기한다. 다시 지금 정하여 거두는 800만 냥 내에 200만 냥은 거듭 광동성에 거주하고 있는 영국 상인의 보조금으로 삼고 600만 냥은 군수비를 보조할 것으로 이러한 명문을 기재하여 분규를 면하게 한다.

제4관
속증조약 서명일에 대청국 대황제는 톈진 항구를 통상하는 부두로 삼을 것을 허락하고 영국 인민이 여기에서 거주하여 무역하는 것은 각 조관에서 나열한 각 항구 장정에 따라 비례하게 함으로써 획일적으로 다름이 없게 한다.

제5관
무오년에 정한 조약을 교환한 이후 대청국 대황제는 당일 효유문을 각 성의 총독, 순무, 대리(大吏)에게 내림으로써 중국인이 항구를 나오기를 간절히 원하여 혹은 영국에 소속된 각 처소에서 혹은 바다 멀리 다른 곳에서 공업을 잇고 영국 인민과 체결한 조약을 증빙으로 하여 단신이거나 가솔의 유무를 막론하고 통상하는 각 항구로 가 영국 선박에 내려가면 조금이라도 금지하지 않는다. 해당 성의 대리 또한 때에 따라 대영국 흠차대신과 각 항구 지방의 정황을 조사하고 장정을 정하여 전 항목의 중국인의 의지를 보전한다.

제6관
전에 올해 2월 28일 대청국 양광총독 라오총광(勞崇光)이 광둥성 주룽스(九龍司) 지방 1품을 대영국 주찰광동성(駐紮廣東省) 영국 법총국(法總局) 정사(正使) 공사(功賜) 3등(三等) 보성(寶星) 巴夏禮(파크스)에게 영원히 조차해 줄 것을 승인한 사안에 따라 대청국 대황제는 해당 지방을 대영국 대군주와 그 후사에게 교부할 것을 정하고 영국에 속한 홍콩 경계 내에 귀속시킴으로써 해당 항만을 관할하게 하고 무사함을 지키도록 한다. 그 비준은 폐지하는 것 외에 해당 지방에서 중국인이 영업을 스스로 칭하는 것은 피차 양국이 각자 위원을 파견하여 회동하고 조사하도록 하며 과연 해당 호구가 본업인데 사후 만약 사세가 반드시 다른 곳으로 옮겨지게 된다면 대영국은 공평 타당히 배상할 필요가 없다.

제7관
무오년에 정한 원래 조약은 현재 정한 속약 혹은 고치는 것을 제외하고 그 나머지 각 절목은 서로 교환한 후 즉지 진행하여 조금이라도 출입이 없게 한다. 지금 정하는 속약은 서명일을 시작으로 즉시 처리하고 양국은 따로 어필 비준을 하지 않고 원래 조약과 다르지 않다고 보고 일체 준수한다.

제8관
무오년 원래 조약은 북경에서 교환하는 날에 대청국 대황제가 즉시 효유문을 경외 각 성의 총독,

순무, 대리(大吏)에게 내리도록 되어 있었다. 이 원래 조약 및 속약 각 조관을 베끼고 보도록 한다. 아울러 간행하여 큰 길에 포고하여 모두 알도록 한다.

제9관

속증조약은 날인과 서명을 거치고 무오년 화약 또한 이미 교환하였으니 속증조약 제8관에 기재된 사항을 기다려 대청국 대황제가 유지를 내려 받들도록 하고 모두 선포하도록 하여 영국 주산(舟山) 주둔군을 철수하고 경외 대군은 즉시 톈진 및 다구포대, 등주, 북해, 광둥성 등지에 나아가 속약 제3관에 기재한 배항금 800만 냥 총액이 완납되어야 귀국할 수 있고 혹은 일찍 물러날 경우 대영국 대군주의 유지를 받들어 시행한다.

이상 각 조관 또는 속증조약은 현재 대청국, 대영국 각 대신이 베이징 예부아문에서 날인, 서명함으로써 신뢰를 지킨다.

대청국 함풍 10년 9월 11일

대영국 1860년 10월 24일

(중영) 베이징조약(영어본) 원문

HER Majesty the Queen of Great Britain and Ireland, and His Imperial Majesty the Emperor of China, being alike desirous to bring- to an end the misunderstanding at present existing between their respective Governments, and to secure their relations against further interruption, have for this purpose appointed Plenipotentiaries, that is to say:
Her Majesty the Queen of Great Britain and Ireland, the Earl of Elgin and Kincardine ;
And His Imperial Majesty the Emperor of China, His Imperial Highness the Prince of Kung;
Who, having met and communicated to each other their full powers, and finding these to be in proper form, have agreed upon the following- Convention, in nine Articles: -

ARTICLE I.
A breach of friendly relations having been occasioned by the act of the garrison of Ta-ku, which obstructed Her Britannic Majesty's Representative when on his way to Peking for the purpose of exchanging- the ratifications of the Treaty of Peace concluded at Tien-tsin in the month of June, one thousand eight hundred and fifty-eight, His Imperial Majesty the Emperor of China expresses his deep regret at the misunderstanding so occasioned.

ARTICLE II.
It is further expressly declared, that the arrangement entered into at Shanghai in the month of October, one thousand eight hundred and fifty-eight, between Her Britannic Majesty's Ambassador the Earl of Elgin and Kincardine, and His Imperial Majesty's Commissioners Kweiliang and Hwashana, regarding the residence of Her Britannic Majesty's Representative in China, is hereby cancelled; and that, in accordance with Article III of the Treaty of one thousand eight hundred and fifty-eight, Her Britannic Majesty's Representative will henceforward reside permanently or occasionally at Peking, as Her Britannic Majesty shall be pleased to decide.

ARTICLE III.
It is agreed that the Separate Article of the Treaty of one thousand eight hundred and fifty-eight is hereby annulled; and that in lieu of the amount of indemnity therein specified, His Imperial Majesty the Emperor of China shall pay the sum of eight millions of taels in the following proportions or instalments, namely: — At Tien-tsin, on or before the thirtieth day of November, the sum of five hundred thousand taels; at Canton, and on or before the first day of December, one thousand eight hundred and sixty three hundred and thirty-three thousand three hundred and thirty-three taels, less the sum which shall have been advanced by the Canton authorities towards the completion of the

British Factory site at Shameen; and the remainder at the ports open to foreign trade, in quarterly payments, which shall consist of one-fifth of the gross revenue from Customs there collected. The first of the said payments being due on the thirty-first day of December, one thousand eight hundred and sixty, for the quarter terminating on that day.

It is further agreed that these moneys shall be paid into the hands of an officer whom Her Britannic Majesty's Representative shall specially appoint to receive them, and that the accuracy of the amounts shall, before payment, be duly ascertained by British and Chinese officers appointed to discharge this duty.

In order to prevent future discussion, it is moreover declared, that of the eight millions of taels herein guaranteed, two millions will be appropriated to the indemnification of the British mercantile community at Canton, for losses sustained by them, and the remaining six millions to the liquidation of war expenses.

ARTICLE IV.

It is agreed that on the day on which this Convention is signed, His Imperial Majesty the Emperor of China shall open the port of Tien-tsin to trade, and that it shall be thereafter competent to British subjects to reside and trade there under the same conditions as at any other port of China by Treaty open to trade.

ARTICLE V.

As soon as the ratifications of the Treaty of one thousand eight hundred and fifty-eight shall have been exchanged, His Imperial Majesty the Emperor of China will, by Decree, command the high authorities of every province to proclaim throughout their jurisdictions, that Chinese choosing to take service in the British Colonies, or other parts beyond sea, are at perfect liberty to enter into engagements with British subjects for that purpose, and to ship themselves and their families on board any British vessel at any of the open ports of China; also that the high authorities aforesaid shall, in concert with Her Britannic Majesty's Representative in China, frame such Regulations for the protection of Chinese, emigrating, as above, as the circumstances of the different open ports may demand.

ARTICLE VI.

With a view to the maintenance of law and order in and about the harbour of Hong Kong, His Imperial Majesty the Emperor of China agrees to cede to Her Majesty the Queen of Great Britain and Ireland, and to her heirs and successors, to have and to hold as a dependency of Her Britannic Majesty's Colony of Hong Kong, that portion of the township of Cowloon, in the Province of

Kwang-tung, of which a lease was granted in perpetuity to Harry Smith Parkes, Esquire, Companion of the Bath, a member of the Allied Commission at Canton, on behalf of Her Britannic Majesty's Government, by Lan Tsung Kwang, Governor-General of the Two Kwang.

It is further declared that the lease in question is hereby cancelled ; that the claims of any Chinese to property on the said portion of Cowloon shall be duly investigated by a Mixed Commission of British and Chinese officers; and that compensation shall be awarded by the British Government to any Chinese whose claim shall be by the said Commission established, should his removal be deemed necessary by the British Government.

ARTICLE VII.

It is agreed that the provisions of the Treaty of one thousand eight hundred and fifty-eight, except in so far as these are modified by the present Convention, shall without delay come into operation as soon as the ratifications of the Treaty aforesaid shall have been exchanged.

It is further agreed that no separate ratification of the present Convention shall ho necessary, but that it shall take effect from the date of its signature, and be equally binding with the Treaty above mentioned on the High Contracting- Parties.

ARTICLE VIII.

It is agreed that as soon as the ratifications of the Treaty of the year one thousand eight hundred and fifty-eight shall have been exchanged, His Imperial Majesty the Emperor of China shall, by Decree, command the high authorities in the capital and in the provinces to print and publish the aforesaid Treaty and the present Convention, for general information.

ARTICLE IX.

It is agreed that as soon as this Convention shall have been signed, the ratifications of the Treaty of the year one thousand eight hundred and fifty-eight shall have been exchanged, and an Imperial Decree respecting the publication of the said Convention and Treaty shall have been promulgated, as provided for by Article VIII of this Convention, Chusan shall be evacuated by Her Britannic Majesty's troops there stationed, and Her Britannic Majesty's force now before Peking shall commence its march towards the city of Tien-tsin, the forts of Taku, the north coast of Shang-tung, and the city of Canton, at each or all of which places it shall be at the option of Her Majesty the Queen of Great Britain and Ireland to retain a force until the indemnity of eight millions of taels, guaranteed in Article III, shall have been paid.

Done at Peking, in the Court of the Board of Ceremonies, on the twenty-fourth day of October, in the year of Our Lord one thousand eight hundred and sixty.

(중영) 베이징조약(영어본)의 한글 번역문

영국 여왕 겸 아일랜드 여왕 폐하, 그리고 청국 황제 폐하는 각 정부 간에 존재하는 오해를 해소하고, 그들의 관계를 더 이상 단절되지 않도록 하기 위해, 이러한 목적을 위해 전권대사로 임명되었다.
영국 여왕 겸 아일랜드 여왕 폐하는 엘긴 경을,
그리고 청국 황제는 공친왕을,
그들은 각각의 전권(위임장)을 서로 교환하고 그 전권위임장이 양호하고 타당함을 확인한 후에, 다음 9개 조항의 협약에 동의하였다.

제1조
1898년 음력 6월에 톈진에서 체결한 평화 조약의 비준을 위해 베이징에 도착한 영국 여왕의 전권대표들을 방해한 타쿠 수비대의 행동으로 인해 우호관계가 위태로웠기 때문에, 청국 황제 폐하는 이렇게 생긴 오해에 깊은 유감을 표한다.

제2조
또한 1858년 음력 10월 상하이에서 영국의 전권대사 엘긴 백작과 청국 황제의 칙사 구이량과 화사나 사이에 체결한 협정에서도 청국에서 영국 전권대사의 거주와 관련해서 명시되어 있었으며, 1858년 조약의 제3조에도 동일하게 명시되어 있었던 것이 취소되었다. 영국 여왕 폐하께서 기꺼이 결정을 내리신다면, 영국 여왕의 대표는 앞으로 영구히 혹은 때때로 베이징에 상주하게 될 것이다.

제3조
1858년 조약의 별도 조항은 이것으로 무효로 한다. 그리고 거기에 명시된 배상 조치액 대신에, 청국 황제 폐하는 총액 800만 테일을 다음과 같은 비율 또는 할부로 지불해야 한다. 즉, 톈진에서는 음력 11월 30일 또는 그 이전에 50만 테일, 칸톤에서는 음력 12월 1일 또는 그 이전에 1억 8,633만 3,333테일, 샤미엔(沙面)의 영국 공장 지대의 완성을 향하여 칸톤 당국자에 의해서 지불되는 합계를 넘지 않으며, 나머지는 외국 무역을 위해서 개항한 항구에서 분기별로 그곳에서 선정된 세관으로부터 나오는 전반적인 수입의 5분의 1로 지불한다. 언급된 첫 번째 지불 기일은 음력 4분기가 끝나는 날인 1860년 12월 31일까지로 한다.
또한, 이 돈들은 영국 여왕 폐하 대표가 특별히 임명한 관리들에게 직접 지불되어야 하며, 지불 전에 이 의무를 다하기 위해서 임명된 영국 및 청국 관리들에 의해서 정당하게 확인되어야 한다.
앞으로의 논의를 막기 위해, 이곳에서 보증된 800만 테일 중에서 200만 테일은 칸톤에 있는 영국 상업계에게 입힌 손해에 대한 배상금으로 충당할 것이며, 나머지 600만 테일은 전쟁 비용의 청산으로 전용될 것이라고 선언되었다.

제4조
이 협약이 체결되는 날에, 청국 황제 폐하는 톈진항을 무역을 위해서 개방하고, 그 후 조약에 의해서 무역을 위해서 개방된 어떠한 중국의 다른 항구에서 동일한 조건으로 영국 신민에게 그곳에 거주하고 거래할 수 있는 자격을 갖도록 합의한다.

제5조
1858년 조약의 비준 즉시, 청국 황제 폐하는 칙령에 의해서 모든 지방의 고위 당국자에게 영국 식민지, 또는 바다 너머의 다른 지역에서 근무하기로 선택한 중국인들이 그 목적을 위해 영국인들과 계약을 할 수 있으며, 청국의 개항장 어느 곳에서든지 그들 스스로와 그들의 가족들을 어떠한 영국 선박에 탑승하는 데 완전하게 자유가 있음을 선언하도록 명령한다. 또한 앞에서 언급한 고위 당국자들은 청국에서 영국 공사와 협력해서 서로 다른 개방 항구의 상황이 요구할 수 있는 대로, 위에서 설명한 대로 이주하는 중국인의 보호를 위한 이와 같은 장정을 제정해야 한다.

제6조
홍콩 항구에 대한 법과 질서를 유지하기 위해 청국 황제는 영국과 아일랜드의 여왕 폐하와 여왕 폐하의 후계자와 상속자에게 홍콩의 영국 식민지의 보호령으로서 광둥성 내 주룽 지역의 일부를 양도하는 것을 동의하며, 그 지역의 임차권은 양광총독인 노숭광에 의해서 칸톤의 연합군위원회의 구성원인 바스 훈위 기사인 해리 스미스 파크스에게 영국 정부를 대표해서 영구히 권리가 주어진다.
여기에 의해 그 임차권이 취소됨을 선언한다. 이미 언급되었던 주룽의 해당 부분에 대한 중국인의 재산 청구는 영국과 중국 관리로 혼합해서 구성된 위원회에서 적법하게 조사될 것이다. 영국 정부에 의해서 그의 퇴거가 필요하다고 여겨질 경우, 영국 정부는 해당 위원회에서 결정한 보상금을 중국인에게 지급하여야 한다.

제7조
1858년 조약의 조문들은 이 협약에 의하여 수정된 경우를 제외하고는 앞서 언급한 조약의 비준 교환이 이루어지자마자 즉시 지체 없이 효력을 발휘하는 데 동의한다.
본 협약에 대한 별도의 비준은 필요하지 않지만, 서명일로부터 효력을 발생하며, 체약 당사자에 대하여 위에서 언급한 조약과 동등하게 구속력을 가진다는 데 추가적으로 동의한다.

제8조
1858년도 조약의 비준이 교환되는 즉시 청국 황제 폐하는 법령에 의하여 수도와 지방의 고위 당국자에게 일반적인 정보를 위해서 전술한 조약과 현재의 협약을 인쇄하여 공표하도록 명령하여야 한다.

제9조

이 협약이 체결되는 즉시 1858년 조약의 비준이 교환되고, 앞에서 언급한 협약 및 조약의 발표와 관련한 황제의 칙령이 이 협약의 8조에 규정된 바와 같이 공표될 것이다. 저우산 군도에서 주둔 중인 영국 군대는 철수될 것이다. 그리고 현재 베이징 입구에 있는 영국 군대는 산둥의 북쪽 해안, 다구포대, 톈진, 그리고 광둥시를 향해 행진을 시작할 것이며, 제3조에서 보장된 800만 테일의 보상금이 지불될 때까지 영국과 아일랜드 여왕의 선택에 따른 각각 혹은 모든 지역에서 영국군이 머무를 것이다.

베이징의 예부에서 서기 1860년 10월 24일에 체결되었다.

4) 전척홍콩계지전조(展拓香港界址專條, 1898)

○ 명칭
- 영어 Convention between The United Kingdom and China Respecting an Extension of Hong Kong Territory
- 중국어: 中英展拓香港界址專條, 展拓香港界址專條

○ 체결 국가: 영국, 청

○ 체결일: 1898년 4월 21일(6월 9일)
- 비준일: 1898년 10월 6일

○ 체결 장소: 베이징(北京, 체결) / 런던(비준)

○ 서명자(또는 전권대신)
- 영국 전권대사: 맥도널드(Claude Maxwell MacDonald)
- 청국 흠차대신: 태자태부(太子太傅) 문화전대학사(文華殿大學士) 1등(一等) 숙의백(肅毅伯) 리훙장(李鴻章)

○ 작성 언어: 중국어, 영어

○ 체결 배경 및 과정

청국은 청일전쟁(1894~1895)의 패배로 일본과 시모노세키조약을 체결하였다. 그 결과 청국은 '속방 조선'의 독립을 인정했을 뿐만 아니라, 일본에 랴오둥(遼東)반도, 타이완(臺灣), 펑후(澎湖) 제도를 할양하고 2억 량의 배상금을 지불해야 했다. 그런데 조약 체결 6일 만에 러시아, 프랑스, 독일이 외교적으로 개입(삼국간섭)하였다. 그 결과 일본은 청국에 랴오둥반도를 반환하는 대신에 청국으로부터 배상금 3,000만 량을 추가로 지불받는 수정 조약을 체결해야 했다. 러시아는 삼국간섭을 이끈 대가로 청국으로부터 만주 동청철도 부설권을 획득하였다. 이를 계기로 서구 열강은 본격적으로 청국에서 이권과 영토를 경쟁적으로 획득하는 조치를 취하였다.

1897년 11월 자오둥(膠東)반도에서 독일 선교사 2명이 살해당하는 사건이 발생했다. 그러자 독일 빌헬름 2세는 동아시아 함대 사령관 폰 디에데리히(von Diederichs)에게 자오저우만(膠州灣)을 점령할 것을 명령하였다. 이에 독일 동아시아 함대는 11월 7일 자오저우만을 점령하였다. 1898년 3월 6일 독일은 청국으로부터 자오저우만을 99년 동안 조차하는 조약을 체결하였다. 그 조약을 계기로 3월 한 달 동안 러시아는 랴오둥반도의 뤼순항(旅順港)과 다롄항(大連港), 영국은 자오둥반도의 웨이하이웨이(威海衛)를 조차할 수 있었다.

그해 4월 프랑스는 중국 남부와 식민지인 인도차이나반도를 보호하기 위한 명목으로 청국으로부터 광저우만(廣州灣. 현재의 잔장(湛江))을 99년 동안 조차하는 협정을 체결하였다. 그러자 영국 정부는 동아시아에서 세력 균형을 유지하기 위한 명목으로 청국 주재 영국 공사 맥도널드(Claude Maxwell MacDonald)에게 홍콩의 영역을 200마일까지 확장하라고 명령하였다. 그 결과 1898년 6월 9일 베이징에서 영국과 청국은 홍콩 영토에 관한 협정(전척홍콩계지전조)을 체결하였다.

○ 주요 내용

1898년 청 전역에 러시아, 독일, 프랑스 등의 조차지가 설정될 때 영국은 홍콩 섬 맞은편 주룽반도에 이어진 신계(新界) 지역을 조차받았다.

영국은 홍콩의 방어를 명목으로 주룽반도 북쪽의 광범위한 토지와 홍콩 섬의 서쪽에 위치한 란타우 섬(Lantau Island, 大嶼山), 그리고 200여 개 섬을 99년 동안 조차(1997년 6월 30일 만료)할 수 있게 되었다(영국에 조차된 지역 전체를 신계(新界, New Territories)로 통칭해서 부름). 영국과 청국은 영국이 신계 지역을 조차하면서 발생하는 행정적 절차, 치안 문제, 원주민의 법적 지위, 토지 수용 원칙, 교통 편의시설의 이용, 청국 군함의 항구 사용에 관한 규정을 큰 틀에서 합의하였다.

○ 결과 또는 파급 효과

이로써 오늘날 홍콩의 대부분을 차지하는 신계 지역이 영국에 조차지로 넘어가게 되었다. 다만 이때 조차 기한을 99년으로 정하는 바람에 영국은 1997년 신계 지역을 중화인민공화국에 돌려주어야 했다. 그런데 사실 주룽반도와 홍콩 섬은 그 이전 1842년 난징조약, 1860년 베이징조약을 통하여 이미 할양된 땅이었음에도 불구하고 영국은 이미 신계 지역을 넘겨주면서 주룽반도와 홍콩 섬까지 모두 중국에 반환하게 되었다.

  영국은 신계 지역을 조차함으로써, 홍콩 섬과 주룽반도를 아우르는 광대한 영토를 획득하였다. 영국의 식민지였던 홍콩 섬과 주룽반도와는 달리 신계 지역은 영국이 1997년에 중국에 반환해야 하는 조차지였다. 그런 이유로 1950년대 이전까지 홍콩 총독부는 신계 지역보다는 홍콩 섬과 주룽반도의 개발에 집중하였다. 하지만 홍콩 섬과 주룽반도만으로는 홍콩의 발전에 한계를 느낀 홍콩 총독부는 1970년대부터 본격적으로 신계 지역의 개발을 추진하였다. 그리고 신계 지역은 원래부터 홍콩 섬과 주룽반도에 농산물, 식수 등을 제공하던 지역이었다. 결과적으로 1980년대 신계 지역의 반환이 논의되었을 때, 영국의 식민지인 홍콩 섬과 주룽반도는 신계 지역 없이는 자립이 불가능한 지역이 되었다. 결국 영국은 신계 지역을 포함해서 홍콩 섬과 주룽반도 일체를 중국에게 반환하는 데에 합의하였다. 그리고 1997년 6월 30일 자정을 기해서 영국이 식민 통치했던 홍콩 전체가 중국으로 반환되었다.

  ○ 지도
당시 조차지로 넘어간 신계 지역을 지도로 나타내면 다음과 같다.

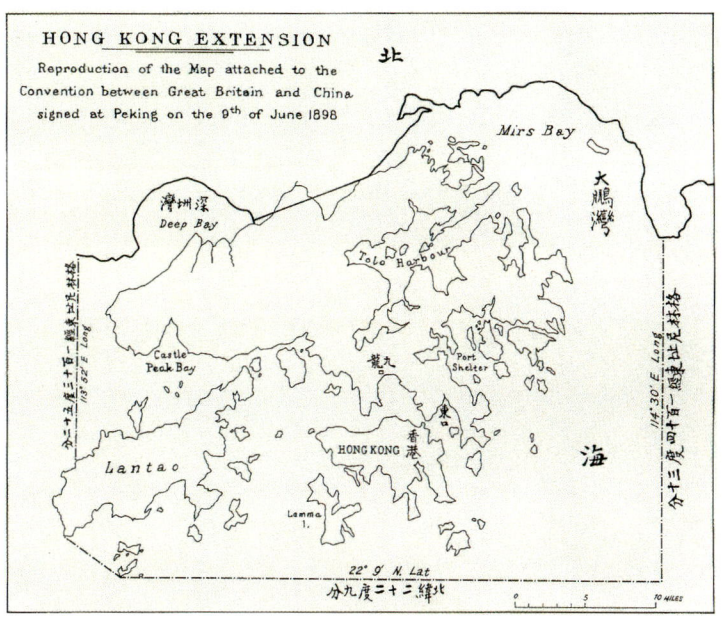

『중국역사지도집』[67]에 나타난 홍콩 전체 모습은 다음과 같다.

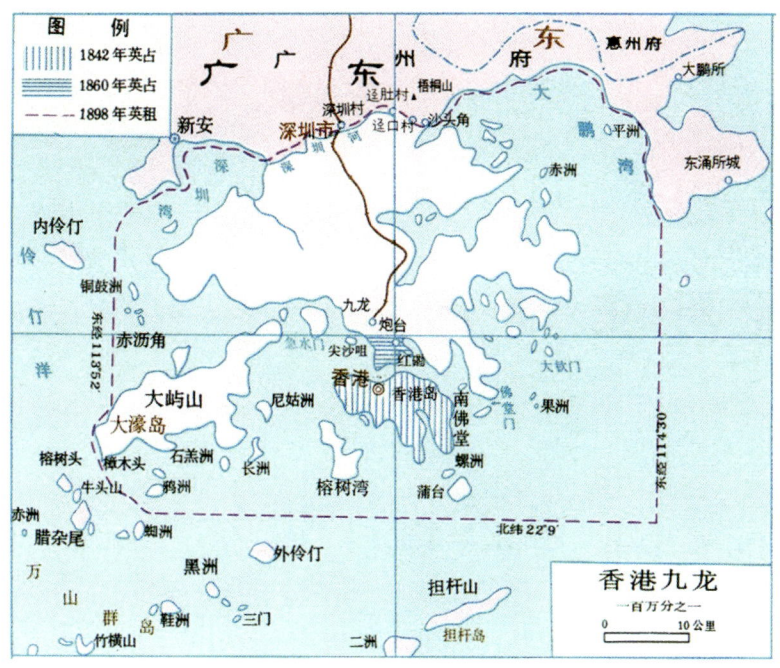

67 譚其驤, 1996,『中國歷史地圖集』8,「淸季列强侵占地區圖(部分)」, 64~65쪽.

○ (조약문) 출처

- 許同莘 等編, 1974, 『光緒條約』, 文海出版社
- 영국 의회(Treaty Series. No. 16. Convention between The United Kingdom and China Respecting an Extension of Hong Kong Territory, *Presented to both Houses of Parliament by Command of Her Majesty*, December 1898, LONDON: PRINTED FOR HER MAJESTY'S STATIONERY Office BY HARRISON AND SONS.).

전척홍콩계지전조(중국어본) 원문

展拓香港界址專條

一八九八年六月九日, 光緒二十四年四月二十一日, 北京。

溯查多年以來素悉香港一處非展拓界址不足以資保衛, 今中英兩國政府議定大略, 按照粘附地圖, 展擴英界作為新租之地。其所定詳細界線, 應俟兩國派員勘明後再行畫定。以九十九年為限期。又議定, 所有現在九龍城內駐紮之中國官員, 仍可在城內各司其事, 惟不得與保衛香港之武備有所妨礙。其餘新租之地, 專歸英國管轄。至九龍向通新安陸路, 中國官民照常行走。又議定, 仍留附近九龍城原舊馬頭一區, 以便中國兵商各船、渡艇任便往來停泊, 且便城內官民任便行走。將來中國建造鐵路至九龍英國管轄之界, 臨時商辦。又議定在所展界內不可將居民迫令遷移, 產業入官, 若因修建衙署、築造礮臺等官工需用地段, 皆應從公給價。自開辦後, 遇有兩國交犯之事仍照中、英原約香港章程辦理。查按照粘附地圖所租與英國之地, 內有大鵬灣、深圳灣水面, 惟議定, 該兩灣中國兵船無論在局內局外, 仍可享用。

此約應於畫押之日起中國五月十三日即西
　曆七月初一號開辦施行。其
　批准文據應在英國京城速行互換。為此兩國大臣
　將此專條畫押蓋印以昭信守。

此專條在中國京城繕立, 漢文四份, 英文四份, 共八份。

大淸國 太子太傅文華殿大學士一等肅毅伯 李(簽名)
經筵講官禮部尚書 許(簽名)

大英國欽差駐劄中華便宜行事大臣 竇(簽名)

光緒二十四年四月二十一日 西曆一千八百九十八年六月初九日

附注
本專條於一八九八年八月六日在倫敦交換批准

전척홍콩계지전조(중국어본) 한글 번역문

전척홍콩계지전조

1898년 6월 9일 광서 24년 4월 21일 베이징

여러 해 동안 거슬러 조사한 이래 홍콩 한 곳에 경계 지점을 개척하지 않아 지키는 데 부족함이 있었다. 지금 중국, 영국 양국 정부가 대략을 의정하여 첨부한 지도에 따라 영국 경계를 확장하여 새로운 조차지로 삼는다. 그 정한 상세한 경계선은 양국이 파견한 관원이 조사한 후 다시 획정한다. 99견을 기한으로 한다. 또 의정하기를 현재 주룽청(九龍城) 내에 주찰하는 중국 관원은 거듭 성 내에서 각 사무를 처리할 수 있고 오직 홍콩을 지키는 군대와 더불어 방해할 수 없다. 그 나머지 새로운 조계지는 오로지 영국 관할로 귀속된다. 주룽까지 통하는 새롭고 안전한 육로는 중국 관민이 상례에 따라 주행한다. 또 의정하기를 거듭 주룽청 부근에 원래 있언 오래된 마터우(馬頭) 한 구역을 남김으로써 중국 병선, 상선, 선박은 임의 편의대로 왕래하며 정박하고 성내 관민 또한 임의 편의대로 주행한다. 장래 중국이 철로를 건조하여 주룽, 즉 영국이 관할하는 경계에 이르면 임시로 상의하여 처리한다. 또 의정하기를 경계 내에서 거주민을 강제로 이주시키거나 산업을 관아에 몰수할 수 없다. 관아를 수리 건조하고 포대를 축조하는 등 관아의 공사에 필요한 토지는 모두 공급가를 따른다. 설립 후 양국이 범죄인을 넘겨주는 일이 있으면 거듭 중국과 영국이 원래 맺었던 홍콩장정에 따라 처리한다. 첨부 지도에 따라 조차하는 영국 토지는 안으로는 다펑만(大鵬灣), 선전만(深圳灣)의 수면이다. 오직 의정하기를 해당 두 만은 중국 병선이 국내(局內), 국외(局外)를 막론하고 거듭 사용할 수 있다.

이 조약은 서명일부터 중국 5월 13일, 즉 서력 7월 초1일에 설립하여 시행한다. 비준 문서는 영국 수도에서 속히 교환한다. 이를 위하여 양국 대신은 이 특별조관에 서명, 날인함으로써 신뢰를 지킨다.

이 특별조관은 중국 수도에서 세워 한문 4부, 영문 4부, 모두 8부로 한다.

대청국(大淸國) 태자태부(太子太傅) 문화전대학사(文華殿大學士) 1등(一等) 숙의백(肅毅伯) 리(李)(簽名)
경연강관(經筵講官) 예부상서(禮部尙書) 허(許)(簽名)

대영국(大英國) 흠차주차중화편의행사대신(欽差駐劄中華便宜行事大臣) 竇(맥도널드)(簽名)

광서 24년 4월 21일, 서력 1898년 6월 초9일

부주
본 특별조관은 1898년 8월 6일 런던에서 비준을 교환한다.

전척홍콩계지전조(영어본) 원문

CONVENTION BETWEEN THE UNITED KINGDOM AND CHINA RESPECTING AN EXTENSION OF HONG KONG TERRITORY.

Whereas it has for many years past been recognized that an extension of Hong Kong territory is necessary for the proper defence and protection of the Colony.
It has now been agreed between the Governments of Great Britain and China that the limits of British territory shall be enlarged under lease to the extent indicated generally on the annexed map.
The exact boundaries shall be hereafter fixed when proper surveys have been made by officials appointed by the two Governments. The term of this lease shall be ninety-nine years.
It is at the same time agreed that within the city of Kowloon the Chinese officials now stationed there shall continue to exercise jurisdiction except so far as may be inconsistent with the military requirements for the defence of Hong Kong. Within the remainder of the newly-leased territory Great Britain shall have sole jurisdiction. Chinese officials and people shall be allowed as heretofore to use the road from Kowloon to Hainan.
It is further agreed that the existing landing-place near Kowloon city shall be reserved for the convenience of Chinese men-of-war, merchant and passenger vessels, which may come and go and lie there at their pleasure and for the convenience of movement of the officials and people within the city.
When hereafter China constructs a railway to the boundary of the Kowloon territory under British control, arrangements shall be discussed.
It is further under-stood that there will be no expropriation or expulsion of the inhabitants of the district included within the extension, and that if land is required for public offices, fortifications, or the like official purposes, it shall be bought at a fair price.
If cases of extradition of criminals occur, they shall be dealt with in accordance with the existing Treaties between Great Britain and China and the Hong Kong Regulations.
The area leased to Great Britain, as shown on the annexed map, includes the waters of Mirs Bay and Beep Bay, but it is agreed that Chinese vessels of war, whether neutral or otherwise, shall retain the right to use those waters.
This Convention shall come into force on the first day of July, eighteen hundred and ninety-eight, being the thirteenth day of the fifth moon of the twenty-fourth year of Kuang Hsu. It shall be ratified by the Sovereigns of the two countries, and the ratifications shall be exchanged in London as soon as possible.
In witness whereof the Undersigned, duly authorized thereto by their respective Governments, have

signed the present Agreement.

Done at Peking in quadruplicate (four copies in English and four in Chinese) the ninth day of June, in the year of our Lord eighteen hundred and ninety-eight, being the twenty-first day of the fourth moon of the twenty-fourth year of Kuang Hsü.

전척홍콩계지전조(영어본)의 한글 번역문

홍콩 영토의 확장과 관련한 영국과 청국의 협정

1898년 6월 9일 베이징에서 서명
1898년 10월 6일 런던에서 비준 교환

지난 수년간 홍콩 영토의 확장이 식민지의 적절한 방어와 보호를 위해 필요하다는 것을 인식해 왔다. 영국 정부와 청국 정부 간에 영국 영토의 범위가 부속서에 명시된 범위까지 일반적으로 확대되어야 한다는 것이 이제 합의되었다.

정확한 경계는 양국 정부가 임명한 관리에 의해 적절한 조사가 이루어진 이후에 정해질 것이다. 이 조차의 기간은 99년으로 한다.

동시에 주룽시에서 현재 배치된 청국 관료는 홍콩 방위를 위한 군대 요청과 모순이 없는 한 사법권 행사를 계속할 것이라는 데에 합의한다. 새로 임대되는 영토의 나머지 부분에 대해서는 영국이 유일한 관할권을 가진다. 청국 관료와 사람들은 지금까지 주룽에서 하이난까지의 도로를 사용하였던 것이 허용된다.

또한 주룽시 근처의 기존 상륙 장소는 도시 내 관리들과 사람들이 이용의 편리를 위해서 임의로 그 곳에 오고 가고 머무르도록, 청국 군함, 상선, 그리고 여객선의 편의를 위해서 유지되는 것에 합의하였다.

이후 청국이 영국의 통제하에 있는 주룽 영토의 경계까지 철도를 건설할 때, 이에 대한 조정이 논의되어야 한다.

연장 구역에 포함되는 지구의 주민에 대한 수용이나 추방은 없을 것이며, 관공서나 요새, 또는 이와 유사한 공적인 목적에 토지가 요구될 경우, 공정한 가격으로 매수될 것이다.

범죄인 인도 사례가 발생하면 기존 영국과 청국 간 조약과 홍콩 장정에 따라 처리한다.

부속 지도에 표시된 대로 영국에 임대한 지역에는 미르스 베이와 비프 베이의 수역이 포함되어 있지만, 중립 여부에 상관없이 청국 군함이 그 수역을 사용할 권리가 있다는 점을 합의한다.

이 협약은 1898년 7월 1일, 광서 24년 음력 5월 13일부터 발효된다. 양국 통치권자에 의해서 비준이 될 것이며, 비준은 조속히 런던에서 교환된다.

본 협약에 서명한 서명인은 그들 각각의 정부로부터 정당히 권한을 위임받아서 이 협약에 서명하였다.

베이징에서 4통의 문서(4부는 영어본, 4부는 중국어본)로 서기 1898년 6월 9일, 광서 24년 음력 4월 21일에 체결되었다.

3. 중국(청)이 서양 국가와 체결한 조차지 관련 조약들

유바다, 이재훈

1) (중독) 자오저우조계조약(膠澳租界條約, 1898)

○ 명칭: 膠澳租界條約

○ 체결 국가: 독일, 청

○ 체결일: 1899년 3월 6일

○ 체결 장소: 베이징(北京)

○ 조약 서명자(또는 전권대사)
   • 독일: 주청독일공사 하이킹(Friedrich Gustav von Heyking)
   • 청: 총리각국사무대신(總理各國事務大臣) 리훙장(李鴻章)

○ 작성 언어: 중국어, 독일어

○ 체결 과정 및 주요 내용

중독 자오저우조계조약은 1898년 3월 6일 베이징에서 체결되었다. 청 측은 총리각국사무대신 리훙장과 군기대신 옹동화를 전권대신으로 삼았고, 독일은 주청독일공사 하이킹(Friedrich Gustav von Heyking)을 전권대신으로 삼아 체결하였다.

조약 전문에서 확인할 수 있듯이 이 조약은 산둥성 차오저우부(曹州府)에서 일어난 교안(教案)을 마무리하고 체결한 조약이다. 이 조약에 따라 독일은 자오저우(膠澳)에 관병(官兵)

을 주둔시킬 수 있게 되었고(제1단 제1관), 그 기한은 99년으로 정해졌다(제1단 제2관). 그밖에 독일은 산동성에서 철로 2개를 건설할 수 있게 되었다(제2단 제1관). 제1로는 자오저우를 경유하여 칭저우(青州), 쯔촨(淄川)을 거쳐 지난(濟南) 및 성(省)의 경계에까지 이르는 것이고, 제2로는 자오저우에서 라이우(萊蕪)를 거쳐 지난에 이르는 것이다. 또한 철로 부근 30리 이내에서 광산을 개척할 수 있게 되었다(제2단 제4관). 이로 인하여 산동 지역은 사실상 독일의 손아귀에 들어갔다.

다만 독일은 99년 전체를 조차할 수 없었다. 1914년 제1차 세계대전이 일어나고 산동에서의 권리를 일본에게 박탈당했기 때문이다. 앞의 내용 전체를 지도[68]로 표현하면 다음과 같다.

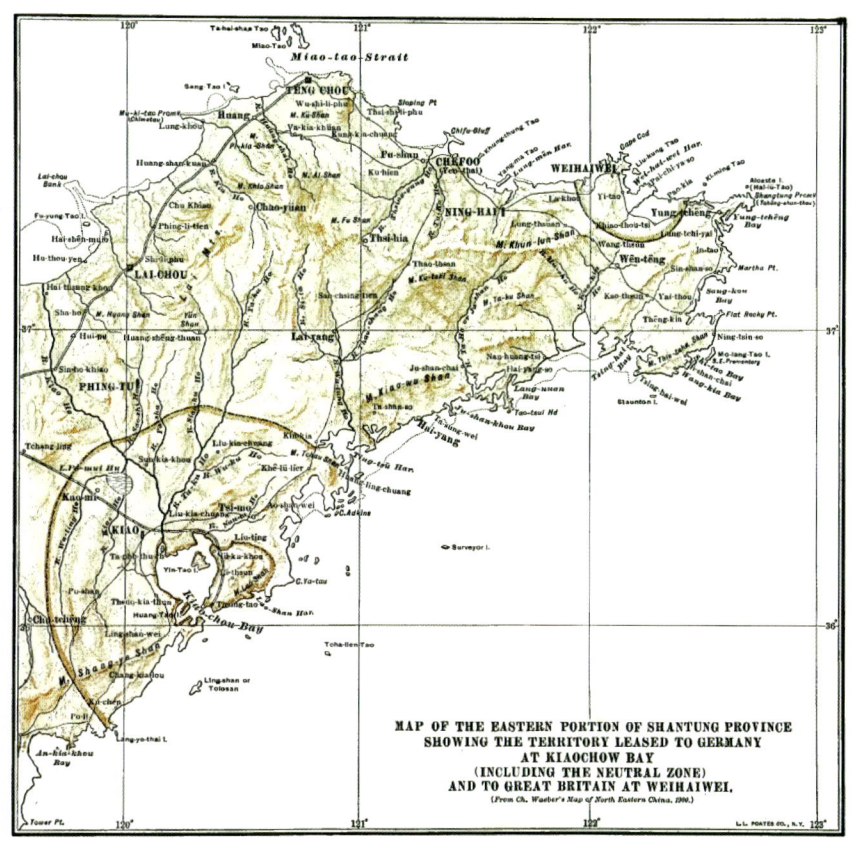

---

68 John Van Antwerp MacMurray, 1921, *Treaties and agreements with and concerning China, 1894–1919*, Oxford University Press, pp.112~118.

『중국역사지도집』[69]에 따른 조차 지역은 다음과 같다.

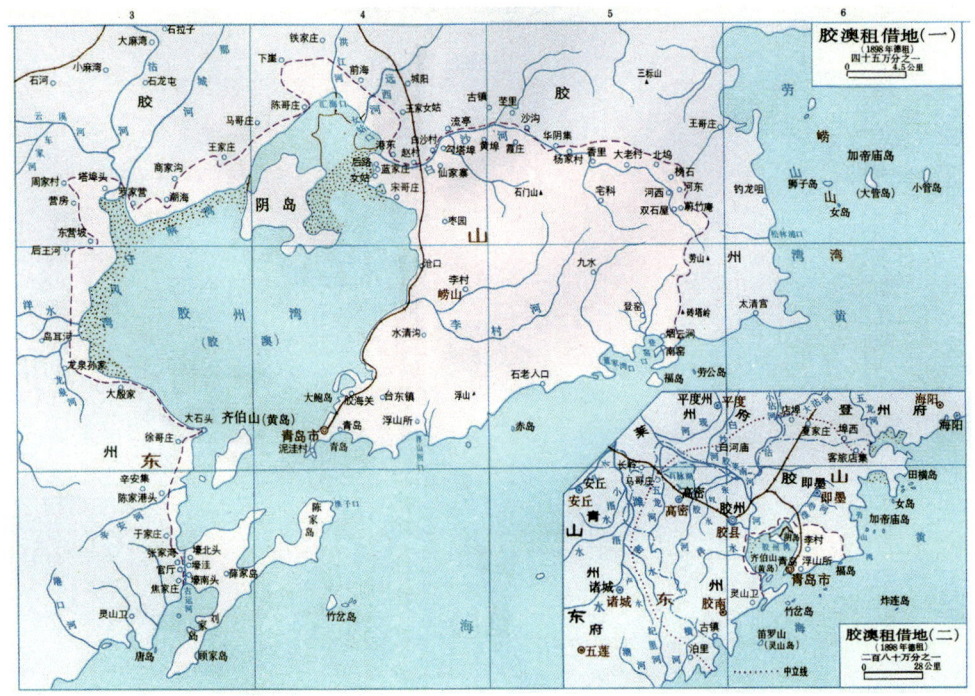

○ (조약문) 출처

  • 許同莘 等編, 1974, 『光緒條約』, 文海出版社

---

[69] 譚其驤, 1996, 『中國歷史地圖集』 8, 「淸季列强侵占地區圖(部分)」, 64~65쪽.

(중독) 자오저우조계조약(중국어본) 원문

膠澳租界條約

山東曹州府教案現已商結, 中國另外酬德國前經相助之誼, 故大清國國家、大德國國家, 彼此願將兩國睦誼益增篤實, 兩國商民貿易使之格外聯絡, 是以和衷商定專條, 開列於左。

第一端
膠澳租界

第一款
大清國大皇帝欲將中、德兩國邦交聯絡, 並增武備威勢, 允許離膠澳海面潮平周遍一百裏內, 准德國官兵無論何時過調, 惟自主之權, 仍全歸中國。如有中國飭令設法等事, 先應與德國商定, 如德國須整頓水道等事, 中國不得攔阻。該地中, 派駐兵營、籌辦兵法, 仍歸中國, 先與德國會商辦理。

第二款
大德國大皇帝願本國如他國, 在中國海岸有地可修造、排備船隻, 存棧料物, 用件整齊各等之工, 因此甚爲合宜。大清國大皇帝已允將膠澳之口南北兩面, 租與德國, 先以九十九年爲限。德國於所租之地應蓋礮臺等事, 以保地棧各項、護衛澳口。

第三款
德國所租之地, 租期未完, 中國不得治理, 均歸德國管轄, 以免兩國爭端。茲將所租各段之地開列於後：一、膠澳之口北面所有連旱地之島, 其東北以一線自陰島東北角起, 至勞山灣爲限；二、膠澳之口南面所有連旱地之島, 其西南以一線自離齊伯山島西南偏南之灣西南首起, 往笛羅山島爲限；三、齊伯山、陰島兩處；四、膠澳之內全海面至現在潮平之地；五、膠澳之前防護海面所用羣島, 如笛羅山、炸連等嶼。至德國租地及膠澳周遍一百中國裏界址, 將來兩國派員查照地情, 詳細定明。在膠澳中國兵、商各船與德國相交之各船, 德國擬一律優待；因膠澳內海面均歸德國管轄, 德國國家無論何時, 可以定妥章程, 約束他國往來各船；此章程, 卽中國之船, 亦應一律照辦, 另外決無攔阻之事。

第四款
膠澳外各島及險灘, 德國應設立浮樁等號, 各國船均應納費, 中國船亦應納費, 爲修整口岸各工程之用；其餘各費, 中國船均無庸納。

第五款
嗣後如德國租期未滿之前, 自願將膠澳歸還中國, 德國所有在膠澳費項, 中國應許賠還, 另將較此相宜之處, 讓於德國。德國向中國所租之地, 德國應許永遠不轉租與別國。租地界內華民, 如能安分並不犯法, 仍可隨意居住, 德國自應一體保護; 倘德國需用地土, 應給地主地價。並中國原有稅卡設立在德國租地之外惟所商定一百裏地之內, 此事德國卽擬將納稅之界及納稅各章程, 與中國另外商定, 無損於中國之法辦結。

第二端
鐵路鑛務等事

第一款
中國國家允准德國在山東省蓋造鐵路二道: 其一由膠澳經過濰縣、青州、博山、淄川、鄒平等處往濟南及山東界; 其二由膠澳往沂州及由此處經過萊蕪縣至濟南府。其由濟南府往山東界之一道, 應俟鐵路造至濟南府後, 始可開造, 以便再商與中國自辦幹路相接(此後段鐵路經過之處, 應於另立詳細章程內定明)。

第二款
蓋造以上各鐵路, 設立德商、華商公司, 或設立一處, 或設立數處, 德商、華商各自集股, 各派妥員領辦。

第三款
一切辦法, 兩國迅速另訂合同, 中德兩國自行商定此事; 惟所立德商、華商公司, 造辦以上鐵路, 中國國家理應優待, 較諸在中國他處之華洋商務公司辦理各事所得利益, 不使向隅。查此款專爲治理商務起見, 並無他意, 蓋造以上鐵路, 決不佔山東地土。

第四款
於所開各道鐵路附近之處相距三十裏內, 如膠濟北路在濰縣、博山縣等處, 膠沂濟南路在沂州府、萊蕪縣等處, 允准德商開挖煤觔等項及須辦工程各事, 亦可由德商、華商合股開採, 其鑛務章程, 亦應另行妥議。德國商人及工程人, 中國國家亦應按照修蓋鐵路一節所雲, 一律優待, 較諸在中國他處之華洋商務公司辦理各事所得利益, 不使向隅。查此款亦係專爲治理商務起見, 並無他意。

第三端
山東全省辦事之法 在山東省內如有開辦各項事務, 商定向外國招集幫助爲理, 或用外國人, 或用外國資本, 或用外國料物, 中國應許先問該德國商人等願否承辦工程, 售賣料物。如德商不願承辦此項工程及售賣料物, 中國可任憑自便另辦, 以昭公允。

(落款)

以上各條, 由兩國大皇帝批准, 中國批准之約到德國柏林之後, 德國批准之約交給中國駐德國大臣收領, 作爲互換之據。此專條應繕四分, 華文、德文各二, 由兩國大臣畫押蓋印, 各執華、德文一分, 以昭信守。

大淸光緖二十四年二月十四日

大德一千八百九十八年三月初六日

大淸欽命總理各國事務大臣太子太傅文華殿大學士一等肅毅伯李
大淸欽命總理各國事務大臣軍機大臣協辦大學士戶部尙書翁

大德欽差駐紮中華便宜行事大臣海

(중독) 자오저우조계조약(중국어본)의 한글 번역문

자오저우조계조약(膠澳租界條約)

산둥 조주부(曹州府) 교안(敎案)은 현재 이미 해결되어 중국은 별도로 독일국이 전에 서로 도운 우의를 보답한다. 따라서 대청국 국가와 대독일국 국가는 피차 양국의 우의를 더욱 높이고 돈독히 하고자 하며 양국 상민이 무역하고 부리는 격식 외에 연락한다. 이로써 마음을 합쳐 조관을 상의하고 정하니 아래에 열어 늘어놓는다.

제1단
자오저우조계

제1관
대청국 대황제는 장차 중국, 독일국 양국의 방교와 연락 및 군비의 위세를 더하고자 하여 자오저우의 수역과 조수가 찬 주변 100리 이내를 떨어트려 독일국 관병이 어느 때를 막론하고 통과할 것을 윤허한다. 다만 자주권은 거듭 중국에 귀속된다. 만약 중국이 대책 등을 세울 일이 있으면 마땅히 독일국과 함께 상의하여 정하고, 만약 독일국이 수로 등을 정돈할 일이 있으면 중국은 막을 수 없다. 해당 지역 중에 병영을 주둔시키고 군법을 처리하는 것은 거듭 중국에 귀속되며 먼저 독일과 만나서 처리한다.

제2관
대독일국 대황제는 본국이 타국과 같기를 원하고 중국 해안에 있는 땅에서 가히 수리와 조성을 할 수 있고 선박을 배치하여 준비하고 창고에 식료물, 쓰이는 물건과 정제하는 각 등급의 공구를 두어 이로 인하여 매우 합당하도록 한다. 대청국 대황제는 이미 자오저우의 항구 남북 양면을 독일국에 조차해 주기로 허락하였다. 먼저 99년을 기한으로 한다. 독일국이 조차한 토지는 마땅히 포대를 둠으로써 토지와 창고 각 항목을 보호하고 자오저우의 항구를 호위한다.

제3관
독일이 조차한 토지는 조차 기한이 다하기 전에는 중국이 다스릴 수 없고 독일국의 관할에 귀속시킴으로써 양국이 분쟁하는 단서를 면하도록 한다. 이에 장차 조차한 각 구역의 토지를 아래와 같이 열어 늘어놓는다.
1. 자오저우의 항구 북면에 이어져 있는 육지의 섬은 그 동북쪽 직선으로 음도(陰島) 동북쪽 끝에서부터 라오산만(勞山灣)에 이르기까지를 한계로 한다.
2. 자오저우의 항구 남면에 이어진 육지의 섬은 그 서남쪽 직선으로 제백산도로부터 떨어진 서남편 남쪽의 만 서남쪽 선두로부터 시작하여 적라산도를 한계로 한다.

3. 제백산, 음도 두 곳.
4. 자오저우 안의 전 수역은 현재 조수가 찬 땅에 이른다.
5. 자오저우의 앞에 방호하는 수역에서 사용하는 군도는 적라산, 작연 등의 도서와 같다. 독일국 조차지 및 자오저우 주변의 100 중국리의 경계지는 장래 양국이 대원을 파견하여 지형의 정세를 조사하고 상세히 정한다. 자오저우에서 중국의 군함, 상선과 독일국과 서로 교류하는 나라의 각 선박을 독일국은 일률적으로 우대한다. 자오저우 내의 수역이 모두 독일국 관할로 귀속되기 때문에 독일국 국가는 어느 때를 막론하고 가히 타당한 장정을 정함으로써 타국이 선박을 왕래하도록 약속한다. 이 장정은 곧 중국의 선박 또한 마땅히 일률적으로 처리하며 따로 결단코 방해하는 일이 없을 것이다.

제4관
자오저우의 밖에 각 도서 및 험난한 여울은 독일국이 마땅히 말뚝 등을 설치하고 각국 선박은 모두 마땅히 비용을 납부하며 중국 선박 또한 마땅히 비용을 납부하여 항구 연안을 수선하는 각 공사의 쓰임으로 삼는다. 그 나머지 각종 비용은 중국 선박이 모두 헛되이 납부하지 않는다.

제5관
사후 독일국 조차 기한을 다 채우기 전에 스스로 장차 자오저우를 중국에 귀환시키기를 바란다면 독일이 소유한 자오저우에서의 비용의 항목은 중국이 마땅히 상환하기를 허락하고 따로 이러한 서로 합당한 곳을 비교하여 독일국에 양여한다. 독일국의 중국 조차지는 독일국이 마땅히 영원히 다른 나라에게 조차해 주지 않을 것을 허락한다. 조차지 경계 내의 중국민은 능히 분수를 지키고 범법하지 않으면 거듭 가히 뜻에 따라 거주하며 독일국은 스스로 마땅히 일체 보호한다. 만약 독일국이 토지를 수용하면 마땅히 지주에게 지가를 주어야 한다. 아울러 중국이 원래 세관을 설립하고 있어서 독일국 조차지 밖에서는 100리의 땅 내를 상의하고 정한다. 이 일은 독일국은 곧 장차 납세의 경계 및 납세의 각 장정을 중국과 따로 상의하고 정하여 중국의 법에서 판결하는 데 손해가 없게 한다.

제2단
철로, 광무 등의 일

제1관
중국 국가는 독일국이 산동성에서 철로 2개를 건조하는 것을 승인한다. 그중 하나는 자오저우로부터 웨이현, 칭저우, 보산, 쯔촨, 쩌우핑 등을 지나 지난 및 산동의 경계로 가는 것이다. 그중 둘은 자오저우로부터 기주까지, 이곳으로부터 라이우현을 거쳐 지난부에 이르기까지다. 지난부로부터 산동의 경계에 이르는 1로는 마땅히 철로가 지난부에 이르기를 기다린 후 비로소 건조함으로써 다시 중국과 상의하여 스스로 간선로를 판별하고 서로 접하도록 한다.(이후 단계의 철로가 지나는 곳은 마땅히 따로 상세한 장정을 세워 그 안에서 명확히 정한다.)

제2관
이상 각 철로의 건조는 독일 상인, 중국 상인의 공사를 설립하여 혹 한 곳에 설립하고 혹 여러 곳에 설립하여 독일 상인, 중국 상인이 각자 조직을 모으고 각자 대원을 파견하여 처리하도록 한다.

제3관
일체의 처리는 양국이 신속히 계약을 의정하고 중국, 독일 양국이 스스로 이 사안을 상의하여 정한다. 독일 상인, 중국 상인이 공사를 세워 이상의 철로를 건조하여 처리하도록 하고 중국 국가는 마땅히 우대하며 중국의 다른 곳의 화양상무공사가 처리하는 각 사안에서 얻는 이익과 비교하여 구석에 이르지 않도록 한다. 이 조관을 조사하여 상업을 일으키는 다스림으로 삼도록 하고 다른 뜻 없이 이상의 철로를 건조하여 결단코 산둥의 토지를 점거하지 않도록 한다.

제4관
열거한 각 도로와 철로 부근의 곳에서 서로 30리 내에 떨어져 있는, 교남 북로에 있는 웨이현, 보산현 등의 곳, 교기 지난로에 있는 이저우부, 라이우현 등의 곳은 독일국 상인이 석탄을 캐는 등의 항목 및 반드시 처리해야 할 공사 등의 각 사안들은 또한 가히 독일 상인, 중국 상인이 합동으로 채굴하기를 시작하며 그 광무장정은 또한 마땅히 따로 타당한 의논을 거친다. 독일 상인 및 공사인은 중국 국가가 또한 마땅히 철로를 수선하는 1절에 실린 바에 따라 일률적으로 우대하고 중국의 다른 곳의 화양상무공사가 처리하는 각 사안에서 얻는 이익과 비교하여 구석에 이르지 않도록 한다. 이 조관을 조사하여 또한 오로지 상업을 일으키는 다스림으로 삼도록 하고 다른 뜻은 없다.

제3단
산둥 전 성의 일을 처리하는 법은 산둥성 내에서 만약 각 항목의 사무를 처리하면 외국을 향하여 상의하고 정하여 방조를 모으는 것을 이치로 삼고, 혹은 외국인을 사용하거나 혹은 외국 자본을 사용하거나 혹은 외국의 식료물을 사용하면 중국은 마땅히 먼저 해당 독일국 상인 등이 공사를 맡아 처리하는 여부를 묻는 것을 허락하고 식료물을 판매한다. 만약 독일국 상인이 이러한 항목의 공사 및 식료물 판매를 처리하기를 원하지 않으면 중국은 가히 스스로 편히 처리하도록 맡김으로써 공평 타당함을 밝힌다.

(낙관)

이상의 각 조관은 양국 대황제가 비준한다. 중국이 비준한 조약은 독일국 베를린에 도착한 후 독일국이 비준한 조약을 중국 주독일국대신에게 교부하여 수령하도록 하고 서로 교환하는 증거로 삼는다. 이 조관은 마땅히 4부, 즉 한문, 독일문 각 2부를 마련하여 양국 대신이 서명하여 조인하고 각자 한문, 독일문 1부를 가져 신의를 밝힌다.

대청(大淸) 광서(光緒) 24년 2월 14일

대독일국(大德) 1898년 3월 6일

대청(大淸) 흠명(欽命) 총리각국사무대신(總理各國事務大臣) 태자태부(太子太傅) 문화전대학사(文華殿大學士) 1등(一等) 숙의백(肅毅伯) 리(李)
대청(大淸) 흠명(欽命) 총리각국사무대신(總理各國事務大臣) 군기대신(軍機大臣) 협판(協辦) 대학사(大學士) 호부상서(戶部尚書) 옹(翁)

대독일국(大德) 흠차주찰중화편의행사대신(欽差駐紮中華便宜行事大臣) 하이킹(海)

2) (중러) 뤼순다롄조차지조약(1898)

○ 명칭
- 旅大租地條約

○ 체결 국가: 러시아, 청

○ 체결일: 1898년 3월 27일

○ 체결 장소: 중국 베이징(北京)

○ 서명자(또는 전권대사)
- 러시아: 주청러시아공사 파블로프(Alexander Ivanovich Pavlov)
- 청국: 총리각국사무대신(總理各國事務大臣) 리훙장(李鴻章)

○ 작성 언어: 중국어, 러시아어

○ 체결 과정 및 주요 내용

중러 뤼순다롄조차지조약은 1898년 3월 27일(음력 3월 6일) 베이징에서 체결되었다. 청은 총리각국사무대신 리훙장과 상서 장인후안(張蔭桓)을 전권대신으로 삼았고, 러시아는 주청러시아공사 파블로프(Alexander Ivanovich Pavlov)를 전권대신으로 삼아 조약을 체결하였다.

이에 따라 청 랴오둥반도의 첨단에 있는 뤼순커우(旅順口)와 다롄만(大連灣)이 러시아의 조차지(租借地)로 설정되었다(제1관). 기한은 25년이며 양국의 상의에 따라 연장될 수 있었다(제3관). 물론 이 조차지들은 러일전쟁 종전 후 일본으로 넘어가 관동주(關東州)가 된다. 어떻든 러시아는 뤼순커우(旅順口)와 다롄만에서 해군과 육군을 주둔시키고 포대(砲臺)를 구축할 수 있게 되었다(제7관). 물론 청이 중국동방철로공사(中國東方鐵路公司)를 통하여 다롄만을 종착지로 하는 철로를 구축할 수 있게 되었지만(제8관), 이 철로가 러시아를 위한 것임은 두말할 것 없다. 이와 같은 러시아 해군, 육군의 주둔과 철로 건설은 일본과의 전쟁을 염두에 둔 것이기도 하였다. 이를 지도[70]로 표현하면 다음과 같다.

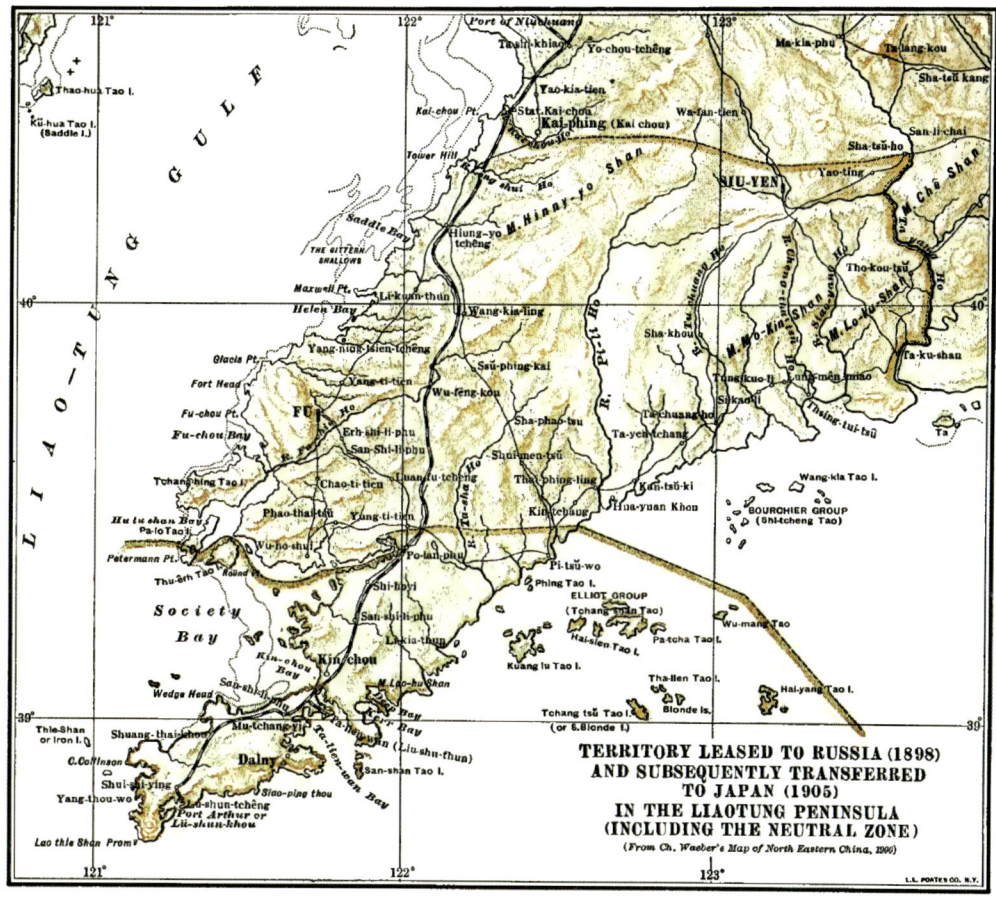

70 John Van Antwerp MacMurray, 1921, *Treaties and agreements with and concerning China, 1894-1919*, Oxford University Press, pp.119~122.

『중국역사지도집』[71]에 따른 조차지역은 다음과 같다.

○ (조약문) 출처

- 許同莘 等編, 1974, 『光緒條約』, 文海出版社

---

[71] 譚其驤, 1996, 『中國歷史地圖集』 8, 「清季列强侵占地區圖(部分)」, 64~65쪽.

중러 뤼순다롄조차지조약(중국어본) 원문

旅大租地條約

一八九八年三月二十七日, 光緒二十四年三月初六日, 俄曆一八九八年三月十五日, 北京。

大淸國大皇帝、大俄國大皇帝欲更敦兩國盟誼, 互籌相助之法, 爲此,

大淸國大皇帝派總理各國事務大臣太子太傅文華殿大學士一等肅毅伯李鴻章, 尙書銜戶部左侍郞張蔭桓爲全權大臣;

大俄國大皇帝派駐華署理全權大臣內廷郞巴布羅福爲全權大臣;

該大臣等各以所奉全權之據視爲妥協, 商定條款如下:

第一款　爲保全俄國水師在中國北方海岸得有足爲可恃之地, 大淸國大皇帝允將旅順口、大連灣暨附近水面租與俄國。惟此項所租, 斷不侵中國大皇帝主此地之權。

第二款　因以上緣由所租地段之界, 經大連灣迤北, 酌視旱地合宜保守該段所需應相離若幹裏, 卽準相離若幹裏, 其確切界限以及此約各項詳細, 俟此約畫押後, 在聖彼得堡會同許大臣刻卽商訂, 另立專條。此界線商定後, 所有劃入租界線內之地及附近水面專歸俄國租用。

第三款　租地限期, 自畫此約之日始, 定二十五年爲限, 然限滿後, 由兩國相商展限亦可。

第四款　所定限內, 在俄國所租之地以及附近海面, 所有調度水、陸各軍並治理地方大吏全歸俄官, 而責成一人辦理, 但不得有總督、巡撫名目。中國無論何項陸軍, 不得駐此界內。界內華民去留任便, 不得驅迫。設有犯案, 該犯送交就近中國按律治罪, 按照咸豐十年中、俄約第八款辦理。

第五款　所租地界以北, 定一隙地。此地之界, 由許大臣在聖彼得堡與外部商定。此隙地之內, 一切吏治全歸於中國官, 惟中國兵非與俄官商明, 不得來此。

第六款　兩國政府相允, 旅順一口旣專爲武備之口, 獨準華、俄船只享用, 而於各國兵、商般只, 以爲不開之口。至於大連灣, 除口內一港亦照旅順口之例, 專爲華、俄兵艦之用, 其餘地方作爲通商口岸, 各國商船任便可到。

第七款　俄國認在所租之地, 而旅順大連灣兩口爲尤要, 備資自行蓋造水、陸各軍所需處所, 建築炮臺, 安置防兵, 總設所需各法, 藉以著實禦侮;並認以已資修養燈塔, 以及保航海無虞之所需各項標誌。

第八款　中國政府允以光緒二十二年所準中國東方鐵路公司建造鐵路之理, 而今自畫此約日起, 推及由該幹路某一站起至大連灣, 或酌量所需, 亦以此理, 推及由該幹路至遼東半島營口、鴨綠江中間沿海較便地方, 築一枝路。所有光緒二十二年八月初二日中國政府與華俄銀行所立合同內各例, 宜於以上所續枝路確切照行。其造路方向及經過處所, 應由許大臣與東方鐵路公司議商一切。惟此項讓造枝路之事, 永遠不得藉端侵占中國土地, 亦不得有礙大淸國大皇帝應有權利。

第九款　此約自兩國全權大臣彼此互換之日起擧行。此約禦筆批準之本, 自畫押後, 趕緊在聖彼得堡互換。茲兩國全權大臣將此約備中、俄二國文字各二份, 畫押蓋印爲憑。兩國文字校對無訛, 惟辯解之時, 以俄文爲本。此約在北京繕就二本。

光緒二十四年三月初六日

一千八百九十八年三月十五日

(중러) 뤼순다롄조차지조약(중국어본)의 한글 번역문

뤼순다롄조차지조약

대청국 대황제와 대러시아국 대황제는 다시 양국의 맹의(盟誼)를 돈독히 하고자 하여 서로 도울 수 있는 대책을 마련하고자 한다. 이를 위하여 대청국 대황제는 총리각국사무대신 태자 태부 문화전 대학사 1등 숙의백 리훙장, 상서 호부좌시랑 장인후안을 전권대신으로 삼아 파견하고, 대러시아국 대황제는 주중서리전권대신 내정랑(內廷郎) 파블로프(A. I. Pavlov)를 전권대신으로 삼아 파견하여, 해당 대신들은 각자 전권의 근거를 받듦으로써 타협하여 아래와 같이 조관을 상의하여 정한다.

제1관
러시아국 해군이 중국 북방 해안에서 가히 의지할 만한 땅을 얻어 보전하기 위하여 대청국 대황제는 장차 뤼순커우, 다롄만에 미치는 부근의 수역을 러시아에 조차(租借)해 준다. 오직 이 항목에서 조차하는 바는 결단코 중국 대황제의 이 땅에 대한 주권을 침해할 수 없다.

제2관
이상의 연유로 인하여 조차된 구역의 경계는 다롄만을 거쳐 비스듬히 북쪽으로 육지가 적당한지를 참작하여 해당 구역에서 필요하여 마땅히 서로 떨어져 있을 곳 약간의 거리를 지키고, 곧 서로 떨어져 있을 곳 약간의 거리에 따라 그 확실한 이 조약 각 항목으로써 상세하게 하며, 이 조약이 조인이 되기를 기다린 후 상트페테르부르크에서 여러 대신을 회동하여 즉각 상의하여 정하고 특별 조관을 세운다. 이 경계선을 상의하여 정한 후 획정된 조계선 내의 토지와 부근의 수역은 모두 러시아국이 빌려 쓰는 것으로 귀속한다.

제3관
조차 기한은 이 조약을 조인한 날로부터 25년을 정하여 기한으로 삼으나, 기한이 만료한 후 양국이 서로 상의하여 기한을 늘리는 것 또한 할 수 있다.

제4관
소정의 기한 내에 러시아국의 조차지 및 부근의 수역에서 해군, 육군 및 지방을 다스리는 관리를 모두 러시아 관헌으로 배치시키고 한 사람에게 일임하여 처리할 수 있도록 한다. 다만 총독, 순무의 명목을 가질 수 없다. 중국은 어떠한 종류의 육군을 막론하고 이 경계 내에 주둔시킬 수 없다. 경계 내의 중국민의 거류는 임의대로 하도록 하며 가혹하게 대할 수 없다. 범죄 사건이 있으면 해당 범인은 부근으로 넘겨주어 중국은 법률에 따라 처벌하며, 함풍 10년 중러조약 제8관에 의거하여 처리한다.

제5관
조차지 경계 이북을 하나의 공터로 정한다. 이 토지의 경계는 여러 대신들이 상트페테르부르크에서 외부와 상의하여 정한다. 이 공터 내에 일체의 다스림은 모두 중국 관헌에게 귀속하며 오직 중국 군대는 러시아 관헌과 더불어 상의하지 않고 여기에 올 수 없다.

제6관
양국 정부는 뤼순 항구가 이미 오로지 군사 항구가 되고 오직 중국, 러시아 선박만 사용할 수 있으며 각국의 군함, 상선에게는 열어 주지 않는 항구로 삼기로 서로 허락한다. 다롄만은 구역 내 1개 항구 또한 뤼순 항구의 사례에 비추는 것을 제외하고, 오로지 중국, 러시아 군함이 사용하도록 하며 그 나머지 지방은 통상하는 항구로 삼아 각국 상선이 임의대로 닿을 수 있게 한다.

제7관
러시아국은 조차지에서 뤼순, 다롄만 두 항구가 가장 중요하다는 것을 인식하고 비용을 스스로 들여 각 해군, 육군이 필요한 처소를 건조하고 포대를 건축하며 수비병을 배치하고 필요한 각 대책을 모두 세워 실제로 외부로부터의 모욕을 막을 것을 드러낸다. 아울러 비용을 들여 등탑을 수선할 것을 인식함으로써 항해에 걱정이 없도록 각 종류의 필요한 표지를 보증하도록 한다.

제8관
중국 정부는 광서 22년 중국동방철로공사가 철로를 건설한 이치에 따라 지금 이 조약을 조인한 날로부터 해당 간선로 모 1지점으로부터 다롄만에 이르기까지 혹 필요한 바를 참작하고 또한 이러한 이치로써 해당 간선로로부터 랴오둥반도 영구(營口)에 이르기까지, 압록강 중간 연해의 비교적 편한 지방에 지로를 건축한다. 광서 22년 8월 초2일 중국 정부와 러청은행이 세운 합동 내의 각 사례에서 마땅히 이상에서 이어지는 지로를 확실히 행하도록 한다. 그 도로를 만드는 방향 및 경과하는 처소는 여러 대신이 동방철로공사와 일체를 상의한다. 오직 이 조항의 지로를 건설하는 일은 영원히 중국 토지를 침범하는 단서가 되지 못하도록 하고 또한 대청국 대황제의 마땅한 권리를 방해할 수 없다.

제9관
이 조약은 양국 전권대신이 피차 서로 교환한 날로부터 거행한다. 이 조약에서 어필로 비준한 판본은 서명한 후 서둘러 상트페테르부르크에서 서로 교환한다. 이에 양국 전권대신은 장차 이 조약을 중국, 러시아 양국의 문자로 각 2부를 준비하고 서명, 조인하여 증거로 삼는다. 양국 문자는 교열 대조하여 오류가 없어야 하며 오직 해석할 때는 러시아문을 근본으로 삼는다. 이 조약은 베이징에서 2본을 작성한다.

도광 24년 3월 초6일

1898년 8월 15일

3) (중영) 웨이하이조차조약(訂租威海衛專條, 1898)

○ 명칭
- 訂租威海衛專條

○ 체결국가: 영국, 청

○ 체결일: 1898년 7월 1일

○ 체결 장소: 베이징(北京)

○ 서명자(또는 전권대사)
- 영국: 주청영국공사 오코너(Nicholas Roderick O'Conor)
- 청국: 경친왕(慶親王) 이쾅(奕劻)

○ 작성 언어: 중국어, 영어

○ 체결 과정 및 주요 내용

중영웨이하이조차조약은 1898년 7월 1일(음력 5월 13일) 북경에서 체결되었다. 청 측은 경친왕(慶親王) 이쾅(奕劻)을 전권대신으로 삼았고, 영국 측은 주청영국공사 오코너(Nicholas Roderick O'Conor)를 전권대신으로 삼아 조약을 체결하였다.

이 조약으로 인하여 산동성 웨이하이(威海衛) 및 부근의 해면(海面)이 영국의 조차지로 설정되었다. 조차 기한은 러시아의 뤼순 조차와 같은 25년이었고, 이 조차지에는 류궁다오(劉公島), 웨이하이만(威海灣)의 군도(群島) 및 위해 연안의 10마일 이내의 지역이 포함되었다. 그밖에 동경 121도 40분 동쪽의 연해와 부근의 지방에 포대를 건축하고 병정을 주둔시킬 수 있게 되었다. 이는 러시아의 뤼순, 다롄 조차에 대응한 영국군의 주둔이라고 할 수 있다. 영국의 웨이하이 조차는 1930년까지 지속되었다. 이를 지도[72]로 표현하면 다음과 같다.

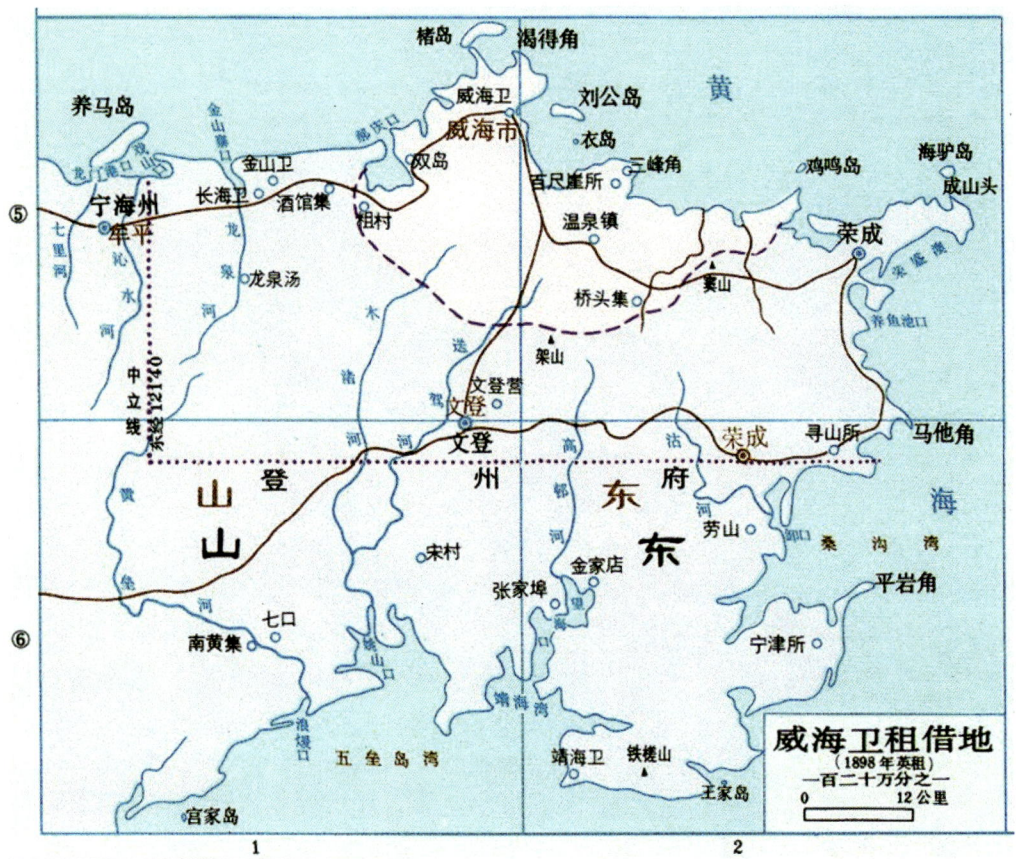

○ (조약문) 출처

- 許同莘 等編, 1974, 『光緖條約』, 文海出版社

---

72 譚其驤, 1996, 『中國歷史地圖集』 8, 「淸季列強侵占地區圖(部分)」, 64~65쪽.

(중영) 웨이하이조차조약(중국어본) 원문

訂租威海衛專條

一八九八年七月一日, 光緒二十四年五月十三日, 北京。

今議定中國政府將山東省之威海衛及附近之海面租與英國政府, 以爲英國在華北得有水師合宜之處, 並爲多能保護英商在北洋之貿易;

租期應按照俄國駐守旅順之期相同。

所租之地系劉公島, 並在威海灣之群島, 及威海全灣沿岸以內之十英裏地方。

以上所租之地, 專歸英國管轄。

以外, 在格林尼址東經一百二十一度四十分之東沿海暨附近沿海地方, 均可擇地建築炮台、駐紮兵丁, 或另設應行防護之法;

又在該界內, 均可以公平價值擇用地段, 鑿井開泉、修築道路、建設醫院, 以期適用。

以上界內, 所有中國管轄治理此地, 英國並不幹預, 惟除中、英兩國兵丁之外, 不准他國兵丁擅入。

又議定, 現在威海城內駐紮之中國官員, 仍可在城內各司其事, 惟不得與保衛租地之武備有所妨礙。

又議定, 所租與英國之水面, 中國兵船無論在局內局外, 仍可享用。

又議定, 在以上所提地方內, 不可將居民迫令遷移、產業入官, 若應修建衙署、築造炮台等, 官工須用地段, 皆應從公給價。

此約應由畫押之日起開辦施行。

其批准文據, 應在英國京城速行互換。

爲此, 兩國大臣將此專條畫押蓋印, 以昭信守。

此專條在中國京城, 繕立漢文四份、英文四份, 共八份。

大淸國管理總理各國事務衙門和碩慶親王、總理各國事務衙門刑部尙書廖

大英國欽差駐紮中華便宜行事大臣竇

光緖二十四年五月十三日

西曆一千八百九十八年七月初一日

(중영) 웨이하이조차조약(중국어본)의 한글 번역문

정조위해위전조(訂租威海衛專條)

지금 의정하기를 중국 정부는 장차 산둥성의 웨이하이웨이 및 부근의 수역을 영국 정부에 조차해 주어 영국이 화북 지역에서 해군이 적합하게 있을 수 있는 장소로 삼고 아울러 영국 상인이 북양 지역에서 무역하는 것을 능히 보호할 수 있도록 한다.

조차 기한은 러시아국이 뤼순에서 주둔하는 기한과 서로 같다.

조차지는 류궁다오, 웨이하이만의 군도 및 웨이하이 모든 만의 연해 이내의 10마일의 지방으로 한다.

조차지는 모두 영국의 관할에 귀속한다.

이외에 그리니치 동경 121도 40분의 동쪽 연해에 미치는 부근의 연해 지방에서 모두 토지를 골라 포대를 건축하고 병정을 주둔시키며 마땅히 행해야 할 방호의 대책을 세우도록 한다.

또한 해당 경계 내에서 가히 공평한 가치로써 쓸 만한 토지 구역을 선택하고 우물을 파 지하수를 얻고 도로를 수축하며 병원을 건설함으로써 적용을 기하도록 한다.

이상의 경계 내에서 중국이 관할하여 다스리는 이 토지는 영국이 간섭할 수 없고, 오직 중국, 영국 양국 병정을 제외하고는 타국 병정이 제멋대로 들어오게 할 수 없다.

또 의정하기를, 현재 웨이하이 성내에 주둔하고 있는 중국 관원은 거듭 성내에서 각각 업무를 처리할 수 있고, 오직 조차지를 보위하는 무비에 방해가 되는 것은 할 수 없다.

또 의정하기를, 영국에게 조차해 준 수역은 중국 병선이 구역 내외를 막론하고 모두 향유할 수 있도록 한다.

또 의정하기를, 이상의 제시한 지방 내에서 거주민을 핍박하여 옮기거나 산업을 관아에 몰수할 수 없고, 만약 마땅히 관아를 건축하고 포대를 축조하면 관아의 공장이 구역을 사용할 수 있고 모두 공급가를 따르도록 한다.

이 조약은 서명한 날로부터 처리하여 시행한다.

그 비준의 문서로 된 증거는 마땅히 영국 수도에서 재빨리 서로 교환한다.

이를 위하여 양국 대신은 장차 이 조관에 서명, 조인함으로써 신의를 확인한다.

이 조관은 중국 수도에서 한문 4부, 영문 4부, 모두 8부로 작성한다.

대청국 관리 총리각국사무아문 화석 경친왕, 총리각국사무아문 형부상서 요

대청국 흠차주찰중화편의행사대신 보

도광 24년 5월 13일

서력 1898년 7월 초1일

4) (중불) 광저우만조계조약(1898)

○ 명칭
- 廣州灣租界條約

○ 체결 국가: 프랑스, 청국

○ 체결일: 1899년 11월 16일

○ 체결 장소: 광저우만(廣州灣)

○ 서명자(또는 전권대사)
- 프랑스: 수사제독(水師提督) 코 라이 루이(Ko Lai Rui, 高禮睿)
- 청국: 광서제독(廣西提督) 쑤위엔춘(蘇元春)

○ 작성 언어: 중국어, 프랑스어

○ 체결 과정 및 주요 내용

중불광저우만조계조약은 1899년 11월 16일(음력 1899년 10월 14일) 광저우만(廣州灣)에서 체결되었다. 청 측은 광서제독(廣西提督) 쑤위엔춘(蘇元春)을 전권대신으로 삼았고, 프랑스 측은 수사제독(水師提督) 코 라이 루이(Ko Lai Rui, 高禮睿)를 전권대신으로 삼아 조약을 체결하였다. 코 라이 루이는 베트남 출신으로 추정된다.

이 조약에 따라 청은 프랑스에게 99년을 기한으로 하여 광저우만을 조차지로 내주었다 (제1관). 지금의 광둥성 잔장시(湛江市) 지역에 해당한다. 광저우만에 면한 육지는 물론이고 그와 인접한 도서도 프랑스에게 넘어갔다. 이를테면 동하이도(東海島), 나오저우도(硇洲島) 같은 섬이다(제2관). 그리고 조계 내에서 프랑스는 포대를 구축하고 군대를 주둔시킬 수 있게 되었다(제4관). 그밖에 프랑스는 레이저우부(雷州府)로부터 안푸(安鋪)에 이르기까지 철로 및 전선을 건설할 수 있게 되었다(제7관). 이후 프랑스는 1943년 2월 일본군이 점령할 때까지 광저우만을 사용하였다. 전쟁 이후에는 중화민국에 반환되었다. 이를 지도[73]로 표현하면 다음과 같다.

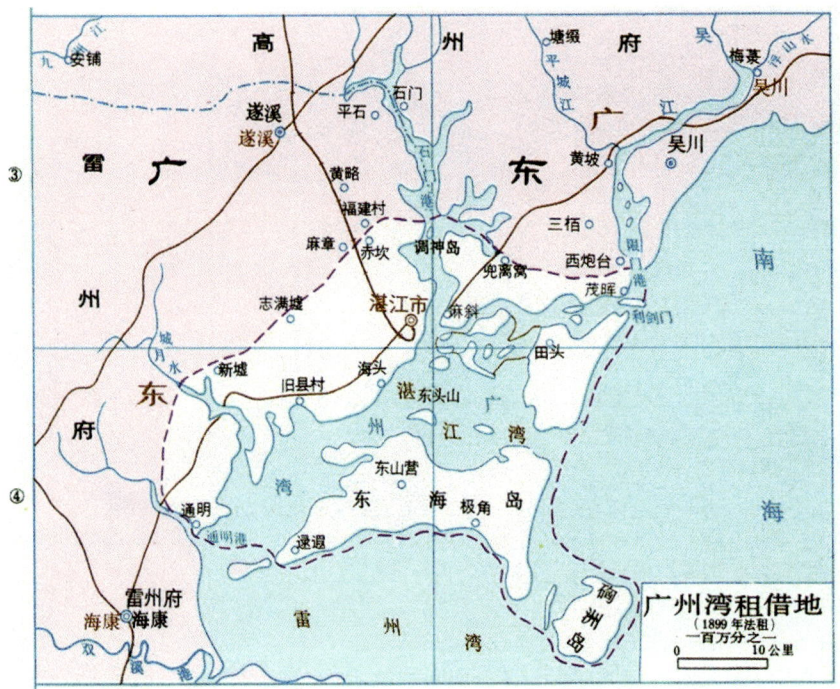

○ (조약문) 출처

• 許同莘 等編, 1974, 『光緒條約』, 文海出版社

---

73 譚其驤, 1996, 『中國歷史地圖集』 8, 「淸季列强侵占地區圖(部分)」, 64~65쪽.

(중불) 광저우만조계조약(중국어본) 원문

廣州灣租界條約

一八九九年十一月十六日, 光緒二十五年十月十四日, 廣州灣。

第一款
因和睦之由, 中國國家將廣州灣租與法國國家, 作爲停船躉煤之所, 定期九十九年, 惟在其租界之內, 訂明所租情形於中國自主之權無礙。

第二款
議定在停船躉煤之界, 以守衛、備運、興旺等情, 所有租界水面, 均歸入租界內管轄, 其未入租界者, 仍歸中國管轄, 開列於下：

東海島全島。

硇洲島全島, 該島與東海島中間水面, 系中國船舶往來要道, 嗣後仍由中國船舶任便往來租界之內停泊, 勿得阻滯, 並毋庸納鈔、征稅等事。

其租界定在遂溪縣屬南, 由通明港登岸向北至新墟, 沿官路作界限, 直至志滿墟轉向東北, 至赤坎以北福建村以南, 分中爲 赤坎、志滿、新墟歸入租界 ; 黃略、麻章、新埠、福建各村均歸中國管轄。複由赤坎以北福建村以南, 分中出海水面, 橫過調神島北邊水面, 至兜離窩登岸向東, 至吳川縣屬西炮台河面, 分中出海三海裏爲界, 黃坡仍歸中國管轄。

又由吳川縣海口外三海裏水面起, 沿岸邊至遂溪縣屬之南通明港, 向北三海裏轉入通明港內, 分中登岸, 沿官路爲界。此約訂明並繪圖畫明界址, 互相劃界分執後, 兩國特派委員會勘明確, 妥定界址, 以免兩國爭執。

第三款
於九十九年內所租之地, 全歸法國一國管轄, 以免兩國爭執。又議定, 租界內華民能安分並不犯法, 仍可居住照常自便, 不可迫令遷移。其華民物業, 仍歸華民管業, 法國自應一律保證。若法國需用物業, 照給業主公平價值。

第四款
在租界之內, 法國可築炮台, 駐紮兵丁, 並設保護武備各法。又在各島及沿岸, 法國應起造燈塔(注: 今湛江市硇洲島的硇洲燈塔), 設立標記、浮椿等, 以便行船, 並總設整齊各善事, 以利來往行船, 以資保護。

第五款
中國商輪船只在新租界灣內, 如在中國通商各口, 一律優待辦理。其租界各地灣內水面, 均歸法國管轄, 法國可以立定章程, 並征收燈、船各鈔, 以爲修造燈樁各項工程之費。此款專指廣州灣內水面而言, 至硇東水面, 已在第二款內聲明。

第六款
遇有交犯之事, 應照中、法條款互訂中、越邊界章程辦理。

第七款
中國國家允准法國自雷州府屬廣州灣地方赤坎至安鋪之處建造鐵路、旱電線等事, 應備所用地段, 由法國官員給價, 請中國地方官代向中國民人照購, 給與公平價值。而修造行車需用各項材料及養修電路各費, 均歸法國辦理。且按照新定總則數目, 華民可用線路、電線之益。至鐵路、旱電線若在中國者, 中國官員應有防護鐵道、車機、電線等務之責; 其在租界者, 由法國自理。又議定, 在安鋪鐵路、電線所抵之處, 水面岸上, 均准築造房屋, 停放物料。並准法國商輪停泊上落, 以便往來, 而重邦交。

此約應由畫押之日起開辦施行, 其現由大清國大皇帝批准及大法國民主國大伯理璽天德批准後, 即在中國京都互換, 以法文爲憑。此約在廣州灣繕立漢文四分、法文四分, 共八分。

大清國欽差廣州灣勘界大臣太子少保廣西提督蘇
大法國欽差廣州灣勘界全權大臣水師提督高

光緒二十五年十月十四日

西曆一千八百九十九年十一月十六號

(중불) 광저우만조계조약(중국어본)의 한글 번역문

광저우만조계조약

1899년 11월 16일, 광서 25년 10월 14일, 광저우만

제1관
화목을 이유로 중국 국가는 장차 광저우만을 프랑스국 국가에 조차해 주어 선박을 정박시키고 연료를 채우는 곳으로 삼으며 정해진 기한은 99년이다. 오직 그 조계 내에서 중국의 자주권에 장애가 없는 정황을 명확히 증명한다.

제2관
의정하기를, 선박을 정박시키고 연료를 채우는 경계에서 수비, 운송, 번창하는 정황으로써 조계의 수역에서 모두 조계 내의 관할에 귀속하도록 하고 아직 조계에 들어가지 않는 자는 거듭 중국 관할에 귀속시키며 아래와 같이 나열한다.

동해도 전도.

나오저우도 전도는 해당 섬과 동해도의 중간 수역은 중국 선박이 왕래하는 긴요한 길이므로 사후 거듭 중국 선박이 임의대로 왕래하여 조계 내에 정박하는 데 방해를 받을 수 없고 아울러 각종 납세를 하지 않도록 한다.

그 조계는 쑤이시현(遂溪縣)에 속한 남쪽에서 통밍항(通明港) 등안(登岸)으로부터 북쪽으로 산후이(新墟)에 이르고 연관로(沿官路)를 경계의 한도로 삼아 곧바로 지만허(志滿墟)에 이르러 동북쪽으로 돌려 츠칸(赤坎) 이북 푸젠춘(福建村) 이남에 이름으로써 중간을 나누어 츠칸, 지만, 산후이를 조계에 귀속시킨다. 황랴(黃略), 마장(麻章), 신부(新埠), 푸젠(福建) 각 마을은 모두 중국 관할로 귀속시킨다. 다시 츠칸 이북으로부터 푸젠춘 이남에서 중간을 나누어 해수면이 나오고 조신도(調神島)를 횡단하여 북쪽 수면에서 두리와(兜離窩) 등안에 이르러 동쪽을 향하여 우촨현(吳川縣)에 속한 시파오타이(西炮台) 하면(河面)에 이르기까지 중간을 나누어 바다를 나와 산하이리(三海裏)를 경계로 삼고 황포(黃坡)는 거듭 중국 관할로 귀속시킨다.
또 우촨현 해구 밖에서 삼면이 바다로 둘러싸인 수역에서부터 연안에서 쑤이시현에 속한 남쪽 통밍항에 이르고 북쪽 산하이리를 향하여 통밍항 내에 들어가서 가운데를 나누어 등안, 연관로를 경계로 삼는다. 이 조약의 증명과 지도에서 확정된 경계지는 서로 경계를 획정한 후 양국이 위원을 특파하여 만나서 명확히 하고 타당히 경계지를 정함으로써 양국의 분쟁을 면하게 한다.

제3관
99년 내의 조차지는 모두 프랑스국 1국의 관할에 귀속시킴으로써 양국의 분쟁을 면하게 한다. 또한 의정하기를, 조계 내의 중국민은 편안히 지낼 수 있고 범법하지 않으며 거듭 거주는 항상 스스로 편하게 할 수 있고 압박하여 옮기게 할 수 없다. 그 중국민의 생업은 거듭 중국민이 관할하는 업무에 귀속시키고 프랑스국은 일률적으로 보증한다. 만약 프랑스국이 필요한 산업이 있으면 업주에게 공평한 가치를 더해 준다.

제4관
조계의 내에서 프랑스국은 포대를 쌓고 병정을 주둔시키며 군비를 보호할 각종 대책을 세울 수 있다. 또한 각 섬 및 연안에서 프랑스국은 마땅히 등탑을 건조하여 표기(標記), 부장(浮椿, 말뚝) 등을 세움으로써 항해에 편리하게 하고 정돈하는 등의 각종의 일들을 세워 선박의 왕래에 이롭게 함으로써 보호의 밑천으로 삼는다.

제5관
중국 상선은 새로운 조계만 내에서 중국의 통상하는 각 항구에서와 같이 일률적으로 처리를 우대받을 수 있다. 조계 각지의 만 내의 수역은 모두 프랑스국 관할로 귀속시키고 프랑스국은 장정을 마련하고 등세, 선박세를 징수함으로써 등대와 말뚝을 수선하는 등 각 항목의 공정의 비용으로 삼는다. 이 조관은 광저우만 내의 수역을 지적하여 언급하고 砲東의 수역에 이르러서는 이미 제2관 내에 성명하였다.

제6관
범죄자를 넘겨주는 일이 있으면 중국, 프랑스 조관에서 서로 의정한 중국, 베트남 변계장정에 비추어 처리한다.

제7관
중국 국가는 프랑스국이 레이저우부에 속한 광저우만 지방의 츠칸(赤坎)에서 안푸에 이르는 곳에 철로, 육로전선 등을 설치할 것을 승낙하고 지역에서 필요한 비용은 프랑스국 관원이 값을 치러 주고 중국 지방관에게 청하여 대신 중국 민인이 구매하도록 청하고 공평한 가치로 내어준다. 그리고 전차를 건설하는 데 필요한 각 종류의 재료 및 전선로를 수선하는 각종 비용은 모두 프랑스국의 처리에 귀속시킨다. 또한 새로 정한 총칙의 수목에 따라 중국민은 선로, 전선의 이익을 사용할 수 있다. 철로, 육로 전선에 이르러 만약 중국에서는, 중국 관원이 마땅히 철도, 기차, 전선 등을 방호하는 업무에 책임을 진다. 그 조계에서는 프랑스국이 스스로 처리한다. 또한 의정하기를, 안푸의 철로, 전선에서 막힘이 있는 곳은 수역 연안 위에서 모두 주택을 건조하고 물건을 세워 둘 수 있도록 한다. 아울러 프랑스국 상선이 정박하고 승·하선 하는 것을 편히 왕래하도록 함으로써 방교를 중히 여긴다.

이 조약은 마땅히 조인한 날로부터 시행하고 현재 대청국 대황제의 비준 및 대프랑스민주국 대통령의 비준 후 즉시 중국 수도에서 서로 교환하고 프랑스문으로써 증거로 삼는다. 이 조약은 광저우만에서 한문 4부, 프랑스문 4부, 모두 8부를 마련한다.

대청국 흠차광주만감계대신 태자보 광주제독 소
대법국 흠차광주만감계 전권대신 수사제독 고

광서 25년 10월 14일

서력 1899년 11월 16일

4. 중국(청)과 영국 간 티베트 관련 조약들

이동욱

1) 시킴-티베트 협약(Sikkim-Tibet Convention, 장인조약〈藏印條約〉, 1890)

○ 명칭
- 영어: Convention Between Great Britain and China Relating to Sikkim and Tibet
- 중국어: 中英會議藏印條約; 藏印條約

○ 체결 국가: 영국, 청

○ 체결일: 1890년 3월 17일
- 조약 비준일: 1890년 8월 27일

○ 체결 장소: 캘커타(체결) / 런던(비준)

○ 서명자(또는 전권대사)
- 영국 전권공사: 랜스다운(Lansdowne)
- 청국 흠차대신: 성타이(升泰)

○ 작성 언어: 영어, 중국어

○ 체결 과정 및 주요 내용

청조가 원래 티베트의 속국이었던 시킴(哲孟雄)이 영국의 보호국이 된 것을 승인하고, 시킴과 티베트의 경계를 획정하는 것이었다. 영국은 1876년 체결된 옌타이조약에 의거해 수차례 티베트에 인원을 파견했으나, 티베트 내각(Kashag)은 이들의 티베트 진입을 거부하고 인도에서 티베트로 들어오는 험로인 룽투산(Lingtu, Longthu)에 포대를 구축하기까지 했다. 이에 영국은 청 정부에 수차례 조회를 보내어 룽투산이 영국의 속령인 시킴 경내에 있다고 주장하면서 티베트군이 국경을 넘어 군대를 주둔시키고 있다고 주장했다. 이에 청 정부는 티베트 내각에 압력을 행사해 군대의 철수를 명령했지만, 티베트 측은 이에 반발하며 주장대신(駐藏大臣) 원수어(文碩)에게 영국인의 통상 요구는 경제적 이익이 아닌 땅을 탐내는 것이라 주장했다. 원수어가 티베트인들의 주장에 동조하는 경향을 보이자, 청 조정은 1888년 원수어(文碩)를 철직하고 성타이(升泰)로 대체했다. 성타이는 부임 후 옛날 문서들을 확인하여 룽투산이 실제로 시킴의 영역에 속한다고 보고했으며, 영국 측은 군사 작전을 통해 룽투산에 주둔하고 있던 티베트군을 격퇴하고 청 측에 전쟁을 종결하는 조약을 체결할 것을 요구했다. 그 결과 체결된 '중영장인조약(中英藏印條約)'의 주요 내용은 다음과 같다. 첫째, 시킴이 영국의 보호국임을 승인, 둘째, 시킴과 티베트의 경계 확정, 그리고 셋째, 통상과 유목 등에 대한 규정은 추후 다시 논의할 것.

시킴은 원래 티베트의 속국이었으나 1861년 영국인들의 침입을 받아 영국령 인도의 보호국이 되었다. 이 조약을 통해 청 정부가 시킴이 영국의 보호국이라고 정식으로 인정하면서 티베트는 울타리를 잃은 셈이 되었고 게다가 조약을 통해 획정한 티베트와 시킴의 경계에 따라 청 정부는 티베트인들이 전통적으로 유목 생활을 영위하던 감빠(Gamba) 이남의 목장과 군사적 요충을 시킴에게 넘겨주었다. 이는 티베트 고위층의 강력한 반발을 불러일으켰다.

○ (조약문) 출처
- China. The Maritime Customs, *Treaties, Conventions, etc., Between China and Foreign States*, vol.1, 2d ed, Shanghai: Published at the Statistical Department of The Inspectorate General of Customs, 1917.

시킴-티베트 협약(영어본) 원문

CONVENTION BETWEEN GREAT BRITAIN AND CHINA RELATING TO SIKKIM AND TIBET
(Signed at Calcutta, 17 March 1890. Ratified at London, 27 August 1890)

Whereas Her Majesty the Queen of the United Kingdom of Great Britain and Ireland, Empress of India, and His Majesty the Emperor of China, are sincerely desirous to maintain and perpetuate the relations of friendship and good understanding which now exist between their respective Empires; and whereas recent occurrences have tended towards a disturbance of the said relations, and it is desirable to clearly define and permanently settle certain matters connected with the boundary between Sikkim and Tibet, Her Britannic Majesty and His Majesty the Emperor of China have resolved to conclude a Convention on this subject, and have, for this purpose, named Plenipotentiaries, that is to say:

Her Majesty the Queen of Great Britain and Ireland, his Excellency the Most Honourable Henry Charles Keith Petty Fitzmaurice, G.M.S.I., G.C.M.G., G.M.I.E., Marquess of Lansdowne, Viceroy and Governor-General of India;

And His Majesty the Emperor of China, his Excellency Sheng Tai, Imperial Associate Resident in Tibet, Military Deputy Lieutenant-Governor;

Who, having met and communicated to each other their full powers, and finding these to be in proper form, have agreed upon the following Convention in eight Articles:

I. The boundary of Sikkim and Tibet shall be the crest of the mountain range separating the waters flowing into the Sikkim Teesta and its affluents from the waters flowing into the Tibetan Mochu and northwards into other rivers of Tibet. The line commences at Mount Gipmochi on the Bhutan frontier, and follows the above-mentioned water-parting to the point where it meets Nepal territory.

II. It is admitted that the British Government, whose Protectorate over the Sikkim State is hereby recognized, has direct and exclusive control over the internal administration and foreign relations of that State, and except through and with the permission of the British Government neither the Ruler of the State nor any of its officers shall have official relations of any kind, formal or informal, with any other country.

III. The Government of Great Britain and Ireland and the Government of China engage reciprocally to respect the boundary as defined in Article 1, and to prevent acts of Aggression from their respective sides of the frontier.

IV. The question of providing increased facilities for trade across the Sikkim-Tibet frontier will hereafter be discussed with a view to a mutually satisfactory arrangement by the High Contracting Powers.

V. The question of pasturage on the Sikkim side of the frontier is reserved for further examination and future adjustment.

VI. The High Contracting Powers reserve for discussion and arrangement the method in which official communications between the British authorities in India and the authorities in Tibet shall be conducted.

VII. Two joint Commissioners shall, within six months from the ratification of this Convention, be appointed, one by the British Government in India, the other by the Chinese Resident in Tibet. The said Commissioners shall meet and discuss the questions which, by the last three preceding Articles, have been reserved.

VIII. The present Convention shall be ratified, and the ratifications shall be exchanged in London as soon as possible after the date of the signature thereof.
In witness whereof the respective negotiators have signed the same, and affixed thereunto the seals of their arms.

Done in quadruplicate at Calcutta, this 17th day of March, in the year of our Lord 1890, corresponding with the Chinese date, the 27th day of the second moon of the 16th year of Kuang Hsu.

[Seal.] (Signed) Landsdowne

[Chinese seal.] (Signed) SHÊNG TAI

시킴-티베트 협약(영어본)의 한글 번역문

시킴과 티베트에 관한 대영국과 중국 사이의 협약
(1890년 3월 17일 캘커타에서 조인되고 1890년 8월 27일 런던에서 비준됨)

대영국 여왕 겸 인도 황제와 중국 황제는 지금 현재 두 제국 사이에 존재하는 우정과 선의의 이해의 관계를 유지하고 영구히 하는 것을 진심으로 바라고 있다. 그리고 최근에 발생한 일들이 이러한 관계에 방해가 되는 경향이 있어 왔기 때문에, 시킴과 티베트 사이의 경계에 관한 문제들을 분명하게 밝혀 영구적으로 해결하는 것이 바람직하다. 이에 영국 여왕과 중국 황제는 이 문제에 대한 협약을 체결하기로 결정하고, 이를 위해 전권대신을 지명했다. 즉,
대영국과 아일랜드의 여왕은 헨리 찰스 케이스 페티 피츠모리스 즉 G.M.S.I., G.C.M.G., G.M.I.E. 훈장을 받은 인도 총독 랜스다운 후작을,
그리고 중국의 황제는 주장방판대신(駐藏幇辦大臣) 부도통(副都統) 성타이(升泰)를 각각 임명했다. 이들은 만나서 서로의 전권위임장을 검토하고, 그것들이 적절한 형식을 갖추었다는 것을 확인했으며, 8조로 구성된 다음 협약에 합의했다.

1. 시킴과 티베트의 경계는 시킴의 티스타 강 및 그 지류들을 티베트의 모추 강으로 유입되거나 북쪽으로 흘러 티베트의 다른 강들로 유입되는 하천들과 갈라놓는 산맥의 능선으로 한다. 그 선은 부탄과의 경계에 위치한 김모치(Gipmochi) 산에서 시작하여 위에 언급한 분수계(分水界)를 따라 네팔 영토와 만나는 지점에 이른다.

2. 영국 정부가 시킴국에 대해 보호권을 가지는 것을 이 문서에 의해 승인하고, 영국 정부가 그 나라의 국내 행정 및 대외관계를 직접적이고 배타적으로 통제하며, 영국 정부의 허가 외에 그 나라의 지배자나 다른 관리들이 공식적이든 비공식적이든 다른 나라와 공무상의 관계를 맺을 수 없다는 것이 인정된다.

3. 대영 및 아일랜드 정부와 중국 정부는 제1조에 규정된 경계를 존중하고 각자의 쪽에서 국경을 침범하는 행동을 방지할 것을 서로 보증한다.

4. 시킴-티베트 국경을 가로지르는 무역에 어떻게 더 많은 편의를 제공할 것인가 하는 문제는 이후 상위의 협약 체결 당사자들에 의해 서로 만족스러운 협의를 달성해야 한다는 관점에서 논의될 것이다.

5. 국경의 시킴 쪽 방목지 문제는 추가적인 조사와 조정을 위해 유보한다.

6. 상위의 협약 체결국들은 인도의 영국 당국과 티베트 당국 사이에 진행될 공무상 교섭의 수단에 대해 논의하고 협의하는 것을 유보한다.

7. 협약이 비준된 지 6개월 이내에 인도의 영국 정부와 티베트의 중국 주차관(Resident, 駐藏大臣)이 각각 한 명씩, 두 명의 공동위원을 지명한다. 이들은 만나서 유보된 앞의 세 조항에 대해 논의한다.

8. 이 협약은 비준되어야 하며, 비준서는 서명이 이루어진 뒤 가능한 빨리 런던에서 교환되어야 한다.

이상의 합의를 증명하기 위해, 양측의 교섭자들은 이에 서명하고 그들의 직인을 날인했다.

우리 주의 기념으로 1890년 3월 17일, 상응하는 중국 기념으로는 광서(光緖) 16년 2월 27일, 캘커타에서 4부의 문서로 작성함.

[도장] (서명) 랜스다운

[중문 도장] (서명) 성타이

2) 장인(藏印)조관(시킴-티베트 협약 부속 조관, 1893)

○ 명칭
- Regulations Regarding Trade, Communications and Pasturage Appended to the Convention Between Great Britain and China Relating to Sikkim and Tibet of 1890
- 中英會議藏印條款; 藏印條款

○ 체결 국가: 영국, 청

○ 체결일: 1893년 12월 5일

○ 체결 장소: 다르질링(Darjeeling)

○ 서명자(또는 전권대사)
- 영국 전권공사: A. W. 폴(A. W. PAUL)
- 청국 흠차대신: 허창잉(何長榮), 제임스 하트(James H. Hart).

○ 작성 언어: 영어, 중국어

○ 체결 과정 및 주요 내용

 장인조약 체결 이후, 청 정부는 1893년 12월, 인도 다르질링에 허창잉(何長榮)을 파견하여 장인속약(藏印續約)을 체결했다. 시킴, 부탄과 접경한 마을 야통(Yatung, 亞東)을 무역을 위해 개방하고, 이곳의 영국인들이 영사재판권을 적용받으며, 티베트와 인도 사이의 교역은 5년 동안 수출입세를 면제해 준다는 내용 및 티베트인이 시킴에서 전통적으로 해 왔던 유목 활동을 제한하고, 유목을 하려면 영국이 시킴에서 제정한 관련 규정을 준수해야 한다는 내용이 포함되었다.

 그러나 티베트 정부는 이 담판에 참여하지 않았다는 이유로 청 정부가 체결한 이 조약을 인정하지 않고, 조약에서 약속한 야퉁의 개방 및 인도와의 무역, 시킴과의 경계석 설치를 이행하는 것을 거부하여, 1903년 영국의 침략전쟁을 불러일으켰다. 그 결과 체결된 것이 영국과 티베트 사이의 영장(英藏)조약, 즉 라싸조약이다.

○ (조약문) 출처

- China. The Maritime Customs, *Treaties, Conventions, etc., Between China and Foreign States*, vol.1, 2d ed, Shanghai: Published at the Statistical Department of The Inspectorate General of Customs, 1917.

장인조관(영어본) 원문

Regulations Regarding Trade, Communications and Pasturage Appended to the Convention Between Great Britain and China Relating to Sikkim and Tibet of 1890
(Signed at Darjeeling, India, 5 December 1893)

TRADE

I. A trade mart shall be established at Yatung on the Tibetan side of the frontier, and shall be open to all British subjects for purposes of trade from the first day of May, 1894. The Government of India shall be free to send officers to reside at Yatung to watch the conditions of British trade at that mart.

II. British subjects trading at Yatung shall be at liberty to travel freely to and fro between the frontier and Yatung, to reside at Yatung, and to rent houses and godowns for their own accommodation, and the storage of their goods. The Chinese Government undertake that suitable buildings for the above purposes shall be provided for British subjects, and also that a special and fitting residence shall be provided for the officer or officers appointed by the Government of India under Regulation I to reside at Yatung. British subjects shall be at liberty to sell their goods to whomsoever they please, to purchase native commodities in kind or in money, to hire transport of any kind, and in general to conduct their business transactions in conformity with local usage, and without any vexatious restrictions. Such British subjects shall receive efficient protection for their persons and property. At Lang-jo and Ta-chun, between the frontier and Yatung, where rest houses have been built by the Tibetan authorities, British subjects can break their journey in consideration of a daily rent.

III. Import and export trade in the following article arms, ammunition, military stores, salt, liquors, and intoxicating or narcotic drugs, may at the option of either Government be entirely prohibited, or permitted only on such conditions as either Government on their own side may think fit to impose.

IV. Goods, other than goods of the descriptions enumerated in Regulation III, entering Tibet from British India, across the Sikkim-Tibet frontier, or vice versa, whatever their origin, shall be exempt from duty for a period of five years commencing from the date of the opening of Yatung to trade; but after the expiration of this term, if found desirable, a tariff may be mutually agreed upon and enforced.

Indian tea may be imported into Tibet at a rate of duty not exceeding that at which Chinese tea is imported into England, but trade in Indian tea shall not be engaged in during the five years for which other commodities are exempt.

V. All goods on arrival at Yatung, whether from British India or from Tibet, must be reported at the Customs Station there for examination, and the report must give full particulars of the description, quantity, and value of the goods.

VI. In the event of trade disputes arising between British and Chinese or Tibetan subjects in Tibet, they shall be inquired into and settled in personal conference by the Political Officer for Sikkim and the Chinese Frontier Officer. The object of personal conference being to ascertain facts and do justice, where there is a divergence of views the law of the country to which the defendant belongs shall guide.

COMMUNICATION.

VII. Dispatches from the Government of India to the Chinese Imperial Resident in Tibet shall be handed over by the Political Officer for Sikkim to the Chinese Frontier Officer, who will forward them by special courier.
Dispatches from the Chinese Imperial Resident in Tibet to the Government of India will be handed over by the Chinese Frontier Officer to the Political Officer for Sikkim, who will forward them as quickly as possible.

VIII. Dispatches between the Chinese and Indian officials must be treated with due respect, and couriers will be assisted in passing to and fro by the officers of each Government.

PASTURAGE.

IX. After the expiration of one year from the date of the opening of Yatung, such Tibetans as continue to graze their cattle in Sikkim will be subject to such Regulations as the British Government may from time to time enact for the general conduct of grazing in Sikkim. Due notice will be given of such regulations.

General Articles

I. In the event of disagreement between the Political Officer for Sikkim and the Chinese Frontier Officer, each official shall report the matter to his immediate superior, who, in turn, if a settlement is not arrived at between them, shall refer such matter to their respective Governments for disposal.

II. After the lapse of five years from the date on which these Regulations shall come into force, and on six months' notice given by either party, these Regulations shall be subject to revision by Commissioners appointed on both sides for this purpose who shall be empowered to decide on and adopt such amendments and extensions as experience shall prove to be desirable.

III. It having been stipulated that Joint Commissioners should be appointed by the British and Chinese Governments under the seventh article of the Sikkim-Tibet Convention to meet and discuss, with a view to the final settlement of the questions reserved under Articles 4, 5, and 6 of the said Convention; and the Commissioners thus appointed having met and discussed the questions referred to, namely, Trade, Communication, and Pasturage, have been further appointed to sign the agreement in nine Regulations and three General Articles now arrived at, and to declare that the said nine Regulations and the three General Articles form part of the Convention.

In witness whereof the respective Commissioners have hereto subscribed their names.

Done in quadruplicate at Darjeeling this 5th day of December, in the year one thousand eight hundred and ninety-three, corresponding with the Chinese date the 28th day of the 10th moon of the 19th year of Kuang Hsu.

A. W. PAUL,

British Commissioner

Ho Chang-Jung, James H. Hart,

Chinese Commissioners

장인조관(영어본)의 한글 번역문

시킴과 티베트에 관한 대영국과 중국 사이의 1890년 협약에 추가되는 통상, 통신, 방목에 관한 장정 (1893년 12월 5일 인도 다르질링에서 조인됨)

통상

1. 교역장이 국경의 티베트 쪽에 있는 야퉁(Yatung)에 설치되고 1894년 5월 1일부터 통상을 위해 영국 신민에게 개방된다. 인도 정부는 자유롭게 야퉁에 관리를 주재시켜 교역장에서 영국인들의 통상 상황을 감시할 수 있다.

2. 야퉁에서 통상을 하는 영국 신민들은 자유롭게 국경과 야퉁 사이를 여행하고, 야퉁에 거주하며, 그들의 숙박과 상품의 보관을 위해 집과 창고를 빌릴 수 있다. 중국 정부는 위에 언급한 목적에 적합한 건물을 영국 신민에게 제공할 책임을 지며, 또한 장정 제1조에 의해 영국 정부가 임명하여 야퉁에 주재하도록 한 관리 또는 관리들에게 특별하고 적절한 주거를 제공할 책임을 진다. 영국 신민들은 자유로이 그들의 상품을 그들이 원하는 누구에게나 판매할 수 있으며, 현지의 상품을 물물교환 또는 화폐를 이용하여 구매할 수 있고, 모든 종류의 운송 수단을 고용할 수 있다. 또한 일반적으로 그들의 사업상 거래를 현지의 관례에 부합하게, 어떠한 성가신 제한 없이 진행할 수 있다. 이 영국 신민들은 그들 개인과 자산을 효과적으로 보호받을 것이다. 국경과 야퉁 사이에 위치한 랑조(Lang-jo)와 타춘(Ta-chun)에는 티베트 당국이 휴양 시설을 건설해 두었는데, 영국 신민들은 여행 중에 이곳에서 일일 임대료를 지불하고 휴식을 취할 수 있다.

3. 다음 조항의 무기, 탄약, 군수품, 소금, 술, 취하게 하거나 최면 효과가 있는 약물들의 수출입 교역은 각 정부의 선택권에 따라 전적으로 금지되거나 각 정부가 시행하기에 적당하다고 생각하는 특정 규정하에서 허용될 수 있다.

4. 장정 3조에 열거된 항목의 상품 이외의 상품들은, 영국령 인도에서 시킴–티베트 국경을 가로질러 티베트에 수입되거나 그 반대의 경우, 그 기원이 무엇이든 간에 야퉁을 통상을 위해 개방하는 날짜로부터 5년 동안 관세를 면제받는다. 그러나 이 기간이 지나면, 바람직하다고 판단될 경우, 관세를 상호 합의하여 집행할 수 있다.
인도의 차는 중국 차가 영국에 수입될 때의 관세율을 초과하지 않는 세율로 티베트에 수입될 수 있으나, 인도 차의 교역은 다른 상품들이 세금을 면제받는 5년 동안에는 개시하지 않는다.

5. 영국령 인도 또는 티베트에서 오는 모든 상품은 야퉁에 도착하면 반드시 검사를 위해 그곳의 세관에 신고해야 하며, 신고서에는 반드시 상품의 설명, 수량, 가치를 상세히 기술해야 한다.

6. 티베트에서 영국인과 중국인 또는 티베트인 사이에 무역 분쟁이 발생할 경우, 이들 분쟁은 시킴에 파견된 집정관과 중국의 국경 관리에게 문의되어야 하며, 이들의 대면 협상을 통하여 해결하여야 한다. 대면 협상의 목적은 사실을 규명하고 공정하게 심판하기 위한 것이며, 견해의 차이가 있는 경우, 피고가 속한 국가의 법률을 지침으로 한다.

통신

7. 인도 정부로부터 중국의 주장대신에게 보내는 문건은 시킴의 집정관이 중국의 변무위원(邊務委員)에게 넘겨주며, 중국의 변무위원은 이를 특급 배송을 통해 [주장대신에게] 전달해야 한다.[74] 중국 주장대신이 인도 정부에 보내는 문건은 중국 변무위원이 시킴 집정관에게 넘겨주며, 시킴 집정관은 이를 가능한 빨리 전달한다.

8. 중국과 인도 관리들 사이의 문건은 반드시 적절한 예우를 갖추어 취급해야 하며, 편지를 운반하는 이들은 왕래하는 과정에서 각각의 정부 관리들의 도움을 받을 것이다.

유목

9. 야퉁을 개방하는 날로부터 1년이 경과한 뒤, 티베트인이 시킴에서 계속 소를 유목하기 위해서는 영국 정부가 시킴의 일반적인 유목 행위를 위해 수시로 발효하는 장정(Regulation)을 적용받아야 한다. 그러한 장정에 대해서는 충분한 공지가 있을 것이다.

일반 규약

1. 시킴의 집정관과 중국 변무위원 사이에 이견이 있을 경우, 각 관원은 문제를 직속 상관에게 보고해야 하며, 상관들 사이에서도 합의가 이루어지지 않을 경우 그 문제를 각자의 정부에 보고하여 처리한다.

2. 본 장정이 발효되고 5년이 경과한 뒤, 그리고 쌍방이 이를 6개월 간 통지하고 나서, 이 장정들은 이를 위해 양측이 임명하여 경험을 통해 바람직하다고 증명된 내용의 수정과 증설을 결정하고 채택할 권한을 부여한 위원들에 의해 개정된다.

3. 시킴-티베트 협약 제7조에 따라 영국과 중국 정부가 임명한 공동 위원이 만나서 해당 협약의 제4, 5, 6조에 의해 유보된 문제들의 최종적인 해결을 위해 논의해야 한다고 규정되었다. 이에 따

---

74 중국어 조약문에는 '由驛火速呈遞西藏'이라 되어 있으며, 이는 역참을 통해 신속히 티베트에 전달한다는 뜻이다.

라 만나서 이 문제들, 즉 통상, 통신, 유목의 문제를 논의하기 위해 임명된 위원들은 나아가 이제 합의에 도달한 9개 조의 장정과 3개 조의 일반 규약으로 구성된 협정에 조인하도록 지명되었으며, 이 9개 조의 장정과 3개 조의 일반 조약이 시킴-티베트의 일부를 구성한다고 선언한다.

위의 합의를 증명하기 위해 쌍방의 위원들은 이 문서에 서명하였다.

1893년 12월 5일, 상응하는 중국 기년으로는 광서(光緒) 19년 10월 28일, 다르질링에서 4부의 문서로 작성함.

(서명) A. W. 폴(A. W. PAUL)

(서명) 허창잉(何長榮, Ho Chang-Jung)

(서명) 제임스 J. 하트(James H. Hart)

3) 영장(英藏)조약(Convention Between Great Britain and Thibet; 라싸조약〈Treaty of Lhasa〉, 1904)

○ 명칭
- 영어: Convention Between Great Britain and Thibet; Treaty of Lhasa
- 중국어: 英藏條約

○ 체결 국가: 영국, 티베트

○ 체결일: 1904년 9월 7일

○ 체결 장소: 라싸(Lhasa)

○ 서명자(또는 전권대사)
- 영국 전권공사: F. E. 영허스번드(F. E. Younghusband)
- 티베트: 달라이 라마 및 행정장관(噶布倫), 주요 사원의 대표, 각 부족 수령 등

○ 작성 언어: 영어, 중국어

○ 체결 과정 및 주요 내용

티베트 정부가 장인속약을 부정하자, 인도 총독 커즌은 청 정부의 티베트에 대한 종주권이 '정치체제상의 허구(a constitutional fiction)이며 단지 쌍방에게 편의를 제공하기 때문에 유지하는 정치적 위장(a political affectation)일 뿐'[75]이라 주장하며 1903년 말, 프란시스 영허스밴드(Francis Younghusband)가 이끄는 군대를 티베트에 파견하여 이듬해 8월 라싸를 점령했다. 달라이 라마 13세가 몽골로 달아난 상황에서 영허스밴드와 티베트의 드레풍(哲

---

[75] 英國外交部檔案 FO17/1745, Government of India to Hamilton, Jan. 8, 1903; 오카모토 다카시(岡本隆司), 2012, 32쪽에서 재인용.

蚌), 세라(色拉), 갈단(噶爾丹) 3대 사원의 수장과 내각의 대표, 각 부족 대표 등이 라싸조약을 체결하고, 달라이 라마가 임명한 대리섭정 롱포가체가 이 조약문에 달라이 라마의 인장을 찍었다.

조약은 첫째, 1890년 청과 영국이 체결한 '장인조약'에서 정한 시킴과의 경계를 승인하고 경계석을 세울 것, 둘째, 1893년 '장인속약'에서 규정한 야퉁 이외에 걍체(江孜), 가르톡(噶大克)을 교역을 위해 추가 개방할 것, 셋째, 티베트는 영국에 50만 파운드를 배상하되, 75년에 걸쳐 나누어 낼 것, 넷째, 인도와의 국경에서 걍체, 라싸에 이르는 지역의 방어시설을 철거할 것, 다섯째, 영국의 사전 동의 없이 티베트의 토지를 외국에 매각 또는 임차하는 행위 금지, 그리고 여섯째, 외국이 티베트의 철도, 도로, 전선, 광산 등 이권을 가질 수 없으며, 티베트에 관리를 파견하거나 간섭하는 것을 금지할 것 등을 주된 내용으로 하였다.

○ (조약문) 출처

- China. The Maritime Customs, *Treaties, Conventions, etc., Between China and Foreign States*, vol.1, 2d ed. Shanghai: Published at the Statistical Department of The Inspectorate General of Customs, 1917.

(영장조약)라싸조약(영어본) 원문

Convention Between Great Britain and Thibet
(Signed at Lhasa, 7 September 1904)

WHEREAS doubts and difficulties have arisen as to the meaning and validity of the Anglo-Chinese Convention of 1890, and the Trade Regulations of 1893, and as to the liabilities of the Thibetan Government under these Agreements; and whereas recent occurrences have tended towards a disturbance of the relations of friendship and good understanding which have existed between the British Government and the Government of Thibet; and whereas it is desirable to restore peace and amicable relations, and to resolve and determine the doubts and difficulties as aforesaid, the said Governments have resolved to conclude a Convention with these objects, and the following Articles have been agreed upon by Colonel F.E. Younghusband, C.I.E., in virtue of full powers vested in him by His Britannic Majesty's Government and on behalf of that said Government, and LoSang Gyal-Tsen, the Ga-den Ti-Rimpoche, and the Representatives of the Council, of the three monasteries, Sera, Dre-pung, and Ga-den, and of the ecclesiastical and lay officials of the National Assembly on behalf of the Government of Thibet.

I. The Government of Thibet engages to respect the Anglo-Chinese Convention of 1890 and to recognize the frontier between Sikkim and Thibet, as defined in Article I of the said Convention, and to erect boundary pillars accordingly.

II. The Thibetan Government undertakes to open forthwith trade marts to which all British and Thibetan subjects shall have free right of access at Gyangtse and Gartok, as well as at Yatung.
The Regulations applicable to the trade mart at Yatung, under the Anglo-Chinese Agreement of 1893, shall, subject to such amendments as may hereafter be agreed upon by common consent between the British and Thibetan Governments, apply to the marts above mentioned.
In addition to establishing trade marts at the places mentioned, the Thibetan Government undertakes to place no restrictions on the trade by existing routes, and to consider the question of establishing fresh trade marts under similar conditions if development of trade requires it.

III. The question of the amendment of the Regulations of 1893 is reserved for separate consideration, and the Thibetan Government undertakes to appoint fully authorized Delegates to negotiate with the Representatives of the British Government as to the details of the amendments required.

IV. The Thibetan Government undertakes to levy no dues of any kind other than those provided for in the tariff to be mutually agreed upon.

V. The Thibetan Government undertakes to keep the roads to Gyangtse and Gartok from the frontier clear of all obstruction and in a state of repair suited to the needs of the trade, and to establish at Yatung, Gyangtse, and Gartok, and at each of the other trade marts that may hereafter be established, a Thibetan Agent, who shall receive from the British Agent appointed to watch over British trade at the marts in question any letter which the latter may desire to send to the Thibetan or to the Chinese authorities. The Thibetan Agent shall also be responsible for the due delivery of such communications and for the transmission of replies.

VI. As an indemnity to the British Government for the expense incurred in the dispatch of armed troops to Lhasa, to exact reparation for breaches of Treaty obligations and for the insults offered to and attacks upon the British Commissioner and his following and escort, the Thibetan Government engages to pay a sum of pounds five hundred thousand—equivalent to rupees seventy-five lakhs—to the British Government.

The indemnity shall be payable at such places as the British Government may from time to time, after due notice, indicate, whether in Thibet or in the British districts of Darjeeling or Jalpaiguri, in seventy-five annual installments of 1 lakh of rupees each, on the 1st January in each year, beginning from the 1st January, 1906.

VII. As security for the payment of the above-mentioned indemnity and for the fulfillment of the provisions relative to trade marts specified in Articles II, III, IV and V, the British Government shall continue to occupy the Chumbi Valley until the indemnity has been paid, and until the trade marts have been effectively opened for three years, whichever date may be the later.

VIII. The Thibetan Government agrees to raze all forts and fortifications and remove all armaments which might impede the course of free communication between the British frontier and the towns of Gyangtse and Lhassa.

IX. The Government of Thibet engages that, without the previous consent of the British Government—

a. No portion of Thibetan territory shall be ceded, sold, leased, mortgaged or otherwise given for occupation, to any foreign Power;
b. No such Power shall be permitted to intervene in Thibetan affairs;

c. No Representatives or Agents of any foreign Power shall be admitted to Thibet;

d. No concessions for railways, roads, telegraphs, mining or other rights, shall be granted to any foreign Power, or the subject of any foreign Power. In the event of consent to such concessions being granted, similar or equivalent concessions shall be granted to the British Government;

e. No Thibetan revenues, whether in kind or in cash, shall be pledged or assigned to any foreign Power, or to the subject of any foreign Power.

X. In witness whereof the negotiators have signed the same, and affixed thereunto the seals of their arms.

Done in quintuplicate at Lhassa, this 7th day of September, in the year of our Lord 1904, corresponding with the Thibetan date, the 27th of the 7th month of the Wood Dragon year.

(Seal of Dalai Lama, affixed by the Ga-den Ti-Rimpoche)
(Seal of Thibet Frontier Commission)
(Seal of British Commissioner)
(Seal of Council)
(Seal of the Dre-pung Monastery)
(Seal of Se-ra Monastery)
(Seal of Ga-den Monastery)
(Seal of National Assembly)

F.E. Younghusband, Colonel, British Commissioner

In proceeding to the signature of the Convention, dated this day, the Representatives of Great Britain and Thibet declare that the English text shall be binding.

(Seal of Dalai Lama, affixed by the Ga-den Ti-Rimpoche)
(Seal of Thibet Frontier Commission)
(Seal of British Commissioner)
(Seal of Council)
(Seal of Dre-pung Monastery)
(Seal of Se-ra Monastery)
(Seal of Ga-den Monastery)
(Seal of National Assembly)

F.E. Younghusband, Colonel, British Commissioner

Ampthill, Viceroy and Governor-General of India

This Convention was ratified by the Viceroy and Governor-General of India in Council at Simla on the llth day of November, A.D. 1904.
S.M. Fraser, Secretary to the Government of India

(Foreign Department)

Declaration Signed by his Excellency the Viceroy and Governor-General of India and appended to the Ratified Convention of 7 September, 1904

His Excellency the Viceroy and Governor-General of India, having ratified the Convention which was concluded at Lhassa on 7th September, 1904, by Colonel Younghusband, C.I.E., British Commissioner for Thibet Frontier Matters, on behalf of His Britannic Majesty's Government; and by Lo-Sang Gyal-Tsen, the Ga-den Ti-Rimpoche, and the Representatives of the Council, of the three Monasteries Sera, Dre,pung, and Ga-den, and of the ecclesiastical and lay officials of the National Assembly, on behalf of the Government of Thibet, is pleased to direct as an act of grace that the sum of money which the Thibetan Government have bound themselves under the terms of Article VI of the said Convention to pay to His Majesty's Government as an indemnity for the expenses incurred by the latter in connection with the dispatch of armed forces to Lhassa be reduced from 7,500,000rupees to 2,500,000rupees; and to declare that the British occupation of the Chumbi valley shall cease after the due payment of three annual installments of the said indemnity as fixed by the said Article: Provided, however, that the trade marts as stipulated in Article II of the Convention shall have been effectively opened for three years as provided in Article VI of the Convention; and that, in the meantime, the Thibetans shall have faithfully complied with the terms of the said Convention in all other respects.

Ampthill, Viceroy and Governor-General of India

영장조약(라싸조약)(영어본)의 한글 번역문

대영국과 티베트 사이의 협약
(1904년 9월 7일 라싸에서 조인됨)

1890년의 영-중 협약 및 1893년의 통상장정의 의의와 타당성, 그리고 이들 협의하에서 티베트 정부의 책임에 관련한 의심과 분규가 발생해 왔고, 또한 최근의 사건들은 영국 정부와 티베트 정부 사이에 존재해 온 우정과 선의의 이해의 관계에 방해가 되는 경향이 있었다. 평화와 우호적인 관계를 회복하는 것, 그리고 앞에서 언급한 의심과 분규를 해결하고 종료시키는 것이 바람직하기 때문에, 앞에서 언급한 정부들은 이 문제들에 대한 협약을 체결하기로 결정했다. 그리고 다음의 조항들이 영국 정부의 전권을 부여받아 영국 정부를 대표하는, 인도 제국의 동반자 훈장(C.I.E.)을 받은 F.E 영허스밴드 대령과 티베트 정부를 대표하는 로상 걀첸, 가덴 티림포체, 평의회 대표들, 그리고 세라, 드레풍, 가덴 세 사원의 대표들 및 국가 의회의 성직자 및 세속 관리들의 대표들에 의해 합의되었다.

1. 티베트 정부는 1890년의 영중 협약을 존중하고 이 협약의 1조에서 규정한 시킴과 티베트 사이의 국경을 승인한다. 또한 그에 따라 경계석을 세운다.

2. 티베트 정부는 즉시 걍체(Gyangtse)와 가르톡(Gartok)에서도 야퉁과 마찬가지로 모든 영국과 티베트의 신민들이 자유롭게 접근할 수 있는 권리를 가지는 교역장을 개방할 것을 약속한다.
1893년의 영중 협의에 따라 야퉁의 교역장에 적용될 수 있는 장정은 향후 영국과 티베트 정부가 공동으로 승인함으로써 동의되는 수정을 받아 적용되어 위에 언급된 교역장들에 적용된다.
언급된 장소에 무역마트를 설립하는 것 외에, 티베트 정부는 현존하는 경로에 따라 통상하는 것에 어떠한 제한도 두지 않고, 무역의 발전이 필요할 경우, 유사한 조건하에서 신규 교역장을 설립하는 문제를 검토할 것을 약속한다.

3. 1893년 장정의 개정 문제는 별도의 검토를 위해 보류되며, 티베트 정부는 필요한 개정의 세부사항에 관하여 영국 정부의 대표들과 협상할 수 있도록 완전한 권한을 위임받은 대표자들을 임명할 것을 약속한다.

4. 티베트 정부는 상호 합의하에 결정될 관세율에서 규정하는 것 이외의 어떤 비용도 부과하지 않을 것을 약속한다.

5. 티베트 정부는 국경에서 걍체와 가르톡으로 가는 도로를 어떠한 장애물도 없이 무역에 적합하게 보수된 상태를 유지할 것을 약속한다. 또한 그리고 야퉁, 걍체, 가르톡, 그리고 향후 설치될 다

른 교역장에 각각 티베트 대리인을 두어, 논의되고 있는 교역장들에서 영국인의 교역을 감시하기 위해 임명된 영국 대리인이 티베트 또는 중국 당국에 보내고자 하는 모든 편지를 접수한다. 티베트 대리인은 그러한 서신의 적절한 배송과 답신의 전달을 책임져야 한다.

6. 티베트 정부는 영국 정부가 라싸에 무장 병력을 파견하면서 초래된 비용에 대한 배상금과 조약 의무 불이행 및 영국에서 파견한 위원과 그 수행원, 호위대에 대한 모욕과 공격에 대한 정확한 배상으로서 총액 50만 파운드—750만 루피와 동일한 금액—를 영국 정부에 지불한다.
배상금은 75년 동안 매년 10만 루피씩 분할하여 1906년 1월 1일부터 매년 1월 1일 티베트 경내 또는 영국 측의 다르질링이나 잘파이구리 지역 중에서 영국 정부가 수시로, 적절한 공지 후에, 지정하는 장소에서 납부될 수 있다.

7. 영국 정부는 위에 언급한 배상금의 지불과 제2, 3, 4, 5조에서 명기한 교역장과 관련된 규정들의 이행을 보장하기 위해서 배상금이 납부되고 교역장이 3년간 유효하게 열릴 때까지 어느 날짜가 더 늦어지든지 계속해서 춤비(Chumbi) 계곡을 점령한다.

8. 티베트 정부는 영국 측 국경과 걍체 및 라싸 사이의 자유로운 소통을 방해할 수 있는 모든 보루와 요새를 철거하고 군비를 제거하는 데 동의한다.

9. 티베트 정부는 영국 정부의 사전 승인 없이,

a. 티베트 영토의 한 조각도 다른 어떠한 외국에게 양도하거나, 매각하거나, 임대하거나, 담보로 제공하거나, 또는 점유하도록 할 수 없다.
b. 어떠한 국가도 티베트의 일에 간섭하도록 허락하지 않는다.
c. 어떠한 외국의 대표나 대리인도 티베트에 받아들여지지 않을 것이다.
d. 철도, 도로, 전신, 광산 또는 기타 이권은 어떠한 외국이나 외국의 신민에게도 주어질 수 없다. 이러한 이권의 수여에 동의하는 경우는, 비슷하거나 동등한 이권이 영국 정부에게도 주어진다.
e. 어떠한 티베트의 물건이나 화물로 된 세입도 외국 또는 외국 신민에게 담보로 제공되거나 양도될 수 없다.

10. 이상의 합의를 증명하기 위해 교섭자들은 이 문서에 서명하고 그 위에 직접 도장을 찍었다.

우리 주의 기념으로 1904년 9월 7일, 상응하는 티베트 날짜로 나무용(Wooden Dragon)의 해 7월 27일 라싸에서 4부의 문서로 작성됨.

(달라이 라마의 인장, 가덴 티림포체가 날인함)

(티베트 국경 사령관의 인장)

(영국 측 위원의 인장)

(평의회의 인장)

(드레풍 사원의 인장)

(세라 사원의 인장)

(가덴 사원의 인장)

(국가 회의의 인장)

영허스밴드(F.E. Younghusband) 대령, 영국 측 위원.

협약의 서명 진행 과정에서, 오늘 날짜로, 영국과 티베트의 대표들은 영어 텍스트가 구속력을 가진다고 선언한다.

(달라이 라마의 인장, 가덴 티림포체가 날인함)

(티베트 국경 사령관의 인장)

(영국 측 위원의 인장)

(평의회의 인장)

(드레풍 사원의 인장)

(세라 사원의 인장)

(가덴 사원의 인장)

(국가 회의의 인장)

영허스밴드(F.E. Younghusband) 대령, 영국 측 위원.

앰프틸(Ampthill), 인도 총독.

이 협약은 서기 1904년 11월 11일 심라(Simla)의 평의회(Council)에서 인도 총독에 의해 비준되었다.

프레이저(S.M. Fraser), 인도 정부 비서(외무부)

인도 총독이 서명하여 이미 비준된 1907년 9월 7일의 협약에 추가한 성명

인도 총독은 1904년 9월 7일 라싸에서 영허스밴드 대령이 영국을 대표하고 티베트의 대표로서 로상 갈첸, 가덴 티림포체 및 평의회 대표들, 그리고 세라, 드레풍, 가덴 세 사원의 대표들 및 국가 의회의 성직자 및 세속 관리의 대표들이 합의하고 체결한 협약을 비준하였다. 인도 총독은 기쁘게 은전을 베풀어 티베트 정부가 이 협약 제6조의 규정에 따라 영국 정부가 라싸에 무장한 군대를 파

견한 것과 관련하여 초래된 비용에 대하여 영국 정부에 지불해야 하는 배상금의 총액을 750만 루피에서 250만 루피로 경감해 줄 것을 지시했다. 또한 영국의 춤비(Chumbi) 계곡 점령은 상술한 조항에 의해 정해진 배상액의 연 할부금이 세 차례 지불된 뒤에 중지될 것이라 성명한다. 그러나 이에는 협약의 제2조에 규정된 교역장을 협약 제6조에 규정된 대로 3년 동안 유효하게 개방하고, 그리고 그동안 티베트인들이 모든 면에서 성실히 이 협약의 조항들을 따른다는 조건이 붙는다.

앰프틸(Ampthill), 인도 총독

4) (중영) 속정장인조약(中英續訂藏印條約, 1906)

○ 명칭
- 영어: Convention Between Great Britain and China Respecting Tibet
- 중국어: 中英續訂藏印條約; 中英新訂藏印條約

○ 체결 국가: 영국, 청

○ 체결일: 1906년 4월 27일
- 비준일: 1906년 7월 23일

○ 체결 장소: 베이징(체결) / 런던(비준)

○ 서명자(또는 전권대사)
- 영국 전권공사: 어네스트 사토우(Ernest Satow)
- 청국 흠차대신: 탕사오이(唐紹儀)

○ 작성(체결) 언어: 영어, 중국어

○ 체결 과정 및 주요 내용

라싸조약 체결 당시에 청 정부의 주장대신 여우타이(有泰)는 라싸에 있었고, 조인식에도 입회했지만 조약에 조인하지는 않았다. 그리고 이 조약이 베이징에 보내지자, 청 정부는 이에 대한 승인을 거부하고 조약의 수정을 요구했다. 청 정부는 탕사오이(唐紹儀), 장인탕(張蔭棠)을 차례로 인도에 파견하여 영국 측과 담판을 벌였다. 청조 측은 자국을 티베트의 '상국(上國)'이 아닌 '주국(主國)'으로 표현할 것, 즉 자국이 티베트에 대하여 종주권(suzerainty)이 아닌 주권(sovereignty)을 가진다는 것을 주장하였다. 그러나 영국 측은 청조가 티베트에 대해 종주권만을 가진다고 맞받아치면서 교섭은 중단과 재개를 반복하였다. 결국 1906년 4월, 양측은 베이징에서 다시 담판을 재개하여 주권이나 종주권이라는 표현이 모두 빠진 조약을 체결하고, 1904년의 라싸조약은 일부 내용을 수정하여 이 조약의 부속 문서로 첨부하였다. 이렇게 체결된 조약의 주요 내용은 다음과 같다.

첫째, 영국은 티베트 영토를 점령하여 병합하거나 티베트의 정치에 일체 간섭하지 않으며, 중국은 이에 응해 다른 외국이 티베트의 영토와 그 내정에 간섭하는 것을 허용하지 않는다.

둘째, 부속 조약인 라싸조약 제9조 4절에서 성명한 각 항 권리는 중국을 제외한 어떠한 타국의 정부나 인민도 누릴 수 없다. 다만 중국과 상의해서 정한 이 조약 제2조에서 지명한 각 교역장에서 영국은 전신을 설치하여 인도와 연결할 수 있다.

셋째, 1890년과 1893년에 중국과 영국이 의정한 두 차례의 장인조약에 실린 각 조항은 만약 본 조약 및 부속 조약에 위배되지 않으면 모두 착실히 시행한다.

한편, 라싸조약의 제9조는 "티베트의 일체 사무에 대해서, 어떠한 외국을 막론하고 간섭을 허용하지 않는다." "어떠한 철도, 도로, 전선, 광산 또는 기타 이권도 외국 또는 외국 국적에 속한 사람이 누리는 것을 허용하지 않는다. 만약 이러한 이권을 허용하면 이를 상쇄하는 이권 또는 이와 동등한 이권을 영국 정부에게 제공한다."는 내용으로 수정되었으며, 라싸조약에서 규정한 티베트의 배상금은 50만 파운드에서 16만 6,000파운드로 경감되었으나 청 정부는 이를 티베트 정부에 알리지 않고 직접 영국에 지불했다. 요컨대, 적어도 19세기 후반 내내 영국은 청조의 티베트에 대한 관할권을 인정해 왔지만, 1890년·1893년에 청조와 영국이 체결한 장인조약을 티베트 정부가 거부하면서 청-영-티베트 삼자관계는 청조가 티베트를 통제할 수 없음을 확인한 영국이 티베트에 대한 청조의 관할권을 사실상 부정하고 티베트 정부를 전쟁 및 외교 협상의 대상으로 인정하는 사태로 발전했다. 청조는 이를 만회하기 위해 티베트에 대한 '주권'을 주장하며 티베트 정부를 배제한 채 영국과 추가 조약을 체결하고, 티베트 측의 동의를 받지 않은 라싸조약 조문의 국경, 전쟁 배상금 지불을 통해 티베트에 대한 주권이 자국에 있음을 보여 주려 했다. 그러나 영국은 이미 청조의 티베트에 대한 '주권' 대신 모호한 '종주권'만을 인정할 수 있다는 확고한 태도를 취하고 있었으며, 이러한 입장은 청조 멸망 후에도 계속 이어졌다.

○ (조약문) 출처

- China. The Maritime Customs, *Treaties, Conventions, etc., Between China and Foreign States*, vol.1, 2d ed. Shanghai: Published at the Statistical Department of The Inspectorate General of Customs, 1917.

(중영) 속정장인조약(영어본) 원문

Convention Between Great Britain and China Respecting Tibet (1906)
(Signed at Peking, 27 April 1906. Ratified at London, 23 July 1906)

Whereas His Majesty the King of Great Britain and Ireland and of the British Dominions beyond the Seas, Emperor of India, and His Majesty the Emperor of China are sincerely desirous to maintain and perpetuate the relations of friendship and good understanding which now exist between their respective Empires;

And whereas the refusal of Tibet to recognize the validity of or to carry into full effect the provisions of the Anglo-Chinese Conventions of March 17, 1890 and Regulations of December 5, 1893 placed the British Government under the necessity of taking steps to secure their rights and interests under the said Convention and Regulations;

And whereas a Convention of ten Articles was signed at Lhasa on September 7, 1904 on behalf of Great Britain and Tibet, and was ratified by the Viceroy and Governor-General of India on behalf of Great Britain on November 11, 1904, a declaration on behalf of Great Britain modifying its terms under certain conditions being appended thereto;

His Britannic Majesty and His Majesty the Emperor of China have resolved to conclude a Convention on this subject and have for this purpose named Plenipotentiaries, that is to say—His Majesty the King of Great Britain and Ireland: Sir Ernest Mason Satow, Knight Grand Cross of the Most Distinguished Order of Saint Michael and Saint George, His said Majesty's Envoy Extraordinary and Minister Plenipotentiary to His Majesty the Emperor of China; And His Majesty the Emperor of China: His Excellency Tong Shao-yi, His said Majesty's High Commissioner Plenipotentiary and a Vice-President of the Board of Foreign Affairs—who having communicated to each other their respective full powers and finding them to be in good and true form have agreed upon and concluded the following Convention in six Articles.

ARTICLE I.
The Convention concluded on September 7, 1904 by Great Britain and Tibet, the texts of which in English and Chinese are attached to the present Convention as an annex, is hereby confirmed, subject to the modification stated in the declaration appended thereto, and both of the High Contracting Parties engage to take at all times such steps as may be necessary to secure the due fulfillment of the terms specified therein.

ARTICLE II.

The Government of Great Britain engages not to annex Tibetan territory or to interfere in the administration of Tibet. The Government of China also undertakes not to permit any other foreign State to interfere with the territory or internal administration of Tibet.

ARTICLE III.

The Concessions which are mentioned in Article IX (d) of the Convention concluded on September 7, 1904 by Great Britain and Tibet are denied to any State or to the subject of any State other than China, but it has been arranged with China that at the trade marts specified in Article II of the aforesaid Convention Great Britain shall be entitled to lay down telegraph lines connecting with India.

ARTICLE IV.

The provisions of the Anglo-Chinese Convention of 1890 and Regulations of 1893 shall, subject to the terms of this present Convention and annex thereto, remain in full force.

ARTICLE V.

The English and Chinese texts of the present Convention have been carefully compared and found to correspond but in the event of there being any difference of meaning between them the English text shall be authoritative.

ARTICLE VI.

This Convention shall be ratified by the Sovereigns of both countries and ratifications shall be exchanged at London within three months after the date of signature by the Plenipotentiaries of both Powers.

In token whereof the respective Plenipotentiaries have signed and sealed this Convention, four copies in English and four in Chinese.

Done at Peking this twenty-seventh day of April, one thousand nine hundred and six, being the fourth day of the fourth month of the thirty-second year of the reign of Kuang-hsu.

(L.S.) Ernest Satow

(Signature and Seal of the Chinese Plenipotentiary)

(중영) 속정장인조약(영어본)의 한글 번역문

티베트에 관한 대영국과 중국 사이의 협약(1906)
(1906년 4월 27일 베이징에서 조인되어 1906년 7월 23일 런던에서 비준됨)

대영국과 아일랜드 및 해외의 영국 영토의 왕 겸 인도의 황제와 중국의 황제는 두 제국 사이에 현존하는 우호와 상호 간 이해의 관계를 유지하여 영구히 할 것을 진심으로 바라고 있다.

또한 티베트가 1890년 3월 17일에 체결된 영중 협약과 1893년 12월 5일에 체결된 장정의 타당성을 인정하고 그 조항들을 완전히 실행하는 것을 거부했기 때문에, 영국 정부는 이들 협정과 장정하에서의 그들의 권리와 이익을 보호하기 위한 조치를 취할 필요가 있었다.

또한 10개 조항으로 구성된 협약이 1904년 9월 7일에 영국과 티베트를 대표하여 라싸에서 체결되었고, 1904년 11월 11일에 인도 총독이 영국 정부를 대신하여 이를 비준하면서 이들 조항의 수정에 대한 성명을 추가하였다.

영국 국왕과 중국 황제는 이 문제에 대한 협약을 체결하기로 결정했으며 이 목적을 위해 전권위원을 임명했다. 즉,

대영국과 아일랜드의 왕은 성마이클과 성조지의 가장 유명한 훈장을 받은 큰 십자가의 기사(Knight Grand Cross)이자 영국 왕이 중국 황제에게 보낸 특별사절 겸 전권공사인 어네스트 메이슨 사토 경(Sir Ernest Mason Satow)을,

중국 황제는 황제의 전권위원이자 외무부 우시랑(右侍郞) 탕사오이(唐紹儀, Tong Shao-yi)를 임명했다.

이들은 서로 각자가 부여받은 전권의 문서를 교환하여 그것들이 훌륭하고 진실한 양식을 갖추었다는 것을 확인했으며, 다음과 같은 여섯 조항의 협약을 협의하고 체결했다.

제1조
1904년 9월 7일에 영국과 티베트에 의해 체결된 협약은, 영어와 중국어로 작성된 텍스트를 현 협약에 부속 문서로 첨부하고, 그 유효함을 확인하며, 그 협약에 첨부된 성명에 명시된 수정사항을 적용한다. 협약 당사자 모두는 항상 그 협약 안에 명시된 조건의 적절한 이행을 보증하기 위해 필요한 조치들을 시행할 것을 약속한다.

제2조
영국 정부는 티베트의 영토를 합병하거나 티베트의 행정에 간섭하지 않을 것을 보증한다. 중국 정부 역시 다른 어떠한 외국이 티베트의 영토나 내치에 간섭하는 것을 허락하지 말아야 한다.

제3조
영국과 티베트에 의해 1904년 9월 7일 체결된 협약의 제9조 (d)에 언급된 특권은 중국을 제외한 다

른 모든 국가와 그 신민들에게는 허가되지 않는다. 그러나 앞에 언급한 협약의 2조에 명시된 교역장에서 영국이 인도와 연결하는 전선(telegraph lines)을 가설할 권리를 가지는 것이 중국과 협의되었다.

제4조
1890년 중영 협약과 1893년 장정의 조문들은 현 협약 및 부속 문서 조항의 적용을 받으며, 완전한 효력을 유지한다.

제5조
현 협약의 영어와 중국어 텍스트는 신중히 비교되어 서로 일치한다는 것이 확인되어야 하지만, 만일 둘 사이에 어떠한 의미의 차이가 존재할 경우, 영어 텍스트가 권위를 가질 것이다.

제6조
이 협약은 두 나라의 군주들에 의해 비준되고 비준서는 양쪽 당국의 전권위원들이 서명한 날짜로부터 3개월 이내에 런던에서 교환되어야 한다.

이상의 협의의 증거로서, 전권위원들은 4부는 영문으로, 4부는 중국어로 된 협약에 서명하고 날인하였다.
1906년 4월 27일, 곧 광서(光緒) 24년 4월 4일, 베이징에서 체결됨.

(서명) 어네스트 사토(Ernest Satow)

(중국 전권위원의 서명과 날인)

5. 중국(청)이 서양 국가와 체결한 기타 조약들: 영토 및 해양의 강제 개방과 불평등 조약 체제의 심화

이동욱

1) (중영) 후먼(虎門)조약(1843)

○ 명칭
- 영어: Supplementary Treaty Signed by Their Excellencies Sir Henry Pottinger and Ki Ying Respectively, on The Part of The Sovereigns of Great Britain and China, at the Bogle, 8th October 1843; Supplementary Treaty of Hoomun Chai (Treaty of Bogue)
- 중국어: 善後事宜淸冊附粘條約; 五口通商章程附點條約; 虎門條約

○ 체결 국가: 영국, 청

○ 체결일: 1843년 10월 8일

○ 체결 장소: 광둥성(廣東省) 후먼차이(虎門寨)

○ 서명자(또는 전권대사)
- 영국 전권공사: 헨리 포틴저(Henry Pottinger)
- 청국 흠차대신: 치잉(耆英)

○ 작성 언어: 영어, 중국어

○ 체결 배경 및 주요 내용

난징조약(1842) 체결 이후, 청조와 영국의 당국자들은 난징조약 제10조에서 합의한 수출입 관세를 비롯한 각종 세금 관련 규정을 제정하기 위한 협상을 지속했다. 그 결과물로서 체결된 보충 조약이 후먼조약이다. 1843년(도광 23) 7월, 양측은 해관세칙을 완성하여 영국 측이 먼저 홍콩에서 '오구통상장정: 해관세칙(五口通商章程: 海關稅則)'을 공표했으며, 10월에는 광둥성 후먼차이(虎門寨)에서 양측의 전권대표가 '오구통상부점선후조관(五口通商附粘善後條款)', 즉 '후먼조약(虎門條約)'에 서명하고 먼저 공포한 '오구통상장정: 해관세칙'은 후먼조약의 부록으로 삽입하였다.

이렇게 성립된 후먼조약은 조약문 내에서 난징조약과 동일한 효력을 지닌다고 선언되고 있으며,[76] 16조의 조약문과 해관세칙 15조, 교역 품목에 대한 관세 규정 등으로 구성되어 있다. 조약문 중에는 청 정부의 관세자주권을 심각하게 침해하는 협정관세 규정, 난징조약에 누락되어 있던 영사재판권(치외법권)과 일방적 최혜국 대우 규정, 영국의 관선(官船), 즉 군함이 교민을 단속하기 위해 5개 통상항에 상주해야 한다는 규정 등의 독소조항들이 처음으로 포함되었다. 그리고 조약 중에는 영국인들이 통상항 안에서 땅을 빌려 건물을 지을 수 있다는 규정이 포함되어 훗날 조계(租界) 설치의 근거가 되었다. 난징조약을 보완하여 동아시아 불평등 조약의 기본적인 요건들을 충실히 구성한 조약이었던 것이다. 그러나 조약 체결의 과정에서 중국의 양보만 있었던 것은 아니었다. 조약문에서는 영국 배가 다섯 항구 외의 다른 항구나 연안에 가서 무역하는 것을 엄격히 금지하고 있었으며, 그밖의 다른 조항에서도 서양인의 자유를 제한하는 규정들이 상당 부분 포함되었다.

이로 인해 청나라가 서양인들에게 다섯 항구를 개방하는 대신 나머지 해역에서는 해금(海禁)의 금령을 유지하는 데 성공했다는 인식도 존재했다.[77] 그러나 뒤이어 체결된 미국과의「왕샤조약」, 프랑스와의「황푸조약」을 통해 청나라의 해역은 단계적으로 개방되어, 열강의 군함이 자유로이 왕래하고 정박할 수 있는 공간이 되었다.

---

76 "무릇 이 조약은 실로 처음 체결한 '萬年和約'과 다르지 않으므로 두 나라 모두 반드시 철저히 집행해야 하며 절대 이를 위배하여 이미 맺은 약속을 어기는 일이 있어서는 안 된다."(「五口通商附粘善後條款」, 王鐵崖 編, 1957, 『中外舊約章彙編』第一冊, 三聯書店, 33쪽.)

77 이동욱, 2020, 「1840-1860년대 청조의 '속국' 문제에 대한 대응」, 『중국근현대사연구』 86, 4~9쪽.

○ (조약문) 출처

- China. The Maritime Customs, *Treaties, Conventions, etc., Between China and Foreign States*, vol.1, 2d ed, Shanghai: Published at the Statistical Department of The Inspectorate General of Customs, 1917.

(중영) 후먼조약(영어본) 원문

SUPPLEMENTARY TREATY SIGNED BY THEIR EXCELLENCIES SIR HENRY POTTINGER AND KI YING RESPECTIVELY, ON THE PART OF THE SOVEREIGNS OF GREAT BRITAIN AND CHINA, AT THE BOGLE, 8th OCTOBER 1843.

WHEREAS a Treaty of perpetual Peace and Friendship between Her Majesty the Queen of the United Kingdom of Great Britain and Ireland and His Majesty the Emperor of China was concluded at Nanking and signed on board Her said Majesty's ship Cornwallis on the 29th day of August A.D. 1842, corresponding with the Chinese date of the 24th day of the 7th month of the 22nd year of TAOU KWANG; of which said Treaty of perpetual Peace and Friendship the Ratifications, under the respective Seals and Signs Manual of the Queen of Great Britain, &c., and the Emperor of China, were duly exchanged at Hong Kong on the 26th day of June A.D. 1843 corresponding with the Chinese date, the 29th day of the Fifth month, ill the 23rd year of TAOU KWANG; And WHEREAS in the said Treaty it was provided (amongst other things), that the five Ports of Canton, Fuchow-foo, Amoy, Ningpo and Shanghai should be thrown open for the resort and residence of British Merchants, and that a fair and regular Tariff of Export and Import Duties and other Dues should be established at such Ports; And WHEREAS various other matters of detail connected with, and hearing relation to, the said Treaty of perpetual Peace and Friendship have been since under the mutual discussion and consideration of the Plenipotentiary and accredited Commissioners of the High contracting Parties, and the said Tariff and Details having been now finally examined into, adjusted and agreed upon, it has been determined to arrange and record them in the form of a Supplementary Treaty of Articles, which Articles shall be held to be as binding, and of the same efficacy as though they had been inserted in the original Treaty of perpetual Peace and Friendship.

ARTICLE I.
The Tariff of Export and Import Duties which is hereunto attached,—under the Seals and Signatures of the respective Plenipotentiary and Commissioners—shall henceforward be in force at the five Ports of Canton, Fuchow, Amoy, Ningpo, and Shanghai.

ARTICLE II.
The General Regulations of Trade which are hereunto attached,—under the Seals and Signatures of the respective Plenipotentiary and Commissioners,—shall henceforward be in force at the five aforenamed Ports.

ARTICLE III.

All penalties enforced or confiscations made under the III clause of the said General Regulations of Trade shall belong, and be appropriated, to the Public Service of the Government of China.

ARTICLE IV.

After the Five Ports of Canton, Fuchow, Amoy, Ningpo and Shanghai shall be thrown open, English Merchants shall be allowed to trade only at those Five Ports. Neither shall they repair to any other Ports or Places, nor will the Chinese people at any other Ports or Places, be permitted to trade with them. If English Merchant Vessels shall, in contravention of this Agreement, and of a Proclamation to the same purport to be issued by the British Plenipotentiary, repair to any other Ports or Places, the Chinese Government Officers shall be at liberty to seize and confiscate both Vessels and Cargoes, and should Chinese People be discovered clandestinely dealing with English Merchants, at filly other Ports or Places, they shall be punished by the Chinese Government in such manner as the Law may direct.

ARTICLE V.

The IV clause of the General Regulations of Trade, on the subject of Commercial Dealings and Debts' between English and Chinese Merchants is to be clearly understood to be applicable to both Parties.

ARTICLE VI.

It is agreed, that English merchants and others residing at or resorting to the Five Ports to be opened shall not go into the surrounding Country beyond certain short distances to be named by the local authorities, in concert with the British Consul, and on no pretence for purposes of traffic. Seamen and persons belonging to the ships shall only be allowed to land under authority and rules which will be fixed by the Consul, in communication with the local officers and should any persons whatever infringe the stipulations of this Article and wander away into the Country, they shall be seized and handed over to the British Consul for suitable punishment.

ARTICLE VII.

The Treaty of perpetual Peace and Friendship provides for British Subjects and their Families residing at the Cities and Towns of Canton, Fuchow, Amoy, Ningpo and Shanghai without molestation or restraint. It is accordingly determined, that ground and houses; the rent and price of which is to he fairly and equitably, arranged for, according to the rates prevailing amongst the people, without exaction on either side; shall be set apart by the local Officers, in communication with the Consul, and the number of houses built or rented, will be reported annually to the said local Officer by the Consul for the information of their respective Viceroys and Governors, but the number cannot be limited, seeing that it will be greater or less according to the resort of Merchants.

ARTICLE VIII.
The Emperor of China having been graciously pleased to grant, to all foreign Countries, whose Subjects, or Citizens, have hitherto traded at Canton the privilege of resorting for purposes of Trade to the other, four Ports of Fuchow, Amoy, Ningpo and Shanghai, on the same terms as the English, it is further agreed, that should the Emperor hereafter, from any cause whatever, be pleased to grant, additional privileges or immunities to any of the subjects or Citizens of such Foreign Countries, the same privileges and immunities will be extended to and enjoyed by British Subjects; but it is to be understood that demands or requests are not, on this plea, to be unnecessarily brought forward.

ARTICLE IX.
If lawless Natives of China, having committed crimes, or Offences, against their own Government, shall flee to Hongkong or to the English Ships of War or English Merchant Ships for refuge; they shall, if discovered by the English Officers, be handed over once to the Chinese Officers for trial and punishment; or if, before such discovery be made by the English Officers, it should be ascertained, or suspected, by the Officers of the Government of China whither such criminals and Offenders have fled, communication shall be made to the proper English Officer, in order that the said criminals and Offenders may be rigidly searched for, seized, and, on proof or admission, of their guilt, delivered up. In like manner, if any Soldier or Sailor or other person,—whatever his Caste or Country,—who is a Subject of the Crown of England, shall from any cause, or on any pretence, desert, fly, or escape into the Chinese Territory, such Soldier, or Sailor, or other person, shall be apprehended and confined by the Chinese Authorities, and sent to the nearest British Consular; or other Government Officer. In neither else shall concealment or refuge be afforded.

ARTICLE X.
At each of the five Ports to be opened to British Merchants one English Cruiser will be stationed to enforce good order and discipline amongst the Crews of Merchant Shipping, and to support the necessary authority of the Consul over British Subjects. The Crew of such Ship of War will be carefully restrained by the Officer commanding the Vessel, and they will be subject to all the rules regarding going on shore and straying into the Country, that are already laid down for the Crews of Merchant Vessels. Whenever it may be necessary to relieve such Ships of War by another, intimation of that intention will be communicated by the Consul, or by the British Superintendent of Trade

where circumstances will permit,—to the local Chinese Authorities, lest the appearance of an additional Ship should excite misgivings amongst the people ; and the Chinese Cruisers are to Offer no hindrance to such relieving Ship, nor is she to be considered liable to any Port Charges or other Rules laid down in the General Regulations of Trade, seeing that British Ships of War never trade in any shape.

ARTICLE XI.

The Posts of Chusan and Koolangsoo will be withdrawn, as provided for in the Treaty of perpetual Peace and Friendship, the moment all the monies stipulated for in that Treaty shall be paid, and the British Plenipotentiary distinctly and voluntarily agrees that all Dwelling Houses, Store Houses, Barracks, and other Buildings that the British' troops or people may have occupied or intermediately built, or repaired, shall be handed over, on the evacuation of the Posts, exactly as they stand, to the Chinese Authorities, so as to prevent any pretence for delay, or the slightest occasion for discussion, or dispute, on those points.

ARTICLE XII.

A fair and regular Tariff of Duties and other dues having now been established, it is to be hoped, that the system of Smuggling which has heretofore been carried on between English and Chinese merchants,—in many cases with the open connivance and collusion of the Chinese Custom House Officers,—will entirely cease, and the most peremptory Proclamation to all English Merchants has been already issued on this subject by the British Plenipotentiary, who will also instruct the different Consuls to strictly watch over and carefully scrutinize the conduct of all persons, being British Subjects, trading under his superintendence. In any positive instance of Smuggling transactions coming to the Consul's knowledge be will instantly apprise the Chinese Authorities of the fact, and they will proceed to seize and confiscate all goods,—whatever their value or nature,—that may have been so smuggled, and will also be at liberty, if they see fit, to prohibit the Ship from which the smuggled goods were landed from trading further, and to send her away as soon as her accounts are adjusted and paid. The Chinese Government Officers will, at the same time, adopt whatever measures they may think fit with regard to the Chinese Merchants and Custom House Officers who may be discovered, to be concerned in Smuggling.

ARTICLE XIII.

All persons whether Natives of China,, or otherwise, who may wish to convey Goods from anyone of the five Ports of Canton, Fuchowfoo, Amoy, Ningpo, and Shanghai to Hong Kong for sale or consumption, shall be at full and perfect liberty to do so on paying the duties on such Goods and obtaining a Pass or Port Clearance from the Chinese Custom House at one of the said Ports. Should Natives of China wish to repair to Hong Kong to purchase Goods, they shall have free and full permission to do so, and should they require a Chinese Vessel to carry away their purchases, they must obtain a Pass or Port Clearance, for her at the Custom House of the Port whence the Vessel may sail for Hong Kong. It is further settled that in all cases these Passes are to be returned to the Officers of the Chinese Government, as soon as the trip for which they may be granted shall be completed.

ARTICLE XIV.
An English Officer will be appointed at Hong Kong one part of whose duty will be to examine the registers and Passes of all Chinese Vessels that may repair to that Port to buy or sell Goods, and should such Officer at any time find that any Chinese Merchant Vessel has not a Pass or Register from one of the five Ports, she is to be considered as an unauthorised or smuggling Vessel, and is not to be allowed to trade, whilst a report of the circumstance is to be made to the Chinese Authorities. By this arrangement it is to be hoped, that piracy and illegal traffic will be effectually prevented.

ARTICLE XV.
Should Natives of China who may repair to Hong Kong to trade, incur debts there, the recovery of such debts must be arranged for, by the English Courts of Justice on the spot, but if the Chinese Debtor shall abscond and be known to have property real or personal within the Chinese Territory, the rule laid down in the IV Clause of the General Regulations for Trade shall be applied to the case, and it will be the duty of the Chinese Authorities, on application by, and in concert with, the British Consuls, to do their utmost to see justice done between the parties.—On the same principle, should a British Merchant incur debts at any of the five Ports and fly to Hong Kong, the British Authorities will, on receiving an application from the Chinese Government Officers accompanied by statements and full proofs of the debts, institute an investigation into the claims, and, when established, oblige the defaulter, or debtor, to settle them to the utmost of his means.

ARTICLE XVI.
It is agreed, that the Custom House Officers at the five Ports shall make a monthly return to Canton of the Passes granted to Vessels proceeding to Hong Kong, together with the nature of their Cargoes, and a copy of these Returns will be embodied in one Return and communicated once a month to the proper English Officer at Hong Kong. The said English Officer will, on his part, make a similar Return or communication, to the Chinese Authorities at Canton showing the names of Chinese Vessels arrived at Hong Kong or departed from that Port, with the nature of their cargoes, and the

Canton Authorities will apprise the Custom Houses at the five Ports in order that by these arrangements and precautions all clandestine and illegal trade under the Cover of Passes may be averted.

ARTICLE XVII.
Or Additional Article relating to British Small Craft.

Various small Vessels belonging to the English Nation, called Schooners, Cutters, Lorchas &c. &c., have not hitherto been chargeable with Tonnage Dues. It is now agreed in relation to this class of Vessels which ply between Hong Kong and the City, and the City and Macao, that if they only carry passengers letters and baggage, they shall as heretofore pay no tonnage Dues; but if these small craft carry any dutiable articles, no matter how small the quantity may be, they ought, in principal, to pay their full tonnage dues. But this class of small craft are not like the large Ships which are engaged in Foreign Trade; they are constantly coming and going, they make several trips a month, and are not like Foreign Ships which, on entering the Port, cast anchor at Whampoa. If we were to place them on the same footing as the large Foreign Ships the charge would fall unequally, therefore, after this the smallest of these craft shall be rated at 75 Tons, and the largest not to exceed 150 tons; whenever they enter the Port (or leave the Port with Cargo) they shall pay tonnage dues at the rate of one mace per Ton Register. If not so large as 75 Tons, they shall still be considered and charged as of 75 Tons; and if they exceed 150 Tons they shall be considered as large Foreign Ships, and like them, charged tonnage dues at the rate of five mace per Register Ton. Fuchow, and the other Ports having none of this kind of intercourse, and none of this kind of small craft, it would be unnecessary to make any arrangement as regards them.

The following are the Rules by which they are to be regulated.

1st. Every British Schooner, Cutter, Lorcha, &c. shall have a Sailing Letter or Register in Chinese and English, under the Seal and Signature of the Chief Superintendent of Trade, describing her appearance, burthen, &c. &c.

2nd. Every Schooner, Lorcha, and such Vessel, shall report herself, as large Vessels are required to do, at the Bocca Tigris, and when she carries cargo she shall also report herself at Whampoa, and shall, on reaching Canton, deliver up her Sailing Letter or Register, to the British Consul who will obtain permission from the Hoppo for her to discharge her Cargo, which she is not to do without such permission, under the forfeiture of the Penalties laid down in the III Clause of the General

Regulations of Trade.

3rd. When the inward cargo is discharged and an outward one (if intended) taken on board, and the duties on both arranged and paid, the Consul will restore the Register or Sailing Letter, and allow the Vessel to depart.

This Supplementary Treaty; to be attached to the Original Treaty of Peace: consisting of 16 Articles, and one Additional Article, relating to small vessels, is now written out, forming, with its accompaniments, four pamphlets, and is formally signed and sealed by Their Excellencies the British Plenipotentiary and the Chinese Imperial Commissioner, who, in the first instance, take two copies each and exchange them, that their provisions may be immediately carried into effect. At the same time, each of these High Functionaries having taken his two copies, shall duly memorialise the Sovereign of his Nation; but the two Countries are differently situated as respects distance, so that the Will of the one Sovereign can be known sooner than the Will of the other. It is now therefore agreed that on receiving the Gracious assent of the Emperor in the vermilion pencil, the Imperial Commissioner will deliver the very document containing it, into the hands of His Excellency HWANG Judge of Canton, who will proceed (to such place as the Plenipotentiary may appoint) and deliver it to the English Plenipotentiary, to have and to hold. Afterwards, the Sign Manual of the Sovereign of England having been received at Hong Kong, likewise Graciously assenting to and confirming the Treaty, the English Plenipotentiary will despatch a specially appointed Officer to Canton, who will deliver the copy containing the Royal Sign Manual to His Excellency HWANG, who will forward it to the Imperial Commissioner, as a rule and a guide to Both Nations for ever, and as a solemn confirmation of our Peace and Friendship.

A most important Supplementary Treaty.

Signed and Sealed at Hoomun Chai on the Eighth day of October 1843, corresponding with the Chinese date of the Fifteenth day of the Eighth moon of the 23rd year of TAOU KWANG.
(Signed) HENRY POTTINGER
(Signed) KI YING (in Tartar)

(중영) 후먼조약(영어본)의 한글 번역문

1843년 후먼(Bogue, 虎門)에서 대영제국과 중국 측의 헨리 포틴저 경과 치잉이 각각 조인한 보충 조약

대영 및 아일랜드 연합왕국의 여왕 폐하와 중국의 황제 폐하 사이의 영구적인 평화와 우정의 조약은 1842년 8월 29일, 중국 날짜로 도광 22년 9월 24일 여왕 폐하의 배 콘월리스(Cornwallis) 호 위에서 체결되고 조인되었으며, 이 영구적인 평화와 우정의 조약 비준서는 대영국 여왕과 중국 황제가 직접 서명하고 날인하여 1843년 6월 26일, 중국 날짜로 도광 23년 5월 29일 홍콩에서 정식으로 교환하였다. 그리고 이 조약에서 (다른 여러 내용 사이에) 광저우, 푸저우, 샤먼, 닝보, 상하이의 다섯 항구를 영국 상인들의 휴양지와 거주지로서 개방하고, 공정하고 일정한 수출입 관세 및 기타 요금의 세칙이 각각의 항구에서 만들어져야 한다는 것을 규정하였다. 그리고 영구적인 평화와 우정의 조약과 연관되어 있고, 또 관계되어 있다고 여겨지는 그 밖의 여러 세세한 사항들이 전권대표와 고위 당국자들이 파견한 위원들 상호 간의 논의와 고려하에 있어 왔다. 그리고 이 세칙 및 세세한 사항들은 이제 최종적으로 검토, 조정, 합의를 거친 후에 보충 조약의 형식으로 정리하여 수록하기로 하였다. 이에 수록된 조항들은 구속력을 가진 것으로 취급되어야 하며, 영원한 평화와 우정의 원래 조약에 삽입된 것과 같은 효력을 가지고 있다.

제1조
이 문서에 첨부된 수출입 관세의 세칙은—전권공사와 협상위원 쌍방의 날인과 서명에서—금후 광저우, 푸저우, 샤먼, 닝보, 상하이의 다섯 항구에서 효력을 발휘한다.

제2조
이 문서에 첨부된 무역에 관한 일반 장정은—전권공사와 협상위원 쌍방의 날인과 서명에서—금후 전술한 다섯 항구에서 효력을 발휘한다.

제3조
상기한 무역에 관한 일반 장정의 3항에 따라 집행되는 모든 벌금 및 재물의 몰수는 중국 정부의 공공서비스에 귀속되고 충당된다.

제4조
광둥, 푸저, 아모이, 닝보, 상하이 다섯 항구가 개항된 이후에 영국 상인은 오직 이 다섯 항구에서 무역하는 것만 허락된다. 그들이 다른 항구나 다른 장소에 가는 것은 허용되지 않으며, 중국 인민이 다른 항구나 장소에서 그들과 무역하는 것도 허가되지 않을 것이다. 만약 영국 상선이 이 합의 및 영국전권공사가 공표한 이와 동일한 포고문을 위반하고, 다른 항구나 장소로 가면 중국 정부의

관원은 자유로이 선박과 화물을 압류하고 몰수할 수 있다. 그리고 중국 인민이 다른 항구나 장소에서 영국 상인과 몰래 거래하는 것이 발견되면 그들은 중국 관원이 법률에 의거해 처벌할 것이다.

제5조
일반 무역 장정의 4항에 언급된 영국 상인과 중국 상인 사이의 상업적 거래 및 채무에 대한 규정은 양쪽 모두에 적용된다는 것이 명백히 이해되어야 한다.

제6조
개방될 5개 항구에서 거주하거나 드나드는 영국 상인과 다른 이들은 운송 등의 목적을 핑계로 하여 항구 주변의 가까운 거리에 있는, 지방 당국이 영국 영사와 협의하여 지정한 시골에 가서는 안 된다. 선원 및 배에 고용된 자들은 지방관과의 소통을 거쳐서 영사가 정하는 권한과 규칙하에서만 상륙이 허가될 것이다. 지방관과의 소통을 통해 그리고 누구라도 어떤 이유에서든 이 규정을 어기고 시골에 들어가서 배회하면, 그들은 체포되어 영국 영사에게 넘겨져 처벌을 받는다.

제7조
영구적인 평화와 우호의 조약은 영국 신민들과 그들의 가족이 학대와 제약 없이 광저우, 아모이, 푸저우, 닝보, 상하이의 도시와 마을에서 거주할 수 있도록 허용한다. 대지와 건물의 임대료와 가격은 공평하고 정당하게, 어느 한쪽의 부당한 요구 없이 지방관에 의해 구분되어 영사와의 소통 속에서 일반적인 시세에 따라 적용되어야 한다. 그리고 지어지거나 임대된 집의 수는 매년 영사가 위에 이 지방관에게 보고하여 그들 쪽의 총독과 순무에게 알려져야 한다. 그러나 그 수는 드나드는 상인의 수가 늘어나고 줄어드는 것에 따라 제한되어서는 안 된다.

제8조
중국 황제는 자비롭게도 지금까지 광저우에서 무역을 해온 모든 외국과 그 신하들 또는 시민들에게 영국인과 동등하게 무역을 위해 푸저우, 샤먼, 닝보, 상하이의 4개 항구에 드나드는 특권을 기꺼이 부여한다. 나아가 중국 황제는 이후 어떤 경우에, 어떤 것이든 이들 외국의 신하 또는 시민들에게 추가적인 특권 또는 의무의 면제를 기꺼이 수여한다면, 영국 국민들은 그와 동일한 특권과 면제를 적용받아 누리게 될 것이다. 그러나 이를 구실 삼아 불필요한 요구나 요청이 제기되어서는 안 된다는 점이 이해되어야 한다.

제9조
만약 중국인 무법자가 죄를 짓거나 자신의 정부의 규정을 위반하고 홍콩이나 영국의 병선 또는 상선으로 달아나 숨는 것이 영국 관원에게 발견되면, 그들은 즉시 중국 관원에게 넘겨져 재판을 받고 처벌받을 것이다. 그러나 만약 영국 관원들이 이를 발견하기 전에 중국 정부의 관리들이 이러한 범죄자들이 어디로 달아났는지를 확인하거나 의심하게 된다면 적절한 영국인 관리에게 서신을 보내어 위에 언급된 범법자들을 엄격하게 수색하여 그들의 범죄의 증거나 자백을 근거로 체포하고 인도할 수 있도록 하여야 한다. 마찬가지로 만약 영국 국왕의 신하인 군인이나 선원 또는 다른 이가―그의 계급이나 출신과 관계없이―어떤 이유나 구실로 인해 중국의 영토로 탈영, 탈주 또는 탈출하면, 그들은 중국 당국이 체포하고 구금하여 가까운 영국 영사관이나 다른 정부 관료에게 호송해야 하며, 어떠한 은신처나 피난 장소도 제공할 수 없다.

제10조
영국 상인에게 개방될 다섯 곳의 통상항에 상선 선원들의 질서와 규율을 강제하고 영국 신민들에 대해 필요한 영사의 권위를 뒷받침하기 위해 영국의 순양함 한 척이 정박할 수 있다. 해당 군함의 선원들은 그 선박의 지휘관에 의해 신중히 통제될 것이며, 그들은 해안에 상륙하거나 내륙으로 들어가는 것과 관련해 상선에 적용되는 모든 규정을 준수할 것이다. 다른 군함이 해당 군함과 교대할 필요가 있을 경우, 영사 또는 상황에 따라서는 영국의 무역 감독관이 그 의도를 중국 지방 당국에 통지하여 추가적인 군함의 출현이 사람들의 불안감을 야기하지 않도록 하여야 한다. 또한 중국 순양함이 교대하러 온 군함을 저지해서는 안 되며, 영국의 군함은 결코 어떠한 형태의 무역도 행하지 않으므로 항구에서 각종 세금을 납부하거나 통상에 관한 일반 장정의 규정을 준수해야 하는 대상으로 간주되어서는 안 된다.

제11조
저우산(舟山, Chusan)과 고랑서(古浪嶼, Koolangsoo)에 주둔하고 있는 부대는 영원한 평화와 우호의 조약에 의거해, 해당 조약에 규정된 모든 배상금이 모두 지불되는 시점에 철수할 것이다. 또한 영국 전권 공사는 주둔 부대가 철수할 때, 영국 군대나 사람들이 점유, 건설, 또는 수리한 모든 주택과 상점, 병영 및 다른 건물들을 정확히 서 있는 그대로 중국 당국에 인계하는 것에 분명하고 자발적으로 동의하여, 이를 지연하기 위한 핑계나 이 문제에 대해 논쟁을 야기할 수 있는 극히 사소한 원인을 방지한다.

제12조
이제 공정하고 통상적인 관세 및 다른 세금의 세칙이 제정되었으므로, 지금까지 영국과 중국의 상인들 사이에서 수행되어 왔던 밀무역의 시스템―많은 경우 중국 세관 관원들의 공개적인 묵인과 공모 속에서 이루어져 왔던―은 완전히 중지하며, 이와 관련해 모든 영국 상인들에게 공포하는 최종적인 선언은 이미 영국 전권 공사에 의해 발표되었다. 영국 전권 공사는 또한 여러 영사들에게 지시하여 그의 감독하에서 교역을 행하는 모든 영국 신민의 품행을 엄격하고 신중하게 감시하고 조사하도록 한다. 밀무역에 관한 어떠한 사안이라도 영사가 알게 되면 즉각 이를 중국 당국에 사실대로 통지할 것이며, 중국 당국은 그 가격과 종류에 관계없이 밀수되었을 것으로 추정되는 모든 상품을 몰수 및 압류한다. 또한 중국 당국은 적절하다고 판단될 경우 자유롭게 밀수품이 하역된 지역에서 온 선박의 교역을 금지하거나, 해당 선박이 계정을 청산하고 지불을 마치는 즉시 내쫓을 수 있다. 동시에, 중국 정부의 관원은 밀수와 관계된 것이 드러난 중국 상인 및 세관 관리들에 대하여 그들이 적절하다고 생각하는 조치를 취할 수 있다.

제13조
중국의 원주민이든 아니든 광둥, 푸저우, 아모이, 닝보, 상하이에서 홍콩으로 상품을 운송하여 판매 또는 소비하고자 하는 사람은 해당 상품에 대한 관세를 납부하고 해당 항구의 중국 세관으로부터 통행증 또는 출항 허가를 얻음으로써 그렇게 할 수 있는 완전한 자유를 누린다. 중국 원주민이 상품을 구매하기 위해 홍콩에 자주 가는 것은 자유롭고 완전히 허가된다. 또한 구입한 상품을 운반하기 위한 중국 선박이 필요하면, 그들은 반드시 해당 선박이 홍콩을 향해 출항하는 항구의 세관에서 선박의 통행증 또는 출항 허가를 얻어야 한다. 나아가 모든 경우에 이들 통행증은 허가받은 여행이 완료되는 즉시 중국 정부의 관리들에게 반납하도록 규정되어야 한다.

제14조
홍콩 측은 영국 관원 한 명을 임명하여 상품의 매매를 위해 홍콩에 가는 모든 중국 선박의 선박등록증과 통행증을 검토하는 업무를 담당하도록 하여야 한다. 이 관원이 다섯 통상항 중 한 곳의 통행증이나 선박등록증을 가지고 있지 않은 중국 상선을 발견하는 경우에는, 언제든지 해당 선박을 무허가 또는 밀무역 선박으로 간주하여 무역을 불허하고, 이 사실을 설명하는 보고서를 중국 당국에 보내야 한다. 이 합의를 통해 해적 행위나 불법적인 왕래가 효과적으로 저지되기를 기대한다.

제15조
통상을 위해 홍콩을 왕래하는 중국 원주민이 홍콩에서 빚을 지게 되면, 이 채무의 변제는 반드시 현지의 영국 재판소에 의해서 조정되어야 한다. 그러나 중국 채무자가 달아나고, 또한 그가 중국 경내에 인적 물적 자산을 소유하고 있다는 것이 인지되면, 통상에 관한 일반 장정 제4조의 규정이 이 경우에 적용되어야 하며, 중국 당국은 영국 영사의 요청과 협조 속에서 최대한 양측에 공정하게 처리해야 할 의무가 있다. 마찬가지로, 영국 상인이 다섯 통상항에서 빚을 지고 홍콩으로 달아났을 경우, 영국 당국은 중국 정부 당국자들로부터 채무에 대한 진술과 완전한 증거가 포함된 요청서를 받는 즉시 해당 요구에 대한 조사를 시행하고, 채무가 입증될 경우 채무자에게 최선을 다해 빚을 해결할 의무를 강제한다.

제16조
다섯 통상항의 세관 관리들은 월별로 홍콩으로 가는 선박에 부여된 통행증과 해당 선박들에 적재된 화물의 품목을 광저우에 보고하고, 월간 보고서들의 사본을 하나로 엮은 보고서를 매월 1회 홍콩의 상응하는 관리에게 보내야 한다. 해당 영국 관리도 광저우의 중국 당국자에게 홍콩에 도착하고 출발한 중국 선박들의 이름, 적재 화물 품목을 포함하는 유사한 보고 또는 교신을 해야 하며, 광저우의 당국자는 이를 5개 통상항의 세관에 통지하여 통행증을 악용하여 일어날 수 있는 밀무역을 막기 위해 준비하고 주의하여야 한다.

제17조 또는 영국 소형 부선(艀船, Craft)[78]에 관한 부가 조항

스쿠너, 커터, 로차 등으로 불리는 영국의 다양한 소형 부선들은 지금까지 톤세 부과 대상이 아니었다. 이제 홍콩과 광저우, 광저우와 마카오 사이를 오가는 이러한 등급의 부선들에 관해 다음과 같이 합의했다. 이들 부선이 손님과 편지, 수하물 등만을 운반한다면 지금까지처럼 톤세를 내지 않아도 되나, 만약 관세 징수 대상이 되는 품목을 운반한다면, 그 양이 얼마가 되었든, 이 부선들은 원칙적으로 배의 최대 용적 톤수에 대한 세금을 납부하여야 한다. 그러나 이 등급의 소형 부선들은 대외무역에 사용되는 대형 선박들과 달리 부단히 오가며, 한 달에 몇 차례씩 운행하며, 항구에 입항했을 때 외국 선박처럼 황포(黃埔, Whampoa)에 닻을 내리지 않는다. 만약 우리가 이 배들을 대형 외국 선박들과 함께 편제한다면 세금의 부과는 불공평해질 것이다. 따라서 이 보트들 중 가장 작은 배에 대해 75톤급의 톤세를 부과하며, 가장 큰 배에 대해서도 150톤을 초과하는 등급의 톤세를 적용하지 않는다. 부선이 항구에 들어갈 때(또는 짐을 싣고 항구에서 나올 때), 그들은 등록된 용적에 따라 톤당 1전(錢, mace)의 톤세를 내야 한다. 75톤보다 작은 부선 역시 75톤급으로 간주되어 그에 해당하는 톤세가 부과될 것이다. 만약 150톤을 초과하는 선박이 있으면, 그 배들은 대형 외국 선박과 같은 범주로 간주되어, 선박등록증에 기재된 용적에 따라 1톤당 5전의 톤세가 부과될 것이다. 이러한 형태의 거래와 소형 부선이 없는 푸저우와 다른 항구들에서는 이 선박들과 관련하여 어떠한 합의도 필요치 않을 것이다.

이하는 소형 부선들을 규제하는 규정들이다.

첫째, 모든 영국 스쿠너, 커터, 로차 등은 중국어와 영어로 작성되고 수석 무역 감독관의 날인과 서명이 되어 있으며 배의 외형과 적재량 등등을 설명하는 항해 허가서 또는 선박등록증을 보유하여야 한다.

둘째, 모든 스쿠너, 로차 등의 선박은 대형 선박들에게 요구되는 것처럼 후먼(虎門, Bocca Tigris)에 도착하면 스스로를 보고하고, 화물을 운반할 때 또한 황푸(黃埔)에서 스스로를 보고하고 광저우에 이르러 그 항해 허가서나 등록증을 영국 영사에게 제출하여야 한다. 해당 영사는 광저우 세관(Hoppo)[79]으로부터 그 배의 화물 하역 허가를 받아야 하며, 허가 없이는 화물을 하역할 수 없다. 이를 위반할 경우 통상에 관한 일반 장정 제3조에 규정된 벌칙에 따라 몰수한다.

---

[78] 중국어 조약문에서는 '小船'으로 지칭하고 있으나, 현재 사용되는 관세 용어를 참고하여 부선이라 번역한다.
[79] 중국어 조약문에서는 '粵海關'으로 표기됨. 'Hoppo'는 원래 戶部를 음차한 것이나 광둥무역체제에서 서양인들은 중국 세관을 'Hoppo'라 불렀다.

셋째, 부선 안의 화물을 하역하고 나서 (원한다면) 외부의 화물을 부선에 적재하고, 양쪽 화물 모두에 대한 관세를 정산하여 납부하고 나면, 영사는 선박등록증이나 항해허가서를 돌려주고 선박의 출항을 허가한다.

원래의 평화 조약에 첨부되는 이 추가 조약은 16개 조항과 소형 선박에 대한 1개 추가 조항으로 구성되어 있으며, 그 부속 내용을 포함하여 이제 4개의 소책자의 형태로 작성되었다. 그리고 영국 전권공사와 중국의 흠차대신이 정식으로 서명하고 날인하였다. 이들은 우선 첫째로 서로 사본 2권을 교환하여 그들의 선언이 효력을 발휘할 수 있도록 한다. 동시에, 이 고위 관료들은 각자 2권의 사본을 자신의 군주에게 정식으로 제출한다. 그러나 두 나라는 거리상으로 매우 먼 곳에 위치해 있으므로 한 군주의 뜻이 바로 다른 군주에게 알려지지 못한다. 따라서 황제께서 주비(硃批)를 통해 조약을 승인하시면, 흠차대신은 이를 포함하고 있는 그 문서를 황제 폐하의 신하인 광저우의 황 재판관(黃枲台)에게 주어 (전권공사가 지정한 장소로) 가서 영국 전권공사에게 전달하여 보관하도록 한다. 마찬가지로 조약의 대용을 승인하고 확인하는, 영국 군주께서 서명하신 책자를 홍콩에서 받으면, 영국 전권공사는 특별히 지명한 관리를 광저우에 급파하여 국왕의 서명이 들어간 사본을 황제의 신하인 황(黃)에게 주어 흠차대신에게 전달하도록 하여 두 나라의 영원한 규칙과 지침이자 우리의 평화와 우정에 대한 정식 확인으로 삼는다.

가장 중요한 추가 조약.

1843년 10월 8일, 상응하는 중국 기년으로 도광(道光) 23년 8월 15일에 후먼차이(Hoomun Chai)에서 서명하고 날인함.

(서명) 헨리 포틴저
(서명) 치잉(만주어로)

2) (중미) 왕샤(望廈)조약(1844)

- 명칭
  - 영어: Treaty of Peace, Amity, and Commerce, Between The United States of America and The Chinese Empire; Treaty of Wang-hea
  - 중국어: 望廈條約

- 체결 국가: 미국, 청

- 체결일: 1844년 7월 3일
  - 비준일: 1845년 1월 17일

- 체결 장소: 광둥성 왕샤촌(望廈村)

- 서명자(또는 전권대사)
  - 미국 전권공사: 케일럽 커싱(Caleb Cushing)
  - 청국 흠차대신: 치잉(耆英)

- 작성 언어: 영어, 중국어

- 체결 과정 및 주요 내용

영국에 이어 청조와 조약을 체결한 서양 열강은 미국이었다. 왕샤조약은 1844년 7월에 마카오의 왕샤촌(望廈村)에서 체결되었다. 총 34조에 해관세칙을 부록으로 포함하고 있는 이 조약은 내용 면에서 베이징조약 및 후먼조약과 유사하지만 보다 상세하게 규정된 조항들을 담고 있으며, 일부 조항은 이들 조약에 없던 새로운 것들이다. 예를 들어 17조의 미국인이 통상항에서 토지를 구입하여 집과 교회당 및 병원, 묘지 등을 건설할 수 있고, 18조의 중국인을 고용하여 언어를 배우고 글을 대필하게 하거나 중국의 서적을 구매할 수 있게 한 규정 등이 이에 포함된다. 한편, 통상항 이외의 항구에서 밀무역을 하고 탈세를 하거나 아편 등 중국에 금지된 화물을 휴대한 미국인은 중국 사법기관이 체포하여 재판할 수 있고 미국 관민은 그를 편들어 줄 수 없다는 규정, 미국 정부는 타국 선박이 미국의 깃발을 달고 불법 행위에 종사하지 못하도록 노력해야 한다는 규정 등은 후발주자로서 청 측의 호의를 얻으려는 미국 측의 의도가 반영된 것으로 보인다. 그리고 제34조에는 12년 후 조약 개정이 가능하다는 규정이 추가되었는데, 이 조항은 제2차 아편전쟁의 원인이 되는 조약 개정을 둘러싼 분쟁의 기원이 되었다.

또한 미국의 군함이 임의로 중국의 항구와 연해에서 "교역행위를 순찰"할 권리가 허용되었으며, 중국의 지방관들은 우호의 표시로 이들을 평등하고 정중하게 대우해야 하고, 식량과 물의 보급, 선박의 수리 등에 대해 적절한 편의를 제공해 주어야 한다고 규정되었다. 후먼조약에서의 영국 군함이 다섯 항구에 정박할 권리가 왕샤조약에 이르면 군함이 임의로 항구와 연해를 드나들 수 있는 권리로 확장된 것이다.

○ (조약문) 출처

China. The Maritime Customs, *Treaties, Conventions, etc., Between China and Foreign States*, vol.1, 2d ed. Shanghai: Published at the Statistical Department of The Inspectorate General of Customs, 1917.

(중미) 왕샤조약(영어본) 원문

TREATY OF PEACE, AMITY, AND COMMERCE, BETWEEN THE UNITED STATES OF AMERICA AND THE CHINESE EMPIRE
(Dated at Wang Hiya, 3d July, 1844. Ratified by The President, 17th January, 1845. Exchanged, 31st December, 1845. Proclaimed, 18th April, 1846)

TREATY.

THE UNITED STATES OF AMERICA AND THE TA TSING EMPIRE, desiring to establish firm, lasting, and sincere friendship between the two nations, have resolved to fix, in a manner clear and positive, by means of a Treaty or general convention of peace, amity, and commerce, the rules which shall in future be mutually observed in the intercourse of their respective countries; for which most desirable object the President of the United States has conferred full powers on their commissioner, Caleb Cushing, Envoy Extraordinary and Minister Plenipotentiary of the United States to China, and the August Sovereign of the Ta-Tsing Empire, on his Minister and Commissioner Extraordinary, Kiyeng, of the Imperial House, a Vice-Guardian of the Heir Apparent, Governor-General of the Two Kwangs, and Superintendent-General of the Trade and Foreign Intercourse of the Five Ports:

And the said Commissioners, after having exchanged their said full powers and duly considered the premises, have agreed to the following Articles:

Article I.
There shall be a perfect, permanent, and universal peace and a sincere and cordial amity between the United States of America on the one part, and the Ta-Tsing Empire on the other part, and between their people respectively, without exception of persons or places.

Article II.
Citizens of the United States resorting to China for the purpose of commerce will pay the duties of import and export prescribed by the Tariff which is fixed by and made a part of this Treaty. They shall in no case be subject to other or higher duties than are or shall be required of the people of any other nation whatever. Fees and charges of every sort are wholly abolished; and officers of the revenue who may be guilty of exaction shall be punished according to the laws of China. If the Chinese Government desire to modify in any respect the said Tariff, such modifications shall be made

only in consultation with Consuls or other functionaries thereto duly authorised in behalf of the United States, and with consent thereof. And if additional advantages or privileges of whatever description be conceded hereafter by China to any other nation, the United States and the citizens thereof shall be entitled thereupon to a complete, equal, and impartial participation in the same.

Article III.
The citizens of the United States are permitted to frequent the five ports of Quangchow, Amoy, Fuchow, Ningpo, and Shanghai, and to reside with their families and trade there, and to proceed at pleasure with their vessels and merchandise to or from any Foreign port and either of the said five ports, and from either of said five ports to any other of them; but said vessels shall not unlawfully enter the other ports of China, nor carry on a clandestine and fraudulent trade along the coasts thereof; and any vessel belonging to a citizen of the United States which violates this provision shall, with her cargo, be subject to confiscation to the Chinese Government.

Article IV.
For the superintendence and regulation of the concerns of citizens of the United States doing business at the said five ports, the Government of the United States may appoint Consuls or other officers at the same, who shall be duly recognised as such by the officers of the Chinese Government, and shall hold official intercourse and correspondence with the latter, either personal or in writing, as occasion may require, on terms of equality and reciprocal respect. If disrespectfully treated or aggrieved in any way by the local authorities, the said officers, on the one hand, shall have the right to make representation of the same to the superior officers of the Chinese Government, who will see that full inquiry and strict justice be had in the premises; and on the other hand, the said Consuls will carefully avoid all acts of unnecessary offence to or collision with the officers and people of China.

Article V.
At each of the said five ports citizens of the United States lawfully engaged in commerce shall be permitted to import from their own or any other ports into China, and sell there, and purchase therein and export to their own or any other ports, all manner of merchandise of which the importation or exportation is not prohibited by this Treaty, paying the duties thereon which are prescribed by the Tariff hereinbefore established, and no other charges whatever.

Article VI.
Whenever any merchant vessel belonging to the United States shall enter either of the five said ports for trade, her papers shall be lodged with the Consul or person charged with affairs, who will report

the same to the Commissioner of Customs, and tonnage duty shall be paid on said vessel at the rate of five mace per ton if she be over one hundred and fifty tons burthen, and one mace per ton if she be of the burthen of one hundred and fifty tons or under, according to the amount of her tonnage as specified in the register; said payment to be in full of the former charges of measurement and other fees, which are wholly abolished. And if any vessel which, having anchored at one of the said ports and there paid tonnage duty, shall have occasion to go to any other of the said ports to complete the disposal of her cargo, the Consul or person charged with affairs will report the same to the Commissioner of Customs, who on the departure of the said vessel shall note in the port clearance that the tonnage duties have been paid, and report the same to the other Custom Houses; in which case the said vessel on entering another port will only pay duty there on her cargo, but shall not be subject to the payment of tonnage duty a second time.

Article VII.
No tonnage duty shall be required on boats belonging to the citizens of the United States employed in the conveyance of passengers, baggage, letters, and articles of provision, or others not subject to duty, to or from any of the five ports. All cargo-boats, however, conveying merchandise subject to duty shall pay the regular tonnage duty of one mace per ton, provided they belong to citizens of the United States, but not if they are hired by them from subjects of China.

Article VIII.
Citizens of the United States for their vessels bound in shall be allowed to engage pilots, who will report said vessels at the passes and take them in port; and when the lawful duties have all been paid, they may engage pilots to leave port. It shall also be lawful for them to hire at pleasure servants, compradors, linguists and writers, and passage or cargo boats, and to employ labourers, seamen, and persons for whatever necessary service, for a reasonable compensation to be agreed on by the parties or settled by application to the Consular officer of their Government, without interference on the part of the local officers of the Chinese Government.

Article IX.
Whenever merchant vessels belonging to the United States shall have entered port, the Superintendent of Customs will, if he see fit, appoint Custom House officers to guard said vessel, who may live on board the ship or their own boats, at their convenience; but provision for the subsistence of said officers shall be made by the Superintendent of Customs, and they shall not be entitled to any allowance from the vessels or owners thereof, and they shall be subject to suitable punishment for any exaction practised by them in violation of this regulation.

Article X.

Whenever a merchant vessel belonging to the United States shall cast anchor in either of said ports, the supercargo, master, or consignee will, within forty-eight hours, deposit the ship's papers in the hands of the Consul or person charged with affairs of the United States, who will cause to be communicated to the Superintendent of Customs a true report of the name and tonnage of such vessel, the names of her men, and of the cargo on board, which being done, the Superintendent will give a permit for the discharge of her cargo; and the master, supercargo, or consignee, if he proceed to discharge the cargo without such permit, shall incur a fine of five hundred dollars, and the goods so discharged without a permit shall be subject to forfeiture to the Chinese Government. But if the master of any vessel in port desire to discharge a part only of the cargo, it shall be lawful for him to do so, paying duties on such part only, and to proceed with the remainder to any other ports; or if the master so desire, he may, within forty-eight hours after the arrival of the vessel, but not later, decide to depart without breaking bulk, in which case he will not be subject to pay tonnage or other duties or charges until on his arrival at another port he shall proceed to discharge cargo, when he will pay the duties on vessel and cargo according to law; and the tonnage duties shall be held due after the expiration of said forty-eight hours.

Article XI.

The Superintendent of Customs, in order to the collection of the proper duties, will, on application made to him through the Consul, appoint suitable officers, who shall proceed, in the presence of the captain, supercargo, or consignee, to make a just and fair examination of all goods in the act of being discharged for importation or laden for exportation on board any merchant vessel of the United States.

And if dispute occur in regard to the value of goods subject to ad valorem duty, or in regard to the amount of tare, and the same cannot be satisfactorily arranged by the parties, the question may, within twenty-four hours, and not afterwards, be referred to the said Consul to adjust with the Superintendent of Customs.

Article XII.

Sets of standard balances, and also weights and measures, duly prepared, stamped, and sealed according to the standard of the Custom House of Canton, shall be delivered by the Superintendent of Customs to the consuls of each of the five ports, to secure uniformity and prevent confusion in the measure and weight of merchandise.

Article XIII.

The tonnage duty on vessels belonging to citizens of the United States shall be paid on their being admitted to entry. Duties of import shall be paid on the discharge of the goods, and duties of export on the lading of the same. When all such duties shall have been paid, and not before, the Superintendent of Customs shall give a port clearance, and the Consul shall return the ship's papers, so that she may depart on her voyage. The duties shall be paid to the shroffs authorised by the Chinese Government to receive the same in its behalf.

Duties payable by merchants of the United States shall be received either in sycee silver or in foreign money, at the rate of exchange as ascertained by the regulations now in force; and imported goods on their resale or transit in any part of the Empire, shall be subject to the imposition of no other duty than they are accustomed to pay at the date of this Treaty.

Article XIV.

No goods on board any merchant vessel of the United States in port are to be transhipped to another vessel unless there be particular occasion therefor, in which case the occasion shall be certified by the Consul to the Superintendent of Customs, who may appoint officers to examine into the facts, and permit the transshipment; and if any goods be transhipped without such application, inquiry, and permit, they shall be subject to be forfeited to the Chinese Government.

Article XV.

The former limitation of the trade of Foreign nations to certain persons appointed at Canton by the Government, and commonly called hong merchants, having been abolished, citizens of the United States engaged in the purchase or sale of goods of import or export are admitted to trade with any and all subjects of China without distinction; they shall not be subject to any new limitations nor impeded in their business by monopolies or other injurious restrictions.

Article XVI.

The Chinese government will not hold itself responsible for any debts which may happen to be due from subjects of China to citizens of the United States, or for frauds committed by them, but citizens of the United States may seek redress in law; and on suitable representation being made to the Chinese local authorities through the Consul, they will cause due examination in the premises, and take all proper steps to compel satisfaction. But in case the debtor be dead, or without property, or have absconded, the creditor cannot be indemnified according to the old system of the cohong so called. And if citizens of the United States be indebted to subjects of China, the latter may seek redress in the same way through the Consul, but without any responsibility for the debt on the part of the United States.

Article XVII.
Citizens of the United States residing or sojourning at any of the ports open to Foreign commerce shall enjoy all proper accommodation in obtaining houses and places of business, or in hiring sites from the inhabitants on which to construct houses and places of business, and also hospitals, churches, and cemeteries. The local authorities of the two Governments shall select in concert the sites for the foregoing objects, having due regard to the feelings of the people in the location thereof; and the parties interested will fix the rent by mutual agreement, the proprietors on the one hand not demanding any exorbitant price, nor the merchants on the other unreasonably insisting on particular spots, but each conducting with justice and moderation; and any desecration of said cemeteries by subjects of China shall be severely punished according to law.

At the places of anchorage of the vessels of the United States, merchants, seamen, or others sojourning there may pass and repass in the immediate neighbourhood; but they shall not at their pleasure make excursions into the country among the villages at large, nor shall they repair to public marts for the purpose of disposing of goods unlawfully and in fraud of the revenue.

And in order to the preservation of the public peace, the local officers of Government at each of the five ports shall, in concert with the Consuls, define the limits beyond which it shall not be lawful for a citizen of the United States to go.

Article XVIII.
It shall be lawful for officers or citizens of the United States to employ scholars and people of any part of China, without distinction of persons, to teach any of the languages of the Empire, and to assist in literary labours, and the persons so employed shall not for that cause be subject to any injury on the part either of the government or of individuals; and it shall in like manner be lawful for citizens of the United States to purchase all manner of books in China.

Article XIX.
All citizens of the United States in China peaceably attending to their affairs, being placed on a common footing of amity and goodwill with subjects of China, shall receive and enjoy, for themselves and everything appertaining to them, the special protection of the local authorities of Government, who shall defend them from all insult or injury of any sort on the part of the Chinese.

If their dwellings or their property be threatened or attacked by mobs, incendiaries, or other violent or lawless persons, the local officers, on requisition of the Consul, will immediately despatch a military force to disperse the rioters, and will apprehend the guilty individuals and punish them with the utmost rigour of the law.

Article XX.
Citizens of the United States who may have imported merchandise into any of the free ports of China, and paid the duty thereon, if they desire to re-export the same in part or in whole to any other of the said ports, shall be entitled to make application, through their Consul, to the Superintendent of Customs, who, in order to prevent frauds on the revenue, shall cause examination to be made by suitable officers to see that the duties paid on such goods entered on the Custom House books correspond with the representation made, and that the goods remain with their original marks unchanged and shall then make a memorandum in the port clearance of the goods and the amount of duties paid on the same, and deliver the same to the merchant, and shall also certify the facts to the officers of Customs of the other ports.

All which being done, on the arrival in port of the vessel in which the goods are laden, and everything being found on examination there to correspond, she shall be permitted to break bulk and land the said goods without being subject to the payment of any additional duty thereon.

But if on such examination the Superintendent of Customs shall detect any fraud on the revenue in the case, then the goods shall be subject to forfeiture and confiscation to the Chinese Government.

Article XXI.
Subjects of China who may be guilty of any criminal act towards citizens of the United States shall be arrested and punished by the Chinese authorities according to the laws of China, and citizens of the United States who may commit any crime in China shall be subject to be tried and punished only by the Consul or other public functionary of the United States thereto authorised according to the laws of the United States; and in order to the prevention of all controversy and disaffection, justice shall be equitable and impartially administered on both sides.

Article XXII.
Relations of peace and amity between the United States and China being established by this Treaty, and the vessels of the United States being admitted to trade freely to and from the five ports of China open to Foreign commerce, it is further agreed that in case at any time hereafter China should

be at war with any Foreign nation whatever, and should for that cause exclude such nation from entering her ports, still the vessels of the United States shall not the less continue to pursue their commerce in freedom and security, and to transport goods to and from the ports of the belligerent parties, full respect being paid to the neutrality of the flag of the United States: Provided that the said flag shall not protect vessels engaged in the importation of officers or soldiers in the enemy's service, nor shall said flag be fraudulently used to enable the enemy's ships with their cargoes to enter the ports of China; but all such vessels so offending shall be subject to forfeiture and confiscation to the Chinese Government.

Article XXIII.
The Consuls of the United States at each of the five ports open to Foreign trade shall make annually to the respective Governors-General thereof a detailed report of the number of vessels belonging to the United States which have entered and left said ports during the year, and of the amount and value of goods imported or exported in said vessels, for transmission to and inspection of the Board of Revenue.

Article XXIV.
If citizens of the United States have special occasion to address any communication to the Chinese local officers of Government, they shall submit the same to their Consul or other officer to determine if the language be proper and respectful, and the matter just and right; in which event he shall transmit the same to the appropriate authorities for their consideration and action in the premises. In like manner, if subjects of China have special occasion to address the Consul of the United States, they shall submit the communication to the local authorities of their own Government to determine if the language be respectful and proper, and the matter just and right; in which case the said authorities will transmit the same to the Consul or other functionary for his consideration and action in the premises. And if controversies arise between citizens of the United States and subjects of China which cannot be amicably settled otherwise, the same shall be examined and decided conformably to justice and equity by the public officers of the two nations acting in conjunction.

Article XXV.
All questions in regard to rights, whether of property or person, arising between citizens of the United States in China shall be subject to the jurisdiction of and regulated by the authorities of their own Government; and all controversies occurring in China between the citizens of the United States and the subjects of any other Government shall be regulated by the Treaties existing between the United States and such Governments respectively, without interference on the part of China.

Article XXVI.

Merchant vessels of the United States lying in the waters of the five ports of China open to Foreign commerce will be under the jurisdiction of the officers of their own Government, who, with the masters and owners thereof, will manage the same, without control on the part of China. For injuries done to the citizens or commerce of the United States by any Foreign power, the Chinese Government will not hold itself bound to make reparation.

But if the merchant vessels of the United States, while within the waters over which the Chinese Government exercise jurisdiction, be plundered by robbers or pirates, then the Chinese local authorities, civil and military, on receiving information thereof, will arrest the said robbers or pirates and punish them according to law, and will cause the property which can be recovered to be placed in the hands of the nearest Consul or other officer of the United States, to be by him restored to the true owner; but if, by reason of the extent of territory and numerous population of China, it should in any case happen that the robbers cannot be apprehended or the property only in part recovered, then the law will take its course in regard to the local authorities, but the Chinese Government will not make indemnity for the goods lost.

Article XXVII.

If any vessel of the United States shall be wrecked or stranded on the coast of China, and be subjected to plunder or other damage, the proper officers of the Government, on receiving information of the fact, will immediately adopt measures for their relief and security, and the persons on board shall receive friendly treatment and be enabled to repair at once to the most convenient of the five ports, and shall enjoy all facilities for obtaining supplies of provisions and water; and if a vessel shall be forced to take refuge in any port other than one of the free ports, then in like manner the persons on board shall receive friendly treatment and the means of safety and security.

Article XXVIII.

Citizens of the United States, their vessels and property, shall not be subject to any embargo, nor shall they be seized or forcibly detained for any pretence of the public service; but they shall be suffered to prosecute their commerce in quiet, and without molestation or embarrassment.

Article XXIX.

The local authorities of the Chinese Government will cause to be apprehended all mutineers or deserters from on board the vessels of the United States in China, and will deliver them up to the Consuls or other officers for punishment.

And if criminals, subjects of China, take refuge in the houses or on board the vessels of citizens of the United States, they shall not be harboured or concealed, but shall be delivered up to justice, on due requisition by the Chinese local officers addressed to those of the United States.

The merchants, seamen, and other citizens of the United States shall be under the superintendence of the appropriate officers of their Government.

If individuals of either nation commit acts of violence and disorder, use arms to the injury of others, or create disturbances endangering life, the officers of the two Governments will exert themselves to enforce order and to maintain the public peace by doing impartial justice in the premises.

Article XXX.
The superior authorities of the United States and of China, in corresponding together, shall do so in terms of equality and in the form of mutual communication(chau-hwui). The Consuls and the local officers, civil and military, in corresponding together shall likewise employ the style and form of mutual communication(Chau-hwui). When inferior officers of the Government address superior officers of the other, they shall do so in the style and form of memorial(shin-chin). Private individuals in addressing superior officers shall employ the style of petition(pin-ching). In no case shall any terms or style be suffered which shall be offensive or disrespectful to either party. And it is agreed that no presents under any pretext or form whatever shall ever be demanded of the United States by China or of China by the United States.

Article XXXI.
Communications from the Government of the United States to the Court of China shall be transmitted through the medium of the Imperial Commissioner charged with the superintendence of the concerns of Foreign nations with China, or through the Governor-General of the Liang Kwang, that of Min and Chah, or that of Liang Kiang.

Article XXXII.
Whenever ships of war of the United States, in cruising for the protection of the commerce of their country, shall arrive at any of the ports of China, the commanders of said ships and the superior local authorities of Government shall hold intercourse together in terms of equality and courtesy, in token of the friendly relation of their respective nations; and the said ships of war shall enjoy all suitable facilities on the part of the Chinese Government in the purchase of provisions, procuring water, and making repairs, if occasion require.

Article XXXIII.

Citizens of the United States who shall attempt to trade clandestinely with such of the ports of China as are not open to Foreign commerce, or who shall trade in opium or any other contraband articles of merchandise, shall be subject to be dealt with by the Chinese Government, without being entitled to any countenance or protection from that of the United States; and the United States will take measures to prevent their flag from being abused by the subjects of other nations as a cover for the violation of the laws of the Empire.

Article XXXIV.

When the present Convention shall have been definitively concluded, it shall be obligatory on both powers, and its provisions shall not be altered without grave cause; but inasmuch as the circumstances of the several ports of China open to Foreign commerce are different, experience may show that inconsiderable modifications are requisite in those parts which relate to commerce and navigation; in which case the two Governments will, at the expiration of twelve years from the date of said Convention, treat amicably concerning the same, by the means of suitable persons appointed to conduct such negotiation.

And when ratified, the Treaty shall be faithfully observed in all its parts by the United States and China, and by every citizen and subject of each; and no individual State of the United States can appoint or send a Minister to China to call in question the provisions of the same.

The present Treaty of peace, amity, and commerce shall be ratified and approved by the President of the United States, by and with the advice of the Senate thereof, and by the August Sovereign of the Ta-Tsing Empire; and the ratifications shall be exchanged within eighteen months from the date of the signature thereof, or sooner if possible.

In faith thereof, we, the respective Plenipotentiaries of the United States of America and the Ta-Tsing Empire as aforesaid, have signed and sealed these presents.

Done at Wang-hea, this third day of July in the year of our Lord Jesus Christ one thousand eight hundred and forty-four, and of Taou-Kwang, the twenty-fourth year, fifth month, and eighteenth day.

C. CUSHING [Seal] [Signature and seal of TSIYENG]

(중미) 왕샤조약(영어본)의 한글 번역문

미합중국과 중화 제국 사이의 평화와 우호, 상업에 관한 조약
(1844년 7월 3일 왕샤에서 조인; 1845년 1월 17일 대통령 비준;
1845년 12월 31일 교환; 1846년 4월 공포)

조약문

미합중국과 대청 제국은 두 나라 사이의 확고하고 지속적이며 진실된 우호관계를 확립하기를 열망하면서, 분명하고 긍정적인 태도로, 평화, 우호, 상업에 관한 조약 또는 일반 협약에 의거해 향후 상대 국가와의 교류에서 상호 간에 준수해야 할 규칙들을 정하기로 결정하였다. 가장 바람직한 목적을 위해서 미합중국의 대통령은 미국 측 위원(委員)인, 미국이 중국에게 보내는 특별 사절 겸 전권 공사(특명 전권공사) 케일럽 커싱(Caleb Cushing)에게 전권을 부여했으며, 대청 제국의 존엄한 군주(August Sovereign)는 그의 특명 공사 겸 위원인, 태자소보(太子少保) 겸 양광총독(兩廣總督), 다섯 항구의 통상 및 외국과의 교섭을 총괄하는 감독관[部堂總理五口通商善後事宜辦理外國事務] 종실(宗室) 치잉(Keiying, 耆英)에게 전권을 부여했다. 그리고 위에서 이 위원들은 언급된 전권 위임장을 교환한 이후에 다음과 같은 조항에 대해 동의하였다.

제1조
미합중국 측과 대청 제국 측, 그리고 그들 각각의 인민 사이에는 누구에게나 어디에서건 완벽하고 영구적이며 보편적인 평화, 그리고 진실하고 따뜻한 우호관계가 있을 것이다.

제2조
통상의 목적으로 중국에 자주 왕래하는 미합중국 시민들은 이 조약의 일환으로서 정해진 관세율에 따른 수출입 관세를 낼 것이다. 그들은 어떠한 경우에도 이와 다르거나 높은 관세에 예속되거나 결코 다른 나라의 인민들과 다르거나 높은 관세를 내지 않을 것이다. 모든 종류의 수수료(Fees)와 세금(charges)은 폐지되며, 부당 징수를 행하는 관세 징수관은 중국의 법률에 따라 처벌된다. 만일 중국 정부가 위에서 이 관세율을 어떤 면에서든 수정하고자 한다면, 그와 같은 수정은 오로지 영사들 또는 정식으로 인가를 받아 미합중국을 대표하는 여타 사절과의 협의에 의해서만, 그리고 이들로부터 그에 대한 동의를 얻어야만 이루어질 수 있다. 또한 향후 중국이 어떠한 종류의 추가적인 이익이나 특권을 다른 나라에 부여한다면, 미합중국과 그 시민은 그에 따라 완전하고 평등하며 공평하게 똑같은 권리를 누리게 될 것이다.

제3조
미합중국의 시민은 광저우, 샤먼, 푸저우, 닝보, 상하이의 다섯 항구에 수시로 오는 것, 그곳에서

그들의 가족들과 함께 거주하며 무역을 하는 것, 임의로 그들의 선박과 화물을 가지고 다른 외국 항구와 위에 이 다섯 항구를 오가는 것, 그리고 이 다섯 항구 사이를 오가는 것이 허용된다. 그러나 위에 이 배들은 불법적으로 중국의 다른 항구에 들어가거나 그 연안에서 밀무역을 행해서는 안 된다. 또한 이와 같은 규정을 위반한 미합중국 시민 소유의 모든 선박은 그 화물과 함께 중국 정부에 몰수될 것이다.

제4조
위에 이 다섯 항구에서 통상에 종사하는 미합중국 시민의 제반 사항에 대한 감독과 단속을 위해, 미합중국 정부는 영사 또는 그와 동등한 다른 관원을 임명할 수 있다. 이들은 중국 정부의 관원들에 의해 정식으로 인정되어야 하며, 평등과 상호 존중의 관점에서 필요할 때마다 대면이든 서면이든 중국 정부의 관원들과 공적인 교류와 연락을 유지하여야 한다. 이들 관원들이 만약 지방 당국으로부터 무례한 처우를 받거나 어떠한 형태로든 권리를 침해받는다면, 한편으로는 중국 정부의 상급 관원에게 이를 진정할 권리가 있으며, 상급 관원은 그곳에서 완전한 조사와 엄정한 처벌이 이루어지도록 조치를 취하여야 한다. 다른 한편으로, 위에서 이 영사들은 중국의 관원들과 인민들에 대한 모든 불필요한 적대 행위 또는 그들과의 충돌 행위를 신중하게 회피하여야 한다.

제5조
위에 이 다섯 항구 중에서 합법적으로 통상에 종사하는 미합중국 시민은 본 조약에 의해 수입과 수출이 금지되지 않은 모든 종류의 상품을 자국의 항구 또는 다른 나라의 항구로부터 중국으로 수입하고 판매하는 것, 그리고 중국에서 구입하여 자국의 항구 또는 다른 나라의 항구들로 수출하는 것이 허용된다. 이들 상품은 향후 규정될 관세율에 따라 관세를 내며, 그 외의 추가 징수는 하지 않는다.

제6조
미합중국에 소속된 상선이 다섯 개의 상술한 항구 중 하나에 무역을 위해 들어가게 될 때마다 상선은 영사 또는 사무를 담당한 사람에게 관련 서류를 제출하여야 하며, 영사 또는 사무 담당자는 이를 세관 감독관에게 보고하여야 한다. 해당 선박에는 선박 등록 증명서에 명시된 톤수에 의거하여 150톤을 초과하는 경우 1톤당 5전(錢, 메이스)이, 150톤 또는 그 미만인 경우인 경우 1톤당 1전의 톤세[배의 톤수에 매기는 세금]가 부과된다. 이상의 톤세는 예전의 측정 요금 및 기타 수수료를 대체하며, 이러한 요금들은 완전히 폐지된다. 그리고 어떤 선박이 상술한 다섯 항구들 중 한 곳에 정박하고 그곳에서 톤세를 지불했다면, (그 배는) 상술한 항구들 중 다른 항구에 가서 배의 화물 처리를 완료할 기회를 가질 것이다. 영사 또는 사무 담당자가 이를 세관 감독관에게 보고하며, 감독관은 해당 선박이 출항할 때 출항 신고서에 톤세가 이미 지불되었음을 기록하고 이를 다른 세관들에게 보고하여야 한다. 이 경우 해당 선박은 다른 항구에 입항하여 선박에 실린 화물에 대한 관세만을 납부하며, 또다시 톤세를 내지 않는다.

제7조
미합중국 시민 소유의 배로서 다섯 항구들 중 어느 곳으로 또는 어느 곳에서부터 여객과 수화물, 편지, 보급물자 또는 세금 징수의 대상이 되지 않는 물품을 수송하기 위해 고용된 선박에 대해서는 어떠한 톤세도 요구되지 않을 것이다. 그러나 세금을 내야 하는 상품을 운송하는 모든 화물선은, 만약 그 배들이 미합중국 시민 소유의 것이라면 1톤당 1메이스의 정규적인 톤세를 납부하여야 한다. 그러나 중국 신민의 배가 미국인에게 고용된 경우는 그렇지 않다.

제8조
미합중국의 시민들은 그들의 선박의 정박을 위해 도선사를 고용하는 것이 허용되어야 한다. 그들은 통과하는 곳에서 이 선박들을 신고하고 이 배들을 항구까지 데려다줄 것이다. 그리고 합법적인 세금을 모두 납부하고 나면 그들은 항구를 떠날 때에도 도선사를 고용할 수 있다. 미합중국의 시민들이 임의로 하인, 매판(買辦), 언어학자 및 작가, 여객선과 화물선, 노동자, 선원, 그리고 무슨 일이든 필요한 서비스를 위해 사람을 고용하는 것이 합법적인 일이 될 것이다. 당사자들끼리 합의하여 합리적인 보수를 주기로 하거나 중국의 지방관의 간섭 없이 미국 영사관에 신청하여 결정할 수 있다.

제9조
언제든 미합중국 소속의 상선이 항구에 진입했을 경우, 세관 감독관은, 만약 그가 적합하다고 생각한다면, 세관 관원들을 지명하여 위에 이 배를 경호해 줄 수 있으며, 그들은 편리한 대로 그 배 위에서 지내거나 또는 그들 자신의 배에서 지낼 수 있다. 그러나 위에 이 관원들의 생계에 대한 대책이 세관 감독관에 의해 만들어져야 하며, 그들은 이 배들이나 배의 소유주들로부터 어떠한 수당도 받을 권리가 없다. 그리고 그들이 이 규정을 위반하는 부당한 요구를 할 경우에는 적절한 처벌을 받을 것이다.

제10조
언제든지 미합중국 소속의 상선이 위에 이 항구들 중 하나에 정박하게 되면, 화물 관리자나 선장 또는 화물 인수자가 선박의 서류들을 48시간 이내에 미합중국의 영사 또는 업무 담당자에게 제출할 것이다. 그러면 그들은 세관 감독관에게 그 배의 이름 및 톤수, 승무원의 이름, 적재한 화물에 대한 진실한 보고서를 전달하게 될 것이다. 그것이 수행되면 세관의 감독자는 배의 화물을 내리는 것을 허가해 준다. 선장이나 화물 관리자 또는 화물 인수자가 만약 이 허가 없이 화물을 하역한다면 500달러의 벌금을 물게 된다. 그리고 허가 없이 하역한 상품들은 중국 정부에 몰수된다. 그러나 만약 항구에 들어온 어떤 배의 선장이 화물의 일부만을 하역하고자 한다면, 그가 하역하려는 부분에 대해서만 세금을 내고 그렇게 하는 것, 그리고 이어서 나머지 짐을 싣고 다른 항구에 가는 것은 법적으로 허용된다. 또는, 만약 선장이 원한다면 그는 선박의 도착 이후 48시간을 넘기지 않고 짐을 부리지 않은 채 떠날 수 있다. 그러한 경우, 그는 화물을 하역하려는 다른 항구에 도착할 때까지 톤세나 다른 세금 및 요금의 부과 대상이 되지 않으며, 그곳에서 법률에 따라 배와 화물에 대한 세금들을 내면 된다. 그리고 톤세는 위에 이 48시간이 만료되면 부과되어야 한다.

제11조
세관의 감독관은 적절한 관세 징수를 위해 영사가 그에게 요청한 신청서에 대해 적합한 관원을 지명할 수 있으며, 그들은 미합중국의 상선이 수입을 위해 짐을 부리거나 수출을 위해 짐을 싣는 중에 선장이나 화물 관리자 또는 화물 인수자의 입회하에 모든 상품을 공정하게 검사할 수 있다. 그리고 만약 종가세(從價稅)의 대상이 되는 상품의 가치 또는 포장재의 양에 대해 논쟁이 일어나는 경우, 그리고 당사자들이 이를 만족스럽게 처리하지 못할 경우가 있으면 그 문제는 24시간 이내에 위에 이 영사에게 알려 세관 감독관과 조정하도록 하여야 한다.

제12조
광둥 세관의 표준에 따라 적절히 준비되고, 날인되고, 봉인된 표준 저울 세트 및 도량형기는 세관 감독관이 다섯 항구 각각의 영사들에게 전달하여 통일성을 확보하고 상품의 양과 무게에 대한 혼동을 방지한다.

제13조
미합중국 시민 소유의 선박에 대한 톤세는 그 배들이 입항을 허가받을 때 납부되어야 한다. 수입 관세는 상품을 하역할 때, 수출 관세는 상품을 선적할 때 지불되어야 한다. 이 관세들이 모두 납부되었을 때, 납부되기 전이 아니라, 세관 감독관은 출항면장을 줄 것이며, 영사는 선박의 서류들을 돌려주어 선박의 항해를 시작할 수 있게 할 것이다. 관세는 중국 정부를 대신하여 관세를 징수하도록 인가를 받은 환전상들에게 납부될 것이다.
미합중국의 상인들이 납부해야 할 관세는 마제은(馬蹄銀) 또는 외국의 화폐로, 현재 시행 중인 규정에 의해 확인된 환율로 지불하여야 한다. 그리고 수입된 상품이 제국의 다른 지역으로 재판매되거나 운송될 경우, 이 조약이 체결된 날짜에 관습적으로 납부해 왔던 것 이외에 다른 세금의 부과 대상이 되지 않는다.

제14조
미합중국의 어떠한 상선에 선적된 상품이라도 다른 선박에 옮겨 실어질 수 없다. 특수한 경우를 제외하고는 그러한 경우에는 영사가 세관 감독관에게 특수한 상황을 증명해야 하며, 그는 관원을 지명하여 사실을 확인하고 환적을 허가할 수 있다. 그리고 만약 어떠한 상품이든 이러한 신청, 조회, 허가 없이 환적될 경우, 이 상품들은 중국 정부의 몰수 대상이 될 것이다.

제15조
예전에 외국이 정부에 의해 임명된 특정한 사람과 무역을 해 왔던 제약과 일반적으로 행상이라 불리는 제도는 모두 폐지되었으며, 수출입 상품을 매매하는 일에 종사하는 미합중국의 시민들은 차별 없이 중국의 신민 누구와도 무역을 할 수 있도록 허가받는다. 그들은 어떠한 새로운 제약도 받지 않을 것이며 그들의 사업은 독점이나 다른 유해한 제한에 의해 방해받지 않을 것이다.

제16조
중국 정부는 중국의 신민이 미합중국의 시민에게 진 빚이나 그들에 의해 저질러진 사기죄로 인한 부채에 대한 책임을 지지 않을 것이다. 그러나 미합중국의 시민은 법에 따라 구제를 모색할 수 있다. 그리고 영사를 통해 중국 지방 당국에 적절한 진정이 이루어지면, 그들은 그곳에서 적절한 조사를 할 것이며, 만족을 얻기 위해 모든 적절한 조치를 밟아 나갈 것이다. 그러나 채무자가 사망하거나 재산이 없거나, 달아난 경우, 채권자는 소위 '공행(公行, cohong)'이라는 옛 제도에 따라 보상받을 수 없다. 그리고 만약 미국 시민들이 중국의 신민들에게 빚을 졌을 경우, 후자는 영사관을 통해서 같은 방식으로 구제를 모색할 수 있지만, 미국 측은 부채에 대해서 아무런 책임도 지지 않는다.

제17조
미합중국 시민 중 외국과의 상업에 개방된 항구들 중 어느 곳에 주재하거나 체류하는 자는 집이나 업무를 위한 장소를 획득하거나 거주민들로부터 집이나 업무를 위한 장소 및 병원, 교회, 묘지를 건설할 부지를 빌리는 데 있어 모든 적절한 조정을 누릴 수 있다. 두 정부의 지방 당국들은 협조하여 전술한 목적을 위한 장소를 고르되, 그 지역 주민들의 감정을 고려한다. 그리고 이해 당사자들은 상호 협의를 통해 임차료를 정할 것이다. 소유자들은 과도한 가격을 요구하지 않아야 하며, 상인들은 비합리적으로 특정한 지점을 고집하지 않아야 한다. 각자 공정함과 절제 속에서 행동하여야 한다. 그리고 중국 신민이 위에 이 묘지에 행하는 어떠한 모독 행위도 법에 따라 엄격하게 처벌받을 것이다.

미합중국의 선박이 정박한 장소에서 상인과 선원 또는 다른 거류민들은 인접한 이웃 지역을 지나가고 다시 되돌아올 수 있다. 그러나 그들은 촌락 사이에 넓게 펼쳐진 시골을 임의로 여행할 수 없으며, 불법적으로 상품을 처리해 수익을 사취하기 위한 목적으로 공공 시장에 갈 수도 없다.

그리고 공공의 평화를 보전하기 위해 다섯 항구의 지방 정부 관리들은 영사와 협조하여 미합중국의 시민이 그 이상으로 넘어가는 것이 합법적이지 않은 한계를 정할 것이다.

제18조
미합중국의 관리 또는 시민이 개개인을 차별하지 않고 중국의 인민이나 학자를 출신 지역과 관계없이 고용하여 제국의 언어들을 가르치고 문학적 노동을 보좌하게 하는 것이 법적으로 허용될 것이다. 그렇게 고용된 사람들은 그로 인해 정부 혹은 개인들의 어떠한 상해도 받아서는 안 된다. 마찬가지로 미합중국의 시민들이 중국의 모든 종류의 책을 구매하는 것도 적법한 일이 되어야 한다.

제19조

중국에서 평화롭게 자신의 일에 종사하며 중국 신민들과 우호와 선의의 공통적인 토대 위에 놓여 있는 모든 미합중국 시민들은 그들 자신과 그들에 속한 모든 것에 대한 지방 당국의 특별한 보호를 받고 즐겨야 한다. 지방 당국은 중국인들의 모든 종류의 모욕과 상해로부터 그들을 지켜 주어야 한다.

만약 그들의 거주지나 재산이 폭도나 선동가들, 또는 그 밖의 폭력적이거나 무법적인 사람들로부터 위협받거나 공격당하면 지방 관리들은 영사의 정식 요청을 받아 즉시 군대를 파견하여 폭도들을 해산하고, 범죄자들을 체포하여 법을 최대한 엄하게 적용하여 처벌할 것이다.

제20조

미합중국 시민이 중국의 자유항으로 상품을 수입하고 그곳에서 세금을 납부한 경우, 만약 그들이 위에 이 항구들의 일부 또는 전부에 그것을 재수출하고자 한다면, 영사를 통해서 세관 감독관에게 신청을 할 수 있는 자격이 주어진다. 세관 감독관은 부정한 방법으로 수익을 편취하는 것을 방지하기 위해 적합한 관리들에게 세관 장부에 기입된 상품들에 대해 납부된 세금이 신청서와 일치하는지, 그리고 상품들의 최초의 검인이 바뀌지 않고 남아 있는지를 검사하게 하여야 한다. 그런 다음 출항 면장에 상품과 그에 대해 지불된 세금의 액수를 기재한 뒤 이를 상인에게 전달해 주고, 또한 이 사실을 다른 항구의 세관 관원들에게도 보증해 주어야 한다.

이상의 절차가 완료된 뒤, 화물을 적재한 배가 항구에 도착하여 그곳에서 검사한 모든 것이 일치한다는 것이 확인되면, 배는 그곳에서 추가적인 세금의 납부 대상이 되지 않고 화물을 부리고 위에 이 상품을 하역하는 것이 허가된다.

그러나 만약 이러한 경우의 검사에서 세관 감독관이 어떠한 형태의 부정한 수익 편취를 적발한다면, 그 화물들은 중국 정부의 압수 및 몰수 대상이 될 것이다.

제21조

중국 신민이 미합중국 시민에게 범죄 행위를 저지른 경우, 그들은 중국의 법률에 따라 중국 당국자에게 체포되어 처벌받아야 한다. 그리고 미합중국 시민으로서 중국에서 어떠한 범죄든 저지른 자는 오로지 미합중국의 법에 따라 권한을 부여받은 미합중국의 영사 또는 다른 공무원에 의해 재판을 받고 처벌받아야 한다. 그리고 모든 논란과 불만을 방지하기 위해 양측의 법은 공정하고 엄격하게 집행되어야 한다.

제22조

미합중국과 중국의 평화 우호 관계는 이 조약에 의해 수립되며, 미합중국의 선박들이 외국과의 상업을 위해 개방한 중국의 다섯 항구에 자유롭게 무역하기 위해 왕래하는 것이 인정된다. 또한, 향후 어느 때든지 중국이 다른 외국과 전쟁 상태에 있게 될 경우, 그리고 그러한 이유로 그 나라의 항구 진입을 배제할 경우에도 미합중국의 선박들은 계속 자유와 안전 속에서 그들의 상업을 추구할 수 있으며, 미합중국 깃발의 중립성에 대한 최대한의 존중을 받으며 교전 당사자들의 항구 사이에서 화물을 운송하며 왕래할 수 있다. 만약 미합중국의 깃발이 적에게 복무하는 장교나 병사를 수송하는 선박을 보호하거나 적의 선박이 그들의 화물을 싣고 중국 항구에 들어오는 것을 가능하게 하기 위한 속임수로 사용되지 않는다면. 그러나 이를 위반하는 모든 선박은 중국 정부의 압류와 몰수의 대상이 된다.

제23조
외국과의 무역을 위해 개방한 다섯 항구에 주재하는 미합중국의 영사들은 해마다 각 항구를 관할하는 총독에게 1년 동안 이들 항구를 출입한 미합중국 소속 선박의 숫자 및 이 배들에 실린 수출입 화물의 양과 가치에 대한 상세한 보고서를 제출하고, (총독은 이를) 호부(戶部)에 전달하여 검사하도록 한다.

제24조
만약 미합중국 시민이 중국 지방 정부의 관리에게 서신(communication)을 보내야 하는 특수한 경우가 있으면, 그것을 그들의 영사 또는 다른 관리에게 제출하여 문체가 적절하고 정중한지, 사안이 공정하고 옳은지 확인하도록 하여야 한다. 그 경우 그는 그 글을 적절한 당국자들에게 발송하여 그 구역 내에서 고려하여 조치를 취하도록 한다. 마찬가지로, 만약 중국 신민이 미합중국의 영사에게 편지를 보내야 하는 특별한 경우에, 그들은 편지를 그들 정부의 지방 당국에 보내어 문체가 정중하고 적절한지, 사안이 공정하고 옳은지를 확인하게 한다. 그 경우 위에 이 당국자들은 그 편지를 영사 또는 다른 직원에게 전달하여 그 구역 내에서 고려하여 조치를 취하도록 한다. 그리고 만약 미합중국 시민과 중국의 신민 사이에서 달리 우호적으로 해결될 수 없는 논쟁이 일어나면, 그 논쟁은 양국 공무원들의 협력 속에서 정의롭고 공평하게 조사되고 결정되어야 한다.

제25조
그것이 재산에 대한 것이든 사람에 대한 것이든, 중국에 있는 미합중국 시민들 사이에서 일어나는 권리와 관련된 모든 문제는 미합중국 정부의 관할 대상이 되며, 미합중국 당국자의 규제를 받는다. 그리고 중국에서 일어나는 미합중국 시민과 다른 어느 정부에 속한 인민 사이의 모든 논쟁도 중국 측의 간섭 없이 미합중국 정부와 이 정부들 사이에 존재하는 각각의 조약의 규제를 받게 될 것이다.

제26조
중국이 외국과의 교역을 위해 개방한 다섯 항구의 수면에 떠 있는 미합중국의 상선들은 미합중국 정부의 관리들의 관할을 받게 될 것이다. 이들은 중국 측의 통제를 받지 않고 그곳의 선장 및 선주들과 함께 그 배들을 관리할 것이다. 다른 외국 세력이 미합중국의 시민들과 상업에 가한 손상에 대해서 중국 정부는 보상을 하지 않을 것이다.

그러나 미합중국의 상선이 중국 정부가 관할권을 행사하는 바다 위에 있을 때 강도나 해적에게 약탈당할 경우, 그 정보를 제공받은 중국의 지방 당국자들은 문무(文武)를 막론하고 위에 이 강도 또는 해적을 체포하여 법에 따라 처벌할 것이며, 되찾은 재산을 가장 가까운 곳에 위치한 미합중국의 영사 또는 다른 관원에게 넘겨주어 진짜 주인에게 되돌려주도록 할 것이다. 그러나 만약 중국의 넓은 영토와 많은 인구 때문에 강도가 체포되지 않거나 재산의 일부만 되찾게 될 경우가 발생하면, 지방 당국자와 관련해서는 법에 따라 처리될 것이지만, 중국 정부는 손실된 화물에 대해 보상을 해주지 않을 것이다.

제27조
만약 미합중국의 어떠한 상선이라도 중국의 해안에서 난파되거나 좌초되고, 약탈당하거나 다른 손상을 입게 되면, 그 사실에 대한 정보를 제공받은 정부의 적절한 관원이 즉시 그들의 안위와 안전을 위한 조치를 취할 것이다. 그리고 배에 타고 있던 사람들은 우호적인 대우를 받고, 즉시 배를 수리하여 다섯 항구 중 가장 편리한 곳에 갈 수 있어야 한다. 그리고 식량과 물을 공급받는 데 있어 모든 편의를 누려야 한다. 그리고 만약 선박이 개항한 항구가 아닌 다른 항구로 피난해야 하는 경우에는, 마찬가지로 배에 탄 사람들은 우호적인 대우와 안전과 보안을 위한 도움을 받을 것이다.

제28조
미합중국의 시민들과 그들의 선박 및 재산은 어떠한 금수 조치의 대상도 되지 않으며, 또한 공공서비스를 핑계로 나포되거나 강제로 구금되어서도 안 된다. 그들이 괴롭힘이나 방해를 받지 않고 평온하게 자신들의 무역을 지속해 나가는 것이 허용될 것이다.

제29조
중국 정부의 지방 당국자는 중국에 있는 미합중국 선박에서 반란을 일으킨 자나 달아난 자들이 체포되도록 하고, 그들을 영사들 또는 다른 관리들에게 인도하여 처벌하게 할 것이다.
그리고 만약 중국의 신민들인 범죄자들이 미합중국 시민들의 집 안이나 배 위에 은신한다면, 그들은 숨겨지거나 감춰져서는 안 되며, 중국 지방관이 미합중국 관리에게 제기하는 정식 요청에 따라 인도되어 법의 처벌을 받게 되어야 한다.
미합중국의 상인과 선원 그리고 다른 시민들은 그들 정부의 적절한 관원의 감독하에 있어야 한다.
만약 각 나라의 개인들이 폭력이나 난동의 행위를 범하거나, 무기를 사용하여 타인에게 상해를 입히거나, 생명을 위협하는 소동을 일으키거나 하면, 두 정부의 관리들은 그 지역 안에서 공정한 정의를 시행함으로써 질서를 강제하고 공공의 평화를 유지하기 위해 힘쓸 것이다.

제30조
미합중국과 중국의 고위 당국자들이 서로 서신을 교환할 때에는 대등하게 하며, 조회(照會, mutual

communication)라는 형식을 사용한다. 영사와 문무 지방관들이 서로 서신을 교환할 때에도 똑같이 조회의 문체와 양식을 사용한다. 정부의 하급 관원이 다른 정부의 상급 관원에게 보낼 경우, 그들은 신진(申陳, memorial)이라는 문체와 양식을 사용한다. 민간의 개인이 고위 관리에게 보낼 경우에는 품정(稟呈)이라는 형식을 사용하여야 한다. 어떠한 경우에도 어느 한쪽 당사자에 대해 공격적이거나 정중하지 않은 용어나 문체는 허용되지 않을 것이다. 그리고 어떤 구실로 인한 또는 어떤 형식의 선물도 중국이 미합중국에 요구하지도, 미합중국이 중국에 요구하지도 않기로 합의되었다.

제31조
미합중국 정부에서 중국 조정으로 보내는 서신은 외국과 중국 사이의 일을 관리하는 황제의 감독관(欽差大臣) 또는 량광(兩廣), 민저(閩浙), 량장(兩江) 지역의 총독의 중개를 통해 전달되어야 한다.

제32조
미합중국의 군함이 그들 나라의 무역을 보호하기 위해 바다를 순항할 때에는 언제든지 중국의 어느 항구에나 도착할 수 있다. 상대국과의 우호관계의 표시로서 위에 이 선박의 지휘관들과 지방의 고위 당국자들은 평등과 예의로써 서로 교제를 유지한다. 그리고 위에 이 군함은 필요한 경우 양식의 구매, 물의 공급, 선박의 수리 등에 대해 중국 정부가 제공하는 모든 적절한 편의를 누려야 한다.

제33조
미합중국 시민으로서 외국인과의 무역을 위해 개방되지 않은 중국의 항구에서 은밀하게 무역을 시도하는 자, 또는 아편 또는 거래가 금지된 다른 품목의 상품을 교역하려는 자는 미합중국 정부로부터 어떠한 지지나 보호를 받을 자격을 잃고 중국 정부의 처분을 받게 될 것이다. 그리고 미합중국은 그들의 깃발이 다른 나라 신민에 의해 제국의 법을 위반하는 것을 감추는 차폐물로 악용되는 것을 방지하기 위한 조치를 취할 것이다.

제34조
현재의 협의가 최종적으로 결정되고 나면 양쪽 정부 모두 반드시 이를 지켜야 하며, 그 조항들은 중대한 이유가 아니면 변경되지 않을 것이다. 그러나 중국이 외국과의 교역을 위해 개항한 몇몇 항구의 환경이 다르기 때문에, 경험적으로 볼 때 교역과 항해에 관련한 부분에서 사소한 변경의 필요가 있을 수 있다. 그러한 경우 두 정부는 위에 이 협의의 날짜로부터 12년이 경과한 때 이 협상을 처리하기에 적절한 사람을 지목하여 이 문제를 우호적으로 다룰 수 있다.
그리고 조약이 비준되고 나면 미합중국과 중국, 그리고 각국의 시민과 신민들은 조약의 모든 부분을 충실하게 준수할 것이다. 미합중국의 어떠한 개별적인 주(州, State)도 공사를 임명하거나 파견하여 이 조약의 조항들을 문제 삼을 수 없다.

평화, 우호, 무역에 대한 이 조약은 미국의 상원의 조언에 의해, 미합중국의 대통령에 의해 비준되고 승인될 것이다. 그리고 대청 제국 황제에 의해 비준되고 승인될 것이다. 비준서는 서명이 이루어진 날짜로부터 18개월 이내에 또는 가능하면 빨리 교환되어야 한다.

신뢰로써, 우리들, 즉 앞에서 언급된 미합중국과 대청 제국의 전권위원들은 본 문서에 서명하고 날인하였다.

우리 주 예수의 기년으로 1844년 7월 3일, 도광(道光) 24년 5월 18일 왕샤(望廈)에서 체결됨.

C. 커싱(C. Cushing) [날인] [치잉(耆英)의 서명 및 조인]

3) (중불) 황푸(黃埔)조약(1844)

○ 명칭
- 프랑스어: TRAITÉ DE WHAMPOA(TREATY OF WHAMPOA)
- 중국어: 黃埔條約; 中法五口通商章程

○ 체결 국가: 프랑스, 청

○ 체결일: 1844년 10월 24일
- 비준일: 1845년 8월 25일

○ 체결 장소
- 중국 광둥성(廣東省) 황푸커우(黃埔口)에 정박한 프랑스 군함 아쉬메드(L'Archimede) 호 선상

○ 서명자(또는 전권대사)
- 프랑스 전권공사: 라그레네(Marie Melchior Joseph Théodore de Lagrené)
- 청국 흠차대신: 치잉(耆英)

○ 작성 언어: 프랑스어, 중국어

○ 체결 과정 및 주요 내용

1844년 10월 24일 프랑스와 청조가 체결한 황푸조약 역시 36개조의 조약문에 「해관세칙」을 부록으로 싣고 있어 내용이나 구성 면에서 왕샤조약과 유사하다. 영국, 미국과의 조약들과 유사하게 자국민이 5개 통상항에서 거주하고 자유롭게 무역할 권리, 영사의 설립, 통상항구에서 교민을 단속하기 위해 자국 군함을 정박하고, 상선을 보호하기 위해 해상을 항해할 권리 등을 포함하고 있다. 협정관세, 영사재판권, 최혜국 대우 등의 특권도 유사하다.

주목할 만한 점은 군함이 무역을 순찰하고 상선을 보호하기 위해 중국의 연해를 항행할 수 있고, 그 과정에서 아무 항구나 해안에 상륙할 수 있다는 조항이 왕샤조약에 이어 황푸조약에도 포함되었다는 것이다. 이로 인해 미국과 프랑스뿐만 아니라 최혜국 대우의 적용을 받는 모든 서양 국가들의 군함은 중국의 바다를 자유로이 항해할 수 있게 되었고, 근대적 의미에서의 중국의 해양 주권은 큰 침해를 받게 되었다.

○ (조약문) 출처

- China. The Maritime Customs, *Treaties, Conventions, etc., Between China and Foreign States*, vol.1, 2d ed, Shanghai: Published at the Statistical Department of The Inspectorate General of Customs, 1917, pp.770~790. [중·불문 수록]

(중불) 황푸조약(중국어본) 원문

今大淸國與大佛蘭西國以所歷久貿易、船隻情事等之往來，大淸國大皇帝、大佛蘭西國大皇帝興念及妥爲處置，保護懋生，至於永久，因此兩國大皇帝酌定議立和好、貿易、船隻情事章程，彼此獲益，根深抵固，是以兩國特派本國全權大臣辦理，大淸國大皇帝欽差大臣太子少保兵部尙書兩廣總督耆；大佛蘭西國大皇帝欽差全權大臣超委公使拉萼尼；彼此公同較閱權柄，查核善當，議立條款開列於左：

第一款　嗣後大淸國皇上與大佛蘭西國皇上及兩國民人均永遠和好。無論何人在何地方，皆全獲保佑身家。

第二款　自今以後，凡佛蘭西人家眷，可帶往中國之廣州、廈門、福州、寧波、上海五口市埠地方居住、貿易，平安無礙，常川不輟。所有佛蘭西船，在五口停泊、貿易往來，均聽其便。惟明禁不得進中國別口貿易，亦不得在沿海各岸私買、私賣。如有犯此款者，除於第三十款內載明外，其船內貨物聽憑入官，但中國地方官查拿此等貨物，於未定入官之先，宜速知會附近駐口之佛蘭西領事。

第三款　凡佛蘭西人在五口地方，所有各家產、財貨，中國民人均不得欺淩侵犯。至中國官員，無論遇有何事，均不得威壓強取佛蘭西船隻，以爲公用、私用等項。

第四款　大佛蘭西國皇上任憑設立領事等官在中國通商之五口地方，辦理商人貿易事務，並稽查遵守章程。中國地方官於該領事等官，均應以禮相待；往來文移，俱用平行。尙有不平之事，該領事等官逕赴總理五口大臣處控訴，如無總理五口大臣，卽申訴省垣大憲，爲之詳細查明，秉公辦理。遇有領事等官不在該口，佛蘭西船主、商人可以託與國領事代爲料理，否則逕赴海關呈明，設法妥辦，使該船主、商人得沾章程之利益。

第五款　大佛蘭西國皇上任憑派撥兵船在五口地方停泊，彈壓商民水手，俾領事得有威權。將來兵船人等皆有約束，不許滋事生端，卽責成該兵船主，飭令遵守第二十三款各船與陸地交涉及鈐制水手之條例辦理；至兵船議明約定，不納各項鈔餉。

第六款　佛蘭西人在五口貿易，凡入口、出口均照稅則及章程所定，系兩國欽差印押者，輸納鈔餉。其稅銀將來並不得加增，亦不得有別項規費。佛蘭西人凡有鈔餉輸納，其貨物經此次畫押載在則例，並非禁止、並無限制者，不拘從本國及別國帶進，及無論帶往何國，均聽其便；中國不得於例載各貨物別增禁止限制之條。如將來改變則例，應與佛蘭西會同議允後，方可酌改。至稅則與章程規定與將來所定者，佛蘭西商民每處每時悉照遵行，一如厚愛之國無異；倘有後減省稅餉，佛蘭西人亦一體邀減。

第七款　佛蘭西貨物, 在五口已按例輸稅, 中國商人即便帶進內地, 經過稅關只照現例輸稅, 不得複索規費, 按今稅則是有準繩, 以後毋庸加增。倘有海關書役人等不守例款, 詐取規費、增收稅餉者, 照中國例究治。

第八款　緣所定之稅則公當, 不爲走私藉口, 諒佛蘭西商船將來在五口不作走私之事; 若或有商人、船隻在五口走私, 無論何等貨價、何項貨物, 並例禁之貨與偷漏者, 地方官一體拿究入官。再中國可以隨意禁止走私船隻進中土, 亦可以押令算清帳項, 刻即出口。倘有別國冒用佛蘭西旗號者, 佛蘭西設法禁止, 以遏刁風。

第九款　凡前在廣東額設貿易之洋行, 業已照例裁撤, 佛蘭西人以後在五口任便置辦貨物入口、出口, 聽其與中國無論何人隨意交易, 不得居中把持。將來不可另有別人, 聯情結行, 包攬貿易。倘有違例, 領事官知會中國官, 設法驅除。中國官宜先行禁止, 免敗任便往來交易之誼。

第十款　將來若有中國人負欠佛蘭西船主、商人債項者, 無論虧負、誆騙等情, 佛蘭西人不得照舊例向保商追取; 惟應告知領事官, 照會地方官查辦, 出力責令照例賠償。但負欠之人, 或緝捕不獲, 或死亡不存, 或家產盡絕, 無力賠償, 佛蘭西商人不得問官取賠。遇有佛蘭西人誆騙、負欠中國人財物者, 領事官亦一體爲中國人出力追還, 但中國人不得問領事官與佛蘭西國取償。

第十一款　凡佛蘭西船駛進五口地方之處, 就可自雇引水, 即帶進口, 所有鈔餉完納後, 欲行揚帆, 應由引水速帶出口, 不得阻止留難。凡人欲當佛蘭西船引水者, 若有三張船主執照, 領事官便可著伊爲引水, 與別國一律辦事。所給引水工銀, 領事等官在五口地方, 秉公酌量遠近、險易情形, 定其工價。

第十二款　凡佛蘭西船, 一經引水帶進口內, 即由海關酌派妥役一、二名, 隨船管押, 稽查透漏。該役或搭坐商船, 或自雇艇只, 均聽其便。所需工食, 由海關給發, 不得向船主及代辦商人等需索。倘有違例, 即按所索多寡, 照例科罪, 並照數追償。

第十三款　凡佛蘭西船進口, 在一日之內, 並無阻礙, 其船主、或貨主、或代辦商人即將船牌、貨單等件繳送領事官。該領事官於接到船牌、貨單後一日內, 將船名、人名及所載噸數、貨色詳細開明, 照會海關。倘船主怠慢, 於船進口後經二日之內, 不將船牌、貨單呈繳領事官, 每逾一日, 罰銀五十圓, 入中國官; 但所罰之數不得過二百圓。迨領事官照會海關後, 海關即發牌照, 准其開艙。倘船主未領牌照, 擅自開艙卸貨, 罰銀五百圓, 所卸之貨, 一併入官。

第十四款　凡船進口, 尚未領有牌照卸貨, 即與第十六款所議, 在二日之內可出口往別口去, 在此不必輸納鈔餉, 仍在賣貨之口完納鈔餉。

第十五款　凡船進口, 出二日之外, 即將船鈔全完; 按照例式, 凡船在一百五十噸以上者, 每噸納鈔銀五錢; 不及一百五十噸者, 每噸納鈔銀一錢。所有從前進口、出口各樣規費, 一概革除, 以後不得再生別端。凡納鈔時, 海關給發執照, 開明船鈔完納; 倘該船駛往別口, 即於進口時, 將執照送驗, 毋庸輸鈔, 以免重複; 凡佛蘭西船, 從外國進中國, 止須納船鈔一次。所有佛蘭西三板等小船, 無論有篷、無篷, 附搭過客, 載運行李、書信、食物, 並無應稅之貨者, 一體免鈔。若該小船載運貨物, 照一百五十噸以下之例, 每噸輸鈔銀一錢。倘佛蘭西商人雇賃中國船艇, 該船不輸船鈔。

第十六款　凡佛蘭西商人, 每卸貨、下貨, 應先開明貨單, 呈送領事官, 即著通事通報海關, 便准其卸貨、下貨, 當即查驗各貨物妥當, 彼此均無受虧。佛蘭西商人不欲自行計議稅餉, 另倩熟悉之人代爲計議完納, 亦聽其便; 如有事後異言, 俱不准聽。至估價定稅之貨, 若商人與中華人意見不合, 應彼此喚集二、三商人, 驗明貨物, 以出價高者定爲估價。凡輸稅餉以淨貨爲率; 所有貨物應除去皮毛。倘佛蘭西人與海關不能定各貨皮毛輕重, 就將爭執各件連皮過秤, 先定多寡約數, 再複除淨皮毛, 秤其斤重, 即以所秤通計類推。當查驗貨物之時, 如有意見不合, 佛蘭西商人立請領事官前來, 該領事官亦即知會海關, 從中盡力作合; 均限一日之內通報, 否則不爲准理。於議論未定之先, 海關不得將互爭數目姑寫冊上, 恐後難於核定。進口貨物遇有損壞, 應核減稅銀, 照估價之例, 秉公辦理。

第十七款　凡佛蘭西船進五口, 如將貨在此卸去多寡, 即照所卸之數輸餉; 其餘貨物欲帶往別口卸賣者, 其餉銀亦在別口輸納。遇有佛蘭西人在此口已將貨餉輸納, 轉欲載往別口售賣者, 報明領事官, 照會海關, 將貨驗明, 果系原封不動, 給與牌照, 注明該貨曾在某口輸餉。候該商進別口時, 將牌照呈送領事官, 轉送海關, 查驗免稅, 即給與牌照卸貨, 一切規費俱無; 惟查出有夾私、証騙等弊, 即將該貨嚴拿入官。

第十八款　議定佛蘭西船主或商人卸貨完稅則例, 俱逐次按數輸納; 至出口下貨亦然。凡佛蘭西船所有鈔餉, 一經全完, 海關即給與實收, 呈送領事官驗明, 即將船牌交還, 准令開行。海關酌定銀號若干, 可以代中國收佛蘭西應輸餉項, 該銀號所給實收, 一如中國官所給無異。所輸之銀, 或紋銀, 或洋銀, 海關與領事官核其市價情形, 將洋銀比較紋銀, 應補水若干, 照數補足。

第十九款　凡五口海關均有部頒秤碼、丈尺等項, 應照造一分, 比較準確, 送與領事官署存貯, 輕重、長短一與粵海關無異, 每件鎸戳粵海關字樣。所有鈔餉各銀輸納中國者, 俱依此秤碼兌交。如有秤丈貨物爭執, 即以此式爲准。

第二十款　凡剝貨若非奉官特准及必須剝運之處, 不得將貨輒行剝運。遇有免不得剝貨之處, 該商應報明領事官, 給與執照, 海關查驗執照, 准其剝貨。該海關可以常著胥役監視。倘有不奉准而剝貨者, 除遇有意外危險不及等候外, 所有私剝之貨, 全行入官。

第二十一款　凡佛蘭西船主、商人, 應聽任便雇各項剝船、小艇, 載運貨物, 附搭客人, 其船艇腳價, 由彼此合意商允, 不必地方官爲經理, 若有該船艇誆騙、走失, 地方官亦不賠償。其船艇不限以只數, 亦不得令人把持, 並不准挑夫人等包攬起貨、下貨。

第二十二款　凡佛蘭西人按照第二款至五口地方居住, 無論人數多寡, 聽其租賃房屋及行棧貯貨, 或租地自行建屋、建行。佛蘭西人亦一體可以建造禮拜堂、醫人院、周急院、學房、墳地各項, 地方官會同領事官, 酌議定佛蘭西人宜居住、宜建造之地。凡地租、房租多寡之處, 彼此在事人務須按照地方價值定議。中國官阻止內地民人高抬租值, 佛蘭西領事官亦謹防本國人強壓迫受租值。在五口地方, 凡佛蘭西人房屋間數、地段寬廣不必議立限制, 俾佛蘭西人相宜獲益。倘有中國人將佛蘭西禮拜堂、墳地觸犯毀壞, 地方官照例嚴拘重懲。

第二十三款　凡佛蘭西人在五口地方居住或往來經游, 聽憑在附近處所散步, 其日中動作一如內地民人無異, 但不得越領事官與地方官議定界址, 以爲營謀之事。至商船停泊, 該水手人等亦不得越界遊行。如時當登岸, 須遵約束規條; 所有應行規條, 領事官議定照會地方官查照, 以防該水手與內地民人滋事爭端。佛蘭西無論何人, 如有犯此例禁, 或越界, 或遠入內地, 聽憑中國官查拿, 但應解送近口佛蘭西領事官收管; 中國官民均不得毆打、傷害、虐待所獲佛蘭西人, 以傷兩國和好。

第二十四款　佛蘭西人在五口地方, 聽其任便雇買辦、通事、書記、工匠、水手、工人, 亦可以延請士民人等教習中國語音, 繕寫中國文字, 與各方土語, 又可以請人幫辦筆墨, 作文學、文藝等功課。各等工價、束脩, 或自行商議, 或領事官代爲酌量。佛蘭西人亦可以教習中國人願學本國及外國語者, 亦可以發賣佛蘭西書籍, 及採買中國各樣書籍。

第二十五款　凡佛蘭西人有懷怨及挾嫌中國人者, 應先呈明領事官, 覆加詳核, 竭力調停。如有中國人懷怨佛蘭西人者, 領事官亦虛心詳核, 爲之調停。倘遇有爭訟, 領事官不能爲之調停, 即移請中國官協力辦理, 查核明白, 秉公完結。

第二十六款　將來佛蘭西人在五口地方爲中國人陷害、淩辱、騷擾, 地方官隨在彈壓, 設法防護。更有匪徒、狂民欲行偷盜、毀壞, 放火佛蘭西房屋、貨行及所建各等院宅, 中國官或訪聞, 或准領事官照會, 立即飭差驅逐黨羽, 嚴拿匪犯, 照例從重治罪, 將來聽憑向應行追贓者賠責償。

第二十七款　凡有佛蘭西人與中國人爭鬧事件, 或遇有爭鬥中, 或一、二人及多人不等, 被火器及別器械毆傷致斃, 系中國人, 由中國官嚴拿審明, 照中國例治罪, 係佛蘭西人, 由領事官設法拘拿, 迅速訊明, 照佛蘭西例治罪, 其應如何治罪之處, 將來佛蘭西議定例款。如有別樣情形在本款未經分晰者, 俱照此辦理, 因所定之例, 佛蘭西人在五口地方如有犯大小等罪, 均照佛蘭西例辦理。

第二十八款　佛蘭西人在五口地方, 如有不協爭執事件, 均歸佛蘭西官辦理。遇有佛蘭西人與外國人有爭執情事, 中國官不必過問。至佛蘭西船在五口地方, 中國官亦不爲經理, 均歸佛蘭西官及該船主自行料理。

第二十九款　遇有佛蘭西商船在中國洋面被洋盜打劫, 附近文武官員一經聞知, 即上緊緝拿, 照例治罪。所有贓物, 無論在何處搜獲及如何情形, 均繳送領事官, 轉給事主收領。倘承緝之人, 或不能獲盜, 或不能全起贓物, 照中國例處分, 但不能爲之賠償。

第三十款　凡佛蘭西兵船往來游突, 保護商船, 所過中國各口, 均以友誼接待。其兵船聽憑採買日用各物, 若有壞爛, 亦可購料修補, 俱無阻礙。倘佛蘭西商船遇有破爛及別緣故, 急須進口躱避者, 無論何口均當以友誼接待。如有佛蘭西船隻在中國近岸地方損壞, 地方官聞知, 即爲拯救, 給與日用急需, 設法打撈貨物, 不使損壞, 隨照會附近領事等官, 會同地方官、設法著令該商梢人等回國, 及爲之拯救破船木片、貨物等項。

第三十一款　凡佛蘭西兵船、商船水手人等逃亡, 領事官或船主知會地方官, 實力查拿, 解送領事官及船主收領。倘有中國人役負罪逃入佛蘭西寓所或商船隱匿, 地方官照會領事官, 查明罪由, 即設法拘送中國官; 彼此均不得稍有庇匿。

第三十二款　將來中國遇有與別國用兵, 除敵國佈告堵口不能前進外, 中國不爲禁阻佛蘭西貿易及與用兵之國交易。凡佛蘭西船從中國口駛往敵國口, 所有進口、出口各例貨物並無妨礙, 如常貿易無異。

第三十三款　將來兩國官員、辦公人等因公往來, 各隨名位高下, 准用平行之禮。佛蘭西大憲與中國無論京內、京外大憲公文往來, 俱用"照會"; 佛蘭西二等官員與中國省中大憲公文往來, 用"申陳", 中國大憲用"劄行"。兩國平等官員照相並之禮。其商人及無爵者, 彼此赴訴, 俱用"稟呈"。佛蘭西人每有赴訴地方官, 其稟函皆由領事官轉遞, 領事官即將稟內情詞察核, 適理妥當, 隨即轉遞, 否則更正, 或即發還。中國人有稟赴領事官, 亦先投地方官, 一體辦理。

第三十四款　將來大佛蘭西皇上若有國書送達朝廷, 該駐口領事官應將國書送與辦理五口及外國事務大臣, 如無五口大臣, 即送與總督, 代爲進呈。其有國書覆轉, 亦一體照行。

第三十五款　日後大佛蘭西皇上若有應行更易章程條款之處, 當就互換章程年月, 核計滿十二年之數, 方可與中國再行籌議。至別國定章程, 不在佛蘭西此次所定條款內者, 佛蘭西領事等官與民人不能限以遵守; 惟中國將來如有特恩、曠典、優免保祐, 別國得之, 佛蘭西亦與焉。

第三十六款　凡議立和好、貿易、船隻情事等章程，兩國大臣畫押用印，奏上大皇帝，自畫押用印之日起，約計一年之內或不及一年，大淸國大皇帝、大佛蘭西國大皇帝彼此御覽欽定批准，交互存照。

兩國欽差大臣卽於章程畫押蓋印，以爲炳據。道光二十四年九月十三日，卽耶穌基里師督降生後一千八百四十四年十二月二十四日，在黃埔佛西蘭阿吉默特火輪兵船上鈐用關防。

(중불) 황푸조약(중국어본)의 한글 번역문

이번에 대청국과 대프랑스국은 오랫동안 교역 및 선박과 관련된 일 등의 왕래가 있어 왔기에 대청국 대황제, 대프랑스국 대황제가 이를 고려하여 적절히 처리하고, 그 번창함[80]을 보호하여 영구히 하고자 하였다. 이에 양국 대황제는 평화, 무역, 선박과 관련된 일에 대한 장정을 논의하여 만들어, 서로 이익을 얻기를 굳건히 할 것을 헤아려 정했다. 이에 양국은 본국 전권대신을 특파하여 처리하도록 하였다. 대청국 대황제 흠차대신 태자소보 병부상서 양광총독 치(耆), 대프랑스국 대황제 흠차전권대신 초위공사(超委公使) 라그레네는 만나서 서로의 권한을 확인하였으며, 조사 결과 적절하였으므로, 다음에 열거한 조관을 의논하여 정했다.

제1조
사후 대청국 황제와 대프랑스국 황제 및 양국 인민은 모두 영원히 화목하게 지낸다. 누구나 어느 장소에서든 모두 자신과 가족을 보호받는다.

제2조
이제부터 프랑스인의 가솔은 중국의 광저우(廣州), 샤먼(廈門), 푸저우(福州), 닝보(寧波), 상하이(上海) 다섯 곳의 무역항에 거주하고 교역하기를 방해받지 않고 평안히 하며 계속하여 그치지 않는다. 모든 프랑스 선박은 다섯 항구에 정박하고 교역하며 왕래하는 것을 모두 자유로이 한다. 다만 중국의 다른 항구에 들어가 무역할 수 없도록 분명히 금지하며, 또한 바다에 연한 각 해안에서 밀무역을 행할 수 없다. 만약 이 조관을 어길 경우, 제30관에 명기된 것 외에, 그 선내의 화물은 증빙을 갖추어 몰수하여 관청의 소유로 삼는다. 그러나 중국의 지방관이 이러한 화물을 조사하여 나포할 때에는 몰수할 것을 결정하기 전에 신속히 부근의 항구에 주재하는 프랑스 영사에게 이를 통지해야 한다.

제3조
무릇 다섯 항구가 있는 지방에서 프랑스인이 소유한 각각의 가산과 재화를 중국 백성은 모두 업신여기거나 침범할 수 없다. 중국의 관원은 어떠한 일이 있더라도 프랑스 선박을 위압하고 강취하여 공용 또는 사적 용도로 사용할 수 없다.

제4조
대프랑스국 황제는 영사 등의 관원을 중국에서 통상하는 다섯 항구에 자유로이 설치하여 상인의 무역과 관련된 사무를 처리하고 장정의 준수 여부를 검사한다. 중국의 지방관은 이들 영사 등 관원에게 모두 예의로써 대해야 한다. 주고받는 문서는 모두 평행문을 사용한다. 만약 공평하지 않은

---

80 원문의 "懋生"은 "茂盛生長", 번성하고 생장함, 즉 발전을 뜻한다. 懋은 茂와 통한다.

일이 있으면 해당 영사 등 관원은 직접 총리오구대신(總理五口大臣)에게 가서 고소할 수 있으며, 만약 총리오구대신이 없으면 성도(省都)의 대관에게 제소하여 이를 상세히 조사해 밝히고 공정하게 처리하도록 한다. 영사 등 관원이 해당 항구에 없을 경우, 프랑스 선주와 상인은 여국(與國)의 영사에게 부탁하여 대신 처리할 수 있다. 그렇지 않으면 해관에 직접 진정서를 올려 방법을 강구하여 적절히 해결하여, 해당 선주와 상인이 장정의 이익을 누릴 수 있도록 한다.

제5조
대프랑스국 황제는 자유로이 병선을 파견하여 다섯 항구의 지방에 정박하면서 상민과 선원들을 탄압하여 영사로 하여금 권위를 가질 수 있게 한다. 장차 도래하는 병선과 사람들은 모두 말썽을 일으키지 못하도록 단속한다. 즉 이 병선의 선주들에게 책임을 지워 제23조의 각 선박과 육지의 교섭 및 선원을 통제하는 조례를 준수하여 처리하도록 한다. 병선에 대해서는 논의하여 분명한 약정을 정하되, 각 항목의 초향(鈔餉) 등은 제공하지 않는다.

제6조
프랑스인이 다섯 항구에서 무역을 행할 때에는 수입, 수출은 모두 세칙(稅則)과 장정에서 정한 바에 따른다. 이는 양국 흠차대신이 날인한 것으로, 금전과 곡식으로 수납한다. 그 세은(稅銀)은 장래에 증세할 수 없으며, 다른 항목의 수수료를 징수할 수도 없다. 프랑스인이 초향을 납부하는 때에는, 그 화물은 이번의 조인을 거쳐 칙례(則例)에 기재하고 금지하거나 제한을 두지 않은 경우 본국에서 가져왔는지 타국에서 가져왔는지에 구애받지 않고, 또 어느 나라로 가져가는지에 상관없이 모두 자유로이 하도록 한다. 중국은 칙례에 기재된 각 화물에 대해 별도로 금지나 제한의 조항을 늘릴 수 없다. 장래 칙례를 개정하고자 하면 마땅히 프랑스 측과 회동하여 논의하여 승낙을 받은 뒤에야 고칠 수 있다. 세칙과 장정에서 규정한 것과 장래 정할 것은, 프랑스 상민이 언제 어디서나 준행해야 하며, 후애(厚愛)의 국가와 다르지 않다.[81] 만약 훗날 세향(稅餉)을 줄여 주는 경우, 프랑스인 역시 똑같이 차감받는다.

제7조
프랑스 화물은 다섯 항구에서 규정에 따라 세금을 수납하고 나면, 중국 상인이 내륙으로 운송할 수 있으며, 지나가는 세관에서는 현재의 법률(例)에 따라서만 세금을 수납하며, 중복하여 수수료를 요구할 수 없다. 현재의 세칙에 따르면 이에는 기준이 있으므로, 이후 추가할 필요가 없다. 만약 해관의 서역(書役) 등이 법률 조관을 지키지 않고 수수료를 편취하고 세향(稅餉)을 늘려 받으면 중국의 법률(例)에 따라 추궁하고 처벌한다.

---

81 본문의 "厚愛之國"은 최혜국을 의미한다.

제8조
정해진 세칙은 공정하기 때문에 밀무역의 구실이 되지 않는다. 생각건대 프랑스 상선은 장래 다섯 항구에서 밀무역을 행하지 않을 것이다. 만약 상인이나 선박이 다섯 항구에서 밀무역을 행하면, 화물의 가치가 얼마이고 어떠한 화물인지, 그리고 법으로 금지한 화물인지 탈루한 경우인지를 막론하고 지방관이 일률적으로 몰수하여 관청의 소유로 한다. 또한 중국은 밀무역 선박이 중국의 경내에 들어오는 것을 자유롭게 금지할 수 있으며, 강제로 세금을 완납하고 즉시 출국하게 할 수 있다. 만약 다른 나라가 프랑스 국기를 도용하는 경우가 있으면, 프랑스는 방법을 강구하여 이를 금지하여 악풍을 막아야 한다.

제9조
예전에 광둥에서 정해진 수대로 설치하여 무역하도록 했던 양행들은 이미 법률에 따라 철폐하였으므로 프랑스인들은 앞으로 다섯 항구에서 화물의 구입과 수출입을 자유로이 한다. (중국은) 그들이 중국의 누구와도 자유로이 교역할 수 있도록 허락하며 그들 사이에 개입하여 전횡할 수 없다. 장차 다른 이가 별도로 길드를 결성하여 무역을 독점해서는 안 된다. 만약 법률을 위반하는 경우에는 영사관이 중국 관원에게 이를 알려 방법을 강구하여 제거하도록 한다. 중국 관원은 마땅히 먼저 이를 금지시켜 자유로이 왕래하고 교역하는 정의를 훼손하지 않도록 해야 한다.

제10조
앞으로 중국인이 프랑스 선주와 상인에게 채무를 지게 되면, 손실을 입은 경우나 사기를 친 경우 등을 막론하고 프랑스인은 옛 법에 따라 보상(保商)[82]에게 변제를 요구할 수 없다. 오로지 영사관에게 알려 지방관에게 조회(照會)하여, (지방관이 이를) 조사하여 처리하고 최선을 다해 책임을 지워 법률에 따라 배상하게 해야 한다. 그러나 채무를 진 사람이 체포되지 않거나 사망한 경우, 또는 가산을 탕진하여 배상할 능력이 없는 경우 프랑스 상인은 관방에 배상을 청구할 수 없다. 프랑스인이 중국인의 재물을 편취하거나 빚을 지게 되는 경우, 영사관 역시 중국인을 위해 최선을 다해 빚을 갚도록 독촉한다. 그러나 중국인은 영사관과 프랑스국에게 배상을 요구할 수 없다.

제11조
프랑스 선박은 다섯 항구 등지에서 스스로 도선사를 고용하여 항구로 인도하게 할 수 있으며, 모든 초향을 완납한 후 출항하고자 하면 도선사가 신속히 인도하여 항구 밖으로 나가야 한다. 이를 저지하여 어려움을 겪게 해서는 안 된다. 무릇 프랑스 선박의 도선사가 되고자 하는 사람이 만약 세 장의 선주 허가증을 가지고 있으면 영사관은 그를 도선사로 삼을 수 있으며, 다른 나라와 일률적으로 처리한다. 도선사에게 지급되는 급료는 다섯 항구에 주재하는 영사 등 관원이 멀고 가까움, 험하고

---

82 아편전쟁 이전에는 광저우에서 관의 허가를 받아 외국과의 무역을 독점하던 공행(公行)이 외국 상선의 보증인이 되었다. 이들을 보상이라 불렀다.

쉬운 정도를 참작하여 공정하게 가격을 정한다.

제12조
프랑스 선박은 일단 도선사가 인도하여 항구 안으로 들어오면, 해관에서 아역 한두 명을 파견하여 배를 임시로 구류하고, 탈루한 것이 있는지 조사한다. 해당 아역은 편의에 따라 상선에 탑승하거나 스스로 소형 선박을 고용할 수 있다. 필요한 급료와 식사는 해관에서 지급하며 선주 및 선주를 대신하는 상인 등에게 요구할 수 없다. 만약 법규를 위반하면 갈취한 것의 많고 적음에 따라 법률에 따라 죄를 묻고, 또한 그 액수대로 추징하여 배상하도록 한다.

제13조
프랑스 선박은 항구에 들어온 뒤 하루 안에 아무런 방해를 받지 않고 선주, 화주(貨主), 또는 대리 상인이 선패(船牌)와 화물 목록을 영사관에게 보내야 한다. 해당 영사관은 선패와 화물 목록을 받은 후 하루 안에 선박의 명칭, 인명 및 적재 톤수, 화물의 종류 등을 상세히 밝힌 조회(照會)를 해관에 보내야 한다. 만약 선주가 태만하여 배가 항구에 들어온 뒤 이틀이 지나도록 선패와 화물 명단을 영사관에게 제출하지 않은 경우에는 하루가 경과할 때마다 벌금으로 은 50원(圓)을 부과하여 중국 관방에 납부하게 한다. 그러나 벌금의 총액은 200원이 넘지 않도록 한다. 영사관이 해관에 조회를 보내고 나면 해관은 즉시 패조(牌照)를 발급하여 선창에서 화물을 하역하는 것을 허락한다. 만약 선주가 패조를 수령하기 전에 멋대로 선창을 열어 화물을 하역하면, 벌금으로 은 500원을 부과하며, 하역한 화물은 모두 몰수하여 관방의 소유로 삼는다.

제14조
선박이 항구에 들어왔는데 아직 패조를 수령하여 화물을 하역하지 않았을 경우에는 제16조에서 논의한 바와 같이 2일 안에 출항하여 다른 항구로 갈 수 있으며, 이 항구에서 초향을 납부할 필요 없이 화물을 매각하는 항구에서 초향을 완납하도록 한다.

제15조
모든 선박은 항구에 들어온 2일 후에 톤세(船鈔)를 모두 완납한다. 법률과 조례에 따라 150톤 이상인 선박은 매 톤당 은 5전(錢)의 톤세를 납부하고, 150톤 미만인 선박은 매 톤당 은 1전을 납부한다. 이전에 항구를 드나들 때 징수했던 각종 수수료는 모두 혁파하며, 이후 다시 분쟁의 소지를 만들어서는 안 된다. 톤세를 납부할 때 해관에서는 허가증을 발급해 주고 톤세를 완납했음을 밝혀 둔다. 만약 해당 선박이 다른 항구에 가게 되면, 입항할 때 집조를 보내어 검사받고, 중복을 피하기 위해 톤세를 납부하지 않는다. 프랑스 선박이 외국에서 중국으로 들어올 때 톤세는 한 번만 납부하면 된다. 모든 프랑스의 삼판(三板) 등 소형 선박은 지붕이 있든 없든 여객을 태우고 수하물, 서신, 음식물 등을 운반하여도 납세해야 하는 화물을 싣지 않은 경우에는 모두 톤세를 면제해 준다. 만약 해당 선박이 화물을 수송하면 150톤 이하 선박의 규정에 따라 매 톤당 은 1전의 톤세를 납부한다.

만약 프랑스 상인이 중국의 선박을 고용하는 경우, 해당 선박은 톤세를 납부하지 않는다.

제16조
프랑스 상인은 배에서 화물을 내리고 싣기 전에 먼저 화물 목록을 작성하여 영사관에 제출해야 하고, 영사관이 통역을 통해 세관에 통보하면 세관은 화물을 내리고 싣는 것을 허가해 주며, 마땅히 각 화물이 적절한지, 상호 간에 모두 손실이 없는지 확인해야 한다. 프랑스 상인은 스스로 세향(稅餉)을 계산하여 의논하기를 원치 않으면 별도로 숙련된 이에게 의뢰하여 대신 계산하여 의논한 뒤 완납하도록 할 수 있다. 만약 사후에 다른 말이 나온다면 모두 들어주지 않는다. 가격을 추산하여 세금을 정한 화물에 대해서 만약 상인이 중국인과 의견이 맞지 않으면 서로 두세 명의 상인을 불러 모아 화물을 확인하여 가격이 높게 나온 것을 추정 가격으로 한다. 세향은 상품 자체만의 무게를 기준으로 부과하며, 모든 화물은 포장의 무게를 빼야 한다. 만약 프랑스인과 해관이 각 화물의 포장의 무게를 결정할 수 없다면, 논쟁의 대상이 되는 각 건을 포장된 채로 저울을 통과시켜 먼저 많고 적은 대략의 수를 정하고, 다시 포장을 완전히 제거하여 무게를 측정해 측정된 것의 통계로써 유추한다. 화물을 검사할 때 의견이 맞지 않는 경우가 있으면, 프랑스 상인은 즉시 영사관에게 와 주도록 요청할 수 있으며, 해당 영사관 역시 해관에 이를 알리고 최선을 다해 양자를 중재해야 한다. 그러나 모두 1일 안에 통보해야 하며, 그렇지 않으면 이를 인정하지 않는다. 나중에 심사하여 결정하기 어려우므로, 아직 의논이 정해지기 전에 해관은 서로 다투고 있는 수목을 장부에 기입할 수 없다. 항구에 들어온 화물이 손괴되었을 경우에는 조사하여 세은을 감액해 주며, 가격 추정의 규정에 따라 공정하게 처리한다.

제17조
프랑스 선박이 다섯 항구에 들어가 그곳에서 화물을 얼마간 내리면, 그 내린 수량에 따라 세향을 납부한다. 나머지의 화물을 다른 항구에 가서 판매하려는 경우에는 그 세향 역시 다른 항구에서 납부한다. 프랑스인이 그 항구에서 이미 화향(貨餉)을 납부하고 나서 다른 항구로 화물을 싣고 가 판매하고자 하는 경우에는 영사관에게 이를 알려 해관에 조회를 보내도록 한다. 화물을 검사하여 과연 원래 봉인한 것을 건들지 않았으면 패조(牌照)를 발급해 주어 해당 화물에 대해 모 항구에서 세향을 납부했다는 것을 기재한다. 해당 상인이 다른 항구에 입항할 때 패조를 영사관에게 제출하여 해관에 전달하도록 하면, 이를 검사하여 세금을 면제해 주고 패조를 발급하여 화물을 내릴 수 있도록 하고, 일체의 수수료는 징수하지 않는다. 다만 밀수 또는 속임수 등의 폐단을 적발하면 해당 화물을 엄격히 몰수하여 관에 귀속시킨다.

제18조
프랑스 선주 또는 상인이 화물을 내리고 세금을 완납하는 칙례를 의논하여 정한다. 모두 차례로 액수에 따라 납부한다. 항구를 나갈 때 화물을 싣는 것 역시 마찬가지이다. 프랑스 선박의 모든 톤세는 일단 완납하면 해관은 영수증(實收)을 발급하여 영사관에게 보내어 검사하도록 하고, 선패를 돌려주어 출항할 수 있도록 한다. 해관은 은호(銀號) 약간을 헤아려 정하여 중국을 대리하여 프랑스에서 납부해야 할 세금 항목을 징수할 수 있게 한다. 해당 은호가 발급한 영수증은 중국의 관소에서 발급한 것과 같다. 납부하는 은은 문은과 양은 모두 가능하며, 해관과 영사관은 시장의 상황을 조사하여 양은을 문은에 비교하여 보충비(補水) 약간을 액수에 따라 보충한다.

제19조
다섯 항구의 해관은 모두 호부에서 반포한 저울추와 자 등을 가지고 있다. 이를 한 세트 더 똑같이 만들어 정확도를 비교하고 영사관서에 보내어 보관하게 한다. 무게와 길이는 광둥의 월해관(粤海關)과 똑같이 하고 매 건마다 월해관이라는 글자를 새겨 넣는다. 모든 톤세와 각종 세은을 중국에 납부하는 경우, 모두 마땅히 이 저울추에 의거해 태환해 지불한다. 만약 화물의 무게와 길이에 관한 다툼이 있으면 이 규격을 표준으로 삼는다.

제20조
화물의 환적. 만약 관방의 특별한 허가 및 반드시 환적해야 하는 곳이 아니면, 화물을 마음대로 환적할 수 없다. 환적하지 않으면 안 되는 경우, 해당 상인은 마땅히 영사관에게 이를 보고하여 허가증을 발급받으며, 해관은 허가증을 검사하고 환적을 허가한다. 해당 해관은 항시 서역(胥役)을 시켜 감시할 수 있다. 만약 허가를 받지 않고 환적하는 경우가 있으면, 뜻하지 않은 위험이 있어 기다릴 수 없는 상황을 제외하고, 사사로이 환적한 모든 화물은 몰수하여 관에 귀속시킨다.

제21조
프랑스 선주와 상인은 각항의 거룻배(剝船), 소형선(小艇)를 자유로이 고용하여 화물을 운반하고 여객을 탑승시킬 수 있다. 그 선박과 소형선의 운송비는 서로 합의하여 정하며, 지방관이 관리해 줄 필요가 없다. 만약 해당 선박과 배가 속임수를 쓰거나 실종되어도 지방관은 배상해 주지 않는다. 그 선박과 배는 수량에 제한을 두지 않고, 또한 누군가가 독점할 수 없으며, 또한 짐꾼 등이 화물을 싣고 내리는 것을 독차지하는 것을 허가하지 않는다.

제22조
프랑스인은 제2조에 따라 다섯 항구에 가서 거주할 수 있다. 사람 수에 관계없이 건물을 임대하여 상점을 내거나 상품을 보관할 수 있으며, 땅을 빌려 집이나 상점을 지을 수 있다. 프랑스인들은 또한 마찬가지로 예배당, 병원, 구급시설(周急院), 학교, 묘지 등을 지을 수 있다. (중국의) 지방관은 영사관과 회동하여 프랑스인이 거주하고 건물을 짓기에 적절한 땅을 의논하여 정한다. 토지 임대료와 건물 임대료는 양측의 당사자가 반드시 지방의 가격에 따라 정하고 상의해야 한다. 중국 관원은 내지의 백성이 임대료를 높이는 것을 저지해야 하며, 프랑스 영사관 또한 본국인이 임대료를 수용하도록 강압하는 것을 방비해야 한다.[83] 다섯 항구에서 프랑스인의 건물 칸 수, 대지의 면적 등에 대해서는 제한을 두지 않아 프랑스인들의 이익을 보호할 수 있도록 한다. 만약 중국인이 프랑스 예배당과 묘지를 침범하고 파괴하는 경우, 지방관은 법률에 따라 엄히 잡아들여 무겁게 처벌한다.

제23조
프랑스인은 다섯 항구에서 거주하거나 왕래하며 경유하는 경우, 인근 지역을 자유로이 산보할 수 있도록 하며 그 일상의 행동은 내지의 백성과 다르지 않게 한다. 그러나 영사관과 지방관이 의논하여 정한 경계를 넘어가서 영리 행위를 해서는 안 된다. 상선이 정박하는 경우에도 해당 선원 등 역시 경계를 넘어서 여행할 수 없다. 해안에 상륙할 때에도 반드시 제한 규정을 준수해야 한다. 모든 시행 규정은 영사관이 논의하여 정하여 지방관에게 조회하여 시행한 것으로, 해당 선원과 내지 백성이 쟁단을 만드는 것을 막기 위한 것이다. 프랑스의 어떤 사람이든지, 만약 이 금령을 어기고 경계를 넘어가거나 내지 깊숙이 들어가면 중국 관원이 조사하여 체포하도록 한다. 그러나 마땅히 가까운 항구의 프랑스 영사관에게 이송하여 관리하게 해야 한다. 중국 관민은 모두 체포한 프랑스인을 구타하거나 상해하거나 학대하여 양국의 우호관계를 손상해서는 안 된다.

제24조
프랑스인이 다섯 항구에서 자유로이 매판(買辦), 통역, 서기, 공장(工匠), 선원, 공인 등을 고용하는 것을 허용한다. 또한 독서인 등을 초청하여 중국의 언어와 문자, 각 지방의 방언을 교습할 수 있고, 또한 다른 이에게 대필을 부탁하거나 문학, 문예를 공부할 수 있다. 각종 공임과 수업료는 스스로 상의하거나 영사관이 대신 책정한다. 프랑스인은 또한 중국인 중에서 본국 및 외국어를 배우기를 원하는 자를 가르칠 수 있으며, 프랑스 서적을 발매하고 중국의 각종 서적을 구매할 수 있다.

제25조
프랑스인이 중국인에게 원한을 품고 있는 경우에는 마땅히 먼저 영사관에게 품정을 올려야 한다. 영사관은 이를 상세히 조사하여 전력을 다해 조정해야 한다. 만약 중국인이 프랑스인에게 원한을 품은 경우, 영사관은 또한 사심 없이 상세히 조사하여 이를 조정해 준다. 만약 소송이 일어나 영사관이 조정할 수 없는 경우에는 중국의 관원에게 협력하여 처리할 것을 요청하고, 분명하게 조사하여 공정하게 마무리해야 한다.

제26조
장래 프랑스인이 다섯 항구에서 중국인에게 모해를 입거나 능욕당하거나 또는 소요가 일어나면, 지방관은 수시로 이를 탄압하고 방법을 강구해 방호한다. 비적과 폭도가 프랑스인의 가옥과 상점 및 그들이 지은 각 건물들을 대상으로 절도와 파괴, 방화를 행하면, 중국 관원은 직접 방문하거나

---

[83] 이 부분의 중국어 원문은 의미가 다소 불분명하다. 프랑스어 원문에서는 "영사관은 프랑스인들이 소유자의 동의를 강요하기 위해 폭력이나 강제력을 사용하지 않도록 할 것이다."라고 되어 있다.

영사관의 조회를 접수하여 즉시 그 무리를 쫓아내도록 하고 범인을 엄히 잡아들여 법률에 따라 무겁게 치죄하며, 장차 종전에 따라 도난품을 되찾아 주고 배상해 주어야 할 것은 책임을 지워 보상하게 한다.

제27조
프랑스인과 중국인이 싸움을 벌이는 사건이 일어나고, 혹 싸움 중에 한두 명 또는 여러 명이 화기 및 다른 병기에 의해 다치거나 사망하는 경우, 중국인은 중국 관원이 엄격히 잡아들여 재판을 한 뒤 중국의 법률에 따라 치죄하며, 프랑스인은 영사관이 방법을 강구하여 체포한 뒤 신속히 심문하여 프랑스 법률에 따라 치죄하되, 그를 어떻게 치죄할지에 대해서는 장차 프랑스가 의논하여 정한 법률 조항에 따른다. 만약 본 조관에서 분명히 다루지 못한 다른 상황이 있으면, 모두 이에 따라 처리한다. 정해진 법률에 따라, 프랑스인이 다섯 항구에서 크고 작은 범죄를 저지르면 모두 프랑스의 법률에 따라 처리한다.

제28조
프랑스인은 다섯 항구에서 만약 화합하지 못하고 쟁의가 일어나면 모두 프랑스 관원이 처리한다. 만약 프랑스인과 외국인 사이에 쟁의가 일어나면 중국 관원은 간여할 수 없다. 다섯 항구의 프랑스 선박 역시 중국 관원은 관리하지 않으며, 모두 프랑스 관원 및 해당 선주가 스스로 관리한다.

제29조
만약 프랑스 상선이 중국의 바다에서 해적에게 약탈당했을 경우, 부근의 문무 관원은 이를 들어 알게 되면 긴급히 수사하여 체포하고, 법률에 따라 치죄한다. 모든 장물은 어느 곳에서 찾아냈고 어떠한 상황에 있든 모두 영사관에게 보내어 당사자에게 전달하여 수령할 수 있도록 한다. 만약 체포를 담당한 자가 도적을 잡지 못하거나 장물을 모두 찾아내지 못하면, 중국의 법률에 따라 처분한다. 그러나 그것을 배상해 줄 수는 없다.

제30조
프랑스 군함은 해역을 왕래하면서 순찰하여 상선을 보호한다. 그 지나는 중국 각 항구는 모두 우의로써 접대해야 한다. 그 군함은 각종 일용품을 구매하고 만약 선체가 파손되었으면 재료를 구입하여 보수할 수 있으며, 모두 방해받지 아니한다. 만약 프랑스 상선이 파손되거나 다른 이유로 급히 항구에 들어가 피난해야 하는 경우, 어느 항구에서든 모두 우의로써 접대해야 한다. 만약 프랑스 선박이 중국 연안 지대에서 손괴되면, 지방은 이를 알게 되는 즉시 이를 구조해 주고 일용품과 구호품을 지급해 주며, 방법을 강구하여 화물을 건져 내어 손괴되지 않게 한다. 그리고 부근의 영사 등 관원에게 조회를 보내면, 이들은 지방관과 회동하여 방법을 강구하여 해당 상인과 선원 등을 귀국할 수 있게 하고, 이들을 위해 파손된 배의 목재나 화물 등을 구조해 준다.

제31조
프랑스 군함과 상선의 선원 등이 도망가면 영사관 혹은 선주가 지방관에게 이를 알리고, 지방관이 실력으로 체포하여 영사관 및 선주에게 이송하여 넘겨준다. 만약 중국인 인부가 죄를 짓고 프랑스인의 거주지나 상선으로 달아나 숨으면, 지방관이 영사관에게 조회를 보내어 범죄의 내용을 밝히면 영사관은 방법을 강구하여 체포하여 중국 관원에게 이송한다. 양측은 서로 조금이라도 비호하고 은닉해 주어서는 안 된다.

제32조
장래 중국이 타국과 군사행동을 벌일 경우, 적국이 항구 봉쇄를 선언하여 진입할 수 없는 경우를 제외하면 중국은 프랑스의 무역 및 교전 대상국과의 교역을 금지할 수 없다. 프랑스 선박이 중국의 항구에서 적국의 항구로 갈 때, 모든 수출입 화물은 어떠한 방해도 받지 않고 평소와 다름없이 무역한다.

제33조
장래 양국의 관원, 판공인 등이 공무로 인해 왕래할 경우, 각자는 지위의 고하에 따라 평행의 예를 사용한다. 프랑스 대헌(大憲)은 중국의 경사 내외의 대헌과 공문 왕래 시 모두 "조회(照會)"를 사용한다. 프랑스의 2등관원은 중국 각성의 대헌과 공문 왕래 시 "신진(申陳)"을 사용하고, 중국 대헌은 "찰행(劄行)"을 사용한다. 양국의 평등한 관원은 서로 대등한 예에 따른다. 프랑스의 상인 및 작위가 없는 자는 피차간에 상소할 때 모두 "품정(稟呈)"을 사용한다. 프랑스인이 매번 지방관에게 가서 소송할 때 품정의 편지는 모두 영사관을 통해 대신 전달해야 하며 영사관은 품정한 글 안의 사정을 조사하여 이치에 맞고 타당하면 즉시 전달하고, 그렇지 않으면 경정하거나 되돌려 보낸다. 중국인이 영사관에게 품정할 일이 있는 경우에도 또한 먼저 지방관에게 투서하여 일체를 처리하게 한다.

제34조
장래 대프랑스 황제가 만약 국서를 조정에 송달할 일이 있으면, 해당 항구에 주재하는 영사관이 국서를 다섯 항구 및 외국 사무를 담당하는 대신에게 전달하여야 하며, 만약 오구대신(五口大臣)이 없으면 총독에게 보내어 대신 올리도록 한다. 그 국서에 대한 답서의 전달 역시 이와 같이 한다.

제35조
앞으로 대프랑스국 황제가 만약 장정의 조관을 개정할 곳이 있으면, 마땅히 장정을 교환한 연월로부터 만 12년이 지나서야 중국과 다시 이를 논의할 수 있다. 타국과 장정을 체결할 때 프랑스와 이번에 제정한 조관 안에 없는 내용은 프랑스 영사 등 관원과 백성들에게 준수하도록 강요할 수 없다. 다만 중국이 타국에게 장래 특별한 은사나 특전의 확대, 우대와 면제, 보호 등의 조치를 취하면 프랑스 역시 이를 함께 누린다.

제36조

모든 논의하여 정한 평화, 무역, 선박 사정 등에 관한 장정은 양국의 대신이 서명하고 도장을 찍어 대황제에게 상주한다. 서명 날인한 날로부터 약 1년 이내 또는 1년이 되기 전에, 대청국 대황제, 대프랑스국 대황제가 서로 열람하고 비준하여 서로 교환하여 증거로 삼는다.

양국 흠차대신은 이에 장정을 서명하고 날인하여 분명한 증거로 삼는다. 도광 24년 9월 13일, 즉 예수 그리스도 탄생 후 1844년 12월 24일, 황푸(黃埔)의 프랑스 화륜병선 아쉬메드 선상에서 관방(關防)을 날인했다.

4) (중미) 톈진(天津)조약(1858)

○ 명칭
- 영어: Treaty of Peace, Amity, and Commerce between the United States of America and China; Treaty of Tientsin
- 중국어: 中美天津條約

○ 체결 국가: 미국, 청

○ 체결일: 1858년 6월 26일
- 비준일: 1860년 10월 24일

○ 체결 장소: 톈진(체결) / 베이징(비준)

○ 서명자(또는 전권대사)
- 미국 전권공사: 윌리엄 B. 리드(WILLIAM B. REED)
- 청국 흠차대신: 구이량(桂良), 화사나(花沙納)

○ 작성 언어: 영어, 중국어

○ 체결 과정 및 주요 내용

청조와 미국이 1858년 6월에 체결한 톈진조약은 청조가 각각 러시아, 영국, 프랑스와 체결한 톈진조약과 함께 '톈진조약'을 구성한다. 1854년과 1856년, 미국은 왕샤조약의 규정에 의거해 청조에게 조약 개정을 요구하였으나 청 정부는 이를 거절했다. 1856년, 영국과 프랑스가 제2차 아편전쟁을 일으키자 미국은 중립을 선언하였지만, 1858년이 되어 영프 연합군이 광주를 점령하고 톈진의 다구(大沽)로 진격하게 되자, 미국 공사 윌리엄 리드(William Bradford Reed)는 이에 편승해 영국, 프랑스, 러시아 공사와 함께 다구에 도착하여 청 정부를 압박하여 조약 개정 담판을 시작했다. 그러나 영프 연합군이 다구를 공격하면서 미국 측은 담판을 중단했고, 결국 다구포대가 함락된 후 청 정부는 구이량(桂良)과 화사나(花沙納)를 파견하여 영국, 프랑스와 정전협상을 개시하면서 미국 측에 중재를 요청했다. 리드는 이 기회를 이용해 청 측과 조약 개정을 유리하게 이끌어 영국, 프랑스에 앞서 톈진조약을 체결했다.

개정된 조약은 첫째, 미국 공사는 중요한 업무를 협의하기 위해 매년 1회 수도 베이징을 방문할 수 있으며, 추후 다른 국가와 조약을 통해 공사의 수도 주재를 허용할 경우 미국 역시 같은 특권을 누린다. 둘째, 차오저우(潮州, 또는 산터우(汕頭)), 타이완(台灣)을 새로 통상을 위해 개항한다. 셋째, 미국인과 중국인 개종자의 기독교 신앙 활동을 박해할 수 없다는 규정 등이 신설되었고, 넷째, 미국의 군함이 중국 연안을 항해하고 아무 항구나 들어갈 수 있다는 왕샤조약의 조문에 미국 선박이 해적에게 약탈당하거나 나포되었을 경우 미국의 관선이 해적을 추적, 체포하여 중국 관원에게 인도하도록 한다는 내용이 추가되었다.

○ (조약문) 출처

China. The Maritime Customs, *Treaties, Conventions, etc., Between China and Foreign States*, vol.1, 2d ed, Shanghai: Published at the Statistical Department of The Inspectorate General of Customs, 1917.

(중미) 텐진(天津)조약(영어본) 원문

Treaty of Peace, Amity, and Commerce between the United States of America and China

THE UNITED STATES of America and the Ta Tsing Empire, desiring to maintain firm, lasting and sincere friendship, have resolved to renew, in a manner clear and positive, by means of a treaty or general Convention of peace, amity and commerce, the rules which shall in future be mutually observed in the intercourse of their respective countries; for which most desirable object the President of the United States and the August Sovereign of the Ta Tsing Empire have named for their Plenipotentiaries to wit: the President of the United States of America, William B. Reed, Envoy Extraordinary and Minister Plenipotentiary' to China; and His Majesty the Emperor of China, Kweliang, a Member of the Privy Council and Superintendent of the Board of Punishments, and Hwashana, President of the Board of Civil Office, and Major-General of the Bordered Blue Banner division of the Chinese Bannermen, both of them being Imperial Commissioners and Plenipotentiaries:

And the said Ministers, in virtue of the respective full powers they have received from their Governments, have agreed upon the following articles:

ARTICLE I.
There shall be, as there have always been, peace and friendship between the United States of America and the Ta Tsing Empire, and between their people, respectively. They shall not insult or oppress each other for any trifling cause, so as to produce an estrangement between them; and if any other nation should act unjustly or oppressively, the United States will exert their good offices, on being informed of the case, to bring about an amicable arrangement of the question, thus showing their friendly feelings.

ARTICLE II.
In order to perpetuate friendship, on the exchange of ratifications by the President, with the advice and consent of the Senate of the United States, and by His Majesty the Emperor of China, this treaty shall be kept and sacredly guarded in this way, viz: The original treaty, as ratified by the President of the United States, shall be deposited at Pekin, the capital of His Majesty the Emperor of China, in charge of the Privy council; and, as ratified by His Majesty the Emperor of China, shall be deposited at Washington, the capital of the United States, in charge of the Secretary of State.

ARTICLE III.

In order that the people of the two countries may know and obey the provisions of this treaty, the United States of America agree, immediately on the exchange of ratifications, to proclaim the same, and to publish it by proclamation in the gazettes where the laws of the United States of America are published by authority; and His Majesty the Emperor of China, on the exchange of ratifications, agrees immediately to direct the publication of the same at the capital and by the governors of all the provinces.

ARTICLE IV.

In order further to perpetuate friendship, the Minister or Commissioner or the highest diplomatic representative of the United States of America in China, shall at all times have the right to correspond on terms of perfect equality and confidence with the officers of the Privy Council at the capital, or with the Governors-General of the Two Kwangs, the provinces of Fuhkien and Chehkiang or of the Two Kiangs; and whenever he desires to have such correspondence with the Privy Council at the capital he shall have the right to send it through either of the said Governors-General or by the general post; and all such communications shall be sent under seal, which shall be most carefully respected. The Privy Council and Governors General, as the case may be, shall in all cases consider and acknowledge such communications promptly and respectfully.

ARTICLE V.

The Minister of the United States of America in China, whenever he has business, shall have the right to visit and sojourn at the capital of His Majesty the Emperor of China, and there confer with a member of the Privy Council, or any other high officer of equal rank deputed for that purpose, on matters of common interest and advantage. His visits shall not exceed one in each year, and he shall complete his business without unnecessary delay. He shall be allowed to go by land or come to the mouth of the Peiho, into which he shall not bring ships of war, and he shall inform the authorities at that place in order that boats may be provided for him to go on his journey. He is not to take advantage of this stipulation to request visits to the capital on trivial occasions. Whenever be means to proceed to the capital, he shall communicate, in writing, his intention to the Board of Rites at the capital, and thereupon the said Board shall give the necessary directions to facilitate his journey and give him necessary protection and respect on his way. On his arrival at the capital he shall be furnished with a suitable residence prepared for him, and be shall defray his own expenses; and his entire suite shall not exceed twenty persons, exclusive of his Chinese attendants, none of whom shall be engaged in trade.

ARTICLE VI.

If at any time His Majesty the Emperor of China shall, by treaty voluntarily made, or for any other reason, permit the representative of any friendly nation to reside at his capital for a long or short time, then, without any further consultation or express permission, the representative of the United States in China shall have the same privilege.

ARTICLE VII.

The superior authorities of the United States and of China, in corresponding together, shall do so on terms of equality and in form of mutual communication. The Consuls and the local officers, civil and military, in corresponding together, shall likewise employ the style and form of mutual communications. When inferior officers of the one Government address superior officers of the other, they shall do so in the style and form of memorial. Private individuals, in addressing superior officers, shall employ the style of petition. In no case shall any terms or style be used or suffered which shall be offensive or disrespectful to either party. And it is agreed that no presents, under any pretext or form whatever, shall ever be demanded of the United States by China, or of China by the United States.

ARTICLE VIII.

In all future personal intercourse between the representative of the United States of America and the Governors-General or Governors, the interviews shall be had at the official residence of the said officers, or at their temporary residence, or at the residence of the representative of the United States of America, whichever may be agreed upon between them; nor shall they make any pretext for declining these interviews. Current matters shall be discussed by correspondence, so as not to give the trouble of a personal meeting.

ARTICLE IX.

Whenever national vessels of the United States of America, in cruising along the coast and among the ports opened for trade for the protection of the commerce of their country or for the advancement of science, shall arrive at or near any of the ports of China, commanders of said ships and the superior local authorities of Government, shall, if it be necessary, hold intercourse on terms of equality and courtesy, in token of the friendly relations of their respective nations; and the said vessel shall enjoy all suitable facilities on the part of the Chinese Government in procuring provisions or other supplies and making necessary repairs. And the United States of America agree that in case of the shipwreck of any American vessel, and its being pillaged by pirates, or in case any American vessel shall be pillaged or captured by pirates on the seas adjacent to the coast, without being shipwrecked, the national vessels of the United States shall pursue the said pirates, and if captured deliver them over for trial and punishment.

ARTICLE X.

The United States of America shall have the right to appoint Consuls and other Commercial Agents for the protection of trade, to reside at such places in the dominions of China as shall be agreed to be opened; who shall hold official intercourse and correspondence with the local officers of the Chinese Government, (a Consul or a Vice-Consul in charge taking rank with an Intendant of Circuit or a Prefect) either personally or in writing, as occasions may require, on terms of equality and reciprocal respect. And the Consuls and local officers shall employ the style of mutual communication. If the officers of either nation are disrespectfully treated or aggrieved in any way by the other authorities, they have the right to make representation of the same to the superior officers of the respective Governments, who shall see that inquiry and strict justice shall be had in the premises. And the said Consuls and Agents shall carefully avoid all acts of offense to the officers and people of China. On the arrival of a Consul duly accredited at any port in China, it shall be the duty of the Minister of the United States to notify the same to the Governor-General of the province where such port is, who shall forthwith recognize the said Consul and grant him authority to act.

ARTICLE XI.

All citizens of the United States of America in China, peaceably attending to their affairs, being placed on a common footing of amity and good will with the subjects of China, shall receive and enjoy for themselves and everything appertaining to them, the protection of the local authorities of Government, who shall defend them from all insult or injury of any sort. If their dwellings or property be threatened or attacked by mobs, incendiaries, or other violent or lawless persons, the local officers, on requisition of the Consul, shall immediately despatch a military force to disperse the rioters, apprehend the guilty individuals, and punish them with the utmost rigor of the law. Subjects of China guilty of any criminal act toward citizens of the United States shall be punished by the Chinese authorities according to the laws of China; and citizens of the United States, either on shore or in any merchant vessel, who may insult, trouble or wound the persons or injure the property of Chinese, or commit any other improper act in China, shall be punished only by the Consul or other public functionary thereto authorized, according to the laws of the United States. Arrests in order to trial may be made by either the Chinese or the United States authorities.

ARTICLE XII.

Citizens of the United States, residing or sojourning at any of the ports open to foreign commerce, shall be permitted to rent houses and places of business, or hire sites on which they can themselves build houses or hospitals, churches and cemeteries. The parties interested can fix the rent by mutual and equitable agreement; the proprietors shall not demand an exorbitant price, nor shall the local authorities interfere, unless there be some objections offered on the part of the inhabitants respecting the place. The legal fees to the officers for applying their seal shall be paid. The citizens of the United States shall not unreasonably insist on particular spots, but each party shall conduct with justice and moderation. Any desecration of the cemeteries by natives of China shall be severely punished according to law. At the places where the ships of the United States anchor, or their citizens reside, the merchants, seamen or others, can freely pass and repass in the immediate neighborhood; but, in order to the preservation of the public peace, they shall not go into the country to the villages and marts to sell their goods unlawfully, in fraud of the revenue.

ARTICLE XIII.
If any vessel of the United States be wrecked or stranded on the coast of China, and be subjected to plunder or other damage, the proper officers of Government on receiving information of the fact, shall immediately adopt measures for its relief and security; the persons on board shall receive friendly treatment, and be enabled to repair at once to the nearest port, and shall enjoy all facilities for obtaining supplies of provisions and water. If the merchant vessels of the United States, while within the waters over which the Chinese Government exercises jurisdiction, be plundered by robbers or pirates, then the Chinese local authorities, civil and military, on receiving information thereof, shall arrest the said robbers or pirates, and punish them according to law, and shall cause all the property which can be recovered to be restored to the owners or placed in the hands of the consul. If, by reason of the extent of territory and numerous population of China, it shall in any case happen that the robbers cannot be apprehended, and the property only in part recovered, the Chinese Government shall not make indemnity for the goods lost; but if it shall be proved that the local authorities have been in collusion with the robbers, the same shall be communicated to the superior authorities for memorializing the throne, and these officers shall be severely punished, and their property be confiscated to repay the losses.

ARTICLE XIV.
The citizens of the United States are permitted to frequent the ports and cities of Canton and Chau-chau, or Swatow, in the province of Kwangt-tung, Amoy, Fuh-chau, and Tai-wan, in the province of Fuh-kien, Ningpo in the province of Cheh-kiang, and Shanghai, in the province of Kiang-su, and any other port or place hereafter by treaty with other powers or with the United States opened to commerce, and to reside with their families and trade there, and to proceed at pleasure with their

vessels and merchandise from any of these ports to any other of them. But said vessels shall not carry on a clandestine and fraudulent trade at other ports of China not declared to be legal, or along the coasts thereof; and any vessel under the American flag violating this provision, shall, with her cargo, be subject to confiscation to the Chinese Government; and any citizen of the United States who shall trade in any contraband article of merchandise shall be subject to be dealt with by the Chinese Government, without being entitled to any countenance or protection from that of the United States; and the United States will take measures to prevent their flag from being abused by the subjects of other nations as a cover for the violation of the laws of the empire.

ARTICLE XV.

At each of the ports open to commerce citizens of the United States shall be permitted to import from abroad, and sell, purchase and export all merchandise of which the importation or exportation is not prohibited by the laws of the empire. The tariff of duties to be paid by citizens of the United States, on the export and import of goods from and into China, shall be the same as was agreed upon at the Treaty of Wanghia, except so far as it may be modified by treaties with other nations; it being expressly agreed that citizens of the United States shall never pay higher duties than those paid by the most favored nation.

ARTICLE XVI.

Tonnage duties shall be paid on every merchant vessel belonging to the United States entering either of the open ports at the rate of four mace per ton of forty cubic feet, if she be over one hundred and fifty tons burden, and one mace per ton forty cubic feet, if she be of the burden of one hundred and fifty tons burden or under, according to the tonnage specified in the register, which, with her other papers, shall, on her arrival, be lodged with the Consul, who shall report the same to the commissioner of customs. And if any vessel, having paid tonnage duty at one port, shall go to any other port to complete the disposal of her cargo, or, being in ballast, to purchase an entire or fill up an incomplete cargo, the Consul shall report the same to the commissioner of customs, who shall note on the port clearance that the tonnage duties have been paid, and report the circumstances to the collectors at the other custom-houses; in which case, the said vessel shall only pay duty on her cargo, and not be charged with tonnage duty a second time. The collectors of customs at the open ports shall consult with the Consuls about the erection of beacons or lighthouses, and where buoys and light-ships should be placed.

ARTICLE XVII.

Citizens of the United States shall be allowed to engage pilots to take their vessels into port, and, when the lawful duties have all been paid, take them out of port. It shall be lawful for them to hire at pleasure servants, compradores, linguists, writers, laborers, seamen and persons for whatever necessary service, with passage or cargo boats, for a reasonable compensation, to be agreed upon by the parties or determined by the consul.

ARTICLE XVIII.
Whenever merchant vessels of the United States shall enter a port, the collector of customs shall, if he see fit, appoint custom-house officers to guard said vessels, who may live on board the ship or their own boats, at their convenience. The local authorities of the Chinese Government shall cause to be apprehended all mutineers or deserters from on board the vessels of the United States in China on being informed by the Consul, and will deliver them up to the Consuls or other officer for punishment. And if criminals, subjects of China, take refuge in the houses or on board the vessels of citizens of the United States, they shall not be harbored or concealed, but shall be delivered up to justice on due requisition by the Chinese local officers, addressed to those of the United States. The merchants, seamen and other citizens of the United States shall be under the superintendence of the appropriate officers of their Government. If individuals of either nation commit acts of violence or disorder, use arms to the injury of others, or create disturbances endangering life, the officers of the two Governments will exert themselves to enforce order and to maintain the public peace, by doing impartial justice in the premises.

ARTICLE XIX.
Whenever a merchant vessel belonging to the United States shall cast anchor in either of the said ports, the supercargo, master, or consignee, shall, within forty-eight hours, deposit the ship's papers in the hands of the Consul or person charged with his functions, who shall cause to be communicated to the superintendent of customs a true report of the name and tonnage of such vessel, the number of her crew, and the nature of her cargo; which being done, he shall give a permit for her discharge. And the master, supercargo or consignee, if he proceed to discharge the cargo without such permit, shall incur a fine of five hundred dollars and the goods so discharged without permit shall be subject to forfeiture to the Chinese Government. But if a master of any vessel in port desire to discharge a part only of the cargo, it shall be lawful for him to do so, paying duty on such part only, and to proceed with the remainder to any other ports. Or, if the master so desire, he may, within forty-eight hours after the arrival of the vessel, but not later, decide to depart without breaking bulk; in which case he shall not be subject to pay tonnage or other duties or charges until on his arrival at another port, he shall proceed to discharge cargo, when he shall pay the duties on vessel and cargo, according to law. And the tonnage duties shall be held due after the expiration of the said forty-eight hours. In case of the absence of the Consul or person charged with his functions, the captain or

supercargo of the vessel may have recourse to the Consul of a friendly power, or, if he please, directly to the Superintendent of Customs, who shall do all that is required to conduct the ship's business.

ARTICLE XX.
The Superintendent of Customs, in order to the collection of the proper duties, shall, on application made to him through the Consul, appoint suitable officers, who shall proceed in the presence of the captain, supercargo, or consignee, to make a just and fair examination of all goods, in the act of being discharged or importation, or laden for exportation, on board any merchant Vessel of the United States. And if disputes occur in regard to the value of goods subject to ad valorem duty, or in regard to the amount of tare, and the same cannot be satisfactory arranged by the parties, the question may, within twenty-four hours, and not afterwards, be referred to the said Consul to adjust with the Superintendent of Customs.

Article XXI
Citizens of the United States who may have imported merchandize into any of the free ports of China, and paid the duty thereon, if they desire to reexport the same in part or in whole to any other of the said ports, shall be entitled to make application through their Consul, to the superintendant of customs, who in order to prevent fraud on the revenue, shall cause examination to be made by suitable officers to see that the duties paid on such goods as are entered on the custom-house books, correspond with the representation made, and that the goods remain with their original marks unchanged, and shall then make a memorandum in the port clearance, of the goods and the amount of duties paid on the same, and deliver the same to the merchant, and shall also certify the facts to the officers of customs of the other ports; all which being done, on the arrival in port of the vessel in which the goods are laden, and everything being found on examination there to correspond, she shall be permitted to break bulk and land the said goods, without being subject to the payment of any additional duty thereon. But if on such examination, the superintendant of customs shall detect any fraud on the revenue in the case, then the goods shall be subject to forfeiture and confiscation to the Chinese Government. Foreign grain or rice brought into any port of China in a ship of the United States, and not landed, may be re-exported without hindrance.

Article XXII
The tonnage duty on vessels of the United States shall be paid on their being admitted to entry. Duties of import shall be paid on the discharge of the goods, and duties of export on the lading of the same. When all such duties shall have been paid and not before, the collector of customs shall give a port clearance, and the Consul shall return the ship's papers. The duties shall be paid to the shroffs authorized by the Chinese Government to receive the same. Duties shall be paid and received either in sycee silver or in foreign money at the rate of the day. If the Consul permits a ship to leave

the port before the duties and tonnage dues are paid, he shall be held responsible therefor.

Article XXIII
When goods on board any merchant vessel of the United States in port require to be transhipped to another vessel, application shall be made to the consul, who shall certify what is the occasion therefor to the Superintendant of customs, who may appoint officers to examine into the facts and permit the transhipment. And if any goods be transhipped without written permits, they shall be subject to be forfeited to the Chinese Government.

ARTICLE XXIV.
Where there are debts due by subjects of China to citizens of the United States, the latter may seek redress in law; and, on suitable representations being made to the local authorities, through the Consul, they will cause due examination in the premises, and take proper steps to compel satisfaction. And if citizens of the United States be indebted to subjects of China, the latter may seek redress by representation through the Consul, or by suit in the consular court; but neither Government will hold itself responsible for such debts.

ARTICLE XXV.
It shall be lawful for the officers or citizens of the United States to employ scholars and people of any part of China, without distinction of persons, to teach any of the languages of the empire, and to assist in literary labors; and the persons so employed shall not for that cause be subject to any injury on the part either of the Government or of individuals; and it shall in like manner be lawful for citizens of the United States to purchase all manner of books in China.

Article XXVI
Relations of peace and amity between the United States and China being established by this treaty, and the vessels of the United States being admitted to trade, freely to and from the ports of China open to foreign commerce, it is further agreed, that in case at any time hereafter China should be at war with any foreign nation whatever, and should for that cause exclude such nation from entering her ports, still the vessels of the United States shall not the less continue to pursue their commerce in freedom and security, and to transport goods to and from the ports of the belligerent powers, full respect being paid to the neutrality of the flag of the United States: provided that the said flag shall not protect vessels engaged in the transportation of officers or soldiers in the enemy's service, nor shall said flag be fraudulently used to enable the enemy's ships with their cargoes to enter the ports of China: but all such vessels so offending shall be subject to forfeiture and confiscation to the Chinese Government.

Article XXVII

All questions in regard to rights whether of property or person, arising between citizens of the United States in China shall be subject to the jurisdiction and regulated by the authorities of their own government. And all controversies occurring in China between citizens of the United States and the subjects of any other government, shall be regulated by the treaties existing between the United States and such Governments respectively without interference on the part of China.

ARTICLE XXVIII.

If citizens of the United States have special occasion to address any communication to the Chinese local officers of Government, they shall submit the same to their Consul or other officer, to determine if the language be proper and respectful, and the matter just and right, in which event he shall transmit the same to the appropriate authorities for their consideration and action in the premises. If subjects of China have occasion to address the Consul of the United States, they may address him directly at the same time they inform their own officers, representing the case for his consideration and action in the premises; and if controversies arise between citizens of the United States and subjects of China, which cannot be amicably settled otherwise, the same shall be examined and decided conformably to justice and equity by the public officers of the two nations, acting in conjunction. The extortion of illegal fees is expressly prohibited. Any peaceable persons are allowed to enter the court in order to interpret, lest injustice be done.

ARTICLE XXIX.

The principles of the Christian religion, as professed by the Protestant and Roman Catholic churches, are recognized as teaching men to do good, and to do to others as they would have others do to them. Hereafter those who quietly profess and teach these doctrines shall not be harassed or persecuted on account of their faith. Any person, whether citizen of the United States or Chinese convert, who, according to these tenets, peaceably teach and practice the principles of Christianity, shall in no case be interfered with or molested.

ARTICLE XXX.

The contracting parties hereby agree that should at any time the Ta-tsing Empire grant to any nation, or the merchants or citizens of any nation, any right, privilege or favor, connected either with navigation, commerce, political or other intercourse, which is not conferred by this treaty, such right, privilege and favor shall at once freely inure to the benefit of the United States, its public officers, merchants and citizens.

The present treaty of peace, amity and commerce shall be ratified by the President of the United

States, by and with the advice and consent of the Senate, within one year, or sooner, if possible, and by the August Sovereign of the Ta-tsing Empire forthwith; and the ratifications shall be exchanged within one year from the date of the signatures thereof.

In faith whereof, we, the respective Plenipotentiaries of the United States of America and the Ta-tsing Empire as aforesaid, have signed and sealed these presents.

Done at Tien-tsin this eighteenth day of June, in the year of our Lord one thousand eight hundred and fifty-eight, and the independence of the United States of America the eighty-second, and in the eighth year of Hienfung, fifth month, and eighth day.

[SEAL.] WILLIAM B. REED.
[SEAL.] KWEILIANG.
[SEAL.] HWASHANA.

(중미) 톈진조약(영어본)의 한글 번역문

미국과 중국의 평화, 우호, 상업에 관한 조약

미합중국과 대청 제국은 견고하고 영원한, 그리고 진실한 우정을 유지하기를 열망하면서, 분명하고 긍정적인 태도로, 평화, 우호, 상업에 관한 조약 또는 일반 협약에 의해서 미래에 상대 국가와의 교류에서 서로 준수해야 할 규칙들을 갱신하기로 결정했다. 가장 바람직한 목적을 위해 미합중국의 대통령과 대청 제국의 존엄한 군주는 그들의 전권공사를 지명했다. 더 정확히 말해서, 미합중국 대통령은 윌리엄 B. 리드를 중국에 대한 특별 사절 겸 전권공사로, 중국 황제는 내각의 일원이자 형부의 관리자[84]인 구이량(桂良, Kweliang)과 이부(吏部)의 수장이자 한군(漢軍) 팔기 양람기(鑲藍旗) 소장(少將)[85] 화사나(花沙納)를 흠차(欽差) 위원 겸 전권공사로 임명했다.

그리고 전술한 공사들은 그들이 각자의 정부로부터 부여받은 각각의 모든 권한 덕분에 다음 조항들에 합의했다.

제1조
미합중국과 대청 제국, 그리고 양국 인민들 사이에는 언제나 그래왔듯 평화와 우정이 계속된다. 그들은 그들 사이에 틈을 만들기 위해서 어떠한 사소한 이유로도 서로를 모욕하거나 억압해서는 안 되며, 만약 다른 어떠한 나라가 부당하거나 억압적으로 행동한다면 미국은, 그 사건에 대한 고지를 받은 경우, 그들의 호의를 발휘하여 그 문제에 대한 우호적인 합의를 이끌어 냄으로써 그들의 우호적인 감정을 보여 줄 것이다.

제2조
우정을 영구히 이어 가기 위해서, 미국 상원의 권고와 동의를 얻은 대통령의 비준과 중국 황제의 비준을 교환하고 나면 이 조약은 다음과 같이 보관되고 신성하게 보호된다. 즉, 미국 대통령에 의해 비준된 조약 원문은 내각의 책임하에[86] 중국 황제의 수도 베이징에 보관한다. 그리고 중국 황제가 비준한 것은 국무장관 책임하에 미국의 수도 워싱턴에 보관한다.

제3조
두 나라의 인민들이 이 조약의 조항들을 알고 복종하도록 하기 위해, 미합중국은 비준서 교환 즉시 이를 선포하고, 당국이 미합중국의 법을 발표하는 관보에 이를 선포함으로써 이를 발표한다. 그리

---

84 중문판에서는 "東閣大學士總理刑部事務"
85 중문판에서는 "吏部尙書鑲藍旗漢軍都統"
86 중문판에서는 "內閣大學士恭藏"

고 중국 황제는 비준서 교환과 함께 즉시 이 조약을 수도에 발표하고, 모든 지방의 총독들을 통해 조약을 공포하도록 명령하는 것에 동의한다.

제4조
우정을 더 오래 지속시키기 위해서, 미국의 중국에서의 공사 또는 협상 위원 또는 최고위 외교 대표는 언제나 완전한 평등과 신뢰의 조건 위에서 수도에 있는 내각의 관료들 또는 량광(兩廣), 푸젠(福建), 저장(浙江), 량쟝(兩江) 총독과 서신[87]을 주고받을 권리를 가진다. 그리고 그가 수도의 내각과 이러한 서신 왕래를 원한다면, 그는 언제든지 위에 언급한 총독들을 통해서 또는 배달 우편[88]으로 그것을 보낼 권리를 가진다. 그리고 이러한 모든 서신은 봉인해서 보내며, 가장 세심하게 존중된다. 내각과 총독들은 그러한 경우가 있으면, 모든 경우에 서신을 숙려하고 그것을 받았음을 즉시, 그리고 정중히 알려야 한다.

제5조
중국에 있는 미합중국의 공사는 업무가 있으면 언제든 중국 황제의 수도를 방문하고 체류할 권리를 가진다. 그리고 그곳에서 내각의 일원 또는 그러한 목적을 위임받은 같은 등급의 다른 고위 관원과 함께 공동의 이익의 문제들을 협의한다. 그의 방문은 매년 1회를 넘겨서는 안 되며, 그는 자신의 업무를 불필요하게 지연시키지 않고 마치도록 한다. 그는 육로로 가거나 베이허(北河)를 통해 돌아오는 것이 허용하며, 그곳에 들어갈 때에는 군함을 가져갈 수 없다. 그리고 그는 그곳의 당국자에게 알려 여행할 수 있는 배를 제공받아야 한다. 그는 이러한 규정을 이용해 사소한 이유로 수도 방문을 요구하여서는 안 된다. 언제나 수도로 이동하기 위해서는 서면으로 그의 의도를 수도의 예부(禮部)에 알려 예부가 그의 여정을 용이하게 하기 위해 필요한 지시를 내리고, 그에게 필요한 보호와 존경을 제공해 줄 수 있도록 한다. 그가 수도에 도착할 때에는 자신에게 준비된 적절한 거주지를 제공받으며, 그 경비는 자신이 부담한다. 또한 그의 전체 수행단은 20명을 초과할 수 없으나 중국인 수행원은 예외로 하며,[89] 그들 중 누구도 무역에 종사해서는 안 된다.

제6조
언제라도 중국 황제가 자발적으로 만든 조약에 의해, 또는 어떠한 다른 이유로 다른 우호적인 국가의 대표가 그의 수도에 장기간 또는 단기간 주재하는 것을 허가한다면, 추가적인 협의나 허가의 표현 없이 중국에 있는 미국의 대표는 같은 특권을 누린다.

---

87 영문판에서는 "correspond" 또는 "communication", 중문판에서는 "照會"라는 용어를 사용하고 있다.
88 중문판에서는 "堤塘驛站"이라 표현하고 있다.
89 중문판에서는 "雇覓華民供役"이라 표현하고 있는데, 이는 임시로 고용한 중국인 부역자를 가리킨다.

제7조

미국과 중국의 상급 당국은 서로 평등한 조건에서 공문서를 주고받아야 하며, 뮤추얼 커뮤니케이션(mutual communication, 照會)의 서식[90]을 사용한다. 영사와 문무(文武) 지방관이 서로 공문서를 왕래할 때에도 마찬가지로 조회의 서식과 양식을 사용한다. 한쪽 정부의 하급 관원이 상대편 정부의 상급 관원에게 진정할 때에는 메모리얼(memorial, 申陳)의 서식과 양식을 사용한다. 개인이 상급 관원에게 진정할 경우에는 페티션(petition, 稟呈)의 서식과 양식을 사용한다. 어떤 경우에도 쌍방에 모욕적이거나 무례할 수 있는 용어나 양식이 사용되거나 경험되어서는 안 된다. 그리고 어떤 핑계나 형식의 선물도 중국이 미국에 요구하거나 미국이 중국에 요구하지 않는다는 것이 동의되었다.

제8조

미래에 있을 미합중국의 대표자와 총독 및 순무 사이의 모든 개인적 교류에서, 어떤 것이든 그들 사이에서 합의될 수 있다면 회견(會晤)는 상기한 관원들의 관저나 임시 거처, 또는 미국 대표자의 거처에서 이루어져야 한다. 그들은 이러한 회견을 거절할 어떠한 핑계도 만들 수 없다. 시사 문제는 개인적인 만남에 장애가 되지 않도록 서신 왕래를 통해 논의되어야 한다.

제9조

미국의 관선(national vessels, 官船)이 자국의 교역을 보호하거나 과학의 발전을 위해 해안을 따라 무역을 위해 개방된 항구들 사이를 항행할 때에는 언제든지 중국의 아무 항구 또는 그에 가까운 곳에 도착할 수 있으며, 상술한 선박들의 사령관과 정부의 상급 지방 당국자는 필요한 경우, 상대국과의 우호적인 관계의 표시로서 평등하고 공손한 어조로 교류해야 한다. 그리고 상술한 선박은 중국 정부 측으로부터 식량이나 다른 물자의 조달 및 필요한 수리를 하는 데 있어 모든 적절한 편의를 누려야 한다. 그리고 미국은 미국 선박이 난파당해 해적에게 약탈당했을 경우, 또는 미국 선박이 난파되지 않은 상태에서 해안과 가까운 바다 위에서 해적에게 약탈당하거나 나포되었을 경우, 미국의 관선이 전술한 해적들을 추적해야 하며, 만약 체포하면 그들을 재판하고 처벌할 수 있도록 인도해야 한다는 것에 동의한다.

제10조

미합중국은 무역의 보호를 위해 영사 및 기타 무역 사무관을 지명하여 중국 영토 안의 개방하기로 동의될 특정 장소에 주재하게 할 권리를 가진다. 그들은 중국 정부의 지방관들과 필요할 때마다, 평등하고 서로를 존중하는 언어로서, 대면 또는 서면으로 공식적인 교제와 서신 왕래를 가진다(담당 영사 또는 부영사는 도대[Intendant of Circuit, 道臺] 또는 지부[Prefect, 知府]와 같은 지위를 갖는다). 그리고 영사와 지방관은 뮤추얼 커뮤니케이션의 양식을 사용한다. 만약 한 나라의 관리들이 다른 당국자에 의해 어떠한 방식으로든 무례하게 대우받거나 권리를 침해당할 경우, 그들은 상대

---

[90] 영문판은 "in form of mutual communication(chau-hwui)", 중문판은 "照會字樣".

국 정부의 상급 관원에게 이를 진정할 권리를 가지며, 그들은 그곳에서 조사와 엄격한 재판이 이루어지는 것을 볼 것이다. 그리고 위에서 언급한 영사와 사무관은 중국의 관원과 인민에 대한 모든 공격적인 행동을 신중하게 회피해야 한다. 중국의 어떤 항구에서도 영사의 도착은 적절하게 승인받아야 한다. 이를 그 항구가 있는 지방의 총독에게 통지하는 것은 미국 공사의 의무이며, 총독은 즉각 위에서 언급한 영사를 승인하고 그에게 행동할 권한을 부여해 주어야 한다.

제11조
중국에서 평화롭게 자신의 일에 종사하며 중국 신민들과 우호와 선의의 공통적인 토대 위에 놓여 있는 모든 미합중국 시민들은 그들 자신과 그들에 속한 모든 것에 대한 지방 당국의 보호를 받고 즐길 것이다. 지방 당국은 모든 종류의 모욕과 상해로부터 그들을 지켜 주어야 한다. 만약 그들의 거주지나 재산이 폭도나 선동가들, 또는 그 밖의 폭력적이거나 무법적인 사람들로부터 위협받거나 공격당하면 지방 관리들은 영사의 정식 요청을 받아 즉시 군대를 파견하여 폭도들을 해산하고, 범죄자들을 체포하여 법을 최대한 엄하게 적용하여 처벌한다. 중국 신민이 미합중국 시민에게 범죄 행위를 저지른 경우, 그들은 중국의 법률에 따라 중국 당국자에게 체포되어 처벌받는다. 그리고 미국 시민이 육지나 상선 안에서 사람을 모욕하거나 괴롭히거나 부상을 입히거나 또는 중국인의 재산을 손상시키거나 또는 중국에서 기타 부적절한 행위를 저질렀을 경우에는, 오로지 미합중국의 법에 따라 권한을 부여받은 미합중국의 영사 또는 다른 공무원에 의해 재판을 받고 처벌받아야 한다. 재판에 넘기기 위한 체포는 중국과 미국 당국 모두에 의해 이루어질 수 있다.

제12조
외국과의 상업에 개방된 항구들 중 어느 곳에 주재하거나 체류하는 미합중국 시민이 집이나 업무를 위한 장소를 빌리거나 스스로 집이나 병원, 교회 및 묘지를 지을 수 있는 부지를 빌리는 것이 허가된다. 이해 당사자들은 상호 간의, 그리고 공평한 합의를 통해 임차료를 정할 것이다. 소유자들은 과도한 가격을 요구할 수 없으며, 그 장소에 관해 주민들 쪽에서 어떤 반대가 있지 않는 한 지방 당국이 개입해서도 안 된다. 인지를 신청하기 위한 법정 수수료는 관리들에게 지불되어야 한다. 미국 시민은 비합리적으로 특정한 지점을 고집할 수 없으나, 양측은 각자 공정함과 절제 속에서 행동해야 한다. 중국 원주민이 공동묘지에 행하는 어떠한 모독 행위도 법에 따라 엄격하게 처벌받을 것이다. 미국의 선박이 정박하거나 미국 시민이 거주하는 장소에서 상인과 선원 또는 다른 이들은 바로 인접한 지역을 자유롭게 통과하고 재통과할 수 있다. 그러나 공공의 평화를 지키기 위해, 그들은 시골로 들어가서 마을과 시장에 가서 징세 기관을 속이고 불법적으로 그들의 상품을 판매해서는 안 된다.

제13조
만약 미합중국의 어떠한 상선이라도 중국의 해안에서 난파되거나 좌초되고, 약탈당하거나 다른 손상을 입게 되면, 그 사실에 대한 정보를 제공받은 정부의 적절한 관원이 즉시 그들의 안위와 안전을 위한 조치를 취해야 한다. 배에 타고 있던 사람들은 우호적인 대우를 받고, 즉시 배를 수리하여 가장 가까운 항구에 갈 수 있어야 하며, 식량과 물을 획득하는 데 있어 모든 편의를 누린다. 만약 미국의 상선이 중국 정부가 사법권을 행사하는 바다 위에 있는 동안 강도나 해적에게 약탈당할 경우, 그 정보를 제공받은 중국의 지방 문무(文武) 당국자들은 위에 언급한 강도 또는 해적을 체포하여 법에 따라 처벌해야 하며, 되찾을 수 있는 모든 재산을 소유자가 돌려받거나 영사가 넘겨받을 수 있도록 한다. 만약 중국의 넓은 영토와 많은 인구 때문에 어떠한 경우라도 강도를 체포할 수 없거나 재산의 일부만 되찾는 상황이 발생하면, 중국 정부는 잃어버린 상품에 대해 배상해 주지 않는다. 그러나 만약 지방 당국자가 강도들과 결탁해 왔음이 입증되면 이 일은 고위관료들에게 전달되어 황제에게 상주되며, 이 관리들은 엄격하게 처벌되고, 그들의 재산은 몰수되어 손실을 갚는 데 쓰여야 한다.

제14조
미국 시민은 광동성의 광저우와 차오저우 또는 산터우, 푸젠성의 샤먼, 푸저우, 타이완, 저장성의 닝보, 장쑤성의 상하이의 항구와 도시, 그리고 향후 다른 열강과 또는 미국과의 조약에 의해 교역을 위해 개방될 다른 항구나 장소에 수시로 와서 그들의 가족들과 함께 거주하며 그곳에서 무역을 하고, 그들의 배와 상품을 가지고 임의로 이들 항구 사이를 오가는 것이 허가된다. 그러나 앞에서 언급한 선박들은 합법적이라고 선언되지 않은 다른 항구들이나 그 연안에서 은밀하고 부정한 무역에 종사할 수 없다. 그리고 미국의 깃발을 단 배가 이 금령을 어기면, 그 화물과 함께 중국 정부에 몰수된다. 그리고 미국의 시민으로서 거래가 금지된 어떠한 품목의 상품이라도 교역하려 하는 자는 미합중국 정부로부터 어떠한 지지나 보호를 받을 자격을 잃고 중국 정부의 처분을 받게 될 것이다. 그리고 미합중국은 그들의 깃발이 다른 나라 신민에 의해 제국의 법을 위반하는 것을 감추는 차폐물로 악용되는 것을 방지하기 위한 조치를 취할 것이다.

제15조
상업을 위해 개방된 각각의 항구에서 미국 시민은 제국의 법률에 의해 수입과 수출이 금지되지 않은 모든 화물의 해외로부터의 수입, 판매, 구매 및 수출을 허가받는다. 미국 시민이 중국에서 수출하고 수입하는 상품에 대해 납부해야 할 관세는 다른 나라와의 조약에 의해 조정되지 않는 한 왕샤조약에서 체결한 것과 같다. 미국 시민이 결코 다른 최혜국이 내는 것보다 더 높은 관세를 내지 않는 것을 분명히 합의했기 때문이다.

제16조
톤세는 각각의 개항장에 들어가는 미국에 소속된 모든 상선에 대해 납부하며, 신고서에 명기된 톤수에 따라 배의 화물이 150톤을 초과하면 40입방피트 1톤당 4메이스의 비율로, 배의 화물이 150톤 이하인 경우에는 40입방피트 톤당 1메이스 비율의 톤세가 적용된다. 신고서는 배의 다른 서류들과 함께 배가 도착할 때 영사에게 제출하며, 영사는 그것을 세관 감독관에게 보고한다. 그리고 만약 어떤 선박이 한 항구에서 톤세를 지불했다면 다른 항구에 가서 화물의 처리를 완료하거나 실은 짐이 없는 상태에서 화물의 전체 또는 일부를 구입하여 채울 수 있다. 영사는 이를 세관 감독관에게 보고하며 감독관은 상술한 선박이 출발할 때 출항 면장에 톤세가 이미 지불되었음을 기록하고 이를 다른 세관에 보고한다. 그러한 경우, 위에서 언급한 선박은 두 번째 항구에서는 톤세를 내지 않고 배에 실린 화물에 대한 관세만을 지불한다. 개항장의 세관 징수원들은 비콘 또는 등대의 설치에 대해, 그리고 부표와 등대선이 배치되어야 하는 위치에 대해 영사와 상의한다.

제17조
미합중국의 시민들이 도선사를 고용하여 그들의 선박을 항구 안으로 들여오고, 적법한 세금이 모두 납부되면 선박을 항구 밖으로 끌고 나가는 것이 허용된다. 그들이 당사자들끼리 합의하거나 영사가 결정한 합리적인 보수에 의해 임의로 하인, 매판(買辦), 언어학자, 작가, 노동자, 선원 및 무슨 일이든 필요한 서비스를 위해 사람을 고용하고, 여객선과 화물선을 고용하는 것이 합법적인 일이 된다.

제18조
언제든 미합중국 소속의 상선이 항구에 진입하면, 세관의 관세 징수관은, 만약 그가 적합하다고 생각한다면, 세관 관원들을 지명하여 위에 언급한 배를 경호해 줄 수 있으며, 그들은 편리한 대로 그 배 위에서 지내거나 또는 그들 자신의 배에서 지낼 수 있다. 그러나 위에 언급한 관원들의 생계에 대한 대책이 세관 감독관에 의해 만들어져야 하며, 그들은 이 배들이나 배의 소유주들로부터 어떠한 수당도 받을 권리가 없다. 그리고 그들이 이 규정을 위반하는 부당한 요구를 할 경우에는 적절한 처벌을 받을 것이다. 중국 정부의 지방 당국자는 영사에게 통지를 받아 중국에 있는 미국 선박에서 반란을 일으킨 자나 달아난 자들이 체포되도록 해야 하고, 그들을 영사들 또는 다른 관리들에게 인도하여 처벌하게 할 것이다. 그리고 만약 중국의 신민들인 범죄자들이 미합중국 시민들의 집 안이나 배 위에 은신한다면, 그들은 숨겨지거나 감춰져서는 안 되며, 중국 지방관이 미합중국 관리에게 제기하는 정식 요청에 따라 인도되어 법의 처벌을 받는다. 미합중국의 상인과 선원 그리고 다른 시민들은 그들의 정부의 적절한 관원의 감독 하에 둔다. 만약 각 나라의 개인들이 폭력이나 난동의 행위를 범하거나, 무기를 사용하여 타인에게 상해를 입히거나, 생명을 위협하는 소동을 일으키거나 하면, 두 정부의 관리들은 그 지역 안에서 공정한 정의를 시행함으로써 질서를 강제하고 공공의 평화를 유지하기 위해 힘쓸 것이다.

제19조
언제든지 미합중국 소속의 상선이 위에 언급한 항구들 중 하나에 정박하게 되면, 화물 관리자나 선장 또는 화물 인수자가 선박의 서류들을 48시간 이내에 영사 또는 업무 담당자에게 제출할 것이며, 그들은 세관 감독관에게 그 배의 이름 및 톤수, 승무원의 수, 적재한 화물의 성질에 대한 진실한 보고서가 전달되도록 한다. 그것이 수행되면 세관의 감독자는 배의 화물을 내리는 것을 허가해준다. 그리고 선장이나 화물 관리자 또는 화물 인수자가 이러한 허가 없이 하역을 진행하면, 500달러의 벌금을 물게 되고, 그리고 허가 없이 하역한 상품들은 중국 정부에 몰수된다. 그러나 만약 항구 안의 어떤 배의 선장이 화물의 일부만을 하역하고자 한다면, 그가 그렇게 하고 하역하는 부분에 대해서만 세금을 내는 것, 그리고 이어서 나머지 짐을 싣고 다른 항구에 가는 것이 법적으로 허용된다. 또는, 만약 선장이 원한다면 그는 선박의 도착 이후 48시간을 넘기지 않고 짐을 부리지 않은 채 떠나기로 결정할 수 있다. 그러한 경우, 그는 다른 항구에 도착할 때까지 톤세나 다른 세금 및 요금의 부과 대상이 되지 않으며, 그곳에서 법률에 따라 배와 화물에 대한 세금들을 내고 화물을 하역해야 한다. 그리고 톤세는 위에 언급한 48시간이 만료되면 부과되어야 한다. 영사나 업무 담당자가 부재한 경우, 그 선박의 선장 또는 화물 관리자는 우방(友邦)의 영사에게 호소할 수 있으며, 만약 원한다면, 직접 세관 감독관에게 호소할 수도 있다. 그러한 경우, 그는 그 배의 업무를 처리하는 데 필요한 모든 것을 해 주어야 한다.

제20조
세관의 감독관은 적절한 관세 징수를 위해 영사가 그에게 요청한 신청서에 대해 적합한 관원을 지명하며, 그들은 미합중국의 상선이 수입을 위해 짐을 부리거나 수출을 위해 짐을 싣는 중에 선장이나 화물 관리자 또는 화물 인수자의 입회하에 모든 상품을 공정하게 검사한다. 그리고 만약 종가세(從價稅)의 대상이 되는 상품의 가치 또는 포장재의 양에 대해 논쟁이 일어나는 경우, 그리고 당사자들이 이를 만족스럽게 처리하지 못할 경우가 있으면 그 문제는 24시간 안에, 시간을 넘기지 않고, 위에 언급한 영사에게 알려 세관 감독관과 조정하도록 해야 한다.

제21조
중국의 개방된 항구들에 상품을 수입하고 관세를 지불한 미국 시민은 상품의 일부 또는 전부를 상기 항구들 중 다른 곳으로 재수출하려는 경우, 영사를 통해 세관의 감독관에게 신청할 수 있으며, 세관 감독관은 세관 수입에 대한 기만을 방지하기 위하여 세관 장부에 기입된 물품에 대해 지불된 관세가 작성된 진정서와 일치하고 상품이 원래의 표시가 변경되지 않은 상태로 남아있는지 확인하기 위해 적절한 관원으로 하여금 검사를 실시하게 한다. 그 후 출항 허가 시에 상품 및 그에 지불한 관세의 액수에 대한 각서를 작성하여 그것을 상인에게 주고, 또한 다른 항구의 세관 공무원에게 그 사실들을 증명한다. 상품이 적재된 선박은 항구에 도착해서 모든 작업이 이루어지고 검사에서 확인된 모든 것이 일치하는 경우, 그곳에서 추가 관세를 지불하지 않고 상품의 포장을 풀고 하역하는 것이 허가된다. 그러나 만약 검사에서 세관의 감독관이 이러한 경우의 세관 수입에 대한 어떠한 속임수를 적발하게 되면, 그 상품은 중국 정부에 몰수 및 압류된다. 미국의 선박에 실어 중국의 어느 항구로든 반입한 외국의 곡물이나 쌀은 하역하지 않은 경우 방해를 받지 않고 재수출할 수 있다.

제22조
미국 선박에 대한 톤세는 입항 허가 시에 지불한다. 수입 관세는 배에서 짐을 내릴 때 지불하고, 수출 관세는 짐을 실을 때 지불한다. 이러한 관세가 지불되기 전이 아니라 모두 지불된 후에, 세관 징수원은 출항 허가를 내준다. 그리고 영사는 선박의 서류들을 돌려준다. 관세는 중국 정부가 관세 수납을 승인해준 환전 업자에게 지불한다. 관세는 당일의 환율에 따라 마제은(馬蹄銀) 또는 외환으로 지불 및 수령한다. 만약 영사가 선박이 관세와 톤세를 지불하기 전에 항구를 떠나도록 허가해준다면, 그는 이에 대한 책임을 진다.

제23조
항구에 있는 미합중국의 상선에 실린 상품을 다른 선박으로 환적할 필요가 있는 경우 영사에게 신청해야하며, 영사가 그 상황을 세관 감독관에게 증명하면, 세관 감독관은 관원을 지명하여 사실을 확인하고 환적을 허용할 수 있다. 그리고 만약 어떠한 상품이든 서면허가 없이 환적된다면 그 상품들은 중국 정부에 몰수된다.

제24조
중국의 신민이 미국 시민에게 진 빚이 있으면 후자는 법에 의한 구제를 모색할 수 있다. 그리고 영사를 통해 중국 지방 당국에 적절한 진정이 이루어지면, 그들은 그곳에서 적절한 조사를 할 것이며, 만족을 끌어내기 위해 적절한 조치를 밟아 나갈 것이다. 그리고 만약 미국 시민이 중국의 신민에게 빚을 졌을 경우, 후자는 영사를 통해 진정하거나 영사재판소에 소송을 제기함으로써 구제를 모색할 수 있다. 그러나 어느 쪽 정부도 이러한 빚들에 대해 책임지지 않는다.

제25조
미합중국의 관리 또는 시민이 개개인을 차별하지 않고 중국의 인민이나 학자를 출신 지역과 관계없이 고용하여 제국의 언어들을 가르치고 문학적 노동을 보좌하게 하는 것이 법적으로 허용된다. 그렇게 고용된 사람들은 그로 인해 정부 혹은 개인들의 어떠한 상해도 받아서는 안 된다. 마찬가지로 미합중국의 시민들이 중국의 모든 종류의 책을 구매하는 것도 합법화된다.

제26조
이 조약에 의해 미국과 중국 사이의 평화와 우호 관계가 성립되고, 미국 선박이 대외 무역을 위해 개방된 중국 항구에서 교역을 행하고 자유롭게 드나드는 것이 허용되면, 그 이후에 중국이 어떠한 외국과 전쟁 중이라서 해당 국민이 자신의 항구에 입항하는 것을 배제하더라도 미국 선박은 여전히 자유와 안전 속에서 교역을 계속하며, 미국 국기의 중립성을 완전히 존중받으며 교전 중인 국가들의 항구를 오가며 상품을 수송할 수 있다. 그러나 미국 국기로 적에게 복무하는 장교나 군인의 수송에 종사하는 선박을 보호해서는 안 되며, 상기 깃발을 적의 배가 그들의 화물을 중국의 항구에 들여오는 것에 부정하게 사용해서도 안 된다. 기만적으로 사용될 수 없다는 조건이 붙는다. 이를 위반한 모든 선박은 중국 정부에 압류 및 몰수될 것이다.

제27조
중국에 있는 미국 시민들 사이에서 발생하는 재산 또는 개인의 권리와 관련된 모든 문제는 자국 정부 당국의 사법권에 귀속되고 규제를 받는다. 그리고 중국에서 발생하는 미국 시민과 다른 정부의 신민들 사이의 모든 분쟁은 중국 측의 간섭을 받지 않고 미국과 이들 정부 사이에 존재하는 조약에 의해 각각 규제된다.

제28조
만약 미국 시민이 중국 지방정부의 관리에게 서신(communication)을 보내야 하는 특수한 경우가 있으면, 그것을 그들의 영사 또는 다른 관리에게 제출하여 언어가 적절하고 정중한지, 사안이 공정하고 옳은지 확인하도록 해야 한다. 그 경우 그는 그 글을 적절한 당국자들에게 발송하여 그 구역 내에서 배려하여 조치를 취하도록 해야 한다. 만약 중국 신민이 미국의 영사에게 편지를 보내야 하는 경우가 있으면, 그들은 영사에게 바로 편지를 보낼 수 있으며, 동시에 그들의 관리들에게 알려 그 사안을 제기하도록 함으로써 구역 내에서 영사의 고려와 조치를 요구할 수 있다. 그리고 만약 미국 시민과 중국의 신민 사이에서 달리 우호적으로 해결될 수 없는 논쟁이 일어나면, 그 논쟁은 양국 공무원들의 협력 속에서 정의롭고 공평하게 조사되고 결정되어야 한다. 불법 수수료의 갈취는 명백히 금지된다. 부당한 일이 벌어지는 것을 막기 위하여, 모든 평화로운 사람들은 법정에 들어가서 통역하는 것이 허용된다.

제29조
기독교의 교의는, 개신교와 로마 천주교회에 의해 공언된 바에 따르면, 인류에게 선을 행하고, 다른 사람이 그들에게 행동하기를 원하는 대로 다른 사람에게 행동하도록 가르치는 것으로 인정된다. 앞으로 이러한 교리를 조용히 고백하고 가르치는 이들은 그들의 신앙 때문에 괴롭힘을 당하거나 박해를 당해서는 안 된다. 미국 시민이든 중국인 개종자이든 간에, 이러한 교리를 따라 평화롭게 기독교의 교의를 가르치고 실천하는 자는 누구도 간섭이나 괴롭힘을 당하지 않아야 한다.

제30조
조약을 맺는 양측은 이로써 언제든 대청 제국이 다른 나라 또는 다른 나라의 상인과 시민에게 이 조약에서 주어지지 않은 항해와 상업, 정치적인 또는 다른 교류와 관련한 어떠한 권리와 특권 또는 혜택을 부여할 경우, 그러한 권리, 특권, 혜택이 즉시 자유롭게 미국과 미국의 관리, 상인, 시민들이 받는 혜택에 적용되는 것에 동의한다.

평화와 우호, 상업에 대한 현 조약은 미국 대통령에 의해, 상원의 권고와 동의를 받아, 1년 이내, 가능하면 더 빨리 비준하며, 대청 제국의 존엄한 군주에 의해 즉시 비준되어야 한다. 그리고 비준서는 서명이 이루어진 날로부터 1년 이내에 교환되어야 한다.
신뢰 속에서 우리들, 즉 앞에서 언급한 미국과 대청 제국의 전권공사들은 본 문서에 서명하고 날인하였다.

우리 주의 기념으로 1858년이자 미합중국 독립 82년 6월 18일, 그리고 함풍(咸豊) 8년 5월 8일, 텐진(天津)에서 체결됨.

[날인] 윌리엄 B. 리드(WILLIAM B. REED).
[날인] 구이량(KWEILIANG).
[날인] 화사나(HWASHANA).

5) (중불) 톈진(天津)조약(和約章程, 1858)

○ 명칭
- 프랑스어: Traité De Tianjin[Tientsin]
- 중국어: 中法天津條約; 和約章程

○ 체결 국가: 프랑스, 청

○ 체결일: 1858년 6월 27일
- 비준일(비준서 교환일): 1860년 10월 25일

○ 체결 장소: 톈진(天津)

○ 서명자(또는 전권대사)
- 프랑스 전권공사: 그로(Jean-Baptiste Louis Gros)
- 청국 흠차대신: 구이량(桂良), 화사나(花沙納)

○ 작성 언어: 프랑스어, 중국어

○ 체결 과정 및 주요 내용

영국이 애로호 사건을 빌미로 제2차 아편전쟁을 일으키면서 프랑스의 참전을 요청하자, 프랑스 역시 광시(廣西)에서 자국 선교사 샤프들랭(Auguste Chapdelaine) 신부가 피살된 사건(西林敎案)을 빌미로 공동원정군을 파병하였다. 1858년(함풍 8) 5월, 영프 연합군이 다구(大沽)를 점령하고 톈진(天津)을 압박하면서 베이징(北京) 공격을 선언하자, 청 정부는 어쩔 수 없이 구이량(桂良)과 화사나(花沙納)를 전권대표로 톈진에 파견하여 이들 국가와 담판을 시작하였다. 6월 15일에 시작된 프랑스 대표 그로(Jean-Baptiste Louis Gros)와의 담판에서 청 측은 프랑스 측의 요구를 대부분 수용했지만, 공사의 베이징 상주와 프랑스 상인의 내지 여행과 상품 구입을 허용해 달라는 요구에 대해서는 청의 반대에 부딪힌 그로 측에서 양보하는 태도를 취했다. 중미 톈진조약과 마찬가지로 공사가 중요한 업무를 처리하기 위해 베이징에 임시로 머물 수 있으며, 청조가 타국 사절에게 베이징 주재의 권리를 주게 되면 프랑스 역시 동등한 특권을 누린다는 조항을 신설하는 것에 만족하고, 상인의 내지 여행에 대한 조항은 추가하지 않았다. 이는 함께 진행되고 있던 영국과 청조의 담판에서 이 조항들이 반드시 관철될 것이고, 그렇게 되면 프랑스 측은 최혜국 조항에 의해 이 특권을 '균점' 할 수 있을 것이라는 계산에서였다고 한다. 그로는 조약문의 기초가 마무리된 후에도 조인을 미룬 채 청영 간의 담판 결과를 기다렸으며, 결국 6월 26일 청영 간 톈진조약이 체결되고 나서 하루 지난 6월 27일에야 조약문에 서명했다.

조약의 특징적인 내용은 첫째, 공사의 일시적인 베이징 체류 허용 및 타국 공사가 베이징에 상주하게 될 경우 프랑스 역시 동등한 특권을 누릴 것, 둘째, 충저우(瓊州), 차오저우(潮州), 타이완(台灣), 단수이(淡水), 덩저우(登州), 쟝닝(江寧) 여섯 항구의 추가 개항, 셋째, 프랑스인의 중국 내지 여행과 선교를 허가하고, 지방관은 정식으로 허가를 받아 내지에 들어가 선교 활동을 하는 이들을 우대하고 보호해 주어야 한다는 규정, 넷째, 프랑스 군함이 각 통상항에 정박할 수 있음, 그리고 다섯째, 서림교안(西林教案)의 책임자 파면 및 전쟁 비용 보상 등이다.

○ (조약문) 출처

- China. The Maritime Customs, *Treaties, Conventions, etc., Between China and Foreign States*, vol.1, 2d ed, Shanghai: Published at the Statistical Department of The Inspectorate General of Customs, 1917, pp.814~838. [중·불문 수록]

(중불) 톈진조약(중국어본) 원문

和約章程

今大淸國大皇帝、大法國大皇帝切願將所有兩國不協之處調處和平, 與前立和好、貿易、船隻事宜復爲申明, 諧逾往日, 妥爲處置, 保護懋生, 以敦永久。因此議定重立和約章程, 俾兩國均獲裨益, 用是兩國特派全權大臣, 以便辦理: 大淸國大皇帝欽差便宜行事全權大臣東閣大學士總理刑部事務桂良, 吏部尙書鑲藍旗漢軍都統花沙納; 大法國大皇帝欽差頭等全權大臣御賜勳勞大星俄羅斯大救帶大西洋降生大星世襲男爵若翰保弟斯大陸義葛羅前來, 彼此旣將所奉便宜行事之上諭及欽奉全權之詔勅公同較閱査核, 俱屬善當, 卽將議立條款開列於左:

第一款　嗣後大淸國皇上與大法國皇上及兩國商民, 毋論何人在何地方, 均永遠和好, 友誼敦篤, 彼此僑居, 皆獲保護身家。

第二款　玆兩國幸然復舊太平, 欲垂之永久, 因此兩國欽差大臣議定, 凡有大法國特派欽差大臣公使等予以詔勅前來中國者, 或有本國重務辦理, 皆准進京僑居, 按照泰西各國無異。又議定, 將來假如凡與中國有立章程之國, 或派本國欽差公使等進京長住者, 大法國亦能照辦。凡進京之欽差大臣公使等, 當其暫居京師之時, 無不按照情理全獲施恩, 其施恩者乃所有身家、公所與各來往公文、書信等件皆不得擅動, 如在本國無異; 凡欲招置人通事、服役人等可以延募, 毫無阻擋。所有費用, 均由本國自備。大淸國大皇帝欲派欽差大臣前往大法國京師僑居, 無不各按品級延接, 全獲恩施, 俱照泰西各國所派者無異。

第三款　凡大法國大憲、領事等官有公文照會中國大憲及地方官員, 均用大法國字樣, 惟爲辦事妥速之便, 亦有翻譯中國文字一件附之, 其附件務儘力以相符, 候大淸國京師有通事諳曉且能譯大法國言語, 卽時大法國官員照會大淸國官員公文應用大法國字樣, 大淸國官員照會大法國官員公文應用大淸國字樣。自今以後, 所有議定各款, 或有兩國文詞辯論之處, 總以法文做爲正義。玆所定者, 均與現立章程而爲然。其兩國官員照會, 各以本國文字爲正, 不得將翻譯言語以爲正也。

第四款　將來兩國官員, 辦公人等因公往來, 各隨各位高下, 准用平行之禮。大法國大憲與中國無論京內、京外大憲公文往來, 俱用「照會」。大法國二等官員與中國省中大憲公文往來, 用「申陳」, 中國大憲用「札行」。兩國平等官員照相併之禮。其商人及無爵者, 彼此赴訴, 俱用「稟呈」。大法國人每有赴訴地方官, 其稟函皆由領事官轉遞, 領事官卽將稟內情詞査核適理妥當, 隨卽轉遞, 否則更正, 或卽發還。中國人有稟赴領事官, 亦先投地方官, 一體辦理。

第五款　大法國皇上任憑設立領事等官, 在第六、七款內所列中國沿海及河各埠頭, 辦理本國商民交涉事件, 與各地方官公文往來, 並稽查遵守章程。中國地方官與該領事等官, 均應以禮相待; 來往移文, 俱用平行。倘有不平之事, 該領事等官准逕自申訴省垣大憲, 並控訴本國欽差全權大臣。遇有領事等官不在該口, 大法國船主、商人可以相托與國領事代爲料理, 否則逕赴海關呈明, 設法妥辦, 使該船主、商人得沾章程之利益。

第六款　中國多添數港, 准令通商, 屢試屢驗, 實爲近時切要, 因此議定, 將廣東之瓊州、潮州, 福建之台灣、淡水, 山東之登州, 江南之江寧六口, 與通商之廣東、福州、廈門、寧波、上海五口准令通市無異。其江寧俟官兵將匪徒剿滅後, 大法國官員方准本國人領執照前往通商。

第七款　自今以後, 凡大法國人家眷, 可帶往第六款所開中國沿海通商及江之各口市埠地方居住、貿易、工作, 平安無礙, 常川不輟。若有蓋印執照, 任憑在議定通商各口週遊往來; 惟明禁不得在沿海、沿江各埠私買、私賣; 如有犯此例者, 船隻貨物聽憑入官。但中國地方官查拿此等船隻、貨物, 於未定入官之先, 宜速知會附近駐口之大法國領事。

第八款　凡大法國人慾至內地及船隻不準進之埠頭遊行, 皆准前往, 然務必與本國欽差大臣或領事等官預領中、法合寫蓋印執照, 其執照上仍應有中華地方官鈐印以爲憑。如遇執照有遺失者, 大法國人無以繳送, 而地方官員無憑查驗, 不肯存留, 以便再與領事等官復領一件, 聽憑中國官員護送近口領事官收管, 均不得毆打、傷害、虐待所獲大法國人。凡照舊約在通商各口地方, 大法國人或長住, 或往來, 聽其在附近處所散步動作, 毋庸領照, 一如內地民人無異; 惟不得越領事官與地方官議定界址。其駐紮中國大法國官員, 如給執照之時, 惟不準前往暫有匪徒各省分。其執照惟准給與體面有身家之人爲憑。

第九款　凡中國與各有立章程之國會議整頓或現, 或後議定稅則、關口稅、噸稅、過關稅、出入口貨稅, 一經施行辦理, 大法國商人均沾, 用昭平允。

第十款　凡大法國人按照第六款至通商各口地方居住, 無論人數多寡, 聽其租賃房屋及行棧存貨, 或租地自行建屋建行。大法國人亦一體可以建造禮拜堂、醫人院、周急院、學房、墳地各項。地方官會同領事官酌議定大法國人宜居住、宜建造之地。凡地租、房租多寡之處, 彼此在事務須按照地方價值定議。中國官阻止內地民人高抬租值, 大法國領事官亦謹防本國人強壓迫受租值。在各口地方, 凡大法國人房屋間數、地段寬廣, 不必議立限制, 俾大法國人相宜獲益。倘有中國人將大法國禮拜堂、墳地觸犯毀壞, 地方官照例嚴拘重懲。

第十一款　大法國人在通商各口地方, 聽其任便雇買辦、通事、書記、工匠、水手、工人, 亦可以延請士民人等教習中國語音, 繕寫中國文字與各方土語, 又可以請入幫辦筆墨, 作文學、文藝等功課。各等工價、束修, 或自行商議, 或領事官代爲酌量。大法國人亦可以教習中國人願學本國及外國語音,亦可以發賣大法國書籍, 及采賣中國各樣書籍。

第十二款　凡大法國人在通商各口地方, 所有各家產財貨, 中國民人均不得欺凌侵犯。至中國官員, 無論遇有何事, 均不得威壓強取大法國之船隻, 以爲公用、私用等項。

第十三款　天主教原以勸人行善爲本, 凡奉教之人, 皆全獲保佑身家, 其會同禮拜誦經等事概聽其便, 凡按第八款備有蓋印執照安然入內地傳教之人, 地方官務必厚待保護。凡中國人願信崇天主教而循規蹈矩者, 毫無查禁, 皆免懲治。向來所有或寫、或刻奉禁天主教各明文, 無論何處, 概行寬免。

第十四款　將來中國不可另有別人聯情結行, 包攬貿易。倘有違例, 領事官知會中國, 設法驅除, 中國官宜先行禁止, 免敗任便往來交易之誼。

第十五款　凡大法國船駛進通商各口地方之處, 就可自雇引水, 即帶進口, 所有鈔餉完納後, 欲行揚帆, 應由引水速帶出口, 不得阻止留難。凡人慾當大法國引水者, 若有三張船主執照, 領事官便可著伊爲引水, 與別國一律辦事。所給引水工銀, 領事等官在通商各口地方, 秉公酌量遠近, 險易情形, 定其工價。

第十六款　凡大法國船一經引水帶進口內, 即由海關酌派妥役一、二名, 隨船管押, 稽查透漏。該役或搭坐商船, 或自雇艇只, 均聽其便。所需工食, 由海關給發, 不得向船主及代辦商人等需索。倘有違例, 即按所索多寡, 照例科罪, 並照數追償。

第十七款　凡大法國船進口, 在一日之內, 並無阻礙, 其船主、或貨主、或代辦商人, 即將船牌、貨單等件, 繳送領事官。該領事官於接到船牌、貨單後, 一日內即將船名, 人名及所載噸數, 貨色詳細開明, 照會海關。倘船主怠慢, 於船進口後經二日之內, 不將船牌、貨單呈繳領事官, 每逾一日, 罰銀五十圓, 入中國官; 但所罰之數不得過二百圓, 追領事官照會海關後, 海關即發牌照, 准其開艙。倘船主未領牌照, 擅自開艙卸貨, 罰銀五百圓; 所卸之貨一併入官。

第十八款　凡大法國船主、商人, 應聽任便雇各項剝船、小艇, 載運貨物, 附搭客人, 其船艇腳價, 由彼此合意商允, 不必地方官爲經理, 若有該船艇詑騙、走失, 地方官亦不賠償。其船艇不限以只數, 亦不得令人把持, 並不準挑夫人等包攬起貨、下貨。

第十九款　凡大法國商人卸貨、下貨, 應先開明貨單, 呈送領事官, 即著通事通報海關, 便准其卸貨、下貨, 即當查驗其各貨妥當, 彼此均無受虧。大法國商人不欲自行計議稅餉, 另倩熟悉之人代爲計議完稅, 亦聽其便; 如有事後異言, 俱不準聽, 至估價定稅之數, 若商人與中華人意見不合, 應彼此喚集二、三商人, 驗明貨物, 以出價高者定爲估價。凡輸稅餉以淨貨爲率; 所有貨物應除去皮毛。倘大法國人與海關不能定各貨皮毛輕重, 就將爭執各件連皮過秤, 先定多寡約數, 再復除淨皮毛, 稱其斤重, 即以所稱通計類推。當查驗貨物之時, 如有意見不合, 大法國商立請領事官前來, 該領事官亦即知會海關, 從中儘力作合; 均限一日之內通報, 否則不爲準理。於議論未定之先, 海關不得將互爭數目姑寫冊上, 恐後難於核定。進口貨物遇有損壞, 應核減稅銀, 照估價之例, 秉公辦理。

第二十款　凡船進口, 尚未領有牌照卸貨, 即與第十九款所載, 在二日之內可出口往別口去。在此不必輸納鈔餉, 仍在賣貨之口, 完納鈔餉。

第二十一款　議定大法國船主或商人卸貨完稅則例, 俱逐次按數輸納。至出口下貨亦然。凡大法國船所有鈔餉, 一經全完, 海關即給與實收, 呈送領事官驗明, 即將船牌交還, 准令開行。海關酌定銀號若干, 可以代中國收大法國應輸餉項, 該銀號所給實收, 一如中國官所給無異。所輸之銀, 或紋銀, 或洋銀, 海關與領事官核其市價情形, 將洋銀比較紋銀, 應補水若干, 照數補足。

第二十二款　凡船按照第二十款進口, 出二日之外與未開舵卸貨之先, 即將船鈔全完; 按照例式, 凡船在一百五十噸以上者, 每噸鈔銀五錢; 不及一百五十噸者, 每噸納鈔銀一錢。所有從前進口、出口各樣規費, 一概革除, 以後不得再生別端。凡納鈔時, 海關給發執照, 開明船鈔完納, 倘該船駛往別口, 即於進口時, 將執照送驗, 毋庸輸鈔, 以免重複; 凡大法國船, 從外國進中國, 止須納船鈔一次。所有大法國三板等小船, 無論有篷、無篷, 附搭過客、載運行李、書信、食物, 並無應稅之貨者, 一體免鈔。若該小船載運貨物, 照一百五十噸以下之例, 每噸輸鈔銀一錢。倘大法國商人雇賃中國船艇, 該船不輸船鈔。

第二十三款　大法國貨物, 在通商各口已按例輸稅, 中國商人即便帶進內地, 經過稅關, 只照現例輸稅, 不得復索規費, 按今稅則是有準繩, 以後毋庸加增。倘有海關書役人等不守例款, 詐取規費、增收稅餉者, 照中國例究治。

第二十四款　凡大法國船進通商各口, 如將貨在此卸去多寡, 即照所卸之數輸納; 其餘貨物慾帶往別口卸賣者, 其餉銀亦在別口輸納。遇有大法國人在此口已將貨餉輸納, 轉欲載往別口售賣者, 報明領事官, 照會海關, 將貨驗明, 果系原封不動, 給與牌照, 註明該貨曾在某口輸餉。俟該商進別口時, 將牌照呈送領事官, 轉送海關, 查驗免稅, 即給與牌照卸貨, 一切規費俱無; 惟查出有夾私、誆騙等弊, 即將該貨嚴拏入官。

第二十五款　凡剝貨若非奉官特准及必須剝運之處, 不得將貨輒行剝運。遇有免不得剝運之處, 該商應報明領事官, 給與執照, 海關查驗執照, 准其剝貨。該海關可以常著胥役監視。倘有不奉准而剝貨者, 除遇有意外危險不及等候外, 所有私剝之貨, 全行入官。

第二十六款　凡通商各口海關均有部頒秤碼、丈尺等項, 應照造一分, 比較準確, 送領事官署收存, 輕重、長短, 一與粵海關無異, 每件鑴戳粵海關字樣。所有鈔餉各銀輸納中國者, 俱依此秤碼兌交。如有秤丈貨物爭執, 即以此式爲準。

第二十七款　大法國人在通商各口貿易, 凡入口、出口均照兩國欽差大臣所定印押而附章程之稅則, 輸納鈔餉。但因兩國貨物, 或土産, 或工藝, 一時不同而價値有低昂之殊, 其稅則有增減之別, 每七年較訂一次, 以資允協。七年之內, 已定稅銀將來並不得加增, 亦不得有別項規費。大法國人凡有鈔餉輸納, 其貨物經此次畫押載在則例, 並非禁止、並無限制者, 不拘從本國及別國帶進, 及無論帶往何國, 均聽其便。大淸國不得於例載各貨物別增禁止限制之條。如將來改變則例, 應與大法國會通議允後, 方可酌改。至稅則與章程現定與將來所定者, 大法國商民每處每時悉照遵行, 一如厚愛之國無異。

第二十八款　緣所定之稅則公當, 不爲走私借口, 諒大法國商船將來在通商各口不作走私之事; 若或有商人、船隻在各口走私, 無論何等貨價、何項貨物, 並例禁之貨與偸漏者, 地方官一體拿究入官。再中國可以隨意禁止走私船隻進中土, 亦可以押令算淸帳項, 刻卽出口。倘有別國冒用大法國旗號者, 大法國設法禁止, 以遏刁風。

第二十九款　大法國皇上任憑派撥兵船在通商各口地方停泊, 彈壓商民水手, 俾領事得有威權。將來兵船人等皆有束約, 不許滋事生端, 卽責成該兵船主飭令遵守第三十三款各船與陸地交涉及鈐制水手之條例辦理。至兵船議明約定, 不納各項鈔餉。

第三十款　凡大法國兵船往來游奕, 保護商船, 所過中國通商各口, 均以友誼接待。其兵船聽憑採買日用各物, 若有壞爛, 亦可購料修補, 俱無阻礙。倘大法國商船遇有破爛及別緣故, 急須進口躱避者, 無論何口當以友誼接待。如有大法國船隻在中國近岸地方損壞, 地方官聞知, 卽爲拯救, 給與日用急需, 設法打撈貨物, 不使損壞, 隨照會附近領事等官, 會同地方官, 設法著令該商捎人等回國, 及爲之拯救破船木片、貨物等項。

第三十一款　將來中國遇有與別國用兵, 除敵國布告堵口不能前進外, 中國不爲禁阻大法國貿易及與用兵之國交易。凡大法國船從中國口駛往敵國口, 所有進口、出口各例貨物並無妨礙, 如常貿易無異。

第三十二款　凡大法國商船、兵船水手人等逃亡, 領事官及船主知會地方官, 實力查拿, 解送領事官及船主收領。倘有中國人役負罪逃入大法國寓所或商船隱匿, 地方官照會領事官, 查明罪由, 卽設法拘送中國官; 彼此均不得稍有庇匿。

第三十三款　水手登岸, 須遵約束規條, 所有應行規條, 領事官議定, 照會地方官查照, 以防該水手與內地民人滋事爭端。

第三十四款　遇有大法國商船在中國洋面被洋盜打劫, 附近文武官員一經聞知, 即上緊緝拿, 照例治罪。所有贓物, 無論在何處搜獲及如何情形, 均繳送領事官, 轉給事主收領。倘承緝之人, 或不能獲盜, 或不能全起贓物, 則照中國例處分, 但不能賠償。

第三十五款　凡大法國人有懷怨挾嫌中國人者, 應先呈明領事官, 覆加詳核, 竭力調停。如有中國人懷怨大法國人者, 領事官亦虛心詳核, 爲之調停。倘遇有爭訟, 領事官不能爲之調停, 即移請中國官協力辦理, 查核明白秉公完結。

第三十六款　將來大法國人在通商各口地方爲中國人陷害、凌辱、騷擾, 地方官隨在彈壓, 設法防護; 更有匪徒、狂民欲行偸盜、毀壞, 放火大法國房屋、貨行及所建各等院宅, 中國官或訪聞, 或領事官照會, 立即飭差驅逐黨羽, 嚴拿匪犯, 照例從重治罪, 將來聽憑鄕應行追贓著賠者責償。

第三十七款　將來若有中國人負欠大法國人船主及商人債項者, 毋論虧負、誆騙等情, 大法國人不得照舊例向保商追取; 惟應告知領事官, 照會地方官查辦, 出力責令照例賠償。但負欠之人, 或緝捕不獲, 或死亡不存, 或家產盡絕, 無力賠償, 大法國商人不得問官取賠。遇有大法國人誆騙中國人財物者, 領事官亦一體爲中國人出力追還, 但中國人不得問領事官與大法國取償。

第三十八款　凡有大法國人與中國人爭鬧事件, 或遇有爭鬥中, 或一、二人及多人不等, 被火器及別器毆傷致斃者, 係中國人, 由中國官嚴拿審明, 照中國例治罪, 係大法國人, 由領事官設法拘拿, 迅速訊明, 照大法國例治罪, 其應如何治罪之處, 將來大法國議定例款。如有別樣情形在本款未經分晰者, 俱照此辦理, 因所定之例, 大法國人在各口地方如有犯大小等罪, 均照大法國辦理。

第三十九款　大法國人在通商各口地方, 如有不協爭執事件, 均歸大法國官辦理, 遇有大法國人與外國人有爭執情事, 中國官不必過問。至大法國船在通商各口地方, 中國官亦不爲經理, 均歸大法國官及該船主自行料理。

第四十款　日後大法國皇上若有應行更易章程條款之處, 當就互換章程年月, 核計滿十二年之數, 方可與中國再行籌議。至別國所定章程, 不在大法國此次所定條款內者, 大法國領事等官與民人不能限以遵守; 惟中國將來如有特恩、曠典、優免、保佑, 別國得之, 大法國亦與焉。

第四十一款　茲大法國大皇帝欲表美意, 與大淸國大皇帝特將凡可憶往日各不協之處而今已欣然解釋, 不列於此和約章程之中, 因此所有把守廣東省城以前各事宜, 與大法國軍兵各費用, 而今兩國議定妥當, 准行分款開例, 而其款仍與在本和約章程繕列通行無異.

第四十二款　凡議立和好、貿易、船隻情事等章程, 兩國大臣畫押用印, 奏上大皇帝. 自畫押用印之日起, 約計限以一年, 大淸國大皇帝、大法國大皇帝彼此御覽, 欽定批准, 卽在京師交互存照. 交互之後, 中國卽將本和約章程行文內外各憲, 徧行周知. 兩國欽差大臣卽於章程畫押蓋印, 以爲憑據. 咸豊八年五月十七日, 卽降生後一千八百五十八年六月二十七日, 在直隷天津鈐用關防, 一樣四本, 各執二本存照.

和約章程補遺

第一款　西林縣知縣張鳴鳳敢將本國傳敎人馬神父恣意殺死, 本係有罪之人, 應將該知縣革職, 並言明嗣後永不得蒞任.

第二款　西林縣旣經革職後, 卽照會大法國欽差大臣知照, 又將革職事由備載京報內.

第三款　大法國民人及所保護者在廣東省城所有行內物件, 大法、大英軍兵未入省之先, 皆被百姓或燒、或劫, 後計多寡, 按據分賠.

第四款　中國官員固執不允大法國以理所請各賠補之處, 以致軍需繁多, 務必由廣東海關照數賠補. 其賠補銀與軍兵費用約有二百萬兩之多; 應將此銀交大法國駐札中國欽差大臣收入, 復回收單執照. 其二百萬兩分六次, 每年一次交淸, 或用銀兩, 或用會單, 仍由廣東海關交淸, 將來凡有本國完納出入貨稅各客商, 皆准量稅之多寡, 用銀九分, 會單一分完納. 其交銀, 首次從兩國欽差大臣畫押章程之日起, 約一年之內交淸. 廣東海關於抽稅時, 若欲每年惟收會單, 其會單值銀三十三萬三千三百三十三兩三錢四分之數, 卽六分之一抽稅, 亦無不可. 後在廣東, 中國大憲會同大法國欽差派員預行會議, 定立會單圖式印章, 如何交收, 每會單值銀多少, 交淸銀兩之後如何註銷, 以免重複.

第五款　中國將上款所開銀數, 或用銀兩, 或用海關會單, 一經交淸, 大法國軍兵卽時退出粵省, 惟以軍兵及速退出之便, 中國欲將各會單或先期, 或按次, 分明年號交出, 在領事官署寄存, 亦無不可.

第六款　以上各款仍如各字列載和約章程內一律無異, 因此兩國欽差大臣畫押鈐印.

咸豊八年五月十七日, 卽降生後一千八百五十八年六月二十七日, 在直隷天津鈐用關防, 一樣四本, 各執二本存照.

(중불) 톈진조약(중국어본)의 한글 번역문

화약장정

이제 대청국 대황제와 대프랑스국 대황제는 양국의 모든 불화를 해결하여 평화롭게 하고, 전에 체결한 평화, 무역, 선박의 사항을 다시 분명히 선언하여 화목하게 지난날을 극복하고, 적절히 처리하여 그 번창함을 보호하며, 영구히 돈독하게 하고자 한다. 이에 다시 화약장정을 의논하여 정하여 양국 모두에게 이익이 되게 하고자 한다. 이에 양국은 이를 처리하기 위해 전권대신을 특별히 파견하였다. 대청국 대황제는 흠차편의행사전권대신으로 동각대학사 총리형부사무 구이량(桂良)과 이부상서 상람기 한군도통 화사나(花沙納)를, 대프랑스국 대황제는 흠차일등전권대신으로 황제가 내린 훈장을 받고 러시아 대구원 및 포르투갈 강림 훈장을 받은 세습 남작 쟝 밥티스트 루이 바롱 그로를 파견하였다. 피차의 편의 행사의 상유 및 전권의 조칙을 함께 비교하여 열람하고 검토한 바 모두 적절하고 타당하였으므로, 다음에 열거한 조관들을 논의하여 정하였다.

제1조
사후 대청국 황제와 대프랑스국 황제 및 양국의 상민은 어디의 누구나를 막론하고 모두 영원히 평화롭게 지내며 우의를 돈독히 한다. 서로의 나라에 거류하는 이들은 모두 자신과 가족을 보호받는다.

제2조
이제 양국은 다행이 예전의 평화를 회복하였다. 이를 영구히 하고자 하여 양국 흠차대신은 논의하여 정하기를, 대프랑스국에서 흠차대신 공사(公使) 등을 특파하여 조칙을 주어 중국에 보내거나 본국의 중요한 사무를 판리하는 경우, 서양 각국과 마찬가지로 모두 경사(京師)에 거류할 수 있다. 또 논의하여 정하기를, 장차 중국과 장정을 체결하는 국가가 본국의 흠차공사 등을 경사에 들어가 장기 주재하게 한다면 대프랑스국 역시 그렇게 할 수 있다. 무릇 경사에 진입한 흠차대신 공사 등은 경사에 잠시 거주할 때 정리에 따라 모든 은사를 누리지 않는 것이 없으며, 그들에게 베풀어지는 은사는 모든 개인과 가족, 공소(公所) 및 각 왕래 공문, 서신 등의 건 등으로 본국에서와 다름없이 함부로 건드릴 수 없다. 통역과 하인 등을 고용하고자 하면 모집할 수 있으며, 아무런 저지를 받지 않는다. 모든 비용은 본국에서 스스로 준비한다. 대청국 대황제가 대프랑스국 경사에 흠차대신을 보내 거류하게 하고자 하면, 그들은 서양의 각국에서 파견한 자와 다를 바 없이 품급에 따라 접견을 받고 모든 은사를 누릴 것이다.

제3조
대프랑스국 대헌(大憲)과 영사 등 관원이 중국 대헌 및 지방 관원에게 조회할 공문이 있으면 모두 대프랑스국의 문자를 사용하며, 다만 일처리를 신속히 하기 위해 중국어 번역문 한 건을 첨부한다. 그 첨부 문건은 최대한 원본과 부합해야 한다. 대청국 경사의 통역원이 대프랑스국 언어에 숙달하여 번역할 수 있을 때가 되면 대프랑스국 관원이 대청국 관원에게 조회하는 공문 역시 대프랑스국 문자를 사용하고, 대청국 관원이 대프랑스국 관원에게 조회하는 공문 역시 대청국의 문자를 사용한다. 오늘 이후 의정하는 모든 조관에서 양국의 문구와 단어에 변론이 생기는 곳은 언제나 프랑스어 문장을 정의(正義)로 삼는다. 여기에서 정하는 것은 모두 현재 체결하는 장정에도 적용된다. 양국 관원의 조회는 각자 본국 문자를 정본으로 삼고 번역 언어를 정본으로 삼을 수 없다.

제4조
장차 양국의 관원과 행정 인원이 공적으로 왕래할 때에는 각자 지위의 고하에 따라 평행의 예를 사용하도록 한다. 대프랑스국 대헌과 중국의 경사 내외의 대헌이 공문을 주고받을 때에는 모두 "조회"를 사용한다. 대프랑스국 이등관원과 중국의 각 성의 대헌이 공문을 주고받을 때는 "신진(申陳)"을 사용하고, 중국 대헌은 "찰행(札行)"을 사용한다. 양국의 평등한 관원이 서로 대등한 예에 따른다. 상인 및 작위가 없는 이가 피차간에 상소할 때에는 "품정(稟呈)"을 사용한다. 대프랑스인은 지방관에게 상소할 때마다 품정의 편지는 모두 영사관을 통해 대신 전달해야 하며 영사관은 품정한 글 안의 사정을 조사하여 이치에 맞고 타당하면 즉시 전달하고, 그렇지 않으면 경정하거나 되돌려 보낸다. 중국인이 영사관에게 품정할 일이 있는 경우에도 또한 먼저 지방관에게 투서하여 일체를 처리하게 한다.

제5조
대프랑스국 황제는 제6, 7조에 열거한 중국의 연해 및 하천의 각 부두에 자유로이 영사 등 관원을 설치하여 본국 상민의 교섭 사건을 처리하고, 각 지방관과 공문을 왕래하며, 장정의 준수 여부를 사찰하게 한다. 중국의 지방관과 해당 영사 등 관원은 모두 예의로써 서로를 대한다. 주고받는 공문은 모두 평행문을 사용한다. 만약 공평하지 않은 일이 있으면, 해당 영사 등 관원은 직접 해당 성의 대헌에게 상소하고 본국의 흠차전권대신에게 이를 고발한다. 만약 영사 등 관원이 해당 항구에 부재하면, 대프랑스국 선주와 상인은 우호국의 영사에게 부탁해 대신 처리할 수 있게 하고, 그렇지 않으면 직접 해관에 가서 품정을 올려 방법을 찾아 적절히 처리하여 해당 선주와 상인이 장정의 이익을 누릴 수 있게 해야 한다.

제6조
중국이 수 개의 항구를 추가하여 통상하도록 하여 누차 시험하는 것은 실로 최근의 긴요한 일이다. 이에 의논하여 정하기를, 광둥(廣東)의 충저우(瓊州), 차오저우(潮州), 푸젠(福建)의 타이완(臺灣), 단수이(淡水), 산둥(山東)의 덩저우(登州), 쟝난(江南)의 쟝닝(江寧) 여섯 항구에서 (이미) 통상하고 있는 광둥(廣東), 푸저우(福州), 샤먼(廈門), 닝보(寧波), 상하이(上海) 다섯 항구와 똑같이 통상하도록 한다. 쟝닝은 관병이 비적의 무리를 토벌하기를 기다려 대프랑스국 관원이 본국인이 허가증을 받아 그곳에 가서 통상할 수 있도록 허가한다.

제7조
이제부터 대프랑스국 인민은 가솔을 이끌고 제6조에서 열거한 중국의 연해 통상 및 장강의 각 항구의 통상장과 부두에 거주하며 무역하고 일하는 것을 방해받지 않고 평안히 하며, 계속하여 그치지 않는다. 만약 직인을 찍은 허가증이 있으면 논의하여 정한 통상 각구에서 자유로이 주유하고 왕래할 수 있다. 다만 연해와 연강의 각 부두에서 밀무역을 행하는 것은 금지한다. 만약 이 법률을 어기는 자가 있으면 배와 화물은 모두 몰수하여 관에 귀속시킨다. 그러나 중국의 지방관은 이러한 선박과 화물을 수사하여 나포하게 되면 몰수하여 관에 귀속시키기 전에 마땅히 신속히 부근의 항구에 주둔하는 대프랑스국 영사에게 알려야 한다.

제8조
대프랑스국인이 내지와 선박의 진입을 허가하지 않는 부두를 여행하고자 하면 모두 허락한다. 그러나 반드시 본국 흠차대신과 영사 등 관원에게서 중국어와 프랑스어로 함께 작성하여 직인을 찍은 허가증을 미리 수령하여야 하며, 그 허가증 위에 중국 지방관이 검인하여 증빙으로 삼는다. 만약 허가증을 유실한 경우, 대프랑스국인은 돌려보낼 필요가 없다. 그러나 지방관이 검사할 증빙이 없어 내지에 남겨 두기를 원치 않아 다시 영사 등 관원에게서 다시 한 장을 수령하도록 한다면, 중국 관원이 가까운 항구의 영사관에게 호송하여 인계하도록 하며, 체포한 대프랑스인을 구타하거나 상해, 학대해서는 안 된다. 옛 조약에 따르면, 각 통상항에서 장기간 주재하거나 왕래하는 대프랑스국인은 부근의 처소에서 산책 등의 활동을 할 수 있으며, 내지의 백성들과 마찬가지로 허가증을 받을 필요가 없다. 다만 영사관과 지방관이 의정한 경계를 넘어가서는 안 된다. 중국에 주재하는 대프랑스국 관원은 허가증을 지급할 때 잠시 비적의 무리가 있는 각 성으로 가는 것은 허락하지 않는다. 그 허가증은 오직 자격을 갖추고 개인과 가족이 보증해 주는 이에게만 발급해 준다.

제9조
중국과 각각 장정을 수립한 국가가 회의하여 현재 혹은 나중에 논의하여 정한 세칙과 관구세, 톤세, 통관세, 화물의 출구세와 입구세 등을 정돈하여 시행하게 되면 대프랑스국 상인은 이를 균점하여 공평하고 공정하게 한다.

제10조
제6조에 따라 통상 각구의 지방에 가서 거주하는 대프랑스국인은 사람 수의 많고 적음을 막론하고 건물을 임대하여 상점을 내거나 상품을 보관할 수 있으며, 땅을 빌려 집이나 상점을 지을 수 있다. 대프랑스국인들은 또한 마찬가지로 예배당, 병원, 구급시설(周急院), 학교, 묘지 등을 지을 수 있다. (중국의) 지방관은 영사관과 회동하여 프랑스인이 거주하고 건물을 짓기에 적절한 땅을 의논하여 정한다. 토지 임대료와 건물 임대료는 양측의 당사자가 반드시 지방의 가격에 따라 정하고 상의해야 한다. 중국 관원은 내지의 백성이 임대료를 높이는 것을 저지해야 하며, 프랑스 영사관 또한

본국인이 임대료를 수용하도록 강압하는 것을 방비해야 한다.[91] 다섯 항구에서 프랑스인의 건물 칸수, 대지의 면적 등에 대해서는 제한을 두지 않아 프랑스인들의 이익을 보호할 수 있도록 한다. 만약 중국인이 프랑스 예배당과 묘지를 침범하고 파괴하는 경우, 지방관은 법률에 따라 엄히 잡아들여 무겁게 처벌한다.

제11조
대프랑스국인은 통상 각 구의 지방에서 자유로이 매판(買辦), 통역, 서기, 공장(工匠), 선원, 공인 등을 고용하는 것을 허용한다. 또한 독서인 등을 초청하여 중국의 언어와 문자, 각 지방의 방언을 교습할 수 있고, 또한 다른 이에게 대필을 부탁하거나 문학, 문예를 공부할 수 있다. 각종 공임과 수업료는 스스로 상의하거나 영사관이 대신 책정한다. 프랑스인은 또한 중국인 중에서 본국 및 외국어를 배우기를 원하는 자를 가르칠 수 있으며, 프랑스 서적을 발매하고 중국의 각종 서적을 구매할 수 있다.

제12조
대프랑스국인이 통상 각 구의 지방에서 소유하는 각 가산과 재화는 중국 백성이 능욕하거나 침범할 수 없다. 중국의 관원은 어떠한 일이 있어도 대프랑스국 선박을 위압하고 강취하여 공용 또는 사용 등의 항목으로 사용할 수 없다.

제13조
천주교는 원래 사람들에게 선을 행할 것을 권하는 것을 근본으로 하며, 천주교를 믿는 사람들은 모두 자신과 가족에 대한 보호를 받는다. 모여서 예배하고 『성경』을 읽는 등의 일은 모두 자유로이 하도록 하며, 제8조에 의거해 직인을 찍은 허가증을 준비하여 평화로이 내지에 들어가 선교하는 이들은 지방관이 반드시 후대하고 보호해야 한다. 중국인이 천주교를 신봉하고 올곧게 규율을 지키는 경우, 아무런 금지 없이 모두 징치(懲治)를 면해 준다. 종래 천주교 신앙을 금지했던 쓰거나 새긴 명문들은 어느 곳에 있든 모두 너그러이 면제해 준다.

제14조
장차 중국에서는 다른 이가 별도로 길드를 결성하여 무역을 독점할 수 없다. 만약 법률을 위반하는 경우에는 영사관이 중국 관원에게 이를 알려 방법을 강구하여 제거하도록 한다. 중국 관원은 마땅히 먼저 이를 금지시켜 자유로이 왕래하고 교역하는 정의를 훼손하지 않도록 해야 한다.

---

91 이 부분의 중국어 원문은 의미가 다소 불분명하다. 프랑스어 원문에서는 "영사관은 프랑스인들이 소유자의 동의를 강요하기 위해 폭력이나 강제력을 사용하지 않도록 할 것이다."라고 되어 있다.

제15조
프랑스 선박은 다섯 항구 등지에서 스스로 도선사를 고용하여 항구로 인도하게 할 수 있으며, 모든 초향을 완납한 후 출항하고자 하면 도선사가 신속히 인도하여 항구 밖으로 나가야 한다. 이를 저지하여 어려움을 겪게 해서는 안 된다. 무릇 프랑스 선박의 도선사가 되고자 하는 사람이 만약 세 장의 선주 허가증을 가지고 있으면 영사관은 그를 도선사로 삼을 수 있으며, 다른 나라와 일률적으로 처리한다. 도선사에게 지급되는 급료는 다섯 항구에 주재하는 영사 등 관원이 멀고 가까움, 험하고 쉬운 정도를 참작하여 공정하게 가격을 정한다.

제16관
프랑스 선박은 일단 도선사가 인도하여 항구 안으로 들어오면, 해관에서 아역 한두 명을 파견하여 배를 임시로 구류하고, 탈루한 것이 있는지 조사한다. 해당 아역은 편의에 따라 상선에 탑승하거나 스스로 소형선을 고용할 수 있다. 필요한 급료와 식사는 해관에서 지급하며 선주 및 선주를 대신하는 상인 등에게 요구할 수 없다. 만약 법규를 위반하면 갈취한 것의 많고 적음에 따라 법률에 따라 죄를 묻고, 또한 그 액수대로 추징하여 배상하도록 한다.

제17조
프랑스 선박은 항구에 들어온 뒤 하루 안에 아무런 방해를 받지 않고 선주, 화주(貨主), 또는 대리 상인이 선패(船牌)와 화물 목록을 영사관에게 보내야 한다. 해당 영사관은 선패와 화물 목록을 받은 후 1일 내에 선박의 명칭, 인명 및 적재 톤수, 화물의 종류 등을 상세히 밝힌 조회를 해관에 보내야 한다. 만약 선주가 태만하여 배가 항구에 들어온 뒤 이틀이 지나도록 선패와 화물 명단을 영사관에게 제출하지 않은 경우에는 하루가 경과할 때마다 벌금으로 은 50원(圓)을 부과하여 중국 관방에 납부하게 한다. 그러나 벌금의 총액은 200원이 넘지 않도록 한다. 영사관이 해관에 조회를 보내고 나면 해관은 즉시 패조(牌照)를 발급하여 선창에서 화물을 하역하는 것을 허락한다. 만약 선주가 패조를 수령하기 전에 멋대로 선창을 열어 화물을 하역하면, 벌금으로 은 500원을 부과하며, 하역한 화물은 모두 몰수하여 관방의 소유로 삼는다.

제18조
프랑스 선주와 상인은 각종 박선(剝船)과 소형선(小艇)을 자유로이 고용하여 화물을 운반하고 여객을 탑승시킬 수 있다. 그 선박과 배의 운송비는 서로 합의하여 정하며, 지방관이 관리해 줄 필요가 없다. 만약 해당 선박과 배가 속임수를 쓰거나 실종되어도 지방관은 배상해 주지 않는다. 그 선박과 보트는 수량에 제한을 두지 않고, 또한 누군가가 독점할 수 없으며, 또한 짐꾼 등이 화물을 싣고 내리는 것을 독차지하는 것을 허가하지 않는다.

제19조
대프랑스국 상인은 배에서 화물을 내리고 싣기 전에 먼저 화물 목록을 작성하여 영사관에 제출해야 하고, 영사관이 통역을 통해 세관에 통보하면 세관은 화물을 내리고 싣는 것을 허가해 주며, 마땅히 각 화물이 적절한지, 상호 간에 모두 손실이 없는지 확인해야 한다. 대프랑스국 상인은 스스로 세향(稅餉)을 계산하여 의논하기를 원치 않으면 별도로 숙련된 이에게 의뢰하여 대신 계산하여 의논한 뒤 완납하도록 할 수 있다. 만약 사후에 다른 말이 나온다면 모두 들어주지 않는다. 가격을 추산하여 세금을 정한 화물에 대해서 만약 상인이 중국인과 의견이 맞지 않으면 서로 두세 명의 상인을 불러 모아 화물을 확인하여 가격이 높게 나온 것을 추정 가격으로 한다. 세향은 상품 자체만의 무게를 기준으로 부과하며, 모든 화물은 포장의 무게를 빼야 한다. 만약 대프랑스국인과 해관이 각 화물의 포장의 무게를 결정할 수 없다면, 논쟁의 대상이 되는 각 건을 포장된 채로 저울을 통과시켜 먼저 많고 적은 대략의 수를 정하고, 다시 포장을 완전히 제거하여 무게를 측정해 측정된 것의 통계로써 유추한다. 화물을 검사할 때 의견이 맞지 않는 경우가 있으면, 프랑스 상인은 즉시 영사관에게 와 주도록 요청할 수 있으며, 해당 영사관 역시 해관에 이를 알리고 최선을 다해 양자를 중재해야 한다. 그러나 모두 1일 안에 통보해야 하며, 그렇지 않으면 이를 인정하지 않는다. 나중에 심사하여 결정하기 어려우므로, 아직 의논이 정해지기 전에 해관은 서로 다투고 있는 수목을 장부에 기입할 수 없다. 항구에 들어온 화물이 손괴되었을 경우에는 조사하여 세은을 감액해 주며, 가격 추정의 규정에 따라 공정하게 처리한다.

제20조
선박이 항구에 들어왔는데 아직 패조를 수령하여 화물을 하역하지 않았을 경우에는 제19조에 실려 있는 바와 같이 2일 안에 출항하여 다른 항구로 갈 수 있다. 이곳에서는 초향을 납부할 필요가 없으며, 화물을 매각하는 항구에서 초향을 완납하도록 한다.

제21조
프랑스 선주 또는 상인이 화물을 내리고 세금을 완납하는 칙례를 의논하여 정한다. 모두 차례로 액수에 따라 납부한다. 항구를 나갈 때 화물을 싣는 것 역시 마찬가지이다. 프랑스 선박의 모든 톤세는 일단 완납하면 해관은 영수증(實收)을 발급하여 영사관에게 보내어 검사하도록 하고, 선패를 돌려주어 출항할 수 있도록 한다. 해관은 은호(銀號) 약간을 헤아려 정하여 중국을 대리하여 프랑스에서 납부해야 할 세금 항목을 징수할 수 있게 한다. 해당 은호가 발급한 영수증은 중국의 관소에서 발급한 것과 같다. 납부하는 은은 문은(紋銀)과 양은(洋銀) 모두 가능하며, 해관과 영사관은 시장의 상황을 조사하여 양은을 문은에 비교하여 보충비(補水) 약간을 액수에 따라 보충한다.

제22조
모든 선박은 제20조에 따라 입항한 뒤, 2일이 지난 후에 선창을 열어 화물을 내리기 전에 즉시 톤세(船鈔)를 완납한다. 법률과 조례에 따라 150톤 이상인 선박은 매 톤당 은 5전(錢)의 톤세를 납부하고, 150톤 미만인 선박은 매 톤당 은 1전을 납부한다. 이전에 항구를 드나들 때 징수했던 각종 수수료는 모두 혁파하며, 이후 다시 분쟁의 소지를 만들어서는 안 된다. 톤세를 납부할 때 해관에서는 허가증을 발급해 주고 톤세를 완납했음을 밝혀 둔다. 만약 해당 선박이 다른 항구에 가게 되면, 입항할 때 집조를 보내어 검사받고, 중복을 피하기 위해 톤세를 납부하지 않는다. 프랑스 선박이 외국에서 중국으로 들어올 때 톤세는 한 번만 납부하면 된다. 모든 프랑스의 삼판(三板) 등 소형 선박은 지붕이 있든 없든 여객을 태우고 수하물, 서신, 음식물 등을 운반하여도 납세해야 하는 화물을 싣지 않은 경우에는 모두 톤세를 면제해 준다. 만약 해당 선박이 화물을 수송하면 150톤 이하 선박의 규정에 따라 매 톤당 은 1전의 톤세를 납부한다. 만약 프랑스 상인이 중국의 선박을 고용하는 경우, 해당 선박은 톤세를 납부하지 않는다.

제23조
대프랑스국 화물은 다섯 항구에서 규정에 따라 세금을 수납하고 나면, 중국 상인이 내륙으로 운송할 수 있으며, 지나가는 세관에서는 현재의 법률(例)에 따라서만 세금을 수납하며, 중복하여 수수료를 요구할 수 없다. 현재의 세칙에 따르면 이에는 기준이 있으므로, 이후 추가할 필요가 없다. 만약 해관의 서역(書役) 등이 법률 조관을 지키지 않고 수수료를 편취하고 세향(稅餉)을 늘려 받으면 중국의 법률(例)에 따라 추궁하고 처벌한다.

제24조
대프랑스국 선박이 다섯 항구에 들어가 그곳에서 화물을 얼마간 내리면, 그 내린 수량에 따라 세향을 납부한다. 나머지의 화물을 다른 항구에 가서 판매하려는 경우에는 그 세향 역시 다른 항구에서 납부한다. 대프랑스국인이 그 항구에서 이미 화향(貨餉)을 납부하고 나서 다른 항구로 화물을 싣고 가 판매하고자 하는 경우에는 영사관에게 이를 알려 해관에 조회를 보내도록 한다. 화물을 검사하여 과연 원래 봉인한 것을 건들지 않았으면 패조(牌照)를 발급해 주어 해당 화물에 대해 모 항구에서 세향을 납부했다는 것을 기재한다. 해당 상인이 다른 항구에 입항할 때 패조를 영사관에게 제출하여 해관에 전달하도록 하면, 이를 검사하여 세금을 면제해 주고 패조를 발급하여 화물을 내릴 수 있도록 하고, 일체의 수수료는 징수하지 않는다. 다만 밀수 또는 속임수 등의 폐단을 적발하면 해당 화물을 엄격히 몰수하여 관에 귀속시킨다.

제25조
환적은 만약 관방의 특별한 허가 및 반드시 환적해야 하는 곳이 아니면, 화물을 마음대로 환적할 수 없다. 환적하지 않으면 안 되는 경우, 해당 상인은 마땅히 영사관에게 이를 보고하여 허가증을 발급받으며, 해관은 허가증을 검사하고 환적을 허가한다. 해당 해관은 항시 서역(胥役)을 시켜 감시할 수 있다. 만약 허가를 받지 않고 환적하는 경우가 있으면, 뜻하지 않은 위험이 있어 기다릴 수 없는 상황을 제외하고, 사사로이 환적한 모든 화물은 몰수하여 관에 귀속시킨다.

제26조
모든 통상항구의 해관은 모두 호부에서 반포한 저울추와 자 등을 가지고 있다. 이를 한 세트 더 똑같이 만들어 정확도를 비교하고 영사관서에 보내어 보관하게 한다. 무게와 길이는 광둥의 월해관(粵海關)과 똑같이 하고 매 건마다 월해관이라는 글자를 새겨 넣는다. 모든 톤세와 각종 세은을 중국에 납부하는 경우, 모두 마땅히 이 저울추에 의거해 태환해 지불한다. 만약 화물의 무게와 길이에 관한 다툼이 있으면 이 규격을 표준으로 삼는다.

제27조
대프랑스국인이 다섯 항구에서 무역을 행할 때에는 수입, 수출은 모두 세칙(稅則)과 장정에서 정한 바에 따른다. 이는 양국 흠차대신이 날인한 것으로, 금전과 곡식으로 수납한다. 그 세은(稅銀)은 장래에 증세할 수 없으며, 다른 항목의 수수료를 징수할 수도 없다. 대프랑스국인이 초향을 납부하는 때에는, 그 화물은 이번의 조인을 거쳐 칙례(則例)에 기재하고 금지하거나 제한을 두지 않은 경우 본국에서 가져왔는지 타국에서 가져왔는지에 구애받지 않고, 또 어느 나라로 가져가는지에 상관없이 모두 자유로이 하도록 한다. 중국은 칙례에 기재된 각 화물에 대해 별도로 금지나 제한의 조항을 늘릴 수 없다. 장래 칙례를 개정하고자 하면 마땅히 대프랑스국과 회동하여 논의하여 승낙을 받은 뒤에야 고칠 수 있다. 세칙과 장정에서 규정한 것과 장래 정할 것은, 대프랑스국 상민이 언제 어디서나 준행해야 하며, 후애(厚愛)의 국가와 다르지 않다. 만약 훗날 세향(稅餉)을 줄여 주는 경우, 대프랑스국인 역시 똑같이 차감받는다.

제28조
정해진 세칙은 공정하기 때문에 밀무역의 구실이 되지 않는다. 생각건대 대프랑스국 상선은 장래 다섯 항구에서 밀무역을 행하지 않을 것이다. 만약 상인이나 선박이 다섯 항구에서 밀무역을 행하면, 화물의 가치가 얼마이고 어떠한 화물인지, 그리고 법으로 금지한 화물인지 탈루한 경우인지를 막론하고 지방관이 일률적으로 몰수하여 관청의 소유로 한다. 또한 중국은 자유롭게 밀무역 선박이 중국의 경내에 들어오는 것을 금지할 수 있으며, 강제로 세금을 완납하고 즉시 출국하게 할 수 있다. 만약 다른 나라가 대프랑스국 국기를 도용하는 경우가 있으면, 대프랑스국은 방법을 강구하여 이를 금지하여 악풍을 막아야 한다.

제29조
대프랑스국 황제는 자유로이 병선을 파견하여 통상 각 구의 지방에 정박하면서 상민과 선원들을 탄압하여 영사로 하여금 권위를 가질 수 있게 한다. 장차 도래하는 병선과 사람들은 모두 말썽을 일으키지 못하도록 단속한다. 즉 이 병선의 선주들에게 책임을 지워 제33조의 각 선박과 육지의 교섭 및 선원을 통제하는 조례를 준수하여 처리하도록 한다. 병선에 대해서는 논의하여 분명한 약정을 정하되, 각 항목의 초향(鈔餉) 등은 제공하지 않는다.

제30조
대프랑스국 군함은 해역을 왕래하면서 순찰하여 상선을 보호한다. 그 지나는 중국 각 항구는 모두 우의로써 접대해야 한다. 그 군함은 각종 일용품을 구매하고 만약 선체가 파손되었으면 재료를 구입하여 보수할 수 있으며, 모두 방해받지 아니한다. 만약 대프랑스국 상선이 파손되거나 다른 이유로 급히 항구에 들어가 피난해야 하는 경우, 어느 항구에서든 모두 우의로써 접대해야 한다. 만약 대프랑스국 선박이 중국 연안 지대에서 손괴되면, 지방은 이를 알게 되는 즉시 이를 구조해 주고 일용품과 구호품을 지급해 주며, 방법을 강구하여 화물을 건져 내어 손괴되지 않게 한다. 그리고 부근의 영사 등 관원에게 조회를 보내면, 이들은 지방관과 회동하여 방법을 강구하여 해당 상인과 선원 등을 귀국할 수 있게 하고, 이들을 위해 파손된 배의 목재나 화물 등을 구조해 준다.

제31조
장래 중국이 타국과 군사행동을 벌일 경우, 적국이 항구 봉쇄를 선언하여 진입할 수 없는 경우를 제외하면 중국은 대프랑스국의 무역 및 교전 대상국과의 교역을 금지할 수 없다. 대프랑스국 선박이 중국의 항구에서 적국의 항구로 갈 때, 모든 수출입 화물은 어떠한 방해도 받지 않고 평소와 다름없이 무역한다.

제32조
대프랑스국 상선과 병선의 선원 등이 도망가면 영사관 혹은 선주가 지방관에게 이를 알리고, 지방관이 실력으로 체포하여 영사관 및 선주에게 이송하여 넘겨준다. 만약 중국인 인부가 죄를 짓고 대프랑스국인의 거주지나 상선으로 달아나 숨으면, 지방관이 영사관에게 조회를 보내어 범죄의 내용을 밝히면 영사관은 방법을 강구하여 체포하여 중국 관원에게 이송한다. 양측은 서로 조금이라도 비호하고 은닉해 주어서는 안 된다.

제33조
선원이 해안에 상륙할 때에는 반드시 제한 규정을 준수해야 한다. 모든 시행 규정은 영사관이 논의하여 정하고 지방관에게 조회하여 시행한 것으로, 해당 선원과 내지 백성이 쟁단을 만드는 것을 막기 위한 것이다.

제34조
만약 대프랑스국 상선이 중국의 바다에서 해적에게 약탈당했을 경우, 부근의 문무 관원은 이를 들어 알게 되면 긴급히 수사하여 체포하고, 법률에 따라 치죄한다. 모든 장물은 어느 곳에서 찾아냈고 어떠한 상황에 있든 모두 영사관에게 보내어 당사자에게 전달하여 수령할 수 있도록 한다. 만약 체포를 담당한 자가 도적을 잡지 못하거나 장물을 모두 찾아내지 못하면, 중국의 법률에 따라 처분한다. 그러나 그것을 배상해 줄 수는 없다.

제35조
대프랑스국인이 중국인에게 원한을 품고 있는 경우에는 마땅히 먼저 영사관에게 품정을 올려야 한다. 영사관은 이를 상세히 조사하여 전력을 다해 조정해야 한다. 만약 중국인이 대프랑스국인에게 원한을 품은 경우, 영사관은 또한 사심 없이 상세히 조사하여 이를 조정해 준다. 만약 소송이 일어나 영사관이 조정할 수 없는 경우에는 중국의 관원에게 협력하여 처리할 것을 요청하고, 분명하게 조사하여 공정하게 마무리해야 한다.

제36조
장래 대프랑스국인이 통상 각구에서 중국인에게 모해를 입히거나 능욕 당하거나 또는 소요가 일어나면, 지방관은 수시로 이를 탄압하고 방법을 강구해 방호한다. 비적과 폭도가 대프랑스국인의 가옥과 상점 및 그들이 지은 각 건물들을 대상으로 절도와 파괴, 방화를 행하면, 중국 관원은 직접 방문하거나 영사관의 조회를 접수하여 즉시 그 무리를 쫓아내도록 하고 범인을 엄히 잡아들여 법률에 따라 무겁게 치죄하며, 장차 종전에 따라 도난품을 되찾아 주고 배상해 주어야 할 것은 책임을 지워 보상하게 한다.

제37조
앞으로 중국인이 대프랑스국 선주와 상인에게 채무를 지게 되면, 손실을 입힌 경우나 사기를 친 경우 등을 막론하고 대프랑스국인은 옛 법에 따라 보상(保商)에게 변제를 요구할 수 없다. 오로지 영사관에게 알려 지방관에게 조회(照會)하여, (지방관이 이를) 조사하여 처리하고 최선을 다해 책임을 지워 법률에 따라 배상하게 해야 한다. 그러나 채무를 진 사람이 체포되지 않거나 사망한 경우, 또는 가산을 탕진하여 배상할 능력이 없는 경우 대프랑스국 상인은 관방에 배상을 청구할 수 없다. 대프랑스국인이 중국인의 재물을 편취하거나 빚을 지게 되는 경우, 영사관 역시 중국인을 위해 최선을 다해 빚을 갚도록 독촉한다. 그러나 중국인은 영사관과 대프랑스국에게 배상을 요구할 수 없다.

제38조
대프랑스국인과 중국인이 싸움을 벌이는 사건이 일어나고, 혹 싸움 중에 한두 명 또는 여러 명이 화기 및 다른 병기에 의해 다치거나 사망하는 경우, 중국인은 중국 관원이 엄격히 잡아들여 재판을 한 뒤 중국의 법률에 따라 치죄하며, 대프랑스국인은 영사관이 방법을 강구하여 체포한 뒤 신속히 심문하여 대프랑스국 법률에 따라 치죄하되, 그를 어떻게 치죄할지에 대해서는 장차 대프랑스국이 의논하여 정한 법률 조항에 따른다. 만약 본 조관에서 분명히 다루지 못한 다른 상황이 있으면, 모두 이에 따라 처리한다. 정해진 법률에 따라, 대프랑스국인이 다섯 항구에서 크고 작은 범죄를 저지르면 모두 대프랑스국의 법률에 따라 처리한다.

제39조
대프랑스국인이 통상 각 구의 지방에서 만약 불화하여 쟁의가 일어나면 모두 대프랑스국 관원이 처리한다. 만약 대프랑스국인과 외국인 사이에 쟁의가 일어나면 중국 관원은 간여할 수 없다. 다섯 항구의 대프랑스국 선박 역시 중국 관원은 관리하지 않으며, 모두 대프랑스국 관원 및 해당 선주가 스스로 관리한다.

제40조
앞으로 대프랑스국 황제가 만약 장정의 조관을 개정할 곳이 있으면, 마땅히 장정을 교환한 연월로부터 만 12년이 지나서야 중국과 다시 이를 논의할 수 있다. 타국과 장정을 체결할 때 대프랑스국과 이번에 제정한 조관 안에 없는 내용은 대프랑스국 영사 등 관원과 백성들에게 준수하도록 강요할 수 없다. 다만 중국이 타국에게 장래 특별한 은사나 특전의 확대, 우대와 면제, 보호 등의 조치를 취하면 대프랑스국 역시 이를 함께 누린다.

제41조
이제 대프랑스국 대황제는 대청국 대황제에게 아름다운 뜻을 표하고자 하여 특히 지난날의 불화를 상기시키는 부분이지만 이제는 이미 흔연히 오해를 푼 것은 이 화약장정 안에 열거하지 않았다. 이에 광저우성를 지키기 이전의 각 업무들과 대프랑스국 군병의 각 비용을 지금 양국은 타당하게 논의하여 정했으므로. 조항을 나누어 열거하였다. 그 조관은 여전히 본 화약 장정에서 열거한 조관들과 똑같이 시행된다.

제42조
평화와 무역, 선박 사정 등에 대한 장정을 논의하여 정하면, 양국 대신은 서명하고 날인하여 대황제에게 상주한다. 서명하고 날인한 날로부터 1년 안에 대청국 대황제와 대프랑스국 대황제는 서로 이를 열람하고 비준하여 경사(京師)에서 서로 교환하여 보관한다. 교환한 뒤 중국은 본 화약장정을 내외의 각 대신에게 보내어 널리 알리도록 한다.

양국의 흠차대신은 장정에 조인하고 날인하여 증빙으로 삼는다. 함풍 8년 5월 17일, 즉 그리스도 강생후 1858년 6월 27일, 즈리(直隸) 톈진에서 관방(關防)을 검인함. 한 양식을 4부 작성하여, 각각 2부씩 가져가 보존한다.

화약장정 보충 조관

제1조
시린현(西林縣)의 지현(知縣) 장밍펑(張鳴鳳)이 감히 본국의 선교사 마신부(馬神父)를 제멋대로 살해했다. 이는 본래 죄가 있는 자이니 마땅히 이 지현을 혁직하고 사후에 영원히 관직에 부임하지 못하게 한다고 선언한다.

제2조
시린현 지현을 혁직한 후 대프랑스국 흠차대신에게 이를 알리고, 또한 혁직한 사유를 경보(京報)에 게재한다.

제3조
대프랑스국 민인 및 그 보호를 받는 자가 광저우에서 소유한 상점 안의 물건은 대프랑스국, 대영국 군병이 성에 들어오기 전에 모두 백성들에게 불타고 약탈당했으므로 후에 그 액수를 계산하여 근거에 따라 나누어 배상한다.

제4조
중국 관원이 대프랑스국의 합리적인 각의 배상 및 보상 요청을 완고하게 허락하지 않았기 때문에 군비가 번다해졌으므로, 반드시 광둥해관으로부터 액수에 맞추어 배상해 주어야 한다. 그 배상 은과 군병의 비용은 약 200만 냥이다. 마땅히 이 은을 대프랑스국 중국주찰 흠차대신에게 수납하면, 인수증과 허가증을 돌려준다. 그 200만 냥은 6회에 나누어 매년 1회 납부하되, 은량 또는 회단(會單)을 사용하여 광둥해관에서 납부한다. 장차 본국의 출입화세를 완납한 객상들은 모두 세액의 많고 적음을 헤아려 은 9분(分), 회단 1분을 완납한다. 그 납부할 은은 첫 회에는 양국 흠차대신이 장정에 서명한 날로부터 약 1년 내에 완납한다. 광둥해관은 세금을 징수할 때 만약 매년 회단만을 징수한다면 그 회단은 은 33만 3,333량 3전 4분에 해당하므로 6분의 1 비율로 징세해도 무방하다. 나중에 광둥에서 중국의 대헌이 대프랑스국 흠차 파견위원을 만나 미리 회의를 열어 회단의 도식과 인장, 어떻게 수납할 것인가, 매 회단의 가치는 은 얼마인가, 은량의 납부 후에는 어떻게 말소하여 중복을 피할 것인가 등을 정해야 한다.

제5조
중국이 위의 조관에서 제시한 은의 액수를 은량 또는 해관의 회단으로 완납하고 나면, 대프랑스국 군병은 즉시 광둥성에서 철수한다. 다만 군병이 신속하게 퇴출하도록 하기 위해서 중국이 각 회단을 혹은 기한에 앞서, 혹은 차수에 맞추어 연호를 분명히 나누어 납부하고, 영사관서에 임시로 맡겨 두어도 무방하다.

제6조
이상의 각 조관은 화약장정 내에 기재된 각 글자들과 일률적으로 같은 효력을 가진다. 따라서 양국 흠차대신이 서명하고 검인하였다.

함풍 8년 5월 17일, 즉 그리스도 강생후 1858년 6월 27일, 즈리(直隷) 톈진에서 관방(關防)을 날인하였다. 한 양식을 4부 작성하여, 각각 2부씩 가져가 보존한다.

6) (중불) 베이징(北京)조약(1860)

○ 명칭
- 프랑스어: Convention De Pékin
- 중국어: 中法北京條約

○ 체결 국가: 프랑스, 청

○ 체결일: 1860년 10월 25일

○ 체결 장소: 베이징(北京)

○ 서명자(또는 전권대사)
- 프랑스 전권공사: 그로(Jean-Baptiste Louis Gros)
- 청국 흠차대신: 공친왕(恭親王) 이신(奕訢)

○ 작성 언어: 프랑스어, 중국어

○ 체결 과정 및 주요 내용

청조는 미국 및 프랑스, 그리고 영국과 체결한 톈진조약에서 외교관의 수도 상주와 상인의 내지 여행 및 무역 행위 허용, 위에 언급한 항구들과 뉴좡(牛莊)의 추가 개항, 영국 상인의 양쯔 강(長江)에서의 무역 허용 등 많은 양보를 해야 했다. 특히 서양 외교관의 베이징 상주는 청조의 전통적인 천하관에 근거한 외교제도를 파괴하는 행위였으며, 청조로서의 자존심에 큰 상처를 입히는 조항이었다. 따라서 톈진조약이 체결되자, 청국 정부 내에서는 조약 비준을 거부해야 한다는 강경 여론이 비등했으며, 결국 베이징에 들어가 조약 비준서를 교환하려는 열강의 대표단이 청군과 충돌하면서 전쟁이 재개되었다. 그러나 전쟁은 영프 연합군의 베이징 점령으로 끝났다. 청프 베이징조약은 청영 베이징조약과 함께 전쟁의 사후 처리를 위해 체결된 조약으로, 주된 내용은 첫째, 톈진조약의 이행 재확인, 둘째, 전쟁에 대한 배상금의 인상과 프랑스군의 점령지 철수, 셋째, 천주교 선교와 신앙의 자유 재확인. 박해로 인해 중국 정부에 의해 몰수된 교회 재산의 환원, 프랑스 선교사가 자유롭게 토지를 임대 및 구매하여 교회 건축물을 짓는 것 허가, 넷째, 중국인이 자원하여 통상항에 가서 프랑스 선박을 이용해 해외로 출국하는 것을 금지하지 말도록 황제가 지방관에게 지시할 것, 다섯째, 톈진(天津)을 통상항으로 추가 개방할 것 등이다. 이 조약을 통해 프랑스는 은 800만 냥이라는 거액의 배상금을 얻었고, 수도 베이징의 관문인 톈진을 통상항으로 개항시켰으며, 중국인 노동자(苦力)의 매매를 합법화시켰다. 한편 천주교 선교의 자유와 교회 재산의 반환 등의 조항은 중국 각지에서 교회 세력과 민중의 갈등을 야기했다.

○ (조약문) 출처

- China. The Maritime Customs, *Treaties, Conventions, etc., Between China and Foreign States*, vol.1, 2d ed, Shanghai: Published at the Statistical Department of The Inspectorate General of Customs, 1917, pp.885~890. [중·불문 수록]

(중불) 베이징조약(중국어본) 원문

今大淸國皇帝、大法國大皇帝切願將兩國不協之處調和, 以復舊好, 是以大淸國大皇帝特派欽差大臣和碩恭親王奕訢; 大法國大皇帝特派內閣大學士世襲男爵葛羅爲欽差全權大臣便宜行事; 彼此旣將所奉便宜行事之上諭及欽奉全權之詔敕公同較閱査核, 俱屬妥當後, 卽將所立條款開列於左;

第一款　大法國欽差大臣於己未年五月進京換約, 行至大沽, 該處武弁攔阻前進, 大淸國大皇帝甚爲悔惜。

第二款　大法國欽差大臣進京換約時, 或於途次, 或在京師, 大淸官員俱以相宜欽差之優禮接待, 俾得任便稱其職守。

第三款　從換和約之日起, 咸豐八年在天津所定之和約暨遺補之款, 除現在所改之款外, 卽日均應一一施行。

第四款　己未年在天津所定遺補第四款內載, 中國賠補軍需銀二百萬兩, 玆以刪去; 今復議定, 賠補銀共捌百萬兩。在此數內, 已收到去歲粵海關繳銀三十三萬三千三百三十三兩零。其餘銀兩, 宜在中國各海關每年收稅銀若干, 按五分之一扣歸。其交銀之時, 系三個月交一次, 首次宜於咸豐拾年八月十七日起而於十一月二十日止。但所交之銀, 或紋銀, 或洋銀俱可, 其銀應交大法國駐紮中國之欽差大臣, 或所派之員亦可, 但限定於十月十八日在津郡一盤現交銀伍拾萬兩。將來大法國駐紮中國欽差大臣暨中國大臣各派委員, 會議定立如何交收銀兩, 如何立定收單等事, 再爲妥定。

第五款　中國今所賠補之銀本係爲軍需, 又爲法國商人及其所保護者在廣東省城所有行內物件被百姓或燒、或劫。將來大法國將此賠補之銀, 均公允分攤與被累之法國人; 其銀扣一百萬兩, 派與法國民人及其所保護者, 爲補其害, 或慰其苦, 其餘皆抵軍費。

第六款　應如道光二十六年正月二十五日上諭, 卽曉示天下黎民, 任各處軍民人等傳習天主敎、會合講道、建堂禮拜, 且將濫行査拏者, 予以應得處分。又將前謀害奉天主敎者之時所充之天主堂、學堂、塋墳、田土、房廊等件應賠還, 交法國駐紮京師之欽差大臣, 轉交該處奉敎之人, 並任法國傳敎士在各省租買田地, 建造自便。

第七款　從兩國大臣畫押蓋印之日起, 直隷省之天津府克日通商, 與別口無異, 再此續約均應自畫押之日爲始, 立卽施行, 毋庸俟奉兩國御筆批准, 猶如各字樣列載天津和約內, 一律遵守如此。大法國水、陸二軍, 俟在天津收銀全五十萬兩。方能退出天津, 屯佔大沽, 煙台二口, 待至中國將所賠之銀全數交淸後, 所有法國武弁佔踞中國各地方均應退出境界。然任水、陸各大將軍於天津扎兵過冬,而俟所定賠補之現銀給清後, 則撤大軍退出津郡。

第八款　戊午年所定原約互換之日, 所有法國屯於舟山之軍立當出境, 續約條所定應繳銀五十萬兩繳清之日, 除統兵官暫駐天津過冬諒不便即行撤兵外, 應如第七款內所言, 即駐津各軍亦應離城, 退至大沽砲台、登州、北海、廣東省城各等處駐紮, 俟續約所定賠補款八百萬兩全數繳清, 以上各駐軍再當掃數撤歸。

第九款　亦戊午年定約互換以後, 大清大皇帝允於即日降諭各省督撫大吏, 以凡有華民情甘出口, 或在法國所屬各處, 或在外洋別地承工, 俱準與法民立約爲憑, 無論單身, 或願攜家眷, 一併赴通商各口, 下法國船隻, 毫無禁阻。該省大吏亦宜時與大法欽差大臣查照各口情形, 會定章程, 爲保全前項華工之意。

第十款　戊午年所定之和約第二十二款內有錯載之字樣, 即係凡船在一百五十噸以上者, 每噸鈔銀五錢, 現在議定, 凡船在一百五十噸以上者, 每噸鈔銀四錢, 不及一百五十噸者, 每噸納銀一錢, 嗣後大法國船隻進口, 俱按現在議定之數輸納。

右續約於京師妥定, 華、法兩國欽差全權大臣各畫押蓋印, 於一千八百六十年十月二十五日, 即咸豐十年九月十二日簽訂。

(중불) 베이징조약(중국어본)의 한글 번역문

이제 대청국 황제와 대프랑스국 대황제는 양국의 불화를 해결하여 오랜 우호관계를 회복하기를 절실히 원한다. 이에 대청국 대황제는 흠차대신 화석공친왕(和碩恭親王) 이신(奕訢)을, 대프랑스국 대황제는 내각대학사 세습남작 그로(葛羅爲)를 흠차전권대신으로 파견하여 편의대로 업무를 처리하도록 하였다. 이들은 피차의 편의대로 업무를 처리하도록 한 상유(上諭)와 전권의 조칙을 함께 비교하여 읽고 확인하여 모두 타당함을 확인한 뒤 다음에 열거한 바와 같은 조관을 성립시켰다.

제1조
대프랑스국 흠차대신은 기미년(1859) 5월에 입경하여 비준서를 교환하기 위해 다구(大沽)에 이르렀으나 그곳의 무관들이 전진을 저지하였다. 대청국 대황제는 이를 후회하고 안타깝게 여긴다.

제2조
대프랑스국 흠차대신이 입경하여 비준서를 교환할 때, 경유지 또는 경사(京師)의 대청국 관원은 마땅히 (중국의) 흠차대신을 우대하는 예의로써 접대하여 그 직책에 맞는 대우를 받도록 해야 한다.

제3조
평화조약 비준서의 교환일로부터 시작하여 함풍 8년 톈진(天津)에서 정한 평화조약 및 그 보충 조관은 현재 개정된 조관을 제외하고 즉시 모두 시행해야 한다.

제4조
기미년(1859) 톈진에서 정한 보충 조관의 제4관에 기재된 중국의 군비 배상금 은 200만 냥은 삭제하고, 이번에 다시 은 800만 냥을 배상하는 것으로 의논하여 정하였다. 이 액수 안에는 이미 수령한 작년 광둥해관의 납부액 은 33만 3,333량이 포함된다. 나머지 은량은 중국 각 해관에서 매년 수세한 은에서 5분의 1 비율로 추징한다. 은을 납부하는 시기는 3개월에 1회로 하며, 첫 회는 마땅히 함풍 10년 8월 17일에서 11월 20일 사이로 해야 한다. 그러나 납부하는 은은 문은(紋銀)이나 양은(洋銀) 모두 가능하다. 그 은은 대프랑스국의 중국 주재 흠차대신에게 납부해야 하나, 그가 파견한 관원에게 납부할 수도 있다. 그러나 10월 18일에 한정하여 톈진에서 은 50만 냥을 직접 납부해야 한다. 장차 대프랑스국의 주중국 흠차대신과 중국 측 대신은 각각 위원을 파견하여 회의를 열어 어떻게 은량을 납부하고 수령할 것인가, 수단(收單)을 어떻게 정할 것인가 등의 문제를 다시 협의하여 결정하도록 한다.

제5조
중국의 이번 배상은(賠償銀)은 군비에 해당하며, 또한 프랑스 상인 및 그 보호를 받는 자가 광저우에서 소유한 양행의 물건이 백성들에 의해 불타고 약탈당한 것에 대한 것이다. 장차 대프랑스국은 이 배상은을 공평하게 관련된 프랑스인에게 나누어줄 것을 약속한다. 그 은은 100만 냥을 제하여 프랑스 백성 및 그 보호를 받는 자에게 보내어 그 피해를 보상하고 그 고통을 위로할 것이며, 나머지는 모두 군비로 충당한다.

제6조
마땅히 도광 26년 1월 25일의 상유와 같이 천하의 백성들에게 효시(曉示)하여 각지의 군민이 천주교를 전파하고 배우고, 모여서 교리를 강의하고, 교회당을 건설하여 예배를 행할 수 있도록 하고, 함부로 체포한 이들을 적절하게 처분해 주어야 한다. 또한 예전에 천주교를 신봉하는 이를 모해하던 때 관에 몰수했던 천주교당, 학당, 분묘, 전답, 주택 등은 마땅히 상환하여야 하며, 경사(京師)에 주재하는 프랑스 흠차대신에게 넘겨주어 해당 지역의 천주교인들에게 전달하게 한다. 또한 프랑스 선교사는 각 성에서 자유로이 전지(田地)를 임대하거나 구입하여 건물을 지을 수 있다.

제7조
양국 대신이 서명하고 날인한 날로부터 즈리성(直隸省)의 톈진부는 서둘러 통상을 개시하여 다른 항구와 다르지 않게 한다. 또한 이 속약(續約)은 조인된 날을 기점으로 즉시 시행하여 양국 황제의 비준을 기다릴 필요가 없으며, 톈진조약에 기재된 문구들과 마찬가지로 일률적으로 준수한다. 대프랑스국 해군과 육군은 톈진에서 은 50만 냥을 수령한 이후에 톈진에서 철수할 수 있으며, 다구(大沽)·옌타이(煙臺) 두 항구에 주둔한다. 중국이 모든 배상은을 완납할 때까지 기다린 뒤 중국 각지를 점거하고 있는 모든 프랑스 군대는 국경 밖으로 철수해야 한다. 그러나 해군과 육군의 각 대장군은 톈진에서 군대를 이끌고 겨울을 보낸 뒤 정해진 배상은 현은(現銀)을 완납받은 뒤 대군을 톈진에서 철수시킨다.

제8조
무오년(1858)에 정한 원래 조약의 비준서를 교환하는 날 저우산(舟山)에 주둔한 모든 프랑스군은 즉시 국경 밖으로 철수하며, 속약에서 정한 납부해야 할 은 50만 냥을 완납한 날, 군대를 총괄하는 관원이 잠시 톈진에 주둔하며 겨울을 나야 하기 때문에 즉시 철병하기 어려운 것을 제외하면, 마땅히 제7조에서 언급한 것과 같이 해야 한다. 즉 톈진에 주둔하는 각 군대 역시 성을 떠나 다구포대, 덩저우(登州), 베이하이(北海), 광저우 각처로 옮겨 주둔하도록 하고, 속약에서 정한 배상액 800만 냥을 완납하기를 기다려 이상의 각 주둔군은 모두 철수하여 돌아갈 것이다.

제9조
또한 무오년(1858)의 조약 비준서 교환 이후, 대청국 대황제는 그날 바로 각 성의 총독과 순무에게 유지를 내려 출항하여 프랑스 소속의 각지 또는 해외의 다른 곳에 가서 일하기를 원하는 중국인이 있으면 모두 프랑스 백성과의 계약을 근거로 하여 허가해 주고, 단신이든 가족과 함께 떠나기를 원하든, 모두 통상 각 구에 가서 프랑스 선박을 타는 데 아무런 금지와 제재가 없도록 해야 한다. 해당 성의 총독이나 순무 또한 때때로 대프랑스국 흠차대신과 함께 각 항구의 상황을 살피고, 회의하여 장정을 정한다. 이는 앞 항의 화공을 보전하기 위함이다.

제10조
무오년에 정한 화약 제22조 내에 잘못 기재한 자구가 있으니, 이는 곧 무릇 150톤 이상의 배는 매 톤마다 은 5전의 톤세를 징수한다고 한 것이다. 현재 의논하여 정하기를, 무릇 150톤 이상의 선박은 매 톤마다 은 4전의 톤세를 거두고, 150톤 미만의 경우 매 톤마다 은 1전을 거두는 것으로 한다. 이후 대프랑스국 선박이 입항하면 모두 현재 의논하여 정한 액수에 따라 수납한다.

이상의 속약은 경사(京師)에서 협의하여 정하였다. 중국과 프랑스 양국의 흠차전권대신이 각각 서명하고 날인하여 1860년 10월 25일, 즉 함풍 10년 9월 12일에 체결하였다.

7) (중영) 옌타이(煙臺)조약(즈푸〈芝罘〉조약, 1876)

○ 명칭
- 영어: Agreement between the Ministers Plenipotentiary of the Governments of Great Britain and China; Agreement of Chefoo
- 중국어: 煙臺條約; 之罘條約

○ 체결 국가: 영국, 청

○ 체결일: 1876년 9월 13일
- 비준일: 1876년 9월 17일

○ 체결 장소: 산둥성 옌타이(煙臺, 옛 지명으로 즈푸〈芝罘〉)

○ 서명자(또는 전권대사)
- 영국 전권공사: 토마스 웨이드(Sir Thomas Wade)
- 청국 흠차대신: 리훙장(李鴻章)

○ 작성 언어: 영어, 중국어

○ 체결 과정 및 주요 내용

옌타이조약은 1875년(동치 14) 2월, 미얀마와 중국의 윈난(雲南)을 잇는 육로 통상 루트를 개척하기 위한 영국 조사단을 돕기 위해 파견된 통역관 마가리(A.R.Margary)가 현지에서 피살되는 사건이 일어나자, 영국의 주청공사 토마스 웨이드는 영국 관원이 참여한 사건의 진상조사와 배상을 요구하면서 톈진조약 이래 누적되어 왔던 통상 및 외교 분야의 해결을 요구하여 1년 반 동안의 힘겨루기 끝에 체결된 조약이다.

조약의 내용은 크게 세 부분과 특별 조항으로 구성되어 있는데, 첫번째 부분은 중국의 영국에 대한 배상과 사건에 대한 유감 표명을 위한 사절의 파견과 윈난 지역의 통상에 대한 사전조사를 규정하고 있다. 두 번째 부분은 중국과 서양 국가 사이에 마가리 사건과 같은 사법 안건이 발생했을 때의 처리 절차를 규정하고 있다. 세 번째 부분은 통상에 관련된 것인데, 이창(宜昌), 우후(蕪湖), 원저우(溫州), 베이하이(北海) 네 곳의 항구를 추가로 개방하고, 영국 상인이 장강에 연한 다퉁(大通), 안칭(安慶), 후커우(湖口), 사스(沙市) 등지에 정박해서 화물을 싣거나 풀 수 있다는 내용, 각 조계에서 양화(洋貨)에 대한 이금을 거두지 말 것, 기존 및 새로 추가된 통상항 중에서 조계가 획정되지 않은 곳의 조계를 획정하는 것 등을 포함한다. 마지막으로 특별 조항에서는 영국이 베이징(北京)에서 간쑤(甘肅)와 칭하이(靑海) 또는 쓰촨(四川)을 거쳐서, 또는 인도에서 티베트로 탐험대를 보낼 수 있도록 규정했다.

1870년대에 이르러 영국은 인도 북부의 카슈미르, 라다크, 부탄, 네팔, 시킴에 이르는 지역들을 모두 판도에 넣었다. 이렇게 되자, 영국은 이들 지역과 인접한 티베트와 무역을 진행하고자 해서 수차례 티베트에 사신을 파견하였으나 티베트 고위층은 이를 모두 거절했다. 이에 영국은 1876년 중국과 옌타이조약(煙臺條約)을 체결하면서 중국과 인도 양쪽에서 출발하여 티베트의 통상 루트를 탐험할 수 있다는 내용의 특별조항(seperate article)을 삽입했다.

○ (조약문) 출처

- China. The Maritime Customs, *Treaties, Conventions, etc., Between China and Foreign States*, vol.1, 2d ed, Shanghai: Published at the Statistical Department of The Inspectorate General of Customs, 1917.

(중영) 옌타이조약(영어본) 원문

Agreement Between The Ministers Plenipotentiary Of The Governments Of Great Britain And China.
(Signed, in the English and Chinese Languages, at Chefoo, 13th September 1876.
Ratified by the Emperor of China, 17th September 1876.)

Agreement negotiated between Sir Thomas Wade, K.C.B., Her Britannic Majesty's Envoy Extraordinary and Minister Plenipotentiary at the Court of China, and Li, Minister Plenipotentiary of His Majesty the Emperor of China, Senior Grand Secretary, Governor-General of the Province of Chihli, of the First Class of the Third Order of Nobility.

The negotiation between the Ministers above named has its origin in a despatch received by Sir Thomas Wade in the spring of the present year from the Earl of Derby, Principal Secretary of State for Foreign Affairs, dated 1st January 1876. This contained instructions regarding the disposal of three questions ; first, a satisfactory settlement of the Yün Nan affair ; secondly, a faithful fulfilment of engagements of last year respecting intercourse between the high officers of the two Governments; thirdly, the adoption of a uniform system in satisfaction of the understanding arrived at in the month of September 1875 (8th moon of the 1st year of the reign Kwang Sü) on the subject of rectification of conditions of trade. It is to this despatch that Sir Thomas Wade has referred himself in discussions on these questions with the Tsungli Yamen, farther reference to which is here omitted as superfluous. The conditions now agreed to between Sir Thomas Wade and the Grand Secretary Li are as follows.

Section I. — Settlement of the Yün Nan Case.

(i) A Memorial is to be presented to the Throne, whether by the Tsungli Yamen or by the Grand Secretary Li is immaterial, in the sense of the Memorandum prepared by Sir Thomas Wade. Before presentation the Chinese text of the Memorial is to be shown to Sir Thomas Wade.

(ii) The Memorial having been presented to the Throne, and the Imperial Decree in reply received, the Tsungli Yamen will communicate copies of the Memorial and Imperial Decree to Sir Thomas Wade, together with copy of a letter from the Tsungli Yamen to the Provincial Governments, instructing them to issue a proclamation that shall embody at length the above Memorial and Decree. Sir Thomas Wade will thereon reply to the effect that for two years to come officers will be sent by the British Minister to different places in the provinces to see that the proclamation is posted. On application from the British Minister, or the Consul of any port instructed by him to make application, the high officers of the provinces will depute competent officers to accompany those so sent to the places which they go to observe.

(iii) In order to the framing of such regulations as will be needed for the conduct of the frontier trade between Burma and Yün Nan, the Memorial submitting the proposed settlement of the Yün Nan affair, will contain a request that an Imperial Decree be issued directing the Governor-General and Governor, whenever the British Government shall send officers to Yün Nan, to select a competent officer of rank to confer with them and to conclude a satisfactory arrangement.

(iv) The British Government will be free for five years, from the 1st of January next, being the 17th day of the 11th moon of the 2nd year of the reign Kuang Sü, to station officers at Ta-li Fu, or at some other suitable place in Yün nan, to observe the conditions of trade; to the end that they may have information upon which to base the regulations of trade when these have to be discussed. For the consideration and adjustment of any matter affecting British Officers or Subjects, these Officers will be free to address themselves to the Authorities of the province. The opening of the trade may be proposed by the British Government, as it may find best, at any time within the term of five years, or upon expiry of the term of five years.

Passports having been obtained last year for a Mission from India into Yün nan, it is open to the Viceroy of India to send such Mission at any time he may see fit.

(v) The amount of indemnity to be paid on account of the families of the officers and others killed in Yün nan; on account of the expenses which the Yün nan case has occasioned; and on account of claims of British Merchants arising out of the action of officers of the Chinese Government up to the commencement of the present year, Sir Thomas Wade takes upon himself to fix at Two hundred thousand Taels, payable on demand.

(vi) When the case is closed an Imperial Letter will be written expressing regret for what has occurred in Yün Nan. The Mission bearing the Imperial Letter will proceed to England immediately. Sir Thomas Wade is to be informed of the constitution of this Mission, for the information of his Government. The text of the Imperial Letter is also to be communicated to Sir Thomas Wade by the Tsungli Yamen.

Section II. — Official Intercourse

Under this heading are included the conditions of intercourse between high officers in the capital and the provinces, and between Consular officers and Chinese officials at the ports; also the conduct of judicial proceedings in mixed cases.

(i) In the Tsungli Yamen's Memorial of the 28th September, 1875, the Prince of Kung and the Ministers stated that their object in presenting it had not been simply the transaction of business in which Chinese and Foreigners might be concerned; missions abroad and the question of diplomatic intercourse lay equally within their prayer.

To the prevention of farther misunderstanding upon the subject of intercourse and correspondence, the present conditions of both having caused complaint in the capital and in the provinces, it is agreed that the Tsungli Yamen shall address a circular to the Legations, inviting Foreign Representatives to consider with them a code of etiquette, to the end that foreign officials in China, whether at the ports or elsewhere, may be treated with the same regard as is shown them when serving abroad in other countries, and as would be shown to Chinese Agents so serving abroad.

The fact that China is about to establish Missions and Consulates Chinese Missions abroad renders an understanding on these points essential.

(ii) The British Treaty of 1858, Article XVI., lays down that "Chinese subjects who may be guilty of any criminal act towards British Subjects shall be arrested and punished by Chinese authorities according to the laws of China.

"British subjects who may commit any crime in China shall be tried and punished by the Consul, or any other public functionary authorised thereto, according to the laws of Great Britain,

"Justice shall be equitably and impartially administered on both sides."

The words "functionary authorised thereto" are translated in the Chinese text "British Government."

In order to the fulfilment of its Treaty obligations, the British Government has established a Suprfeme Court at Shanghai, with a special code of rules, which it is now about to revise. The Chinese Government has established at Shanghai a Mixed Court; but the officer presiding over it, either from

lack of power, or dread of unpopularity, constantly fails to enforce his judgments.
It is now understood that the Tsungli Yamen will write a circular to the Legations, inviting Foreign Representatives at once to consider with the Tsungli Yamen the measures needed for the more effective administration of justice at the port open to trade.

(iii) It is agreed that, whenever a crime is committed affecting the person or property of a British subject, whether in the interior or at the open ports, the British Minister shall be free to send officers to the spot to be present at the investigation.

To the prevention of misunderstanding on this point, Sir Thomas Wade will write a note to the above effect, to which the Tsungli Yamen will reply, affirming that this is the course of proceeding to be adhered to for the time to come.

It is farther understood that so long as the laws of the two countries differ from each other, there can be but one principle to guide judicial proceedings in mixed cases in China, namely, that the case is tried by the official of the defendant's nationality; the official of the plaintiffs nationality merely attending to watch the proceedings in the interests of justice. If the officer so attending be dissatisfied with the proceedings, it will be in his power to protest against them in detail. The law administered will be the law of the nationality of the officer trying the case. This is the meaning of the words *hui t'ung*, indicating combined action in judicial proceedings, in Article XVI of the Treaty of Tientsin; and this is the course to be respectively followed by the officers of either nationality.

Section III.—Trade.

(i) With reference to the area within which, according to the treaties in force, likin ought not to be collected on foreign goods at the open ports. Sir Thomas Wade agrees to move his Government to allow the ground rented by foreigners (the so-called concessions) at the different ports, to be regarded as the area of exemption from *likin*; and the Government of China will thereupon allow Ich'ang in the province of Hupei, Wuhu in Anhui, Wen-chow in Che Kiang, and Peihai (Pakhoi) in Kwangtung, to be added to the number of ports open to trade, and to become Consular stations. The British Government will farther be free to send officers to reside at Chungking, to watch the conditions of British trade in Ssŭ Chuan. British merchants will not be allowed to reside at Chungking, or to open establishments or warehouses there, so long as no steamers have access to the port. When steamers have succeeded in ascending the river so far, farther arrangements can be taken into consideration.

It is further proposed as a measure of compromise, that at certain points on the shore of the Great River, namely, Tat'ung, and Nganching in the province of Anhui; Huk'ou, in Kiangsi; Wu-süeh, Lu-chi-k'ou, and Sha-shih, in Hu Kuang; these being all places of trade in the interior, at which, as they are not open ports, foreign merchants are not legally authorised to land or ship good's, steamers shall be allowed to touch for the purpose of landing or shipping passengers or goods; but in all instances by means of native boats only, and subject to the regulations in force affecting native trade.

Produce accompanied by a half-duty certificate may be shipped imports and at such points by the steamers, but may not be landed by them for sale.

And at all such points, except in the case of imports accompanied by a transit duty certificate, or exports similarly certificated, which will be severally passed free of likin, on exhibition of such certificates, likin will be duly collected on all goods whatever by the native authorities.

Foreign merchants will not be authorised to reside or open houses of business or warehouses at the places enumerated as ports of call.

(ii) At all ports opened to trade, whether by earlier or later agreement, at which no settlement area has been previously defined, it will be the duty of the British Consul, acting in concert with his colleagues, the Consuls of other powers, to come to an understanding with the local authorities regarding the definition of the foreign settlement area.

(iii) On opium, Sir Thomas Wade will move his Government to sanction an arrangement different from that affecting other imports. British merchants, when opium is brought into port, will be obliged to have it taken cognisance of by the Customs, and deposited in bond, sanction by either in a warehouse or a receiving hulk, until such time as there is a sale for it. The importer will then pay the tariff duty upon it, and the purchasers the *likin*, in order to the prevention of the evasion of the duty. The amount of *likin* to be collected will be decided by the different Provincial Governments, according to the circumstances of each.

(iv) The Chinese Government agrees that Transit Duty Certificates shall be framed under one rule at all ports, no difference being made in the conditions set forth therein; and that so far as imports are concerned, the nationality of the person possessing and carrying these is immaterial. Native produce carried from an Inland Centre to a Port of Shipment, if *bonâ fide* intended for shipment to a foreign port, may be by treaty certificated by the British subject interested, and exempted by payment of the half duty from all charges demanded upon it *en route*. If produce be not the property of a British subject, or is being carried to a port not for exportation, it is not entitled to the exemption that would be secured it by the exhibition of a Transit Duty Certificate.

The British Minister is prepared to agree with the Tsungli Yaraen upon rules that will secure the Chinese Government against abuse of the privilege as affecting produce.

The words, *nei ti*, inland, in the clause of Article VII of the Rules appended to the Tariff, regarding carriage of imports inland, and of native produce purchased inland, apply as much to places on the sea coasts and river shores, as to places in the interior not open to foreign trade; the Chinese Government having the right to make arrangements for the prevention of abuses thereat.

(v) Article XLV of the Treaty of 1858 prescribes no limit to the term within which a drawback may be claimed upon duty paid Imports. The British Minister agrees to a term of three years, after expiry of which no drawback shall be claimed.

(vi) The foregoing stipulation, that certain ports are to be opened to foreign trade, and that landing and shipping of goods at six places on the Great River is to be sanctioned, shall be given effect to within six months after receipt of the Imperial Decree approving the Memorial of the Grand Secretary Li.

The date for giving effect to the stipulations affecting exemption of imports from *likin* taxation within the foreign settlements, and the collection of *likin* upon opium by the Customs Inspectorate at the same time "as the Tariff duty upon it, will be fixed as soon as the British Government has arrived at an understanding on the subject with other foreign Governments.

(vii) The Governor of Hongkong having long complained of the interference of the Canton Customs Revenue Cruisers with the junk trade of that Colony, the Chinese Government agrees to the appointment of a Commission, to consist of a British Consul, an ofificer of the Hongkong Government, and a Chinese official of equal rank, in order to the establishment of some system that shall enable the Chinese Government to protect its revenue, without prejudice to the interests of the Colony.

SEPARATE ARTICLE.

Her Majesty's Government having it in contemplation to send a mission of exploration next year by way of Peking through Kan Su and Koko Nor, or by way of Ssu Chuan, to Tibet, and thence to

India, the Tsungli Yamen, having due regarded to the circumstances, will, when the times arrives, issue the necessary passports and will address letters to the high provincial authorities and to the Resident in Thibet. If the Mission should not be sent by these routes, but should be proceeding across the Indian frontier to Thibet, the Tsungli Yamen, on receipt of a communication to the above effect from the British Minister, will write to the Chinese Resident in Thibet, and the Resident, with due reguard to the circumstances, will send officers to take due care of the Mission; and passports for the Mission will be issued by the Tsungli Yamen that its passage be not obstructed.

Done at Chefoo, in the Province of Shantung, this thirteenth day of September, in the year of Our Lord One Thousand Eight Hundred and Seventy-Six.

[L.S.] (Signed) THOMAS FRANCIS WADE.

[L.S.] (Signed) CHINESE PLENIPOTENTIARY.

(중영) 옌타이조약(영어본)의 한글 번역문

대영국 및 중국 정부 전권대사 사이의 협약

(1876년 9월 13일 영어와 중국어로 즈푸에서 조인되었으며, 18767년 9월 17일 중국 황제에 의해 비준됨.)

협약은 영국 여왕 폐하께서 중국 조정에 파견한 특별 사절이자 전권대사, 2등 서훈(KCB)을 받은 토머스 웨이드 경과 중국 황제 폐하의 전권대사, 내각대학사, 즈리(直隷) 총독, 세 번째 귀족 서열의 1등급 작위(一等肅毅伯) 리(리훙장)가 협상하였다.
위에 거명한 대사들 사이의 협상은 토머스 웨이드 경이 금년 봄에 접수한 외무대신 더비 백작의 1876년 1월 1일자 전문에 기인하였다. 이 전문은 다음 세 가지 문제의 처리에 관한 훈령을 담고 있었다. 첫째, 윈난 사건의 만족스러운 해결, 둘째, 두 정부 고위 관료 사이의 교제에 관한 지난해 약속의 충실한 이행, 셋째, 1875년 9월(광서 원년 8월) 무역 조관의 개정에 관해 달성한 합의를 만족시키기는 통일적인 시스템의 채택. 토머스 웨이드 경이 총리아문과 이들 문제에 대해 토론할 때 언급한 것은 바로 이 전문에 대한 것이며, 여기서 더 이상의 언급은 불필요하기 때문에 생략한다. 지금 토머스 웨이드 경과 리 대학사가 합의한 조관들은 다음과 같다.

제1조 ─ 윈난 사건의 해결

(i) 토머스 웨이드 경이 준비한 각서의 내용을 반영한 상주문이 황제에게 보고되어야 한다. 총리아문이 상주할지 리훙장 대학사가 상주할지는 중요하지 않다. 상주문의 중문 텍스트는 황제에게 올리기 전에 반드시 토머스 웨이드 경에게 보여야 한다.

(ii) 상주문(上奏文, Memorial)이 황제에게 보고되어 그에 대한 칙령을 받으면, 총리아문은 상주문과 칙령의 사본, 그리고 총리아문이 각 성(省) 정부에 보내는, 위의 상주문 및 칙령의 실천을 선언할 것을 지시하는 서한의 사본을 토머스 웨이드 경에게 전달한다. 토머스 웨이드 경은 그에 대해 앞으로 2년간 포고문이 게시되는 것을 확인하기 위해 영국 공사가 각 지방에 관리들을 파견할 것이라는 취지의 답변을 할 것이다. 영국 공사 혹은 그로부터 신청하도록 지시받은 어느 항구의 영사가 신청한다면, 지방의 고위 관리들은 적임의 관리들에게 그들이 감찰하러 갈 장소에 파견된 이들을 수행하는 일을 맡길 것이다.

(iii) 버마와 윈난의 국경무역 수행에 필요한 규제의 틀을 만들기 위해, 윈난 문제에 대한 합의안을 제안하는 상주문에는 영국 정부가 윈난에 관리를 파견할 때마다 총독과 순무를 지휘하는 칙령을 내려 그들과 협의할 수 있는 적임의 관리를 선발하고 만족스러운 협정을 맺도록 요청하는 내용을 포함할 것이다.

(iv) 영국 정부는 광서 2년 11월 17일이 되는 내년 1월 1일부터 5년간 자유로이 대리부(大理府) 또는 윈난의 다른 적절한 장소에 관리들을 배치하고 무역 상황을 관찰할 수 있다. 논의될 필요가 있을 때 그들이 무역 규정의 기초가 되는 정보를 얻을 수 있도록 하기 위함이다. 영국 관리들이나 국민들에게 영향을 미치는 모든 문제에 대한 고려와 조정을 위해, 이 관리들은 자유로이 주 당국에 청원할 수 있다. 무역 개방은 최적이라고 생각될 때 5년 기한 내 혹은 5년 기한의 만료 시 언제든지 영국 정부에 의해 제안될 수 있다.
인도에서 윈난으로 가는 사절단을 위해 작년에 획득한 통행권은, 인도 총독이 언제든 적합하다고 여겼을 때 이러한 선교단을 파견하는 데 유효하다.

(v) 토마스 웨이드 경은 윈난에서 사망한 관리의 가족에 대한 보상금, 윈난 사건이 발생시킨 비용, 그리고 올해 초까지 중국 정부 관리들의 행동에서 발생한 영국 상인들의 청구에 대한 배상액의 액수를 20만 타엘로 정하였다. 이 액수는 요구에 따라 언제든지 지불 가능하게 한다.
사건이 종결되면 윈난에서 일어난 일에 대한 유감을 나타내는 칙서가 작성될 것이다. 황제의 서신을 가진 사절단이 즉시 영국으로 가게 될 것이다. 토마스 웨이드 경은 영국 정부에 정보를 제공하기 위해 본 사절단의 구성에 대한 정보를 전달받게 될 것이다. 황제의 국서의 본문 역시 총리아문이 토마스 웨이드 경에게 조회로 전달할 것이다.

제2조─관료 사이의 교제

이 표제하에서는 수도와 각 성의 고위 관료들 사이, 그리고 영사 관원과 통상항의 중국인 관리들 사이의 교제의 조건을 포함한다. 또한 공동재판 안건(會審, mixed cases)에서의 사법 소송의 진행이 포함된다.

(i) 1875년 9월 28일 총리아문의 상주문에서 공친왕(恭親王)과 대신들은 이 상주문을 올리는 목적은 단순히 중국인과 외국인이 관련된 업무를 처리하는 것이 아니라고 언급했다. 해외 사절단 파견과 외교적 교제는 균등하게 그들의 소망 안에 포함되어 있었다.
교제 및 통신에 관한 문제와 수도와 각 성에서 모두 불만을 야기시킨 현 상황에 대한 더 이상의 오해를 방지하기 위해, 총리아문은 공사관들에 회람하여 외국 대표들을 초청하여 그들과 함께 예의의 의례를 검토하여 궁극적으로는 중국의 외국인 관리들이 항구나 다른 곳에서 다른 나라에서 복무할 때와 같은 대우를 받을 수 있고, 해외에서 복무하는 중국 관원도 마찬가지의 대우를 받을 수 있도록 하는 데 동의한다. 중국이 재외 공관과 영사관 설립을 앞두고 있다는 사실은 이들 요점에 대한 이해를 높이고 있다.

(ii) 1858년 중영 (톈진)조약 제16조에 다음과 같이 명시하였다.

"영국인에 대한 범죄행위에 대해 유죄가 될 수 있는 중국 신민은 중국 법률에 따라 중국 당국에 의해 체포되어 처벌받아야 한다."
"중국에서 범죄를 저지르는 영국인은 영국 법률에 따라 영사관이나 다른 공공기관에서 재판을 받고 처벌받아야 한다."
"재판은 양측에 공평하고 공정하게 시행되어야 한다."

여기에서 "다른 공공기관(functionary authorised thereto)"이라는 단어는 중국어 텍스트에서 "영국 정부(British Government)"라고 번역되었다.
조약의 의무를 이행하기 위해 영국 정부는 상하이에 특별한 규칙들을 가진 고등 법원을 설립하였으며, 이 법원은 현재 개편될 예정에 있다. 중국 정부는 상하이에 공동재판소(a Mixed Court, 會審衙門)를 설치했다. 그러나 그것을 주재하는 관리는 권한의 부족이나 인망을 잃는 것을 염려하여 끊임없이 그의 판결을 관철하는 데 실패하고 있다.
이제 총리아문이 각 공사관에 회람을 돌려 외국 대표단을 초청하여 총리아문과 함께 개항장에서의 보다 효율적인 사법 행정에 필요한 조치들을 함께 숙의하기로 양해되었다.

(iii) 내지나 개항장에서 영국 국민 개인의 신변 또는 재산에 영향을 미치는 범죄가 발생할 때마다 영국 공사는 자유로이 현장에 관리를 보내어 조사에 참석할 수 있도록 하는 것에 동의하였다.
이 점에 대한 오해를 방지하기 위해 토마스 웨이드 경은 위의 조치의 효과에 대한 조회를 작성할 것이며, 총리아문은 이에 대해 이것이 앞으로 당분간 준수되어야 할 절차임을 단언하는 회답을 보낼 것이다.
나아가 양국의 법률이 서로 다른 한, 중국 내에서의 공동 재판 안건에는 사법 절차의 지침으로서 하나의 원칙이 있을 수 있다는 점을 양해한다. 즉, 피고의 국적의 관리가 재판을 담당한다는 것이다. 원고의 국적의 관리는 단지 정의의 관점에서 재판의 과정을 보기 위해 참석하는 것이다. 만약 그렇게 참석한 장교가 그 절차에 불만족스럽다면, 그는 상세히 항의할 권한을 가진다. 집행된 법률은 그 사건을 심리하는 장교의 국적법이 될 것이다. 이것은 톈진조약 제16조에서 사법적 절차의 결합 행위를 나타내는 '후이통(會同)'이라는 말의 뜻이며, 이것은 각 국적의 관리들이 따라야 할 절차이다.

제3조 – 무역

(i) 발효 중인 조약에 따르면, 개항장에서는 외국 상품에 대해서 이금(厘金)을 징수할 수 없는 구역이 있다. 토머스 웨이드 경은 그의 정부를 설득해 외국인들에게 임대하여(소위 '양보') 이금의 면제 구역으로 간주되었던 이 땅을 다른 항구로 옮기는 것에 동의하고, 중국 정부는 이에 따라 후베이성(湖北省)의 이창(宜昌), 안후이(安徽)의 우후(蕪湖), 저장(浙江)의 원저우(溫州), 광둥(廣東)의 베이하이(北海)를 통상항으로 추가하고 영사 주재지가 되게 하는 것을 허가한다. 영국 정부는 나아가 자유롭게 충칭(重慶)에 관리를 파견하여 상주하며 영국의 쓰촨(四川) 무역 상황을 감시하게 할 수

있다. 영국 상인들은 기선이 항구에 접근하지 않는 한 충칭에 거주하거나 그곳에 시설이나 창고를 열 수 없게 된다. 기선이 강을 거슬러 올라가는 데 성공하면 더 많은 준비가 고려될 수 있다.

나아가 장강 연안의 특정 지점, 즉 안후이성의 다퉁(大通)과 안칭(安慶), 장시(江西)의 후커우(湖口), 후광(湖廣)의 우쉬에(武穴), 루시커우(陸溪口), 사스(沙市) 등 지역이 절충안으로 제시되고 있다. 이들 지역은 모두 내륙의 교역장으로서 개항장이 아니기 때문에 외국 상인들은 법적으로 상륙이나 화물의 운송이 허가되지 않고 있으며, 기선은 여객과 상품의 운송과 하역만을 목적으로 접근할 수 있다. 그러나 모든 경우 현지 보트만을 이용하여 접안할 수 있으며, 현지 무역에 관한 장정을 준수해야 한다.
관세의 절반을 냈다는 증명서를 첨부한 생산품은 기선을 통해 이들 지점에 운송할 수 있지만, 판매를 위해 하역할 수는 없다.
그리고 그러한 모든 지점에서, 운송 관세 증명서를 동반한 수입품이나 이와 유사한 인증을 받은 수출품의 경우 그러한 증명서를 제시하여 이금을 면제받고 통과되는 것을 제외하면, 이금은 현지 당국에 의해서 모든 상품에 대해 합법적으로 수집될 것이다.
외국 상인들은 열거된 항구에서 거주하거나 사업장 또는 창고를 여는 것을 허가받지 못할 것이다.

(ii) 빨리 합의되었든 늦게 합의되었든, 무역을 위해 개방되었지만 이전에 거류 지역이 규정되지 않은 항구에서 외국인 거류 지역을 규정하기 위하여 그의 동료인 다른 열강의 영사들과 협력하여 행동하는 것은 영국 영사의 책무가 될 것이다.

(iii) 아편과 관련하여, 토마스 웨이드 경은 기타 수입품에 관한 것과 다른 협정을 승인하기 위해 그의 정부를 움직일 것이다. 영국 상인들은 아편을 항구로 들여올 때, 해관에 그것을 인지시키고 판매할 때까지 창고나 수취용 헐크에 제한하여 보관할 의무를 가지게 될 것이다. 수입자는 그리고 나서 아편에 대한 관세를 지불하고 구입자는 이금을 지불하도록 하여 탈루를 방지한다. 징수하는 이금의 양은 각기 다른 성(省) 정부에서 각자의 상황에 따라 결정하게 된다.

(iv) 중국 정부는 모든 항구에서 하나의 규칙에 따라 운송 관세 증명서가 작성하며, 증명서에 명시된 조건에 차이가 없으며, 수입에 관한 한, 이를 소지하고 운반하는 사람의 국적이 중요하지 않다는 데 동의한다. 내륙의 중심지에서 선적하는 항구까지 운송되는 토산품은 만약 외국 항구로 운송하려 한다면, 영국인의 이해에 의해 인증된 조약에 의해, 운송로 전체에서 요구되는 모든 요금의 반액 관세가 면제될 수 있다. 생산물이 영국인의 자산이 아니거나 수출용이 아닌 항구로 운반되는 경우, 운송 관세 증명서의 제시로 확보되는 면제를 받을 수 없다.

영국 공사는 생산품에 관한 특권의 남용에 대항하여 중국 정부를 보호할 규정에 대해 총리아문과 합의할 준비가 되어 있다.

관세율표의 부칙 제7조 조항에 있는 '내지(內地)'라는 단어는 수입품 및 내륙에서 구매한 현지 생산물의 내륙 운송과 관련하여 외국 무역에 개방되지 않은 내륙에 적용되는 만큼 해안과 강가의 장소에도 많이 적용된다. 중국 정부는 남용의 방지를 위한 조치를 취할 권리를 가진다.

(v) 1858년 조약의 제45조에는 관세를 부과한 수입품에 대해 결함을 주장할 수 있는 조건에 제한을 두지 않았다. 영국 공사는 3년의 기간에 동의하며, 기간이 만료되면 어떠한 결함도 주장할 수 없다.

(vi) 외국과의 무역에 특정 항구를 개방하고 장강의 여섯 장소에서 상품의 상륙과 운송을 허가하는 전술한 조항은, 대학사 리훙장의 상주문을 승인하는 칙령이 발표된 뒤 6개월 이내에 효력을 가지게 된다.
외국인 거류지들 사이의 수입품에 대해 이금을 면제해 주는 것에 영향을 미치는 규정과 세관 조사단이 아편에 대해 관세와 동시에 이금을 징수하는 규정의 발효일은 영국 정부가 다른 외국 정부와 이 문제에 대한 합의에 도달하는 즉시 확정될 것이다.

(vii) 홍콩 총독은 오랫동안 광둥 해관의 순양함대가 홍콩의 정크 무역에 간섭하는 것에 불만을 표해 왔으며, 중국 정부는 홍콩의 이익을 침해하지 않고 세관 수입을 보호할 수 있도록 하는 시스템의 설치가 가능해지도록 영국 영사, 홍콩 정부의 관료, 그리고 동등한 품급의 중국 관원으로 구성된 위원회의 임명에 동의한다.

별도 조항

영국 정부는 내년에 베이징을 경유하여 간쑤(甘肅)와 코코노르(Koko Nor), 또는 쓰촨(四川)을 경유하여 티베트로, 그 후 인도로 가는 탐사단을 보내는 것을 계획하고 있다. 총리아문은 상황에 따라, 때가 되면 필요한 통행증을 발급하고 해당 지방의 고위 당국자와 티베트 주재관(駐藏大臣)에게 편지를 보낼 것이다. 만약 이 사절단이 해당 루트로 보내지지 않고 인도 변경을 가로질러 티베트로 향하게 된다면, 총리아문은 영국 공사로부터 상술한 결과에 대한 조회를 받고 중국의 티베트 주재관에게 편지를 쓰고, 주재관은 상황에 따라, 사절단에 대한 마땅한 보호를 위해 관원을 보낼 것이다. 그리고 총리아문은 사절단의 경로가 방해받지 않도록 사절단에 대한 통행증을 발급할 것이다.

서기 1876년 9월 13일 산둥성(山東省) 즈푸(芝罘, Chefoo)에서 완성됨.

[L.S.] (서명) 토마스 프란시스 웨이드

[L.S.] (서명) 중국 전권대신

찾아보기

ㄱ

가라후토(사할린) 57
가르톡(噶大克, Gartok) 343, 348
간도 29, 62
간도협약 14, 29, 33, 41, 49, 62
간쑤(甘肅) 468, 480
감빠(Gamba) 329
강동 64둔 107, 108
개항장 58, 117, 130~133
걍체(江孜) 343, 348, 349
거문도 점령 60
경친왕 320
고르비차 강 67, 68, 88
공친왕(恭親王) 460, 273, 477, 285
공행(公行, cohong) 392
공행제도 194
관선(national vessels, 官船) 431
관세 433, 434, 436, 479
관세 자주권 58
광동무역체제 192
광둥성 54
광저우 46, 116, 192, 199, 210, 213, 219, 220
광저우만 289, 325~327
광저우만조계조약 48, 54
교수이리조약 164
교안 304
구이량(桂良) 116, 120, 123, 218, 229, 268, 279, 285, 286, 429, 439, 448
국경문제 18, 29, 47
국경획정 32, 47

국제법적 지위 14, 31, 63
군기처 130, 146, 147, 159, 161
그로(Jean-Baptiste Louis Gros) 439
기르스 171, 184, 189, 190
김모치(Gipmochi) 산 332

ㄴ

난징 193, 212, 213, 216, 258, 260
난징(南京)조약 14, 16, 40, 193, 194, 218~221, 290, 291
내지 통상 220
내지통행세 221
네르친스크 66, 67, 75, 87, 101, 108, 145
네르친스크조약 16, 21, 46~48, 51~53, 66, 67, 84, 90, 159
뉴좡(牛庄) 220, 231, 260
니콜라이 니콜라예비치 무라비요프-아무르스키 106
니콜라이 카를로비치 기르스 163
니콜라이 파블로비치 이그나티예프 134
닝보(寧波) 131, 193, 210, 213, 260

ㄷ

다구(大沽) 416, 439, 464, 465
다구포대(大沽炮台) 221
다롄(大連) 46, 54, 289, 313, 314
다르질링(Darjeeling) 334, 341, 349
다만스키 섬 51, 53
다퉁(大通) 468, 479

단수이(淡水) 440, 449
대만출병에 따른 청일 양국 간 호환 조관 체결 62
대만 침공 61
대흥안령 69
덩저우(登州) 220, 231, 440, 449, 260, 465
동아시아 영토 문제 14

ㄹ

라그레네(Marie Melchior Joseph Théodore de Lagrené) 398
라싸(Lhasa) 343, 349, 350
라싸조약 335, 343, 352, 353
란타우 섬 289
랑조(Lang-jo) 339
랜스다운(Lansdowne) 328
랴오둥(遼東) 288, 289
랴오둥반도 54, 62
랴오둥환부조약 14, 41, 49, 59
러일강화조약(포츠머스조약) 14, 22, 44, 57, 59
러일전쟁 30, 57
러일화친조약[시모다(下田)조약] 14, 22, 57, 59
(제1차) 러일협약 44, 59
로바노프-야마가타의정서[조선문제에 관한 러일 간 의정서] 59
로젠-니시협정[조선문제에 관한 의정서] 19, 57, 59
뤼순(旅順) 46, 48, 54, 290, 320
뤼순다롄조차지조약(旅大租地條約) 54
류큐분할조약 62
류큐 표류민 조난 사건 61
리바디야조약 164
리훙장(李鴻章) 467, 476, 480
린쩌쉬(林則徐) 192

ㅁ

마가리(A. R. Margary) 467
마산포조차비밀협정 19, 61
마오쩌둥 52, 53
마제은(馬蹄銀) 435
마카오 373, 375
매카트니(George Macartney) 192
매판(買辦) 390
맥도널드(Claude Maxwell MacDonald) 289
머이럴커 강 75
몽골 32, 34, 90~92, 101, 102, 161, 186, 187
무라비요프 106, 108, 111, 114
문호개방 49, 60

ㅂ

바이칼호 92
번부 14, 47~49, 55
베베르-고무라 각서 43
베이징 67, 90, 91, 102, 103, 116, 117, 130~134, 143, 146, 147, 157, 160, 186, 188, 189
베이징조약 16, 18, 21, 40, 45~53, 67, 108, 117, 134~136, 156, 173, 186, 194, 274, 290
베이하이(北海) 465, 468, 478
베트남 29, 31~34, 41, 47, 48, 51, 54, 55
보우링(John Bowring) 219
본토 14, 46, 48
부라조약 91
부선(艀船, Craft) 373
불평등 조약 14, 17, 45, 50, 51, 53, 57, 58, 61, 194
불평등 조약체제 50
빌헬름 2세 289

ㅅ

사바 루키치 라구진스키-블라디슬라비치 90

사스(沙市) 468, 479
사할린 14, 59
산둥반도 54
삼국간섭 288
상트페테르부르크 163, 171, 175, 189, 190
상트페테르부르크조약[사할린-치시마교환조약]
　14, 22, 57, 59, 164
상하이 131, 193, 213, 218, 231, 233, 234, 260,
　263, 264, 268, 272, 279, 285
샤먼(廈門) 131
성타이(升泰) 328, 329, 332
속국(屬國) 14, 31, 55, 63
속방 28, 33, 48, 51
(중영) 속정장인조약[中英續訂藏印條約] 49, 56
속지(屬地) 15
송고투 104, 66, 67, 75, 84, 85, 87
송화강 107, 108, 114, 174, 189
숭가리강 107
숭후 163, 164
스타노보이 산맥 67~69
시모노세키조약 288
시베리아 67
시킴(哲孟雄) 328, 332, 334, 468
신계(新界, New Territories) 289
신장 55, 163, 164
신진(申陳) 414, 449
신진(申陳, memorial) 396
쑤위엔춘(蘇元春) 321
쓰촨(四川) 468, 478, 480

ㅇ

아라사관 90
아르군강 67, 68, 88, 91, 92, 111, 114, 143, 156
아모이 193, 210, 213, 260
아무르강 67, 69, 87, 88, 114, 156, 189

아이신교로 이샨 106
아이훈 107, 156, 160, 174, 189
아이훈조약 52, 67, 107, 108, 114, 134, 135, 157
아편전쟁 18, 22, 45, 50, 116, 134, 191
안칭(安慶) 468, 479
알바진 67~69, 88
야퉁(Yatung, 亞東) 334, 335, 339, 340, 343, 348
약사 68, 75, 84, 86
어네스트 사토우(Ernest Satow) 352
에도협약[개세약서] 45
엘긴 218, 229, 268, 273, 279, 285, 286
연해주 46~48, 53
열하행궁(熱河行宮) 273
영사재판권 57, 61, 194, 220, 221
영장(英藏)조약[라싸조약] 49, 335
영토분쟁 17, 19
영토 침탈 16, 17, 19, 30, 46, 51, 57, 58, 61
영프 연합군 219, 273, 274
예밍천(葉名琛) 219
예부(禮部) 430
예브피미 바실리예비치 푸탸틴 116
옌타이(煙臺) 465
옌타이(煙臺)조약[즈푸(芝罘)조약] 55, 328, 467,
　468
오코너(O'Conor) 315
옹동화 298
왕샤(望廈)조약 40, 45, 375, 376, 416, 433
외국인 거류지 58
외몽골 국경 46, 48
외흥안령 67, 68, 84, 108
우다강 67, 68, 88, 104
우루무치 164, 173, 186
우수리강 67, 107, 108, 111, 143, 144, 156,
　157, 174, 189
우후(蕪湖) 468, 478

울란바토르 173
원명원 134
원수어(文碩) 329
원저우(溫州) 468, 478
웨이하이웨이(威海衛) 46, 54, 289, 319
웨이하이조차조약 48, 54
윌리엄 B. 리드 429, 436, 438
육로교역 131
을사늑약 44, 59, 60
이금(厘金) 478
이리 144, 145, 164, 171~173, 184, 185, 190
이리(伊犁)조약[상트페테르부르크 조약] 14, 21, 52, 138
이번원 91, 120, 130, 146, 147, 159, 161
이샨(奕譞) 114, 115
이신(奕訢) 460, 464, 273, 279
이창(宜昌) 468, 478
인도 334, 339, 340, 343, 350

ㅈ

자오저우(膠澳) 46
자오저우만 54, 289
(중독) 자오저우조계조약 48
자위관 173, 174
자유무역 193, 194, 218, 221
자주와 독립 62
장인속약(藏印續約) 334, 342, 343
장인조관[시킴-티베트 협약 부속 조관] 49
장인조약 334, 343, 353
장인탕(張蔭棠) 352
저우산(舟山, Chusan) 371
전척홍콩계지전조[展拓香港界址專條] 46
제2차 중영전쟁 194, 219, 220
제국주의 14~17, 21, 30~33, 45, 47, 51, 54, 57
제임스 하트(James H. Hart) 334

조계지 54
조공체제 49, 50
조러수호통상조약 19, 20, 61
조러육로통상장정 19, 20, 61
조미수호통상조약 25, 33, 60
조선 14~16, 18~20, 25, 29, 30~33, 288, 289
조약개정 58
조약 목록 18, 40, 42
조약체제 30, 34, 47, 49, 50
조영수호통상조약 25, 60
조중상민수륙무역장정 40, 49, 62
조차지 16, 46, 48, 54
조회(照會, mutual communication) 395
종가세(從價稅) 435, 391
종번관계 62
종주권 15, 29, 32, 47, 48, 55, 62
좌종당 163
주권 15, 16, 17
주룽반도 274, 275, 289, 290
주일 영국공사 파크스 60
주장대신(駐藏大臣) 329
즈푸(芝罘, Chefoo) 480
증기택 163, 164, 171
지난(濟南) 306

ㅊ

차비나 90, 101
차오저우(潮州) 220, 231, 440, 449, 260
천주교 451, 461, 465
청일강화조약[시모노세키조약] 18, 41, 49, 59, 62
청일수호조규 18, 31, 40, 42, 61, 62
청일전쟁 14, 28, 30, 31, 46, 54, 57, 61, 62, 288
청일통상항해조약 62
청조의 관할권 14, 16, 55

총리아문 476~480
최혜국 대우 45, 49, 57, 58, 61, 194, 220, 259
춤비(Chumbi) 계곡 349, 351
충저우(瓊州) 131, 440, 449
치외법권(영사재판권) 58
치웅저우[하이난] 260, 220
치잉(耆英) 359, 375, 398
칭저우(靑州) 305
칭하이(靑海) 468

ㅋ

카슈가르 158, 172, 173, 186
캬흐타 90~92, 102, 103, 122, 131~133, 144, 145, 157, 159, 160, 161
캬흐타조약 21, 47, 48, 51~53, 91, 101, 157, 159
케일럽 커싱(Caleb Cushing) 375
코칸트 135, 136
코코노르(Koko Nor) 480

ㅌ

타슈켄트 172, 185
타이완(臺灣) 131, 417, 449
타이완[포모사] 220
타춘(Ta-chun) 339
탕사오이(唐紹儀) 352, 357
테구트 90, 101
톈진(天津) 116, 143, 218, 219
톈진조약 16, 18, 21, 40, 41, 43, 45, 47, 50, 51, 116, 120, 130, 156, 158, 159, 160~162, 173, 174, 186, 194, 219~221, 268, 271, 272, 274
토머스 웨이드(Sir Thomas Wade) 467
톤세 373, 389, 390, 391
투르키스탄 172

투르판 164, 173, 186, 187
툴레신 90, 101
티베트 15, 31, 47, 49, 55, 328, 332~335, 339, 340, 342, 343, 349, 350, 352, 353, 357

ㅍ

파블로프 308, 313
페리 제독 58
포함외교(Gunboat-Diplomacy) 194, 220
폰 디에데리히(von Diederichs) 289
표도르 알렉세예비치 골로빈 66, 75, 84, 85, 87
푸저우(福州) 210, 211, 213, 260
푸탸틴 116, 123, 130, 133
품정(稟呈) 414, 449, 396

ㅎ

하이킹 298, 307
한청통상조약 30, 32, 41, 49, 61
함풍제(咸豊帝) 273
허창잉(何長榮) 334
헨리 존 템플(Henry John Temple, 3rd Viscount Palmerston) 219
헨리 포틴저(Henry Pottinger) 359, 369, 374
협정관세 57, 58
호부(戶部) 394
홍콩 14, 16, 46, 48, 51, 191~193, 198, 199, 210, 213, 232~234, 263, 264, 274, 275, 280, 286, 287, 289, 291, 294, 297
화사나(花沙納) 229, 279, 285, 286, 416, 429, 439
황푸(黃埔) 415
황푸(黃埔)조약 40, 45
회동관 91
후먼(虎門) 369, 373

후먼차이(虎門寨) 360, 374
후먼(虎門)조약 45, 360, 376
후커우(湖口) 468, 479
흑룡강 46, 48, 67~69, 75, 87, 106~108, 111, 143, 146, 174
흥개호 135

동북아역사재단 자료총서 61
근대 조약과 동아시아 영토침탈 관련 자료 선집 I

초판 1쇄 인쇄 2021년 3월 20일
초판 1쇄 발행 2021년 3월 31일

지은이   김현철, 유바다, 이동욱, 이재훈, 조국, 한승훈
펴낸이   이영호
펴낸곳   동북아역사재단

등 록   제312-2004-050호(2004년 10월 18일)
주 소   서울시 서대문구 통일로 81 NH농협생명빌딩
전 화   02-2012-6065
팩 스   02-2012-6189
홈페이지 www.nahf.or.kr
제작·인쇄 (주)동국문화

ISBN   978-89-6187-628-5 94910
        978-89-6187-627-8 (세트)

• 이 책은 저작권법으로 보호를 받는 저작물이므로 어떤 형태나 어떤 방법으로도 무단전제와 무단복제를 금합니다.
• 책값은 뒤표지에 있습니다. 잘못된 책은 바꾸어 드립니다.